中国社会科学院创新工程学术出版资助项目

中国哲学社会科学学科发展报告

当代中国法学研究
（1949—2009）

RESEARCH ON THE LEGAL SCIENCES
OF CONTEMPORARY CHINA

陈甦 ● 主编

中国社会科学出版社

图书在版编目（CIP）数据

当代中国法学研究(1949—2009) / 陈甦主编 . —北京：中国社会科学出版社 2009.9（2011.12 重印）

（《中国哲学社会科学学科发展报告》）

ISBN 978 - 7 - 5004 - 8120 - 1

Ⅰ. 当…　Ⅱ. 陈…　Ⅲ. 法学 – 研究 – 中国　Ⅳ. D920.0

中国版本图书馆 CIP 数据核字（2009）第 157581 号

出版策划	任　明
责任编辑	陆　人
责任校对	郭　娟
技术编辑	李　建

出版发行	**中国社会科学出版社**	出版人	赵剑英
社　　址	北京鼓楼西大街甲 158 号	邮　编	100720
电　　话	010 - 64040843（编辑）　64058741（宣传）　64070619（网站）		
	010 - 64030272（批发）　64046282（团购）　84029450（零售）		
网　　址	http：//www.csspw.cn（中文域名：中国社科网）		
经　　销	新华书店		
印　　刷	北京奥隆印刷厂	装　订	廊坊市广阳区广增装订厂
版　　次	2009 年 9 月第 1 版	印　次	2011 年 12 月第 2 次印刷
开　　本	710×1000　1/16		
印　　张	35	插　页	3
字　　数	600 千字		
定　　价	80.00 元		

总　序

　　当今世界正处于前所未有的激烈的变动之中，我国正处于中国特色社会主义发展的重要战略机遇期，正处于全面建设小康社会的关键期和改革开放的攻坚期。这一切为哲学社会科学的大繁荣大发展提供了难得的机遇。哲学社会科学发展目前面对三大有利条件：一是中国特色社会主义建设的伟大实践，为哲学社会科学界提供了大有作为的广阔舞台，为哲学社会科学研究提供了源源不断的资源、素材。二是党和国家的高度重视和大力支持，为哲学社会科学的繁荣发展提供了有力保证。三是"百花齐放、百家争鸣"方针的贯彻实施，为哲学社会科学界的思想创造和理论创新营造了良好环境。

　　国家"十二五"发展规划纲要明确提出："大力推进哲学社会科学创新体系建设，实施哲学社会科学创新工程，繁荣发展哲学社会科学。"中国社会科学院响应这一号召，启动哲学社会科学创新工程。哲学社会科学创新工程，旨在努力实现以马克思主义为指导，以学术观点与理论创新、学科体系创新、科研组织与管理创新、科研方法与手段创新、用人制度创新为主要内容的哲学社会科学体系创新。实施创新工程的目的是构建哲学社会科学创新体系，不断加强哲学社会科学研究，多出经得起实践检验的精品成果，多出政治方向正确、学术导向明确、科研成果突出的高层次人才，为人民服务，为繁荣发展社会主义先进文明服务，为中国特色社会主义服务。

　　实施创新工程的一项重要内容是遵循哲学社会科学学科发展规律，完善学科建设机制，优化学科结构，形成具有中国特色、结构合理、优势突出、适应国家需要的学科布局。作为创新工程精品成果的展示平台，哲学社会科学各学科发展报告的撰写，对于准确把握学科前沿发展状况、积极推进学科建设和创新来说，是一项兼具基础性和长远性的重要工作。

中华人民共和国成立以来，伴随中国社会主义革命、建设和改革发展的历史，中国特色哲学社会科学体系也处在形成和发展之中。特别是改革开放以来，随着我国经济社会的发展，哲学社会科学各学科的研究不断拓展与深化，成就显著、举世瞩目。为了促进中国特色、中国风格、中国气派的哲学社会科学观念、方法和体系的进一步发展，推动我国哲学社会科学优秀成果和优秀人才走向世界，更主动地参与国际学术对话，扩大中国哲学社会科学话语权，增强中华文化的软实力，我们亟待梳理当代中国哲学社会科学各学科学术思想的发展轨迹，不断总结各学科积累的优秀成果，包括重大学术观点的提出及影响、重要学术流派的形成与演变、重要学术著作与文献的撰著与出版、重要学术代表人物的涌现与成长等。为此，中国社会科学出版社组织编撰"中国哲学社会科学学科发展报告"大型连续出版丛书，既是学术界和出版界的盛事，也是哲学社会科学创新工程的重要组成部分。

《中国哲学社会科学学科发展报告》分为两个子系列：《年度综述》和《前沿报告》。《年度综述》按一级学科分类，每年度发布，《前沿报告》每三年发布，并都编撰成书陆续出版。学科《年度综述》内容包括本年度国内外学科发展最新动态、重要理论观点与方法、热点问题，代表性学者及代表作；学科《前沿报告》内容包括学科发展的总体状况，三年来国内外学科前沿动态、最新理论观点与方法、重大理论创新与热点问题，国内外学科前沿的主要代表人物和代表作。每部学科发展报告都应当是反映当代重要学科学术思想发展、演变脉络的高水平、高质量的研究性成果；都应当是作者长期以来对学科跟踪研究的辛勤结晶；都应当反映学科最新发展动态，准确把握学科前沿，引领学科发展方向。我们相信，该出版工程的实施必将对我国哲学社会科学诸学科的建设与发展起到重要的促进作用，该系列丛书也将成为哲学社会科学学术研究领域重要的史料文献和教学材料，为我国哲学社会科学研究、教学事业以及人才培养作出重要贡献。

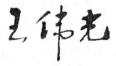

目　　录

上编　1949—1978

中编　1978—1992

下编 1992—2009

上编 1949—1978

导　论

在这一编中，我们选择了 1949 年与 1978 年作为这一时期的始点与终点。很清楚，1949 年是新中国成立的年份，中国社会政治生活中重要的一切（包括法学），翻开了崭新的一页，于是，中国法学的一切开始与此前截然不同；1978 年则是中国改革开放起始的年份，有中国特色社会主义道路由此张旗延展，于是，中国法学的一切又开始与此前截然不同。当然，两个截然不同，并不意味着中国法学历经几近三十年后又回到了原点，而是表明中国法学选择了与 1949 年之前及 1978 年之前均不相同的路径，走向一条崭新的可以标识自我又融入时代的康庄之路。

既往的年份可以清晰划分，中国法学的理论存在形态与流变过程却并不能如此清晰地按年份划分，例如从事刑法研究的学者们，更愿意以 1979年刑法的颁布作为刑法学复苏的起始；研究宪法的学者们，更愿意以 1982年宪法的颁行作为宪法学新时期的肇端。但是从新中国的历史来看，恐怕再没有更好的年份来作为这一时期法学发展阶段的起止划分标志了。因为在这两个年份中所发生的政治事件，不仅彻底改变着中国整体的观念变化与社会走向，也彻底地改变着中国法学的基本理念与体系形成。当然这只是一个学理意义上的阶段分期，因历史事实的连续性与关联性，有关中国法学发展历程的叙述或可溢出这一时期的分界之外，如《中国人民政治协商会议共同纲领》制定时的制度观念形成，实际上风起于 1949 年之前；苏联法学对中国法学形成中的理论影响余波，实际上未靖于 1978 年之后。

当提及 1949 年至 1978 年之间的岁月时，从法学史的视角观察似乎只能引发喟然浩叹，因为历史似乎并没有给予中国法学以起码的眷顾，社会政治生活中的无法无天，以阶级斗争为纲一统意识形态天下，使得中国法学既无制度形态的法律体系得以附丽，也无观念形态的知识体系得以容纳。其实不尽其然，尽管以阶级斗争为纲的政治运行机制和高度集中统一的计划经济体制主导了国家治理和社会运转，但是法律机制也在当时社会或多或少、或强或弱地发挥功能，相应的，还是有法学的容身之处和萌发之机的，当然，法学的容身之处极为逼仄，法学的萌发之机倏忽即逝。其一，法律还有，如宪法还在（尽管"文化大革命"中宪法只是形式上的合法存在），再如婚姻法还发挥作用。其二，法学仍在，尽管是在国家与法的理论体系中依附性的存在，还是有人孜孜以求地注释现行法律，有人勤勤恳恳地传介苏联法学理论。其三，法学教育还在，一些院校开设了法学教育课程，尽管法学教育内容单薄简陋、法学教育过程断断续续，但是中国法学的一脉香火还是由此得到传承，以至于能够在改革开放之后迅速形成蓬勃行进的法学界。总的来看，这一时期的法学存在状态与流变轨迹，明显呈现出一条下行曲线：法律愈来愈荒废，法学愈来愈荒芜，法学人才愈来愈凋零。幸而不绝如缕，终归得以继绝。既然过往曾存在着，就有回顾与反思的必要。

在这一时期，法律工具主义与法律虚无主义交替盛行的法律观，直接决定了法学理论的艰难存在。无论是在治国理念层面还是在政策选择层面，在这一时期并没有形成以一贯之的法律观，相反，"人治"却得到推崇，"往往把领导人说的话当做'法'，不赞成领导人说的话就叫做'违法'，领导人的话改变了，'法'也就跟着改变"。① 在 20 世纪 50 年代初期，国家制度建设始被重视，于是便有宪法与婚姻法的颁行；在 50 年代后期基于人治的便利与社会形势的变化，于是法律又处于可虚无的境地。到了 20 世纪 60 年代初期，基于对前期政策失误的反思和社会形势的变化，法律又重新得到重视而现一线生机，一些立法工作也提到议事日程；但是到了 60 年代中期，因对社会形势判断的变化和国家治理策略的重新选择，法律又转瞬再置于被废弃的境地。可见，法律工具主义与法律虚无主义是同根相连的孪生观念，因其可作为政治的适当工具则可实有，因其作为政治工具不适当则可虚无。在法律工具主义与法律虚无主义交替盛行的社会环境中，不可能形成真正的法学，因为法律工具主义使法学庸俗，法律虚无主义使法学无着。

在这一时期，中国的法学并没有成为独立的理论体系或学科体系。当时中国法学的存在状态，是以"独立性的双重缺乏"为特征的。其一，在

① 《邓小平文选》第 2 卷，人民出版社 1994 年版，第 146 页。

知识体系上，这一时期的法学只是政治学的附庸，是在国家与法的理论笼罩下有关国家学说的分支理论，法学只是对法律这一政治学现象的一种解说。改革开放之前的法学被称为"政法法学"，其实是以政治理论为主导，政治理论统帅法学理论。① 因此，无论是在学科构成上还是在理论体系上，中国法学均不是独立的存在。其二，在知识来源上，中国法学知识体系的形成主要来源于对苏联法学理论的整体继受，由此导致中国法学对苏联法学理论的过度依赖。这一时期的中国理论界，还缺乏直接从马克思主义出发独立阐释社会主义法律观的能力，只能在继受苏联法学理论的过程中，接受了经过苏联学者在先阐释的已经教条化且有偏颇性的所谓"马克思主义法学观"。当时更是缺乏独立建构中国自己的法学知识体系的能力，回顾这一时期的法学理论，从法学概念的界定、法学体系的建构、法律机制的认识，到用法学指导法制实践的方法，以及传递这些法学理论的物质载体转换，无不承继于苏联。例如在新中国成立后的前十年间共出版165种译作，基本上都是苏联的法学著作和教科书。② 苏联法学在这一时期对中国法学的观念性影响至深至久，并未因后来的中苏交恶而被排除，只是除去了表面上的苏联标签，但就其理论实质，仍相沿于一辙。客观地说，中国法学界对苏联法学理论的继受，多少也是有选择性的，例如对于苏联的经济法理论就引进其少，个中缘由值得分析，盖因我国的计划经济体制自始就排斥法律机制的介入，以致当时就已经没有经济法理论的置喙余地。

在这一时期，作为中国法学据以阐释的核心理论主线，是以阶级斗争为纲的政治观念与国家理论。如同法律被看做用于阶级斗争的政治工具，法学亦被看做阶级斗争理论的延伸，或者是被专业精细化了的阶级斗争理论。当阶级性成为法律的本质属性时，阶级斗争理论也成为法学的核心理论以及法学研究展开的逻辑基石。因此，"法学的立论、推论、结论、结构、体系，对法律资料和法学文献的收集、分析、使用，以至行文方式和语言，无不围绕着'阶级性'这个中轴旋转，法学实际上成了'阶级斗争学'。……把'阶级性'置于法学基石范畴的位置，作为法学的参照系

---

① 张文显主编、黄文艺副主编：《中国高校哲学社会科学发展报告·法学（1978—2008）》，广西师范大学出版社2008年版，第4页。

② 张友渔主编、王叔文副主编：《中国法学四十年》，上海人民出版社1989年版，第5页。

或观念模式，必然使法学丧失其作为一门独立学科的资格和地位"。① 作为这一时期的法学思维定式，法律现象被理解为是阶级斗争的反映并用阶级斗争学说予以解释，法律功能被理解为是阶级斗争的工具并以阶级斗争方法予以取舍，法学研究当然是为阶级斗争服务的理论活动。当"文化大革命"中不再需要法律作为阶级斗争工具时，法学也就被冷落到偏僻的社会角落。

在这一时期中国法学的理论形成与知识体系的建构上，一个突出的特点是除旧务尽而布新不足。在新中国建国那一刻起，清除"旧法观点"便成为法制与法学建设的一个重要政治任务与理论前提。要建设全新的政权体制，必然伴随对旧政权体制包括法律及附着其上的意识形态的清除，因此，对"旧法观点"的批判是不可避免的政治选择和基本的政策指向。但是，伴随对"旧法观点"的批判与清除的结果，却并不当然是中国法学的全新建构。除了继受所得的苏联法学理论之外，这一时期并没有建立中国自己的法学体系。当然，以今天的视角要求当时的人们做到这一点，并不符合历史实际。但是，除了当时缺乏社会主义法治的实践经验和理论准备之外，不适当地对待法律与法学的政治决策，对中国法学的独立形成与持续发展起到了严重阻碍的作用。在 20 世纪 50 年代后期，法学领域成为反右派斗争的重灾区，一些本来持有正确观点或者提出对民主法制建设有益建议的人，被认为是发表错误的或攻击性的言论而被打成右派；许多法学理论问题，包括已被宪法所确认的基本原则或具体制度，也都成为不得讨论的禁区。② 当今天的人们不得不从当时出版的右派言论集中寻找有关法学的学术关切与理论智慧时，使人不得不产生一丝抚摸历史创口的忧伤。

然而，从这一时期中国法学的形成与流变中，如果仅仅是得出负面的评价和批判性的结论，那同样是片面而有失公允的。应当承认，当时的中国缺乏社会主义法治的实践经验，也缺乏社会主义法学的理论准备，而苏联的法制实践是社会主义法律的最近经验，苏联的法学理论是马克思主义法律观的最新阐释，因此，继受苏联法学理论是中国当时最为合理与便捷的选择，问题是，在继受苏联法学理论时丧失了中国法学的自我。还应当承认，以当时的中国社会现实，阶级斗争是必要的政策选择；在没有经验

---

① 张文显：《论法学的范畴意识、范畴体系与基石范畴》，载《法学研究》1991 年第 3 期。
② 张友渔主编、王叔文副主编：《中国法学四十年》，上海人民出版社 1989 年版，第 6 页。

的情况下进行社会主义法制建设，弯路与挫折也在所难免，问题是，阶级斗争何以"为纲"且"为纲"得如此持久？法制建设的弯路与挫折何以如此巨大且如此持久？最先开始总结这一时期中国法制经验与教训的人，最先开始反思这一时期中国法学成果与缺陷的人，正是历经这一时期社会风云、政治波涛的那些法律工作者与法学研究者。可见，尽管经历挫折与磨难，中国法学的思想脉络仍然不绝如缕，追寻社会主义法治的思考并没有中断。实际上，当代中国法学的基本理论主导思想，至今存在于法学知识体系中的许多概念方法，日后发挥重要作用的法学领军人才，改革开放后法学队伍快速的恢复建制，法学知识传承得以及时接续，以及中国法学研究迅速的规模化展开，等等，都凭借这一时期的积淀之功与陶冶之力。对于这一时期那些勇于深入探索、坚持独立思考的法学研究者，以及他们为中国法学的理论积累与学术传承所作出的贡献，我们尤其应当表达后来者的应有敬意。

第 一 章

中国社会主义法学的艰难初创

一、国家与法的理论在我国的兴起

20 世纪的中国是变动频仍、变化巨大的中国。回顾中国历史乃至世界历史，恐怕没有哪个世纪像中国的 20 世纪那样，短短的一百年却容纳了那么多的苦难与成就、除旧与布新、沮丧与希望。交互出现、交错进行的政治革命、文化运动、内外战争、社会动荡和经济浪潮，不断地改变中国的现实与历史，同时也在不断地改变中国人的行为方式与观念形态。新中国的成立是 20 世纪最伟大的历史事件，这一事件不仅彻底创建了中国历史上全新的政制与法律，也使得与政制、法律相关的法律观及其指导下的法学出现了全新的面貌与性质。社会主义法律观与社会主义法学知识体系的肇始，就是马克思主义指导下的具有鲜明社会主义法学特色的"国家与法的理论"的形成与发展。

由于历史的原因，社会主义"国家与法的理论"在中国的推衍，既不是通过法学理论著述的宣导，更不是通过教科书的普及，而是通过政策的推行与政令的宣示。1949 年 1 月，《关于接管平津国民党司法机关的建议》宣布，"国民党政府一切法律无效，禁止在任何刑事民事案件中，援引任何国民党法律。法院一切审判，均依据军管会公布之法令及人民政府之政策处理"。1949 年 9 月，《中国人民政治协商会议共同纲领》规定，"废除国民党反动政府一切压迫人民的法律、法令和司法制度，制定保护人民的法律、法令，建立人民司法制度"。而 1949 年 2 月发布的《关于废除国民党〈六法全书〉和确定解放区司法原则的指示》，最足以用来说明指导这些决定的法律理论。这一"指示"中的关键段落有必要引用如下：

法律是统治阶级以武装强制执行的所谓国家意识形态，法律和国家一样，只是保护一定统治阶级利益的工具。……在实际上既然没有超阶级的国家，当然也不能有超阶级的法律。……在统治阶级与被统治阶级之间，剥削阶级与被剥削阶级之间，有产者与无产者之间，债权人与债务人之间，没有真正共同的利害，因而也不能有真正平等的法权。因此，国民党全部法律只能是保护地主与买办官僚资产阶级反动统治的工具，是镇压与束缚广大人民群众的武器。……任何反动法律……不能不多少包括某些所谓保护全体人民利益的条款，这正和国家本身一样，恰是阶级斗争不可调和的产物和表现……因此，不能因国民党《六法全书》有某些似是而非的所谓保护全体人民利益的条款，便把它看作只是一部分而不是在基本上不合乎广大人民利益的法律，而应当把它看作是在基本上不合乎广大人民利益的法律。……在无产阶级领导的以工农联盟为主体的人民民主专政的政权下，国民党的《六法全书》应该废除，人民的司法工作不能再以国民党的《六法全书》作依据，而应该以人民的新的法律作依据，在人民的新的法律还没有系统地发布以前，则应该以共产党的政策以及人民政府与人民解放军所已发布的各种纲领、法律、命令、条例、决议作依据。……同时，司法机关应该经常以蔑视和批判国民党《六法全书》及其他一切反动法律法令的精神，以蔑视和批判欧美日本资本主义国家的一切反人民法律法令的精神，以学习和掌握马列主义、毛泽东思想的国家观、法律观及新民主主义的政策、纲领、法律、命令、条例，决议的办法，来教育和改造司法干部。只有这样做，才能使我们的司法工作真正成为人民民主政权工作的有机构成部分……

这一"指示"不仅是关于废除国民党《六法全书》和确定解放区司法原则的政令性文件，更是宣示马克思主义国家观、法律观的政论性文件。它充分反映了国家与法的理论的基本观点，并且对此后中国社会的主流法律观的形成与普及、法学知识体系的建构与充实，产生了重要影响。

大致来说，国家与法的理论主要包含了关于国家与法的起源、本质、作用和发展四个基本理论。概而言之就是：国家与法是人类社会发展到一定历史阶段的产物，是阶级矛盾不可调和的产物；法是建立在一定物质生活条件基础上的统治阶级意志的集中体现，阶级统治是国家与法的本质所在，阶级性是其本质属性；作为阶级统治的工具，国家与法被统治阶级用来对被统治阶级实施统治，维护统治阶级整体利益；随着社会主义社会的产生和发展，阶级对立和阶级斗争将不复存在，国家与法因此也将最终走向消亡。这四个基本理论，特别是前三个理论在《关于废除国民党〈六法全书〉和确定解放区司法原则的指示》中得到了不同程度的体现。

国家与法的理论，是在苏联政治和法律理论影响下，在长期革命和斗争实践基础上形成的一套关于国家和法律的知识体系。这一理论在建国后被成体系地引入中国①，成为新中国成立后前30年关于国家和法律的主导理论。在20世纪60年代，因为中苏关系的变化以及学科发展的内在要求，法学理论界曾一度表现出摆脱苏联法学理论影响的某些倾向，但这种努力并没有发展成为主流，只是中国开始使用自己编写的国家与法的理论教程。新中国成立30周年至建党60周年之际的历史总结和反思，以及随之展开的经济体制改革，为法学理论的更新创造了政治和经济条件，国家与法的理论因此在20世纪80年代逐渐为"法学基础理论"所取代。尽管如此，很多年后的法理学教科书在理论体系和一些核心理论的观点上，仍然明显受到了国家与法的理论的影响。

就理论渊源而言，国家与法的理论在根本上发源于马克思有关国家、革命、法律、"资产阶级权利"、"过渡时期"的论述。经过苏联时期的阐发与演绎，国家与法的理论体系主要是从"无产阶级专政"这一政治过渡时期的政治形态作为逻辑发端的，其理论任务是研究和解决无产阶级夺取国家政权之后政治和法律实践中的理论问题。对于无产阶级夺取国家政权之后的历史阶段或步骤，马克思并没有给出精细的论证与指引，国家与法的理论则基于后来的历史实践按照国家的存在形态划分了三个时期：一是"无产阶级专政"时期；二是"全民国家"时期；三是"国家消亡"、"社会自治"时期。② 从历史上看，我国的国家与法的理论始终停留在"无产

---

① 当时的译著主要有，苏联科学院法学研究所科学研究员集体编著：《马克思列宁主义关于国家和法权理论教程》，中国人民大学出版社1950年版；［苏］杰尼索夫：《国家与法的理论》，中华书局1951年版；［苏］维辛斯基：《国家和法的理论问题》，法律出版社1955年版，此书对新中国成立初期法学理论影响最大；［苏］罗马什金、斯特罗果维奇、图曼诺夫主编：《国家和法的理论》，法律出版社1963年版，等等。20世纪60至80年代，苏联以"国家与法的理论"为名的著作仍在陆续出版，中国一些学者对这些著作保持着长期关注。

② 参见［苏］罗马什金、斯特罗果维奇、图曼诺夫主编《国家和法的理论》，法律出版社1963年版，第214—246页。

阶级专政"这一时期。

对于"无产阶级专政"这一"过渡时期",马克思基于巴黎公社失败的教训强调了国家存在的必要性。这也是国家与法的理论在相当长的时间内所一直强调的。作为国家与法的理论的基点,"无产阶级专政国家"被认为是社会主义国家的早期形态。在很大程度上,阶级对立以及对剥削阶级的镇压构成了"无产阶级专政国家"存在的重要理由,由此,阶级统治和阶级斗争被认为是这一时期国家和法律必不可少的职能。马克思和恩格斯在《共产党宣言》中曾就资产阶级法指出,"你们的观念本身是资产阶级的生产关系和所有制关系的产物,正像你们的法不过是被奉为法律的你们这个阶级的意志一样,而这种意志的内容是由你们这个阶级的物质生活条件来决定的"①。这样一种关于资产阶级法的看法,在"无产阶级专政"时期被一般化了,阶级统治和阶级斗争也被确定为社会主义法的基本职能,如此导致的关于法的典型界定是这样的:"法是以立法形式规定的表现统治阶级意志的行为规则和为国家政权认可的风俗习惯和公共生活规则的总和,国家为了保护、巩固和发展对于统治阶级有利的和惬意的社会关系和秩序,以强制力量保证它的施行。"② 这样一种界定对于国家与法的理论影响巨大,很多年后,中国的一些法理学教材和著作仍然采用了这一定义。不过,这一界定无论是在苏联还是在中国,都遭受到批评,批评主要源于社会主义国家和法律在新的历史时期的定性和定位。

在国家与法的理论,特别是在苏联的国家与法的理论中,"无产阶级专政"只是过渡时期的统治形式,当社会主义革命和社会主义改造完成后,"无产阶级专政国家"即变为一个不再存在阶级对立和阶级统治的"全民国家",社会主义社会由此进入"全民国家"时期。在这一时期,由于在一国内部统治阶级与被统治阶级的二元对立和统治结构不复存在,阶级统治职能对于社会主义国家和法律来说也就不再被认为是适用的。对此,苏联一些学者曾指出,"不能把国家是阶级暴力的工具这一定义搬用于社会主义国家(尤其是在社会主义国家成为全民组织的阶段上)。社会主义的法的情况也完全一样。当把法规定为反映统治阶级的意志并且由国家的力量来保障的强制的行为规范的时候,这一定义并没有反映社会主义的法的特点。因此,这一

---

① 《马克思恩格斯选集》第 1 卷,人民出版社 1995 年版,第 289 页。
② 〔苏〕维辛斯基:《国家和法的理论问题》,法律出版社 1955 年版,第 100 页。

定义对剥削阶级类型的法来说是正确的，但是搬用于社会主义的法就不对了。尤其不能搬用于社会主义已经取得胜利的时期的法，这时的法已经成为全民的法"①。尽管如此，社会主义国家在这一时期却并不消亡。如果说国内的阶级对立为"无产阶级专政国家"的存在提供了主要理由，那么"全民国家"在新的历史时期仍然以"国家"形式存在的理由，则主要在于世界范围内社会主义阵营与资本主义阵营的对立。这种国家与法的理论，对中国的法学理论与法制实践，均产生很大影响。

在我国，国家与法的理论大致经历了这样几个时期。一是从 1949 年新中国成立到 1956 年的社会主义改造时期，受苏联影响，国家与法的理论从苏联照搬到中国。这一时期，法学理论薄弱而落后，而且因为照搬苏联而表现出自主性严重不足，但与后来政治动荡时期的停滞荒废相对照，法学理论仍有一定发展，例如，创办了一批政法院系和刊物，培养了一批政法学生，成立了政法学会。② 二是从 1957 年至 1976 年"文化大革命"结束，"左"倾路线和"文化大革命"动乱使社会主义建设遭受严重挫折，国家与法的理论没有得到发展和调整，只是在国内编写的相关理论教材中进一步强化了国家与革命、阶级专政等内容。在这两个时期，阶级斗争是国家与法的理论的基点与主线，作为一门独立学科的法学事实上并没有被建立起来。后来的 1977 年至 1982 年间，中国法学得以恢复、规划和重建，国家与法的理论在此阶段逐渐转变成为"法学基础理论"。例如，由陈守一和张宏生主编的《法学基础理论》、③ 孙国华主编的《法学基础理论》，④ 开始专门阐述法的理论问题，但在很大程度上仍然受到苏联国家与法的理论的影响。

从在我国的实际流变情况看，国家与法的理论总体上有这样几个历史特点：其一，在古今不同理论之间，受历史进步观的主导，国家与法的理论将历史上以往的法律思想和学说置于剥削阶级与被剥削阶级的对立结构中，同时将世界上同期存在的其他法律思想和学说置于资本主义与社会主义的对立结构中，进而对与国家与法的理论不同的思想和学说采取简单的批判、排斥

---

① ［苏］罗马什金、斯特罗果维奇、图曼诺夫主编：《国家和法的理论》，法律出版社 1963 年版，第 35 页。该书于 1962 年在苏联出版。

② 参见张友渔主编、王叔文副主编《中国法学四十年》，上海人民出版社 1989 年版，第 1—105 页。

③ 陈守一、张宏生主编：《法学基础理论》，北京大学出版社 1981 年版。

④ 孙国华主编：《法学基础理论》，法律出版社 1982 年版。

乃至斗争的态度，这在时空维度上切断了对古今法学知识的汲取和交流的途径。其二，在理论与实践之间，为保证自身的纯洁性，国家与法的理论人为地局限于对马克思主义经典文献的脱离时空背景的文字解释，表现出明显的本本主义和教条主义，没有充分地立足于现实重新思考理论问题，也没有充分地在实践基础上提升和发展理论，甚至在对经典文献的解释中出现背离基本价值关怀和精神实质的误解。其三，在理想与现实之间，国家与法的理论是在"国家消亡"这一大的目标前提下展开的关于国家和法律的理论，一方面，现实层面的"阶级专政"使得国家和法律成为肃杀的斗争工具，而对国家和法律据以存在的社会基础以及所承担的重要社会职能关注不够；另一方面，理想层面的"国家消亡"又使得国家和法律终究只是历史中的权宜之物而难以成为长久传承的安邦重器，以致新中国成立后仍然出现践踏法制、破坏国家机器、以"天下大乱"求"天下大治"的"大民主"现象。其四，在理论与政治之间，国家与法的理论表现出很强的政治性、党派性和斗争性，理论受政治的支配而成为政治的重要组成部分，法律方面的学术分科和科学思考受到抑制，在照搬过来的苏联法学理论的主导下，中国法理学自身的理论创造性也受到抑制。但是，与后来遭到彻底否定的"以阶级斗争为纲"的政治理论不同的是，国家与法的理论所表现出的对于国家与法这一社会历史现象的理论探究，对于人民民主和社会正义的维护，对于现代资本主义的超越，以及对于社会主义法学知识体系的建构等努力，都在后来的改革实践中得到了很大程度的延续，并且还以新的很学术化的理论话语形式存在于当今的法学知识体系当中。

二、中国法学界对苏联法学理论的继受

新中国成立初期，废除旧法、建立新法是当时面临的首要理论和实践问题。揭示和批判旧法的反动阶级本质和阐释新法的先进阶级本质，成为当时法学理论研究的主线。在此理论实践过程中，学习和继受苏联的法学理论，成为当时中国进行法学教育和法学研究的主要目标和方式。

（一）继受苏联法学理论的主要途径

继受苏联法学理论的途径之一，是人员的交流。在 20 世纪 50 年代，中国仅有四个政法学院、一个中央政法干校和几个大学法律系、一个科学院法学研究所。在这些法律院系和法学研究所中，都分别派出不同人数的

留学生赴苏联学习法学。以当时的中国科学院法学研究所为例，仅在 20
世纪 50 年代，就先后派出 15 名留学生赴苏联，他们分别到莫斯科大学、
列宁格勒大学以及其他院校学习国家与法的理论、宪法、刑法、刑事诉讼
法、民法、劳动法等。北京大学、中国人民大学、北京政法学院在派出留
苏学生的同时，还请苏联专家来学校授课。在一段时间内，苏联法学专家
占领了中国大学法律院系的讲台，中国的法学教授和教师们也兴起了一股
向苏联专家学习的热潮。

　　继受苏联法学理论的另一个途径，就是大量翻译和出版苏联法学著作
和教科书，并使之成为中国法律院系的主要教材。早在 20 世纪 50 年代
初，中国的法学专家和翻译者们就开始翻译苏联法学著作和教科书。其情
形分为两种：一种情形是，译介苏联在 20 世纪 30 年代至 40 年代末的著
作，例如K. A. 阿尔希波夫著的《苏维埃国家的法律》（莫斯科 1925 年
版）；A. N. 维辛斯基主编的《苏维埃国家法》（莫斯科 1938 年版）；C. A.
格隆斯基和 M. C. 斯特罗果维奇著的《国家和法的理论》（莫斯科 1940 年
版）；M. B. 茨维克著的《苏维埃法律——论文提要》（哈尔科夫 1952 年
版等）。① 另一种情形是，译介苏联在 20 世纪 50 年代至 60 年代的大量著
作和教科书，例如苏联司法部全苏法学研究所主编的《苏联土地法教程》
（大东书局 1951 年印行）；特拉伊尔等编著的《苏联国家法教程》（上、
下册）（大东书局，1950、1951 年版印行）；苏联科学院法学研究所科学
研究员集体编著的《马克思列宁主义关于国家和法权理论教程》（中国人
民大学出版社 1950 年版）；杰尼索夫著的《国家与法的理论》（中华书局
1951 年版）；M. N. 加列瓦著的《苏联宪法教程》（增订版）（五十年代出
版社 1953 年版）；C. H. 布拉都西主编的《苏维埃民法》（上、下册）（中
国人民大学出版社 1954 年版）；M. A. 切里佐夫著的《苏维埃刑事诉讼》
（上、下册）（中国人民大学出版社 1954 年版）；M. A. 古尔维奇著的《苏
维埃财政法》（中国人民大学出版社 1954 年版）。自 1955 年之后，继续翻
译出版苏联法学著作和教科书，例如维辛斯基著的《国家和法的理论问
题》（法律出版社 1955 年版）；C. C. 斯徒节尼金著的《苏维埃行政法》
（总则、分则）（中国人民大学出版社 1955 年版）；H. R. 亚历山大洛夫著
的《苏维埃劳动法》（中国人民大学出版社 1955 年版）；H. R. 亚历山大

---

①　参见《吴大英集》，中国社会科学出版社 2002 年版，第 6—8 页。

洛夫著的《苏维埃劳动法教程》（总则、分则）（中国人民大学出版社
1955 年版）；Q. C. 卡列夫著的《苏维埃司法制度》（法律出版社 1955 年
版）；M. N. 卡列娃、C. Φ. 凯契克扬、A. C. 费道谢也夫、R. H. 费其金著
的《国家和法的理论》（上、下册）（中国人民大学出版社 1956、1957 年
版）；Б. C. 安吉谟诺夫、格拉维合著的《苏维埃继承法》（法律出版社
1957 年版）；Q. M. 根金主编的《苏联对外贸易法律问题》，法律出版社
1957 年版；C. C. 斯图坚尼金主编的《苏维埃宪法史》（中国人民大学出
版社 1958 年版）；罗马什金、斯特罗果维奇、图曼诺夫主编的《国家和法
的理论》（法律出版社 1963 年版等）。

　　苏联的法学著作、教材以及法学教育体系，对中国的法学教育产生了巨
大的影响。例如早在 20 世纪 50 年代初期，苏联司法部全苏法律科学研究院
编的《苏联法律学校专业课程教学大纲》就被译介到中国，该大纲包括国家
与法历史、苏维埃国家法、行政法、劳动法、刑法、刑事诉讼法、民法、土
地法、法院组织法等。应特别指出的是，中国中央人民政府政务院政治法律
委员会干部训练组于 1954 年 9 月，将上述苏联的教学大纲印发给各政法院
校，作为编纂教材及教学大纲参考资料，同时作为政法部门干部自学的参考
资料。中国的法学理论研究和教学课程的设置，都是继受了苏联国家与法的
理论（包括国家与法的历史）的范围和内容。除了大量使用上述苏联教科书
和著作外，特别是将卡列娃等著的《国家和法的理论》（上、下册)[①]、苏联
科学院法学研究所编的《马克思列宁主义关于国家与法权理论教程》[②]、图
曼诺夫著《现代资产阶级法学理论的批判》[③] 等，都作为必读教科书。1957
年分别由中国人民大学法律系国家和法权理论教研室编的《国家和法权理论
讲义（上、下)》、中央政法干部学校国家和法的理论教研室编的《国家和
法的理论讲义》[④]，均是依照苏联卡列娃等著的《国家和法的理论》（上、下
册）教科书的结构和内容编纂成的，即大体上均包括国家和法的起源、本
质；剥削阶级国家和法的历史类型；社会主义国家的产生和本质、无产阶级
专政的国家形式、社会主义国家的机构和基本职能；社会主义法的本质、法

---

　　① ［苏］卡列娃等著，李嘉恩等译：《国家和法的理论》（上、下册），中国人民大学出版社
1956 年、1957 年版。

　　② 该书于 1955 年由中国人民大学出版社出版。

　　③ 该书于 1959 年由法律出版社出版。

　　④ 该两部讲义分别由中国人民大学出版社和法律出版社于 1957 年出版。

制和法律秩序、法律规范、法律渊源、法律意识、法律规范的适用、法律关系、法的体系以及社会主义法与道德、法和共产主义等。

苏联的国家与法的理论对中国法学教育的影响久远，自 20 世纪 60 年代至 80 年代初，苏联的法学著作和教科书，特别是国家和法的理论方面的著作，仍然是中国学者和学生参阅的书籍。

1978 年 5 月，中国经历了十年"文化大革命"的动乱之后，中国社会科学院法学研究所和北京大学法律系开始招收第一届法学研究生。法学研究所招收的专业研究生包括国家与法的理论专业，许多考生在考试前，就参考了维辛斯基的《国家和法的理论问题》和卡列娃等著的《国家和法的理论》等书籍。在中国社会科学院法学研究所 1978 年国家与法的理论专业研究生《国家和法的理论专题题目及书目》中，所列的专题主要包括国家和法的起源和本质；剥削阶级的国家和法；批判资产阶级关于国家和法的学说；社会主义国家的本质，国家形式、国家机构；社会主义法的产生和发展、本质、社会主义法的制定、适用、遵守，法的规范、体系、法制，以及国家和法及共产主义。这些理论专题的内容，有相当部分是受苏联的国家与法的理论的影响。在该专业研究及参考书目中，除列出马克思、恩格斯、列宁、斯大林、毛泽东、董必武等的经典著作外，还列出十多部上述苏联法学著作和教科书。

（二）继受苏联法学理论的主要内容

当时的中国法学理论继受了苏联国家与法的理论对马克思列宁主义国家观和法律观的阐释。纵览上述苏联国家与法的理论著作和教科书，都是依据马克思、恩格斯、列宁和斯大林的相关经典著作，阐释国家与法的理论问题。例如：依据恩格斯的《家族、私有制和国家的起源》、列宁的《论国家》、斯大林的《列宁主义问题》等相关经典著作，阐释了国家与法的起源和实质、国家的本质、资产阶级国家与法的阶级实质，指出在马克思列宁主义的经典著作中，已经详尽无遗地证明：国家"'是阶级矛盾不可调和的产物和表现……'"，"马克思列宁主义的国家学说阐明了国家同时存在对立的阶级和不可调和的阶级矛盾之间的不可分割的联系，提示了国家的本质：国家是阶级统治的机关"①，并进而阐释了无产阶级专政国

---

① ［苏］卡列娃等著，李嘉恩等译：《国家和法的理论》，中国人民大学出版社 1956 年版，第 42 页。

家的本质和职能；依据马克思、恩格斯的《共产党宣言》，马克思的《资本论》、《〈政治经济学批判〉序言》和《哥达纲领批判》，恩格斯的《反杜林论》和《英国工人阶级状况》，列宁的《论国家》等相关经典著作，阐明了法的本质、法与经济基础的关系，以及资产阶级法律的本质诸问题；依据列宁的《国家与革命》、《苏维埃政权的当前任务》、《论"双重"领导和法制》等相关经典著作，阐明了社会主义法的本质和基本特征，以及社会主义法制的统一性问题。此外，苏联的许多法学著作和教科书中依据马克思列宁主义经典著作，对其他法律理念问题都有一定的阐释。

当时的中国法学理论继受了苏联法学理论中的名词、概念术语和定义内涵的内容。在苏联国家与法的理论著作和教科书中，有一些名词、概念术语和定义内涵的内容，被中国法学理论所继受，致使中国自 20 世纪 50 年代以来的国家与法的理论和法学理论教科书和相关论作中，其与上述相应的名词概念等的表述也借鉴了其内容。例如，三种剥削阶级国家和法的历史类型；社会主义法制和法律秩序；社会主义法律规范的概念、结构、种类、适用；社会主义法的渊源的概念、规范性文件的系统化（包括法规汇编和法典编纂）；社会主义法律关系的概念、主体与客体、主体的权利与法律义务（即法律关系的内容）；社会主义法律体系的概念、法律部门的概念等。所有这些内容的表述和词语，均被中国法学理论教科书相关著作所借鉴。对于这种理论移植现象，恰恰能够运用微观比较研究的方法，在两者之间进行对应性研究，找出两者之间既有相一致的方面，又有不尽相同的方面。

当时的中国法学理论全盘照搬了苏联的关于法的概念和本质的理论观点，因此同样过分地强调法律的阶级性、国家意志性和强制性，把法律只看做是进行阶级斗争的工具。苏联的法学理论在论述到法的概念和本质时，引用了马克思、恩格斯的《共产党宣言》中的话，指出资产阶级法的"观念本身就是资产阶级的生产关系和所有制关系的产物，正像你们的法不过是被奉为法律的你们这个阶级的意志一样，而这种意志的内容是由你们这个阶级的物质生活条件来决定的"①。苏联作者们在阐释马克思、恩格

---

① 马克思、恩格斯：《共产党宣言》，参见《马克思恩格斯选集》第 1 卷，人民出版社 1972 年版，第 268 页。苏联法学理论中对该内容的引文见卡列娃等著，李嘉恩等译《国家和法的理论》（上册），中国人民大学出版社 1956 年版，第 73 页。

斯的这一经典言论时，一方面认为"这个定义十分简略地表述了马克思主义的即唯一科学的法的概念"，另一方面又提示"但是应该注意，这个定义没有包括法的一切特征，而只是包括了法的最重要最本质的特征"①。这样，为他们对法的概念和本质的认识理论就留出了很大的、任意解释的余地。事实正是如此。卡列娃等作者们将 1938 年由安·扬·维辛斯基提出的并经全苏法律科学工作者会议上经过集体讨论的法的定义，正式写入《国家和法的理论》的教科书中，即"法是经国家制定或认可的，体现统治阶级意志的，由国家的强制力为了保护、巩固和发展有利于并适合于统治阶级的社会关系和社会秩序而保障其适用的行为规则（规范）的总和"②。作者们又特别指出："苏维埃法学中根据马克思、恩格斯、列宁、斯大林和他们的最亲近的学生的全部论点而制定的法的定义，是由安·扬·维辛斯基院士提出的。"③ 显然，这就是"不容置疑"的"马克思列宁主义的法学理论"了，由此这也就很自然地全盘搬进了中国法学理论中。

但是我们必须认识到，这种关于法的补充定义并非是马克思主义经典作家们的本意，而是被苏联法学理论认可的维辛斯基的观点，其过分地、片面地强调法律的阶级性、国家意志性和强制性，把法律只看做是进行阶级斗争和阶级镇压的工具，而无视法的社会公共职能。这种理论产生于苏联多年来阶级斗争激烈（包括 20 世纪 30 年代"大清洗"严重扩大化）的社会条件下，而且时值维辛斯基担任苏联总检察署最高领导人，他也直接参与到这种实践中。当时的中国法学继受了这种理论，也给中国的法学界和法律实践造成了极大的危害。

由于过分地、片面地强调法律的阶级性，以对废除的旧法与新法之间的阶级本质的根本区别，否定了两者之间某些方面的内在联系。因此，中国法学界于 1956—1957 年对法律阶级性和继承性理论问题的讨论④，1960—1962 年对法学研究对象和法学体系理论问题的讨论，本来应当是以法律科学视角从更广义方面研究法律现象及其更广泛的社会意义，但是却

---

① 参见卡列娃等著，李嘉恩等译《国家和法的理论》（上册），中国人民大学出版社 1956 年版，第 74 页。

② 同上书，第 75 页。

③ 同上。

④ 杨兆龙：《法律的阶级性和继承性》，载《华东政法学报》1956 年第 3 期。

都从片面的法律的阶级性、强制性、国家意志性和阶级斗争工具论的角度，将应有的讨论目的与意义予以扼杀和否定。法的继承性被彻底否定，有的持不同见解的法学学者甚至遭到迫害。

（三）　对苏联法学理论继受的原因与评价

中国共产党领导的新中国与苏联共产党领导的苏联，在政治信仰和意识形态上是相同的。在苏联法学理论著作和教科书中，马列主义经典作家的理论观点贯穿于其中。无论在苏联法学中所引用的马列主义经典著作方式是否存在着教条式的或僵化的理解，但是由于共同的信仰和相同的意识形态，使中国法学能够从苏联法学中的内容和思维方式中找到一致性，这就使得中国法学界很自然地继受或移植苏联法学理论著作及其观点。

20 世纪 50 年代初，在新中国建立之初全面摧毁旧法的运动以及随之进行的激烈的政治斗争中，法律的本质和功能总是显示出是阶级镇压和敌我斗争的工具，充分地体现出法律的阶级性、强制性和国家意志性，当时的实践很难显现法律在社会公共事务管理等其他方面的社会功能。在这种情况下，我们直接感受到的法律和理解的法学理论恰恰从苏联法学理论中找到了一致性的理论说明，这就很自然地使中国法学与苏联法学在理论观点上形成高度的默契。

从更深层面的中国法律文化进行传统分析，也为继受苏联法学理论提供了相适宜的法律文化基础。几千年来的中国法律是把个人的人格和权利附属于某个团体，崇仰国家权力的神圣而个人权利处于卑微地位。传统中国的法律重公法（主要是刑法）而轻私法，强调公权力的权威性、强制性，而忽视甚而任意侵害个人的私权。苏联法学理论强调法律的国家意志性、强制性和阶级性，同样宣扬公权力的神圣性，轻视法律维护个人权利和社会公平、正义的功能，这种理论恰恰与中国传统性的重国家轻个人的法律文化传统相一致。[①]

但是，我们应当客观地认识和评价中国法学理论继受苏联法学理论的那一阶段历史。苏联法学理论能够较容易和较长期地被中国法学界继受，既有中国历史条件的内因，又有当时苏联历史条件的外因；既有一定的经验，又有一定的历史性教训。

时至今日，客观地分析 20 世纪 50 年代苏联国家与法的理论著作和教

---

① 上述观点参考了孔小红《中国法学四十年略论》，载《法学研究》1989 年第 2 期。

科书，其所运用的马列主义经典著作的原理，无疑是正确的。中国的法学理论全面继受了这种以马列主义国家观和法律观为支撑的理论观点，成为长时期影响中国法学理论的主导思想。对于苏联法学的继受无疑是有积极意义的，例如形成了中国社会主义法律观的基础结构与基本内容，建构了至今影响法学思维的知识体系，培养了一批在日后发挥重要作用的法学人才。当然也必须看到，苏联国家与法理论著作中，尽管引用了马列主义经典著作，但是免不了具有某些教条式的理解，在一些方面存在着某些已经被实践证明属于僵化的原则，同样给中国法学在理论上和实践中带来较严重的负面影响。

三、新中国对旧法观点的批判

在中共中央于 1949 年 2 月发出的《关于废除国民党〈六法全书〉和确定解放区司法原则的指示》的指导下，新中国成立初期的中国掀起了一场规模巨大的摧毁旧法制的运动。1952 年 8 月 7 日《人民日报》的社论《必须彻底改革司法工作》明确指出，"司法改革运动，是反对旧法观点和改革整个司法机关的运动"，其目的就是要在全国范围内，"从政治上、组织上、思想作风上纯洁各级司法机关"，"有系统地正确地建立和健全司法制度"。对旧法学和旧法观念的批判和斗争，由此在全国范围内展开。

所谓"旧法观点"，当时国家政法领导人将其界定为"从北洋军阀到国民党基本上一脉相传的、统治人民的反动的法律观点"①，学者进而将其描述为"国民党反动派的《六法全书》及其一切反动的法律观点，包括反动统治者所遗留的反人民的整套法律制度，从法律的思想体系到司法的组织制度，以及许多统治、压制人民的方法和作风"②。由此看来，新中国成立初期对"旧法观点"的批判，实际上是对原南京国民党政权法律制度和法律思想的总清算。

受到批判的旧法观点实际是非常广泛的，既涉及对旧法的态度，也涉及受旧法影响的对新法的态度。其一，受到最严厉批判的是"旧法砖瓦论"和"旧法可用论"。这种观点认为我们把法律旧建筑打碎之后，有的

① 彭真：《论新中国的政法工作》，中央文献出版社 1992 年版，第 70 页。
② 李光灿、李剑飞：《肃清反人民的旧法观点》，载《人民日报》1952 年 8 月 22 日。

砖瓦还可以为我们所用。这实际上是对旧法的某些合理因素可以进行继承的观点。但是，这种观点被视为不懂得人民的法律与反动的旧法律有着本质的区别，不懂得从表现官僚资产阶级和地主阶级意志的反动的国民党旧法律中是不可能吸取任何东西来为人民司法工作服务的，因而就混淆了新旧法律的界限，不知不觉做了旧法的俘虏。① 其二，对于"法律面前，人人平等的原则"、"契约自由"和"既往不咎的原则"之类的观点，将其批判为违反了人民民主专政原则，是用敌我不分的谬论来为人民的敌人服务。其三，"司法独立的原则"认为"法官应当独立审判，只服从法律"，并以当时的实践为例，认为县长、市长兼法院院长违反了司法与行政独立的原则，院长掌握案件的判处权侵犯了审判员的审判权，镇压反革命既是司法工作就不应由军法处办，等等。这种观点被视为不要政治领导，向政治"闹独立性"②，是资产阶级"三权分立"思想的体现。其四，对于"办案必须制定和遵循一套完备的司法程序"的观点，被视为严重脱离群众，会造成司法机关衙门化，成为压制人民的官老爷，成为用旧的机械的程序和繁琐的手续来拖延办案和压制人民的借口。其五，"司法应有自己的工作路线和方法"的观点认为，司法活动是与政治运动有别的专门知识和业务，需要由熟悉业务的专门人员来完成。坚持司法工作路线的人员反对在司法活动中搞运动，认为走群众路线是一般的路线方法而不是或不完全是司法工作的路线和方法。这种观点被批判为脱离群众运动、脱离党和国家中心工作，是孤立办案，"关起门来办案"的旧司法作风。其六，对于"重视法律的权威，依法治国"的观点，将其视为没有政治观念、拒绝接受中国共产党领导的表现。

今天的人们或许大多无法理解，上述大多可算作"公理"和常识的法律观点，怎么会被新生的政权统统视为"旧法观点"而予以批判？这需要仔细回溯历史并探究其中的缘由之后才能解答。"对于一场法律革命而言，如何对待它先前的法律遗产，这是革命的设计者和组织者必须认真严肃地思考的重要问题。在中国的历史条件下，中国共产党人清醒地意识到，中国社会主义法制不可能在旧法制的基础上建立，而必须运用革命的暴力手

---

① 魏文伯：《彻底进行司法改革工作必须贯彻群众路线》，载武延平等编《刑事诉讼法参考资料汇编》（中册），北京大学出版社 2005 年版，第 738 页。

② 叶澜：《清算反人民的旧法观点》，载《人民日报》1952 年 10 月 17 日。

段打碎旧的国家机器，废除国民党反动政府的伪法统。"① 1949 年 2 月中共中央《关于废除国民党〈六法全书〉和确定解放区司法原则的指示》，符合当时共产党人对法制的一般理解，即国民党的法律体系和一般资产阶级法律一样，在所谓"法律面前，人人平等"的虚伪面纱背后，实际上是维护地主阶级和官僚资产阶级统治的工具，是镇压和束缚人民的武器；而"我们的人民民主专政的国家制度是保障人民革命的胜利成果和反对内外敌人的复辟的有力的武器，我们必须牢牢地掌握这个武器"②。在"枪杆子里面出政权"以后，共产党人就必须牢牢把握人民民主专政的"刀把子"，以此保证新民主主义社会的巩固、稳定和发展。所以新中国法制建设的基本精神和方向必然是废除《六法全书》，另起炉灶。针对当时不少司法干部提出的在解放区使用国民党法律体系中合理部分的主张，中央指示明确表示不能保留《六法全书》的任何部分。这既表现了当时共产党人同旧政权坚决划清界限的决心，也体现了共产党人对用自己的方式进行新政权建设的自信心。

在新中国建立初期，国民党《六法全书》虽然从总体上被废除，但其所遗留的"旧法观点"却在司法领域和法学教育领域有着广泛而深刻的影响。例如在土地改革中，有的司法人员按照"法律面前，人人平等"的原则，把地主和农民同样对待，开庭时宣布严格的"庭规"十二条，结果文化程度普遍低下的农民说话处处受到限制，吓得不敢说话，而文化程度普遍较高的地主却能趾高气扬、侃侃而谈。这些司法人员不懂得人民法庭就是要保障农民有秩序地进行反封建的斗争，镇压地主的反抗，因而被认为在实际上帮助了地主。在镇压反革命运动中，对过去那些作恶多端、人民恨之入骨的反革命分子，有的法院却以"未遂"、"时效"、"反革命是执行上级命令的职务上的行为"等"旧法观点"，有意无意地为反革命分子开脱罪责并减免惩罚。对待不法地主和资本家同群众签订的明显不平等合同，一些法院也以"契约自由"、"私权关系"等"旧法观点"予以法律上的承认，而没有考虑到人民法庭应当以革命法制对劳动人民和国家公共利益予以保障。所有这些都表明，主要在和平年代应用的"四平八稳"、"不偏不倚"的司法系统和理念，根本无法适应"急风暴雨"式的革命运

---

① 公丕祥主编：《当代中国的法律革命》，法律出版社 1999 年版，第 40—41 页。
② 《毛泽东选集》第五卷，人民出版社 1977 年版，第 5 页。

动形式的发展，不能真正成为人民民主专政的有力武器和得心应手的"刀把子"。在旧法被废除后，上述看起来是很中性的法律观点和原则，被视为"旧法观点"而遭到批判就在政治情理之中了。今天看来，这明显是一种在泼洗澡水时、连洗澡盆也一并扔了的不当做法。但考虑到当时的国内外形势和党的政治路线和思想路线，在客观条件上不允许、主观条件尚不具备的情况下，将"旧法观点"这个"洗澡盆"与"旧法"的"洗澡水"一并扔掉，也不失为解决当时革命实践问题的一种办法。

置于当时的时代背景中，可以看出对"旧法观点"的批判在总体上具有积极意义。其一，建设在性质与本质上全新的政权体制，必然伴随对旧政权体制包括法律及附着其上的意识形态的清除，因此在当时的情形下，对"旧法观点"的批判是不可避免的政治选择。其二，对"旧法观点"批判的基本指向是正确的，彻底揭露国民党旧政权法律制度的本质，可以在法律制度上和法律观念上清除其对社会的钳制。其三，对"旧法观点"的彻底批判，可以迅速统一法律界尤其是司法界的思想，有助于建立全新的司法队伍，以满足社会大变革时期的法制需要。其四，对"旧法观点"的彻底批判，有助于后来对社会主义法学理论（当时主要是苏联法学理论）的全面继受。

当然，1952 年开始的带有很强政治性的司法改革运动，还是给后来的社会主义法制建设留下了很大的后遗症。社会主义国家废除旧法律，绝不意味着新旧法律之间决无共同之处，诸如法律面前，人人平等、契约自由、审判独立、程序正义、罪刑法定、不咎既往、承认法律的继承性等法学观点，都是任何法制社会应该接受的不言而喻的"公理"。这些法律"公理"被当作"旧法观点"而遭到批判和抛弃，只能说明新生政权仅仅看到了法律的政治性而忽视了法律的专门性和科学性。拒绝承认新旧法律的任何继承性，将使新的社会主义法制建设成了"无源之水、无本之木"。在组织上一批训练有素、有操守、懂法律的"旧法"工作人员被从司法机关清除出去，一大批无政治问题的法学专家、教授被拒于新的司法机关与大学法学讲坛之外，而一批文化偏低并缺乏法律知识的革命干部被调去充当审判员的工作，这种司法大众化的路线显然是危险的。或许可以收效于一时，却给未来留下更大的危害。从这个意义上讲，司法改革运动中对"旧法观点"的批判存在着扩大化、偏执化的倾向，实际上否定了法律和司法本身。当时也有人敏锐而有预见地认识到了这一点。董必武在 1956

年中共八大的发言中就指出，"全国解放初期，我们接连发动了几次全国范围的群众运动，都获得了超过预期的成绩。革命的群众运动是不完全依靠法律的，这可能带来一种副产物，主张人们轻视一切法制的心理，这也就增加了党和国家克服这种心理的困难"①。简单和粗暴地将所有"旧法观点"与"旧法"一并否定和抛弃，不可避免地造就了法律虚无主义的历史倾向。

1956 年生产资料私有制的社会主义改造基本完成后，中国社会进入了新的发展阶段。中共八大正确分析了社会主义改造基本完成之后国内阶级关系和社会主要矛盾的变化，确定阶级矛盾已经不再是国内的主要矛盾，全党的工作重点要转向社会主义经济建设。为此中共中央决定在党内开展整风运动，号召群众向党提出批评建议。在"百家争鸣、百花齐放"的精神鼓舞下，法学界的气氛重新活跃，人民思想解放，开展了一场热烈的讨论。主要涉及的法学命题有：法的阶级性和继承性问题、党法（政策法律）关系问题、依法治国问题。

1954 年宪法颁布后，全国的立法进程明显加快。在制定新的法律时，能否借鉴、吸取旧法律中有用的、合理的因素，就成为法学界迫切需要解决的问题。1956 年《华东政法学报》先后发表了李良的《百家争鸣和法律科学》、刘焕文的《在百家争鸣中谈旧法思想》以及杨兆龙的《法的阶级性和继承性》三篇论文。接着在 1957 年出版的《法学》双月刊、《政法》双周刊和中央政法干校校刊《教与学》中，都陆续刊登了有关法律的阶级性和继承性方面的文章。在讨论中，大多数学者认为在汗牛充栋的旧时代，法律资料中有着丰富的遗产，经过批判后可以吸收利用，但对于刘焕文提出的"新旧法有内在的思想联系"和杨兆龙提出的有关法律的阶级性和继承性的某些观点还持有不同意见。为了贯彻"双百"方针，上海法学会还于 1957 年 3 月 14 日召开了专题学术座谈会，参加座谈会的有华东政法学院、复旦大学法律系、上海法律学校的教师和上海市各政法机关的法律工作者以及社会法学界人士共 50 人。座谈会围绕着以下几个问题进行了研讨：法律和经济基础的关系；法律的阶级性是否统一；新旧法、新旧法思想和新旧法学是否有内在联系；旧法能否在社会主义国家利用；法

---

① 《董必武法学文集》，法律出版社 2001 年版，第 350 页。

学遗产的意义和范围。① 法学界在 1956 年至 1957 年间围绕着法律的阶级性和继承性问题的学术争论，集中反映了当时的人们对法律的本质的一般看法。

　　新中国成立后，没有能够及时地制定刑法、民法、刑事诉讼法和民事诉讼法等基本性法律，法制处于极不完善的状态，司法实践中大量适用党的政策、政府规定。1957 年上半年，不少人对党政不分的现象提出了批评，认为以党代政、以政策代替法律的局面，无法保证案件审理的正确性。在法学界集中讨论法律和政策的关系问题时②，有人强调必须划清政策和法律的界限，认为政策是政治的具体形式，是党根据当时具体情况制定出来的，具有暂时性、原则性和灵活性等特点；而法律是国家权力机关通过立法程序制定的，具有稳定性、明确性和权威性的行为规范，司法审理适用法律更能保证准确性和一致性。因此主张法律应该是社会调整的主要工具，党的政策中的成熟和稳定的部分应该及时地通过立法程序取得法律的形式。凡是有法律的时候应该依照法律办事，只有在没有法律规定的地方，才可以政策作为法律的辅助手段。但是，当时我国政法机关和法学界的主流观点还是认为，政策高于法律、大于法律，法律低于政策，法律从属于政策，应该依据政策的原则办事，或者将法律和政策两者完全等同起来。但在政策决定法律的问题上，学术界的观点是基本一致和肯定的。

　　党的八大提出了党内民主、人民民主和加强法制的任务后，关于如何加强社会主义法制建设，成为当时法学界研究与讨论的热点。一些文章对法制现状进行了批评，认为当时法制不完备的现象和不遵守法制的现象都十分严重，必须强调完备法制的重要性和加强制度建设的根本性意义。还有的直接指出不尊重法制，就会直接危及人民民主，在阶级斗争已经基本结束的情况下，法律主要是保障人权、捍卫公民民主权利的武器，因此社会主义法制和社会主义民主是有机统一的。

　　1957 年的法学新思潮深化了人们关于法律本质的认识，其中提出的一

---

　　① 　参见梅耐寒整理《关于"法的阶级性和继承性"的讨论》，载《法学》1957 年第 2 期。

　　② 　以下参见，朱恩霖：《法律和政策的关系》，载《法学》1957 年第 6 期；万山：《略论政策和法律的关系》，载《法学》1958 年第 4 期；高呈祥：《适用法律必须服从党的政策》，载《法学》1958 年第 8 期；光博：《法律必须服从党的政策》，载《法学》1958 年第 5 期；赵擎：《关于法律和政策的若干问题》，载《法学》1958 年第 2 期；张达之：《政策是法律的灵魂》，载《政法研究》1958 年第 3 期。

些批评意见非常具有针对性和前瞻性。但遗憾的是，1957 年夏季开始的"反右派"运动，将一些批评意见说成是别有用心地污蔑人民民主专政，企图动摇中国共产党的领导，是鼓吹超阶级的法律观，阴谋使反人民的旧法复辟。倡导这些观点的人，大都被扣上"右派"的帽子而遭到长时间的批判和不公正待遇，由此阻塞了有关对法律本质进一步探讨的学术空间。

从 1957 年起，党的"左"倾错误在国家政治社会生活中的影响不断加深。1958 年"大跃进"中刮起的"共产风"和"浮夸风"，使司法工作进一步受到影响。当时错误地认为，可以很快消灭一切反革命活动和其他刑事犯罪活动，司法机关在办理案件中，不再需要各司其职，遵循法律程序，进而推行了所谓的"一长代三长"，即由一人代行公安局长、检察长、法院院长的职权。"一员顶三员"，即由一人代行预审员、检察员、审判员的职权。许多地方的专区和县两级"公、检、法"机关一度合并为"政法公安部"，而且有的检察机关被合并为公安机关下面的"法制室"或"检察科"，实际上已名存实亡。1960 年 2 月，第五次全国司法工作会议继续提出反右倾，倡导人民司法工作的"全面跃进"。在紧接着召开的第六次全国司法工作会议上，又提出了"有事办政法，无事办生产"、"有案办案，无案生产"的口号。以后的第七次全国司法工作会议竟说司法程序是"繁琐哲学"，按照程序办案是"旧法观点"，因此要"打破陈规，改旧革新"。在"文化大革命"期间，砸烂公检法盛行，人民法院行之有效的组织系统、原则制度、工作方法、工作作风，统统被破坏，检察机关被取消，国家司法制度遭到了根本性的破坏。在 1976 年"文化大革命"结束前的近 20 年里，群众运动和劳动改造成为社会生活的主题，法律虚无主义泛滥，法学变成了政治学的附庸，有价值的法学研究成果无法诞生。

在 1949 年到 1976 年的二十多年时间里，旧的法律体系和旧的法学观点被批判和抛弃，然而新的法律体系和新的法学研究却没有能够很好地重建而走向正轨，这除旧无度、布新无着的局面是时代的悲剧，也是中国法学史上沉重的一页。

四、法律虚无主义的泛起及后果

新中国的建立并不是通过革命武装夺取政权的简单而自然的结果。其实，在中华人民共和国成立之初，人民政权的政制选择和步骤安排就很受重视。首先是召开政治协商会议，制定《中国人民政治协商会议共同纲领》，规定人民权利和国家政制；接着于 1954 年制定国家宪法，更为明确详细地规定国家机构以及公民的基本权利和义务。由此，据以安邦定国的国家法制实际上有了好的开端，如果沿此政治思路继续下去，中国的法制历史或许是另外一番景象。然而，此后不久，由于阶级斗争扩大化以及法律虚无主义的泛起，国家的法治进程被严重打断，国家和人民因此也遭受重大损失。

从 1957 年下半年开始，"反右派"斗争被严重扩大化，随后又于 1958 年出现"大跃进"，于 1959 年出现"反右倾"，直至最终发生"文化大革命"十年浩劫，这正是法律虚无主义在我国泛起并产生严重后果的历史时期。我国法学和法制在此时期受到严重挫折和破坏，多数法律系和法学专业被取消，法学停滞而落后。司法也未能向专业化和法律化方向发展，经过反复修改的刑法、民法草案中辍，以致 30 年内国家连刑法和民法这些基本的法律也告阙如。尽管此前"有法可依，有法必依，执法必严，违法必究"的原则已被正式提出，但在这一时期，有法不依、立法停滞、司法以打击批斗形式运转、政治运动不断等现象普遍存在，直至最终出现"砸烂公、检、法"。法律虚无主义思潮与这种法学凋零、法制荒芜的现象互为因果、交互促进，并且成为一种渐行渐强并延续持久的社会思潮。

在这个历史时期，作为一种对于社会普遍观念具有重大影响的法律虚无主义思潮，也存在于国家政治领导人的观念中，并强烈影响到了国家的政策选择。1958 年 8 月，在北戴河中央政治局扩大会议上，毛泽东曾这样谈到：法律这个东西没有也不行，但我们有我们这一套……大跃进以来，都搞生产，大鸣大放大字报，就没有时间犯法了。对付盗窃犯不靠群众不行。不能靠法律治多数人。多数人靠养成习惯。军队靠军法治人治不了人，实际上是 1400 人的大会治了人，民法、刑法那么多的条文谁记得？宪法是我参加制定的，我也记不得……我们每个决议都是法，开会也是法。治安条例也养成了习惯才能遵守……主要靠决议、开会，一年搞四次，不靠民法、刑法来维持秩序。[①] 这一段话明显包含了一种抛开法律而通过群众和会议维持秩序的社会治理思路。同年召开的第四届全国司法工作会议，也对司法"右倾"提出批判，认为司法工作"对法有了迷信，甚

---

① 转引自项淳一《党的领导与法制建设》，载《中国法学》1991 年第 4 期。

至使法成了自己的一个紧箍咒，用法律束缚对敌斗争的手脚"。与此相联系，"司法工作大跃进"中出现了公、检、法三机关"一长代三长"、"一员顶三员"、"形成一个拳头"的做法。① 这些话语和做法，都可谓法律虚无主义的具体表现形式。

法律虚无主义，从字面上看似乎是一个关于有法无法的问题，但就其根本而言，它主要涉及的乃是法律在国家政治中的作用和地位及其起作用的方式的问题。从连刑法、民法等基本法律都长期缺乏的社会现象来说，法律虚无主义在一定程度上的确与"无法"或法律稀少现象联系在一起。但作为一种理论形式，法律虚无主义并不仅仅是一个简单的法律是否齐备的问题，它在根本上集中体现的是对法律的忽视、轻视乃至蔑视。所谓"和尚打伞，无法无天"，所表明的未必就是当时国家政治中真的"无法"，而是拿法根本不当法，以权为法、以言为法，以内部文件、决策、批示、领导人的个人看法取代法。实际上，即使在法律虚无主义盛行的当时，国家宪法一直在客观上存在看，因为没有一个法律或政策明示要废除既存宪法。即使在"文化大革命"期间，全国也有 120 余万件刑事案件是经过审判判处的。② 而且在 1967 年 1 月 13 日发布直到 1979 年 2 月 17 日才废止的《关于在无产阶级"文化大革命"中加强公安工作的若干规定》（即"公安六条"），表面看上去也是以国务院制定的"法规"形式出现的，大量的冤假错案就是以它作为"法律"依据的。结合历史上的实际情况看，当法律虚无主义盛行之时，社会上并非完全无法，而是将法只视为形式主义的存在或只作为政治工具使用，是可以随时忽视和抛弃的"条文"而已，这主要表现为有法不依、无法可依、不重视法、不重视法律对政治权力的制约、以言废法、因言定罪、以批斗代司法等。

在中国历史上，很早就有而且很长时期一直存在不太注重法律的理论倾向。无论是道家，还是儒家，对法律都不能说是推崇备至的。在道家看来，"法令滋彰，盗贼多有"③，儒家也有"道之以政，齐之以刑，民免而

---

① 参见蔡定剑《历史与变革——新中国法制建设的历程》，中国政法大学出版社 1999 年版，第 97 页。

② 参见江华于 1980 年 9 月 2 日在第五届全国人民代表大会第三次会议上所作的《最高人民法院工作报告》。

③ 《道德经》。

无耻；道之以德，齐之以礼，有耻且格"① 之类的看法。但是，这种传统的文化态度，并不是 20 世纪 50 年代后期以来法律虚无主义在中国泛起的主要历史渊源之所在。从特征上看，在 1957 年至 1976 年的近 20 年法律虚无主义盛行时期，现实层面的政治斗争显然是关注的重点，而法律恰被认为是而且应当是用以实施阶级统治的刑杀工具。在此之外，中国古代还曾出现过"议事以制，不为刑辟"② 的主张，这倒是与法律虚无主义所表现出的"决议都是法，开会也是法"存在着明显的相通之处。应该说，法律虚无主义，主要与苏联的国家与法的理论、在建设时期仍沿用革命和战争时期不依靠法律的某些做法以及当时政治体系中的权力集中等，存在着因果联系，其背后的理论支撑至今仍需要深刻反思。

首先，法律虚无主义在理论上主要发源于"无产阶级的革命专政"这一过渡时期理论。无论是在苏联，还是在中国，在武装夺取政权之后都曾一度出现法律虚无主义和政治动荡。按照苏联的政治理论，"无产阶级的革命专政"被认为是不受任何法律约束地采取暴力手段获得和维护政权。这一理论符合夺取政权的革命时期，毕竟革命夺权与通过法律的权利诉求有着不同的政治前提、社会秩序状态和实现方式。不过，在"百花齐放，百家争鸣"引发一些政治性批评之后，国内的阶级对立和阶级斗争被过高估计，以致阶级斗争被扩大化乃至绝对化，"阶级斗争，一抓就灵"、"以阶级斗争为纲"随之抬头，最终陷入"无产阶级专政下继续革命"的"文化大革命迷误"。由于国家长期被定位于"无产阶级的革命专政"③，为政治协商会议和 1954 年宪法所初步奠定的国家法制基础，自 1957 年之后遭受破坏，直至出现以"天下大乱"求"天下大治"为途径的抛弃法律机制的社会局面。

其次，法律虚无主义与法律工具主义密不可分。法律是统治阶级对被统治阶级实施统治以维护统治阶级利益的工具，这是新中国成立之后头 30 年中理论界对于法律的基本看法。此种看法尽管不像头 30 年那样广泛而深入，但在改革开放时期仍具有一定的影响。将法律仅视为政治统治、阶级斗争的工具，一方面导致的是对旧法及其体制的彻底批判和完全否定，

---

① 《论语·为政》。

② 《左传·昭公六年》。

③ 《邓小平文选》第 2 卷，人民出版社 1994 年版，第 330 页。

另一方面导致的是将法律主要作为阶级斗争的政治工具使用，而对法律的社会公共职能以及规范和约束政治权力的作用关注不够。这两个方面，在新中国成立之后的头30年都有明显表现。1967年发布的"公安六条"中就有这样一条："凡是投寄反革命匿名信，秘密或公开张贴、散发反革命传单，写反动标语，喊反动口号，以攻击污蔑伟大领袖毛主席和他的亲密战友林彪同志的，都是现行反革命行为，应当依法惩办。"这很典型地反映出在法律工具主义主导下法律的现实政治处境。在法律工具主义之下，法律以及法律体制必定因为"政治挂帅"而表现出权威的丧失乃至可有可无——国家的刑法、民法等可以长期缺乏，公、检、法也无须实行权力分工和制约，甚至可以被砸烂。可见，完全沦为工具的法律难免面临被当作工具而抛弃的命运，法律虚无主义与法律工具主义是难以分割的观念共同体。

再次，法律虚无主义与政治生活中的个人崇拜以及由此所致的政治权力高度集中联系在一起。"从1958年批评反冒进、1959年'反右倾'以来，党和国家的民主生活逐渐不正常，一言堂、个人决定重大问题、个人崇拜、个人凌驾于组织之上一类家长制现象，不断滋长。"这一时期，"人治"也得到一些党和国家领导人的推崇。其结果是，"往往把领导人说的话当作'法'，不赞成领导人说的话就叫做'违法'，领导人的话改变了，'法'也就跟着改变"①。政治领域的个人崇拜与政治权力高度集中相伴而生，在此情况下，法律势必被置于个人之下，由此发生以言代法、废法、轻视法的现象也就在所难免。就此而言，新中国成立之后的头30年国内理论界和政治界关于"人治与法治"屡起纷争，并不是毫无现实针对性的。② 1981年，《关于建国以来党的若干历史问题的决议》这样写道："国际共产主义运动史上由于没有正确解决领袖和党的关系问题而出现过的一些严重偏差，对我们党也产生了消极的影响。……种种历史原因又使我们没有能把党内民主和国家政治社会生活的民主加以制度化，法律化，或者虽然制定了法律，却没有应有的权威。这就提供了一种条件，使党的权力过分集中于个人，党内个人专断和个人崇拜现象滋长起来，也就使党和国

---

① 《邓小平文选》第2卷，人民出版社1994年版，第146页。

② 参见《法治与人治问题讨论集》编辑组编《法治与人治问题讨论集》，群众出版社1980年版。

家难于防止和制止'文化大革命'的发动和发展。"这一段话表明了政治领域的个人崇拜和权力过分集中与法律虚无主义、政治权力运行不规范以及政治动荡之间的联系。正是因为对此种联系的深刻认识，使制度和法律不因领导人的改变而改变，不因领导人的看法和注意力的改变而改变，自改革开放以来就成为国家重要的政治和法律发展目标。

最后，"大民主"也是法律虚无主义的一个根源。在法律虚无主义的主导下，政治权力的运行必定是不规范的。这既表现为政治领域的个人崇拜，也尤为突出地表现为群众权力不受法律控制。从法律与政治的关系看，法律虚无主义是法律完全为政治所控制而不能对政治权力和政治活动发挥约束和规范作用的当然结果。1957 年以来的近 20 年间，个人专断以及被发动起来的群众权力是未能有效受到法律管控的两种最主要的政治权力形式，而这两者在"文化大革命"时期紧密地结合在一起，由此也使得法律虚无主义在"文化大革命"时期表现得最为充分。相对于可以打碎砸烂的国家机器、官僚机构以及法庭形式，民主未能受到法律的必要规范，由此使得"大民主"表现为明显的"无法无天"的无政府状态。就实践而言，"无产阶级的革命专政"这一历史定位，使得革命和战争时期大规模地发动群众在建设时期也被沿用来开展阶级斗争，而未能及时地转向人民群众对法律的自觉维护和遵守。例如，"公安六条"就"号召革命群众协助和监督公安机关执行职务"，其中有一条规定，"凡是利用大民主，或者用其他手段，散布反动言论，一般的，由革命群众同他们进行斗争。严重的，公安部门要和革命群众相结合，及时进行调查，必要时，酌情处理"。

"文化大革命"结束后，有专论批评"法律虚无主义"[1]，也有人这样总结法制方面的教训：依政策而不依法不行；讲人治而不讲法治不行；搞运动而不重视法制不行；搞法律虚无主义不行。[2] 还有人指出，"由于法律虚无主义者……的长期干扰和破坏，法学领域禁区之多，耸人听闻，甚至连国家大法所规定的法制与民主原则，如'公民在适用法律上一律平等'、'独立审判，只服从法律'、'一般监督'、'保护被告人的辩护权利'等等，也成为禁区，言者有罪。禁区林立、迷信盛行……法律虚无主义者……正是把法学和政治等同起来、把法学的阶级性和学术性对立起来，

---

① 罗世英：《批判法律虚无主义　加强法学研究》，载《法学研究》1979 年第 2 期。
② 陈守一、刘升平、赵震江：《我国法制建设三十年》，载《法学研究》1979 年第 4 期。

从而把法学长期打入'冷宫'①。"文化大革命"之后，理论界对于加强法制的呼吁以及关于法与政策、法的阶级性与社会性的讨论，在很大程度上其实都触及对法律虚无主义的反思与批判。对法律虚无主义的反思与批判最终集中反映到党的政策上，如十一届三中全会公报这样写道，"为了保障人民民主，必须加强社会主义法制，使民主制度化、法律化，使这种制度和法律具有稳定性、连续性和极大的权威，做到有法可依，有法必依，执法必严，违法必究"。

---

① 赵震江：《五四精神与法学研究》，载《法学研究》1979 年第 1 期。

第二章

社会主义宪法学的初始建构

一、新中国宪法制定过程中宪法观的形成

宪法学是以宪法为研究对象的学问，而在中国，严格意义上的宪法却并非古已有之，相应的，宪法学亦非古已有之。鸦片战争后，清政府被形势所迫，改革政制，于1908年9月2日颁布了《钦定宪法大纲》，这是中国第一部具有宪法意义的法律文件。伴随着宪法改革的进程和观念的变革，中国的宪法学说也经历了从产生到发展的过程。早在19世纪末到20世纪初，我国学者开始大量翻译介绍西方宪法学著作，比如孟德斯鸠、狄骥、戴雪、美浓部达吉等西方宪法学家的宪法学著作。在引介西方宪法学说的同时，许多学者开始探索中国的宪法学研究。20世纪初，孙中山提出了"五权"宪法理论，所谓"五权"是指行政权、立法权、司法权、监察权、考试权，各自独立运作并互相监督制衡的制度模式。民国时期也曾出现了大量的宪法学研究成果，其中结合对孙中山先生"五权宪法"思想的阐释，出版了一大批比较宪法学和宪法学理论方面的著作。然而，阐释国体政体的宪法学也是最密切地随着国体政体的变化而变化的，随着新中国成立之后废除旧法统以及对"旧法观点"的清除，新中国成立初期的宪法学实际上隔断了与此前中国宪法学的传承关系，新中国的宪法学是借助苏联国家与法的理论所塑造的宪法观念与知识体系建立和发展起来的。在20世纪五六十年代，除了在宪法研究与阐释中被批判之外，旧中国的宪法学很少再因理论联系而被提起。

作为与国家的政制实践密切联系的学问，新中国初期的宪法学肇启于庙堂之上，而非书斋之中；兴盛于实践需要的迫切，而非理论探讨的深入。

　　新中国成立前夕，建立新中国的准备工作之一是起草《中国人民政治协商会议共同纲领》（简称《共同纲领》）。《共同纲领》是中国宪法史上第一个比较完备的新民主主义性质的宪法文件，对确立新中国成立初期的大政方针，巩固新生的人民民主专政政权起到了非常重要的法律保障作用，是新中国宪政史的基石和出发点。《共同纲领》从开始起草到1949年9月29日经中国人民政治协商会议第一届全体会议通过，随着中国革命形势的发展变化，曾三次起草，三次命名。① 其中涉及许多重大的宪法理论问题，都认真听取和吸收了各界人士的意见，为《共同纲领》的顺利出台和具备临时宪法的地位，提供了广泛的民意基础和理论依据。

　　《1954年宪法》是新中国的第一部宪法，这是一部由毛泽东亲自主持起草的社会主义性质的宪法。它不同于以往一切资本主义性质的宪法，与苏联1936年宪法以及前中东欧社会主义国家的宪法也有所区别，是基于毛泽东同志在新民主主义革命时期提出的建设新民主主义国家的理论，以及结合新中国成立后我国具体的实际情况，并在广泛征求社会各界意见的基础上产生的，具有很强的中国特色。其中所确立的人民代表大会制度以及作为国家机构组织活动原则的"民主集中制"，为其后的历部宪法所肯定和继承。可以说，1954年宪法所确立的基本宪法制度奠定了我国社会主义宪法制度的基础，同样，1954年宪法起草过程中所遵循的宪法原则和原理，也成为我国宪法学理论研究的最重要的指导思想。

　　1952年底，第一届政治协商会议任期届满，当时面临的选择是：继续实行政协代行国家权力机关职权的体制，还是让国家权力体制走上正轨。中共中央认为，应适时召开全国人民代表大会，制定宪法，使国家进入全面建设社会主义的新时期。按照《共同纲领》的规定，在最高国家政权机关闭会期间，中央人民政府为行使国家政权的最高机关。就有关国家建设的根本大计及其他重要措施，政协有向中央人民政府提出建议的权利。② 1952年12月24日，中共中央向全国政协提议，由全国政协向中央人民政府委员会建议，在1953年召开全国和地方各级人民代表大会，制定宪法。

---

　　① 即第一次起草稿：《中国人民民主革命纲领草案》（1949年2月27日）；第二次起草稿：《新民主主义的共同纲领草案》（1949年8月22日）；第三次起草稿：《中国人民政治协商会议共同纲领（草案）》（1949年9月17日）。

　　② 参见《共同纲领》第13条。

全国政协常委会扩大会议就中共中央的建议进行了讨论，大家一致赞同，认为召开全国人民代表大会制定宪法的提议是正确的、合适的，同日向中央人民政府建议召开全国人民代表大会和地方各级人民代表大会，并开始起草选举法与宪法草案等准备工作。

　　1953 年 1 月 13 日，中央人民政府委员会第二十次会议专门讨论了关于召开全国人民代表大会的问题。周恩来代表中共中央对这个问题作了说明，毛泽东在讨论结束时作了总结，说明了召开人民代表大会，制定宪法的必要性。会议最后通过《关于召开全国人民代表大会及地方各级人民代表大会的决议》。决议认为，召开全国人民代表大会的条件已经具备，根据《中央人民政府组织法》第 7 条第 10 款的规定，于 1953 年普遍召开由普选产生的地方各级人民代表大会，并在此基础上召开全国人民代表大会，以制定宪法。为了进行宪法的起草工作，1953 年 1 月 13 日，中央人民政府委员会决定成立中华人民共和国宪法起草委员会（毛泽东为主席，由 33 名委员组成），负责宪法的起草工作。为了便于政治局讨论宪法草案，工作计划要求在京各中央委员抽暇阅读有关宪法的参考资料，参考书包括：（1）苏联宪法。《1936 年宪法》及斯大林的报告。（2）东欧民主国家宪法。罗马尼亚、波兰、民主德国、捷克斯洛伐克等国宪法。（3）旧中国宪法。1913 年天坛宪法草案、1923 年曹锟宪法、1946 年蒋介石宪法。（4）法国、德国等欧美主要资本主义国家宪法。

　　宪法起草小组经过一个多月的努力，草拟出宪法草案初稿。2 月 18 日，初稿分送中央政治局委员和在京的中央委员。2 月 20 日以后，刘少奇主持政治局，和在京的中央委员讨论了三次，与此同时，发给全国政协委员征求意见。3 月 8 日，经中央政治局扩大会议的反复讨论、修改，宪法草案的草拟工作基本结束，宪法起草小组据此进行了修改。3 月 9 日宪法起草小组的起草工作完成，历时两个多月。3 月 17 日，宪法起草小组回到北京。3 月中旬，周恩来、董必武又邀请了非中共党员的宪法起草委员会委员进行讨论。在此期间，中央又指派董必武、彭真、张际春等组成研究小组，并请周鲠生、钱端升为法律顾问，叶圣陶、吕叔湘为语言顾问，对宪法草案进行了专门研究。通过以上工作，正式形成了一个《中华人民共和国宪法草案（初稿）》，作为中共中央的建议稿向宪法起草委员会提出。这个草案作为宪法起草委员会和第一届全国人大第一次会议讨论的基础，确立了 1954 年宪法的基本框架。

在毛泽东亲自领导下，中共中央宪法起草小组在 1954 年宪法起草过程中发挥了重要作用。1954 年宪法起草中，毛泽东不仅确定了宪法的总体框架和编纂原则，而且对宪法的每一部分反复进行研究与论证，许多条款是毛泽东亲自确定的。在宪法起草期间，毛泽东阅读了有关宪法的许多理论著作，把大量的精力与心血投入到宪法起草过程之中。在宪法草案上毛泽东有许多重要批语，如油印打字稿第 5 条的"说明"原文中说，"本条中所说的'资本家所有制'包括富农在内"，毛泽东针对"包括富农在内"，批了不甚妥。在原草案第 16 条中"全体公民"处画两条竖线，并在上方写有"什么是公民？"又在"勾结外国帝国主义、背叛祖国"之后画一插入号，加"举行内乱、推翻政府"等。原宪法草案中曾指出"这是我国的第一个宪法"，毛泽东认为不妥，中国过去有九个宪法，要尊重历史，不能背叛历史，并强调说此句"不改不行"。① 因毛泽东在设计、制定 1954 年宪法时所起的突出作用，当时有些人提议将这部宪法命名为毛泽东宪法②，但毛泽东予以拒绝，认为这样写不科学、不合理。从制宪史的角度看，1954 年宪法的研究必须与毛泽东宪政思想的研究结合起来，要客观地评价毛泽东在宪法实践与宪法理论上的历史功绩。

关于 1954 年宪法的特点，毛泽东在 6 月 14 日中央人民政府委员会第三十次会议上所作的《关于中华人民共和国宪法草案》的重要讲话中，对起草宪法的经验作了总结。他认为，这个宪法草案之所以得人心，主要有两条：一条是总结了经验，一条是原则性和灵活性的结合。他把宪法的原则归纳为两条，这就是民主原则和社会主义原则。他指出，我们的宪法是属于社会主义宪法类型的。我们是以自己的经验为主，也参考了苏联和各人民民主国家宪法中好的东西。讲到宪先行的，英国也好，法国也好，美国也好，资产阶级都有过革命时期，宪法就是他们在那个时候开始搞起来的，我们对资产阶级民主不能一笔抹杀，说他们的宪法在历史上没有地位。在说明原则性和灵活性的含义后，毛泽东特别强调宪法的遵守问题。他指出，宪法通过以后，全国人民每一个都要遵守，特别是国家机关工作

---

① 许虔东：《新中国第一部宪法的总设计师——毛泽东刘庄草宪轶闻》，载《党史纵横》1994 年第 5 期。

② 逄先知、金冲及主编：《毛泽东传》（1949—1976），中央文献出版社 2003 年第 1 版，第 337 页。

人员要带头遵守，不遵守就是违反宪法。一个团体要有一个章程，一个国家也要有一个章程，宪法就是一个总章程，是根本大法。用宪法这样一个根本大法的形式，把人民民主和社会主义原则固定下来，使全国人民有一条清楚的轨道，使全国人民感到有一条清楚的明确的正确的道路可走，就可以提高全国人民的积极性。毛泽东在讲话中还特别提到，搞宪法是搞科学，我们除了科学以外，什么都不要相信，就是说，不要迷信。毛泽东的这篇讲话正确地阐明了《1954年宪法》的基本精神，对宪法的实施提出了指导原则。①

二、以阶级斗争学说为基础的宪法学

虽然新中国成立后我们曾经制定了《共同纲领》和《1954年宪法》，但在相当长的一段时间内，我国法学理论深受苏联法学理论的影响，许多研究是直接照搬苏联的国家法学说，因此，围绕着宪法理论问题展开的理论探讨基本上没有脱离以"阶级斗争学说"为指导的框架，带有鲜明的时代特征。

1949年，新中国成立后，伴随着对所谓"伪法统"的彻底抛弃，我国宪法学理论研究完全摒弃了先前的宪法学说。我国学界逐渐形成了以阶级分析方法为根本方法的宪法学理论，然而宪法学理论开始一边倒地倾向苏联的国家法学说，甚至不加辨析地予以全盘接受。这一时期的宪法学界，大量地翻译和介绍苏联宪法制度和理论。代表作品如许崇德撰写的《列宁对资产阶级宪法的批判》②、肖蔚云撰写的《列宁对考茨基、弗兰克宪法观点的批判》③。然而，既往宪法学理论中的那些普遍性原理，仍然潜移默化地影响着我国宪法学。毕竟我国许多早期的宪法学家如钱端升、张友渔在新中国成立前就已经撰写大量的宪法学论文和专著，其中许多观点都是以当时的宪法理论为基础的。其后的许多宪法学者本身由于师承的关系，也或多或少地受到一定程度的影响，有关宪法学的普遍性原理得以传

---

① 逄先知、金冲及主编：《毛泽东传》（1949—1976），中央文献出版社2003年第1版，第332—334页。

② 许崇德：《列宁对资产阶级宪法的批判》，载《政法研究》1963年第4期。

③ 肖蔚云：《列宁对考茨基、弗兰克宪法观点的批判》，载《政法研究》1964年第2期。

承和延续。

　　阶级分析方法一度是我国宪法学的根本方法，因此在论述宪法问题时往往言必称"阶级"，严格区分姓社姓资，对西方国家的宪法制度持彻底批判的态度。其论证逻辑大致如下："资产阶级实行议会制度，标榜'主权在民'、'议会至上'、'自由平等'等资产阶级的民主原则，在资本主义国家的法律上一般都规定，议会是由有公民权的公民选举产生的，是'表达公民意志的机关'。资产阶级的这种民主制度，同封建地主阶级的等级制度相比较，无疑是一个进步。但是，资产阶级推翻封建地主阶级，只是用一个剥削阶级的统治代替了另一个剥削阶级的统治，这就决定了资产阶级的议会民主，只能是资产阶级的民主。资产阶级议会制度是资产阶级对广大劳动人民实行专政的一种工具。可是，资产阶级总是掩盖议会的阶级性，他们一贯把议会装扮成全体人民的代议机关，制造'全民民主'的假象。适应着资产阶级的要求，修正主义者也把资产阶级的议会民主吹捧为纯粹的民主。"① 早期有关中国宪法的作品也往往强调宪法的阶级性。如王珉在一篇文章中曾指出："我国宪法肯定了建设社会主义的政治方向，它是建设社会主义的有力武器，是资产阶级右派分子所极端仇视的。但是今天在我们的国家里，不论何人，如果公然出来反对走社会主义的道路，反对宪法，就必然陷于孤立和破产。"②

　　将阶级分析方法比较全面和系统地引入宪法学研究的著作，当属张友渔、王叔文合著的《法学基本知识讲话》③ 一书。在 1978 年之前，该书是我国法学工作者全面系统阐述社会主义法学理论观点的为数不多的理论著作。该书对"法的阶级性"在法学研究中的核心作用，进行了比较细致的阐述。该书第 1 章"法的本质、起源和发展"第 2 节"法的本质"明确地指出，"法是统治阶级意志的表现，是阶级统治的工具"，其具体内涵包括"法是统治阶级意志的表现"、"法是被奉为法律的统治阶级的意志"、"法所表现的统治阶级的意志，是根据统治阶级的物质生活条件决定的"。作者强调指出："以上几点，对我们正确认识法的阶级本质来说，是不可缺

---

　　① 张友渔：《资产阶级议会民主的虚伪性》，《红旗》1962 年第 13 期。
　　② 王珉：《宪法肯定的政治方向绝不容许篡改——纪念宪法颁布三周年》，载《政法研究》1957 年第 5 期。
　　③ 张友渔、王叔文：《法学基本知识讲话》，中国青年出版社 1963 年第 1 版。

少的几个方面。"①《法学基本知识讲话》一书关于法的阶级分析的观点，可以说基本代表了 1978 年以前我国法学界对法的本质的基本认识，甚至在 1978 年之后相当长的一段时间内，法的阶级分析方法对于我国法学理论的影响仍然占据主导地位。②

宪法权利是以法律规范的形式来确认并保障特定社会的根本价值。新中国成立后，由于政治上对旧法统的彻底抛弃，宪法学研究脉络曾出现了部分的断裂。在我国，作为一种法定权利的宪法权利，是随着《1954 年宪法》的通过而产生的。随着新中国第一部宪法的颁布，宪法权利开始走进新中国学者的视野。较早论及宪法权利的成果，是杨化南在 1954 年《政法研究》第 3 期上发表的《我国宪法中公民的基本权利和义务》一文。该文介绍了我国宪法上的权利条款来论证人民民主专政的合法性问题，并以此来反驳"资产阶级国家的宣传机器和评论家"，从而显示"我国人民民主制度的优越性"。新宪法颁布后的几年中，有关宪法权利的论文大多系对宪法上公民的基本权利和义务条款背后的阶级力量对比进行论述，为当时政权的合法性提供依据。这些论述其实很难说是一种学术性的研究，更大程度上是一种对外宣传的需要。直至"文化大革命"前夕，宪法权利的成果大多是以阶级分析方法为主的论述，甚至于将阶级分析方法运用到极致。比如在 1962 年，关怀发表了题为《论我国公民个人所有权》③的论文，其中虽然也运用了阶级分析方法来论述我国公民个人所有权和资本主义的个人所有权的不同，但同时也客观地分析了个人所有权的范围和保障方式，系当时法学界为数不多的具有学术研究气质的论文。然而针对关怀的论文，柴发邦则从阶级分析的角度出发，提出了针锋相对的观点，他认为公民的个人所有权和个体劳动者的所有权有着本质的区别④。这种机械的阶级分析方法，代表了当时我国宪法权利理论的政治倾向。

十年"文化大革命"，我国宪法所规定的基本权利不过是"一张写着人民权利的纸"，有关宪法问题的研究，乃至于整个法学基本处于停滞状态。宪法在中国社会中已经实质上不存在，宪法学亦无可附丽，如果说此

---

① 张友渔、王叔文：《法学基本知识讲话》，中国青年出版社 1980 年第 2 版，第 5—8 页。

② 该书在 1978 年之后又重新出版，成为改革开放初期我国法理学、宪法学教育的基础教材。

③ 载《政法研究》1962 年第 3 期。

④ 柴发邦：《论我国公民个人所有权和个体劳动者所有权的质的差异》，载《政法研究》1962 年第 4 期。

时还有什么与宪法有关的理论或观点的话，那只有以"四大"① 形式表现出来的"反宪法学"的存在。

综观 1949—1978 年近 30 年期间我国宪法学理论研究的状况，可以发现，其间大致上经历了三个不同的发展变化阶段②，即 1949 年到 1956 年以宣传、引进社会主义宪法理论为特征的第一阶段；1957 年到 1965 年以宪法学曲折发展为特征的第二阶段；1966 年到 1976 年以宪法学完全荒芜为特征的第三阶段。

在第一阶段，以《共同纲领》的贯彻实施、1954 年宪法的制定和实施为基础，我国法学界在借鉴苏联法学理论的基础上，翻译和介绍了大量的社会主义宪法理论。据不完全统计，从 1949 年到 1956 年，共出版宪法书籍 344 种，其中著述 206 种，资料 138 种，同时还发表了大量的宪法论文。这些书籍和论文涉及宪法总论、中外宪法文献、中外宪法史、中外选举制度、国家机构、民族区域自治、公民的基本权利与义务等。

在第二阶段，我国的宪法学研究工作也和其他社会主义事业一样，经历了曲折发展的过程。在这一阶段，虽然遭遇了 1957 年反右扩大化，但从 1960 年起，党中央决定对国民经济实行"调整、巩固、充实、提高"的方针，并制定了一系列正确的政策和措施，纠正了过去"左"倾错误，使我国的经济、政治形势有了好转，国民经济得到了比较顺利的恢复和发展。与此相适应，我国的宪法学研究也取得了一些进展。首先，在这个时期，我国有了专门从事宪法学研究的组织和人员。1958 年，在中国科学院哲学社会科学部成立了法学研究所。该所下设三个研究组，第一研究组专门从事法学理论、宪法学、民法学等学科的研究。其次，在研究成果上，虽然不能同第一阶段相比，但还有一定数量，有的也有一定质量。据不完全统计，这个时期出版的宪法方面的书籍 78 种，其中著作 39 种，资料 39 种，论文数百篇，涉及宪法总论、中外宪法、中外宪法史和公民的权利和义务、中外审判机关和检察机关、外国议会、选举等方面的问题。但这个时期，由于"左"倾错误的影响，宪法学著作不仅数量减少，质量也受到很大影响，出现了许许多多不能触及的"禁区"。另外，宪法学教学机构

---

① 即"文革"中所崇尚的"大鸣、大放、大字报、大辩论"的"大民主"形式。

② 下文资料参见张庆福编著《宪法学研究述略》，天津教育出版社 1989 年第 1 版，第 78—82 页。

也开始不断减少，据统计，1951 年年底我国有大学法律系和专门的政法学院 36 个，到 1963 年只剩下 8 个。

在第三阶段，十年动乱使社会主义法制全面遭到破坏，宪法学研究工作完全停止。这一时期，当时全国只有北京大学法律系和吉林大学法律系，其他大学法律系和政法院校被撤销，中国科学院法学研究所也被列为撤销单位。绝大多数宪法研究和教学人员被送到"五七干校"进行改造。

1978 年 12 月中国共产党十一届三中全会公报指出："宪法规定的公民权利，必须坚决保障，任何人不得侵犯。"公报的这番论断对于经历了"文革"洗荡的中国宪法学界而言，颇有政治上再生宣言的意味，不仅解除了研究宪法权利的后顾之忧，也保证学界对于宪法权利的研究具有正确的政治方向。此后，宪法学界开始尝试进行宪法问题的学术研究，特别是以 1982 年宪法修改为契机不断开拓宪法学理论研究的深度与广度。在中国，宪法学真的开始再生了。

第 三 章

历经坎坷体系支离的部门法学

一、阶级斗争理论指导下的刑法学

（一）刑法起草过程及其反映出的刑法观变迁

刑法研究可以脱离于法条，但如果一个国家连刑法都没有，则肯定其刑法研究不会景气。正如有学者指出：刑事立法与刑法理论呈二元互动的关系，中国近现代刑法学发端于沈家本在 20 世纪初主持进行的变法修律运动，正是刑事立法的需要推动了中国近现代刑法学的生成与发展，反过来，刑法学的发展也推动了刑事立法的完善。[①] 1949 年新中国建国后，明令废除了国民党的"六法全书"，使依附于它的刑法学知识也遭废黜。破中有立——新中国成立初期国家先后制定了一些应急性的单行刑事法规，如1951 年颁布的《中华人民共和国惩治反革命条例》和《妨害国家货币治罪暂行条例》，1952 年颁布的《中华人民共和国惩治贪污条例》。

与此同时，起草系统的刑法的准备工作也一直在进行。从 1950 年到 1954 年，当时的中央人民政府法制委员会写出了两部刑法立法草案，一部是《中华人民共和国刑法大纲草案》，共 157 条；另一部是《中华人民共和国刑法指导原则草案（初稿）》，共 76 条。参加这两部草案起草的不少是法律专家，如陈瑾昆、蔡枢衡、李光灿、李浩培、李祖荫等，从某种程度上来讲，这两部草案"也可以说是他们的学术作品"，"是他们集体智慧

---

① 参见姚建龙《近代刑法典的沿革与〈中华刑法论〉》，载王觐《中华刑法论》，中国方正出版社 2005 年版，勘校前言。俄罗斯学者也指出："19 世纪俄国的司法改革和刑法典的起草工作，有利地推动了俄罗斯刑法理论的发展。"参见何秉松、科米萨罗夫等《中国与俄罗斯犯罪构成理论比较研究》，法律出版社 2008 年版，第 443 页。

的结晶"，"在今天看来也不乏耀眼的闪光点"。① 但遗憾的是，由于当时正在进行抗美援朝、土地改革、镇压反革命以及"三反"、"五反"等运动，国家的注意力并没有集中在立法工作上，所以上述两部稿子也就只停留在法制委员会内作为两份书面材料保存下来，它们始终没有被提上立法程序，更没有公开向社会征求过意见，因而这段刑法典起草工作我们只能叫它"练笔"，两部稿子也只能算作是立法资料。②

　　1954 年 9 月召开的第一届全国人民代表大会第一次会议，通过了新中国第一部宪法和《人民法院组织法》、《人民检察院组织法》等五个组织法，标志着我国法制建设进入了一个新的阶段，这对刑法典的起草工作是一个很大的推动。那时，刑法典起草工作由全国人大常委会办公厅法律室负责。法律室从 1954 年 10 月开始起草刑法典，到 1956 年 11 月，已草拟出第 13 稿。1956 年的社会形势很好，社会主义三大改造取得了基本胜利，党的八大开得非常鼓舞人心。八大决议明确指出："由于社会主义革命已经基本完成，国家的主要任务已经由解放生产力变为保护和发展生产力，我们必须进一步加强人民民主法制……逐步地系统地制定完备的法律。"在这种形势下，刑法典起草工作进一步加紧进行，到 1957 年 6 月，已经写出第 22 稿。这个稿子经过中共中央法律委员会、中央书记处审查修改，又经过全国人大法案委员会审议，并在第一届全国人民代表大会第四次会议上发给全体代表征求意见。这次会议还作出决议：授权人大常委会根据人大代表和其他方面所提的意见，将第 22 稿进行修改后，作为草案公布试行。③

　　但后来的事实表明，刑法草案并没有公布。其中的原因，正如有学者指出："'反右派'运动以后，'左'的思想倾向急剧抬头，反映到法律工作方面，否定法律，轻视法制，认为法律可有可无，法律会束缚手脚……足足有三四年时间，刑法典起草工作停止了下来。"④

　　1962 年 3 月，毛泽东就法律工作指出："不仅刑法要，民法也需要，现在是无法无天。没有法律不行，刑法、民法一定要搞。"这个指示对刑

---

① 参见高铭暄、赵秉志《中国刑法立法之演进》，法律出版社 2007 年版，第 39—40 页。
② 同上。
③ 参见高铭暄《中华人民共和国刑法的孕育和诞生》，法律出版社 1981 年版，第 2 页。
④ 参见高铭暄、赵秉志《中国刑法立法之演进》，法律出版社 2007 年版，第 40—41 页。

法起草是个很大的鼓舞。从该年 5 月开始，全国人大常委会法律室在有关部门的协同下，对第 22 稿进行全面修改。经过多次的修改和征求意见，其中也包括中央政法小组的几次开会审查修改，到 1963 年 10 月，拟出第 33 稿。这个稿子经过中共中央政治局常委和毛泽东审查，也想过是否要公布，但很快"四清"运动就起来了，接着又进行"文化大革命"，在这种形势下，刑法典第 33 稿终被束之高阁，"在文件箱里睡了十五个年头"①。

　　粉碎"四人帮"后，1978 年 2 月召开的五届人大一次会议对法制工作是个转折点。叶剑英委员长在《关于修改宪法的报告》中指出："我们还要依据新宪法，修改和制定各种法律、法令和各方面的工作条例、规章制度。"此后，谈民主、谈法制的空气逐渐浓厚起来。特别是邓小平在 1978 年 10 月的一次谈话中指出："非常需要搞社会主义法制，没有法，就乱搞一气。过去和现在，都是这么一种情况：领导人说了就叫法；不赞成领导人说的话，就是违法、犯法。这种情况不能继续。"他还说："过去'文化大革命'前，曾经搞过刑法草案，经过多次修改，准备公布。'四清'一来，事情就放下了。"现在"很需要搞个机构，集中些人，着手研究这方面的问题，起草有关法律"。这次谈话后不久，中央政法小组就召开了法制建设座谈会，提出"组织各方面通力协作"来搞法制建设。从 10 月中旬开始，组成刑法草案的修订班子，对第 33 稿进行修改，先后搞了两个稿子。② 在此过程中，中国共产党召开了具有历史意义的十一届三中全会，会议精神对刑法典起草工作起到了极大的推动作用，为 1979 年刑法典的正式出台奠定了坚实的基础。

　　从刑法观的角度来看，对于刑法的基本看法可以包括两个层次：第一层次是国家治理需不需要一部刑法，第二层次是当国家治理需要一部刑法时，应当需要一部什么样的刑法。第二层次的刑法观是以第一层次的刑法观为前提的，在国家立法政策层面，对于需不需要刑法这一问题没解决时，第二层次的刑法观几乎没有现实意义。从以上描述的刑法起草过程以及其中的刑法观念、立法政策可以看出，尽管刑法典草案前后搞出了 33 稿，但妨碍刑法典及时出台的，并不是刑法典的具体条文在总体上不令人满意，而是对要不要刑法典的政策选择上始终漂移不定：其一，领导人对

① 参见高铭暄《中华人民共和国刑法的孕育和诞生》，法律出版社 1981 年版，第 3 页。

② 参见高铭暄、赵秉志《中国刑法立法之演进》，法律出版社 2007 年版，第 41—42 页。

刑法典的重要性和必要性的态度不定，时而重视并大力推进，时而轻视并废置不议。其二，在国家的政策选择上，刑法典的制定始终被置于次要地位上，只要社会形势一发生变化，当时党和国家的主要任务一发生转变，刑法典的制定就处于被冷落搁置的境地。其三，刑法只是被当作专政的镇压工具，当认为刑法这个工具顺手好用时，刑法典的起草就呼吁一下、加紧一阵；当认为刑法这个工具碍手碍脚甚至妨碍国家更大政策的实施时，刑法典的起草就停止和荒芜下来。这样一种刑法观，不仅直接影响了刑事立法实践，也严重影响了刑法学的研究实践。在这一时期刑法理论的主要内容、讨论重心及其沿革流变中，我们都能看到这种刑法观的影子。因为30年来一直在要不要刑法这个问题上反复，那种在提供一部什么样的刑法上面的努力也就无济于事，即使弄出33稿的刑法典草案也只能长期等待。

（二）这一时期刑法学研究的主要内容

尽管刑法典的起草过程充满坎坷，时断时续，但是刑法学的研究还是在不同程度地持续进行着。这一时期是新中国刑法学研究的起步时期，其研究的主要内容，也具有鲜明的初创特点，主要表现为理论引进为主，欠缺理论体系性，以及紧随着社会形势的起伏而波动。

其一，全面介绍、学习苏联刑法理论。一方面，全面批判、彻底否定剥削阶级的旧法观点；另一方面，又大力介绍和宣传马克思主义法律学说，全面介绍引进苏联刑法理论，为此，翻译出版了一批苏联的刑法教科书和专著。[①] 这其中尤其应当一提的是，苏联刑法学家特拉伊宁的专著《犯罪构成的一般学说》，于1958年被翻译过来并由中国人民大学出版社出版，该书关于犯罪构成的基本理论对中国刑法学界产生了深远的影响，中国现行关于犯罪构成四要件的理论通说就来源于此。

其二，对一些现实问题进行了研究。如刑法溯及力问题，这是当时刑事司法实践面临的一个问题。旧法被彻底否定之后，新中国陆续颁布了一些单行刑事法律，其中有些明确规定了溯及力问题。但大部分单行刑事法律没有明确规定溯及力，没有明确规定该法是否适用于其颁布以前的行为。对此，当时的刑法学界有三种观点：一是认为新法具有溯及力；二是认为加重刑罚的刑事法律在任何情况下都不应适用于颁布以前的行为；三

---

① 参见高铭暄、赵秉志主编《新中国刑法学五十年》（上），中国方正出版社2000年版，第5页。

是认为应当按照原则性和灵活性相结合的办法来解决我国刑法的溯及力问题，即原则上遵守从旧兼从轻的原则，但不排除例外。①

其三，结合刑法典的起草对相关问题作研究。刑法典起草时断时续，在恢复起草时，刑法学的某些问题客观上需要研究，如死缓制度。死缓制度是在1951年第一次镇压反革命的高潮中产生的，当其在社会主义改造运动中发挥了积极作用之后，刑事立法中是否还应当继续保留，刑法学界对此存在争议。"今天看来，这场争论无疑为死缓制度的存在及完善奠定了坚实的理论基础，也在一定程度上推动了刑法学研究的发展。"②

其四，对犯罪与两类矛盾问题进行了热烈研讨。1957年，毛泽东发表《关于正确处理人民内部矛盾的问题》一文，刑法学界一些人在学习过程中，把两类矛盾学说引入刑法领域，认为犯罪现象中存在两类不同性质的矛盾，司法工作在定罪量刑时，要严格区分两类不同性质的矛盾，由此引起对该问题的长期争论。③当时的争论中主要出现三种观点：一种观点认为一切犯罪都是敌我矛盾性质的，一切犯罪分子都是专政对象；第二种观点认为，犯罪并非都属于敌我矛盾性质，其中绝大部分属于敌我矛盾性质，少数属于人民内部矛盾；第三种观点认为，敌对分子实施的犯罪属于敌我矛盾性质，人民中间某些人实施的犯罪属于人民内部矛盾性质。大多数人持第二种观点，但对划分两类不同性质矛盾的犯罪的标准又有争论，如政治态度说、犯罪性质说、民愤大小说、阶级成分说等。④"这场关于犯罪与两类矛盾问题的讨论带有浓厚的政治色彩，但其对中国刑法理论的研究具有深远的影响。"⑤

（三）这一时期刑法学研究的主要特点

法学研究不能脱离当时的制度环境，不能摆脱当时的社会物质文化条件。因此，这一时期的刑法学研究，呈现出与当时社会状况相一致的时代特征，具有鲜明的政治化特点。

---

① 参见高铭暄、赵秉志主编《新中国刑法学五十年》（上），中国方正出版社2000年版，第5—6页。

② 同上书，第7页。

③ 参见高铭暄主编《新中国刑法学研究综述（1949—1985）》，河南人民出版社1986年版，第24页。

④ 同上书，第29页以下。

⑤ 参见高铭暄、赵秉志主编《新中国刑法学五十年》（上），中国方正出版社2000年版，第9页。

一是带有比较浓厚的政治色彩。前述关于犯罪与两类矛盾问题的讨论，就是一个明显的例子。关于反革命罪有无未遂问题的讨论，是另外一个明显的例子。更为遗憾的是，反革命罪有无未遂的争论本来是一个纯法律的学术问题，但在特定的历史环境下，竟上升为一个敏感的政治问题。在1952年的司法改革运动中，主张反革命罪有未遂的观点开始被斥责为旧中国的六法观点，这一为学术讨论贴上政治标签的趋势，在1957年下半年开始的反右斗争中达到登峰造极的地步，凡是主张反革命罪有未遂的人均被打成右倾分子。这种"用简单的政治分析替代深入的法律分析"的做法，给我们留下了惨痛而深刻的教训。①

二是有比较明显的历史虚无主义和教条主义倾向。新中国成立后的法学界，对于晚清以来至民国时期按照大陆法系的模式逐步累积起来的刑法学知识，从形式到内容予以彻底否定。无论是刑事古典学派，还是刑事实证学派，由于均隶属于"剥削阶级"而无幸免地受到清算。② 与此同时，对苏联刑法学进行了全面的移植。以犯罪构成理论为例，我国在1957年出版的唯一有影响的刑法教科书，即由中央政法干校刑法教研室编写、法律出版社出版的《中华人民共和国刑法总则讲义》，就基本上以苏联刑法学中的犯罪构成理论为摹本。③

三是刑法学研究从起步不久即走向萧条。从1949年10月到1957年上半年，被我国刑法学界称为新中国刑法学的起步阶段，这期间出版的论著"虽然还很不成熟"，却"是新中国刑法学史上极其重要的一个时期，它为刑法学以后的发展奠定了基础"④。而从1957年下半年开始，随着反右斗争的展开，刑法学研究开始冷落⑤，到1966年"文化大革命"开始，刑法学研究进入停滞、倒退时期，这种状况一直持续到"文化大革命"结束。"连绵不断的政治运动和社会动乱，刑法学研究从其中前十年（1957—1966）的逐步萧条、成果很少，到后十年（1966—

---

① 参见高铭暄、赵秉志主编《新中国刑法学五十年》（上），中国方正出版社2000年版，第7—9页。

② 参见车浩《未竟的循环——"犯罪论体系"在近现代中国的历史展开》，载《政法论坛》2006年第3期。

③ 参见陈兴良《刑法知识论》，中国人民大学出版社2007年版，代序。

④ 参见高铭暄、赵秉志主编《新中国刑法学五十年》（上），第4—5页。

⑤ 不过，法律出版社1957年9月出版的李光灿的《论共犯》一书，算是一个例外，该书被认为在该领域提高了当时的刑法学理论研究水平。

1976）的偃旗息鼓、完全停止。"① 反右斗争后，法律虚无主义盛行，一些刑法上的重要理论，如刑法基本原则、犯罪构成等，人们不敢问津。各校编写的教材，也大都是适应政治运动需要的产物，过分强调政治性，专业内容反而大大压缩。② 在这种形势下，不仅"罪刑法定"这样一些贴有西方刑法学标签的刑法原理被打成"右派"的发动言论，连从苏联引进的犯罪构成理论也被打入冷宫，成为政治上的禁忌。正如有学者指出的那样，"犯罪构成"一词不能再提了，犯罪构成各个要件不能再分析了，不准讲犯罪必须是主客观的统一，等等。③ 例如中国人民大学法律系刑法教研室在 1958 年出版的《中华人民共和国刑法是无产阶级专政的工具》一书中，关于怎样认定犯罪的论述，只字不提犯罪构成。④ 这种情形一直持续到 1976 年，如该年 12 月北京大学法律系刑法教研室编写的一本《刑事政策讲义》（讨论稿），该书虽名为刑事政策讲义，实际上是刑法讲义，该书在正确认定犯罪这一题目下，不仅同样讳言"犯罪构成"一词，还强调在认定犯罪的时候要查明被告人的出身、成分和一贯的政治表现等，要以阶级斗争为纲，坚持党的基本路线，用阶级斗争的观点和阶级分析的方法分析问题，处理问题。⑤

二、民法学的社会主义转型

1949 年 11 月，诗人胡风发表了激情澎湃的组诗《时间开始了》。而对新中国民法学的命运而言，时间开始本应还要早一些：1949 年 2 月，中共中央明令废除"国民党六法全书"。"旧法"既废，其赖以生存的一套知识体系也就荡然无存了。旧的法学世界被推翻，法学新世界必然按照新社会的政治、经济、文化甚至外交来建构。但是在 1978 年以前，民法学的处境大致可以描述为：旧世界已经死亡，新世界无力诞生。尽管如此，老

---

①　参见高铭暄、赵秉志主编《新中国刑法学五十年》（上），中国方正出版社 2000 年版，第 8 页。

②　同上。

③　参见杨春洗等《刑法总论》，北京大学出版社 1981 年版，第 108 页。

④　参见中国人民大学法律系刑法教研室编《中华人民共和国刑法是无产阶级专政的工具》，中国人民大学出版社 1958 年版，第 20 页以下。

⑤　参见北京大学法律系刑法教研室编《刑事政策讲义》（讨论稿），1976 年 12 月内部印行，第 118 页以下。

一辈法学家还是在艰苦的政治气候中，筚路蓝缕，开启了中国民法学的艰难转型。

（一）民法学转型的历史范式

旧法统废除后，1949 年前的全部民法教材均遭废弃，民法学的主要范式源于苏联。法学教育直接采用苏联民法教材，请苏联专家授课。在院系调整后的中国人民大学法律系、中央政法干部学校和北京政法学院、西南政法学院、西北政法学院、华东政法学院等，主干课程教师由苏联专家担任，教材则采用苏联教材。[①] 1957 年中央政法干校编著的《中华人民共和国民法基本问题》（法律出版社 1958 年版），是新中国出版的第一部民法教材，它基本上是在参考苏联民法理论的基础上编写的。该教材一直使用到 20 世纪 60 年代，才为"民事政策学"所代替。

在这一时期，民法学界翻译了大批苏联民法著作。如《苏俄民法典》（郑华译，法律出版社 1956 年版）；坚金、布拉都西主编：《苏维埃民法》（李光谟等译，法律出版社 1956 年版）；布拉都西主编：《苏维埃民法》（中国人民大学民法教研室译，中国人民大学出版社 1955 年版）；克依里洛娃：《苏维埃民法》（法律出版社 1957 年版）；维涅吉克托夫：《苏联民法对社会主义财产的保护》（谢怀栻、李为译，法律出版社 1957 年版）；安吉莫诺夫、格拉维：《苏维埃继承法》（李光谟等译，法律出版社 1957 年版）；安奇莫诺夫等编写：《债权法分论（关于几种债的研究）》（王明毅等译，中国人民大学出版社 1957 年版）等。

20 世纪 50 年代中国继受苏联民法和苏联民法学，是与诸多历史因素相关的，如当时新中国面对资本主义国家的"封锁"，不得不采取"一边倒"的外交政策；大规模翻译苏联民事法律和民法学著作，邀请苏联专家来华介绍苏联民事立法经验并在各法律院系任教，以及派遣留学生到苏联学习法律等。但最根本的原因，是中国移植了苏联以单一公有制为基础的计划经济体制。[②] 当时中国和苏联的国家统治方法以及意识形态的相似性，使两国的民法学也采取了类似的体系。

---

① 参见何勤华、李秀清《外国法与中国法——20 世纪中国移植外国法反思》，中国政法大学出版社 2003 年版，第 25—26 页。

② 参见梁慧星《中国民法学的历史回顾与展望》，《望江法学》第 1 期，法律出版社 2007 年版，第 10 页。

在采取苏联模式的同时，民法学界还展开了对资产阶级民法的批判。如对近代民法的经典文本——法国民法典奠定的近代民法三大原则，民法学界都进行了猛烈的批判。如认为契约自由原则不过是资产阶级用来掩盖对劳动者进行经济压迫的一种卑鄙手段，这一原则是资产阶级的剥削自由、劳动人民的真正不自由和处处受到剥削的掩盖。[①] 饶有趣味的是，因为契约自由是民法的核心原则，否定契约自由也就意味着否定民法，所以民法学界并没有完全否认这一原则。当时通用的教科书主张，自愿合理是我国订立合同的主要原则，但同时还特别强调社会主义自愿原则与资产阶级契约自由原则在本质上存在着差异。[②]

这一时期民法学的低谷也与法院的审判密切相关。最高人民法院在1957 年内，新收案件 2448 件，连同 1956 年底未结的 125 件在内共为 2573件，其中刑事案件（包括上诉、死刑复核、再审、抗议、提审）2545 件，民事案件（包括上诉、再审、提审）28 件。全年共结案 2203 件，其中刑事案件 2184 件，民事 19 件。[③] 最高人民法院研究室 1957 年的报告也指出，在农业合作化后，土地归集体所有，土地纠纷急遽下降。全国初审土地纠纷 1956 年为 6070 件，比 1955 年下降 76.8%。私人间的耕地纠纷已经基本上消灭。这些数字表明，当时法院审理的民事案件很少，因为法律主要是作为专政的工具打击人民敌人的。另外，虽然各级人民法院有民事审判庭的设置和民事案件的分类，但民事审判庭审理民事案件以"民事审判政策"为依据，如最高人民法院《关于贯彻执行民事政策几个问题的意见（修正稿）》（1963 年 8 月 28 日）。[④]

（二）苏联民法学对中国民法学的影响

在这一时期，苏联民法学对中国民法学的影响是全面的深入的，在民法学构成体系的各个层次和各个方面，都能看到苏联民法或明或暗的身影。

苏联民法学对中国民法观念的影响，突出地体现在以下几个方面：一是不承认公法和私法的区分，把民法也当作公法。列宁对此有清楚的阐

---

① 李浩培：《拿破仑法典初步批判》，载《政法研究》1955 年第 2 期。
② 参见中央政法干部学校民法教研室编著《中华人民共和国民法基本问题》，法律出版社1958 年版，第 202—205 页。
③ 参见董必武 1958 年所作的最高人民法院工作报告。
④ 参见前引梁慧星文。

述:"我们不承认任何'私法',在我们看来,经济领域中的一切都属于公法范围,而不属于私法范围。"民法和公法都是阶级斗争的产物,因此民事权利不是私权,本质也是公法上的权利。这种影响相当深远,因为这一点,民事权利在中国长期不能得到法律的充分承认和保护,民事权利的享有和行使,都必须绝对服从公共利益。而民法也不能成为民权社会或者民法社会的基本法,只能被当作公权社会的基本法——宪法的一个部门法。二是苏联民法否定意思自治原则,尽量压缩民事主体意思自治的空间。苏联法学认为,社会主义条件下全体人民根本利益高度一致,因此执政者可以代表社会大众的要求,法律不能过分强调意思自治。不但财产权利的运用不能主张意思自治,而且有时人身权利也不能按照意思自治原则处理。三是前苏联法律政策强调民法典立法的政治宣教作用,不重视立法的技术和质量。这种影响直到现在还存在,中国民法制定仍然以"宜粗不宜细"、"宜短不宜长"、"成熟一个制定一个"、"立法尽量少用法言法语"作为指导思想。在这种指导思想下面,民法立法的质量很难得到实质性的提高。①

　　苏联法学对中国的民法体系也有重大的影响。1922 年颁布的《苏俄民法典》将土地、劳动和婚姻家庭等关系从大陆法传统民法中分离,另以《土地法典》、《劳动法典》和《婚姻家庭法典》等专门法予以调整。苏联民法典不包括婚姻法的内容,但却包括继承法的内容。② 当时民法学界虽然对是否承认继承权有所争议,但最终保留了继承制度,③ 争议的只是继承人的范围和顺序。④ 这种做法的合理性在理论上很难解释。1950 年中国颁布了第一部婚姻法,使婚姻家庭关系脱离了民法的调整范围。

　　苏联法的特色之一是民法调整范围理论。1922 年的《苏俄民法典》没有关于民法调整对象的明文规定,只是规定土地关系、由雇佣劳动所产生的关系、家庭关系,都由专门法典调整。20 世纪 50 年代,苏联学者关于民法调整对象的讨论并没有取得定论,但通说是民法主要调整财产关

---

① 参见孙宪忠《中国近现代继受西方民法的效果评述》,载《中国法学》2006 年第 3 期。

② 参见中国社会科学院法学研究所民法研究室编:《苏俄民法典》,中国社会科学出版社 1980 年第 1 版。

③ 参见悠生《民法继承法在我国过渡时期的意义》,载《政法研究》1955 年第 5 期。

④ 参见吴建斗、陈德贵、李文彩《关于我国继承问题中法定继承人范围和顺序的研究》,载《法学》1956 年第 1 期;参见郭生《对法定继承人范围和顺序中两个问题的商榷》,载《法学》1957 年第 1 期。

系，同时也调整与财产关系相联系的人身非财产关系。① 苏联民法的这种理论，对我国民法学产生了重大影响。1956—1957 年，《政法研究》刊登了一组有关民法调整对象的争论文章。这些争论的焦点是民法所调整的财产关系的性质，但这些观点明显是简单运用马克思有关经济基础与上层建筑的观点，并没有真正从法技术角度讨论这一问题。如一种观点认为，财产关系是属于上层建筑的范畴，民法所调整的是财产法律关系；另一种观点则认为，财产关系是属于经济基础的范畴，民法所调整的是生产关系。② 当时的统编教材《中华人民共和国民法基本问题》明确提出，民法除了主要调整财产关系以外，还附带调整一定的人身非财产关系。③ 这种以"一定的"这一限制词表述民法调整对象的理论观点与表达方法，对我国民法学界其后的发展产生了极其深远的影响。

苏联民法对我国民事制度的影响极大。其主要体现为：（1）在民事主体方面。《苏俄民法典》实质上已经确认了"公民"代替自然人的用法。民法的主体是国家、集体和公民，而不是传统民法中的"自然人、法人"。实质上，这是苏联民法对传统民法进行了彻底的批判，因为自然人、法人具有自然平等的精神，而苏联民法就是要否定这种能够自然实现平等自愿的精神。苏联民法按照公有制的规则，确立的社会主义民法中的主体是国家、集体和个人。这样划分的意义，在于区别他们的身份和法律保护的力度。可以肯定地说，苏联民法的主体并不是近现代民法意义上的自然人、法人。整个民法体系依此建立后，对民法发挥其作用有本质的妨害。④ 这种做法一直到我国《民法通则》于 1986 年制定之后还存在，至 1999 年《合同法》通过后才得以纠正。（2）在法律行为制度方面。苏联法不使用法律行为概念，而使用"民事法律行为"概念，尽力压抑代表近现代民法

---

① 参见《苏维埃国家和法》杂志编辑部编《关于苏维埃民法对象的讨论总结》，载《政法译丛》1956 年创刊号。

② 如黄社骥、卓萍的《民法对象中的财产关系问题》，载《政法研究》1956 年第 2 期；李奋武的《民法所调整的财产关系是物质关系吗？》；志敏、镇汉的《民法的主要对象——财产关系的几个问题》，郭寿康、佟柔的《关于民法调整的对象——财产关系的几个问题》，均载《政法研究》1956 年第 3 期；孙亚明、史怀璧的《关于民法调整对象问题的初步意见》，载《政法研究》1957 年第 1 期。

③ 中央政法干部学校民法教研室编著：《中华人民共和国民法基本问题》，法律出版社 1958 年版，第 20 页。

④ 参见孙宪忠《中国近现代继受西方民法的效果评述》，载《中国法学》2006 年第 3 期。

精髓的意思表示理论，并将其压缩简化到极端。这种观念不但限制个人意思在财产关系中的应用，甚至限制个人意思在亲属与家庭关系中的作用，许可政府对于亲属关系实施强大的行政管理，并尽量压缩亲属范围。① （3）在物权制度方面。苏联民法上的所有权的分类完全从所有制的不同形式演绎而来，有什么样的所有制就有与之相对应的所有权，相应的，社会主义公有制为基础的所有权就有三种，即国家所有权、合作社集体农庄所有权及个人所有权。② 苏联民法学强调所谓"公有制的实现阶段理论"，将社会的人及其权利划分为国家、集体和个人三个层次，并给他们不同的政治地位和法律保护，其中国家所有权地位最高，个人所有权地位最低。苏联民法强调国家所有权的地位和对它的特殊保护，影响了 20 世纪 50 年代中国关于所有权的基本理论。③ 如强调国家所有权的统一性，中华人民共和国是国家所有权的唯一的主体；国家所有权的客体具有无限的广泛性，国家财产被他人不法占有时，国家行使返还请求权不受时效的限制；国家财产被他人不法占有时，不问占有人是否有过错，也不论占有人是直接占有或者通过不法让与而占有，国家都可以请求返还；国家与他人对财产所有权发生争议而所有权归属在事实上无法确定时，推定为国家所有。④ 特别是苏联民法学不承认物权制度，只承认所有权制度，认为所有权以外的其他物权是私有制之下的特有现象，这种观点在 20 世纪 50 年代初被介绍而传入中国。当时在中国有较大影响的苏联民法译作大多只阐述所有权，而很少涉及其他物权。⑤ 这种观点也影响了我国民法学，直到 2007 年的物权法出台，我国才采用了"物权"这一概念。 （4）在合同制度方面。苏联的合同制度一是以计划法令为债的发生依据，计划合同占据重要地位；二是强调合同的实际履行。苏联学者认为，在社会主义社会中，债是为了完成国家的国民经济计划、保证社会主义财产与个人财产、满足公民物质和文化生活以及其他方面的需要而设定的。不履行债即阻碍了它们所由产生的

---

① 参见孙宪忠《中国近现代继受西方民法的效果评述》，载《中国法学》2006 年第 3 期。

② 参见李秀清《中国移植苏联民法模式考》，载《中国社会科学》2002 年第 5 期。

③ 同上。

④ 参见中央政法干部学校民法教研室编著《中华人民共和国民法基本问题》，法律出版社1958 年版，第 135—141 页。

⑤ 参见李秀清《中国移植苏联民法模式考》，载《中国社会科学》2002 年第 5 期。

国家任务的实现，导致公民的合法利益与需要得不到满足。① 当时受此影响的中国民法学界的主流观点也认为，债的主要作用是加强社会主义组织间的经济联系，具体实现国民经济计划。计划是订立合同的根据和基础，合同是实现计划的手段和具体形式。认为合同是将各经济组织在执行国民经济计划的前提下联系起来的工具，它可以使国民经济计划具体化和精密化，可以对国民经济计划起到自下而上的监督作用。②

但这一时期的民法学并非只瞻苏联民法马首，其余则万马齐喑。一些学者也试图恢复几乎不能为社会主义容忍的制度，如取得时效制度，这是我国 1949 年以来民法学界研究的传统重点问题。因为保加利亚、捷克斯洛伐克社会主义国家的立法承认了取得时效制度，我国学者也借此提出应规定取得时效制度，但同时又提出，只有善意占有才是取得时效最基本、最主要的条件，资本主义国家把善意占有和恶意占有一并规定为取得时效的做法是资产阶级唯利是图的产物。③ 1955 年我国的民法草案所有权篇最初稿第 37 条规定：所有权依契约、时效、继承、遗赠以及其他法律规定的方法而取得。草案明确注明，规定此条的参考资料即是《保加利亚财产法》第 77 条。

从 1963、1964 年起，作为法学教育专业基础课的"民法学"，改称"民事政策学"，采用各校自编的"民事政策学教材"。"文化大革命"期间，整个国家陷入无政府状态，包括政法学院在内的全部大学停办，包括民法学者在内的法律教师和研究人员被驱赶到"五七干校"接受思想改造，使中国民法立法、司法和教学出现了长达 10 年之久的"停滞期"。④

（三）民法起草过程中呈现的民法观

在这一时期，虽然我国采取的是权力高度集中的计划经济体制，但合同毕竟不能完全被计划所代替，有关合同的规范在我国也一直存在。1950

---

① 参见李秀清《中国移植苏联民法模式考》，载《中国社会科学》2002 年第 5 期。

② 参见佟柔、胡金书《巩固合同纪律，为实现国民经济计划而斗争》，载《政法研究》1956 年第 1 期。从这一论文的题目可以看出当时民法学界论述传统民法制度正当性的策略，即将其与社会主义意识形态和流行的口号联系在一起，阐述民法有利于实现国家的目标。

③ 参见张定夫《时效制度中的取得时效问题》，载《政法研究》1956 年第 2 期。

④ 参见梁慧星《中国民法学的历史回顾与展望》，《望江法学》2007 年第 1 期，法律出版社 2007 年版。

年9月，政务院公布了新中国第一个合同法规，即《机关、国营企业、合作社签订合同暂行办法》，其中规定了合同的种类，同时还规定：机关、国营企业、合作社之间的重要业务行为，不能即时清结者，都要签订合同；合同由法人签订，不得由个人签订；合同要通过银行结算；合同签订后要报告上级机关；因合同发生纠纷时，由上级机关处理，处理无效时当事人可向人民法院起诉，等等。这一法规在当时是中国经济合同制度的基础。① 此后，我国还颁布了一些有关合同的重要规范性文件。

1954年，全国人大常委会组建了以法制委员会主任王明领衔的工作班子，组织起草《中华人民共和国民法典》。全国人大常委会办公厅于1955年编印了《各国民法分解资料汇编》，该汇编的材料来源有《苏俄民法典》、《捷克斯洛伐克民法典》、《保加利亚人民共和国民事法令》及《法国民法典》、《德国民法典》及《中华民国民法》等，分为4辑，依次为总则部分、物权部分、债权部分及继承部分。民法学者广泛参与了起草工作。如在买卖合同起草过程中，仅就其第5次草稿，就向包括西南、中南、华东、北京等4所政法学院的民法教研室，中国人民大学、北京大学、复旦大学等9所大学法律系民法教研室，以及全国其他30个单位征求过意见。② 1956年12月完成了《民法（草稿）》。草案包括总则、所有权、债和继承5编，共525条。该草案主要受当时苏联的民事立法，尤其是1922年《苏俄民法典》的影响。但随之而来的"整风"、"反右"等政治运动，使该草案夭折。但这次立法活动毕竟是我国民事立法的标志性事件，标志着我国社会主义性质的民事立法的实际展开。

1962年，毛泽东作出指示："不仅刑法要，民法也需要。现在是无法无天。没有法律不行。刑法、民法一定要搞。"遵照这一指示，全国人大常委会组建了以中国科学院法学研究所所长孙亚明领衔的工作班子，开始第二次起草民法典。1964年7月，该班子写出了《中华人民共和国民法（试拟稿）》，共3编，24章，262条。与第一次草案相比，起草人设计了一个框架：第一编"总则"、第二编"财产的所有"、第三编"财产的流转"。该草案集中体现了当时的集权型行政经济体制和"左"倾经济思想。在指导思想上，该草案既试图摆脱苏联模式，也试图与资

---

① 参见谢怀栻《新中国的合同制度和合同法》，载《法学研究》1988年第4期。
② 李秀清：《中国移植苏联民法模式考》，载《中国社会科学》2002年第5期。

本主义国家的民法彻底划清界限。该草案将亲属、继承等制度排除在外，但又将预算、税收等制度纳入了法典。还需要提及的是，该民法典草案的语言政治化色彩很浓厚，没有使用传统民法的术语，却充斥了诸如"高举三面红旗"、"政治工作是一切经济工作的生命线"等政治口号。即使这次民法起草工作如此寻求政治正确，仍因 1964 年开始的"社会主义教育运动"而中断。

从 1964 年开始，中国民法的立法和研究活动陷入了自 20 世纪初以来的最低谷，并且历时长达 15 年。

三、成为时代异数的婚姻家庭法学

（一）制度的境遇使婚姻家庭法学成为独立学科

60 年来，中国婚姻家庭法学研究与经济社会发展阶段息息相关，与国家立法活动紧密相连。创建于 20 世纪 50 年代的中国婚姻家庭法学学科，经历了 20 世纪 60 年代中期至 70 年代中期的停滞之后，在 1978 年以来的 30 年间，伴随社会体制转型和人们婚姻家庭观念的转变，获得了无限生机与活力。回顾新中国成立以来历经坎坷的法制史和备尝艰辛的法学史，比之民法以及其他部门法的社会待遇，比之民法学以及其他部门法学的历史境遇，不能不说婚姻家庭法是法律领域、婚姻家庭法学是法学领域的幸运异数。因为即使是在法律荒废、法学荒芜的时期，婚姻家庭法与婚姻家庭法学仍得到了另眼看待，在制度上得到长期存续，在理论上得到延续发展。

1950 年婚姻法是新中国成立后颁布的第一部具有基本法性质的法律①。

---

① 1948 年秋在西柏坡召开的解放区妇女工作会议期间，刘少奇提议中央妇女委员会着手起草新中国第一部婚姻法。会议结束后，中央妇女委员会立即成立婚姻法起草小组。1950 年 1 月中央妇女委员会将几经修改的《婚姻条例》草案呈送党中央。随后，中央将《婚姻条例》草案送各民主党派、中央人民政府、全国政协、法制委员会、政法委员会，以及政务院政务委员会议，各有关司法机关、群众团体征求意见。1950 年 4 月 13 日，时任中央法制委员会主任王明，向中央人民政府第七次会议递交《中华人民共和国婚姻法草案》，并在会上作了《关于中华人民共和国婚姻法起草经过和起草理由的报告》。之后，毛泽东主席发布中央人民政府主席令，宣布该部婚姻法自 1950 年 5 月 1 日起施行。参见黄传会《天下婚姻：共和国三部婚姻法纪事》，文汇出版社 2004 年第 1 版。

这个"第一"并非偶然，一方面，它是广大人民特别是妇女在政治、经济上获得解放后，迫切期望在婚姻家庭中摆脱封建家族制度压迫的需要；另一方面，它也是对革命根据地时期婚姻家庭制度改革和法制建设经验的总结。这部法律享有很高的国际声誉，被外国学者誉为新中国"恢复女性人权宣言"①。

为保证我国婚姻家庭制度改革的顺利进行，1952 年 11 月 25 日和 1953 年 2 月 1 日，中共中央和政务院分别发出了关于贯彻婚姻法的重要指示，确定 1953 年 3 月为全国贯彻婚姻法运动月。这一运动使婚姻法普及到千家万户，当时自主婚姻显著增加，民主和睦家庭大量涌现，婚姻自由、男女平等观念逐渐成为社会主流观念。1954 年上半年，全国 11 个大城市申请结婚的总人数中符合法定条件准予登记的占到 95%②。到 1957 年全国大部分地区已经普遍实现自主婚姻，这是婚姻法颁布七年来中国社会婚姻状况的重大改变。全国妇联的调查数据显示，当时全国和睦家庭达到 85% 到 95%。在黑龙江、辽宁、山西、湖北、江西、浙江等省大部分地区，自主婚姻已占 90% 到 100%。据最高人民法院统计，从 1953—1956 年，全国法院受理的婚姻纠纷案件逐年下降，1956 年的婚姻案件比 1953 年减少了一半以上。内务部对 265 万对结婚登记的检查发现，95% 的结婚登记符合婚姻法规定③。就这样，到了 20 世纪 60 年代中期，我国婚姻家庭制度顺利实现了从民主主义性质到社会主义性质的转变，社会主义婚姻家庭制度得以全面建立。

在我国当下法学体系中，婚姻家庭法学（亲属法学）是民法学的组成部分。新中国成立之初，受苏联民事立法体例和民法理论影响，将婚姻法独立于民法体系之外，我国在民法典尚未出台之际首先颁布实施了《婚姻法》（1950）。而且通过这部《婚姻法》的实施、宣传、研究与教学，婚姻家庭法学渐次作为一个独立的法学分支学科，独立于民法学科之外。1950 年婚姻法对新中国婚姻家庭法学体系的建立起到重要的纲领性作用，

---

① ［日］富士谷笃子主编：《女性学入门》，中国妇女出版社 1986 年版，第 158 页。

② 转引自巫昌祯、王德意、杨大文主编《当代中国婚姻家庭问题》，人民出版社 1990 年版，第 39 页。

③ 新华社："和睦家庭日益增多，婚姻纠纷案件显著下降——我国大部地区实现自主婚姻"，载《人民日报》1957 年 4 月 29 日。

当时一些大学编写出版的婚姻法教材，基本依照这部法律的体例编排①，并没有直接照搬苏联婚姻家庭法学著作与教科书的理论体系②。

（二）这一时期婚姻家庭法学研究的特点

1950 年婚姻法的颁布和实施，对新中国婚姻家庭法学研究起到巨大的推动作用。巫昌祯认为，20 世纪 50 年代，我国婚姻家庭法学研究的内容主要有两个方面："一是抨击以包办强迫、男尊女卑、漠视子女利益为特征的封建主义婚姻家庭制度；二是宣传婚姻自由、男女平等、保护妇女儿童合法权益的新民主主义婚姻制度。"③ 马忆南进一步指出，这一阶段婚姻家庭法学者的理论研究主要服务于三大任务：一是抨击封建主义婚姻家庭制度及其赖以支撑的纲常礼教等价值观念和理论体系；二是揭露资本主义婚姻家庭制度的虚伪性，抵制资产阶级婚姻家庭思想意识的侵袭；三是传播马克思主义婚姻家庭理论，为婚姻法贯彻执行提供理论依据和舆论导向④。

透过 20 世纪 50 年代报纸杂志上的文章、出版的教材和专著，我们能够感受到其时的婚姻家庭法学研究紧紧围绕新中国成立初期婚姻家庭领域"废旧立新"的革命任务。所谓"废旧"，就是废除封建主义的婚姻家庭制度；所谓"立新"，就是建立新民主主义的婚姻家庭制度，即社会主义婚姻家庭制度⑤。因此，不仅"婚姻法是婚姻与家庭制度革命斗争的重要武器"⑥，婚姻家庭法学研究也必然为实现这一革命任务而服务。

作为当时的婚姻家庭法学研究代表作之一，《中国革命与婚姻家庭》

---

① 例如，1958 年由杨大文、刘素萍等人编写的中国人民大学法律系校内本科生教材《婚姻法基本问题》、1963 年中国人民大学出版社出版的《婚姻家庭制度讲义》，在回顾婚姻家庭制度发展演变历史基础上，阐述了 1950 年婚姻法的立法精神、任务、作用、基本原则，重点论述了婚姻法所建立的结婚制度、家庭关系以及离婚制度。这些教材基本奠定了我国婚姻家庭教科书体系，该体系延续至 20 世纪 80 年代。参见马忆南《二十世纪之中国婚姻家庭法学》，载《中外法学》1998 年第 2 期。

② 20 世纪 50 年代，我国翻译出版了一批苏联学者论著，例如，《苏联亲属法要义》，徐福基编译，上海大东书局 1949 年版；《苏维埃婚姻——家庭法》，Y. M. 斯维尔特洛夫著，方城译，作家书屋 1954 年版；《苏维埃婚姻与家庭的立法原则》，斯维尔德洛夫著，李世楷译，人民出版社 1953 年版。

③ 巫昌祯：《婚姻家庭法学》，载张友渔主编《中国法学研究四十年》，上海人民出版社 1989 年版，第 403 页。

④ 马忆南：《二十世纪之中国婚姻家庭法学》，载《中外法学》1998 年第 2 期。

⑤ 巫昌祯：《我与婚姻法》，法律出版社 2001 年版，第 7 页。

⑥ 马起：《中国革命与婚姻家庭》，辽宁人民出版社 1959 年版，第 87 页。

一书从体例到内容都突显了这一时代特点①。该书作者马起②认为，在当时的社会背景下，研究中国革命与婚姻家庭关系的目的主要体现在三方面：第一，"树立马克思列宁主义的婚姻家庭观点，锻炼科学的分析方法"；第二，"摸清婚姻与家庭形态本质，掌握它的客观发展规律"；第三，"体会政策法律精神，提高思想认识，以进一步巩固和发展社会主义婚姻家庭制度"③。基于这样的目的，研究中国革命与婚姻家庭之间两者关系的方法，必然是以马列主义的唯物辩证观和历史唯物观为指导，"通过现象探求事物的本质，从事物不断发展的观点分析，从阶级斗争和阶级变化的观点分析，更要从实际到理论又从理论到实际相互结合来分析。"④ 他从探讨人类婚姻家庭制度的起源与演变规律入手，分析了旧中国婚姻家庭制度的特点，指出新中国婚姻家庭制度改革的目标是消灭封建和资本主义的婚姻家庭观念残余，建立社会主义新的民主婚姻与家庭。书中对社会主义的结婚自由、社会主义的民主团结家庭关系的基本方面与特征、社会主义的离婚自由进行了详尽阐释，有些认识今天读来依然富有启发性。

关于社会主义的结婚自由，马起认为包括三方面内容：（1）结婚自由不是抽象的、形式的，而是具体的、实质的自由；（2）结婚自由不是目的，而是实现爱情婚姻的手段；（3）结婚自由不是绝对的，而是相对的，是受到法律和纪律约束的自由。他指出，社会主义家庭关系的基本特征是男女权利平等和实行一夫一妻制。夫妻关系中完全的男女平等体现为：夫妻双方均有选择职业、参加工作和社会活动的自由；双方对于家庭财产有平等的所有权和处理权；夫妻各自有使用自己姓名的权利，以及相互享有财产继承权。平等民主家庭中的亲子关系，应当是"父母对于子女有抚养教育的义务；子女对于父母有赡养扶助的义务；双方均不得虐待或遗弃"

---

① 全书由六章组成：第一章研究婚姻与家庭的目的和方法问题，第二章是婚姻与家庭的起源和演变，第三章是中国革命与婚姻家庭制度的改革，第四章论述中华人民共和国婚姻法对婚姻与家庭制度的革命作用，第五章研究中国婚姻与家庭的发展方向，第六章是当前对婚姻家庭的革命任务。

② 马起（1904—1972），男，新中国民法学家、婚姻法学家，曾任辽宁省高等法院院长、哈尔滨高等法院院长、松江省法院院长、最高人民法院东北分院民事庭庭长等职。1954 年 9 月调入东北人民大学（吉林大学前身）法律系，任校党委委员、校委会常委、法律系第一系主任兼民法教研室主任。资料来源：http://xiaobao.jlu.edu.cn/newindex/read.php? id = 738。

③ 马起：《中国革命与婚姻家庭》，辽宁人民出版社 1959 年版，第 4—5 页。

④ 同上书，第 6 页。

（《婚姻法》第十三条）。养子女与非婚生子女都享受与婚生子女同等的权利；"夫对于其妻所抚养与前夫所生的子女或妻对于其夫所抚养与前其妻所生的子女，不得虐待或歧视"（《婚姻法》第十六条）。这些在平等互助基础上建立起来的家庭关系，与封建主义的旧家庭关系在性质上根本不同。

对于社会主义的离婚自由，马起首先阐述了离婚自由与结婚自由的辩证关系。他指出："为了实现完全的婚姻自由，就必须在实行结婚自由的同时，也实行离婚自由；离婚自由是补充结婚自由的不足，只有正确地实现离婚自由，才能更大的发挥结婚自由的作用。"因此，"没有离婚自由，就没有完全的结婚自由，也就是只有结婚自由而没有离婚自由，就等于对结婚自由附加了限制，失掉了社会主义真正婚姻自由的基本意义"①。他还认为社会主义离婚自由与资本主义离婚自由有本质区别。社会主义离婚自由有几个基本特点：（1）是男女平等的离婚自由。不论丈夫还是妻子，双方都有依法请求离婚的权利。（2）是不妨碍集体利益的离婚自由。（3）是有纪律性的离婚自由。任何人离婚都要遵照法律规定的程序。（4）是巩固家庭关系的离婚自由。既坚决反对未经慎重考虑的轻率离婚，也坚决反对一方毫无根据的任意请求离婚。

马起对《婚姻法》第十七条规定的"男女一方坚决要求离婚的，经区人民政府和司法机关调解无效时，亦准予离婚"的含义作出解读。认为这并非只要一方坚持离婚，不论夫妻矛盾的性质，便无条件地准予离婚，"而是根据反封建斗争的需要，根据改革和培植社会主义婚姻与家庭的基本原则，结合具体情况处理。""只有原来的婚姻关系确属封建因素过于严重，或者按社会主义原则没有改善可能的，使他们再继续下去就要严重影响男女双方和子女的利益，有碍社会生产的发展，才能以离婚的措施解除这种婚姻关系。"②

马起的这些观点表明，新中国成立初期婚姻家庭关系的稳定对于新政权的稳固有着重要意义。为维护革命成果，婚姻家庭法学研究必须为此服务，因此，对于婚姻家庭法中的理论问题，比如婚姻自由、离婚的原则界限等的学术观点，不可避免地要突出政治性与阶级性。尽管如此，学者普

---

① 马起：《中国革命与婚姻家庭》，辽宁人民出版社 1959 年版，第 111 页。
② 同上书，第 117 页。

遍认为，在婚姻法学专著不多见的 20 世纪 50 年代，《中国革命与婚姻家庭》一书不愧为当时的代表作之一。这本书对于研究婚姻家庭的目的与方法的归纳。对于婚姻家庭起源和演变的系统阐述。对于社会主义结婚自由、离婚自由的内涵与关系的论证。对于社会主义家庭关系基本特征的描述，都为其后学者的研究奠定了理论基础。

（三）　当时婚姻法研究的两个理论热点

虽然《1950 年婚姻法》颁布后，我国的婚姻家庭法学有了独立展开研究的制度范本，然而，我们又不能不承认苏联婚姻家庭法学对我国新中国成立初期婚姻家庭法学的影响，这主要体现在学术界对若干基本理论问题的认识上，例如婚姻家庭法与民法的关系问题，裁判离婚标准的问题，等等。

1. 对婚姻家庭法与民法关系的认识

新中国成立后，我国婚姻家庭立法继承革命根据地时期的立法传统①，并受苏联立法体例影响，将调整人类自身生产和再生产领域内平等主体间的人身关系和财产关系的婚姻家庭法从民法中分离出来，作为一个独立的法律部门。在苏联学者的论著中，我们看到，十月革命以来，婚姻家庭法一直是苏联立法中的一个单独部门，1918 年苏联颁布的《婚姻、家庭及监护法典》，1922 年颁布的《苏俄民法》不仅没有将家庭法纳入其中，而且后者在第 3 条规定"家庭关系适用特别法"，1947 年苏联宪法更是明确了家庭立法的独立性（第 14 条第 23 节）。苏联学者认为，家庭法之所以独立于民法存在的理由主要有两点：（1）民法的对象主要是财产关系，而家庭法的对象则主要是由婚姻、血统、收养及收留教养儿童而发生的关系。（2）社会主义社会中，家庭虽然还保有一些经济的职能，但它不是社会的基本经济单位。因此，对婚姻家庭关系的处理，需要一些与民法规范不同的规范。当然，这并不是说民法中的所有规范一律不适用于家庭关系。但在家庭关系中适用民法规范具有个别性，主要是家庭财产关系。并且"只有在家庭—婚姻的立法中对于这个问题没有明文规定的时候，亦只有在适用民法规范并不违背家庭法的基本精神的时候，才能适用"②。

---

① 革命根据地时期的人民政权注重运用法律对封建婚姻家庭制度进行改革。第二次国内革命战争时期有 1931 年《中华苏维埃共和国婚姻条例》和 1934 年《中华苏维埃共和国婚姻法》。抗日战争、解放战争时期，各革命根据地先后颁布了本地区婚姻条例。它们都为新中国婚姻法出台奠定了法制基础。

② 斯维尔特洛夫著，方城译：《苏维埃婚姻—家庭法》，作家书屋 1954 年版，第 31 页。

苏联学者对于婚姻家庭法与民法关系的这种认识，对我国学者观点的确立有着直接影响。由于新中国成立头 30 年实行计划经济，这一体制下的家庭逐渐丧失经济职能，致使人们普遍认为我国的家庭生活与经济生活无关。其间，我国立法指导思想和法学理论研究片面强调婚姻家庭法的阶级性，对大陆法系国家的立法从技术形式到具体制度一律采取否定和排斥态度，认为将婚姻家庭法作为民法组成部分，是把婚姻家庭关系商品化、契约化，是资产阶级意志和利益的体现，而将婚姻家庭法作为独立的法律部门，则体现了社会主义婚姻家庭法的先进性和革命性。所以在很长一段时期内，法学界普遍认为民法只是调整商品经济关系的法律，婚姻家庭关系不是商品关系，不能划归民法的调整范畴，从而将作为民法三大组成部分之一的婚姻家庭法，人为地从民法范畴中割裂开来①。

在 20 世纪五六十年代，这一认识具有相当的代表性，并影响中国民事立法体例长达 30 余年。其理论背景不外乎有两个：一是片面强调婚姻家庭的阶级性，排斥大陆法系国家民事立法体例；二是对婚姻家庭法与民法关系的认识片面。婚姻家庭法作为民法特别法的特性被无限放大，甚至成为其独立于民法的主要根据。

2. 裁判离婚标准的"正当理由论"与"感情破裂论"之争

《1950 婚姻法》是解除封建包办买卖婚姻，实现婚姻自由，推动妇女解放的制度保证。在 1953—1956 年间，全国法院受理的离婚案件在当年民事案件中占到 60% 左右，居各类民事案件之首②。这时，有人对人民法院离婚案件审判工作提出质疑，认为法院判决准许离婚的太多，助长了离婚率的上升；还有人认为资产阶级思想作祟是当时离婚的主要原因，对这类离婚不应予以准许。

1957 年 4 月 13 日，韩幽桐③在《人民日报》撰文，对当时离婚的主要原因、如何认识和对待离婚问题、法院应当怎样处理离婚案件，提出了

---

① 十分遗憾的是，笔者写作过程中没有找到 20 世纪五六十年代我国学者关于婚姻家庭法与民法关系的论著。有关专家学者认为，当时在这个问题上学术界的认识是统一的，没有人去论证这一当时认为是不证自明的基本理论问题。本书权且引用苏联学者论著中对这一问题的认识，作为例证。

② 参见韩幽桐"对于当前离婚问题的分析和意见"，载《人民日报》1957 年 4 月 13 日。

③ 韩幽桐（1908—1985），女，新中国成立后，曾任最高人民法院华北分院副院长，最高人民法院民庭副庭长，宁夏回族自治区高级人民法院院长，中华全国妇女联合会常务委员，政协全国委员会法制组组长，中国社会科学院法学研究所副所长等职。

自己的见解。她认为，在全国范围内，当时人们离婚的主要原因仍然是封建婚姻关系和封建残余；婚姻以爱情为基础，"当夫妻感情完全破裂不能继续共同生活下去的时候，这种夫妻关系便是名存实亡，勉强维持这种名义上的夫妻关系，对双方、对子女、对整个家庭都是痛苦的"；法院判决离婚应当以夫妻感情是否确已破裂为标准。"法院对于每个离婚案件判离或不判离是根据夫妻关系本身有无和好的可能，双方感情是否完全破裂而定的，从实质上说离与不离决定于夫妻关系本身，而不决定于法院的主观愿望。""法院不能简单地根据封建婚姻或自主婚姻而判离或不判离，也不能为了反对当事人思想意识不纯或在男女问题上犯了错误而判决不离，正象医生对于盲肠炎患者动手术一样，不能因为得盲肠炎的原因在于病人吃饭太快太饱而不给他动手术。""相反地，不管由于什么原因造成，在双方感情已经完全破裂，不可能继续共同生活下去的时候，法院不准离婚的判决便成了无用的废纸。"因此，韩幽桐得出的结论是："从法律上说，准离和不准离的判决只能用作决定夫妻间权利义务的存在或消灭的手段，而不应当用作制裁错误思想或行为的手段。"[①] 韩由此成为"感情破裂论"的代表人物。

韩幽桐的这些观点在学术界和实务界引起不小反响。与这一论点形成鲜明对比的是"正当理由论"。1958 年《法学》第 3 期发表刘云祥《关于正确认识与处理当前的离婚问题》一文。他认为，"资产阶级婚姻观点与小资产阶级婚姻观点"是当时离婚的主要原因。他反对满足基于资产阶级思想提出的离婚请求，认为"凡一方严重的破坏共产主义道德，违背夫妻忠实义务或有其他违法犯罪等行为，使夫妻关系恶化以致对方据此请求离婚的，人民法院应当支持和满足这种正义要求。如果有罪过的一方提出离婚，这时有决定意义的是对方的态度"[②]。刘云祥由此成为"正当理由论"的代表。

1958 年《中国妇女》杂志开辟专栏，围绕"感情破裂论"与"正当理由论"两种不同观点展开讨论。发表在当年《中国妇女》杂志第 4 期署名北京大学法律系民法教研室的文章，针对"感情论"与"理由论"在裁

---

① 韩幽桐：《对于当前离婚问题的分析和意见》，载《人民日报》1957 年 4 月 13 日。
② 刘云祥：《关于正确认识与处理当前的离婚问题》，转引自中国政法大学民法教研室编印《婚姻家庭问题论文选编（下）》，1983 年 8 月，第 434—435 页。

判离婚标准问题上的不同观点，指出，在导致离婚的各种原因中，封建和资产阶级思想会交错出现，它们与社会主义婚姻观点不相容，都会引起婚姻家庭的破裂；"法院处理离婚案件，既要查明离婚原因和感情破裂的情况，'以事实为根据'，更要根据党和国家对婚姻的政策，'以法律为准绳'。""不应该把感情与理由对立起来，更不应该把男女双方的因素和社会的关系分裂开来。"① 与此同时，《法学》杂志刊载署名"法学"编辑部的文章，认为不能离开政治谈夫妻感情，否则就是片面的、虚伪的，是超阶级的观点；"法院处理婚姻纠纷时应根据我国婚姻政策，明确反对什么，保护什么"，不能单纯从夫妻个人感情出发来处理婚姻纠纷，"首先应当考虑对方、子女和社会利益"。法院处理婚姻纠纷的过程，就是教育的过程，提高有错误一方当事人觉悟的过程。②

这便是"感情论"与"理由论"争论过程中，出现的第三种观点。这一观点特别强调婚姻的社会功能和政治色彩，强调以社会利益、他人利益衡量离婚的社会后果。它是前两种观点的综合，这里姑且将之称为"理由感情结合论"。

马起的《中国革命与婚姻家庭》一书也认为，"感情论"和"理由论"这两种处理离婚问题的观点，"都是主观的片面的"。正确掌握离婚政策界限，必须根据不同矛盾的性质与特点，"结合处理离婚问题的三个中心环节：即维护社会主义婚姻家庭制度，保护妇女和子女利益，有利于社会主义生产建设，对具体的问题采取具体的方法去解决"。"凡是根据婚姻矛盾的性质，考核对于上述三方面有利的离婚要求，就是进步的要求，对本人有利、社会有利，应该予以支持的；反之，……便是落后的要求，是破坏集体利益和妨碍社会前进的，应该进行说服教育，驳斥其离婚请求"③。

20 世纪 50 年代末期，我国学术界关于裁判离婚标准问题的理论争鸣，是本阶段婚姻家庭法学研究的亮点。它不仅将新中国成立初期的婚姻家庭法学研究推向了高潮，也让我们领略了当时自由争鸣、理论联系实际、务

---

① 北京大学法律系民法教研室：《对离婚问题的分析和意见》，转引自中国政法大学民法教研室编印《婚姻家庭问题论文选编（下）》，第 440 页。

② "法学"编辑部：《当前婚姻纠纷的处理意见》，转引自中国政法大学民法教研室编印《婚姻家庭问题论文选编（下）》，第 444、446—447 页。

③ 马起：《中国革命与婚姻家庭》，辽宁人民出版社 1959 年版，第 119—120 页。

实求真的学术氛围。直面社会现实是法学研究的生命。这场论争起因于审理离婚案件的司法实务，落脚于婚姻家庭法学基本理论问题，也使得《1950 年婚姻法》的不足浮现出来。如果《1950 年婚姻法》像《1980 年婚姻法》那样，专条明确人民法院准予离婚的法定条件（理由）。① 那么，当年很有可能不会发生这场气氛热烈、观点鲜明的学术争鸣，也就不会有1978 年之后，在制定新的婚姻法时，理论界再次展开对"感情论"与"理由论"的讨论。最终，《1980 年婚姻法》将"夫妻感情确已破裂"作为法院准予离婚的原则界限。这便是法学研究的魅力所在，它不只对现行国家立法进行解释或注释，也不只对法律现象进行逻辑的归纳、演绎与推理，它还从社会生活实际需求和问题出发，以特定的理论和观念为指导，引领社会观念和国家立法前行的方向。有必要提及的是，发生在 20 世纪50 年代的这场学术争鸣的结果，是"正当理由论"不可否认地在学术界占了上风。

四、苏联经济法理论衍变映照下的中国经济法学

在改革开放以前，社会主义改造、社会主义革命与建设、1953 年"一五计划"、1958 年"大跃进"、1959 年开始的连续三年自然灾害、以粮为纲、以钢为纲、以阶级斗争为纲以及"文化大革命"等关键词，成为新中国成立后这段经济社会历史的生动写照。新中国法学的前 30 年中，法学界对苏联法学理论的继受，直接源于对苏联意识形态和国家制度的认同与照搬。用当时苏联共产党人的话讲，"十月革命帮助了全世界也帮助了中国的先进分子，用无产阶级的宇宙观作为观察国家命运的工具，重新考虑自己的问题。走俄国人的路——这就是结论"②。

然而，当时在苏联有影响的各类经济法学派的理论和思想并未在中国生根发芽，一方面，这主要缘于中国法学界当时所处的政治、经济与社会

---

① 我国《1950 年婚姻法》第十七条没有明确人民法院准予离婚的原则界限，是引起"感情论"和"理由论"之争的立法制度根源。《1980 年婚姻法》第 25 条第 2 款规定："人民法院审理离婚案件，应当进行调解；如感情确已破裂，调解无效，应准予离婚。"

② 《苏联共产党代表团团长米高扬同志致词》（1956 年 9 月 17 日在中国共产党第八次全国代表大会上的讲话），载中国人民大学国家与法权理论教研室编《国家与法权理论参考资料》，中国人民大学出版社 1957 年版。

环境；另一方面，则主要归咎于中国法学界自身当时对理性批判精神的缺失和自我省思。通观当时我国的法学教材或论著，苏联法学的主流观点此起彼伏，法的阶级性和工具性价值被反复突出和强调，而社会性价值则备受忽视甚或否定。①"苏维埃的法律是维护劳动人民的利益，镇压剥削阶级反抗、组织社会主义经济、教育劳动人民的强大工具。"② 在这种法学思想的指导下，法律与经济的关系，同样与政治、政策高度而紧密地联系在一起，法律就是政治，它是政治的手段，是国家政策的具体化和条文化。具体地说，就是体现着党的政策。③ 在这一方面，刑法等部门如此，有关经济的法亦复如此，虽然当时也颁行了一些经济法律法规，但政策法律化和法律政策化的问题十分突出，中国经济法学赖以产生的主客观条件尚不具备。

苏联法学界提出经济法问题，是在 20 世纪 20 年代讨论如何对待不同的经济成分时，而且伴随着民法与经济法的激烈争论。早在 1922 年《苏俄民法典》公布后不久，当时苏联一些有影响的法学家或者把民法看成是经济法的同义语，或者把民法包括在经济法的概念内。④ 从 20 世纪 20 年代到 60 年代，在苏联经济法的发展历史上，前后共出现过五大流派，即：（1）两成分法。20 年代由著名法学家斯图契卡提出，当时经济法实质上已经区别于民法并且排挤了民法，直到 1938 年，民法一直被排除在教学大纲和法律用语之外，这与当时苏联公有成分比重增大不无关系。⑤（2）战前经济法学派。30 年代中期出现，以根茨布尔格和巴叔堪尼斯等为代表，认为经济法不仅调整社会主义组织之间的关系，也调整公民之间的关系。⑥（3）战后经济法学派，亦称现代经济法学派。由著名经济法学家拉普捷夫和马穆托夫首创，认为经济法是用来调整社会主义组织与其下属部门之间，在指导和进行经济活动中所形成的各种关系，这种关系叫做

---

① 更为可悲的是，"文化大革命"期间法律虚无主义泛滥成灾后，法学发展不得不陷入停滞和枯萎。

② 王勇飞：《法学基础理论参考资料》第一册，北京大学出版社 1982 年版，第 535 页。

③ 参见高呈祥：《略论法律和政策的关系》，载《民主与法制》1979 年第 1 期。

④ 陈汉章：《苏联经济法学派与民法学派五十年的争论及其经验教训》（连载），载《中国法学》1985 年第 2 期。

⑤ 参见［苏］伊萨耶夫《20 年代苏联法学体系中的经济法》，陈绥译，陈汉章校，载《法学译丛》1985 年第 5 期，原载于苏联《苏维埃国家和法》1982 年第 2 期。

⑥ 参见肖江平《中国经济法学史研究》，人民法院出版社 2002 年版，第 69 页。

经济关系，它们是在社会主义再生产过程中产生的。① （4）综合学科经济法。代表人物有约非和沙尔戈罗德等，认为经济法属于综合法律学科，不具有统一的调整对象和调整方法，不是一个独立的法律部门（约非后来放弃了综合法律学科的观点）。② （5）经济行政法。1963 年由著名民法学家勃拉图西等提出，认为经济法就是经济行政法，经济法无非是调整经济管理关系的行政法，不能将行政关系和民事关系在"经济法"的名下混为一谈。③ 这些学派经过几十年的争论和演化，逐步分化为两大派：民法—行政法学派和现代经济法学派。它们在经济法学诸多领域的对立观点，都可以在"经济法"的界定和基本属性上反映出来：民法—行政法学派基本上持广义经济法观点，并认为经济法不具有部门法的属性，公民是经济法主体之一；现代经济法学派则持狭义经济法观点，将财政法、土地法、劳动法等排除在外，经济法是只调整部分经济关系，即经济管理机关、企业、从事经济活动和领导经济活动中相互之间发生的关系的法，是统一的、独立的法律部门，公民不能成为其主体。此外在经济法的调整方式、目的与原则、经济合同、经济法学学科教育等方面亦有不少对立主张。④

上述有关苏联经济法的理论学说和理论体系，所折射出的苏联不同经济发展阶段的经济政策、经济体制和经济制度背景，其中亦有与我国当时的经济体制同构之处。新中国成立之初的计划经济体制是国家权力强力干预经济的产物，社会主义公有制的建立和计划经济体制的运行又是在国家权力保障下进行的。权力与计划经济紧密而牢固地胶合在一起，国家被赋予了对财政经济工作的统一领导、统一计划和统一管理的权力，进而确立了国家在国民经济发展中的主导性地位。如在财政和财政法领域，我国在彻底否定旧中国的"公共财政"理论后，开始运用马克思主义的方法论重新认识财政的本质问题，通过引进和质疑苏联的"货币资财论"、"货币关系论"，逐步形成计划经济时期占主流地位的"国家分配论"，政府的财政收入主要由工商税和企业上缴的利润构成，国家为实现其职能以主体身份

---

① ［苏］B. B. 拉普捷夫著，应世昌译，苏宁校：《经济法：对象、方式、目的和原则》，载《现代外国哲学社会科学文摘》1985 年第 1 期。

② 参见肖江平《中国经济法学史研究》，人民法院出版社 2002 年版，第 69 页。

③ 参见 ［苏］C. H. 勃拉图西《论经济立法系统化的途径》，载《苏联经济法论文选》，法律出版社 1982 年版，第 95—108 页。

④ 肖江平：《中国经济法学史研究》，人民法院出版社 2002 年版，第 69 页。

无偿参与了一部分社会产品或国民收入的分配。难怪张文显论及市场经济与法制建设时评价说："计划经济实质是权力（行政）经济。"在计划经济体制下，政治与经济融为一体，经济是政治的附庸，生产者没有独立的所有权和经营权，生产者之间实际上不发生横向的主体关系，有的只是与上级和政府的纵向隶属关系。政府主要依据行政权力关系、行政命令、等级职位安排、红头文件或作为行政权力延伸的法规来配置资源，指挥生产；发生经济争议或纠纷，也主要靠行政机关以行政的方式仲裁、调解或决断，无须借助司法程序。这就使得以公正和平等为基础的法律在计划经济中的作用必然是微乎其微的。①

　　然而很奇怪的是，在当时中国大规模继受苏联法学理论的时期，同时期的苏联经济法理论却未能成体系地进入中国的法学界与法律实务界。其中的历史缘由耐人寻味。新中国成立之后的一个时期，强调法律服从于政治，法学理论和实践则不免开始陷入这样的或那样的误区。如1957年至1976年之间的中国政治，基本上就是指的阶级斗争及一连串的政治运动，虽然毛泽东主席也曾说过政治是经济的集中表现，但却未把经济作为党的工作重点。由此看来，尽管我国学界此前曾有过前苏联经济法的译介②，但在20世纪50年代，苏联的经济法理论并没有广泛传入并影响中国的法学实践。究其原因，一是20世纪50年代前期，虽然苏联法学对中国产生了很大影响，但主要被介绍和接受的是以维辛斯基为代表的主流法学理论，在部门法研究中更多地体现在宪法、刑法、刑事诉讼法、婚姻家庭法、土地法、劳动法等领域，由于经济法理论在苏联本国也时常被视为"毒素"，自然不可能被介绍和传播至中国。二是20世纪50年代后期，当苏联开始对30年代形成的经济法理论重新进行认识时，中苏两国却开始交恶。这样在50年代就没有出现介绍和传播苏联经济法理论的时机。进入20世纪60年代后，苏联经济法理论在对东欧国家产生不同程度影响的同时，才开始间接影响到中国。③ 其表现之一就是，1963年3月中国人民大学民法教研室起草了《中华人民共和国经济法（草案）》。该草案尽管

---

① 参见张文显《市场经济与法制建设三论》，载《中国法学》1993年第3期。
② 如1927年《国闻周报》第4卷第43期载有海石译的《苏俄的经济法》，《中外经济周刊》第229号载有《苏俄之经济法法规》。
③ 参见李秀清《试论苏联经济法理论对中国的影响》，载《政治与法律》2002年第3期。

只有70条，但其结构清晰，体系完整，不失为一个完整的法典草案。根据该草案第1条①和第3条②规定，其把所有组织和公民的一切经济活动纳入了经济法的调整范围。③从中可以看出苏联经济法理论的影响。

应该说，与其他部门法学一样，法学界对新中国经济与法问题的研究，仍主要集中在新中国成立后的前十年。其后的20年，法学研究者一直在误区里行进，即从阶级斗争的观点出发，把大跃进、批判资产阶级法学观点、反帝防修等政治运动作为法学研究的主要任务，"左"倾错误的日益发展，使国家"一五计划"顺利完成后给法学健康发展创造的良好契机被无谓错失，法学事业不仅未能按照正常逻辑而展开，反而不断萎缩、直至湮没于一连串的政治运动之中。朴素的阶级感情、政治化的歌颂口号、教条僵化的说教、浪漫的革命理想、高度的政治批判热情、怒不可遏的道德义愤取代了法学自身应有的内容。④因此，关于经济与法的理论及其嬗变研究，也就只能锁定在新中国成立后的前十年，而且在这十年中，这一问题又是众多民法学者研究的重点。对于经济法而言，虽然"经济法"这一概念早在20世纪20年代即被人介绍进国门⑤，当时的介绍内容已涉及经济法在德国形成的原因、德国学者关于经济法概念的不同观点及经济法的性质、范围等，但这些成果并未引起中国法学界的关注。新中国成立后，鉴于各种主客观原因，我国法学界欠缺对苏联经济法理论的译介和分析，中国经济法学的真正勃兴是20世纪70年代末以后的事情。在我国开始以改革计划经济体制为导向的改革开放时，体现苏联计划经济特征的苏联经济法学却回光返照般地大举进入中国经济法学领域，这不能不说又是历史的诡异之处。

---

① 该条规定：本法是以中国共产党的社会主义建设总路线和中华人民共和国宪法为根据而制定的各种组织和公民经济活动的准绳。

② 该条规定：有权参与本法所调整的各种关系，依法享受权利、负担义务者，为下列组织和个人：（一）具有独立核算或预算，并能对外负担独立财产责任的各种组织。法律规定需要经过登记程序始得成立的组织，在登记后才能参与本法所调整的各种关系。（二）中华人民共和国公民。

③ 参见李秀清《试论苏联经济法理论对中国的影响》，载《政治与法律》2002年第3期。

④ 参见陈景良《新中国法学研究中的若干问题——立足于1957—1966年的考察》，载《法学研究》1999年第3期。

⑤ 1923年12月《法律评论》第26、27期在"外国法制新闻"专栏中连载了《新时代产物之"经济法"》。

五、社会主义司法制度的初创研究

与其他法律学科一样，新中国有关社会主义司法制度的研究，一方面，是在废除旧法统的政治背景下白手起家的；另一方面，基于当时的社会环境、意识形态环境和国际政治形势，苏联法学理论对建构我国社会主义司法制度初创研究的影响至为深远。这两种客观态势，决定了这一时期有关司法制度的研究特点①

（一）学习和借鉴苏联的司法制度理论和研究方法

作为新中国社会主义司法制度研究的初步建立时期，这一时期学者的研究工作，主要是通过翻译、学习、引进和借鉴苏维埃司法制度、苏联民事诉讼和刑事诉讼法学理论进行的。如在 1951 年 11 月，中央人民政府司法部编印了《苏联司法实务》一书，里面收录了关于苏联司法制度及其具体动作的相关文献，即苏联司法机关的活动原则、组织结构和职权，苏联律师章程，苏俄国家公证章程，苏联最高法院的组织与活动，苏联同志审判会的组织与活动，苏联司法机关的检查工作，苏联司法机关对于审判实务的研究，苏联法律教育的组织，苏联司法机关整理和编纂法典工作的组织。该书被作为司法干部学习的参考资料。1954 年 8 月，由最高人民法院华东分院和最高人民检察署华东分署联合编印了《苏联专家鲁涅夫同志在华东区关于法院、检察工作演讲的记录》，作为内部业务学习参考用的教材，共收录了十二篇讲演，依次为"苏联检察机关的任务"、"苏联检察机关的组织与内部分工"、"一般监督的范围和方法"、"审判监督"、"检察署与法院、公安、监察等部门的分工关系"、"专门检察署与专门法院"、"关于农村和城市检察工作问题"、"关于苏联的刑民案件诉讼程序"、"关于律师制度、公证制度、同志审判会等三个问题"、"对其他具体问题的解

---

① 这部分内容主要参考，张友渔主编、王叔文副主编：《中国法学四十年》，上海人民出版社 1989 年版；陈光中主编：《刑事诉讼法学 50 年》，警官教育出版社 1999 年版；陈瑞华：《二十世纪中国之刑事诉讼法学》，载《中外法学》1997 年第 6 期；常怡、田平安、黄宣、李祖军：《新中国民事诉讼法学五十年回顾与展望》，载《现代法学》1999 年第 6 期；徐卉：《大陆地区民事诉讼的过去、现在与未来》，载我国台湾地区"中研院"法律学研究所：《两岸四地法律发展》（下册），我国台湾地区新学林出版社 2007 年版；何勤华：《关于新中国移植苏联司法制度的反思》，载《中外法学》2002 年第 2 期。

答"等。

在借鉴、学习苏联的司法制度与理论方面，20 世纪 50 年代，我国翻译出版了一大批苏联学者撰写的苏联司法制度方面的专著和教科书。同时为完善中国的司法制度，当时还翻译出版了苏联和其他东欧"人民民主"国家的民事和刑事诉讼法典。当时翻译出版的苏联司法制度方面较为重要的教材和专著中影响较大的有张君悌译《苏俄刑事诉讼法》（新华书店1949 年版）；吴大业译，陈忠诚校《苏联律师制度沿革》（大众法学出版社 1950 年版）；徐步衡译《苏联诉讼法纲要》（大众法学出版社 1951 年版）；切里佐夫著、中国人民大学刑法教研室译《刑事诉讼法》（上、下，中国人民大学出版社 1953 年初版）；中央人民政府政务院政治法律委员会干部训练组编写《苏联法律学校法律专业课程教学大纲》（1954 年印发）；安·扬·维辛斯基著，王之相译《苏维埃法律上的诉讼证据理论》（人民出版社 1954 年版）；阿布拉莫夫著、中国人民大学审判法教研室译《苏维埃民事诉讼》（上、下，法律出版社 1956 年版）；《"苏联法院和检察署组织"课程提纲》（供高等法律学校用，中国人民大学出版社 1955 年初版）；克林曼、科瓦列娃编，陈逸云译《苏维埃民事诉讼提纲》（供高等法律学校用，中国人民大学出版社 1956 年版）；列别金斯基、塔杰沃祥编，薛秉忠译《"苏联检察长的监督"课程提纲》（中国人民大学出版社 1956 年版）；克列曼著，王之相、王增润译《苏维埃民事诉讼》（法律出版社1957 年版）；施夫曼编写，薛秉忠等译《苏维埃刑事诉讼实习教材》（中国人民大学出版社 1957 年版）；顾尔维奇著，康宝田、沈其昌译《诉权》（中国人民大学出版社 1958 年版），等等。与此同时，我国一批学者和学生被派到苏联进修、留学，学习苏联的法律制度和法学理论；一些在苏联知名的法学家还被派到中国，讲授苏联的法学理论和司法制度。

引进苏联的法学理论，对建构中国司法制度的法学理论和研究方法，都产生了很大的影响。例如在民事司法制度理论研究中，否认公法和私法的区分，否定民事法律关系的私法性质，从而使得法院有权充分干预当事人在民事诉讼过程中对私权的处分。依据苏联的法学理论，在社会主义国家中，只有公权，没有私权，即使是公民个人的民事权利，也不再有私权色彩，所有社会法律关系都是公法关系，没有私法关系。即所谓"我们不承认任何'私人的'东西，在我们看来，经济领域中的一切都属于公法范围，而不是什么私人的东西……必须扩大国家对'私法关系'的干预，扩大国家废除'私人'合同的权利；不是把罗马法典，而是把我们的革命的法律意识运用到'民事法律关系'上去。"① 按照苏联的国家与法的理论，法院只是国家专政的工具，是为国家利益服务的机构。由于不存在公法与私法的区别，因此，国家有权对传统民事关系领域的活动进行干预，是以无论是法院还是检察机关，都有权代表国家干涉当事人对私权的处分，决定其行使或不行使某种诉讼权利。②

与此同时，在刑事司法制度的研究中，强调刑事诉讼法学的党性和阶级性的研究方法。按照苏联学者通行的观点，"超阶级的、超党性的科学是没有的，而且也未曾有过"，"苏维埃刑事诉讼是一门具有党性的科学"，它"以列宁、斯大林关于无产阶级专政的学说、苏维埃国家的职能和任务的学说，以及以布尔什维克党的政策"为出发点。同时，苏维埃刑事诉讼科学以及苏维埃的整个法律科学，"都是新的思想体系的一部分，即是社会主义基础上的上层建筑的一部分"，它在解决一切理论问题时，"是以联共（布）向苏维埃人民和国家所提出的任务为出发点的，同时也是根据在执行审判方面的苏联国家建设的整个经验"。苏维埃刑事诉讼科学的上述性质，决定了它不能采取那种超阶级的"客观主义"和"世界主义"的研究立场和方法，而应当将唯物辩证法作为"唯一正确"的研究方法。③ 基于此，1956 年制定的《中华人民共和国刑事诉讼教学大纲》在阐述"中华人民共和国刑事诉讼学"的性质时，就明确指出"马克思主义辩证法是研究刑事诉讼学的科学方法"，强调"中华人民共和国刑事诉讼学的党性"，要求认清"中华人民共和国刑事诉讼与资产阶级国家刑事诉讼的本质的区别"。同时"大纲"的最后两章，对"资产阶级国家刑事诉讼"和"国民党反动政府的刑事诉讼"持否定和批判的态度，而对"苏维埃刑事诉讼"和"人民民主国家的刑事诉讼"则持肯定的态度。坚持刑事诉讼法学研究的党性和阶级性的观点，必然会导致阶级分析的研究方法得到普遍的适用。在 20 世纪 50 年代至 60 年代，中国刑事诉讼法学界曾就刑事证据是否具有阶级性的问题展开过大讨论，有相当多的学者明确指出刑事证据

---

① 《列宁文稿》第 4 卷，人民出版社 1963 年版，第 222—223 页。
② 参见克列曼《苏维埃民事诉讼》，法律出版社 1957 年版。
③ 切里佐夫：《苏维埃刑事诉讼》，法律出版社 1956 年版，第 40—44 页。

是统治阶级用以实现其阶级利益和意志的工具，因而具有强烈的阶级性。①
当时刑事诉讼法学界还曾运用唯物辩证法，对刑事证据是否具有主观性、
是否为"主观、客观矛盾的统一体"等问题进行研究。这些学术史现象的
原因，不能不归结为当时视为正统的苏联法学理论对中国刑事诉讼法学研
究方法的影响。②

（二）批旧研新主导下的司法理念形成与经验积累

新中国成立之初，一场以反对"旧法"观点、旧司法作风和改造各级
司法机构为主要内容的司法改革运动，在法学界和司法界得到广泛开展。
法学界和司法界按照马克思主义的观点、立场和方法，对国民党的法律制
度、法学理论进行了彻底的否定和批判，国家和法的理论被树立为法学研
究的根本指导思想。同时，原中共解放区的一些司法工作经验也得到广泛
的宣传和总结，"依靠群众，走群众路线"被作为人民司法工作的优良传
统而得到提倡。③ 在此阶段，20世纪前半叶形成的司法制度从理论体系到
研究成果和研究方法均被抛弃。

在刑事司法领域中，法学界和司法实务部门在开展对旧法的批判时，
也特别开展了对旧的诉讼制度的批判，在理论上划清新旧司法及其诉讼制
度的原则界限，不断增强对国家和法的理论的修养，为建立新型的刑事诉
讼法学扫除了思想障碍。但是，在当时的历史条件下，在批判中存在着简
单地全盘否定旧法观点和旧诉讼制度的缺点。④

在民事司法领域中，作为对革命根据地时期陕甘宁边区政府实行的马
锡五审判方式的继承和发扬，⑤ 在关于民事司法制度的理论研究中，调解
被确立为一项民事司法原则。作为新中国、新制度下新司法的特点，不仅

---

① 参见徐益初《刑事诉讼法学研究概述》，天津教育出版社1989年版；崔敏主编：《刑事证
据理论研究综述》，中国人民公安大学出版社1989年版。

② 陈瑞华：《二十世纪中国之刑事诉讼法学》，载《中外法学》1997年第6期。

③ 同上。

④ 张友渔主编、王叔文副主编：《中国法学四十年》，上海人民出版社1989年版，第252—253页。

⑤ 马锡五审判方式作为各边区和革命根据地审判经验总结的总结，其特点在于高度强调调
解。马锡五（1899—1962），是"马锡五审判方式"的创立者，延安志丹县人。1930年参加革命。
1935年加入中国共产党，曾任陕甘工农民主政府粮食部部长、国民经济部部长、主席。抗日战争
时期历任陕甘宁边区庆环专区专员、陇东专区专员、边区高等法院陇东分庭庭长。他所创立的
"马锡五审判方式"，受到群众拥护，并曾在各解放区推广。1946年任陕甘宁边区高等法院院长。
中华人民共和国成立后，历任最高人民法院西北分院院长兼西北军政委员会政法委员会副主席，
最高人民法院副院长。

强调通过调解来解决民事纠纷，而且要求推行群众司法，因为马锡五审判方式被认为是真正的人民司法。民事审判工作"依靠群众、调查研究、调解为主、就地解决"的十六字方针，取代了现代意义上的民事诉讼法，当时的民事司法制度研究主要是围绕这个方针进行的。当时大力提倡"要把民事审判工作当作群众工作去做，当作政治思想工作去做"。① 因此，在将群众路线贯彻到司法审判过程中时，司法的形式主义和繁琐的诉讼程序规则都被摒弃、废除了，民事司法不再是一种专业化的活动，法官和旁听群众的角色分工已不明显，甚至没有区分的必要了，民事诉讼已经成为了深入群众、调查研究、不拘形式、说服教育的政治思想工作，民事纠纷的解决成为意识形态的说教和劝导、团结群众的活动。由于这种群众司法具有极大的灵活性和随意性，因而对于民事诉讼程序规范的遵守和构建已受到极大的限制。

（三）探索建立中国的社会主义司法制度理论体系

通过学习、借鉴苏联的法学理论和司法制度，中国的社会主义司法制度理论体系逐步得以确立。从1955年7月到1958年下半年，各政法院系开始开设刑事诉讼和民事诉讼课程，编写教材，如中国人民大学编印了《中国民事诉讼讲义》、《苏维埃刑事诉讼教学大纲》（中译本）作为教材，其他很多院校都翻印了这些教材。

在这一阶段，一些研究中国司法制度的文章也陆续问世，我国学者对民事诉讼、刑事诉讼和司法制度中一些理论问题也开展了专题讨论，总共发表了百余篇论文。这些论文探讨的问题相对集中，主要在司法组织及其原则、法院独立审判、辩护制度、当事人的诉讼地位以及证据等方面。不过，在对苏联的司法制度和诉讼法学理论的介绍和借鉴方面，其理论研究与论证的目的，并不是出于对中国诉讼实践的需要而进行的理论探讨，而是为了说明和印证苏联诉讼法学理论的合理性，以及批判旧中国的民事和刑事司法制度的立法、理论和实践的"繁琐性和反人民性"。

此后，随着1957年"反右"运动和法律虚无主义的影响，学术禁区重重，学者们不能也无法从事理论研究。法学理论研究从根本上处于停滞的状态。因为在法律虚无主义盛行的时期，人们不仅不能自由去研究法律

---

① 《最高人民法院副院长曾汉周在第二次全国民事审判工作会议上的报告》（1978年12月22日）。

问题，而且教师们上讲台的讲稿还得经过层层审查。在 1958 年"大跃进"时期，提出"教学为无产阶级政治服务，教育与生产劳动相结合"的方针，由于"左"的思想影响，在法学教育领域采取了一些极端做法，如把法学人才的培养目标定为"普通劳动者"，实行半工半读，强调"干"中学，大大削减专业课程。自 20 世纪 60 年代中期以后，由于政法院系被撤销，关于法学的理论研究不仅彻底停滞，而且专家学者遭迫害，当时仅有的几家法学刊物如《政法研究》、《政治译丛》、《法学》等亦在创刊不久之后便被迫停刊。① 已经初步建立起来的很不完备的社会主义司法制度理论研究体系，被当时的政策与社会环境彻底破坏。但是，20 世纪 50 年代发展起来的这种学习和借鉴苏联司法制度的理论研究方法和指导思想，并没有因历史的中断而被抛弃，而是在 20 世纪 70 年代末至 80 年代初又得到了复苏和发展，并且其所产生的影响一直持续到今日。②

---

① 常怡、田平安、黄宣、李祖军：《新中国民事诉讼法学五十年回顾与展望》，载《现代法学》1999 年第 6 期。

② 陈瑞华：《二十世纪中国之刑事诉讼法学》，载《中外法学》1997 年第 6 期。

中编　1978—1992

导　论

在这一编中，我们选择了1978年与1992年作为这一时期的始点与终点。1978年是中国历史上一个极为重要的转折点，也是中国法学史上一个极为重要的转折点。党的十一届三中全会之后，党和国家在指导思想上完成了拨乱反正的艰巨任务，工作重点转移到社会主义现代化建设上来。尤为重要的是，法制在国家与社会治理机制中的重要性被充分认识，社会主义法律观开始沿着正确方向形成。十一届三中全会公报这样写道："为了保障人民民主，必须加强社会主义法制，使民主制度化、法律化，使这种制度和法律具有稳定性、连续性和极大的权威性，做到有法可依，有法必依，执法必严，违法必究。"持续性的社会主义法制建设由此全面展开，大量的基本法律在其后几年陆续得以制定。在由十一届三中全会所重新建构的社会观念体系和制度环境中，中国法学获得了独立存在的现实条件和迅速发展繁荣的历史机遇。有学者认为，即使在十一届三中全会以后的最初十年间，中国法学就已经取得了大大超过十一届三中全会前三十年的成就。[①] 以1992年作为这一时期的终点，其原因是在这一年，社会主义市场经济体制在国家政策上得以确立，并随即以宪法形式予以确认。社会主义市场经济体制的确立，不仅是经济运行机制与管理模式的变化，也是社会观念形态、运行机制与治理模式的变化。中国法学在这样的变化中，得到更为尖锐更为深刻的观念追问与更为自觉更为厚重的理论升华，凭此将在1992年之后开出一片更新的天地。

这一时期对中国法学最为重要的发展，就是中国法学获得了"双重独立"，成为一个独立的理论体系和一门独立的专业学科。一方面，中国法学摆脱了对苏联法学的理论依赖，开始独立自主地走中国法学自己的路。

---

① 张友渔主编、王叔文副主编：《中国法学四十年》，上海人民出版社1989年版，第1页。

虽然在这一时期的法学界，作为苏联法学理论遗存的概念体系、观念内涵和思维方法，仍在不同程度地发挥影响，甚至在这一时期的初始阶段，苏联法学理论还是某些法学分支学科研究与讨论的主要理论武器；但是从发展趋向和总体态势上看，中国法学已经不再唯苏联法学理论的马首是瞻，而是面向中国、面向世界、面向现实、面向实践，开始走中国法学自己的发展道路。另一方面，国家与法的理论开始被法学基础理论所取代，法学不再是国家学说的一个分支或附庸，而是独立于政治学的一个理论体系与专业学科。法学独立性的确立，对于中国法学的发展与繁荣具有革命性的意义。法学研究对象从"国家与法"转变成为"法"，其研究对象的明确化特定化，为法学知识的专门化与体系化（包括概念生成、术语专有、范畴确定、理论衍化、学科建构等），确立了逻辑原点、推演路径与展开范围，中国法学才由此具有了据以生长繁荣的学科基石、知识体系和理论空间。法学从国家与法的理论格局中独立出来，并不是一个简单决绝的脱离过程，而是在法学自身的艰苦建设过程中成就了法学的独立理论体系。在这一时期有关法学研究对象、法学基本范畴和法学基本方法等诸多的研究讨论中，"国家与法的理论"因此也转变成为"法学基础理论"，进而发展成为"法理学"，中国法学逐渐学会以专门的"法言法语"表达法学思维过程及其结果。法律从国家理论中独立出来，当然有政治性因素的影响或助力，但更为根本的还是基于中国法学发展的自身逻辑，只是排除了政治障碍后中国法学的发展更加顺畅了。

这一时期中国法学的另一个重要而深刻的变化，就是以阶级斗争为纲失去了法学理论核心地位并逐渐淡出了法学视野。党在十一届三中全会上毅然抛弃"以阶级斗争为纲"这个不适用于社会主义社会的"左"的错误方针，把党和国家的工作中心转移到经济建设上来，这是政治路线的拨乱反正。① 但由于"以阶级斗争为纲"理念对中国法学的影响至深至广，以致当"以阶级斗争为纲"被政治生活中所抛弃时，一直奉阶级性为法律本质属性的理论圭臬的中国法学，一度失去了学术重心。随着法学领域有关法的阶级性的讨论展开与研究深化，特别是在法的阶级性与继承性、法的阶级性与人民性或社会性等问题上的理论突破，中国法学界逐渐明晰了法

---

① 见江泽民在中国共产党第十四次全国代表大会上的报告：《加快改革开放和现代化建设步伐，夺取有中国特色社会主义事业的更大胜利》。

的阶级性与法的其他属性之间的关系，摆脱了"以阶级斗争为纲"的理论桎梏，脱离了"以阶级斗争为纲"的基本研究范式，不仅在法学基础理论研究中确立了不再"以阶级斗争为纲"的法学概念体系、对象范畴与研究范式，也在这一时期相对成熟的法学专业领域诸如法制史学、宪法学、刑法学、民法学、婚姻法学、环保法学等学科，建构了不再"以阶级斗争为纲"的符合各专业特点与研究需要的知识体系与研究范式，特别是以权利为本位的分析研究范式。

　　这一时期中国法学发展的最大特点，是实现了法学研究的百花齐放、百家争鸣，由此形成了中国法学界浓郁的学术氛围，以及今天看来仍是相当重要的理论成果。许多法学上基本的和重大的理论问题得以热烈讨论，往往在一段时间形成了吸引整个法学界学术注意力的理论热点。诸如在法理学方面，关于法的本质、法学研究对象、法学基本概念与范畴、法的阶级性与继承性、人治与法治关系、法律面前人人平等、权利本位等问题的讨论；在宪法学方面，关于宪法的本质特征、政体与人民代表大会制度等问题的讨论；在刑法学方面，关于刑法的基本理论、刑法上的因果关系等问题的讨论；在民法学方面，关于民法地位与功能、民法与经济法之间的关系、国家所有权与国有企业财产权、社会主义婚姻基础等问题的讨论；在经济法学方面，关于经济法的定性与范围、国有企业法律地位与管理模式等问题的讨论；还有行政法学方面关于行政法本质的讨论，诉讼法学方面关于人民法院依法独立审判等问题的讨论。中国法学界关于重大法学理论问题的讨论，对中国法学理论体系的形成与发展起到了巨大的推动作用，并具有鲜明的时代特点。其一，绝大多数的讨论都最终实现了学界共识，对中国的法学发展与法制建设，起到了极大的推动或促进作用。但也有极少数问题的讨论，起初轰轰烈烈一场，最终未有共识却渐无声息，或者由立法选择或政策变动自然地给学界的讨论画上句号。其二，在当时法学问题的讨论中，政治上的拨乱反正与学术上的去伪存真往往交织在一起。这一方面表明法学的发展要服务于现实的需要，并且绝大多数法学问题的讨论，确实起到了促进经济体制改革和法制建设的积极作用。但在另一方面，为法学问题讨论插政治标签的现象也时有出现，尤其是在这一时期的初始阶段，这种插标签的偶然现象相对较多。其三，这一时期的法学理论热点确实能够形成整个法学界的持续热点，常常一个问题可以集中讨论一年两年甚至更久，时常整个法学界都关注同一热点问题，例如对法的阶级性问题、法律面前人人平等问题，法理学、宪法学、刑法学、民法学、环境法学等领域都对此展开了讨论。这一方面反映出当时的法学界参与重大理论问题讨论的学术热情高涨，以解决原理性问题的学术责任感强烈。但另一方面也反映出中国法学理论体系初创时期的特点，即大量的基本理论问题尚待解决，因为讨论的理论问题越基本，参加讨论的人就越多；当时的学术视野尚不够广阔和深远，可供法学界研究讨论的问题尚未广泛展开和深入发掘。其四，在这一时期的理论热点讨论中，作为论据的理论来源较为集中，论述方法也相对简要。用宏大话语讨论法学基本问题成为许多学者的喜好，哲学、政治学、政治经济学的概念与方法，经常引入法学问题的讨论过程中。这一方面增强了当时法学理论问题讨论时的论证力度，丰富了法学研究的方法。但另一方面，由于哲学、政治学、政治经济学与法学之间存在着的基本假定和概念方法上的差异，一些忽略了这些差异的讨论其实是在不同的假定前提下和概念体系中固执地进行，要在"自说自话"般的讨论中形成共识，殊为其难。

在这一时期中国法学界的共同努力下，学科建设持续取得进展。在中国法学获得"双重独立"后，法理学、宪法学、行政法学、刑法学、民法学、经济法学、诉讼法学、环境法学等学科分野渐次清晰，各个学科都快速通过原理生成和体系建构阶段，迅速拓展该学科的广度与深度。在当时，一方面中国法学分支学科的分野还不甚明显，特别是还不存在像如今这么讲究的学科壁垒，许多学者的自我归位心态也不是那么强烈，经常参与不同的法学分支学科的理论研究与学术讨论，这极大地活跃了法学界的学术气氛并丰富了的法学理论研究成果。但是在另一方面，独立建构法学分支学科的坚韧努力也一直存在，学者们讲哪个法律的课或写哪个法律方面的文章，就动辄声称该法是"独立的法律部门"，仿佛不如此不足以彰显该法的重要性以及学者自己研究领域的重要性。起始于这一时期的法学分支学科划分，到如今更为明显以至森严，一方面这虽然有利于各个法学分支学科的深入发展，但在另一方面也产生了"学术圈地"的后果：不同法学分支学科之间的理论交流日渐稀少，一个法学专业的学者对其他法学专业的术语日益生疏，以致法学界内部不同专业间的学术对话渐次隔绝，这种局面或许会使日后的中国法学界逐渐丧失对基本理论或重大理论的创新能力。

随着法学研究的学术成果不断大量涌现，这一时期的法学成果形式也日渐丰富，论文、专著、教科书、普法著述等，无论在数量和质量上，都是前一时期所完全不能比拟的。在当时，由于出版载体的稀少，发表论文、出版图书均为不易。由于出书更为不易，比起发表论文，出版学术著作似乎更为当时的学界所看重。这一时期的法学著述以教科书和注释法律著作为主，即使是学术专著，仍然以体系化地叙述基本理论知识的为多。这在中国法学发展的初期阶段，其实是一个不可避免的学术现象，因为阐释基本原理、梳理知识体系乃是这一时期中国法学的主要任务。由于这一时期还处于手写铅字时代，学者们似乎比如今的人们更珍惜字纸，动辄万言的文章和数十万字的著述还很少见。在当时的中国法学界，常有"一篇文章天下闻，一本专著天下惊"的情形，而如今已鲜见矣。

第 四 章

法学基础理论的形成与发展

一、法学研究对象的争论与确立

在这个时期，法学领域出现了一个重要的学术现象，就是国家与法的理论开始被法学基础理论所替代。其替代的主要标志之一，就是法学研究对象的重新确定。大体而言，我国法学研究对象在 20 世纪 80 年代初期得以基本确立，或者说，在这一时期基本形成共识而不再有大的争议。在这一时期及其以后，"国家"不再成为法学的主要研究对象，法学成为一门专以法为研究对象的学科。此前，国内法学界在这一问题上则出现过几次比较大的讨论或争论，争论的发生与我国法学在起步之初搬用苏联的"国家与法的理论"、"国家与法的历史"这些学名有关，也与当时人们对于法与国家之间关系的看法联系在一起。

对法学研究对象的确定，直接决定着法理学学科和教科书的整个体系，因此，关于法学研究对象，通常是法理学教科书在导论或开篇部分首先要明确的内容。从法理学学科或教科书名称由"国家与法的理论"到"法学基础理论"再到"法理学"的发展变化来看，其发展轨迹与法学研究对象的重构与界定紧密关联，法学研究对象在中国确是一个关乎法学或法理学的"正名"和"定名"的重要问题。

1956 年 11 月 22 日，中国政治法律学会召开关于中国法制史的座谈会，会上一些与会者讨论了中国法制史的名称以及与之相伴随的法制史学的研究对象问题。这是较早的一次涉及法学研究对象的讨论。尽管会议讨论的是法制史议题，但就"国家与法的理论"与"国家与法的历史"相类似的学名和经历而言，这些讨论也实际反映出关于法理学研究对象争论中的一些相同问题。

　　关于"法制史"这一名称，与会学者明显有着分歧。这些分歧体现出当时人们的某些思想认识以及法学的实际处境。会上，赞成使用"法制史"或"中国法制史"名称的学者指出："在旧时代里有几位学者写过'中国法制史'一类的著作，内容固然有广狭之不同，而其名称则大抵一致。法制二字联用，由来已久。……现在仍然用'法制史'，……能为广大人民所接受。""法当然是法律，制就是国家制度，'法制史'三字就是国家与法的历史，言简意赅……现在一般地依照苏联翻译，改为'国家与法的历史'，当然是对的。可是用中国的'法制史'三字，更为简单明了，也是很恰当的。""这门科学的命名问题，既然它着重研究我国历史上的法律制度，自应以名为'中国法律制度史'，或'中国法制史'较为妥当。有人说必须称之为'国家与法的历史'，用此以区别于资产阶级学者的研究。……这种意见不尽有据，只要研究方法正确，是从辩证唯物主义和历史唯物主义的观点出发的，固不必强调加上国家一词，以示区别，这不仅行文累赘，而且在命名上，容易把这些学科的研究中心模糊起来，反不如'中国法制史'的称呼来得清楚简练，切合实际情况。"①

　　与此相对，另外一些学者则基于与"旧"的对立、与"资产阶级"的对立，主张使用"国家与法的历史"这一名称。这些学者指出："'中国法制史'是一个旧名，在这一旧名下，每个搞法律科学的人都经常地会联想到旧的中国法制史那种特殊的写法及内容。虽然在旧的中国法制史的写法和内容上有许多缺点可以指责，但最重要的一个特点就是它把国家和法律隔离开来单纯地（或比较单纯地）讲述法律的历史。这一特点构成了它和我们的看法的根本冲突，在我们看来，法律是不能离开具体国家的本质被理解的。有意地割裂法律和国家的密切联系，正是资产阶级法学研究的特点。……'中国法制史'和'中国国家与法的历史'的不同……并不是单纯的'名词'的不同……这正是资产阶级学者和我们讲这门科学的具有重大意义的根本区别。""'国家与法的历史'是能够反映这一对象的。'法制史'则不然，必须多加解释，才能使人理解为'国家与法的历史'（指对象）。因为'法制'这一概念，自有其特定的含义，并不符合'国家与法的历史'这门科学所研究的对象。……在资产阶级国家，……他们使用'法制史'的目的，在于将国家与法律分割开来，否认国家创制法

---

　　① 《中国法制史问题座谈会发言摘要》，载《政法研究》1957 年第 1 期。

律，并将法律说成是超乎一切的，创制一切制度的永恒不变的东西，以此来掩饰法律的阶级性和抹杀国家的阶级性。……我们现在的'国家与法的历史'，无论是从内容到形式，都是一门新的科学。虽然它可以接受或继承前人在某些方面所作的一些有益的成果，但它和旧的'法制史'是根本对立的。"①

虽然关于法制史的"定名"存在争议，但在当时，学者们对于法制史既研究法律制度的历史也研究国家制度的历史、法律与国家不可分割的看法则是一致的。就此来说，这一次比较早的讨论，只是比较表面地触及了法学研究对象问题，其实更凸显出当时国家与法的理论的主导地位。因为研究对象与学科以及教科书之间的关联，后来关于法学研究对象的专门讨论，与"国家与法的理论"、"法学基础理论"统编教材的编写有一定的渊源关系。

1964 年 5 月 14—15 日，中国政法学会研究部、中国科学院法学研究所和《政法研究》编辑部，联合组织召开了一次关于法学研究对象的会议。这是国内法学界最早的一次专门以法学研究对象为议题的讨论会。与关于法制史"定名"的讨论相比更进一步的是，法学以法为研究对象在这次会议上被提了出来。法律相对于国家的特殊性以及法学与政治学之间的学科分工，是学者们提出法学以法为研究对象的主要根据；还有学者是针对当时只重视国家而忽视法、讲政策多而讲法律少的现状，提出法学应以法作为研究对象。不过，这在当时还只是少数人的意见。与以往讨论相同的是，虽然出现了争论，但这次争论并没有突破国家与法的理论的主导框架，法学以国家和法为研究对象仍是主流看法。这主要表现在以下几个方面：（1）法与国家同时产生，同为阶级统治工具，二者相互联系，密不可分，分割国家与法乃资产阶级法学的特点，是与会者较为普遍的看法。即使提出法学以法为研究对象的学者，也强调不能脱离国家来研究法。（2）在法学研究是应以国家为主，还是应以法为主的问题上，一些学者明确提到"以国家为主"。有主张法学应以法为研究对象的学者甚至认为，法学之所以应以法为研究对象，乃是因为国家与法是主从关系，法只是国家权力的一个部分，不能把更主要的和更根本的国家理论降低规格地包含

---

① 《中国法制史问题座谈会发言摘要》，载《政法研究》1957 年第 1 期。

在法学之中。① 虽然这次争论未能达成一致意见，而且法学以国家和法为研究对象的观点仍占据上风，但就会议专门以法学研究对象为题展开讨论，以及讨论所涉及的当时的政治和法律状况而言，这次争论实际表现出国家与法的理论十几年来对于科学研究、学科分工以及社会现实所产生的一些影响和问题。尽管与日后的 20 世纪 80 年代相隔近 20 年，这次争论仍可视为法学基础理论取代国家与法的理论的历史先声。

　　1980 年 5 月，北京市法学会法学理论专业组就法学研究对象问题召开讨论会，《法学杂志》、《法学研究》等法学刊物相继发表了这方面的讨论文章。② 这可以说是新中国成立以来法学界就法学研究对象问题展开的第二次专门讨论。与 1964 年的争论不同的是，法学以法为研究对象在这次讨论中成为主流意见。其时，十一届三中全会已经召开，会议讨论了民主和法制问题，并且提出"加强社会主义法制，使民主制度化、法律化"。此前 1978 年的《政府工作报告》也明确提到"组织制定全国哲学社会科学发展规划，积极开展哲学、经济学、政治学、军事学、法学……方面的研究"。中央文件中民主与法制、政治学与法学分提并论，对于在 1980 年的研讨中形成法学以法为研究对象的主流意见，起到了一定作用。在这次讨论中，尽管仍有少数学者坚持法学研究对象应包含国家和法，但更多学者，包括在过去的讨论中坚持法学应以国家和法为研究对象的学者，转向了法学以法为研究对象。较之以往更为深入的是，学者们在认同国家不再作为法学的主要研究对象的前提下，对于"法学以法为研究对象"这种表述作了更为细致的辨析。诸如司法、犯罪、古代法、法学教育等是否也是法学的研究对象，或者说，"法学以法为研究对象"这一表述是否足以涵括司法、犯罪、古代法、法学教育等法律现象，也作为问题被提了出来。

　　这次讨论所形成的主流观点，与当时国内法学发展的整体趋势是一致

---

　　① 参见张宏生、吴大英等《关于法学研究的对象问题的讨论》，载《政法研究》1964 年第 3 期；陈春龙：《关于我国法学研究对象问题的两次大讨论》，载《中国法学》1984 年第 2 期。

　　② 例如，刘升平：《谈谈法学的研究对象》，载《法学杂志》1980 年第 3 期；谷安梁：《也谈法学的研究对象》，载《法学杂志》1980 年第 3 期；陈春龙：《试论法学》，载《西南政法学院学报》1980 年第 3 期；余先予、夏吉先：《论马克思主义法学的科学性》，载《法学研究》1980 年第 5 期；吴世宦、王乃寿、陈海超、廖克林、覃柱中：《试论法学的研究对象》，载《法学杂志》1981 年第 3 期。此前，1979 年 9 月 12—18 日，由中国社会科学院法学研究所等单位发起，在长春召开中国法制史和法律思想史讨论会，会上一些学者讨论了法制史学的研究对象，参见《关于法制史研究对象和方法问题的讨论发言摘要》，载《法学研究》1979 年第 5 期。

的。1979 年，《政法研究》为《法学研究》所取代；1980 年，中国政治学会成立；1982 年，中国法学会成立。体现在学科和教科书上，原来的"国家与法的理论"、"国家与法的历史"也分别更名为"法学基础理论"、"中国法制史"；而且，以"法学基础理论"命名的教材采用了法学以研究法这一特定社会现象及其发展规律为对象的理论表述。1981 年，《人民日报》有评论这样写道，"在法学研究对象上，突破了以研究国家学说为主的框框"。①

1983 年 4 月 21—29 日，中国社会科学院法学研究所与华东政法学院，在上海联合召开关于社会主义法律体系和马克思主义法学体系的理论讨论会，这次会议对于法律体系和法学体系作了进一步的理论论证和具体划分，巩固和深化了理论界关于法学研究对象的研讨成果。②

就历史作用而言，将法确定为法学的基本研究对象，形成与国家或政治理论相对分离的独立法学体系，可以说是改革开放初期法学所取得的对于法学自主发展具有基础意义的成就。由于法学研究对象与法学学科或教科书体系之间的紧密联系，随着法学研究对象的变化，这一成就所具有的基础意义，在法理学学科或教科书的体系更新上，得到了深刻而久远的体现。从"国家与法的理论"、"法学基础理论"、"法理学"的理论体系的对比中，可以明显地看到这一点。

"国家与法的理论"主要由六部分构成：一是导论，包括研究对象、方法和体系；二是国家与法的概念、特征、起源和本质；三是国家和法的历史类型，内容包括奴隶制、封建制、资产阶级三种类型的国家和法；四是社会主义国家的一般理论，包括社会主义国家的本质、形式、职能和机构等内容；五是社会主义法的一般理论，包括社会主义法的本质、渊源、体系，法制，法律关系，法律规范，法律适用，法与共产主义道德，法律意识，违法行为等内容；六是国家与共产主义。其中，四、五部分是国家与法的理论的主要内容，而且法的理论明显受到国家理论的主导。③

---

① 参见陈春龙《关于我国法学研究对象问题的两次大讨论》，载《中国法学》1984 年第 2 期。

② 参见张友渔等著《法学理论文集》，群众出版社 1984 年版。

③ 参见苏联科学院法学研究所科学研究员集体编著《马克思列宁主义关于国家和法权理论教程》，中国人民大学出版社 1950 年版；［苏］罗马什金、斯特罗果维奇、图曼诺夫主编：《国家和法的理论》，法律出版社 1963 年版。

　　始于 20 世纪 80 年代初期的"法学基础理论",则主要由导论、法的一般理论和社会主义法的一般理论三部分构成。导论包括法学的研究对象、方法和体系。法的一般理论包括法的概念、特征、起源、本质和历史类型。社会主义法的一般理论包括社会主义法的产生、本质、作用、制定和实施,涉及法制、法的体系、法的渊源、法律规范、法律效力、法律解释、法律关系、法律制定、法律适用、法律监督、法律实施、法律意识、法与政治、法律与经济、法与精神文明、法与道德、违法与制裁等内容。①两相对照,"法学基础理论"明显舍弃了"国家与法的理论"中关于国家以及共产主义的专门内容,而将法,特别是社会主义法的一般理论作为主要内容。

　　再后来的"法理学"主要由导论和法的原理构成,或者说,由"学"和"法理"两部分构成。"学"的部分包括法学的研究对象、方法、历史等。"法理"部分包括法的起源、历史发展、概念、要素、形式、法治、法律体系、权利义务、法律关系、法律责任、法律文化、法的运行和实施、法的作用和价值、法与政治、经济、社会、文化的关系等内容。②与"法学基础理论"比起来,"法理学"将社会主义法的原理融入到法的原理中一起来研究,在学理上显得更为一般、专门而深入。

　　总体来看,作为一个既涉及法律与政治的关系也涉及法学与政治的关系的论题,法学研究对象从"国家与法"转变成为"法","国家与法的理论"因此也转变成为"法学基础理论"并进而发展成为"法理学",这反映出法学界使学术自主发展、免受或少受非学术支配和干扰的集体努力。法律从国家理论中相对独立出来,可以说是现代学科分工的正常表现,体现了现代学术发展的两个明显特点。一是学术与政治适度分开,学术相对独立;二是学科之间相互分化,学术成为专门之学。尽管如此,在1983—1984 年的相关讨论中,一些法理学者在赞同法学基础理论剔出国家理论的同时,也指出当时的法学基础理论在总体上其实"没有突破老的框框",而是在很大程度上仍然沿用了国家与法的理论的体系和内容,并因

---

　　① 参见,北京大学法律系法学理论教研室编:《法学基础理论》,北京大学出版社 1984 年版;孙国华主编:《法学基础理论》,中国人民大学出版社 1987 年版。

　　② 参见,李步云主编:《法理学》,经济科学出版社 2000 年版;刘作翔主编:《法理学》,社会科学文献出版社 2005 年版;张文显主编:《法理学》,法律出版社 2007 年版;朱景文主编:《法理学》,中国人民大学出版社 2008 年版。

此强调法学基础理论要更多地联系中国的实际，在研究法与其他社会现象的关系的同时，更多地研究法律本身的问题，特别是诸如法、立法、法制、法治、权利、权力等基本法律概念。①

二、法学基本概念与范畴的界定

如果说，关于法学研究对象的争论最终为法学划定了一块与国家和政治相对区分和独立的专门法律领域，那么在此之后，专属法学的研究领域中究竟有哪些基本概念和范畴，就作为一个首要问题呈现了出来。这样一个问题，在 20 世纪 80 年代初关于法学研究对象的争论中其实已被触及，在 80 年代末和 90 年代初则成为会议讨论的一个热点。到 1992 年前后，这一问题大致得到解决，其标志是权利和义务被确定为法学的基本范畴，②"法学是权利义务之学"③ 被多数学者所接受，尽管此后直到 21 世纪法学界对此仍然存在某些争论。

确定法学的基本概念和范畴，是与关于法的阶级性的争论相伴随的，甚至可以说，是以理论界对法的性质的重新认识或观念更新为前提的。无论是法学研究对象的划定，还是法学基本概念和范畴的确立，都需要首先将法律与国家或政治适当区分开，使法学从国家理论或政治理论的支配中相对独立出来。因此，在从 1978—1992 年"法学基础理论"逐步建立和完善的过程中，可以明显看到两条发展线索，而这两条线索在法的性质问题上有着共同的趋向。一条线索是，在知识层面，法学开始构建自己的概念和范畴体系，这主要是围绕作为法律关系基本要素的权利与义务展开的；另一条线索是，在价值层面，法学开始寻求以权利作为其基点，这主要是围绕作为现代价值的人权和公民权利展开的。一如法学基础理论的发展表现出对国家与法的理论中起支配作用的国家理论的摒弃，这两条线索在 20 世纪 80 年代的发展也一直伴随着关于法的阶级性、阶级本质的争论

---

① 参见张友渔等著《法学理论文集》，群众出版社 1984 年版；沈宗灵：《我国法学基础理论学科的改革》，载北京大学法律系《法学论文集》（续集）编辑组编《法学论文集》（续集），光明日报出版社 1985 年版。

② 参见张文显《论法学的范畴意识、范畴体系与基石范畴》，载《法学研究》1991 年第 3 期；张文显：《法学基本范畴研究》，中国政法大学出版社 1993 年版。

③ 刘瀚、夏勇：《法理学面临的新课题》，载《法学研究》1993 年第 1 期。

以及对"以阶级斗争为纲"的批判。

关于法的性质的讨论在 20 世纪 50 年代其实已有显现。改革开放初期，法学界在法的阶级性问题上再起争论。一些学者提出了法的继承性、社会性、人民性、客观性、规律性和超阶级性，认为法不单纯是阶级斗争的工具，而是承担着社会公共职能、有其客观的物质条件基础、反映着人类社会生活规律。20 世纪 80 年代初期，学者们围绕这一主题在《法学研究》上展开了广泛讨论。《中国法学》也从 1988 年第 1 期至 1989 年第 1 期，每期都专门刊登关于法的本质和法学理论更新的争论文章，持续不辍达一年之久。从后来的发展看，"以阶级斗争为纲"的理论范式在法学界最终被淘汰。在 80 年代中后期，有学者这样写道："在整个社会主义历史时期，人民性是一个扩展因素，而阶级性是一个消亡因素，它只存在于社会主义法律发展的一定历史阶段。所以，确认人民性作为社会主义法律的根本属性，或者说是属性的主导方面，更符合社会主义法律的真实内容及其发展规律"。① 后来，有学者提出并主张法理学在研究范式上实现从"阶级斗争"向"权利本位"的转变。② 关于法律的性质的争论，在很大程度上为法学基本概念和范畴的界定以及法学学科的进一步完善铺平了道路。自 20 世纪 80 年代中期直至 90 年代，法理学界曾就法学基本概念和范畴专门开会讨论，也对诸如法、法律价值、法律效力、法律渊源、法律关系、法律规范、法律行为、法律责任、法律解释、法律文化等进行了广泛而专门的研究，③ 极大地充实和扩展了法的一般理论以及法学的概念和范畴体系。

1985 年 6 月 11—16 日，中国法学会法学基础理论研究会召开成立大会和第一次学术研讨会，会议的主题包括法律的概念以及法律与改革，当

---

① 朱华泽、刘升平：《关于社会主义法律本质的几个问题》，载《法学研究》1987 年第 1 期。

② 参见张文显、于宁《当代中国法哲学研究范式的转换——从阶级斗争范式到权利本位范式》，载《中国法学》2001 年第 1 期。

③ 例如，张志铭：《中国社会主义法律关系新探》，载《中国法学》1988 年第 5 期；张志铭：《法律规范三论》，载《中国法学》1990 年第 6 期；周永坤、杜飞进：《试论法律责任的若干问题》，载《中国法学》1990 年第 6 期；周永坤：《法律责任论》，载《法学研究》1991 年第 3 期。又如，1988 年 11 月 5—8 日，学界也曾专门就法律责任在苏州召开理论会议，研究讨论法律责任的概念和一般原理等。

时关于法的阶级性仍是讨论的重点。① 1988 年 6 月 6—10 日，关于法学基本范畴的首次专题研讨会召开。会议研究了法学范畴体系的建构问题，围绕权利、义务、法律规范、法律关系、法律责任、法制等范畴展开了讨论，并提出了以权利义务为基本范畴、以权利为本位建构新时期法理学的总体思路。②"法的本位"在此次会议上备受关注，由此引发了法理学界在"法是以权利为本位，还是以义务为本位"问题上的争论。1990 年 5 月 22 日至 25 日，在中国法学会法学基础理论研究会第四次年会上，与会者对"法的本位"问题展开了进一步的讨论。会上，权利本位论者主张以权利和义务作为法学范畴体系的核心，提出"从义务本位到权利本位是法的发展规律"。③ 这一看法受到了义务本位论者以及权利义务统一论者的批评。而且，有学者也提到，除权利义务外，法学还有很多其他基本范畴，还有学者认为，权利与权力也是法学的一对重要范畴。此外，权利概念本身，或者说权利究竟指什么，在此次会议上也受到关注。④ 1990 年 10 月 10—12 日，法理学界再次就"民主、法制、权利和义务"召开研讨会。权利本位仍是会议争论的热点。尽管还是不乏对于权利本位的批评，但"权利本位说"得到了多数与会者的肯定。会上，学者们倡导以权利和义务为基石范畴健全法学的范畴体系。有学者提到，建立严整的范畴体系是一门学科走向成熟的标志，法学必须树立起强烈的范畴意识；按照反映法律现象的深度、广度和抽象化程度的差异，法学范畴可划分为普通范畴、基本范畴和基石范畴三个层次；法学应当由以"阶级斗争"为基石范畴转向以"权利义务"为基石范畴，由此健全法学范畴体系。⑤ 这样一连串的会议研讨，推动了法学范畴体系在我国的建立和更新。

　　1991 年，《法学研究》刊发《论法学的范畴意识、范畴体系与基石范畴》一文，这是一篇关于法学范畴的长篇专论。该文提到，"自 50 年代初到 70 年代末整整 30 年间，特别是在'以阶级斗争为纲'的荒唐岁月，我

---

　　① 《中国法学会法学基础理论研究会成立大会综述》，载《中国法学》1985 年第 6 期。
　　② 参见张文显、马新福、郑成良《新时期中国法理学的发展与反思》，载《中国社会科学》1991 年第 6 期；张光博、张文显：《以权利和义务为基本范畴重构法学理论》，载《求是》1989 年第 10 期。
　　③ 张文显：《从义务本位到权利本位是法的发展规律》，载《社会科学战线》1990 年第 3 期。
　　④ 吴玉章：《对法的本位问题的不同观点》，载《中国法学》1990 年第 5 期。
　　⑤ 林喆、李中圣：《深化对权利义务的研究》，载《中国法学》1991 年第 1 期。

国法学一直把'阶级性'作为法学的基石范畴（尽管很多人没有意识到这一点）。'阶级性'几乎成为人们观察、认识和评价法律现象的唯一视角和超稳定的思维定式。法学的立论、推论、结论、结构、体系，对法律资料和法学文献的收集、分析、使用，以至行文方式和语言，无不围绕着'阶级性'这个中轴旋转，法学实际上成了'阶级斗争学'。……把'阶级性'置于法学基石范畴的位置，作为法学的参照系或观念模式，必然使法学丧失其作为一门独立学科的资格和地位"。鉴于此，该文呼吁强化法学的范畴意识，并将法学范畴细致地划分为法的本体论范畴、进化论范畴、运行论范畴、主体论范畴、客体论范畴、价值论范畴六个类型。其中，法的本体论范畴包括：法、法规范、法原则、权利、义务、法部门、法体系、法文化、法律调整、法的阶级性和社会性等；法的进化论范畴包括：法生成、法类型、法系、法更替、法继承等；法的运行论范畴包括：法的创制、法的实施、法的效力和实效、法律关系、法律事实、法律责任、法律推理等；法的主体论范畴包括：国家、阶级、团体、个人等；价值论范畴包括：民主、法治、秩序、自由、正义、效率、福利等。在此基础上，该文提出权利义务是法学的基石范畴，并主张以权利和义务为基石范畴构建法学理论体系，其主要学理在于：权利义务是对法律现象本体属性、内在联系最深刻、最全面的反映；权利义务反映法的价值属性和主体性；权利义务是法学范畴体系的逻辑起点，法学其他范畴只有与权利义务联系起来才有实质意义并易于理解。[①]

对于这些看法，特别是把权利义务作为法学基石范畴，法学界有人后来提出了不同看法。例如，有学者指出，"权利和权力才是法律世界中最重要、最常见、最基本的法现象，法学应当以权利和权力为最基本研究对象和分析起点，从而形成新的范畴结构和新的法现象解释体系"。[②] 有学者认为，"法律规则是法学的核心范畴"，"我国的法理学应以规则为核心构建体系"。[③] 还有一些学者提到，以权利与义务、民主与法制、人治与法治、主权与人权、法律意识与法律行为等为法学的基本范畴。尽管认识不

① 张文显：《论法学的范畴意识、范畴体系与基石范畴》，载《法学研究》1991 年第 3 期。
② 童之伟：《论法理学的更新》，载《法学研究》1998 年第 6 期；童之伟：《再论法理学的更新》，载《法学研究》1999 年第 2 期。
③ 陈金钊：《认真对待规则——关于我国法理学研究方向的探索》，载《法学研究》2000 年第 6 期。

同、表述不一，但对于确立基本范畴，并在此基础上构建和丰富独立而专门的学科体系，在法理学界则可谓一种共识。由此也可以说，学界关于法学基本概念和范畴的讨论的一个关键，是在于法理学的学科体系。关于这一体系，有学者在 20 世纪 90 年代初指出，"一门学问的体系是由知识体系、价值体系和方法论体系构成的。……我国法理学体系的现状，是不大令人满意的。……在知识体系中，对本体意义上的法律问题的研究、对法本身的概念、结构、范畴、术语的研究，还十分薄弱。……在价值体系中，我们对法作为一种独特的社会现象所具有的内在原则的研究，以及在这一研究的基础上对社会主义法的内在原则的研究，还比较少见。……现在，法理学应该以研究市场经济的法律体系为契机，来实现对自己的知识体系、价值体系和方法论体系的调整和充实"。①

　　基于法理学学科体系与法学基本概念和范畴之间的这种紧密联系，自 20 世纪 80 年代以来，法理学界对于法学基本概念和范畴的研究明显加强。以《法学研究》为例，改革开放以来的 30 年间，在这一刊物发表的关于法学基本概念和范畴的专门研究论文中，大体涉及法律价值 4 篇、法律效力 4 篇、法律渊源 5 篇、法律体系 6 篇、法律关系 3 篇、法律规范 5 篇、法律行为 2 篇、法律责任 2 篇、法律制定 11 篇、法律实施 3 篇、法律适用 2 篇、司法裁判（含法律推理）11 篇、法律解释 8 篇、法律职业 3 篇、法律意识 2 篇、法律文化 6 篇、方法论 5 篇。这些其实也是法学基础理论以及后来的法理学教科书的主要内容，法理学学科体系也正是在这些基本概念和范畴的基础上逐渐形成的。

　　将 20 世纪 80 年代中后期至 90 年代初期法理学界关于法学基本概念和范畴的探讨与法理学后来的发展结合起来看，这一探讨主要包含了三个主要环节。② 一是关于法学基本概念和范畴的具体研究。相对于其他环节的讨论，发生在这一环节的总体争论比较少。或者说，争论主要发生在对具体概念或范畴的理解和分析上，例如，关于法律效力、法律责任、法律关系等概念的理解存在分歧，而在研究这些概念或范畴的必要性上，学界则是一致认同的。逐一研究各个概念和范畴，实际上是一个在法律领域烧制

---

① 刘瀚、夏勇：《法理学面临的新课题》，载《法学研究》1993 年第 1 期。
② 这在《法哲学范畴研究》一书中有较为充分的体现。见张文显《法哲学范畴研究》，中国政法大学出版社 2001 年版。

片砖片瓦、确立法言法语的过程。就法学基础理论和国家与法的理论之间的联系而言，它也表现为在调整国家与法的理论的基础上对"法的理论"的扩充过程。二是关于权利和义务的研究。由于权利概念如同自由、法治等概念一样，在与政治意识形态的联系上，比诸如法律制度、法律效力等概念显得更为紧密，发生在这一环节的理论分歧相对较多，特别是在20世纪80年代理论界仍然存在着"左"与"右"、"姓社"与"姓资"的争论的条件下。也正因如此，法学界对于法学基本概念和范畴的探讨，不得不时不时地回到国家与法的理论那里，进一步变革源于国家与法的理论的某些理论观念。由于权利义务既可以作为法学基本概念和范畴看待，也可能触及价值领域，权利在20世纪80年代的兴起过程中，其自身的批判力相对其他法学概念和范畴而言显得更有力量，在有些学者那里，它甚至是作为对文化传统的批判武器而使用的，[1] 相应的，它所受到的批评因此也相对较强。三是推动法理学研究范式从"阶级斗争"向"权利本位"转变。如果说权利义务处在专门法学范畴与基本价值领域之间，那么，"权利本位"则表现出鲜明的价值趋向，它在权利与义务、权利与法的关系上明显偏向权利，因此甚至可以被用来支配整个法律体系和法学体系，所以法理学界关于权利本位的争论最为集中。"功夫在诗外"，一如"国家与法的理论"当年受到国家理论的主导，"法学基础理论"在沿着法学基本概念和范畴的途径获得形式发展的过程中，最终也需要在作为现代价值的人权和公民权利上取得新的理论突破。

三、人权与公民权利的理论兴起

法理学界关于法学基本概念和范畴的探讨和研究，对于丰富和完善法理学学科体系、促进法学理论的更新和发展，具有不可低估的历史意义。更为重要的是，当法学基础理论在学科体系的不断完善过程中触及权利义务并将其确立为法学的基本范畴，进而认定"法学是权利义务之学"时，法理学就不仅因为有了自己的研究对象和核心内容而成为一门独立的科学体系，它更因此通过"权利"找到了精神寄托并因之赋予整个法学体系以深厚的价值底蕴，从而使法理学成为一门推动中国向民主法治迈进的经世

---

① 参见梁治平《法辨——中国法的过去、现在与未来》，贵州人民出版社1992年版。

之学。如果说，形成独立于国家理论的法学体系称得上法学基础理论在知识层面取得的一项重要成就，那么从"以阶级斗争为纲"范式转向"权利本位"范式，并由此确立人权和公民权利对于法学体系乃至法律体系的主导作用，则可谓法学基础理论在价值层面取得的另外一项重要进展。从人民民主的角度看，阶级斗争可谓革命时期争得人民民主的主要方式，权利则是改革和发展时期维护人民民主的重要形式，对于人民民主的制度化、法律化，权利提供了制度入口，开启了法治道路。

权利是一个价值意味很强的政治和法律概念。它在 17、18 世纪的欧美首先成为政治和法律领域的价值起点。欧美历史上诸如美国《独立宣言》、法国《人权和公民权利宣言》这样一些基础性的政治和法律文献，实际上都包含了"自然权利"或"天赋人权"内容。就其对立面而言，一方面，权利针对传统的社会伦理，成就了沿着维护人性和人的生理需求的路向发展的现代政治，这迥异于"启蒙"时代之前以道德义务或宗教伦理为基点的古代政治；另一方面，权利针对专断的国家权力，使现代国家权力循着保护人权的方向得以理性建构和持续地合法运行。这样一种建立在权利基点上的政治法律理论和实践，在现代世界历史进程中，逐渐成为从以欧美为中心向世界范围扩展的一股强大力量，也影响了中国的现代化进程。

在我国，现代意义上的"人权"和"权利"并不是自古土生土长的语词。因此，当"人权"作为一个西方概念自近代以来进入中国时，它未能避免遭受一些文化隔膜乃至政治波折。尽管中国传统中包含着各种形式的保护人的思想和制度，但在长期有关"义"与"利"、"天理"与"人欲"的道德论辩中，权利特别是以权利为基点的政治和法律制度并没有得到充分发展。在新中国成立以来的革命和建设实践中，由于"人权"在很长一段时期被视为"资产阶级的口号"，我国对于人权的接受也远不是一帆风顺的，以致直到 20 世纪 90 年代初，学者们仍在为疏通人权与中国传统、人权与马克思理论之间的障碍而努力。①

不过，"文化大革命"的结束以及改革开放初期的思想解放运动，曾经为人权在理论界的正面提出带来过一次契机。1979 年，国内报刊涌现了

---

① 参见夏勇《人权概念起源》（中国政法大学出版社 1992 年版）中有关"人权与中国传统"、"人权与马克思"的章节。

大量有关人权的争论文章,① 同期也出现了很多讨论人道主义、人性论的文章。从当时的讨论情况看,人权理论此时大多受到意识形态影响而处在一种政治对立结构之中,人权与阶级对立之间的张力较为明显。这一年之后近十年,学界关于人权的专门研究整体上比较少,甚至一度趋于沉寂。《法学研究》到 1989 年才再次出现关于人权的论文,《中国法学》关于人权的专论则到 1991 年才出现。在 1991 年以前,人权在我国始终是一个政治敏感论题,特别是在 20 世纪 80 年代中后期国际领域中涉及中国的人权斗争有所加剧之后。在此形势下,20 世纪 80 年代关于权利的研究,主要是循着公民权利与宪法和法律的关系以及将权利义务确定为法学基本范畴的路径,来向前推进的,直至 1991 年和 1992 年在"人权"和"权利本位"上同时取得突破。至此,从我国 20 世纪 80 年代至 90 年代初关于权利的法理学研究中,大致可以分辨出三条理路。

一是沿着法律体系的路径对公民权利和自由的讨论,这主要表现为学界对宪法权利或"公民的基本权利"的分析。以《法学研究》为例,虽然20 世纪 80 年代初期和中期没有关于人权的专论,但零星可见一些关于公民的宪法权利、公民自由与法律、权利与义务相统一的文章。从主题和内容看,这些文章明显是从权利保护的宪法和法律体系着眼的,其间也包含着对"文化大革命"进一步的历史反思。新中国成立后头三十年,在大大小小的政治运动特别是"文化大革命"冲击下,宪法以及宪法所规定的公民权利实际上并没有显现其作为"根本法"或"基本权利"的岿然不动地位,而是一直面临着风雨飘摇的尴尬处境,以致到十一届三中全会时仍不得不急迫地强调:维护法律的"极大的权威","宪法规定的公民权利,必须坚决保障,任何人不得侵犯"。国家宪法及其规定的基本权利在政治实践中长期处于一种严重失衡状态,促使人们在拨乱反正之后对此政治困境做出深入的理论思考。总体上,《法学研究》上关于宪法权利的几篇文章,

---

① 例如,刘海年、常兆儒:《保障人民权利是革命法制的光荣传统》,载《法学研究》1979 年第 1 期;刘瀚、吴大英:《什么是"人权"?我国宪法和法律为什么不用"人权"一词?》,载《民主与法制》1979 年第 2 期;吴大英、刘瀚:《对人权要作历史的具体的分析》,载《法学研究》1979 年第 4 期;肖蔚云等:《马克思主义怎样看"人权"问题》,载《红旗》1979 年第 5 期;余良:《"人权"是资产阶级的口号》,载《文汇报》1979 年 4 月 8 日;志群:《"人权"是哪家的口号?》,《新华日报》1979 年 4 月 9 日;徐炳:《论"人权"与"公民权"》,载《光明日报》1979 年 6 月 19 日;李步云、徐炳:《论我国罪犯的法律地位》,载《人民日报》1979 年 11 月 27 日。

虽然在理论上直面这样的政治处境，但还只停留在对宪法规定的解释和论证以及主张保护公民权利的应然层面上。在现实举措方面，这些文章也提到了通过官员守法和严格执法来加强对权利的维护，但政治权力的规范运行尚未进入它们的视野，相关讨论终未能从理论上根本解决这样一个问题：为什么国家有了宪法，而且宪法明文规定了公民的基本权利，而宪法连同这些基本权利在政治实践中还是会遭受任意践踏？同样，讨论公民自由与法律之间关系的文章，也主要是在法律框架内展开的。这些文章在主张法律保障公民自由的同时，显然并没有回避法律限制人的行为的一面，由此，与权利相对应的义务以及有关权利与义务之间关系的讨论也就自然地被接引出来。这一时期关于自由权利以及权利与义务之间辩证统一关系的讨论，尽管看上去远没有当时有关"法的阶级性"的讨论那样广泛而热烈，但在一定程度上为以后把权利和义务作为法制基本要素以及法学核心范畴的学术热衷埋下了伏笔。另外，无论是关于宪法权利的文章，还是关于自由权利与法律的文章，都只强调了宪法和法律应该规定和保护公民的权利和自由，而未能触及通过对政治权力的政治制约和法律规范来保障公民权利与自由这样一条权利保护路径。"以权利制衡权力"，使政治权力依照法定程序运行，直到 20 世纪 90 年代才成为学界关注的重点。①

　　二是沿着法学体系的路径对权利理论的研究，这是权利在我国发展的一条较为清晰的路线，主要表现为学界关于"权利本位"的争论。"权利本位"的提出始于 20 世纪 80 年代中后期，一些观点和相关措词散见于 1988 年和 1989 年的一些会议和期刊中。② 例如，《论权利意识》一文尽管没有使用"权利本位"的措词，但实际上包含有以权利为本位的取向。该文认为，"权利是法制的核心"，"权利与义务不可分割，但从源泉、时序、目的看，权利是主要方面。立法的宗旨是确认权利，执法的目的是保护权利，守法的实质是尊重权利，违法的危害性是侵犯权利。"③ 1990 年，《中国法学》刊发关于"权利本位"的专论《"权利本位"之语义和意义分

　　① 例如，郭道晖：《试论权利与权力的对立统一》，载《法学研究》1990 年第 4 期；刘作翔：《法治社会中的权力和权利定位》，载《法学研究》1996 年第 4 期。

　　② 例如，《中国法制改革学术讨论会发言摘要》，载《法学研究》1989 年第 2 期；乔丛启、杨一凡：《五四运动与中国法律文化》，载《法学研究》1989 年第 3 期；郑成良：《权利本位说》，载《政治与法律》1989 年第 4 期。

　　③ 文敬：《论权利意识》，载《中国法学》1988 年第 4 期。

析》，这被认为是权利本位论的代表之作。该文认为，"权利本位"概括表达了"法是或应当是以权利为本位"的观念，"权利是义务存在的依据和意义"，"权利本位取代义务本位是历史的进步"，并引述"权利构成法律体系的核心，法律体系的许多因素是由权利派生出来的，由它决定，受它影响，权利在法律体系中起关键作用。在对法律体系进行广泛解释时，权利处于起始的位置；是法律体系的主要的、中心环节，是规范的基础和基因"这段话作为权利本位论的具体表达。① 此论一出即在学界引发诸多批评和反批评。有学者虽然也欣赏"权利本位说"，但在学理上坚持认为"法以义务为重心"。② 如同 20 世纪 90 年代初"重构中国的市民社会"的提法被人批评为资产阶级的过时理论一样，也有学者批评"权利本位说""在旧法学中早已有之，它由来已久。……在西方、旧中国乃至于台湾学者看来，权利本位说已是一种过时了的学说。"③ 后来，有学者把在"法本位"争论中出现的观点归纳为"权利本位说"、"义务重心说"和"权利义务一致说"三种，并认为"权利本位说"体现了时代精神的价值所在，其所蕴含的民主精神是其他二说所不具备的。④ 持续一年时间之后，关于"权利本位"的争鸣在《中国法学》上最终以这样一种看法宣告落幕。

三是沿着价值的路径对人权理论的开拓。从时间上看，1991 年是我国人权理论取得突破的关键一年，这与"冷战"即将结束以及我国在国际政治斗争中的人权问题上变被动为主动有明显的历史联系。这一年年初，中国社会科学院法学研究所承接中央委托的人权理论研究课题，并于 1991 年 6 月 18—21 日召开全国性的人权理论研讨会，就人权的概念、主体、性质、存在形态、社会主义人权理论与实践等展开讨论，还对外分批派出人权考察团。⑤ 同年 3 月 12 日，中国法学会研究部与《中国法学》编辑部就

---

① 张文显：《"权利本位"之语义和意义分析》，载《中国法学》1990 年第 4 期。同期相关文章还有张文显《从义务本位到权利本位是法的发展规律》，载《社会科学战线》1990 年第 3 期。

② 张恒山：《论法以义务为重心》，载《中国法学》1990 年第 5 期。

③ 封曰贤：《"权利本位说"质疑——兼评"社会主义法是新型的权利本位法"》，载《中国法学》1990 年第 6 期。

④ 孙笑侠：《"权利本位说"的基点、方法与理念》，载《中国法学》1991 年第 4 期。当时的争鸣文章还有郑成良《权利本位论——兼与封曰贤同志商榷》，载《中国法学》1991 年第 1 期，等等。

⑤ 参见刘海年、胡水君《术攻法史兴法治，心系家国倡人权》，载中国社会科学院青年人文社会科学研究中心编《学问有道——学部委员访谈录》上册，方志出版社 2007 年版，第 665—676 页；李林等整理：《以马克思主义为指导深入研究人权理论——人权理论研讨会综述》，载《法学研究》1991 年第 5 期。

"如何开展人权与法制问题的理论研究"召开座谈会，《中国法学》继而于5月发出深入开展人权理论研究的倡议。① 同年4月20日，中国人民大学召开"人权理论研究座谈会"，就人权基本理论、人权与国际法、中国人权现状等展开了讨论。② 这一年，中国的第一个人权白皮书《中国的人权状况》发布，其中称人权为"伟大的名词"。1991年至1992年，理论界再度涌现大量关于人权的论文，相关的理论研讨会也较为频繁。例如在两年内，《法学研究》发表8篇人权专论，《中国法学》发表11篇人权专论；1992年4月27—30日，中国法学会法学基础理论研究会与中南政法学院等联合召开人权与法制学术讨论会，就人权与主权、人权与公民权、个体权利与集体权利、人权的特殊性与普遍性等问题展开了研讨③。这些会议研讨和论文，适时地满足了我国在主动接纳人权话语之际对于人权理论的需求，也进一步巩固了我国法学和法律体系的人权价值取向。在此后的权利研究中，以人权和权利来引导政治、法律活动的理论倾向更为明显而确定。换言之，在理论上，人权和权利保护日渐从"通过法律规定人和公民的权利来保护权利"这种看上去相对消极的形式，转向"通过法律限制和规范政治权力来保护权利"这种相对积极的形式，直至人权和权利作为现代之道融入政治实践和法律制度之中。

总体上，对"文化大革命"的历史反思、国际政治形势的发展变化、特别是改革开放的深入进行，从理论和实践上为1979—1992年国内关于人权和公民权利的研究创造了条件。就改革开放的影响而言，一方面，欧美法律哲学或法学思潮在这一时期被大量引入和介绍，连同其他各种文化思潮为法学基础理论带来了新的理论资源和视角，也为权利在法学中的发展铺设了理论基础。相比较而言，在过于强调国家的专政职能并且对形式法律和权利平等持有批判观点的国家与法的理论下，普遍张扬权利特别是个人权利存在着一定意识形态障碍。另一方面，改革开放实践为权利的兴起创造了政治和经济便利，权利因此既在开放条件下的"文化热"中循着对文化传统的再批判而从价值层面得到了张扬，也在经济和政治体制改革

---

① 参见《深入开展人权与法制的理论研究》，载《中国法学》1991年第3期。

② 参见《人权理论研究座谈会综述》，载《中国法学》1991年第4期。

③ 参见《中国法学会法学基础理论研究会1992年年会综述》，载《中国法学》1992年第4期。

环境中循着对学科体系的新变革而从知识层面得到了发展。

四、比较法学基础理论的形成与发展

自从 1949 年新中国建立直到 1966 年"文化大革命"前，现代意义上的比较法学在中国开始兴起并且有初步发展，但是，比较法研究的范围十分狭小片面。这主要体现在，对外国法的比较研究，基本上是以苏联的法律和法学理论为主要研究对象，而对于属于大陆法系的法、德等国家和属于英美法系的英、美等国家的法律和法学，则采取抵制、蔑视和作为"反衬"的批判和全盘否定态度。在"文化大革命"的十年动乱中，比较法学和整个法学遭到毁灭性的摧残，对于被引进的苏联法学和本来就被蔑视和批判的西方法学共同被彻底否定了。直到"文化大革命"结束以后，特别是自 1978 年党的十一届三中全会以后，中国的比较法学才真正地开始复兴。

（一）中国比较法学对理论和实践问题研究的状况

自从 1978 年底特别是到 20 世纪 90 年代以来，中国比较法学在过去长时期形成的单薄、片面、无力的基础上，开始逐渐进入与国外同学科相协调的研究范围和方向。在研究的内容、范围和方法等方面，一方面能够广泛和深入地探讨国际性的普遍问题；另一方面能够比较密切地联系中国具体国情，为中国法制建设提供有价值的理论依据和建议。

比较法学者注意比较法学的"传统性的"、至今在中外比较法学界仍在探讨和争论的比较法基本理论问题，例如：比较法学的性质、研究对象与范围、作用和研究方法等问题。

比较法学者们在其论作中，十分注重联系当代中国改革开放、市场经济法律体系的完善、法制建设和建设社会主义法治国家的实际，从全方位的比较视角研究和比较大陆法系、英美法系及其他法系国家和地区的法律及其制度，寻找可资借鉴的方面。主要从立法、执法、司法等方面、宪政建设和法律监督机制诸方面，联系不同的外国之间、中外之间的法律和实践，进行比较研究，并研究法律移植（或借鉴）与比较法的功能。特别应当提到的是，组织和团结全国比较法学的专家学者的中国法学会比较法学研究会，在多年来先后举行的学术年会所研讨的主题，除了探讨比较法学基础理论问题外，都是围绕着当代国际比较法研究的热点问题，又是中国法治建设实践中的重大理论问题，例如比较法与中国法律改革问题、契约精神与宪政、全球化背景下比较法的功能、当代中国法制进步与比较法、现代法治与民间社会基础、比较法视野下的法典编纂与立法，以及当代各国法治机制的比较研究等。

中国比较法学的研究范围不断地扩大。在研究过程中冲破以往的"禁区"，对不同法系的国家或地区、不同社会制度国家或地区的法律及其法制制度，以及不同的比较法理论进行比较研究，包括两个以上国家法律体系的比较；同一国家的不同法系法律的比较；本国法与外国法之间或不同的外国法之间的比较等。在比较法的研究范围不断扩展的进程中，同时又向纵深的层面发展，使许多理论问题分析不断深入。例如学者们在许多论著中开始注重中外部门法进行比较研究，包括许多对中外公法、私法以及社会法的比较研究。

中国比较法学的研究方法日渐丰富。比较法学者在其论作或科研、教学活动中，越来越灵活地运用比较法各种研究方法，包括规范比较与功能比较、宏观比较与微观比较、文化比较、静态比较与动态比较等。

（二）比较法学基础理论研究

比较法学基础理论的形成与发展，是比较法作为一门成熟学科的关键标志。改革开放以来比较法复兴的过程中，比较法学领域对相关基础理论的各个方面与各个层面展开了研究讨论，逐年的深入研究与学术积累，形成了体系化的比较法学基础理论，显现出中国比较法学作为一项专门的学问日渐成熟。

1. 关于比较法的性质

在 20 世纪 80 年代中后期，中国社会科学院法学研究所的《法学译丛》杂志连续刊载了数篇介绍法国、德国、苏联、匈牙利等国比较法学家的论文，介绍了一些（包括英国、美国、荷兰、意大利）学者对比较法性质的认识的三种观点。第一种观点认为，对比较法的性质的争论没有意义、是多余的，因为对"方法"和"科学"两个术语难以划分它们的界限。① 第二种观点认为，比较法只是研究法律的一种方法，它不是一个独立的法学部门，不存在像其他法律部门所具有的那种意义上的被称为"比

---

① 参见［英］H. C. Gutteridge，"Comparative Law"（1946），p. 5。

较法"的具体法律部门。① 第三种观点认为，比较法不仅是研究法律的一种方法，而且也是法学的一门独立学科，两者紧密相连。②

上述三种观点都曾在中国比较法学者中进行过讨论，不同程度地影响了中国一些学者的观点。经过多年的研究，中国比较法学者对于比较法的性质的认识大致趋同，那就是认为第三种观点是科学的、全面的、符合实际的。例如比较法学家沈宗灵认为："现代意义上的比较法不仅是法学研究的一种方法，而且是法学的一门独立的学科。方法与学科当然是密切联系的，……但方法与学科毕竟是两个不同的概念，前者是指科学研究的手段，后者是指科学研究对象的一定领域。"③ 中国的许多比较法学家，例如潘汉典、江平、刘兆兴、朱景文、王晨光、米健、高鸿钧、贺卫方等，都分别在其各自的论著或其学术演讲中，均认为比较法不仅是研究法律的一种方法，而且也是法学的一门独立学科，二者既有内在的联系，又有区别。

2. 关于比较法的研究范围

经过多年的比较法研究实践，以及专门对比较法的研究范围的不断探讨和不断深化的研究，比较法的研究范围日益拓展，学界对比较法研究范围的类型化界定也日益准确。

（1）对两个以上国家的法律体系的比较研究。许多学者在对一些外国学者论著的观点进行研究的基础上，认为不同社会制度国家的法律（主要是资本主义法律与社会主义法律）之间具有可比性，其论据主要是：第一，应注意法律规则的"政治目的"与其"功能"之间的区别；第二，应注意体现某种价值的法律与体现商业活动的法律之间的区别；第三，应注意法律的本质与现象、法律的内容与形式或法律的整体与部分的区别。④

（2）对同一国家的不同法律体系的比较研究。无论是在一些联邦制国家还是在一些单一制国家，往往在一国内存在着不同的法律体系，或者存在着属于不同法系的法律制度。尤其是在当代中国，在香港、澳门回归祖

---

① 参见［苏］C. 齐夫斯《法的渊源》（1981），第48—49 页，转引自 B. 图曼诺夫《论比较法学的发展》，中译文载《法学译丛》1983 年第 2 期，第9—10 页，梁溪译。

② 参见［法］R. David and J. Brierley, "Major Legal System im the World Today"（1985）. p. 12。

③ 沈宗灵：《比较法研究》，北京大学出版社 1998 年版，第 8 页。

④ 同上书，第18—19 页。

国从而实现了"一国两制"以后，中国内地的法律与香港、澳门地区的法律之间的比较，或者是海峡两岸法律之间的比较，都属于比较法研究的范围。在这里，体现了在同一个国家内，既是不同社会制度法律之间的比较，又是不同法系的法律之间的比较；既存在着相同的法律传统，又存在着不同的法律渊源。①

（3）对本国法与外国法或不同的外国法之间的比较研究。在本国法与某一外国法进行比较的基础上，还可以将本国法与两个以上的外国法或者是在两个或多个外国法之间进行比较，这里包括双边比较或多边比较。在此应当明确，只有在对本国法与外国法或外国法与外国法之间进行比较，才是比较法研究的范围。如果只是单纯地对外国法研究或者只是对外国法的阐释或叙述，则不属于比较法研究范围。中国许多比较法学者认同德国当代著名比较法学家茨威格特和克茨的观点："对外国法研究本身并不意味着比较法。……最多只能称之为叙述的比较法（das kriptiver rechtsver-gleichung），只有在探讨作为具体研究对象的问题的过程中进行特殊的比较考察时，才能称之为真正的比较法。"② 这就是说，单纯的外国法研究，或是对不同法律秩序、法律体系或法系的单纯叙述，不能成为比较法的研究范围。要运用比较的方法对本国法与外国法（包括一个外国或多个外国法）之间进行比较研究，使人们认识到各个法律秩序之间、法律体系之间或法系之间的真正联系、异同点等。把通过比较研究得出的有关知识组合起来，进行整理和分类，使之成为一个紧密的、独立的、具有特定的目的与范围的整体，这才是比较法的研究范围。③ 还有的学者认为，比较法的一个主要内容是研究外国法，而外国法是比较法的基础性研究；任何人研究外国法都持有本国法的观点；比较法研究不以对不同法律体系作出评价为必要条件，可以进行价值判断，也可以只是叙述。④

（4）从更深的层面上，比较法的研究范围还包括对不同的法律体系或不同法系所赖以存在和作用的社会经济、政治和文化等诸方面，进行比较研究。马克思主义的最基本点之一就是一定的社会经济基础决定一定社会

---

① 参见刘兆兴《比较法学》，社会科学文献出版社 2004 年版，第 11—12 页。

② ［德］K. 茨威格特、H. 克茨著，潘汉典等译：《比较法学总论》，贵州人民出版社 1992 年版，第 10 页。

③ 参见刘兆兴《比较法学》，社会科学文献出版社 2004 年版，第 14 页。

④ 参见朱景文《比较法导论》，中国检察出版社 1992 年版，第 5 页。

的上层建筑，并且同一性质的上层建筑中的不同组成部分之间又相互影响着。因此，比较法的研究范围内，对不同的法律秩序、法律体系和法律制度等方面进行更深层面的比较研究，就必须同时要对其赖以存在和作用的不同的社会经济、政治和文化以及不同的历史传统、习惯等诸方面进行比较研究。在进行比较法研究时，如果避开法律的社会基础，就不能揭示出被比较的法律之间的质的规定性，也就不能发现法律发展的普遍规律和各种法律各自的特殊性。

3. 关于比较法的方法论

纵览几十年来中国比较法学家们的论作，在阐释比较法的方法论时，都从不同的视角重点研究了一些外国比较法学家关于比较法的方法论观点，例如：苏联的图曼诺夫、匈牙利的萨博、保加利亚的斯坦列夫、罗马尼亚的拉捷斯库、德国的茨威格特和克茨、莱因斯坦、格罗斯菲尔德、美国的库里兰、法国的达维德、比利时的霍克和沃林顿、荷兰的亚特里道、瑞典的博丹、意大利的萨科等。这些外国比较法学家都分别具有侧重点地论述了两种或三种方法论。时至现今，中国的一些比较法学家在研究和分析上述外国学者的理论观点的基础上，进行了比较综合和全面的研究和比较，形成了中国比较法的方法论体系。

（1）宏观比较与微观比较。宏观比较是指不同法系或社会制度国家的法律、法律制度的比较。在此至少有两种情况：第一，相同社会制度国家但属于不同法系或法律传统的法律之间的比较。第二，不同社会制度国家的法律、法律制度之间的比较。微观比较是指不同法律概念、规则、制度、部门法等方面的比较；即进行法律概念、规则、制度等方面的细节比较。经过微观比较，可以明确不同法律制度中的一些似乎相同的概念，却有不同的含义；一些相同的或似乎相同的制度，在不同的社会环境中都有不同的功能。[①]

（2）规范比较与功能比较。规范比较又称为概念比较、结构比较、立法比较等。主要是指对各个国家的法律规范体系的比较或具体法律规范的比较，并着重研究本国法律制度。

规范比较必须具备两个条件：其一是不同的国家具有相同的法律结构，即被比较的国家法律部门的划分及其法律概念、规则等具有同一性或

---

① 参见沈宗灵《比较法研究》，北京大学出版社 1998 年版，第 40 页。

相似性，使它们之间具有可比性；其二是被比较的法律制度、规则在不同的国家中具有相同的社会功能。功能比较则突破了规范比较的局限性。功能比较研究最早是在 19 世纪末由德国法学家耶林（J. Jhering）和拉贝尔（Rabel）提出的。当代德国比较法学家茨威格特和克茨更加明确地提出"全部比较法的方法论的基本原则是功能性（Funktionalitöt）原则"，"任何在比较法研究中作为起点的问题都必须从纯粹功能角度提出"，"人们在从事比较法活动中必须彻底地摆脱其本国法律教条主义的先入为主的观点"。① 荷兰比较法学家科基尼—亚特里道否定了纯粹功能主义观点，他引证了法国法学家罗兹马林的观点，提出应当把规范比较与功能比较相结合的观点，他认为，只有把这两者结合起来，才能克服结构主义和功能主义的局限性。② 中国的一些比较法学家对上述外国学者的观点进行比较研究和分析，认为不能片面地强调某一方面，而应当将规范比较和功能比较结合起来进行比较研究，才能防止各自的局限性。例如比较法学者沈宗灵、刘兆兴、朱景文等在其著述中，都指出规范比较和功能比较各自的局限性。③

（3）文化比较。自 20 世纪 70 年代以来，特别是近些年来，在西方哲学和比较法学的一些论著中，越来越强调法律文化的研究，在比较法的方法论中注重文化比较。中国的一些学者指出，文化比较方法是指在对法律的理解上，把法律视为一种文化现象。中国的一些法理学和比较法学的论著，也注重对西方法律文化研究的不同观点，对文化比较提出自己的看法。例如法理学家刘作翔在其著作《法律文化理论》中，论述了法律文化的概念、结构、特征和类型，以及法律文化的冲突等。④ 比较法学家董茂云在其著作《比较法律文化：法典法与判例法》中，从文化比较的视角研究不同法系的传统。⑤ 比较法学家高鸿钧、米健、贺卫

① Konrad Zweigert Und Hein Kötz, "Einfünhrung in die Rechtsvergleichung" (auf dem Gebiete des privatrechts), Band I Grundlagen J. C. Mohr (paul siebeck) Tübingen 1984. Kapitel 2.

② 参见［荷］科其尼—亚特里道《比较法的某些方法论方面的问题》，载《荷兰国际法评论》1986 年第 2 期，英文版。

③ 参见沈宗灵《比较法研究》，第 43—44 页；刘兆兴：《比较法学》第 21—22 页；朱景文：《比较法导论》，第 19—20 页。

④ 参见刘作翔《法律文化理论》，商务印书馆 1999 年版。

⑤ 参见董茂云《比较法律文化：法典法与判例法》，中国人民公安大学出版社 2000 年第版。

方、黄文艺以及法理学家张文显、梁治平等，近些年来都分别在国内学术刊物上发表了具有独到见解的论著。米健、高鸿钧、贺卫方等还翻译了美国法学家格伦顿等著《比较法律传统》。① 当然，比较法的文化比较方法在中国法学界的形成，基本上已经是这一时期经过之后的学术现象，但是，文化比较方法的形成与发展，实际上是这一时期比较法方法发展的一个有机延续，因此，应当在比较法学基础理论形成与发展的描述过程中，清晰地带上一笔。

（4）静态比较与动态比较。中外一些学者认为，静态比较研究是对法律条文的比较研究，静态地观察法律制度，即在横断面上、在特定时间点上研究它们。动态比较研究是指，除研究法律条文外，还包括对法律的产生、本质、发展、功能、形式、以至法律的制定和实行等问题的研究。② 西方一些法学家对法律的静态研究与动态研究有着不同的理解。早在 20世纪 30 年代，西方社会法学、现实主义法学提出的划分“书本上的法律”和“行动中的法律”的学说，体现出以动态的研究代替静态研究的倾向。意大利法学家萨科（R. Cacco）在 20 世纪 90 年代初提出了“法律共振峰”理论，把包含着不同法律规则的制定法规则、判例法、法学家的学理解释等法律表现形式，以及立法者、法学家、法官为了对规则进行抽象的解释和论证而提出的非行为规则的各种成分，即法官和法学家提出的理由和结论、立法者或法官或法学家提出的作为结论的法律命题、立法者的解释、宣告性陈述等，均包括在“法律共振峰”的范围之内。在同一个法律体系中，“法律共振峰”的关系并不一定是一致的，有可能发生冲突，是不协调的并且是不断变化着的。③ 中国的一些比较法学家认为，萨科的动态研究学说作为比较法研究方法论有一定价值，但这种学说是在西方主要国家法律和法律制度的基础上产生的，具有不可避免的局限性。因此，对于当代中国法律制度的完善在诸多方面是不适用的。例如：“法律共振峰”强调法官判决即判例法和法学家的解释的作用，将其作为法的渊源，而中国不实行判例法制度，中国法学家的著作也不是中国的法律渊源。因此，我

---

① 参见 [美] 格伦顿、戈登、奥萨魁《比较法律传统》，米健、贺卫方、高鸿钧译，中国政法大学出版社 1993 年版。

② 参见沈宗灵《比较法研究》，北京大学出版社 1998 年版，第 46 页。

③ 参见 [意] R. 萨科《法律共振锋：比较法的动态方法》（Rodolfo Sacco, "Legal Formants: A Dynamic Approach to Comparative Law", American Journal of Comparative Law, Vol. 39, 1991）。

们进行比较法研究，应当把静态比较与动态比较有机地结合起来，使之相互配合，而不是对立起来。①

五、中国法制史研究的复兴

中国传统法律史学具有悠久的历史，但现代意义的中国法制史学科的确立，是以西方式的学科分类为前提的。20世纪初沈家本主持清末变法修律的过程中，实际上已经开始用近代学术方法梳理中国传统法律制度，至20世纪30年代，随着程树德、杨鸿烈、陈顾远等相继出版了《九朝律考》（1927）、《中国法律发达史》（1930）、《中国法制史》（1934），中国法律史学才发展成为一门独立的学科。

1949年以后，开始创建以马克思主义的历史观、国家观和法律观为指导的新的法制史科学。受苏联模式的影响，在法学课程设置上使用了"中国国家与法的历史"的名称，在研究方法上唯物史观和阶级分析方法成为主流。在当时"左"倾思想影响之下，唯物史观和阶级分析方法被片面、机械地应用于法史研究，"那时法律史学的'科研成果'主要是'唐律的阶级实质'、'对国民党刑法的反动本质的初步批判'、'国民党伪'六法'的反动本质'、'关于太平天国乡官的阶级成分问题'、'论大顺政权的性质'、'帝国主义列强赞扬和支持清朝立宪'、'唐律与我国封建社会的四种权力问题'、'湖南农民运动考察报告中关于人民民主专政思想的几个基本问题'之类的'标签'作品。"② 到了"文化大革命"时期，随着"砸烂公检法"的实践活动，这类"标签"作品也被砸得无影无踪了。

1976年"文化大革命"结束之后，中国法学迎来了科学的春天。1978年3月16日，中国社会科学院召开法学科研规划座谈会，讨论如何开展和组织法学研究，这标志着中国法学研究在新时期的重新启动。1979年9月，由中国社会科学院法学研究所、吉林大学法律系等单位发起，在长春市召开中国法制史、法律思想史学术讨论会，会议发起成立了我国第

---

① 参见刘兆兴《比较法学》，社会科学文献出版社2004年版，第26页。
② 徐祥民：《架起连接过去、现在与未来的桥梁——谈中国法律史学50年的经历》，载《山东大学学报》（哲学社会科学版）1999年第3期。

一个全国性法学学术组织——中国法律史学会。① 在 1979 年复刊的《法学研究》杂志第 1 期上，共登载了 9 篇学术论文，其中 7 篇文章大致属于法律史学的范畴。当今许多的部门法学家，如陈光中、高树异、王忠等，都曾经在 1978—1979 年前后对法律史学做过研究。这表明在中国法学复兴的道路上，在随后法学界展开的拨乱反正和思想解放大讨论中，法律史学者都冲锋在前，起到了"排头兵"的作用。

中国法学要复兴，首先必须摆脱和纠正在"法是什么"问题上的一系列左倾错误看法。但阶级分析方法当时在中国学术界"一统天下"，当时的中国法学界也不可能在关于"法的本质"问题上真正有所突破。于是中国法学界拨乱反正的第一个突破口，就选择了"法的继承性问题"。《法学研究》复刊后的第一期，登载法律史学者林榕年题为《略谈法律的继承性》的文章，第二期登载法律史学者栗劲题为《必须肯定法的继承性》的文章，正式提出了"法的继承性"这一命题。他们认为，从历史上看，剥削阶级在其上升时期创立的许多制度具有一定的人民性，而在其走向腐朽没落时也不会把这些优秀的东西完全抛弃，无产阶级对剥削阶级法律中的有人民性的部分应当继承。因此，历史上的法律所体现的地主阶级意志和资产阶级意志不能继承，但古代和近代法律的形式，也包括一些制度，如罪刑法定、公开审判、辩护制度、陪审制度等都可以继承。为了避免全盘接受剥削阶级法律的嫌疑，他们将"继承"解释为"扬弃"，并再三强调对旧的法律制度可以借鉴，对剥削阶级的法律思想可以吸收，而借鉴和吸收都不是全盘接受。对于因阶级性而异质的法律之间能否继承的问题，法律史学界给出了明确的回答，"法律的阶级性不能否定法律的继承性"②。承认法律的继承性问题，不仅为法律史学界研究中外历史一切所谓"剥削阶级"的法律制度和法律思想提供了正当性理由，而且也为中国社会主义法制建设应当借鉴和吸收中外历史上人类一切优秀文明成果打下了思想基础，其理论意义与实践意义都非常重大。

接下来的人治与法治之争，是中国法学界在 20 世纪 70 年代末 80 年代

---

① 中国法学会在此三年以后才成立。有意思的是，30 年后的 2009 年 7 月，当笔者在长春吉林大学的宾馆里行文至此的时候，耳边正回荡着中国法律史学会成立三十周年纪念大会的声音。历史在共振。

② 苏谦：《也谈法律的继承性》，载《法学研究》1980 年第 1 期。

初遇到的最重大的学术难题之一，因而争论更激烈、持续时间更长。法律史学者们积极引导、参与了这一争论，1979 年《法学研究》第 5 期率先发表了谷春德、吕世伦、刘新的《论人治和法治》和张晋藩、曾宪义的《人治与法治的历史剖析》两篇论文，对历史上关于人治和法治的讨论和新中国成立后关于人治法治问题的观点，做了全面的总结研究，在法学界以及全国理论界引起了很大反响。随后张国华发表《略论春秋战国时期的"法治"与"人治"》①，不仅全面总结了先秦时期的人治和法治的观点，而且也对中国的人治法治论、西方的人治法治论和法治人治的本来含义，做了细致的比较研究。通过广泛而深入的其中也不乏严峻的讨论，法学界普遍接受了"法治优于人治"的历史观点，依法治国、倡导法治的观点成为学术主流，这不仅标志着法学界拨乱反正工作的基本结束，并为此后的依法治国方略的提出做了理论准备。

拨乱反正的工作基本完成后，许多法律史学者潜心学术，中国法学史学的研究进入了全面复兴时期。这主要表现在这样一些方面：其一，课程设置基本定型，1984 年教育部将课程名称定为"中国法制史"、"中国法律思想史"并列为高等教育法学专业课程必修课。其二，研究对象得到重新规范，中国法制史的研究对象被确定为中国历史上不同类型的法律制度的实质、特点、主要内容及其历史发展规律，中国法律思想史的研究对象被确定为中国历史上各个时期不同阶级、集团及其代表人物法律思想的内容、本质、特点、作用、产生与演变的过程。其三，研究方法日趋多元，除阶级分析和历史分析的方法仍占主流外，传统的考订、校勘、训诂、比较研究的方法也得到了应用，哲学、人类学、西方现代语言学、解释学、法社会学、法经济学等其他学科的研究方法也有人开始尝试应用于中国法律史学。其四，学术活动日趋活跃，学术队伍日益壮大。② 1979 年中国法律史学会在长春举行成立大会后，分别于 1983 年在西安、1986 年在合肥、1990 年在长沙举行了第二、三、四届年会，③ 并先后成立中国法制史研究会、中国法律思想史研究会等多个分支学术机构。此外，中国法律史学会

①　张国华：《略论春秋战国时期的"法治"与"人治"》，载《法学研究》1980 年第 2 期。

②　以上内容参考了沈国明、王立民主编的《二十世纪中国社会科学》（法学卷）第 237—243 页，特此致谢。

③　自 1995 年南京年会起，中国法律史学会年会每年召开，形成定制，迄今已连续召开 15 次年会。

还组织编写了《法律史通讯》和《法律史论丛》，组织人力、物力开始进行撰写《中国法制通史》和《中国法律思想通史》①这两大标志性工程。此时期，一大批优秀人才主动走入了法律史学研究的教学、研究队伍，他们不仅加强了法律史学的研究力量，还为法学其他学科的发展提供了知识储备和人才储备。②

这个时期中国法律史的复兴，更多还表现在研究内容的深化和研究范围的拓展上。法律史学者除了继续关注法制通史领域的一些重大理论问题外，在断代法制史、部门法制史、专题法制史以及法律史料学的研究方面，都取得了可喜的成果。

在一些涉及学科发展的重大理论问题上，除了法的继承性问题和关于中国法律史学科的研究对象、范围和方法的讨论之外，法律史学界还相继进行了关于中华法系问题、中国法律的起源问题、中国法律儒家化问题的讨论。如中华法系问题，早在20世纪二三十年代就有学者进行了研究，1980年陈朝璧发表了《中华法系特点初探》，③把这个半个世纪前的话题再次提了出来并引起了热烈的讨论，以致1983年中国法律史学会年会设专题专门讨论了这一问题。经过认真的讨论和争论，关于中华法系的断限、内涵、特点和历史成因等问题，都有了进一步清晰的认识。虽然对这个问题学界还没有完全达成共识，但围绕着这个问题的讨论，使得中国古代法律的基本特征和基本线索的宏观轮廓更加清晰，这对中国法律史学科的整体发展，都大有裨益。

断代法制史方面的研究，不论是西周法制、秦汉法制、魏晋隋唐法制、宋元明清法制研究，还是清末法制变革、中华民国法制研究，都发表了大量的论文，出版了有分量的专著。各朝代的一些重要问题，如《法经》的真伪、秦代的"隶臣妾"、《唐律疏议》的制颁年代、宋代律敕关系、《明大诰》、明清律例关系、太平天国法制、革命根据地法制研究，都得到了认真讨论和研究。特别是秦代法制史研究，成就最大。1975年睡虎

---

① 由张晋藩主编的《中国法制通史》（10卷本）于1998年由法律出版社出版；由李光灿、张国华主编的《中国法律思想通史》（11卷本）于2001年由山西人民出版社全部出齐。这两大工程的完成，标志着中国法律史学的成熟。

② 目前活跃于法学界的一批中青年学者，如贺卫方、朱苏力、徐显明、夏勇等，他们的学术之路大都是从法律史学研究起步的。

③ 陈朝璧：《中华法系特点初探》，载《法学研究》1980年第1期。

地秦墓竹简被发现后，为秦代法制史研究提供了丰富的原始资料，这时期先后有近 200 篇论文发表，《秦律通论》也于 1985 年出版①，秦代（国）法制得到了更为全面更为深入的研究。

在部门法制史研究方面，宪政、刑法、民法、行政法、监察制度方面的法制史都有论著予以涉猎，其中以中国刑法史的研究最为深入。这是毫不奇怪的。中国刑法的发达有着悠久的历史，代表着中华法系的主要方向和特征，传统律学实际上就是刑法注释学。在如此丰厚的历史积淀基础上，加上 1979 年刑法颁行的间接激发，蔡枢衡、周密、张晋藩等关于中国刑法史的专著相继出版②。另外由段秋关翻译的日人西田太一郎的《中国刑法史研究》，也于 1985 年由北京大学出版社出版。日本人研究中国法制史的成果，为我们展示了中国法律史研究的不同视野和角度，为我们的自我观照提供了镜鉴。

自 1978 年至 1992 年的近 15 年里，"法律史学通过引领、开展和参与改革开放初期一系列法学基本理论问题和法制实践问题的讨论，不仅承担起连接历史的法与现在的法的任务，而且在实现法学理论和法制建设的指导思想的拨乱反正，促进我国的民主和法制建设，论证和推动改革开放等重大学术问题和实践问题的讨论中，发挥了应有的作用，为中国法制建设提供了有益的借鉴，同时其自身也得到充分发展"③。同时，我们也清醒地看到，随着中国经济和中国法学在新时期的快速发展，中国法律史学科自身的缺陷和不足也明显起来，这主要表现在：不管是制度史研究还是思想史研究，对文献、典籍等史料的挖掘和整理工作重视不够，史料的运用明显不足，"以论带史"的现象比较普遍；受意识形态的影响，阶级分析的方法没有同历史分析方法完全有机结合，对法律实践和历史人物的评价偏离历史唯物主义的要求，盲目拔高或苛求"古人"的现象时有发生，而且研究对象离研究者的时空越近，这个现象越严重；断代史研究中，中华民国法律史的研究明显不足，清末法律变革的研究也待深化；部门法史研究

---

① 栗劲：《秦律通论》，山东人民出版社 1985 年版。

② 蔡枢衡：《中国刑法史》，广西人民出版社 1983 年版；周密：《中国刑法史》，群众出版社 1985 年版；张晋藩：《中国刑法史稿》，中国政法大学出版社 1991 年版；张晋藩：《中国刑法史新论》，人民法院出版社 1992 年版。

③ 张中秋：《中国法治进程中的法律史学（1978—2008）》，《河南省政法管理干部学院学报》2009 年第 2 期。

中，除中国刑法史、司法制度史外，其他如民法、经济法、（少数）民族法等部门法史研究尚待加强。

在 20 世纪 80 年代末期，随着法制建设工作重心的转移，法学研究的重心也迅速随之转移。与社会思潮密切关联的思辨型法学研究，为社会经济活动迫切需要的应用型法学研究，渐次成为法学研究的主角。与此相映照，法律史学研究则愈加受冷落，其在法学界的影响迅速下降，不仅已经不再是法学中的显学，甚至出现了边缘化的倾向。如何理性看待和应对这种令法制史学者不甘的局面，就成了法律史学者不得不面对的难题。

第五章

因重建社会主义民主
而兴起的宪法学研究

一、宪法学教育和研究事业的恢复与发展

经历了十年"文化大革命"无法无天的状况之后，从 1978 年起，我国的法学教育系统开始重新启动，法学研究事业也得到了恢复，宪法学研究和教育事业也随之得到了恢复和发展。从 1977 年国家恢复高考制度开始，北京大学、吉林大学、湖北财经学院招收了"文化大革命"后第一届法学本科生。1978 年，中国人民大学、西南政法大学等院校也开始恢复招收法学本科生，稍后西北政法学院、北京政法学院、华东政法学院、中南政法学院等院校也恢复重建、设置法律系。至 1980 年，全国有 14 所大学恢复或重建法律专业，招生人数达到 2800 多人。

从 1978 年起，北京大学、中国人民大学、武汉大学和中国社会科学院法学研究所等教学、研究机构开始招收宪法学硕士研究生。从 1984 年起，中国社会科学院法学研究所开始招收宪法学博士研究生。此后，北京大学、中国人民大学、武汉大学等院校也开始招收宪法学博士生。宪法学的教学在此基础上逐渐发展起来，这些院校除开设《中国宪法》课程外，有的还开设了《中国宪法史》、《外国宪法》、《比较宪法》等课程。宪法学硕士研究生和博士研究生招生制度的逐步完善为我国宪法学教学和研究事业的恢复和发展提供了专门人才队伍的保障。正是从 1978 年到 1992 年这一阶段宪法学人才队伍的建设，为近十年的我国宪法学理论研究的大发展提供了历史机遇。① 目前全国已有 88 个宪法学硕士点（含直接批准的二

---

① 许崇德、王玉明：《十年宪法学的回顾与展望》，载《法律学习与研究》1989 年第 4 期。

级学科硕士点)。最早设立宪法学博士点的则是中国社会科学院法学研究所，新中国法学的创始人之一、著名法学家张友渔以及王叔文是该博士点的首批博士生导师。宪法学教育的不断发展也推动了宪法学研究队伍的扩大和研究水平的提高，涌现出了许多优秀的中青年宪法学者。宪法学研究的发展也推动了宪法学教育水平的提高，进而形成良性循环。

从宪法学研究工作的恢复来看，党的十一届三中全会以来，我国的宪法学研究正在经历一段"恢复与繁荣时期"。① 我国宪法学研究质量不断提高，宪法学论文、专著、评论等研究成果的数量也不断增加，宪法学研究的内容也在不断地丰富和细致化。

1980 年 9 月第五届全国人民代表大会通过了关于修改宪法的决议，并于 1982 年 12 月 4 日颁布了现行宪法。此后，阐释现行宪法成为了宪法学界的重要论题，并进一步推动了宪法学理论的不断发展。在宪法颁布后，直接参与了宪法起草工作的张友渔、王叔文、许崇德、肖蔚云等老一辈宪法学家解放思想、开拓创新，以新宪法的出台为契机，建构并完善了宪法学的体系框架，为我国宪法学的发展奠定了坚实的基础。1982 年 9 月北京大学出版社出版了肖蔚云、魏定仁、宝音胡日雅克琪编著的《宪法学概论》，② 该书是 1978 年之后现行宪法颁布之前正式出版的第一本宪法学教材。1983 年由吴家麟主编的高等学校法学试用教材《宪法学》出版③。该书是新宪法颁布后问世的第一部教材，系统地论述了宪法基础原理，并对"'82 宪法"的基本原则和具体规范做出了详细全面的阐述和解释。此后，宪法学的教科书如雨后春笋般地面世，有力地推动了我国的法学教育事业和宪法学研究的发展。

1985 年 10 月 12 日，作为中国法学会领导下的全国性学术组织——中国法学会宪法学研究会成立。宪法学研究会通过举办宪法学年会和学术研讨会、参与国际宪法学交流、出版文集等多种形式，不断推动了中国宪法学研究的发展。除 1988 年、1989 年和 1996 年之外，宪法学研究会每年都举办宪法学年会，围绕特定年会主题展开研讨，为当下所面临的理论问题和实践问题，如宪法的实施、人民代表大会制度的完善、公民基本权利保

---

① 韩大元：《论社会转型时期的中国宪法学研究》，载《法学家》2002 年 6 期。
② 肖蔚云、魏定仁、宝音胡日雅克琪编著：《宪法学概论》，北京大学出版社 1982 年版。
③ 吴家麟主编：《宪法学》，群众出版社 1983 年 11 月第 1 版。

障、不断改革的社会当中宪法的变迁等，提供了智识支持。宪法学研究会还不定期地出版年会论文集，总结当下研究的成果，提供最新的学术信息。随着参加年会人数的增多，年会成为了国内宪法学学者交流、学术争鸣的重要平台，推进了宪法学研究的发展。①

自 1978 年起，中国的宪法学者也多次参加国际宪法学协会举办的世界宪法大会、国际宪法学协会圆桌会议等学术活动，不断与国际宪法学界进行交流与对话，为我国宪法学研究和宪法实践提供国际上的经验和借鉴，进而推动我国民主法治的进程。② 最突出的例子就是中国宪法学者积极参与国际宪法学协会的组织工作和各项学术活动，并在其中发挥了重要的作用。国际宪法学协会成立于 1981 年 9 月，是一个团结世界各国宪法学者共同开展宪法学研究和交流的国际性非政府学术组织。1983 年在南斯拉夫贝尔格莱德召开的第一届世界宪法大会上，我国著名宪法学家张友渔当选为国际宪法学协会执行委员，首次进入了该国际组织的领导层。1987年在法国巴黎举行的第二届世界宪法大会上，张友渔继续连任国际宪法学协会的执行委员。1991 年，在波兰华沙举行的第三届世界宪法大会上，著名宪法学家王叔文当选为国际宪法学协会的执行委员，并于 1995 年在日本东京举行的第四届世界宪法大会上获得连任。在这一阶段，老一辈宪法学者纷纷走出国门，了解当今世界宪法学发展状况，同时又向国际宪法学界积极宣传中国宪法制度建设和宪法学研究的最新成果，为加强中国宪法学界与国际宪法学界的学术交流创造了良好的环境和条件。第一届世界宪法大会于 1983 年举行时，我国著名宪法学家肖蔚云代表张友渔执委参加了此次大会。第二届世界宪法大会于 1987 年 8 月 31 日至 9 月 4 日在法国巴黎和埃克斯举行时，国际宪法学协会执委张友渔一行 4 人，代表中国法学会出席了此次宪法大会。第三届世界宪法大会于 1991 年 9 月 2 日至 5 日在波兰华沙举行时，王叔文组团参加了此次世界宪法大会。

总之，从 1978 年到 1992 年，我国宪法学研究队伍逐渐壮大，并形成了新老交替的格局。宪法学教学和研究工作围绕着制定、修改和贯彻实施1982 年宪法等主题，进行了很有成效的探索和实践工作，为我国宪法学理

---

① 韩大元、胡弘弘：《宪法学人的学术共同体——纪念中国法学会宪法学研究会成立 20 周年》，张庆福、韩大元：《中国宪法年刊（2005）》，法律出版社 2006 年版。

② 莫纪宏：《宪政、普遍主义与民主》，载《外国法译评》2000 年第 1 期。

论研究的发展和繁荣奠定了坚实的基础。

二、宪法学对什么是"宪法"的追问

宪法学以宪法为研究对象，似乎应当对什么是宪法有不证自明的解答。其实不然，认识并确定什么是宪法，是宪法学自我观照的前置性课题，是建构宪法学知识体系的基础性元素。新中国成立以来，关于什么是宪法的追问，在动荡不已的社会政治环境中，几经得到前后颠覆的现实解答。直到改革开放的新时期开始之后，有关什么是宪法的问题，才得到了逐渐深入并且得到普遍认同的理论解说和实践肯定。

早在 20 世纪初，梁启超就已经为宪法是什么的问题提供了答案："宪法者何物也？立万世不易之宪典，而一国之人，无论为君主为官吏为人民，皆共守之者也，为国家一切法度之根源。此后无论出何令，更何法，百变而不许离其宗者也。"此外，他还对宪法与民权关系指出："宪法与民权，二者不可相离，此实不易之理，而万国所经验而得之也。"① 这一对宪法的基本论断，成为后来宪法学的通说。新中国建立后，我国宪法学说更多的是从"阶级意志"的角度来界定宪法概念，过于强调宪法的阶级属性而漠视其社会属性。改革开放以来，机械单一的"阶级分析方法"逐渐淡出宪法学研究领域，学者对于宪法是什么这一根本性问题的回答体现了这种变化。

在早期的宪法学研究中，"宪法"词义的探源是宪法研究的一个基本问题。有的学者从英文、日文、中文三个不同的角度，对"宪法"的由来进行了详细的探讨。最后得出的结论是："宪法"是古代汉语中的词汇，传入日本后，经由明治维新加入了从西方传来的新的内涵和外延，在清末维新思潮中又传入中国，从而完成了从"典章制度"到国家根本大法的转变。② 但迄今为止，对"宪法"一词何时进入中国，何人第一次使用，何种中文文献第一次使用了"宪法"一词，仍然没有形成定论。

至于对宪法内涵的界定，中国宪法学界的理解则始终并不一致。受到苏联宪法理论的影响，我国早期的宪法学说对于宪法概念和本质的看法，

① 梁启超：《立宪法议》。

② 参见胡锦光、藏宝清《"宪法"词义探源》，载《浙江社会科学》1999 年第 4 期。

仍局限于阶级斗争的理论。如我国著名宪法学家王叔文指出，当我们论及宪法的概念时，我们还必须联系宪法的本质进行考察，因为从哲学上讲，概念需要反映事物本质的、主要的、决定性的联系和特性。因此，我们在理解宪法概念的时候，除了必须认识它是国家的根本法，规定一个国家的根本制度外，还必须认识它的本质特征，即它是一定经济基础的上层建筑，是统治阶级意志和利益的集中表现，反映阶级力量的对比关系。[①] 以阶级分析方法为根本方法的宪法学，强调宪法在内容上是统治阶级意志和利益的集中体现，认为"宪法是集中表现统治阶级意志的国家根本法"。[②] "宪法是国家的根本大法，是民主制度的法律化，是阶级力量对比关系的表现。"[③] 诸如此类的认识还有："宪法是集中反映统治阶级的意志和利益，规定国家制度、社会制度的基本原则，具有最高法律效力的国家根本大法。"[④] "宪法是集中表现统治阶级的阶级意志和利益，确认、规定国家制度和社会制度的基本原则，具有最高法律效力的国家根本法。"[⑤]

随着时代发展和学术界思想进一步解放，将"政治力量对比关系"作为宪法的本质特征，逐渐成为代替阶级理论的新学说。这种学说强调宪法反映的是各种政治力量的对比关系，是对民主制度的法律化。随着宪法学界逐渐将宪法权利作为宪法的价值核心的共识逐渐形成，学者们开始从国家和公民关系的角度认识宪法，认为宪法是调整国家（权力）与公民（权利）之间关系的根本法。如刘惊海指出："宪法的内容，实际上是公民权利与国家权力两大方面的对立统一。"[⑥]

三、重筑人民代表大会制度的理论基础

在"文化大革命"结束后的国家社会政治生活恢复正常的过程中，特别是在"'82宪法"颁行之后，人民代表大会制度得以实质上的重建，

---

① 王叔文：《宪法》，四川人民出版社1988年版。
② 何华辉：《比较宪法学》，武汉大学出版社1988年版，第17页。
③ 吴家麟主编：《宪法学》，群众出版社1983年版，第46页。
④ 许清主编：《宪法学》，中国政法大学出版社1995年版，第4页。
⑤ 田军：《宪法学原理》，南京大学出版社1991年版，第25页。
⑥ 刘惊海：《公民权利与国家权力——对宪法学基本问题的认识》，载《吉林大学社会科学学报》1990年第6期。

并且在国家政治生活中开始发挥实质性的作用。出于对"文化大革命"十年浩劫的痛定思痛，出现一些对人民代表大会制度的疑问也是很自然的，因为人民代表大会制度的存在（包括在"文化大革命"期间的继续存在）并没有阻止"文化大革命"的发生及其对法制的破坏。因此，阐释人民代表大会制度的合理性和必要性，就成为宪法学者在这一时期的重要学术任务。

归纳起来，有关人民代表大会制度问题的研究大致发生在三个层面，其一，我们国家到底还要不要人民代表大会制度；其二，人民代表大会制度的功能到底应如何确定；其三，为有效实现人民代表大会的功能，人民代表大会制度的结构应如何建构。宪法学者阐释人民代表大会制度时，是沿着两条主线从两个方向上展开的：一是从正面论述我国人民代表大会制度的科学性、合理性与必要性；二是通过批判那些试图用西方的三权分立制度取代人民代表大会制度的错误观点，论述人民代表大会制度的优越性与不可替代性。

关于人民代表大会制度的性质和地位，肖蔚云等在《宪法学概论》中的相关观点具有代表性，代表了宪法学界当时的一般看法。肖蔚云在书中明确指出：全国人民代表大会、地方各级人民代表大会和其他国家机关实行民主集中制原则。宪法这些规定表明，人民代表大会制是我国人民民主专政的政权组织形式，是我国的基本政治制度。人民代表大会制，概括地说，就是在中国共产党的领导下，由人民和人民的代表按照民主集中制原则选举组成全国和地方国家权力机关体系（即全国和地方各级人民代表大会），通过国家权力机关，组织国家机构，行使人民当家做主的权力，实行社会主义革命和社会主义建设的任务。[①]

关于我国现行宪法所建立的人民代表大会制度与西方国家三权分立制度的本质区别，许多学者都做了明确的阐述。许崇德认为，我国的国家机构实行的民主集中原则、议行合一制度，而不是三权分立制度。[②] 就中国不能实行三权分立的理由，何华辉在《谈中国不能实行三权分立》一文中，作了非常详细的解释和说明。何华辉指出：首先，三权分立学说本身

---

① 肖蔚云、魏定仁、宝音胡日雅克琪编著：《宪法学概论》，北京大学出版社1982年版，第220—221页。

② 许崇德、何华辉：《三权分立与议行合一比较研究》，载《法学评论》1990年第5期。

存在缺陷：三权分立学说赖以建立的理论基础属于唯心主义哲学体系；三权分立制在实际运行中不断遭受冲击，严格意义上的三权分立制度只有美国实行过；三权分立从学说的创立到体制的运用都发生过激烈的争论。其次，三权分立体制不适合中国国情。第一，中国建立了适合自己国情的人民代表大会制度；人民代表代表大会以民主集中制、议行合一为基本的组织与活动原则，它否定了三权分立制度；第二，人民代表大会制度虽然还存在着不完善的地方，但中国的政治体制改革应坚持在这个制度基础上进行，不能引进三权分立制度；第三，中国的封建遗留不同于其他国家的特点，只能以加强思想政治教育，运用法的强制力量进行整治，不能因此就实行三权分立制度。何华辉还进一步明确指出："我从原则上否定三权分立，认为在中国不能实行此制，但原则上的否定并不排斥细节问题的可取性，我国国家机构之间分工、协调与配合，仍然可以借鉴其中的若干具体经验。"①

关于"议行合一"是否属于我国国家机构的组织原则和人民代表大会制度的理论基础，宪法学者们存在不同看法。明确持肯定观点的学者有许崇德、何华辉等；对此提出质疑的学者有吴家麟等。吴家麟在《议行"不宜"合一》一文中明确指出，从考察"议行合一"的历史来看，巴黎公社在前期的20多天实行"议行合一"体制，到后期的40多天则不是实行议行合一制。列宁虽然肯定过议行合一制，但苏俄1918年宪法所确立的俄国政权并没有实行巴黎公社式的"议行合一"制。吴家麟对议行合一制的利弊进行了深入的剖析，指出议行合一的好处是：第一，与资产阶级议会不同，人民代表机关不是"清谈馆"，而是统一行使国家权力的最高国家权力机关。第二，对于地方机关特别是基层政权来说，实行"议行合一"可以精简机构，统一事权。其缺点是：第一，议行合一不仅否定了立法机关与行政机关之间的分权，也否定了立法机关与行政机关之间的分工，前者是正确的，后者则难以做到。第二，"议行合一"有时会成为执行机关来行使立法权和行政权，这就成为"行议合一"了。这种体制容易把代表机构架空，"文化大革命"期间的"革命委员会"就是"行议合一"的机构，它既是行政机关，又是权力机关，实行这种体制只能降低甚至取消代

①   何华辉：《谈中国不能实行三权分立》，载《中国人民大学复印报刊资料》1990年第5期。

表机关的作用。第三，"议行合一"不利于实行权力机关对行政机关的监督。如果行政机关与立法机关合而为一，那势必形成自己监督自己的格局。自己监督自己，实际上是取消了监督。吴家麟还指出，"议行合一"是一种机构集权制，是一种过时的政治体制，是不应该加以宣扬的。此外，吴家麟还从我国现行宪法条文出发，论证了我国现行政权组织的原则不是"议行合一"。①

今天看来，有关"议行合一"的实在状态和实践价值的讨论是十分有益的，因为这使人们对人民代表大会制度的性质、组织原则和功能机制，有了在充分的理论思考基础上的明确认识。当然有关"议行合一"的理论探讨与实践解说，并没有随着这个时期的经过而终结。宪法学者时常会根据新的理论探索和实践需要重新提起这个话题。

四、国家结构形式与"一国两制"的宪法学阐释

国家结构形式问题是 1978 年后前十年我国宪法学界讨论得比较多的问题。主要涉及国家结构形式的内涵与分类。就国家结构形式内涵来说，通说认为："国家结构形式是指国家整体是由哪些部分组成的，具体是指国家统治阶级根据什么原则，采取何种形式来划分国家行政单位，调整国家整体与组成部分之间的相互关系。"② 另一种意见主张，"国家结构形式指的是特定国家表现其国家的整体和局部之间相互关系的外部总体形式"。③ 关于国家结构形式的分类，宪法学者们主要存在三种意见：第一种观点认为，国家结构形式的基本类型主要有两种，即单一制和联邦制；④ 第二种观点主张分为单一制和复合制两种；⑤ 复合制国家有邦联制、联邦制、君合国和政合国四种形式；⑥ 第三种观点认为应当分为邦联制、联邦制和国协制三种。⑦

---

① 吴家麟：《议行"不宜"合一》，载《中国法学》1992 年第 5 期。
② 吴家麟主编：《宪法学》，群众出版社 1988 年版，第 241 页。
③ 许崇德主编：《中国宪法》，中国人民大学出版社 1989 年版，第 153 页。
④ 张光博：《宪法论》，吉林人民出版社 1984 年版，第 139 页。
⑤ 许崇德主编：《中国宪法》，中国人民大学出版社 1989 年版，第 154 页。
⑥ 《中国大百科全书》（法学卷），中国大百科全书出版社 1984 年版，第 294 页。
⑦ 张镜影：《比较宪法》（下册），我国台湾地区黎明文化事业公司 1983 年版，第 1030—1033 页。

　　1982 年 9 月，邓小平在会见来访的英国首相撒切尔夫人时，正式提出了可以用"一个国家、两种制度"的方案解决历史遗留的香港问题。这种体现高度政治智慧的解决国家重大问题的决策，既向宪法学界提出了以法律语言阐释"一国两制"的理论与实践的学术任务，也为宪法学研究领域特别是有关国家结构形式问题的研究拓展了思路。其后，全国人大相继通过了香港基本法和澳门基本法，由此丰富了我国宪法制度体系。围绕着在单一制国家结构形式下，如何贯彻"一国两制"原则和如何正确地实施基本法，特别是如何处理基本法与宪法之间的关系，宪法学界展开了热烈和充分的探讨。

　　就"一国两制"的宪法依据，有的学者认为，"一国两制"在宪法上具有如下特征：合宪性、统一性、地方性和稳定性。"一国两制"发展了宪法的国体和政体、人民民主专政和国家结构形式理论。[①] 有的学者论述了"一国两制"的萌芽、"一国两制"构想的提出，以及在中英和中葡联合声明中的确认，"一国两制"的法律化问题。有的学者指出，"一国两制"的基本内容是：实行"一国两制"的前提和基础是"一国"；"一国两制"下的特别行政区享有高度自治权；"两制"是具有不同性质、地位和作用的两种根本不同的制度。"一国两制"的基本特征是：统一共处性、主次从属性、辩证科学性、法律认同性、长期稳定性和过渡性。"一国两制"是对国家社会属性的再认识，发展了和平共处理论、统一战线理论，是国家结构形式的新突破。[②]

　　就"一国两制"对于我国单一制国家结构形式的影响，有的学者认为，按照"一国两制"的方针，香港、澳门和台湾回归祖国后，我国将形成"一国两法四法域"的格局。与联邦制国家的多法域不同，我国的多法域是特殊单一制的国家结构形式造成的，具有以下特点：（1）联邦制国家的多法域都属于法的同一历史类型，我国多法域属于法的两种历史类型；（2）联邦制国家的多法域多属于同一法系，我国的多法域属于多种法系；（3）联邦制国家多法域不分主体和非主体，我国多法域可分主体和非主体；（4）联邦制国家多法域在法的形式渊源上不平等，我国多法域在法的

[①]　傅思明：《略论"一国两制"与宪法》，载《河北法学》1988 年第 4 期。
[②]　胡锦光、韩大元主编：《中国宪法发展研究报告（1982—2002）》，法律出版社 2004 年版，第 115 页。

形式渊源上基本平等，特别行政区的法律与全国人大及其常委会制定的法律（特别行政区基本法不在此类）客观上处于同等地位。①

关于宪法在特别行政区适用的问题，多数学者认为，中国宪法应当在特别行政区适用，但为什么应当适用以及如何适用等问题上存在不同观点。有的学者指出，那种认为宪法不适用特别行政区的观点是不正确的。中国是社会主义国家，它的宪法是社会主义宪法，为了维护国家统一和领土完整，并考虑香港、澳门和台湾的历史和现实，才作出了《宪法》第31条的规定。在内地广阔的行政区域实行社会主义制度，在香港、澳门和台湾这些局部实行资本主义制度，这是一种整体和局部、一般和特殊的关系。现行宪法和其第31条恰恰是正确处理了一般与特殊的关系。因此，那种认为中国《宪法》第31条适用香港、澳门和台湾，而其他部分不适用的观点是错误的。至于说中国宪法从整体上来说，哪些条文适用、哪些条文不适用，这在技术上是比较困难的。但可以肯定，宪法关于四项基本原则、社会主义制度、地方国家权力机关和行政机关、国家审判机关等内容不适用于香港、澳门特别行政区，而有关国家主权、国防、外交、最高国家权力机关和行政机关、国旗、国徽、首都的规定应当适用。②

有的学者认为，在整体和一般意义上，宪法作为主权国家的根本大法，自然在其主权范围内具有法律效力；另外，在局部和特殊的意义上，香港特别行政区具有相当的特殊性，它不可能同全国其他行政区一样，直接适用包括宪法在内的全国所有法律制度，宪法的法律效力不可能完整地、直接地适用于香港特别行政区。宪法的法律效力体现在特别行政区基本法中，并通过基本法以及根据基本法制定的其他法律对香港特别行政区发生法律效力。③

宪法学界对"一国两制"的讨论，取得了丰硕的理论成果和有益的制度体现。其一，通过讨论，进一步论证了"一国两制"构想在宪法制度上实现的可能性，证明了"一国两制"是具有重大制度创新价值的伟大构想。其二，通过讨论，在制度形成与实施层面对"一国两制"的实现机制

---

① 翁其银：《论"一国两法"与多法域》，载《社会科学》1990年第1期。
② 肖蔚云：《论中华人民共和国宪法与香港特别行政区基本法的关系》，载《北京大学学报》1990年第3期。
③ 丁焕春：《论我国宪法对香港特别行政区的法律效力》，载《法学评论》1991年第3期。

进行了具体化和系统化，为日后的香港、澳门的顺利回归做了良好的制度准备。其三，通过讨论，进一步丰富了我国宪法学的理论内涵和知识体系，使中国的宪法学增添了世界上首创的理论内容。

五、"违宪"概念的理论生成

违宪问题一直受到宪法学界的关注。彭真在 1982 年 11 月 26 日五届人大五次会议上所做的《关于修改中华人民共和国宪法草案的报告》中，对"违宪"问题就特别加以强调。彭真指出，新的宪法必定能够得到严格遵守和贯彻执行。《序言》总结新中国成立以来制定和执行宪法的正反两方面的历史经验，明确指出："全国各族人民、一切国家机关和武装力量、各政党和各社会团体、各企业事业组织，都必须以宪法为根本的活动准则，并且负有维护宪法尊严、保证宪法实施的职责。"全国人大和它的常委会都有监督宪法实施的职权，地方各级人大在本行政区域内保证宪法的遵守和执行。

胡耀邦在中国共产党第十二次全国代表大会上的报告中庄严宣告："特别要教育和监督广大党员带头遵守宪法和法律。新党章关于'党必须在宪法和法律的范围内活动'的规定，是一项极其重要的原则。从中央到基层，一切党组织和党员的活动都不能同国家的宪法和法律相抵触。"中国人民和中国共产党都已经深知，宪法的权威关系到政治的安定和国家的命运，决不容许对宪法根基的任何损害。我们国家的权力属于人民，国家的命运由觉悟了的人民来掌握。中国共产党是代表中国人民利益，执行人民意志的工人阶级政党，除了人民的利益之外，没有自己的特殊利益。中国共产党对这次宪法修改工作十分重视，中共中央政治局和书记处都专门讨论过。中共中央政治局和书记处的成员大都是宪法修改委员会的委员，中共中央的意见已经充分地反映在宪法修改草案中。中国共产党领导中国人民制定了新宪法，中国共产党也将同全国各族人民一道，同各民主党派和各人民团体一道，共同维护宪法尊严和保证宪法实施。宪法通过以后，要采取各种形式广泛地进行宣传，做到家喻户晓。十亿人民养成人人遵守宪法、维护宪法的观念和习惯，同违反和破坏宪法的行为进行斗争，这是一个伟大的力量。体现了人民意志和中国共产党的正确主张的新宪法，又由全体人民和中国共产党的努力来保证它的实施，就一定能够在促进我国社会主义现代化事业的胜利发展中发挥伟大的作用。

围绕着如何贯彻落实 1982 年宪法，宪法学界在引进"违宪"概念的过程中，就"违宪"概念的含义展开了激烈而有针对性的讨论，出现了不同的观点。一种意见认为，违宪是指国家机关的法律、命令、行政措施和其他法规以及国家机关或公民的行为与宪法原则或内容相抵触。其理由是现行宪法序言规定的"全国各族人民、一切国家机关和武装力量、各政党和各社会团体、各企业事业组织，都必须以宪法为根本的活动准则，并且负有维护宪法尊严、保证宪法实施的职责"，以及宪法第 5 条所规定的"一切法律、行政法规和地方性法规都不得同宪法相抵触。一切国家机关和武装力量、各政党和各社会团体、各企业事业组织都必须遵守宪法和法律。一切违反宪法和法律的行为，必须予以追究。任何组织或者个人都不得有超越宪法和法律的特权"。持上述观点的学者认为，宪法的上述规定实际上明确了违宪行为在我国的主体范围，而且认为，普通公民、国家领导干部和一般干部违反宪法原则和条文内容的一切行为，也被看做是违宪，有助于教育我国全体公民普遍树立起正确的宪法观念，有助于维护宪法的尊严和权威。针对有的人提出因为宪法对公民的违宪行为没有规定相应的制裁措施，因而公民也就不是违宪主体的观点，持这种观点的学者认为，宪法是国家的根本大法，它必须全面地规定国家生活中的根本性问题，因此，在宪法中往往只能作出原则性的规定，具体规定有待日常立法，它不可能规定一般法律中违反该规范的具体制裁措施。这是宪法规范的一个特点。而且，法律规范的制裁部分完全可能规定在该法律文件的另一条文中，也可能规定在另一法律文件中。认为违反宪法规范必定要带来相应的宪法上的制裁，才是违宪主体的观点，不仅忽视了宪法规范的特点，而且也混淆了法律规范与法律条文之间的关系。

另一种意见认为，违宪有广义、狭义之分。广义的违宪是指国家中的一切权利主体，即国家机关、社会团体、企事业组织和公民的行为与宪法的原则相违背；而狭义的违宪是指国家机关制定的法律、行政法规、决定、命令、地方性法规、决议和他们所采取的措施以及重要国家机关领导人行使职权，与宪法或宪法性文件的原则和内容相抵触。这种观点认为，广义的违宪具有一定的抽象性和概括性，它是与要求人们应该遵守宪法，以宪法作为最高活动准则相适应的；而狭义的违宪才是宪法学所说的违宪。持这种观点的学者把第一种观点称为"广义违宪论"，把自己的观点称为"狭义违宪论"，其理由是：（1）1982年宪法序言的规定带有一定的号召性和纲领性，是对人们行为的普遍要求，不是法律规范。因此，对人们的行为不具有直接的法律效力。（2）确定违宪概念，必须从能有效地建立具有中国特色的违宪审查、违宪诉讼制度出发，一般公民个人，即使是国家领导人作为一般公民时，都不能作为违宪的主体。否则，在理论上必然造成违法与违宪概念的交叉，不但降低了违宪的严肃性，也给国家机关在实际工作中区别违法行为和违宪行为造成混乱，不利于建立违宪审查制度。（3）由于宪法没有规定对公民违宪行为的制裁措施，因此公民也就不可能成为违宪主体。①

可以说，有关"违宪"问题的研究讨论，在这个时期仅仅是开了个头，真正广泛深入有时甚至是激烈的学术讨论正发生在今天。但是，正因为在这个时期把"违宪"问题及其解决纳入宪法学的理论视野，对"违宪"问题的研究才能够不断得以深化，才能够不断获得推动"违宪"问题研究深入的实践经验。

---

① 张庆福编著：《宪法学研究述略》，天津教育出版社1989年版，第95—97页。

第 六 章

法制时代开创时期的刑法学研究

一、1979 年刑法的颁布与刑法学研究的复苏

　　1979 年 2 月下旬，全国人大常委会法制委员会宣告成立，在彭真主持下，从 3 月中旬开始，对立法工作抓紧进行。刑法典草案以第 33 稿为基础，结合新情况、新经验和新问题，征求了中央有关部门的意见，先后拟出了两个稿子。① 第二个稿子于 5 月 29 日获得中央政治局原则通过，接着又在法制委员会全体会议和第五届全国人大常委会第八次会议上进行了审议，审议中又作了一些修改和补充，最后于 7 月 1 日在五届全国人大二次会议上获得一致通过，并规定自 1980 年 1 月 1 日起施行。② 这是中华人民共和国成立近 30 年来第一次有了自己的刑法典，其过程和意义令人感慨。正如有学者所指出的："回顾新中国刑法的孕育诞生历程，不禁使人感慨万千：其道路的确是曲折的、艰辛的。一部出台时不过 192 个条文的刑法典（条文数在当代世界各国刑法典中可以说是最少的），从全国人大常委会法律室起草算起，先后竟然孕育了 25 年之久。其实工作时间只用了 5 年多，有 19 年多是处于停顿状态。第 22 稿拟出后停顿了 4 年多，第 33 稿拟出后居然停顿了 15 年！这说明'以阶级斗争为纲'的思想，法律虚无主义，一个接一个的政治运动，对中国法制建设的冲击有多么大！新中国成立近 30 年，中国才有了第一部粗放型的刑法典，这不能不说是法制的严重滞后。有法才能治国，无法就要祸国，这是中国人民付出了无数血的

---

　　① 参见高铭暄、赵秉志编《新中国刑法立法文献资料总览》（上册），中国人民公安大学出版社 1998 年版，第 435 页以下。

　　② 参见高铭暄《中华人民共和国刑法的孕育和诞生》，法律出版社 1981 年版，第 4 页。

代价之后才总结出来的一条经验教训。"①

刑法典的颁布直接推动了刑法学研究，据有学者统计，刑法典颁布前，主要是"文化大革命"之前的17年，发表的刑法论文仅有176篇，而刑法颁布后至1985年底的6年多时间里，发表的论文有近2300篇，约相当于过去的13倍。② 虽然我们对此还可以从"人治"向"法治"转变的社会大背景中寻找原因，但刑法文本的出现，以及刑法的实施所引发的大量疑难问题，无疑为刑法学研究提供了丰富的素材和巨大的内驱力。对此，有刑法学者热情地描述道："经过了将近20年的寂静之后，随着我国第一部刑法的颁布，刑法学在各部门法学中一马当先，首先跨越了历史的断裂层，顾不得抹去长久的冬眠而残存在心灵上的噩梦，以一双不太适应的眼睛迎接理性的光芒，很快在法苑中立住了脚跟，恢复了大刑法昔日的自信，并睥睨着其他尚在草创之中的部门法学，俨然以老大自居。"③

由于历史的惯性，1979年颁布的刑法典仍然带有较强的政治色彩，如总则第1条规定："中华人民共和国刑法，以马克思列宁主义毛泽东思想为指针，以宪法为根据，依照惩办与宽大相结合的政策，结合我国各族人民实行无产阶级领导的、工农联盟为基础的人民民主专政即无产阶级专政和进行社会主义革命、社会主义建设的具体经验及实际情况制定。"该条的内容本来主要是刑法制定的根据，但在前面的章的标题中却被称为"刑法的指导思想"，"由此可见立法者强调的是意识形态对刑法的指导意义"。④ 又如分则第一章中的"反革命罪"，之所以用这么一个政治色彩浓厚的名称，是因为"在法律上明确规定什么是反革命罪，以便划清反革命罪与非反革命罪的界限，这是我国人民民主法制的一个传统做法"。⑤ 与此相呼应，刑法学者也将1979年刑法解读为"一部闪耀着毛泽东思想光辉

---

① 参见高铭暄、赵秉志《中国刑法立法之演进》，法律出版社2007年版，第43页。
② 参见高铭暄主编《新中国刑法学研究综述（1949—1985）》，河南人民出版社1986年版，第8—9页。
③ 陈兴良：《刑法哲学》，中国政法大学出版社1992年版，前言。
④ 参见陈兴良《刑法知识论》，中国人民大学出版社2007年版，"出版说明"第2页。1997年刑法修订时，该条被改为："为了惩罚犯罪，保护人民，根据宪法，结合我国同犯罪作斗争的具体经验及实际情况，制定本法。"
⑤ 参见高铭暄《中华人民共和国刑法的孕育和诞生》，法律出版社1981年版，第136页。

的刑法"①，将马克思列宁主义毛泽东思想对我国刑法具有指导意义的基本原理，概括为社会主义时期阶级斗争和无产阶级专政的理论、严格区分和正确处理两类不同性质的矛盾的思想等。②

但是，随着整个国家的改革开放和重心转入经济建设，刑法研究中的这种"宏大词汇"开始慢慢褪去，取而代之的是一个个具体的现实问题。一方面，对刑法典的注释和对刑法施行后司法实践中反映出来的大量问题进行解答，已经成为刑法学界的迫切任务；另一方面，犯罪领域的新情况和新特点促使立法机关和司法机关作出反应，而对这种反应的理论准备和理论论证乃至理论评析，又成为刑法学界不可回避的问题。例如经济犯罪的日趋严重使得全国人大常委会于 1982 年通过了《关于严惩严重破坏经济的罪犯的决定》，以及《关于惩治走私罪的补充规定》（1988）、《关于惩治生产、销售伪劣商品犯罪的决定》（1993）等一系列打击经济犯罪的单行刑法；社会治安的恶化使得全国人大常委会于 1981 年通过了《关于死刑案件核准问题的决定》，③ 1983 年又通过了《关于严惩严重危害社会治安的犯罪分子的决定》；腐败犯罪的加剧使得全国人大常委会于 1988 年通过了《关于惩治贪污贿赂罪的补充规定》，等等。据统计，自 1981 年至1997 年新刑法通过前，全国人大常委会先后通过了 25 部单行刑法，此外，还在 107 个非刑事法律中设置了附属刑法规范。经过这些不断补充，刑法中的罪名由 1979 年刑法典中的 130 个增加到 263 个。④

大量的单行刑法的制定，使得刑法内容日渐厚重，并进一步推动刑法研究的步伐。因为刑法学要根据实践的需要，为刑法的实施提供有所增补的理论说明；为刑法宣传提供更为系统详细的理论解说材料；为刑法教学不断补充新的教材内容。在此法制实践和研究实践的背景下，刑法学日渐

---

① 参见高铭暄《一部闪耀着毛泽东思想光辉的刑法》，载《法学研究》1979 年第 3 期。

② 参见高铭暄主编《新中国刑法学研究综述（1949—1985）》，河南人民出版社 1986 年版，第 19 页以下。

③ 该《决定》规定：在 1981 年至 1983 年内对杀人、抢劫等犯罪分子判处死刑的，不必报最高人民法院核准。本来这只是一种非常时期的权宜之计，但后来形势的发展超出了原来的预计。1983 年，全国人大常委会通过了《关于修改〈中华人民共和国人民法院组织法〉的决定》，规定最高人民法院在必要的时候，可以授权高级人民法院行使部分死刑的核准权。至此，死刑核准权的下放正式成为一项制度。直到 2007 年 1 月 1 日，最高人民法院才最终收回所有死刑案件的核准权。

④ 参见高铭暄、赵秉志《中国刑法立法之演进》，法律出版社 2007 年版，第 44—45 页。

成为法学领域里的显学而为法学界所瞩目。

二、刑法学知识的更新与注释刑法学的兴起

（一）刑法学知识的广泛吸纳与急速更新

毋庸讳言，20 世纪 70 年代末 80 年代初的刑法学复苏，是建立在 50 年代引进的苏联刑法学知识的基础之上的。1982 年出版的高等学校法学试用教材《刑法学》（高铭暄主编，法律出版社），基本沿袭了苏联刑法教科书的体系和原理，其"犯罪构成体系几乎是特拉伊宁的翻版"。[①] 这说明当时的刑法学主流知识是苏联刑法学。

但随着改革开放力度的加大，刑法学知识也出现了两个新的理论来源增长点：一是我国台湾地区刑法学著作的引入；二是苏联以外国家的刑法学译著的出版。

也许是意识到"历史虚无主义不利于刑法学的研究发展"，自 20 世纪 80 年代初，一批我国台湾地区刑法学著作被陆续影印在大陆出版（今天以知识产权的观点来看，这无疑是另外一种形式的"盗版"）。关于我国台湾地区法学研究对中国内地同行的影响，许章润曾经指出："80 年代初、中期对于台湾法律学术的欣纳，恰是对于被迫中断的法学与法律传统的接续，或者说，是清末变法改制开其端绪的近代中国法学与法律传统，在 1949 年以后一树两枝、各有形制的情形下，于 80 年代初、中期出现了传统的汇合。"[②] 陈兴良也坦承：他在 1983 年前后买到韩忠谟的《刑法原理》一书的影印本，"初读该书，对于当时初入刑法学之门的我辈来说确有眼界大开之感，并且如饥似渴地从中汲取学术营养"。他于 1984 年发表的第一篇论文《论我国刑法中的间接正犯》，就是从韩氏书中借用"间接正犯"一词，来对我国刑法规定进行理论解说的。其后，他的第二篇、第三篇论文，均从我国台湾地区学者的刑法学著作中引进了学说与概念，而这些"均为当时我国教科书所不见"。[③] 时

---

① 参见陈兴良、周光权《刑法学的现代展开》，中国人民大学出版社 2006 年版，第 727 页。

② 参见许章润《法学家的智慧——关于法律的知识品格与人文类型》，清华大学出版社 2004 年版，第 54 页。

③ 参见陈兴良、周光权《刑法学的现代展开》，中国人民大学出版社 2006 年版，第 728 页。

至今日，两岸刑法学者的交流已趋活跃，当年版权页上写着"内部参考，批判使用"字样的前述《刑法原理》等书，已在内地正式出版简体字本，不仅如此，内地出版社还陆续整理出版了一批民国时期的刑法学著作。①

从 20 世纪 80 年代中后期开始，越来越多的外国刑法学论著经过编译和翻译传入我国，其中既有大陆法系的，也有英美法系的，它们为封闭了数十年的我国刑法学领域打开了一扇面向世界学术原野的大门，开阔了刑法学者的眼界。早期影响较大的著作有：1984 年和 1985 年分上、下两册分别由北京大学出版社出版的《外国刑法学》（甘雨沛、何鹏著），"该书内容庞杂，虽然存在文字艰涩且无注释的不足，但其丰富的资料对于处于饥渴状态的我国刑法学界不啻是一道盛宴"。② 1986 年辽宁人民出版社出版的《日本刑法总论讲义》（福田平、大塚仁编，李乔等译），该书简明扼要，体系清晰，对启蒙大陆法系刑法理论有较大的参考价值。1987 年北京大学出版社出版的《美国刑法》（储槐植著），为人们了解美国刑法理论提供了便利。

进入 20 世纪 90 年代，大批的刑法译著和外国刑法典源源不断地汉译出版。译著的来源既有德、日等在我国有传统影响的大陆法系国家，也有法国、意大利等其他大陆法系国家；还有美、英等英美法系国家，以及俄罗斯等转型后的国家。也许是我国清末刑法改制对大陆法系刑法的选择所致，也许是我国承继的苏联刑法理论本来就来自对大陆法系刑法理论的改造，加上我国改革开放后留学日本、德国的刑法学人较多③，使以德、日

---

① 陈兴良在回忆自己 20 世纪 80 年代刑法论著的引注时，曾指出有 1/4 的引自民国时期的刑法论著（另有 1/4 引自我国台湾地区刑法论著，1/4 引自早期苏联刑法论著，1/4 引自当时我国大陆学者的刑法论著）。"这些 20 世纪三四十年代的刑法著作，蜷缩在图书馆阴暗的一隅，也许几十年无人光临，但对笔者来说是如获至宝……学术的生命是顽强的，在中断了数十年以后，笔者作为新一代学者，又接续了民国时期的刑法学传统。"（参见陈兴良、周光权《刑法学的现代展开》，中国人民大学出版社 2006 年版，第 728—729 页。）

② 陈兴良、周光权：《刑法学的现代展开》，中国人民大学出版社 2006 年版，第 729—730 页。

③ 虽然改革开放后我国留学美、英的法律人也不少，但鲜有以刑法研究为业的，这可能与美、英等国的法学教育以职业教育为主以及中国学生去这些国家留学往往对国际经贸方面的法律更感兴趣有关。

为代表的大陆法系刑法理论在我国的影响不断增大。①

　　除了专著和教科书的翻译，外国刑法典的翻译也在不断推进。与 20 世纪 50 年代只翻译苏联东欧国家的刑法典不同，这一轮新的外国刑法典译潮面向世界上各大法系，而且至今未退。

　　对于这些翻译，一位外国作者将其理解为"中国对外国文化开放的表示"（耶赛克为其《德国刑法教科书》所作的中译本序言中语）。尽管翻译的质量良莠不齐，但总的来讲，它对开阔我国刑法学者视野的贡献是不言而喻的，这从近些年来我国刑法学者的著述引注中就可见一斑，过去那种很少有引注或者引注范围狭窄的局面已经大大地改观了。

（二）注释刑法学的兴起

　　1979 年刑法颁行后，刑法学界在刑法注释上下了很大的工夫，为司法实务界掌握刑法作出了贡献。② 不要小看这种注释，也不要拿今天的眼光去批评当时的注释水平，考虑到当时法制重建刚起步、整个司法队伍的业务水平还比较低，我们就不应否认这项工作的历史价值。实践性是规范刑法学的本质特征，也是其繁荣发展的源泉，因此也注定了为实践释疑解惑的注释刑法学的生命力。随着我国刑事法治向纵深发展，对刑法解释的需求不是降低了，而是更高了，这也是近些年来我国刑法学界对刑法解释方法、解释原理、刑法教义学、刑法推理与论证等孜孜以求的一个重要原

---

　　① 不过，一个值得注意的现象是，新世纪以来，美国的刑法学译著明显在增多，仅以 2005 年为例，就出版了《刑法的结构与功能》（罗宾逊著，何秉松等译，中国民主法制出版社）、《死刑论辩》（哈格和康拉德著，方鹏等译，中国政法大学出版社）、《美国模范刑法典及其评注》（美国法学会组织编写，刘仁文等译，法律出版社）、《哈佛法律评论·刑法学精粹》（刘仁文等译，法律出版社）等。《死刑论辩》是"美国法律文库"的书目，而"美国法律文库"是"中美元首法治计划"项目之一，它还将继续推出包括刑法在内的众多美国法学著作；《哈佛法律评论·刑法学精粹》据说也只是法律出版社一个庞大的翻译出版计划的开始，它还将继续出版《哈佛法律评论》包括刑法在内的各学科论文精选。如果说前者代表了两国之间的官方交流意愿，那么后者则代表了民间的美国情结，两相结合，美国刑法理论对中国未来的影响应可期待。

　　② 例如，中国社会科学院法学研究所欧阳涛、张绳祖等著的《中华人民共和国刑法注释》（北京出版社 1980 年版）曾先后数次再版，总印数达 100 多万册，成为当时司法实际工作人员几乎人手一册的畅销书。参见欧阳涛《犯罪、刑法学领域热点问题剖析及对策》，中国人民公安大学出版社 1998 年版，第 8 页。

因。①

注释刑法学是 20 世纪 80 年代中国刑法学研究形式与成果的主要体裁，这有其时代必然性。首先，国家的惩罚策略正在实现从运动到法制的整体性转变，在刑事领域，中共中央专门发布"关于坚决保证刑法、刑事诉讼法切实实施的指示"，可见，当时全社会都面临一个"学会使用法律武器"的问题。② 其次，那时公、检、法、司队伍的业务素质整体还偏低，专业化程度远不能跟今日相比，由此决定了其适用法律的自身解释能力较弱，对法律解释有较强的依赖性。再次，刑法文本的出现，以及其后大量单行刑法和附属刑法的颁布，加上司法实践中不断反映出来的问题，迫切需要刑法学界释疑解惑，正因如此，当时的许多刑法学论著都几乎有共同的格式，那就是要讨论"罪与非罪、此罪与彼罪的界限"。

在注释刑法学的发展中，对刑法解释究竟应采主观解释的立场还是客观解释的立场，一直是一个争论不休的问题。主观解释论主张刑法解释应以探求立法者所要表达的原意为其解释的目标，客观解释论则主张刑法解释应以刑法规范本身所彰显的应有意蕴为解释的目标。纯主观解释论和纯客观解释论均被认为不可取，于是折中解释论应运而生。在折中解释论中，又分为"以主观说为主、客观说为辅"和"以客观说为主、主观说为辅"两种主张。应当说，在早期的注释刑法学中，学者们是比较重视立法原意的。但后来有学者指出，在当今德、日等国，均以客观说为主流，应为我国借鉴，于是逐渐形成了"以客观说为主、主观说为辅"的局面。应当指出，我国当前的社会背景与德、日是有差异的，前者以客观说为主是

---

① 我国法学领域存在的问题是，尽管各种法律释义满天飞，但高水平的作品微乎其微。一部新的法律出台，有些著名学者甚至司法机关的高级领导纷纷担任挂名主编。关于中国法律注释的现状和问题，一位德国学者曾仔细观察并深刻分析了中国的法律注释现象：一是不少主编均为著名学者或者高级干部，但参与者阵容庞大，许多著作均不具体标明谁注释哪个条款，结果导致格式不一甚至前后矛盾；二是就法条注释法条，鲜有深入地参考和引证有关学术著作和法庭裁判的；三是常常新法一颁布就很快出版这样的注释，好像要给读者一种注释者很了解立法者的意图和内幕的印象，但出版后跟踪最新判例连续再版的不多。参见 Knut B. Pissler, Integrating Court Decisions in Legal Research: The Development of the Gentre of Commentary Literature in Legal Academic Works in China, http://www.cesl.edu.cn/eng/upload/200901165359441.pdf，最后访问时间：2009年2月19日。

② 参见强世功《法制与治理——国家转型中的法律》，中国政法大学出版社 2003 年版，第178 页以下。

因为其具备以下条件：（1）罪刑法定原则深入人心；（2）已形成高水平的法律职业队伍；（3）刑法结构严而不厉（法网严密而刑罚轻宽）。然而，我国目前还不具备这些条件。由于客观解释论的结果多半是入罪，因此下述意见虽属少数人的观点，却绝非没有道理："依据我国当前国情，应以主观论为主辅以客观论（限于严重暴力犯罪案）。"①

三、刑法原理研究的全面展开

改革开放后，随着民主法制建设不断取得新的成就，我国刑法学在学科建设、人才培养、服务立法和司法等诸方面，均取得了较为丰硕的成果。在刑法原理方面，也进行了不少研究，现择其要者予以评述。

（一）关于刑法基本原则的研究

刑法基本原则就是为刑法所特有、贯穿于全部刑法的原则，由于其对刑事立法和刑事司法具有根本性的指导意义，因而成为刑法学界所瞩目的问题。1979 年刑法并没有明确规定刑法的基本原则，② 由此导致刑法学界对我国刑法的基本原则究竟应包括哪些发生争议，多数学者认为，下列几项原则应是刑法的基本原则：罪刑法定原则，罪刑相适应原则，罪责自负原则，惩罚与教育相结合原则。也有学者认为，除此之外，刑法的基本原则还应包括：主观与客观相一致的刑事责任原则、严格区分不同性质犯罪的原则、刑罚轻重必须依法适时的原则、社会主义人道主义原则等。③ 不过这一时期对刑法基本原则的研究大多只停留在基本原则范围的争论上，而对各个基本原则的具体内容还缺乏深入的阐述。例如，1979 年刑法在规定了类推制度的情况下，刑法学界的通说还认为我国刑法是贯穿了罪刑法定原则的，④ 这比较明显地反映了刑法学研究在这个问题上的欠深入。相比之下，1997 年新刑法在明确规定了刑法的基本原则之后，学界对此问题的研究就要深刻得多，有的研究触及刑法的根本和灵魂，并可导致刑法观

---

① 参见储槐植《刑事一体化论要》，北京大学出版社 2007 年版，第 23 页。

② 1997 年新刑法第 3、4、5 条明确规定了"罪刑法定"、"刑法面前人人平等"、"罪刑相适应"三大刑法的基本原则。

③ 参见高铭暄、赵秉志主编《新中国刑法学五十年》（上），中国方正出版社 2000 年版，第 12 页。

④ 参见高铭暄主编《中国刑法学》，中国人民大学出版社 1989 年版，第 33 页。

念之变革。正如有学者所指出的：从对刑法基本原则问题的研究上，可以看到刑法学科和刑法学者的成熟。①

（二）关于犯罪概念的研究

早在 20 世纪 50 年代，就有学者强调要研究犯罪概念。他们指出，虽然我国刑事立法尚未作出犯罪的定义性规定，但是研究犯罪概念，在政治上、理论上、实践上都有着重大的意义。② 1979 年刑法第 10 条明确规定了犯罪的定义："一切危害国家主权和领土完整……以及其他危害社会的行为，依照法律应当受刑罚处罚的，都是犯罪；但是情节轻微危害不大的，不认为是犯罪。"③ 刑法学界围绕该定义，展开了广泛讨论：其一，关于犯罪的基本特征，有二特征说、三特征说、四特征说等不同主张，多数学者持三特征说，即一定的社会危害性、刑事违法性和应受惩罚性。三特征说为 1982 年的全国刑法统编教材所采纳。其二，关于犯罪的本质特征，存在社会危害性和应受刑罚惩罚性的争论，其中社会危害性为主流观点。④其三，关于犯罪概念的立法模式。各国刑法定义犯罪概念大致有三种立法例：（1）从形式上定义犯罪概念，如将犯罪定义为法律规定用刑罚威胁的行为。（2）从实质上定义犯罪的概念，如将犯罪定义为危害社会的行为。（3）将犯罪的实质内容与形式内容结合起来定义。我国属于第三种情况。刑法学界的大多数学者肯定我国刑法对犯罪的这种定义模式。其四，关于刑法上犯罪定义的"但书"。多数观点都强调指出"但书"的积极意义，认为它从什么不是犯罪的角度补充说明了什么是犯罪，这有利于在司法实践中缩小打击面。⑤

---

① 参见高铭暄、赵秉志主编《新中国刑法学五十年》（上），中国方正出版社 2000 年版，第 31 页。

② 参见高铭暄主编《新中国刑法学研究综述(1949—1985)》，河南人民出版社 1986 年版，第 86 页。

③ 1997 年新刑法第 13 条仍然保留了这一实质定义，但具体内容有所改动。

④ 从 20 世纪 90 年代后期到现在，对于犯罪定义中的"社会危害性"概念产生愈益巨大的争论，批判的观点甚至认为应将社会危害性逐出刑法学的领域，以法益和法益侵害的概念取代之（参见陈兴良《社会危害性理论——一个反思性检讨》，载《法学研究》2000 年第 1 期）。而肯定的观点则认为，要善待社会危害性观念（参见储槐植、张永红《善待社会危害性观念》，载《法学研究》2002 年第 3 期）。

⑤ 晚近也有人认为，"但书"的规定使我国刑法的犯罪定义出现逻辑上的矛盾（参见樊文《罪刑法定与社会危害性的冲突》，载《法律科学》1998 年第 1 期）。但批评者指出：前述观点的不当之处在于没有看到，根据但书，那些已被框入圈内的行为，可以被排除出去，这才是最终划定的犯罪圈（参见储槐植、张永红《善待社会危害性观念》）。

（三）　关于犯罪构成的研究

刑法学界的绝大多数学者认为，犯罪构成是刑法中的核心理论问题。1982 年出版的全国刑法统编教材明确了犯罪构成的概念，将其界定为我国刑法所规定的、决定某一具体行为的社会危害性及其程度而为该行为构成犯罪所必需的一切客观和主观要件的总和。该教材还将苏俄刑法学中的犯罪构成四要件移植过来，即犯罪客体、犯罪客观方面、犯罪主体、犯罪主观方面。① 由于刑法统编教材的权威性，犯罪构成四要件理论从此定为一尊。但从 1986 年开始，以何秉松发表的《建立有中国特色的犯罪构成新体系》一文为标志，② 刑法学界开始有部分学者对苏俄的犯罪构成理论模式进行反思，这种反思在进入 21 世纪后日趋强烈，形成对传统理论的严重挑战。

（四）　关于刑法上的因果关系的研究

刑法上的因果关系是 20 世纪 80 年代我国刑法研究的一个热点问题，讨论的重点主要集中于以下几个问题：（1）关于必然因果关系和偶然因果关系。一种观点认为，刑法上的因果关系只能是必然因果关系，否认偶然因果关系作为刑法因果关系的可能性。另一种观点则认为，刑法上的因果关系不仅包括必然因果关系，也包括偶然因果关系。后者认为，必然因果关系在犯罪现象中大量存在，它是刑法上的因果关系的主要的、基本的形式；但不可否认的是，偶然因果关系也是客观存在的，它是必然因果关系的必要补充。这两种学说争论激烈，长期对峙。在这两种观点之外，还出现了其他一些主张，如"一个半因果关系说"，即必然因果关系加高概率偶然因果关系。③（2）关于直接因果关系和间接因果关系。在这个问题上，分为否定与肯定两种观点。否定论者认为，对因果关系做直接和间接的分类往往带有表面性和局限性，因为直接原因不一定就是决定性的、根本性的、主要的原因，间接原因也不一定就是非决定性的、非根本性的、次要的原因，因此这种区分不能准确地、科学地确定行为在结果发生过程中的地位和作用。肯定论者则认为，这种区分是有意义的，直接因果关系易于被人们所认识，但原因通过"中介"与结果相联系，间接地对结果起作

① 参见高铭暄主编《刑法学》，法律出版社 1982 年版，第 97 页以下。
② 参见何秉松《建立有中国特色的犯罪构成新体系》，载《法学研究》1986 年第 1 期。
③ 参见储槐植《一个半因果关系》，载《法学研究》1987 年第 3 期。

用，即间接因果关系则不易于被人们所认识。在存在间接因果关系时，解决行为人的刑事责任问题有一些特殊情况需要研究，如要特别注意查清行为人的主观心理状态等。① （3）关于原因和条件。对于条件能否作为刑事责任的客观基础，有不同意见。否定论认为，如果把条件和原因等同起来，会扩大因果关系的范围，也就会扩大负刑事责任的客观基础。肯定论认为，条件或者外因在多数情况下对定罪没有影响，而是对量刑有影响。但在少数情况下，对定罪也有影响。（4）关于因果关系中断。因果关系中断是用来说明在先导行为之后介入因素的作用及其与先导行为之关系的一种理论。我国刑法学界对要否借鉴这种"资产阶级刑法学家"的理论也产生正反两派意见，多数认为该理论包含有"一定的积极的合理因素"，有助于区别复杂的因果联系中先导行为和介入因素的性质、作用及其相互关系。（5）关于几种特殊情况下的因果关系，如不作为的因果关系、共同犯罪中的因果关系等。②

　　总的来看，这一阶段的有关刑法上的因果关系研究，有些探讨还是比较深入的，推动了该领域甚至整个刑法理论的发展。当然，如今回头看，研究中也存在一些不足，如过于纠缠名词，过于倚重哲学上因果关系理论而无视刑法中因果关系的独特性，研究方法单一，有经院哲学的倾向。③同时，将"因果关系中断"这类外来学说称为"资产阶级刑法学家"的理论，也反映了当时刑法学知识还没有彻底与意识形态脱钩的时代印痕。今天，刑法学上的因果关系之所以再也不复当年风起云涌之势，并非是因为上述理论争议和困惑都已得到解决，而是因为刑法学者从"长期执迷于一种哲学框架，烘云托月般地构建因果关系的海市蜃楼"中走了出来，注意使自己的研究不脱离刑法语境，明确自己的研究目的。④

（五）关于刑罚目的的研究

　　刑罚目的是指国家制定、适用和执行刑罚所希望达到的结果。早在新中国成立后刑法学发展初期，刑罚目的就引起过学者们的兴趣，究其原

---

　　① 参见高铭暄主编《新中国刑法学研究综述（1949—1985）》，河南人民出版社1986年版，第186页。

　　② 同上书，第190页以下。

　　③ 参见高铭暄、赵秉志主编《新中国刑法学五十年》（上），中国方正出版社2000年版，第13—14页。

　　④ 参见陈兴良主编《刑法知识论研究》，清华大学出版社2009年版，第257页。

因，"与刑罚目的这一问题具有较强的政治性、阶级性是分不开的"。① 当时对于刑罚目的的讨论，主要有惩罚说、改造说、预防说、预防和消灭犯罪说等不同观点。由于过于强调刑罚目的的政治性和阶级性，注定了这场讨论失之粗浅。改革开放后，刑法学界重新关注刑罚目的这一课题，此时对该课题的重要性认识源于它是刑罚论中的核心问题，"这一问题的解决不仅影响刑罚论中的其他问题，而且还影响犯罪论中的问题；不仅影响刑事立法，而且还影响刑事司法"。②

在这一阶段对刑罚目的的研究主要集中在以下三个问题上：一是围绕刑罚目的是什么，在原有的惩罚说、改造说、预防说、预防和消灭犯罪说等观点的基础上，又提出了双重目的说、三目的说、根本目的说和直接目的说等新观点。其中预防说（包括一般预防和特殊预防）是通行的传统观点，仍占支配地位。③ 二是报应是不是刑罚的目的。通说认为，惩罚性或痛苦性是刑罚的固有属性，但不是刑罚的目的。④ 这种观点隐含有拒绝报应的态度。为什么会拒绝将报应作为我国刑罚的目的呢？这恐怕与我国学界对报应主义的误解有关，以为报应主义残酷、野蛮、愚昧。其实，报应主义只求有罪必罚、罚当其罪，它主张惩罚的严厉性不能超出罪行本身的危害性，在欧洲中世纪和近代刑罚普遍严苛的背景下，反而限制了刑罚的严酷性。⑤ 作为刑罚中的"公正模式"，它有利于培植人们的规范意识，进而产生预防犯罪的效果。认识到这一点，我们就不会排斥将报应论与预防论共同作为刑罚目的的主张。三是刑罚功能问题。这一问题是随着对刑罚目的研究的深入而开拓的一个新领域。所谓刑罚的功能，又称刑法的机能，系指刑法客观上发挥的积极作用。关于刑罚的功能，学者们视角不同，表述也不尽相同，一般认为，惩罚犯罪与保障人权是刑法的两个最基

---

① 参见高铭暄、赵秉志主编《新中国刑法学五十年》（上），中国方正出版社2000年版，第6页。

② 同上书，第14页。

③ 至于对特殊预防和一般预防的关系，特别是特殊预防内部的积极预防方面与消极预防方面之间，以及特殊预防的积极方面与一般预防之间存在的矛盾和冲突，其时还欠缺应有的关注。另外，关于在刑事立法、刑事审判和刑罚执行的不同阶段，对特殊预防和一般预防分别作何种侧重，也是近年刑法学研究才开始涉足的话题。

④ 参见高铭暄、马克昌主编《刑法学》，中国法制出版社1999年版，第413页。

⑤ 参见阮齐林《刑法学》，中国政法大学出版社2008年版，第283页。

本的功能。值得注意的是，在惩罚犯罪与保障人权的关系上，早期一般认为是前者重于后者，即惩罚犯罪的功能是首要的，而保障人权的功能则是派生的，但现在越来越多的学者主张二者应是并重的，"以二者并重代替一先一次的观念，有助于将刑法保障人权的机能落到实处和确保惩罚犯罪的质量"。①

（六）关于刑事责任的研究

刑事责任是刑法学的基本范畴之一，我国刑法学界从 20 世纪 80 年代后期开始，对这个问题进行了着力研讨，从而填补了刑法学研究的一项空白，充实了刑法学体系。关于刑事责任的概念，相继出现过"义务说"、"责任说"、"刑事追究和刑罚处罚（制裁）说"、"否定性评价和谴责说"、"心理状态及法律地位说"、"承担说"、"后果说"等争论。上述观点除"心理状态及法律地位说"外，② 其余观点之间其实并无根本性的差异。现在大家基本倾向于把刑事责任看成是行为人因其实施犯罪行为所引起的国家司法机关对其所作的否定性评价。③

关于刑事责任的根据，学界相继出现过行为责任论、性格责任论、人格责任论、犯罪构成根据论、社会危害性根据论等不同观点。后来学界大都认为，刑事责任的根据只能是符合犯罪构成的犯罪事实。至于行为责任论、性格责任论、人格责任论等，其实这是在另一个层面上来讨论问题，即所谓的"刑事责任的哲学理论根据"，它要解决的是国家为什么要设定刑事责任，犯罪人为什么要承担刑事责任。

关于刑事责任的实现过程，学界经过讨论，就如下问题基本达成了共识：首先，刑事责任的开始时间。应当区分应负刑事责任的开始时间和实际负刑事责任的开始时间，前者始于行为人开始实施犯罪行为之时，后者始于人民法院的有罪判决生效之时。其次，刑事责任的终结时间。有两种

① 参见马克昌《刑法的机能新论》，载《人民检察》2009 年第 8 期。
② "心理状态及法律地位说"认为刑事责任是"犯罪人在犯罪后应受社会谴责和法律制裁的一种心理状态以及与这种心理状态相适应的法律地位"（参见余淦才《刑事责任理论试析》，载《法学研究》1987 年第 5 期）。这种观点把德日刑法理论中的"有责性"与我国刑法中的"刑事责任"概念相混淆，我国刑法中的"应负刑事责任"、"不负刑事责任"等提法与所谓的"心理状态"是不能等同的。值得注意的是，随着刑法理论的开放，各种术语和理论大量涌入，我国刑法学知识也存在某种程度的混乱，这说到底还是一个消化不彻底的问题。
③ 参见《高铭暄自选集》，中国人民大学出版社 2007 年版，第 471 页以下；曲新久：《刑法的逻辑与经验》，北京大学出版社 2008 年版，第 135 页以下。

情形：一是刑事责任自行终结，包括犯罪已过追诉时效期限的，依照刑法规定告诉才处理、被害人不告诉或者告诉后又撤诉的，行为人死亡的。二是刑事责任因实现而终结，其中以刑罚为实现方法的刑事责任终结于刑罚执行完毕或赦免之时，以非刑罚处理方法为实现方法的刑事责任终结于非刑罚处理方法执行完毕之时，在免予刑事处罚的情况下，刑事责任终结于法院有罪判决生效之时。再次，刑事责任的实现方法。定罪判刑是最常见、最基本的一种方法，还有定罪免刑的方法（即刑法中规定的"对于犯罪情节轻微不需要判处刑罚的，可以免予刑事处罚"），以及转移处理的方法（如对享有外交特权和豁免权的外国人，通过外交途径解决）。

四、折射社会变迁的刑法学热点问题研究

"问题是时代的格言"（马克思语），现实中的新情况、新问题催生着改革开放后的中国刑法学向更宽的领域发展。因此，通过对这一时期刑法热点问题研究的追述，可以看出刑法、刑法研究及其与社会变迁之间的互动关系，也能发现我国的刑法研究是如何根据变化了的社会现实调整研究的重点，以回应社会对刑法研究的需求与要求。

（一）关于法人犯罪问题的研究

从新中国成立到 1979 年第一部刑法典的颁行，中国刑事立法对法人犯罪一直是持否定态度的。随着经济体制改革和对外开放，中国经济所有制关系发生了显著的变化，一是出现了个体企业、私营企业、合资企业、合作企业、外商独资企业等公有制之外的多种所有制经济形式；二是原来的国有企业也从政企不分到政企分开，成了相对独立的经济实体。利益驱动使一些单位的违法犯罪活动也日趋严重，用刑法手段来规制的呼声日益高涨。在这种情况下，经济领域中出现了大量以法人名义实施的犯罪，于是法人能否成为犯罪主体成为刑法学界的一个争论话题。

不过直到 20 世纪 80 年代中期，"大多数同志还是坚持我国刑法和刑法理论中一贯的主张，坚持'法人犯罪否定说'"①。法人犯罪否定说的主要理由是：（1）我国法人制度的客观属性决定了法人不能成为犯罪主体。

---

① 参见高铭暄主编《新中国刑法学研究综述（1949—1985）》，河南人民出版社 1986 年版，第 206 页。

"任何违背法人宗旨、超出法人权限的违法犯罪行为，虽然是以法人名义实施的，哪怕是法人决策机构集体决定的，法人也不负责任，只能由决策人、执行人负责。"[①]（2）没有刑事责任能力赖以存在的生理基础，不具备意识和意志能力。[②]（3）对法人适用刑罚违背罪责自负的刑事责任原则。[③]（4）对法人无法通过适用刑罚进行教育改造，从而实现刑罚的目的，"如果没收属于国家所有的法人组织的财产归国家，无异于国家在自我惩罚"。[④]

也有少数刑法学者反对通行观点，认为法人犯罪能够也应当成为犯罪主体。其理由是：（1）法人组织是一种客观存在的实体，如果其实施了违反国家刑法的行为，就应当成为犯罪主体。那种所谓法人代表超越法人章程的行为便不是法人行为的观点，是讲不通的。[⑤]（2）法人和自然人各自在意思表示形式上虽然有其不同特点，但任何一个法人，都有自己的决策机关，由法人的决策机关调动、指挥法人的活动。法人决策机关的意思表示，就是法人的意思表示。因此承认法人犯罪，同犯罪构成理论并不矛盾。[⑥]（3）对法人适用刑罚并不违背罪责自负原则。"法人是一个人格化的社会系统，法人的刑事责任就是这个人格化的社会系统的刑事责任。"[⑦]（4）惩罚法人犯罪，不仅可以实现刑罚特殊预防的目的，使犯罪法人不再犯罪，还可以实现一般预防的目的，警戒其他法人。[⑧] 在理论上法人犯罪肯定论还居少数的时候，实践却走在了前面，1987 年，《中华人民共和国海关法》第一次把单位规定为走私罪的主体，开创了中国惩治单位犯罪的先河。[⑨] 此后，中国立法机关相继在一系列单行刑法和附属刑法当中规定了将近 50 个单位犯罪的罪名。在这一阶段之后的 1997 年新刑法典，在基

---

① 参见高铭暄、姜伟《关于"法人犯罪"若干问题》，载《中国法学》1986 年第 6 期。

② 参见陈泽宪主编《新刑法单位犯罪的认定与处罚》，中国检察出版社 1997 年版，第 16 页。

③ 参见高铭暄《刑罚总则要义》，天津人民出版社 1986 年版，第 114—115 页。

④ 同上。

⑤ 参见陈泽宪主编《新刑法单位犯罪的认定与处罚》，中国检察出版社 1997 年版，第 17 页。

⑥ 参见陈广君《论法人犯罪的几个问题》，载《中国法学》1986 年第 6 期。

⑦ 参见何秉松主编《法人犯罪与刑事责任》，中国法制出版社 1991 年版，第 485 页。

⑧ 参见陈泽宪主编《新刑法单位犯罪的认定与处罚》，中国检察出版社 1997 年版，第 18 页。

⑨ 我国刑法中的单位犯罪其实就是国外刑法中的法人犯罪。

本吸收了这些罪名之外，又增加了一些新的单位犯罪罪名。据统计，我国现在全部刑法罪名大约有440个，其中单位犯罪罪名约140个，占大约三分之一。这一阶段有关法人犯罪问题的讨论情况以及日后的制度演变事实，表明了有时"真理"还真是在少数人一边，可见学术研究创新的必要性和重要性。

单位犯罪（也就是此前刑法学界讨论的"法人犯罪"）这样一种犯罪类型，是中国在经济发展过程中，为解决突出的单位犯罪现实问题而迅速规定在刑法中的，其理论准备并不充分。比如关于单位犯罪的刑事责任的法理基础到底是什么；与刑法中传统的个人责任理论有无冲突；国家机关能否成为单位犯罪的主体；对于这些问题，尚未给予透彻而充分的理论说明。例如前几年就出现了法院被作为单位犯罪的主体而受到起诉的案例，最后在最高司法机关的介入下，检察机关撤回起诉，改为起诉个人，这个案例引起我国刑法学界对刑法中规定单位犯罪的主体范围的反思。再者，传统的刑法理论都是以自然人为本位的，比如我们说一般主体和特殊主体，这里的特殊主体也就是所谓的身份犯，即要求行为人有特定的身份。但现今有的刑法论著，把单位可以构成某罪主体的称为特殊主体，这就混淆了区分的标准。假如我们把一般主体和特殊主体的区分引到单位犯罪中来，则正确的说法应当是：所有单位都可以构成某罪主体的为单位犯罪中的一般主体，只有某些特殊的单位才能构成某罪主体的为单位犯罪中的特殊主体。此外，像刑法中关于自然人犯罪的自首、立功等制度，能否适用于单位？如何适用？这些都需要刑法理论继续作出回应。

（二）关于经济犯罪问题的研究

从20世纪80年代开始，对经济犯罪的研究逐渐成为刑法研究领域的一方热土。许多刑法学者的科研注意力转移到经济犯罪研究方面，其研究成果丰硕，许多有关经济犯罪的著作相继出版，如欧阳涛等著的《经济领域中严重犯罪问题研究》（法律出版社1984年版），刘白笔、刘用生著的《经济刑法学》（群众出版社1989年版），孙国祥主编的《中国经济刑法学》（中国矿业大学出版社1989年版），陈兴良主编的《经济刑法学》（总论）（中国社会科学出版社1990年版），杨敦先、谢宝贵主编的《经济犯罪学》（中国检察出版社1991年版），赵长青主编的《经济刑法学》（重庆出版社1991年版），陈宝树主编的《经济犯罪与防治对策》（河南人民出版社1992年版），等等。1988年出版的《法学新学科手册》也对此作出了反应，提出"经济刑法学是刑法学的一个分支，是一门以经济刑法为研究对象的科学"。[①]

上述学术现象的出现不是偶然的，是我国刑法从"革命刑法"转向"建设刑法"的必然反应，[②] 也是随着我国自 20 世纪 70 年代末 80 年代初以来经济体制改革和经济迅速发展，针对难免有相伴而来的经济犯罪增多的现象，而出现的法制应对与学术反映。1982 年 3 月，全国人大常委会通过了《关于严惩严重破坏经济的罪犯的决定》；同年 4 月，中共中央、国务院作出《关于打击经济领域中严重犯罪活动的决定》，这可以被认为是推动我国经济犯罪问题研究的法律和政策动因。虽然在上述法律和文件中出现了"经济犯罪"一词，但对于究竟什么是经济犯罪、经济犯罪包括哪些具体罪名，立法上却并没有明确，因此，"经济犯罪"的概念在很大程度上还是一个学理上的概念，是学者们对刑法中与经济有关的犯罪的一种类别化统称。也正因此，刑法学界对经济犯罪概念的界定五花八门，对其范围也无定论，大体可归纳为广义说、狭义说和折中说。广义说认为，我国的经济犯罪不仅包括刑法分则第三章的"破坏社会主义经济秩序罪"中的所有犯罪，还应包括侵犯财产的犯罪、刑法规定的其他破坏经济的犯罪（如渎职罪、厂矿责任事故罪、盗运珍贵文物出口罪、贩毒罪），以及各种经济行政法规中有关经济犯罪的规定。狭义说认为，经济犯罪的范围仅限于《刑法》分则第三章规定的破坏社会主义经济秩序罪。折中说认为，经济犯罪包括侵犯经济秩序的犯罪和利用职务上的便利而构成的经济犯罪。[③]

许多研究经济犯罪的论著，既从宏观上论述了经济犯罪的概念、分类及其在刑法分则体系中的地位，我国刑法对于打击经济犯罪和保障经济体制改革顺利进行的作用与意义，当前经济犯罪的原因及其危害改革和危害商品经济发展的表现与特点，以及正确运用刑法武器打击和防范经济犯罪，保障改革、开放、搞活的方针政策的贯彻执行等问题；又从微观上对若干突出的具体经济犯罪的定罪量刑等问题进行了研究。这其中，有的论

[①] 参见何勤华、徐永康《法学新学科手册》，浙江人民出版社 1988 年版，第 252 页。

[②] "革命刑法"转向"建设刑法"的一个标志，就是立法者和司法者将刑法的主要任务从政治领域转移到了经济建设等领域上来，这从 20 世纪 80 年代起全国人大常委会相继制定的一系列单行刑法的内容中也可以得到反映。参见刘仁文《社会转型与刑法的发展》，载《人民检察》2009 年 7 月（上）。

[③] 参见陈泽宪主编《经济刑法新论》，群众出版社 2001 年版，第 12—13 页。

者对经济刑法立法原则的探讨提升了讨论的理论深度，如提出应遵循必要性原则（只对严重危害社会主义经济秩序和经济生活的行为才适用刑法）、明确性原则（对经济犯罪的规定不得含糊其辞）、协调性原则（处理好与其他法律的关系），等等。① 还有的论著对经济刑法的立法模式进行了反思，提出应当改变以刑法典为轴心的单一立法模式，在经济法规中直接设置刑罚条款。② 虽然在这一时期提出的这一建议至今尚未被立法采纳，却随着时间的推移得到越来越多的学者的认同，正如当前有学者所指出的：我们正在由"自然犯时代"进入"法定犯时代"，刑法立法体制应借鉴国外经验，由单轨制变为双轨制（自然犯规定在传统的刑法典里，法定犯规定在刑法以外的各种法律中）。③

（三）关于未成年人犯罪问题的研究

未成年人犯罪是刑法理论中的一个重要课题，特别是 20 世纪 70 年代末 80 年代初以来，未成年人犯罪成为一个日益突出的社会问题，更加引起我国刑法学界对此问题的关注。首先刑法学界深入讨论了未成年人犯罪的概念。一些学者把未成年人犯罪与青少年犯罪两个概念等同起来，但多数学者认为，未成年人犯罪是刑法学上与成年人犯罪相对的一个术语，是指已满 14 岁不满 18 岁的人构成的犯罪，而青少年犯罪则是犯罪学上的一个术语，一般指已满 14 岁不满 25 岁的少年和青年的犯罪。

研究未成年人犯罪问题，必然要讨论刑事责任年龄问题。有的学者主张，应当降低我国刑法中的最低刑事责任年龄，由已满 14 岁降低到 13 岁，相应的，将完全负刑事责任的年龄由已满 16 岁降低为 15 岁，将相对负刑事责任的年龄由 14—16 岁改为 13—15 岁。其主要理由是：（1）新中国成立后的 50 年代，我们对未成年人的刑事责任有过类似规定，如 1951年 12 月 5 日中央人民政府法制委员会的一个批复中将最低刑事责任年龄规定为 12 岁；1954 年的《中华人民共和国劳动改造条例》和 1955 年司法部据此作出的一个批复，将最低刑事责任年龄规定为 13 岁。④（2）近年来

---

① 参见赵秉志主编《刑法修改研究综述》，中国人民公安大学出版社 1990 年版，第 62 页以下。

② 同上书，第 68 页。

③ 参见储槐植《刑事一体化论要》，北京大学出版社 2007 年版，第 23 页。

④ 参见高铭暄主编《新中国刑法学研究综述（1949—1985）》，河南人民出版社 1986 年版，第 218 页。

我国青少年违法犯罪的事实表明，我国已出现犯罪低龄化的趋势，而13岁恰恰是违法犯罪的高峰年龄。随着我国经济、政治和文化发展水平的不断提高，未成年人身心发育成熟提早，满13岁的少年其生理心理已经接近成熟，具有一定的识别能力，规定他们对几种容易识别的严重危害社会的罪行（如杀人、放火、抢劫、强奸等）负刑事责任，是比较适宜的。[①]（3）从世界范围看，甚至还有将最低刑事责任年龄规定得比这更低的国家，因此我国将最低刑事责任年龄规定为13岁并非违背人道主义。[②]

但是刑法学界的大多数学者认为，不应降低我国刑法中的最低刑事责任年龄。其主要理由是：（1）我国50年代对于未成年人承担刑事责任的年龄之所以规定得比较低，是由于当时特定历史时期的形势所决定的，当时社会上的阶级斗争比较复杂，所以对未成年人承担刑事责任的年龄起点规定得低一点。[③]（2）统计数字表明，不满14岁的人实施危害行为的人数并非很多，所占比例不大；而且，违法犯罪的高峰年龄不是13岁，从全国情况看，是已满14岁不满18岁。[④]（3）降低刑事责任的最低年龄，有悖于我国处理少年儿童危害行为的一贯政策和综合治理社会治安的方针。以心理学、教育学的有关知识为基础，少年儿童危害社会的行为在很大程度上是不良环境因素影响和行为人幼稚无知综合作用的结果，对他们适用刑罚但难以达到刑罚的目的，而应侧重于优化其成长环境，并辅之以性质适宜的惩戒教育措施。[⑤]（4）从现代国际社会的通例和发展趋势看，一是多数国家的刑事立法都以14岁作为最低刑事责任年龄，二是《联合国少年司法最低限度标准规则》也指出："在承认少年负刑事责任的年龄这一概念的法律制度中，该年龄的起点不应该规定得太低，应考虑到情绪和心智成熟的实际情况。"[⑥]

应当说，上述不降低刑事责任年龄的主张在总体上是妥当的。确实，将更多的年幼少年投入监狱，不应是解决低龄犯罪问题的根本出路。但与

---

① 参见赵秉志主编《刑法修改研究综述》，中国人民公安大学出版社1990年版，第125—126页。

② 同上书，第126页。

③ 参见高铭暄主编《新中国刑法学研究综述（1949—1985）》，河南人民出版社1986年版，第219—220页。

④ 参见赵秉志主编《刑法修改研究综述》，中国人民公安大学出版社1990年版，第127页。

⑤ 同上。

⑥ 同上书，第129页。

此同时，我们也应当看到，面对社会上少年犯罪手段的日趋成人化、少年犯罪给社会造成的危害日趋增大，我们不能因其未达到刑事责任年龄而不能定罪判刑就一放了之。一些必要的措施应当由刑法理论加以研究，例如采取必要的措施，使那些对社会具有危险性并且已经通过其实际行为表现出来的少年犯与社会得到必要的隔离；由于这种隔离不是像成年犯一样的惩罚而是教育和矫正，因此刑法理论必须研究如何通过正当程序使少年犯的合法权益得到保障。我国刑法规定：因不满刑事责任年龄而不予刑事处罚的，应责令其家长或者监护人加以管教，在必要的时候，也可以由政府收容教养。该规定存在的问题是：一是什么是"必要的时候"不明确；二是收容教养的程序不规范；三是收容教养的期限没有规定，实践中随意性较大。① 遗憾的是，这些在十几年前就应当充分研究的问题，我国刑法学界至今还欠缺必要的深入研究。

---

① 类似的问题还有危害社会的精神病人的强制治疗问题。

第七章

改革开放时代中成长的民法学

1978 年 11 月的中共中央十一届三中全会，决定实行改革开放，大力发展社会主义商品生产和商品交换，中国民法学界看到了希望之光。尤其是邓小平关于"无论是革命还是建设，都要注意学习和借鉴外国经验"的思想，为借鉴外国民法敞开了大门。但是，中国民法学要抓住这一历史机遇，迎来民法学的春天，却需要首先为民法学的生存而战。这就是从 1979 年开始的民法学与经济法学的论争。

一、民法经济法大论战

（一）民法经济法论战的背景与过程

1978 年后，国家发展经济的强烈需求使国家出现了"经济法律饥渴"。在这种背景下，如何理解、制定经济法，经济法与同样调整财产关系的民法是何关系，经济法能否替代民法等问题，就成为民法学必须解决的重大问题。

民法经济法的论战除了当时的社会形势影响之外，还有三个关键因素：一是当时的中央文件和中央领导人的讲话使用了"经济法"指称与经济有关的各种法律。[①] 二是新中国成立后民法被曲解甚至被消灭，社会对民法的认知不够。而"经济法"一语直观平实，易于与国家和社会发展经济的渴求联系在一起。三是受苏联民法经济法论战的影响。1922 年《苏俄

---

① 胡乔木在《按照经济规律办事，加快实现四个现代化》（《人民日报》1978 年 10 月 6 日）一文中，使用"经济法"一语；1979 年第五届全国人大二次会议叶剑英委员长的闭幕词（《人民日报》1979 年 7 月 2 日）使用了"经济法"一词。

民法典》颁布的同时，就形成了经济法学派与民法学派长期的激烈论战。①
另外，1981 年《经济合同法》的制定，也使得经济法的地位有所提升。

　　1979 年，《法学研究》（"试刊"）的第一篇民法学论文——苏庆的
《加强民事立法为实现四个现代化服务》，指出民法是调整社会经济关系的
基本准则，明确了民法的重要性。1979 年 8 月 7—8 日，中国社会科学院
法学研究所邀请在京法律院系的学者，召开了著名的、在当代中国法学史
上具有深远影响的"民法与经济法问题学术座谈会"，由此揭开了长达 7
年之久的民法学与经济法学大论战的序幕。② 在该次会议上，王家福作了
题为《一定要制定民法》的发言，将民法定位于调整与所有制和商品交换
紧密相连的经济关系的财产法，调整方法以平等、有偿、等价为原则。③
佟柔作了题为《我国民法的对象及民法与经济法规的关系》的发言，高度
注重民法和商品经济的伴生关系，将民法的调整对象界定为处于"平权"
地位当事人发生的"对价"关系。

　　随着争议的深入，学术界出现了所谓的"大民法"与"大经济法"之
争。一些民法学者改变了以往的观点，坚持"大民法"，即主张调整社会
主义经济关系的法律部门只能是民法，不承认民法部门之外还有独立的经
济法部门，或者经济法只能作为民法的特别法。④ "大经济法"观点则认
为，经济法不仅调整社会主义组织之间的经济关系，还调整社会主义组织
与公民之间，以及公民与公民之间的经济关系；不仅调整在直接生产中的
经济关系，而且调整人们在分配、交换、消费中的经济关系；不仅调整横
的经济关系，而且调整纵的经济关系。而民法只调整家庭内部的人身财产
关系，如婚姻关系、继承关系等。⑤ 但更多人主张把民法的一部分划入经
济法，使传统的民法体系陷于零乱或范围缩小。后一理论在整个法学界占

　　① 陈汉章发表的长文《苏联经济法学派与民法学派五十年的争论及其经验教训》（《中国法
学》1985 年第 2 期—1986 年第 2 期），介绍了苏联两派争论的情况。
　　② 参见梁慧星《中国民法学的历史回顾与展望》，《望江法学》第 1 期，法律出版社 2007 年
版。
　　③ 王家福、苏庆、夏淑华在《我们应该制定什么样的民法》（《法学研究》1980 年第 1 期）
一文中，进一步阐述了制定民法的客观必然性、民法的主要内容、制定民法应该注意的原则。
　　④ 参见王家福、苏庆、夏淑华《我们应该制定什么样的民法》，《法学研究》1980 年第 1
期；佟柔《我国民法的对象及民法与经济法规的关系》，载《经济法参考资料选编》（上册），北
京政法学院民法研室，1982 年 4 月编。
　　⑤ 参见杨紫烜《制定经济法纲要是"四化"建设的需要》，载《经济法论文选集》，北京政
法学院 1980 年编印。

了很重要的地位，对民法形成了冲击。①

1981 年，顾明（时任国务院副秘书长、中国经济法研究会会长、全国人大法律委员会副主任委员）发表"进一步加强经济立法工作"的文章，② 强化了经济法正当性的彰显；加之苏联以拉普捷夫、马穆托夫为代表的经济法理论被介绍进来，也使经济法的正当性有所增加。谢怀栻写于 1985 年 3 月的一篇文章记述了彼时经济法对民法的冲击和影响："第一，出现过一种议论，即可以取消民法而由经济法来代替或者包含之。这种议论虽然已经消失，但影响了人们对民法的正确认识，甚至影响到民法研究者对民法的信心。第二，更多人主张把民法的一部分划入经济法，使传统民法体系陷于零乱或缩小。"论战开始的前几年，民法界确实有点陷入消沉。我国民法的立法工作陷于停顿，有的民法学者犹豫不前，不能说与此无关（当然也有其他因素的影响）。③ 随着论战的深入和学者的不懈努力，民法与经济法的界限开始逐渐清晰，即主张正确地看待民法与经济法的划分，既不以民法取代经济法也不以经济法取代民法。④

然而，就在民法经济法大论战开始之际，1979 年 11 月，全国人大法制委员会在当时的全国人大常委会副委员长彭真的指导下，成立了《民法》起草小组。新中国历史上第三次民法典起草工作轰轰烈烈地拉开了帷幕。不少民法学者还写文章要求尽快制定民法。⑤ 由于民法学者的努力使民法恢复了它应有的地位，更重要的是经济体制改革对民法提出了重大任务，至 1985 年初经济法与民法论争进入一个新阶段，经济法对民法的冲击不再是那么强烈了。⑥

民法通则的制定和颁布，民法与经济法之间的论争尘埃落定，民法与经济法各司其职，归为两个不同的法律部分与法学学科。民法通则第二条

---

① 谢怀栻：《从经济法的形成看我国的经济立法》，载《谢怀栻法学文选》，中国法制出版社 2002 年版。

② 《人民日报》1981 年 12 月 4 日。

③ 参见谢怀栻《应当认真地重视民法》，载《谢怀栻法学文选》，中国法制出版社 2002 年版，第 79 页。

④ 参见江平、陶和谦《谈谈民法和经济法的划分问题》，载《政法论坛》1979 年第 1 期；周沂林、孙皓晖等：《论经济法调整对象》，《中国社会科学》1982 年第 5 期，第 66—82 页。

⑤ 参见佟柔、王利明《论我国民法在经济体制改革中的发展与完善》，载《中国法学》1984 年第 1 期；梁慧星《论对整个国民经济的法律调整》，《法学季刊》1984 年第 3 期；杨振山《经济体制改革与制定民法的必要性》，载《政法论坛》1985 年第 6 期等。

⑥ 参见前引《谢怀栻法学文选》。

关于民法调整对象的规定，确定了民法在中国社会主义法律体系中的基本法地位，使中国民法学进入新的发展阶段。

（二）民法经济法论战的实质

民法经济法论战的一个关键问题是，企业之间的经济关系究竟归民法调整还是归经济法调整，亦即经济合同法究竟属于民法还是属于经济法。谢怀栻指出，经济法理论确实影响到民法学的发展。所谓大经济法观点，主张取消民法而由经济法代替。这种观点影响到人们对民法的正确认识，甚至影响到民法研究者对民法的信心。民法与经济法论争的实质，是对社会主义经济性质的不同认识。大经济法观点倾向于传统的社会主义经济，即计划经济体制；大民法观点重视社会主义经济的商品经济性质，认为在社会主义商品经济条件下，民法能够继续承担基本财产法的任务。[1]

这场论战对民法学界最大的促进，是厘清了对民法调整范围的认识。1964年的《苏俄民法典》规定："苏维埃民法调整在共产主义建设中因利用商品货币形式而产生的财产关系，以及与这些财产关系有关的人身非财产关系。"因为我国已经颁行了婚姻法作为单行法，当时以佟柔为代表的学者主张民法只调整商品关系，人身权利（包括著作权、发明权）和财产继承权利不属于民法调整范围应分别由劳动法和婚姻法调整。[2] 另一些学者则认为民法不仅调整财产关系也调整部分人身关系。[3] 虽然民法学者都主张民法应调整财产关系，但对于民法应调整哪些法律关系，民法学者们也有不同观点。有学者主张民法以调整公民财产关系为核心，[4] 有学者主张民法调整的是公民之间或公民与社会主义组织之间的商品关系以及某些人身关系。[5] 另一些学者则认为民法调整的应当是完整的而非部分财产关系。[6]

（三）民法经济法论战的启示

30年后再回首这段争议，我们可以看出，这场论战是特殊历史条件下

① 参见梁慧星《中国民法学的历史回顾与展望》，载《望江法学》第1期，法律出版社2007年版。

② 佟柔主编：《民法概论》，中国人民大学出版社1982年版，第1章。

③ 参见王作堂、魏振瀛、李志敏、朱启超等《民法教程》，北京大学出版社1983年版。

④ 参见魏振瀛《建立中国式的经济立法体系》，载《法学研究》1979年第4期；张宿海、焦廉成《我国经济法与民法行政法关系刍议》，载《法学研究》1984年第2期。

⑤ 参见江平《民法与经济法的划分界线》，载《法学研究》1979年第4期。

⑥ 参见邓大榜《试论我国民法调整的经济关系》，载《法学研究》1984年第2期。

的产物。这场争议的实质关系到民法是否应该存在，是否要用行政计划模式来管理经济，还是要建立在平等自愿基础上的商品经济关系。考虑到当时的政治经济形式，中国的经济体制并非这一争议能够决定的，但这场论战的意义也并不因此而被忽视。今天看来，其最大的意义是推动了适应商品经济的法律的发展，当然也推动了民法学的学科建设。以当时的《经济合同法》为例。我国在计划经济时期，经济合同被作为国家行政和经济管理的一种手段，而不是当事人意思自治的途径。① 这种"通过合同的管理"的模式，体现了国家对经济合同的违法性的严密监控。该部法律中有很多国家干预"经济合同"的规定，如强调按照国家计划订立、履行合同，赋予经济合同管理机关确认合同无效的权力，及行政性经济合同仲裁的规定等。按照这种制度情形，强调行政管理的经济法"管辖"的范围就非常大。如果任由这种做法蔓延，民法则将丧失其存在的价值。

这一历时持久的民法经济法论战对今天民法学的启示之一，就是民法学必须注重公法与私法关系的研究。各国现代民法的一大难题，就是随着特别民法雨后春笋般的兴起，应如何处理民法典与特别民法的关系。特别民法体现的基本上是国家对市民社会的管制，除了体现为大量的公法规范以及社会法外，公法通过各种方式嵌入到传统的私法中，如公法与私法开始真正出现了融合，法律上的水平关系和垂直关系开始交叉。在公法上，立法和行政不再相互对抗，而是相互合作；一部分公权力甚至潜入到私领域，以避免受行政法的限制；从单方的管理到要求合作管制，管理主体和管理对象合一。私法上也出现了越来越多的垂直关系的规范，如集体合同、业主大会的决议等。

民法学应以时代精神正确对待公法与私法的关系，既不能一概回避甚至排斥任何有公法性质的规范，而使得民法自我限缩于愈来愈小的传统领地；也不能一味迎合公法的侵入，而使得民法潜移默化地丧失自我。如何把握好与民法有关的公法和私法的关系，问题在这个时期已经提出，但是到日后的今天也尚未得到充分解答。

---

① 顾明关于经济合同法的报告典型地体现了这一观点，即经济合同是"国家计划具体化和得到贯彻执行的形式，制定计划的重要依据和必要的补充"。顾明：《在第五届全国人民代表大会第四次会议上关于中华人民共和国〈经济合同法〉草案的说明》。

二、民法学体系的基本形成

（一）民法理论框架基本形成

在 1978 年以后，民法学界推出了一系列民法教材。如佟柔主编的《民法概论》（中国人民大学出版社 1982 年版），法学教材编辑部《民法原理》编写组的《民法原理》（法律出版社 1983 年版），王作堂、魏振瀛、李志敏、朱启超的《民法教程》（北京大学出版社 1983 年版），西北政法学院科研处编写的《民法原理》（内部教材，1983 年版），陈汉章的《民法简论》（河北人民出版社 1985 年版）等。这批教材对培养我国的民法学人才和传播民法知识起到了极其重要的作用。

《民法通则》通过后，民法学者的主要任务之一是通过解释法律，建构符合中国现实的民法学的基本框架。这方面的代表著作如孙亚明主编：《民法通则要论》（法律出版社 1991 年版）、江平等编：《中华人民共和国民法通则讲话》（中国政法大学出版社 1986 年版）、徐开墅主编《民法通则概论》（群众出版社 1988 年版）等。但《民法通则》的条文简单，所以对这些条文的解释很难建构一个完整的民法学体系。在这一时期，民法学者撰写了大量的民法学教材。如梁慧星的《民法》（四川人民出版社 1989 年版），江平、张佩霖编著的《民法教程》（中国政法大学出版社 1988 年版），佟柔主编的《中国民法》（法律出版社 1990 年版）等。

在这类民法著作中，一些作品以民国时期和当时我国台湾地区民法学者的著作为参照，建构了一个相对较全面的体系。其中最突出的民法著作，是王利明、郭明瑞、方流芳合著的《民法新论》（中国政法大学出版社 1988 年版），以及张俊浩主编的《民法学原理》（中国政法大学出版社 1991 年版）。这两本著作引入了传统大陆法系民法学的很多概念，为当时长期受苏联民法学界笼罩的中国民法学界，带来了一股清新的学术空气。尤其值得一提的是，《民法学原理》一书，在整个 20 世纪 90 年代，其影响都相当大。该书体系完整，概念准确，还首次介绍了诸如法律行为"无因性"等概念，该书作者还深入介绍了私法自治等民法基本理念，并融入了作者自己对民法诸多制度的独到见解。

在这一时期，民法学者也开始尝试撰写体系化的理论著述。例如，王家福等合著的《合同法》（中国社会科学出版社 1986 年版），覃有土、王亘合著的《债权法》（光明日报出版社 1989 年版），佟柔主编的《中国民法学·民法总论》（中国人民公安大学出版社 1990 年版），王家福主编的《中国民法学·民法债权》（法律出版社 1991 年版）等。其中影响最大的当属《中国民法学·民法债权》一书，该书分为总论与分论 2 编，总论部分参考了《民法通则》的体例和我国台湾地区教科书的体系，分 21 章介绍了大致相当于债法总论、合同总论的内容，并较具体地涉及了侵权行为、不当得利、无因管理和代理等问题；分论部分对现实生活中的各种合同作了学理上的分类，分 11 章介绍了相当于各种有名合同的合同法分论内容。《中国民法学·民法债权》一书的写作，几乎集中了当时中国内地所有优秀的中青年民法学者。在中国缺乏完善民法规范的条件下，本书主要参酌民国时期学者的作品和少量的外文写成。本书至今仍被民法研究者广为援引，充分说明了其学术生命力。

此外，在这一时期，民法学界的学者继续翻译了诸多国外的民法材料，如陈汉章的《捷克斯洛伐克社会主义共和国民法典》（法律出版社 1981 年版），《苏联民法》（法律出版社 1984 年、1986 年版），中国人民大学法律系编的《外国民法论文选》（1984 年版），陈正康等译的《合同法概论》（阿蒂亚著，法律出版社 1982 年版），李静冰、姚新华译的《民法法系的演变及形成》（沃森著，中国政法大学出版社 1992 年版）等等。

在这一时期，民法学者的论文也主要集中在对传统民法基本制度和规则的解释上。在 20 世纪 80 年代初期，很多论文的主题是介绍民法学的一些基本理念和制度。我们以梁慧星的第一本专著为例①，该书所收文章的写作时间是 1979 年至 1988 年。其间法学界发生过两大论争，其一是关于民法与经济法的论争，其二是关于国有企业财产权的论争。所以文集的很多论文讨论当时的理论争点，如论企业法人与企业法人所有权、所有权形式论、论我国合同法律制度的计划原则与合同自由原则、论经济流转、论对整个国民经济的法律调整、试论经济行政法、论经济行政争议及其复议制度、经济法律关系论、西方经济法与国家干预经济、苏联立法机关为什么不采纳部门经济法主张，等等。其他文章则讨论民法学的一般问题，其主题如我国民法的基本原则、人身权研究、代理论、试论侵权行为法、关于民事责任的若干问题、民法时效研究、合同法与公平观念、合同法上的

---

① 梁慧星：《中国民法经济法诸问题》，法律出版社 1991 年版。

情事变更问题、关于实际履行原则的研究、论可撤销合同、论合同责任、资产阶级民法中的合同自由，等等。从有关民法学的题目可以看出，当时讨论集中在民法最基本的问题上。可见 1978 年到 1988 年，我国民法学者的努力方向相对集中，一是回应民法经济法的论战，二是建构一个基本的民法学框架。

在 1988 年以后，民法学界出现了一些较为细致的讨论。从整体上看，这一时期的论文涉及民法学的各个方面，如民事主体制度、法律行为制度、代理权的性质、时效制度、担保物权制度、合同的成立规则、合同履行制度、合同解除、违约责任、侵权责任的归责原则等。除了物权制度所涉甚少外，这一时期的论文基本涵盖了民法基本框架的诸方面。[①]

1981 年我国就通过了《经济合同法》，1985 年又通过了《涉外经济合同法》，后者的很多制度直接取法国际公约。由于立法成果的影响，所以 20 世纪 80 年代以来，我国的合同法理论研究相对较成熟。这里我们以合同归责原则为例，分析这一时期民法学研究的特点。对于合同法的归责原则，当时学术界展开了激烈的讨论。第一种观点认为，合同责任的归责原则就是一个，即过错责任原则，所有合同责任都适用过错责任原则。债务人对于债务的不履行有过错，是确定合同责任的要件之一。债务人的不履行或者迟延履行，如果不是由债务人自己的过错造成的，则不承担责任。[②]有学者进一步认为，由于合同责任的特殊性，合同责任中的一元化归责原则即过错责任原则是过错推定原则。[③]第二种观点认为，合同责任应当采取客观归责的原则，而不是过错责任原则，过错不是合同责任的构成要件，只要债务人违反合同约定的义务，无论其在主观上有无过错，都应当承担民事责任。[④]第三种观点认为，合同责任的归责原则应当是二元化，而不是单一的归责原则。单一的归责原则不能适应合同责任的负载情况。二元的合同责任归责原则，是过错责任原则和无过错责任原则即严格责任并立的两个归责原则。[⑤]今天看来，当时民法研究的特点十分明显，其一，

---

① 这一时期民法论文的详细介绍，参见《法学研究》编辑部编《新中国民法学研究综述》，中国社会科学出版社 1990 年版。梁慧星：《中国民法经济法诸问题研究》，法律出版社 1989 年版。

② 参见谢邦宇《民事责任》，法律出版社 1991 年版，第 107 页。

③ 参见王家福《合同法》，中国社会科学出版社 1986 年版，第 481 页。

④ 参见今晓《"过错"并非违约责任的要件》，载《法学》1987 年第 3 期。

⑤ 参见崔建远《合同责任研究》，吉林大学出版社 1992 年版，第 73 页。

基本是对民法的一般原理性问题，如概念、特点、要件、作用等进行讨论；其二，当时的民法学研究并不够深入，类型划分的区别是观点差异的主要所在；其三，当时这些观点的持论依据，大多是基于现行法，理论论证尚不充分，资料来源相对狭窄。

值得一提的是，1989 年，在《法学研究》上发表了两篇有关物权行为的论文，这是我国延续至今的物权行为争议的开始。这两篇论文涉及物权行为的独立性和无因性。①

（二）民法专题研究的开始

20 世纪 80 年代尤其是 1988 年以来，民法学界就开始了专题研究。一方面是因为 1978 年后我国开始招收民法学硕士研究生，这些研究生的毕业论文大抵选择的是较为专门的题目。一方面是围绕民法通则的通过，涌现了一些专门讨论民法通则制度的作品。如陈汉章的《人身权》（法律出版社 1986 年版）、张新宝的《民事活动的基本原则》（法律出版社 1986 年版）等。在这一时期，值得一提的是王卫国的《过错责任原则：第三次勃兴》（浙江人民出版社 1987 年版）一书。本书结合法史学和比较法学的方法，对民事归责原则的历史发展、基本原理和立法对策进行了深入研究。作者通过长时段的历史考察，分析了过错责任原则在历史上发生和发展的曲折历程及其兴衰原因，系统地分析了民事责任制度及其归责原则的基本目标、社会作用和功能特性，澄清了 20 世纪初以来关于侵权法危机和过错原则没落的悲观论调，指出了过错责任原则的未来前景。该书被公认为中国在侵权法研究领域的第一部专著。

20 世纪 90 年代后，一大批专题研究著作如雨后春笋般涌现。如郭明瑞、房绍坤、于向平的《民事责任论》（中国社会科学出版社 1991 年版），谢邦宇、李静堂的《民事责任》（法律出版社 1991 年版），罗玉珍主编的《民事主体论》（中国政法大学出版社 1992 年版），崔建远的《合同责任研究》（吉林人民出版社 1992 年版），等等。

1990 年，我国第一届民法学博士毕业。其博士论文也随后出版。其中王利明的《国家所有权研究》（中国人民大学出版社 1992 年版）、孙宪忠的《国有土地使用权财产法论》（中国社会科学出版社 1993 年版）均涉及

---

① 参见牛振亚《物权行为初探》，梁慧星《我国是否承认物权行为》，均载《法学研究》1989 年第 2 期。

所有权制度。前者的主题是当时热议的国有所有权制度，后者则涉及当时研究很少的国有土地使用权。徐国栋的《民法基本原则解释——成文法局限性之克服》（中国政法大学出版社 1992 年版），该书由民法基本原则概述、当事人的行为准则、克服法律局限性的工具、民法基本原则在法的结构—功能模式中的作用等 5 章组成。该书认为民法基本原则是克服法律局限性的工具，指出"法律一经规定就产生了效力，一旦确定就会产生一个合理的预期"。但是这种确定性有着缺陷：（1）不合目的性：法律本身是调和各价值的工具，当追求某一价值时，其他价值可能会受抑制，历史证明立法者不是万能的，不过是被推到立法者位置的常人；（2）立法的模糊性：对概念等在语言表述上具有模糊性；（3）滞后性：法与社会发展相比具有滞后性，其本身不能进行自我调整。民法基本原则首先是立法准则功能，其次是行为准则和审判准则的功能，再次是授予司法机关进行创造性司法活动的功能。一是非规范性规定，其在民法体系中不是民法规范，是为了帮助人们准确理解和正确适用民法，其本身非法律规范，具有一般性、原则性、定义性，二是不确定规范，三是衡平性规定。① 该书论证充分，在论证体系中涉及法哲学、法经济学、历史学、法解释学、比较法学等诸多研究方法，其中的很多观点后来都为民法学界所接受。

（三）密切结合改革实践的民法学

在这一时期，我国的经济体制改革不断深入、对外开放持续扩大，如农村土地承包权改革、城市土地使用权改革、国有企业改革等。民法学界为回应这一现实需要，作了诸多理论探讨，为建立健全改革开放的制度保障，提供了民法理论支持。

1. 关于国有企业财产权的法律性质的研究讨论

改革开放伊始，国企就成为经济体制改革的重点对象。理论界对国企经营机制改革的关注，最早由经济学界开始，并波及法学界。民法学界讨论的重点是国有企业财产权的性质。1980 年，江平等撰文关注国企改革，开篇点明经济体制改革意在解决国家与企业、经济管理部门与企业以及企业相互间的财产权利关系，其中国家与企业的财产权利关系是问题之关键。江平等学者指出的这一关键正是症结之所在，正是由此引发民法学界

① 参见徐国栋的《民法基本原则解释——成文法局限性之克服》，中国政法大学出版社 1992 年版。

此后十余年对国企财产权的热烈讨论。该文综合概念分析、历史回顾、经验对比、经典引述、现实考察等路径，评析了国企财产权的诸种定性学说，讨论了国家的主权者和所有者地位、企业的法人主体和财产客体地位、商品经济与所有制、商品经济与财产权、所有制与所有权、所有权与物权关系等，最终将国企财产权定位为对国家所有财产的占有权，即在国家保留最终处置权的条件下，企业对所有人财产享有的充分支配权，实质是一种相对的或间接的所有权。就问题意识、知识路径和论述方法来看，该文在此领域堪称范文。[1]

对这一问题，有学者坚持国有企业对其财产享有法人所有权，[2] 也有学者创造了"相对所有权"这一术语，认为国有企业享有的是相对所有权，并论证了所有权分为绝对和相对两个维度与"一物一权"的民法学理的相容性。[3] 还有学者充分运用罗马法和欧陆民法资源，认为国有企业法人享有的是用益物权。[4] 还有学者主张国有企业享有的是部分所有权。[5] 还有学者主张国有企业享有的是国企财产权，是既不同于所有权也有别于用益物权的经营权。[6]

与此相关的是讨论国家所有权。王利明的《国家所有权研究》一书，就是在这种背景下写就的。该书全面讨论了国家所有权的概念、起源及发展，所有权和所有制的关系，所有权和行政权的关系，国有资产转化为债权，全民所有制企业经营权和法人所有权，以及国家所有权的民法保护等。[7]

2. 关于国有土地使用权改革的研究讨论

从 20 世纪 80 年代起，中国开始土地管理制度改革，主要的改革内容是：其一，土地行政管理制度的改革。1986 年土地管理法通过后，我国成立了国家土地管理局。其二，土地使用制度的改革，变过去无偿、无限期

---

① 参见江平、康德琯、田建华《国家与国营企业之间的财产关系应是所有者和占有者的关系》，载《法学研究》1980 年第 4 期。

② 梁慧星：《论企业法人与企业法人所有权》，载《法学研究》1981 年第 1 期。

③ 杨志准：《绝对所有权与相对所有权——试论国营企业的所有权关系》，载《法学研究》1985 年第 2 期。

④ 李开国：《国营企业财产权性质探讨》，载《法学研究》1982 年第 2 期。

⑤ 李源植：《试论所有权内部纵横结构》，载《法学研究》1986 年第 1 期。王利明的《论商品所有权》一文论证了国企对部分劳动产品享有所有权，载《法学研究》1986 年第 2 期。

⑥ 徐武生：《国有企业法人财产权利探讨》；佟柔、周威：《论国营企业经营权》，载《法学研究》1986 年第 3 期。

⑦ 参见王利明《国家所有权研究》，中国人民大学出版社 1992 年版。

的土地使用为有偿、有限期使用，使其真正按照其商品的属性进入市场。例如在 1982 年，深圳特区开始按城市土地等级不同收取不同标准的使用费；《中外合资经营企业法》规定中方可以"场地使用权"出资；1987 年 4 月国务院提出使用权可以有偿转让。1988 年，修改后的《土地管理法》明确规定，国家依法实行国有土地有偿使用的制度。在这种背景下，孙宪忠以此为题，从民法权利的角度切入，深入研究国有土地使用权。作者认为："土地使用权出让合同并不是转移已经独立存在的一项物权，而是在创设一项物权，而且这项新的权利是从土地权中分离出来的。"① 可见，该书的核心是将国有土地使用权作为一种私权，具体而言，是具有对抗效力和排他效力的物权，这就强化了国有土地使用权的效力。尽管此前亦有关于土地使用权性质的论述，但孙宪忠的《国有土地使用权财产法论》是以专著形式，前所未有地系统建构了我国的国有土地使用权论证体系，对国有土地使用权的民法性质，进行了系统深入的充分论述，其论点论据以及论证体系，对日后我国的物权法研究有非常大的影响。

三、改革年代的婚姻法与婚姻家庭法学研究

1978 年党的十一届三中全会之后，我国婚姻家庭法制建设进入恢复与发展阶段。1978 年 10 月，中央政法小组召开座谈会，指出在准备制定刑法、民法的同时，要着手修订婚姻法②。受中央委托，当年 11 月修改婚姻法领导小组成立。在"拨乱反正"思想指导下，修法领导小组组织中国人民大学、北京大学、中国社会科学院法学研究所、北京政法学院等从事婚姻家庭法教学与研究的专家学者，以 1950 年《婚姻法》为蓝本，共同起草新的婚姻法③。修法小组专家们历经一年多的调查、研究和起草，提出的《中华人民共和国婚姻家庭法草案》先后三次在全国范围内征求意见。④

---

① 孙宪忠：《国有土地使用权财产法论》，中国社会科学出版社 1993 年版，第 84 页。

② 张希坡：《中国婚姻立法史》，人民出版社 2004 年版，第 230 页。

③ 先后参加修法小组的专家有：杨大文、苏庆、王德意、马原、巫昌祯、陈明侠等。杨大文负责执笔起草条文，先后草拟出六稿。

④ 当时，修改草案稿的名称一直用《中华人民共和国婚姻家庭法草案》。在全国人大法制委员会 1979 年 12 月 22 日的简报中也称"婚姻家庭法草案"。参见巫昌祯、王德意、杨大文主编《当代中国婚姻家庭问题》，人民出版社 1990 年版，第 46 页。

1980 年 9 月 10 日，第五届全国人民代表大会第三次会议通过了修改后的《中华人民共和国婚姻法》，决定该法从 1981 年 1 月 1 日起施行（以下简称"1980 年婚姻法"）。1950 年《婚姻法》同时废止。

与制定 1950 年婚姻法不同的是，立法机关在制定新的婚姻法过程中吸收了相当多专家学者参加，使他们的学术研究与思想有机会为国家立法服务。修法期间，法定结婚年龄和裁判离婚标准是争论最大的两个问题。对于第一个问题法定结婚年龄，杨大文回忆道：1950 年《婚姻法》确定的法定婚龄是男 20 周岁、女 18 周岁。20 世纪 70 年代末期随着计划生育政策全面展开，各地自行规定晚婚年龄，普遍比法定婚龄高出 2—5 岁。一些地区用晚婚年龄替代法定婚龄，对不到晚婚年龄的男女不予结婚登记，这在广大农村地区引起不良反响。经过再三讨论，并比较世界各国法定婚龄，起草者们认为，推行晚婚有利于实施计划生育政策，但是，还要考虑到广大青年尤其是农村青年的实际需求，我国法定婚龄不能定得太高。在这个问题上既要从国家政治、经济、文化状况出发，又要照顾到青年男女生理发育的状况；既要切合社会需要，也要有科学根据；既要考虑现在，也要顾及将来。最终，草案确定将男女婚龄各自提高 2 周岁。对于第二个问题关于离婚条件，我国 1950 年婚姻法只规定了离婚的程序条件，并没有明确实质要件，即裁判离婚标准。修法期间，专家们重温 20 世纪 50 年代学术界的"感情论"与"理由论"之争，基本倾向于"感情论"的见解，在几个草案稿中都规定有"夫妻感情确已破裂，调解无效，应当准予离婚"。1980 年初，巫昌祯、杨大文、马原、王德意、陈明侠五人在《中国妇女》杂志联名发表"保障离婚自由，防止轻率离婚"一文，阐述了对这一法定的离婚实质条件的理解。

1980 年婚姻法颁行不久，我国立法机关相继颁布实施《继承法》（1985）、《民法通则》（1986）。这些立法完善了我国婚姻家庭法制，也促使因十年"文化大革命"处于停滞中断状态①的婚姻家庭法学研究得以复苏与兴盛。1984 年，中国法学会婚姻法学研究会成立。它是中国法学会下

---

①　在学者对我国婚姻法学研究的回顾性文章中，对 20 世纪 60 年代至 70 年代末的研究状况都有类似评价。参见巫昌祯《婚姻家庭法学》，张友渔主编《中国法学研究四十年》，上海人民出版社 1989 年版，第 404 页；杨大文、马忆南：《新中国婚姻家庭法学的发展及我们的思考》，载《中国法学》1998 年第 6 期；张学军《婚姻法学研究三十年》，载《法学杂志》2009 年第 2 期。

属的二级学会，由全国各高等院校、研究机构中从事婚姻家庭法学教学与研究的专家学者组成。学会定期召开年会或应时召开专题研讨会，进行学术交流和问题研讨。25 年来，婚姻法学研究会已经成为推动、组织、引导我国婚姻家庭法学研究，关注社会现实问题，为国家立法进言献策的全国性学术团体。①

在改革开放、依法治国方略指导下，这一时期的婚姻家庭法学研究逐步从清除"左"的思潮影响，摆脱意识形态困扰，发展到关注社会转型和人们婚姻家庭观念转变，以学术语言和规范探讨学术问题的新阶段。② 这一阶段的研究主要集中探讨了社会主义婚姻基础、违法婚姻的范围与法律后果、法定财产制与约定财产制完善、人工授精子女法律地位、裁判离婚标准等问题。

（一）关于社会主义婚姻基础的讨论

社会主义制度下，婚姻应当以什么为基础？这是 20 世纪 80 年代初期婚姻家庭法学研究的重点理论问题之一。学者们对我国社会主义阶段婚姻应以什么为基础的看法，总体上有三种观点：即爱情基础论、混合基础论和立体基础论。

1. 爱情基础论（单一基础）

爱情基础论认为，社会主义婚姻的基础是爱情，婚姻法将"感情确已破裂"作为准予离婚的基础，是科学的、合理的。③ 这是因为：第一，我国生产资料公有制和社会主义婚姻制度，为以爱情为基础的婚姻提供了物质的和法律的保障；第二，恩格斯关于爱情婚姻存在社会阶段的论述，包括共产主义和社会主义两个阶段；第三，任何社会制度下的婚姻基础只能有一个，它是由现实生活中婚姻状况的主流决定的。我国现阶段，虽然人

---

① 婚姻法学研究会首任会长是中国政法大学的巫昌祯，常务副会长是中国人民大学法学院的杨大文。2004 年学会换届，现任会长是中国政法大学的夏吟兰，常务副会长是中国人民大学法学院的龙翼飞。

② 据不完全统计，1980—1990 年的十年间，学者编写婚姻法学教材有八类；出版婚姻法讲话、问答、丛书等宣传读物 100 多册；发表出版学术论文和专著（包括译著）近 2000 篇（册）；编辑出版资料法规汇编 40 余册。转引自巫昌祯、田岚、夏吟兰《妇女法学与婚姻家庭法学理论研究综述》，北京市妇女联合会、北京市妇女理论研究会编《中国妇女理论研究十年（1981—1990）》，中国妇女出版社 1992 年版，第 208 页。

③ 任київ钧：《社会主义社会婚姻不是以爱情为基础的吗？》，载《北京政法学院学报》1982 年第 3 期。

民生活水平较发达国家低，但是自主婚姻已成为婚姻的本质和主流。

2. 混合基础论（并列基础）

混合基础论认为，在社会主义阶段，爱情、经济、物质条件及其他派生因素共同构成婚姻的基础。其理由主要是：我国还处在社会主义初级阶段，私人经济一定程度上存在着，人们选择配偶的经济考虑还不可能消除。恩格斯论著中设想的结婚自由的实现条件，在我国现阶段还不具备。尽管目前自由（结）婚占据主导地位，但是自由缔结的婚姻并不必然就是爱情婚姻。相当一部分人在自愿缔结婚姻时除了相互的爱慕外，还会考虑到物质条件等其他因素。持混合基础论观点的学者对于爱情、经济、物质等因素在婚姻基础中的位置，又有不同认识：一种认为，在混合基础上，经济的因素、物质的考虑起着重要作用。爱情的因素在当前的婚姻基础上还没有占据主流。我国新婚姻法以爱情有无作为判决离婚与否的唯一标准是站不住脚的。① 另一种则认为，社会主义的婚姻基础主要是爱情，当然也包括物质条件和自然条件。②

3. 立体基础论（分层基础）

立体基础论认为，社会主义婚姻的基础是有层次的。其中，爱情是社会主义婚姻的基础，而物质又是爱情的基础。作为意识活动的爱情隶属于上层建筑范畴。爱情是男女两性之间相互爱慕的感情，其不可避免地受当时社会物质条件的制约，还要受到当时政治、道德、文化等因素的影响。③因此，在我国社会主义初级阶段，仅认为爱情是婚姻的基础是不够的，还应当看到经济、政治等状况是决定爱情性质的重要因素。

在 20 世纪 80 年代初期，我国学术界之所以关注婚姻基础这一论题，其主要原因就是 1980 年《婚姻法》首次明确规定"夫妻感情确已破裂"是法院准予离婚的实质要件，在立法上宣告了"感情论"的胜利。但这并未使学术界的"感情论"与"理由论"之争偃旗息鼓，而是转化为对社会主义阶段婚姻基础问题的讨论。这其中隐含着一个基本的逻辑推理，也就是：如果现阶段我国实现了以爱情为基础的婚姻，那么，在法律上就应当

① 常国顺：《社会主义的婚姻基础是爱情吗?》，载《北京政法学院学报》1982 年第 1 期。
② 何山：《论社会主义的婚姻基础》，载《北京政法学院学报》1982 年第 3 期。
③ 段华洽：《关于婚姻基础争论的思考》，载《婚姻与家庭》1988 年第 5 期；巫昌祯：《婚姻家庭法学》，张友渔主编：《中国法学研究四十年》，上海人民出版社 1989 年版。

将夫妻之间的爱与不爱作为裁判离婚的唯一标准，1980 年《婚姻法》第
25 条第 2 款关于"夫妻感情确已破裂"的规定具有现实的可行性①。关于
这场讨论，巫昌祯总结道："这三种观点虽然争论不已，但仍存在某些共
同点，即都强调以马克思主义为指导，从中国实际出发，都承认爱情在婚
姻中的价值与地位，以及现阶段的经济、政治等因素对婚姻的影响，争论
的焦点在于，能不能单纯地以爱情作为社会主义婚姻基础。"她认为第三
种观点有其合理性，是可取的。②

（二）关于违法婚姻的界定及其法律后果的讨论

"违法婚姻"一词，是我国 20 世纪 80 年代至 90 年代前期，学术界对
于不符合结婚实质要件与形式要件所形成的婚姻关系的简称。当时婚姻法
学界对违法婚姻范围的认识存在三种观点：（1）"违法婚姻论"。认为违
法婚姻就是违反婚姻法规定所缔结的婚姻。（2）"事实婚姻论"。认为违
法婚姻就是指事实婚姻。事实婚姻不仅违反婚姻法规定的结婚形式要件，
有相当一部分同时也违反了婚姻法规定的结婚实质要件。（3）"无效婚姻
论"或"可撤销婚姻论"。认为我国婚姻法虽然没有设立无效婚姻制度或
可撤销婚姻制度，但是明确规定了结婚的实质要件和形式要件，因此，凡
符合这些要件的男女结合为合法婚姻，反之，则为违法婚姻，必须予以撤
销或宣告无效。③以今天的学术眼光来看，所谓"违法婚姻"包括两类不
合法婚姻：一是违反法定结婚实质要件的无效婚姻与可撤销婚姻；二是违
反法定结婚形式要件的事实婚姻。由于 1980 年《婚姻法》仅正面规定结
婚应当具备的实质要件和形式要件，没有相应确定违反结婚要件所导致的
法律后果，加之从 1950 年婚姻法开始，我国实行结婚登记制度，流传千
年的仪式婚制度与习俗没有得到法律认可，致使以事实婚姻为主流的违法
婚姻长期存在于社会之中，事实婚姻及其他违法婚姻的效力问题，因此成
为我国学术界长期关注的话题。

1979 年最高人民法院《关于贯彻执行民事政策法律的意见》指出：

---

① 参见巫昌祯、田岚、夏吟兰《妇女法学与婚姻家庭法学理论研究综述》，北京市妇女联合
会、北京市妇女理论研究会编《中国妇女理论研究十年（1981—1990）》，中国妇女出版社 1992
年版，第 208 页。

② 巫昌祯：《婚姻家庭法学》，张友渔主编、王叔文副主编：《中国法学研究四十年》，上海
人民出版社 1989 年版，第 412 页。

③ 参见宋凯楚《违法婚姻论》，人民法院出版社 1990 年版。

"事实婚姻是指没有配偶的男女，未进行结婚登记，以夫妻名义同居生活，群众也认为是夫妻关系的。"根据该条解释，事实婚姻必须是双方当事人完全符合法定结婚的实质要件，其违法性仅在于不符合结婚的形式要件。

学者关于事实婚姻概念争议的焦点是：事实婚姻是否必须以"男女双方均无配偶"为要件。对此有狭义说与广义说两种观点。狭义说认为，事实婚姻应以"男女双方均无配偶"为要件。认为把事实婚姻的主体范围限定在"无配偶的男女之间"，可以将其与事实重婚相区别。① 广义说则认为，事实婚姻不必以"男女双方均无配偶"为要件。② 如果将无配偶作为事实婚姻的要件，便会缩小事实婚姻的主体范围，无法追究有配偶的人又与他人以夫妻名义公开同居的重婚罪。

半个多世纪以来，我国婚姻立法与司法解释对事实婚姻的态度，大致经历了承认主义、限制承认主义、不承认主义三个阶段。③ 学者对于事实婚姻效力的主张相应的也有三种：第一种主张，不承认主义。认为在法律上不能承认事实婚姻的效力，否则会助长事实婚姻的蔓延，也会使婚姻登记制度形同虚设，有损法律尊严。④ 第二种主张，限制承认主义。认为应根据我国的历史和现状，有条件地承认事实婚姻的效力。因为从司法实践看，绝对否认事实婚姻的效力，不符合我国国情。再者，有条件地承认事实婚姻符合保护妇女儿童利益，也有利于社会稳定。⑤ 第三种主张，承认主义。少数学者认为应承认事实婚姻的效力，即事实婚姻的主体双方依法享有法定的夫妻的人身权利与财产权利，子女视为婚生子女，双方解除关系时按离婚案件办理。其理由是：既然短期内我

---

① 孙应和：《略论事实婚姻》，载《内蒙古大学学报》1988 年第 2 期。

② 任国钧：《论事实婚姻的法律效力及其防治》，载《政法论坛》1985 年第 6 期；获华：《论事实婚姻》，载《法学》1986 年第 3 期。

③ 第一阶段存在于 1950 年婚姻法施行期间。当时的立法解释和司法解释均承认事实婚姻，将因事实婚姻引起的纠纷按离婚案件处理。第二阶段在 1980 年婚姻法颁布之后。最高人民法院 1984 年、1989 年司法解释确立"在一定时期内有条件地承认事实婚姻关系"的原则。第三阶段是从 1994 年以来。当时的民政部《婚姻登记管理条例》规定，1994 年 2 月 1 日以后形成的事实婚姻，不受法律保护。这一规定为 2001 年《最高人民法院适用婚姻法司法解释（一）》所沿用。

④ 孙应和：《略论事实婚姻》，载《内蒙古大学学报》1988 年第 2 期。

⑤ 任国钧：《婚姻法通论》，中国政法大学出版社 1988 年版，第 185 页；熊振铎：《浅谈事实婚姻及其法律效力》，载《江西法学》1990 年第 2 期。

国不可能消除事实婚姻，不如承认其效力。这样有利于保护妇女儿童权益，有利于社会稳定。①

（三）构建我国无效婚姻制度的理论探讨

无效婚姻制度是自罗马法以来，大陆法系、英美法系国家及地区普遍采用的一项民事法律制度。无效婚姻制度作为结婚制度的有机组成部分，与结婚的各项要件相辅相成，起着规范公民结婚行为、预防和减少违法婚姻、保护善意当事人及子女利益的功效。我国 1980 年《婚姻法》对此没有相关制度设计，1986 年民政部《婚姻登记办法》首次提到婚姻无效问题，确立了我国婚姻无效制度的雏形。② 然而，作为一项民事法律制度，仍需得到婚姻法的确立。这因此成为 1980 年《婚姻法》颁行后，学者探讨的热点问题。诸多学者在论文中论证了我国设立婚姻无效制度的必要性、立法结构、构成要件（范围）、请求权主体、宣告婚姻无效的机关、宣告婚姻无效的效力、法律后果等问题。③

关于婚姻无效制度的结构，主要有两种主张：一是建立单一的无效婚姻制度。这是绝大部分学者的主张。他们认为采用婚姻无效与可撤销的双轨制，在立法上过于繁琐，不便执行；确立无效婚姻宣告制度有利于法院区分离婚和宣告无效两个概念，正确审理两类不同性质的案件；违反法定结婚实质要件和形式要件，有利于维护法律尊严，同婚姻家庭领域违法犯罪行为作斗争。个别学者坚持兼采无效和可撤销两种方式作为对违法婚姻的处理。④ 其理由有二：其一，法定结婚条件的轻重程度是有差别的，其违法后果也应有所差别；其二，婚姻属人生大事，男女一旦同居生活，不应轻易宣布无效。

---

① 参见巫昌祯、田岚、夏吟兰《妇女法学与婚姻家庭法学理论研究综述》，《中国妇女理论研究十年（1981—1990）》，中国妇女出版社 1992 年版；杨大文、马忆南：《新中国婚姻家庭法学的发展及我们的思考》，载《中国法学》1998 年第 6 期。

② 1986 年《婚姻登记办法》第 9 条第 2 款规定："婚姻登记机关发现婚姻当事人有违反婚姻法的行为，或在登记时弄虚作假、骗取《结婚证》的，应宣布该项婚姻无效。"

③ 杨大文：《论无效婚姻》，载《中国法学》1985 年第 1 期；刘莉：《论无效婚姻》，《西北政法学院学报》1988 年第 2 期；胡志超：《论无效婚姻宣告制度》，载《法学与实践》1988 年第 1 期；熊小琴、曹诗权：《论我国违法婚姻无效宣告制度》，载《中南政法学院学报》1989 年第 3 期；李忠芳：《试论违法婚姻》，载《当代法学》1989 年第 3 期；于德香：《建立婚姻无效制度刍议》，载《政治与法律》1989 年第 4 期；吴洪：《关于婚姻无效制度的几个问题》，载《郑州大学学报》1990 年第 3 期。

④ 于德香：《建立婚姻无效制度刍议》，载《政治与法律》1989 年第 4 期。

关于婚姻无效的范围，学者们普遍认为，从宏观方面看，可将无效婚姻分为四大类，即：当事人以欺骗、弄虚作假等方式违反结婚实质要件，但履行结婚形式要件的；仅违反结婚形式要件的事实婚姻；既违反结婚形式要件，也违反结婚实质要件的事实婚姻；其他以弄虚作假等方式所形成的违法婚姻。从微观方面看，主张确立单一宣告无效制度的学者，以法定结婚要件为依据，将无效婚姻分为七类。主张兼采宣告无效和可撤销两种方式的学者则进一步将可撤销婚姻分为两类：一是一方因受到欺诈、胁迫而不能自愿真实地表达自己意思所形成的婚姻；二是一方因生理缺陷不能发生性关系且不能治愈的，他方有权请求撤销该婚姻。①

关于宣告婚姻无效的效力，学者将宣告婚姻无效的效力分为时间效力和对人的效力。时间效力又分为绝对无效和相对无效，两者的差别在于婚姻被宣告无效后，其效力是否具有溯及力。许多学者认为，在时间效力上，我国应当采绝对无效制度，认为这是无效婚姻与离婚相区别的最明显标志，只有自始无效才符合确立无效婚姻制度的目的。

关于宣告婚姻无效的法律后果，学者普遍认为，在婚姻无效原因消失前，须强令男女双方分居；宣告无效后，双方均享有再婚的权利；对于婚姻无效的责任人应区别情况，予以行政的、民事的或刑事的制裁。行政制裁主要是罚款或进行批评教育或建议有关部门给予党纪、政纪处分；在财产处理上，违法婚姻期间双方所得财产原则上可依照离婚财产分割的相关法律法规处理；子女视为婚生子女，享有法定一切权利。②

这一时期的婚姻法研究，对后来学者围绕 1980 年婚姻法修改所作的研究，起到了重要的理论奠基作用。例如，关于婚姻无效制度的研究，当时学者受所处时代环境的限制，对这一制度功能的理解局限于违法制裁，强调采取单一宣告无效婚姻制度，但是，这些研究为在 1980 年婚姻法修改期间学者重提这一话题，拓展对这一制度价值取向与内涵的理解，并最终在 2001 年婚姻法中设立无效婚姻与可撤销婚姻的双轨制，起到了很大的作用。

---

① 于德香：《建立婚姻无效制度刍议》，载《政治与法律》1989 年第 4 期。

② 刘莉：《论无效婚姻》，载《西北政法学院学报》1988 年第 2 期；熊小琴、曹诗权：《论我国违法婚姻无效宣告制度》，载《中南政法学院学报》1989 年第 3 期；李忠芳：《试论违法婚姻》，载《当代法学》1989 年第 3 期；于德香：《建立婚姻无效制度刍议》，载《政治与法律》1989 年第 4 期。

四、从附丽民法到脱颖自立的知识产权法学

近代、现代知识产权制度在中国是舶来品，当代中国的知识产权法学研究主要是在改革开放之后从国外引进的。① 尽管在新中国成立之前，清朝、北洋政府和中华民国政府都陆续颁布了一些照搬大陆法系，尤其是日本的关于著作权、专利和商标保护方面的法律法规，但关于知识产权这一法律制度的相关研究基本上是空白。正如我国知识产权界的元老郭寿康在回忆其新中国成立前法律专业学习时所表示的，"从未听到过或读过知识产权（或工业产权、Intellectual Property、Geistiges Eigentum、知の所有权）这样的法律词汇"。②

新中国成立后的前30年，社会主义计划经济和公有制的实行，使得包括知识产权法在内的强调私权保护的民商事法律都难以制定和实施。20世纪70年代初期因知识产权国际保护的发展，"知识产权"这一术语开始为人所知。1973年中国国际贸易促进会代表团出席了世界知识产权组织的会议后，曾向国务院建议"在中国建立知识产权制度"，首次用到了"知识产权"一词。③ 但是，知识产权的概念及其含义与当时我国的政治、经济和社会制度并不相容，学术上的研究更无法开展。许多人不了解知识产权的意义和作用，更有人认为知识产权制度与社会主义公有制格格不入。当时人们的通常认识是：无论是发明还是著作，只要是国家建设需要的，谁都可以无偿利用；而注册商标只不过是国家进行生产管理的手段，根本没有人把它作为一种经营者专有的财产权。相应的，1949—1978年这一阶段并无关于知识产权法律制度的任何论述，这方面的研究成果基本上为零。

改革开放以来，随着市场化和全球化进程的推进，中国知识产权法律制度的建立成为必要。中国在30年的时间里制定和完善了知识产权相关的法律法规体系，为发明创造、工业设计、科学和文艺作品、商业标志、

---

① 郑成思：《20世纪知识产权法学研究回顾》，载《知识产权》1999年第5期。
② 郭寿康：《改革开放以来知识产权的教学研究》，载刘春田主编《中国知识产权20年》，专利文献出版社1998年版。
③ 郑成思：《20世纪知识产权法学研究回顾》，载《知识产权》1999年第5期。

商业秘密等智力成果和专有信息利益的保护建立了基本的法律保障。同时，中国积极参加相关国际组织的活动，加强与世界各国在知识产权领域的交往与合作，达到了国际经济贸易体系对知识产权保护的要求。与此相应，知识产权法作为一门学科，30 年来从无到有、发展迅速；其中1978—1992 年这十多年是奠定我国知识产权法学学科基础的关键时期。

要建立知识产权法制，首要任务就是要将知识产权视为公民和法人基本民事权利的一种，转变长期以来形成的智力成果可以随意使用的观念。1986 年颁布的《民法通则》以专节规定"知识产权"，正式以民事基本法律的形式，将知识产权纳入民事权利体系。伴随着立法的进程以及执法中相关问题的出现，介绍和阐释知识产权法律制度及其规则的启蒙性著作，如何将国际通行的知识产权法律规则适用于中国的对策性研究，分析探讨知识产权法律原理和规则制定的专业论著，以及向国外介绍中国知识产权法及其适用情况的文章，也逐渐问世。随着对知识产权这一法律制度及其规则认识、探讨的不断深入，研究者发现，知识产权法因其特殊的调整对象，显示出不同于传统民商事法、经济法和国际法等其他法律制度的特点；越来越多的专业化研究及其成果，使得知识产权法学逐渐成为法学研究领域中的一个新兴学科。

在回顾中国知识产权法的学科创建史时，不能不提在这一领域一直处于领先地位的中国社会科学院法学研究所。从我国筹建知识产权制度之初，法学所的研究人员就积极投身这一工作，不仅从理论上进行了卓有成效的探讨和研究，还具体参加了各项知识产权制度的制定、修改等工作，并就知识产权保护实践中遇到的大量新问题，为国家立法、司法、行政部门及社会各界提供了实事求是、科学严谨的法律意见。如学者所评述的："从某种意义上说，法学所从事知识产权法学术研究的历史，反映了我国知识产权法律制度发展的历史，是我国知识产权法律制度发展史的主要组成部分之一。"[①] 其中，法学所的研究员郑成思以其从不停歇的辛勤工作，致力于知识产权法学的理论研究，发表了大量的知识产权法学专著、论文、译著，并承担了各级各界数不清的知识产权法方面的知识传授任务，为我国知识产权法学学科的创建和发展作出了不可磨灭的杰出贡献。

---

① 李顺德：《九层之台，起于累土》，载《知识产权与改革开放 30 年》，知识产权出版社2008 年版。

　　以下选择一些郑成思的学术性成果片断作为印证：1979 年翻译出版《有关国家商标法概要》；1980 年在《法学研究》上发表《试论我国建立专利制度的必要性》；1982 年翻译出版美国学者的《专利法基础》，同年 10 月在《英国知识产权》（EIPR）上发表"Trade Mark Law—The First IPR Law in China"，这是 1949 年后中国学者在国外学术刊物上发表的第一篇法学论文；1985 年出版《知识产权法若干问题》，该书全面论述了知识产权制度，是国内知识产权学科的奠基之作；同时，1985 年出版的《工业产权国际公约概论》、《版权国际公约概论》、《知识产权法通论》、《信息、新型技术与知识产权》和 1987 年出版的《计算机、软件和数据的法律保护》都成为中国知识产权法学科的经典著作。另外，其在英国出版的 *Chinese Intellectual Property and Transfer of Technology Law*，是世界知识产权组织（WIPO）1990 年所列的发展中国家知识产权官员培训用书之一。最值得一提的是，郑成思 1988 年发表的《信息产权与版权法》一文[①]和在《工业产权》上的论文《知识产权与信息产权》全面提出了"信息产权"理论，英国的 EIPR 曾于 1989 年 7 月号上专门译成英文介绍给西方读者，之后欧、美一些国家的法律、示范法、学术论著等开始认同并使用了"信息产权"这一概念。

　　在 1978—1992 年这十多年中国知识产权法学的创建时期，基本上是知识产权理论启蒙奠基阶段。在这一阶段中，我国产生了包括郑成思在内的第一批知识产权法学领域专家学者。这些专家学者在启蒙阶段的主要成果，是介绍和翻译外国及国际组织的已有文件及著述，而这对我国知识产权立法和保护的实践的起步具有重要作用。比如 1979 年起魏启学陆续翻译出版了日本学者的《商标法 50 讲》和《著作权法 50 讲》、《专利法概论》；1981 年 WIPO 出版的《发展中国家技术许可贸易指南》、1982 年法律出版社出版的沈仁干、钟颖科著的《版权法浅谈》，均在当时有过重要影响。在这一阶段中国知识产权法学研究的特点是：能够教授知识产权课程或发表、出版知识产权论（译）著的，一般是国际法领域的科研教学人员或涉外部门的研究者。比如，郑成思、郭寿康等都是在大的国际法领域下进行研究的过程中，将兴趣点转入专门的知识产权法研究的；而在国内

---

　　① 1988 年"党的十一届三中全会十周年理论研究会入选论文奖"，载《经济日报》1989 年 2 月 11 日转载。

学者的独创性著述方面，最早在专著中系统讲述或论述知识产权的，当推姚壮、任继圣1979年印刷的《国际私法概论》（1981年正式出版发行）。

　　这一阶段后期，中国的法学研究者进一步发现知识产权法不同于传统民商事法、经济法、行政法和国际法的特点，一批专门从事知识产权法教学研究的学者，从前述各学科中逐渐分离出来。一方面，在中国知识产权法学科创建阶段，主要的研究人员仅限于中国社会科学院法学所和国家版权、专利行政部门中的相关人员。而在一般的大学中，对知识产权法相对感兴趣的是有理工科背景的、从事专利申请实务的代理人，而不是经过法律专业思维训练的学者。大学是学科创建和发展的主要基地，没有大学批量的人才培养，一门学科是难以发展的。另一方面，当时的中国日渐承受来自国际上的以知识产权为由头的经济政治压力，这一现实又逼迫着中国的知识产权法学必须应运而生。因此可以说，在知识产权法学产生之初，也即1992年前后，中国的知识产权法学尚缺乏充足的专门研究人才，各主要大学基本上是以民法学科为主，并吸收其他法学学科中的相关研究人员一起，组成了从事知识产权法研究的团队。而这一阶段的主要研究成果则集中在对知识产权国际规则、国内立法及其不足的分析以及对知识产权法律制度原理的阐释上，这些论著对我国知识产权法制的完善及与国际规则的接轨具有一定的影响。比如郑成思1990年出版的《版权法》，该书于1997年再版，曾入围第四届中国图书奖，1999年《著作权法》首次修改时，全国人大法律委员会曾作为主要参考书人手一册。其他较有影响的还有1991年江平、沈仁干主编的《中华人民共和国著作权法讲析》，刘波林、许超、孙建红的《实用著作权知识问答》，郑成思1992年出版的《版权公约、版权保护与版权贸易》等。中国学者向国外读者介绍和解释中国知识产权制度的外文专著也在国际上引起反响，如郑成思1991年在澳大利亚出版的 *Copyright Law in China*。

　　值得注意的是，在这一阶段我国法学理论界中的学者借助民商法、国际经济法等学科的相对发展优势，将知识产权法学的研究人才培养纳入了这些学科的建设中，比如在1981年，中国人民大学在国内首开招收知识产权方向研究生之先河；同年，佟柔主编的国内第一部民法教材《民法原理》，其中即包含郭寿康撰写的"智力成果篇"（即"知识产权篇"），该书于1982年出版，是国内第一部包含知识产权专论的高校法学教材。华中科技大学（原华中理工大学）1985年成立知识产权教研室，培养"专利与科技管理"第二学士学位生、"知识产权法"专业第二学士学位生和"知识产权法"专业辅修双学士学位生。这些以各种名义培养出来的人才，此后为我国知识产权法的学科独立发挥了作用。

此外，这一阶段中主要从事学术性活动的专业社会团体的成立，也为我国知识产权法学的学科创建和发展作出了贡献，比如1985年成立的、由国家知识产权局主管的"中国工业产权研究会"（于1990年底改名为"中国知识产权研究会"，主办《知识产权》杂志）；1990年成立的、由国家新闻出版总署（国家版权局）主管的"中国版权研究会"（于2002年4月改名"中国版权协会"，主办《中国版权》杂志）。

总的来说，在中国知识产权法的产生阶段，随着知识产权法制建设在中国日益受到关注，作为民商法学重要分支的知识产权法学，日渐显现出独特的研究内容和方法，最终形成了一门单独的法学学科。

第 八 章

中国经济法学的产生与发展

中国经济法学史，其产生、发展从微观层面看是一个渐进的、量化的过程。但如果从宏观层面考察，中国经济法学史显然呈现出若干历史时期。① 众所周知，历史分期是历史研究中常用的重要方法之一，其价值在于量变和质变的关系研究中，认识和把握历史演变的轨迹和规律。对中国经济法学的历史进行分期，必须把各种纷繁复杂的经济法活动、事件、人物、理论与实践等经济法学发展中出现的现象，归整到一条清晰的主线上来，使整个看似繁杂、混乱的经济法学发展历程，呈现出一条合乎规律的、明晰的行进轨迹。② 因此，分期依据的科学确定至关重要。有学者提出，具体到中国经济法学发展史，分期的依据不能忽视下列因素：一是中国 1979 年以来重大经济体制改革；二是调整对象学说的重大发展；三是具有重要影响的学术活动。③ 我们对此观点表示赞同。基于此，我们把中国经济法学的历史以 1992 年为界，将之前的历史分为1979—1984 年的蓬勃兴起阶段和 1985—1991 年的初步发展阶段，之后的历史分为 1992—2001 年的走向成熟阶段和 2002 年至今的理性繁荣阶段。④

① 肖江平：《中国经济法学史研究》，人民法院出版社 2002 年版，第 82 页。
② 陈雄根：《中国经济法学说史分期研究》，载《广西师范大学学报》2008 年第 1 期。
③ 参见肖江平《中国经济法学史研究》，人民法院出版社 2002 年版，第 83—86 页。
④ 这种分期方法保持了肖江平在《中国经济法学史研究》中的分期特色，但又增加了2002 年后的理性繁荣阶段。

一、从蓬勃兴起到初步发展

中国经济法学产生于中国的改革开放，目前已成为学界不争的一个事实。从 1978 年到 1984 年，我国在社会主义公有制基础上实行计划经济。① 党的十一届三中全会之后，党和国家在指导思想上完成了"拨乱反正"的艰巨任务，工作重点转移到社会主义现代化建设上来，实现了历史性的伟大转变。健全社会主义法制，加强经济立法，是党的十一届三中全会作出的重大决策之一。会后，全国人大常委会、国务院等建立了有关经济法制的机构，加快了经济立法的步伐。② 仅 1979 年，就制定了经济法律、法规 24 个，其中经济法律 2 个。③ 这为中国经济法学的产生创造了直接条件。

1979—1981 年期间，中国经济法学初创时期所引进并加以利用的国外学术资源，主要是三种苏联的经济法学译著和二十多篇译文及译介性文章。同期对日本和欧洲国家经济法理论的译介文章，共 5 篇左右。④ 1979 年《法学研究》第五期上发表了芮沐（署名申徒）的《美国与西欧的"经济法"和"国际经济法"》一文，对中国经济法学的产生起到了重要作用。借助这些非常有限的外来理论资源，结合中国改革开放的鲜活实践，中国经济法学的前辈们在法学复兴运动的促进和带动下，以中国法学理论为基础，解放思想，积极探索，著书立说，研究经济法的调整对象、概念、体系、特征等基本属性问题，努力开辟经济法学的研究领域。⑤

值得一书的是，1979 年 8 月 7—8 日中国社会科学院法学研究所在北

---

① 1982 年《宪法》第 15 条明确规定："国家在社会主义公有制基础上实行计划经济。国家通过经济计划的综合平衡和市场调节的辅助作用，保证国民经济按比例地协调发展。禁止任何组织或者个人扰乱社会经济秩序，破坏国家经济计划。"

② 1979 年，"经济法"作为国家立法的一个类别得到确认。时任全国人大常委会委员长的叶剑英即在 1979 年 6 月 16 日的第五届全国人大六次会议的开幕式上强调："随着经济建设的发展，我们还需要各种经济法。"

③ 张友渔主编：《中国法学四十年》，上海人民出版社 1989 年版，第 362 页。

④ 数字来源于肖江平《中国经济法学史研究》，人民法院出版社 2002 年版，第 95 页。

⑤ 这一时期的主要研究成果有，王家福、陈明侠：《必须搞好经济立法和经济司法》，载《人民日报》1978 年 12 月 6 日；刘海年、陈春龙：《加强经济立法和经济司法》，载《河北日报》1979 年 1 月 6 日；申徒（芮沐）：《美国与西欧的"经济法"和"国际经济法"》，载《法学研究》1979 年第 3 期；杨紫烜：《关于扩大企业自主权与加强经济立法的调查报告》，载《法学研究》

京召开的民法、经济法问题学术座谈会。这次会议的与会代表共 50 人，其中既有北京的法学和财经类高等院校学者，也有政法机关的实际工作者，大家共同研讨了经济法及其与民法的关系问题。芮沐、孙亚明、佟柔、江平、王家福、陶和谦、杨紫烜、王保树、魏振瀛、潘静成等学者，在会上纷纷就经济法的有关问题发表了自己的学术观点。会议认为，为了适应社会主义现代化建设的需要，民法和经济法应该分为两个独立的法律部门，并建议制定经济法典和民法典，经济法与民法在调整对象、主体、调整原则、司法权限上有很大区别。[①]综合考察各种史实，这次座谈会应是中国经济法学形成史上极为重要的标志性事件之一。此后的几年里，一系列重要经济法理论研讨会和工作会议相继召开，各种理论观点异彩纷呈，营造出了一种浓郁的经济法学学术氛围。[②]彭真曾在一次会议上强调，"经济法是反映经济基础的，是基础法"；"我们有各种法，最重要、最繁重的是经济法。"[③]上述研讨会的举办有效地推动了经济法学的知识创新和学术

1980 年第 2 期；王家福等：《日本法学家介绍日本民法、经济法和环境保护法》，载《法学研究》1980 年第 2 期，等等。在当时，《法学研究》、《法学季刊——西南政法大学学报》、《法学杂志》、《民主与法制》等刊物以及《人民日报》、《光明日报》、《中国法制报》（即《法制日报》前身）等报纸发表了大量经济法方面的论文。《法学译丛》、《国外法学》、《国外社会科学》等刊物发表了有关苏联、日本、联邦德国、东欧各国经济法的译作或经济立法成果及经验等。主要的翻译作品有：苏联国立莫斯科大学斯维尔德洛夫法学院合编：《经济法》，中国人民大学出版社 1980 年版；中国人民大学法律系民法教研室、资料室编：《外国民法经济法资料选编》，内部出版，1980 年；中国社会科学院法学研究所民法研究室编：《马克思、恩格斯、列宁、斯大林、毛泽东关于社会主义民法、经济法问题的论述》，内部出版，1980 年；北京大学法律系资料室经济法教研室编：《经济法资料选编》，内部出版，1980 年。主要教材有：湖北财经学院经济法教研室编：《经济法大纲》（初稿），内部出版，1980 年；刘隆亨：《经济法简论》，北京大学出版社 1981 年版；刘瑞复：《经济法概论》，长春市科学技术协会内部出版，1981 年；王忠、宋浩波、刘瑞复、赵登举编著：《经济法学》，吉林人民出版社 1981 年版；中国人民大学经济法教研室：《中华人民共和国经济法原理》，内部出版，1981 年；陶和谦主编：《经济法学》，法律出版社 1983 年版，等等。

① 复刊不久的《法学研究》以《关于民法、经济法的学术座谈》为题，刊发了部分与会学者关于经济立法、民事立法、经济法与民法的关系、经济法的部门法地位等文章或观点摘要。参见《法学研究》1979 年第 5 期。

② 其中颇具代表性的会议有：1980 年 6 月 23 日北京市法学会举办的民法、经济法学术讨论会；1980 年 9 月在郑州举行的《经济法学》教材研讨会；1983 年 10 月 24—30 日国务院经济法规研究中心在沈阳召开的全国经济法理论研究工作会议；1983 年 12 月 2—7 日中国社会科学院法学研究所主办的经济法研讨会；以及 1984 年 8 月 20—27 日国务院经济法规研究中心在杭州召开的全国经济法制工作会议等。

③ 彭真：《在全国第一次经济法制工作经验交流会上的讲话》，载《中国法制报》1982 年 9 月 24 日。

交流，使经济法学的研究走向了深入。

1984 年 2 月成立的北京大学经济法研究所，成为我国高等院校中最早设立的经济法独立研究机构，随后辽宁经济法研究所和北方工业大学经济法研究所也先后成立。1984 年 8 月 25 日中国经济法研究会的成立，标志着第一个全国性经济法学学术团体的问世。该研究会成立后，与国务院经济法规研究中心联合组织了一系列研讨活动①，发挥了学术团体在推动经济法学发展中的积极作用。

在经济法学蓬勃兴起阶段，湖北财经学院法律学系率先在 1979 年下半年设立了经济法学教研室，杨景紫、肖克瑾等为法学专业的学生开设了经济法课。北京大学法律学系的杨紫烜于 1979 年下半年，则为法学专业的本科生开设了"经济法系列专题讲座"。1980 年 2 月 25 日，教育部批准在北京大学法律学系"增设经济法本科专业，学制 4 年，1980 年暑假开始招生"，招生规模为 50 人。此后，吉林大学、中国人民大学等综合性大学法律学系先后设立经济法专业，中国政法大学及西南、中南、华东、西北 4 所政法学院也都成立经济法学系，一些财经院校和政法成人院校也成立经济法学系。1981 年，北京大学法律学系首届经济法专业硕士生毕业，芮沐担任该硕士点的导师。继北京大学之后，中国政法大学、中国人民大学也相继设立经济法学硕士点。

此时，经济法教材的编写已成为经济法学科建设中的重要一环。由湖北财经学院经济法教研室编的《经济法大纲（初稿）》，被认为是目前所知最早的经济法学教材，该教材初步解决了经济法概论式教材应当解决的一些基本问题。1980 年 7 月，一批法学专家开始法学教材的统编试点。与此同时，司法部和教育部共同组织领导的法学教材编写工作全面展开。其中，由陶和谦主编、由法律出版社于 1983 年 5 月出版的《经济法学》，获得经济法学界的一致好评，它所创造的体例、结构成为后来经济法学教材

---

① 如 1985 年举办的全国经济立法和经济法理论研究工作座谈会上，形成了《1985 年经济立法规划（草案）》和《1985 年经济法研究课题（初步汇总草案）》。1986 年举办的《经济法纲要（起草大纲）》研讨会上，提出了中国经济法体系和经济法学体系的框架，起草了《中华人民共和国经济法纲要（起草大纲）》。该研究会在 1985 年 2 月还创办了《经济法制》专业杂志，从而为进一步讨论和研究经济法的重大问题搭建了平台。20 世纪 90 年代初期，该研究会因一些原因实际停止了活动，始于 1993 年的"全国经济法理论研讨会"部分取代了其地位和功能。参见经济法网（http：//www.cel.cn）研究会在线栏目介绍。

编写的重要模式之一。①

1984年10月，党的十二届三中全会通过了《关于经济体制改革的决定》，明确提出改革计划体制，首先要突破把计划经济同商品经济对立起来的传统观念，明确认识社会主义计划经济必须自觉依据和运用价值规律，是在公有制基础上的有计划的商品经济。由此开始，国家对市场机制的重要性有了更加深刻的认识，经济体制改革进入过渡时期。1989年6月党的十三届四中全会后，提出建立适应有计划商品经济发展的计划经济与市场调节相结合的经济体制和运行机制。从1985年到1991年，我国经济立法速度明显加快，经济法学转入初步发展阶段。这一阶段，无论是构筑的研究框架、触及的研究领域，还是各主要问题、具体观点，都在初兴时期很薄弱的基础上获得了较全面的积累，但和1992年后经济法学研究走向成熟相比又仍显稚嫩。②

在这一时期，随着经济立法速度的加快，经济法学学术交流活动更加活跃，研讨范围从经济法总论开始扩展至经济法分论。1985年4月新成立的中国法学会民法经济法研究会，其与中国经济法研究会一起，并肩成为组织经济法学交流与合作的重要学术组织，并分别开展了多次研讨活动。其中中国经济法研究会组织的研讨活动主要有：1985年5月全国经济立法和经济法理论研究工作座谈会；1985年12月第二届全国经济法理论工作会议；1986年2月《经济法纲要（起草大纲）》研讨会；1987年11月经济法规体系研讨会；1989年9月当前经济法理论研究中的几个问题座谈会。③ 其中1989年的座谈会在经济法学史上有着里程碑

---

① 该教材在第一章前先设绪论，主要阐述经济法学的有关问题，1—4章为经济法基础理论，包括经济法的概念和作用、经济法的产生与发展、社会主义经济法典基本原则、经济法律关系。以后各章分述计划、经济合同、国营工业企业、基本建设、交通运输、商业、财政、金融、劳动、环境保护、自然资源、能源、中外合资企业等方面的法律制度，最后一章则阐述了经济仲裁和经济司法问题。其"绪论—总论—分论—经济仲裁与经济司法"的体例、结构模式在20世纪90年代的中后期仍比较常见。这里的相关史料，转引自肖江平《中国经济法学史研究》，人民法院出版社2002年版，第120—122、125—126页。

② 参见肖江平《中国经济法学史研究》，人民法院出版社2002年版，第109页。

③ 除此之外，中国经济法研究会或其分会还举办的会议有：自1985年其每年一次北京等九个市经济法研究会联席会议；1986年6月的国际投资贸易法律研讨会；1987年6月的外商投资法律问题研讨会；1987年8月的全国高等工科院校经济法研究会年会；以及1987年10月的十三省市区经济法研究会联席会议等。

意义，它集中反思和总结了改革开放十年来的经济法学一系列重大理论问题，探讨了如何运用经济法律手段调控有计划的商品经济，如何依法维护和巩固社会主义公有制，以及如何推动经济法学在新时期的进一步发展等。中国法学会民法经济法研究会则自成立之年起，每年举办一次年会，议题广泛涉及公司法、票据法、证券法、破产法、全民所有制工业企业法、税法、竞争法、宏观调控法、经济合同法、经济法体系等重大理论和实践问题。其他较有影响的研讨会还有：1986 年 3 月《法学评论》编辑部和武汉社会科学研究所联合召开的经济体制改革与经济法研讨会；1987 年 12 月国家教委组织召开的《经济法基础理论》教学大纲讨论会；以及 1989 年 12 月由广东省法学会、广东省经济法研究会和中山大学法律系联合举办的外商投资法律问题研讨会等。经济法学的研究虽然起步较晚，但其紧密结合实际，在充分的学术交流中取得了显著的理论进展。

在这一初步发展阶段，还出版了一系列经济法学术著作和教材。① 该时期经济法学教材编撰的主要成就和特征体现在②：概论式教材③形成规

---

① 著作类成果主要有，梁慧星、王利明：《经济法的理论问题》，中国政法大学出版社 1986 年版；《中国经济法诸论》编写组编：《中国经济法诸论》，法律出版社 1987 年版；潘念之主编：《中国经济法理论探索》，上海社会科学院出版社 1987 年版；王保树、崔勤之：《经济法学研究综述》，天津教育出版社 1989 年版；刘瑞复：《经济法论》，中国政法大学出版社 1991 年版，等等。教材类成果主要有，潘静成、刘文华主编：《中国经济法教程》，中国人民大学出版社 1985 年版；中南政法学院经济法系编写组著：《经济法通论》，经济科学出版社 1986 年版；杨紫烜主编：《经济法原理》，北京大学出版社 1987 年版；孙皓晖主编：《经济法学原理》，陕西人民出版社 1987 年版；刘隆亨：《经济法概论》，北京大学出版社 1987 年版；徐学鹿主编：《经济法概论》，中国商业出版社 1987 年版；王保树：《经济法》，四川人民出版社 1988 年版；张宇霖、贵立义、林清高编著：《经济法概论》，东北财经大学出版社 1988 年版；南京大学经济法教研室编：《经济法教程》，南京大学出版社 1988 年版；陶和谦、杨紫烜主编：《经济法学》（第 4 版），法律出版社 1989 年版；张宏森、王全兴主编：《中国经济法原理》，上海社会科学院出版社 1989 年版；盛杰民主编：《经济法教程》，中央广播电视大学出版社 1990 年版；杨紫烜、徐杰主编：《经济法学》，北京大学出版社 1990 年版；王河主编：《中国经济法学》，高等教育出版社 1990 年版；徐杰主编：《经济法概论》，中国政法大学出版社 1991 年版，等等。

② 肖江平：《中国经济法学史研究》，人民法院出版社 2002 年版，第 126—127 页。

③ 如潘静成、刘文华主编《中国经济法教程》，中国人民大学出版社 1985 年版，等等。

模，并形成了几类模式；"经济法专业系列教材"① 开创了经济法学系列式教材编撰的先例；经济法学教材基本满足包括经济法学本科教学在内的各层次、各类型（如普通高校文科教材、律师函授教材、自学考试教材、电大教材等）法学教育中经济法课程的教材之需。

二、部门经济法的定性之争

在经济法学蓬勃兴起的过程中，经济法的调整对象问题成为总论体系中不可动摇的理论核心，出现了形形色色的理论观点，也形成了不同的理论学说和学派。真可谓群雄竞起，众说纷纭，虚虚实实，刀光剑影。当然，这完全符合科学发展的规律，因为如果没有学者、学派之间的争鸣，要繁荣学术几乎是一件不可能的事情。从当时学派论战的具体情况看，主要有以下三大学说：

其一是"大经济法说"。该说认为，经济法调整全部经济关系，即国家机关、企业、事业单位、集体经济组织以及公民在生产、交换、分配过程中相互之间的物质利益关系。② 该说强调，由于社会主义经济关系都是计划经济关系，计划经济关系显然不是"私"的关系，因而除了人身关系外，民法不调整其他社会关系。

其二是"特定经济关系说"。该说主张，经济法只调整部分经济关系，而不是全部经济关系。学者们主要从经济关系的主体、发生领域、所有制

---

① 在国家教委和司法部的共同组织下，法学教材编辑部组织编写的高等学校"经济法专业系列"教材包括：陶和谦主编的《经济法基础理论》、江平主编的《公司法教程》、杨紫烜主编的《工业企业法教程》、姚梅镇主编的《外商投资企业法教程》、罗玉珍主编的《财政法教程》、蔡福元主编的《金融法教程》、肖乾刚主编的《自然资源法教程》、肖乾刚主编的《能源法教程》、韩德培主编的《环境保护法教程》、李泽沛主编的《特区经济法教程》、穆镇汉主编的《商业法教程》、石英主编的《农业经济法教程》、庄泳文主编的《保险法教程》、张序九主编的《商标法教程》、唐宗顺的《专利法教程》等 18 种，陆续于 1986 年和 1987 年出齐。后又增补柴发邦主编的《破产法教程》（1989）。这 19 种教材均由法律出版社出版。1989 年起，法学教材编辑部又陆续推出"涉外经济法丛书"，包括《涉外经济法总论》、《涉外经济合同法》、《票据法概论》、《涉外保险法》、《涉外税法》、《涉外会计实务》、《海关法》、《国际民事诉讼程序》、《涉外民事诉讼法》和《涉外仲裁》等。

② 关怀：《经济立法在实现四个现代化斗争中的作用》，载《西南政法学院学报》1979 年第2 期。后来关怀修正了自己的观点，不认为经济法调整全部经济关系。参见关怀《略论经济体制改革与经济立法》，载《法学》1983 年第 10 期。

基础、权力性质及其他性质上的不同，对经济关系进行区分，进而确定经济法所调整的经济关系的特定性。

其三是"大民法说"。该说认为，经济法只是由多种法律部门的规范组成的经济法规，无论是单个的或者它们的总体，都不构成独立的法律部门，也没有它自己专有的调整对象。① 既然经济法没有自己独立的调整对象，不是一个独立的法律部门，那么调整经济关系的法律部门就只有民法了。②

由于当时法学界大多数学者认为，调整经济关系的只有经济法和民法两个部门，争论焦点只是集中在这两个部门在调整对象和范围上如何划分，因此，"大经济法说"和"大民法说"均未在后来成为有影响力的学说，更未成为主导性学说。相反，"特定经济关系说"则在学术争鸣中逐步占据主导地位，影响也越来越大。在这一学说中，基于研究视角的不同，学者之间又具体衍生分化为四类学派。

学派一："主体论。"即以经济关系主体的不同作为经济关系的划分依据，认为经济法调整的特定经济关系是国家机关、企业、事业单位和其他社会组织内部及其相互之间，以及它们与公民之间，在经济活动中所发生的社会关系。③ 经济法不调整公民之间的经济关系。换言之，传统民法是纯粹调整"私"的关系的法律部门，也就是没有国家和其他体现"公"主旨的组织参与的社会关系。除公民之间财产关系外，其他所有的经济关系都属于经济法的调整对象。

学派二："特定经济领域论。"即以经济关系所发生的经济领域（如生产、分配、交换和消费）的角度对经济关系进行区分，认为经济法调整的特定经济关系是国民经济中商品生产在组织、计划、财产管理和商品流通方面发生的经济关系。④

学派三："所有制基础论。"即从经济关系的所有制基础角度区分经济

---

① 佟柔：《民法的对象及民法与经济法规的关系》，载北京政法学院经济法教研室《经济法论文选集》，内部出版，1980年。

② 刘春茂：《经济法不能成为一个独立的法律部门》，载《法学季刊》1983年第3期。

③ 参见陶和谦主编《经济法学》，群众出版社1983年版。持相同观点的还有，刘海年、陈春龙：《略论经济法立法和经济司法》，载《学习与探索》1979年第3期；王忠、宋浩波、刘瑞复、赵登举编著：《经济法学》，吉林人民出版社1982年版，第26页；王春法：《发展经济立法和经济司法，加速实现四个现代化》，载《吉林大学学报》1979年第2期，等等。

④ 刘瑞复：《经济法概论》，长春市科学技术协会内部出版，1981年版，第14页。

关系，认为经济法调整的是建立在生产资料公有制基础上的经济组织之间的经济关系。①

需要说明的是，还有一些学者将所有制基础与主体（即经济组织）、经济领域（生产领域或以生产领域为主）以及经济关系的内容（经济管理关系、生产协作关系）等结合起来界定特定的经济关系，以此限定经济法的调整对象。如有学者认为，经济法调整的是社会主义组织之间直接或间接由计划而产生的，以生产资料公有制为基础的生产领域的商品关系。②这类学者虽然兼采众长，但并未提出新的足以构成学派的系统观点，因此无法作为一个独立的学派看待，只能按照立论的重心分别将其归入上述三个学派之一。

学派四："经济关系性质论。"即依经济关系本身的性质来区分经济关系，界定经济法的调整对象。它排斥了从上述经济关系的主体、发生领域以及所有制基础等角度界定特定的经济关系，而是从其他侧面揭示经济关系本身所属性质。该学派进一步细分为下列五个亚学派：（1）管理与协作经济关系论。即认为经济法调整的是以社会主义公有制为基础的社会主义组织之间的经营管理和生产协作的经济关系。③（2）纵横经济关系论。即认为经济法调整纵向经济关系和横向经济关系，其中纵向经济关系是指国家行政管理机构上下级之间、它们和各种经济组织之间以及经济组织和本单位职能部门及职工之间的经济关系，主要是计划管理关系；横向经济关系则指同级行政管理机构之间、经济组织和经济组织之间，在社会化大生产中形成的分工协作关系。④（3）意志经济关系论。即认为经济法调整的是意志经济关系，这种关系的质的规定性在于，它是各经济主体在特定历史条件下特殊的经济活动中形成的，以国家意志为主导的一种经济关系，是财产因素和行政因素的化合。⑤（4）纵向经济关系论。即认为经济法调整的经济关系集中表现为组织和管理经济的关系，或者说是管理关系。⑥

---

① 芮沐：《民法与经济法如何划分好》，载《法学研究》1979 年第 4 期。

② 江平：《民法与经济法的划分界限》，载《法学研究》1979 年第 4 期。

③ 郑立：《试论经济法》，载北京政法学院经济法教研室《经济法论文选集》，内部出版，1980 年版。

④ 参见谢次昌、卞耀武《经济法概说》，青海人民出版社 1983 年版，第 2 页。

⑤ 参见周沂林、孙浩辉、任景荣、方志钢《论经济法的调整对象》，载《中国社会科学》1982 年第 5 期。

⑥ 李时荣、王利明：《关于经济法的几个基本问题》，载《中国社会科学》1984 年第 4 期。

（5）计划关系论。即认为经济法调整我国社会主义经济中建立在计划经济基础上，不通过商品货币关系，直接通过计划关系而形成的各种经济关系。①

从 1979 年到 1984 年，中国法学界关于经济法学的 7 次研讨会，调整对象每次都是讨论的主题，前两次几乎就是经济法调整对象（及其与相关部门法区别）的专题研讨会。1984 年底以前 50 多种经济法读物、320 多篇经济法学的文章（含论文、译文和一般文章）也显示着调整对象的核心价值。② 其实，对于经济法调整对象的激烈争鸣，实际上源于法学界关于法与社会关系之关系的基本假设，这一基本假设与法理学中关于法的调整对象及部门法划分依据的理论一脉相承。因此，无论是当时的民法学者还是经济法学者，在他们看来，有关经济法调整对象问题直接关系着本学科的前途和命运，不管花多少时间进行争鸣和讨论都不会过分，都值得投入更多的精力。当然，由于当时没有非公有制企业的存在，所有的企业和经济组织都以公有形式出现并统一于国家计划管理之下，纯粹的自然人经济关系只占微乎其微的比例，因此，在基本概念、范畴、原理和体系均存在严重缺陷的学术背景下，学者之间就经济法调整对象理论的见仁见智和莫衷一是，也就不难被理解了，当然今人更应该对此心存敬意。但需要指出的是，这时的理论成果受苏联经济法理论较深，远未形成基本共识，顶多只是出现了一种共识的趋势。

应该说，经济法调整对象的研究是中国经济法学产生时期学者们最为关注的问题。该问题直接和部门法的划分标准问题研究交织在一起。部门法划分标准作为经济法地位研究的理论前提，事关经济法是不是一个独立的法律部门，是不是具有与民法、行政法平等的法律地位。早在 1979 年，部门法划分标准即已被纳入经济法学者的研究范围。大多数学者主张从法是调整社会关系的论断切入，强调部门法的划分应从分析社会的生产关系着手，研究我国社会主义经济的全部活动，而且首先要分析社会主义社会的基本生产关系。③ 1983 年 4 月，中国社会科学院法学研究所和华东政法学院在上海共同举办了首次法学理论讨论会，部门法的划分标准被列为研

---

① 谢怀栻：《从经济法的形成看我国的经济法》，载《法学研究》1984 年第 2 期。

② 肖江平：《中国经济法学史研究》，人民法院出版社 2002 年版，第 156 页。

③ 参见芮沐《民法与经济法如何划分好》，载《法学研究》1979 年第 4 期。

讨的议题之一。① 由此可以看出，该问题当时已成为整个法学界普遍重视并展开广泛讨论的重大问题，并在之后的时间里一直争论不休。

在随后的经济法作为部门法的划分标准研究中，有从理论抽象角度进行研究的，也有从法律实践需要出发进行研究的。前者，立足于经济关系的多维性决定有关经济的全部法律规范分成不同质的规范的必然性，以及调整经济关系的法律分门别类的必要性，推导和论证经济法成为独立部门的必要性。② 后者，则从特定法的部门固有本旨，从法律的制定和审判专业化以及法学教育和人民群众对法律掌握的专业化，从新法律部门的边缘性，从各种划分方案的最佳抉择等，提出了划分部门法依据和途径的"四论"。③ 经济法学兴起时期，有关经济法与民法的可区分性研究进行得如火如荼。比较一致的观点是，从所调整的财产关系的所有制性质看，经济法与民法所调整的商品关系的所有制基础分别是生产资料公有制和个人所有制；从主体来看，经济法主体只能是社会主义组织，而民事法律关系则发生在公民之间和公民与社会主义组织之间；从国家干预和保护的手段来看，民法法律关系主要在司法领域，而经济法的法律关系中有相当一部分在司法领域之外；从法律关系的总体特点来看，正是生产资料公有制和生产领域内的商品交换关系使平等原则受到限制，从而使经济法与民法相区别。④

1986 年我国《民法通则》颁布后，经济法学者与民法学者之间的部门法论战告一段落。经济法的调整对象研究进入过渡时期，经过学术炼炉的反复煅烧，昔日的百家争鸣已一去不返，各种学说和学派如溪流入河，渐有依归。原来的"大经济法论"，因其理论基础缺位，而且经济体制改革后的制度实践完全不予支持，故几近消失。"大民法论"则以"学科经济法论"的面目再次出现，虽仍有提及但影响力却大为削弱。只有"特定经济关系论"仍表现出旺盛的生命力，经过重新分合，出现了四种代表性

---

① 参见《首次法学理论讨论会关于社会主义法律体系和法学体系讨论综述》，载《法学》1983 年第 3 期。

② 参见周沂林等《论经济法的调整对象》，载《中国社会科学》1982 年第 5 期。

③ 参见李昌麒《论建立我国经济法体系的方法和途径》，载《经济法理论学术论文集（1983 年 12 月）》，群众出版社 1985 年版，第 11—27 页。

④ 参见江平《民法与经济法的划分界限》，载《法学研究》1979 年第 4 期；李昌麒、戴大奎：《经济法是一个独立的法律部门》，载《西南政法学院学术报告论文集》1980 年，等等。

理论。

　　一是"经济管理关系与经济协作关系论"。以杨紫烜为代表的一部分经济法学者认为，经济法调整的特定经济关系，应当是经济管理关系和（部分）经济协作关系。其中，经济管理关系是在对社会主义生产总过程的经济活动进行计划、组织、指挥、协调过程中发生的物质利益关系，包括宏观经济管理关系（即国民经济管理关系）和微观经济管理关系（即经济组织内部的管理关系）；经济协作关系是在生产过程中和计划指导下进行协同劳动而发生的物质利益关系，是有计划性的经济协作关系，包括宏观经济协作关系（经济组织外部的经济协作关系）和微观经济协作关系（经济组织内部的经济协作关系）。我国有计划的商品经济决定了宏观经济协作与宏观经济管理关系之间有密切的联系，二者统一于有计划的商品经济体制，因此应由经济法统一调整。① 此时，众多学者在经济管理关系的理解上并无二致，但对经济协作关系之"部分"则有不同的限定，如"具有管理因素的"②、"以计划为前提的"③、"有计划因素的"④、"受国家宏观控制的"⑤、"国家管理下的"⑥，等等。不同的限定，在具体阐释和表述上略有不同，但主要观点基本上是一致的，并体现了与兴起时期的一些观点间的传承关系。⑦

　　二是"经济管理关系论"。以漆多俊为代表的一部分学者认为，经济法调整国家经济管理关系，即在国家对社会经济干预、组织、管理过程中发生的，以国家（或其代表者）为一方主体，与另一方主体之间是管理与被管理的关系。经济法不调整横向经济关系和各种经济组织内部的经济关系，但组织经济协作关系不同于经济协作关系，应由经济法调整。国有企

---

　　① 参见杨紫烜主编《经济法原理》，北京大学出版社 1987 年版。论文有杨紫烜《经济法调整对象新论》（北京市第二次经济法理论讨论会论文材料，1985 年）、《管理—协作经济法论纲》（载《经济法制》1990 年第 11 期）、《论中国的经济法理论》［载《北京大学学报》（哲社版）1991 年第 3 期］。其他学者及其成果有，史际春：《制订我国基本经济法新议》，载《经济法制》1991 年第 10 期；戴大奎、唐青阳：《经济协作属经济法的调整对象》，载《现代法学》1991 年第 5 期，等等。

　　② 盛杰民主编：《经济法教程》，中央广播电视大学出版社 1990 年版，第 15—19 页。

　　③ 李昌麒：《经济法调整对象新探》，载《现代法学》1988 年第 1 期。

　　④ 张宇霖：《浅论我国经济法的基本制度》，载《法学杂志》1987 年第 5 期。

　　⑤ 徐学鹿：《中国现代经济法概念新探》，载《经济法制》1990 年第 12 期。

　　⑥ 高强：《论经济法的调整对象》，载《中州学刊》1987 年第 3 期。

　　⑦ 参见肖江平《中国经济法学史研究》，人民法院出版社 2002 年版，第 160 页。

业内部经营管理关系是国家经济管理活动的延伸和组成部分，原则上属于经济法的调整对象。①

三是"经济关系和经济活动论"。该理论以潘念之为代表，认为用以固定经济关系和经济活动的法就是经济法，经济关系和经济活动就是经济法的调整对象。② 由于该观点集中在经济法调整企业在经营管理活动中所产生的经济关系和经济活动，所以也被称为"企业经营中心论"。③ 其理论导源于中共中央在《关于经济体制改革的决定》中的"经济体制改革和国民经济的发展，使越来越多的经济关系和经济活动准则需要用法律形式固定下来"的提法。

四是"国民经济运行论"。刘瑞复在其《新经济法论》中提出，经济法是关于国民经济总体运行的法，包括国民经济组织法、经济活动法和经济秩序法。经济法调整国民经济运行过程中的经济关系，是在调整国民经济总体运行过程中所形成的法制度、法形式和法方法的总和。④

总之，上述四种理论均认为经济法具有独立的调整对象，属于独立的法律部门，在学界被称为"肯定说"。与此同时，也有一些否定经济法的观点，被学界称为"否定说"。持"否定说"的学者认为，经济法不具有特定的调整对象，人们所说的经济法的调整对象其实都是其他部门法的调整对象，所以经济法不是一个独立的基本部门法。其中，比较典型的学派主要有：（1）综合经济法论。即认为经济法是分属于其他各部门法的调整各种经济关系的法律规范的综合概念。⑤（2）学科经济法论。即认为经济法是"研究经济法规运用各个基本法手段和原则对经济关系进行综合调整的规律"的法律学科。⑥（3）经济行政法论。即认为经济法的调整对象应全部或部分属于行政法的调整范围，对于这一部分的经济关系，或归行政

---

① 参见漆多俊《经济法调整对象及其他》，载《法学评论》1991 年第 2 期。谢次昌、李中圣、肖平等学者持相同观点。

② 参见潘念之《从经济体制改革谈经济法》，载《政治与法律》1985 年第 4 期。

③ 参见潘念之《中国经济法理论探索》，上海社会科学院出版社 1987 年版，第 86 页。

④ 刘瑞复：《新经济法论》，中国政法大学出版社 1991 年版，第 164 页。

⑤ 王家福：《综合经济法论》，载《中国经济法诸论》编写组编著《中国经济法诸论》，法律出版社 1987 年版，第 1—3 页。

⑥ 佟柔：《学科经济法论》，载《中国经济法诸论》编写组编著《中国经济法诸论》，法律出版社 1987 年版，第 221—227 页。

法调整，或在行政法下设立一个新的分支。①

这一时期，有关经济法与民法的可区分性研究，开始转移至二者的交错地带，即横向经济关系或经济协作关系的法律调整。与此同时，经济法学者开始集中关注经济法与民法在调整功能上的协同性，以及经济法与行政法的可区分性研究。对于横向经济关系或经济协作关系的法律调整而言，有的学者提出它是在生产过程中有计划地进行合作而发生的物质利益关系，因而显然属于经济法的调整范围；② 有的则将其分为受国家管理权限制的经济协作关系和建立在自愿基础上的经济协作关系两类，因而应分别由经济法和民法调整；③ 有的从语词语境分析角度提出，既然协作是"有计划地一起协同劳动"④，经济协作关系就必然是有计划的、管理的经济关系，而不是平等主体间的经济关系，故经济协作关系属于经济法的调整对象；还有的从逻辑上辨析横向经济关系与相关概念的区分，指出平等主体间经济关系是指同一水平面上的经济关系，包括平等和不平等两种性质的经济关系，而且"横向经济关系参加者之间的关系"与"横向经济关系的法律调整"在范畴上是有区别的，即使平等主体之间的经济关系中也有一部分属于不平等的组织计划关系，这一部分应由经济法调整。⑤ 对于经济法与民法的协同性研究，是在反思经济法与民法的关系基础上进行的，强调二者之间并非互相排斥的关系，即在产生基础上都是商品经济时期；在功能上各自的局限性决定了有机配合的必要性，而且在有计划商品经济体制下尤为显著。换言之，民法和经济法既不能各自极端膨胀而取缔另一方，又因远未达到成熟状态而都需要发展。⑥ 对于经济法与行政法的可区分性研究，比较一致的观点认为，纵向经济关系中具有行政性的经济

① 梁慧星等：《经济行政法论》，载《中国经济法诸论》编写组编著《中国经济法诸论》，法律出版社1987年版，第129—194页。

② 参见杨紫烜主编《经济法原理》，北京大学出版社1987年版，第9页。

③ 该类研究大多举出国家订购合同作为例证。参见李昌麒《经济法调整对象新探》，载《现代法学》1988年第1期。

④ 《马克思恩格斯全集》第23卷，人民出版社1972年版，第362页。

⑤ 参见刘瑞复、韩国璋《在经济法通向科学道路上》，载《吉林财贸学院学报》1987年第3期。

⑥ 参见张志斌《民法、经济法不能互相代替》，载《法学》1986年第3期；吴文瀚、姜建初、田夏桐《社会经济关系的层次及其法律调整——民法与经济法在调整功能上的殊途同归》，载《兰州大学学报》（社科版）1987年第1期；孙皓晖等《经济法民法学派之争的历史启示》，载《中外法学》1989年第1期，等等。

关系应由经济法调整，非经济性行政关系则由行政法调整。① 从总体上把前者划归经济法调整，不仅可以避免用行政层次、行政区划、行政手段来管理经济，而且还有利于行政法本身的发展。②

总之，经济法学从蓬勃兴起到初步发展，不难发现，前后时期的理论学说之间实际上具有明显的传承关系，即在继承的同时进行了创新和完善。如"经济管理关系与经济协作关系论"就是在前一时期"纵横经济关系论"和"管理与协作经济关系论"的基础上发展而成的。"经济管理关系论"即直接继承了前一时期"纵向经济关系论"的一些思想。而"经济关系和经济活动论"中则吸收了一些"大经济法说"和部分"主体论"的观点。深入地考察和比较这些理论后即会发现，"经济管理关系与经济协作关系论"比之于"纵横经济关系论"、"管理与协作经济关系论"，在理论前提、方法论、内容的精细化程度、与民法调整对象的可区分度等方面，均有很大程度的发展，其吸收了其他一些理论中的有益成分或合理因素，在有计划商品经济体制的建立所给予的改革实践支持下，该理论比较容易获得认同。正因为如此，在有效克服《民法通则》颁行后给经济法所带来的负面回应中，该理论自然而然地成为这一时期经济法学的主导性学说。但问题在于，经济法学是一门实践性很强的学科，需要不断汲取现实经济体制、经济运行和经济活动的营养，当有计划商品经济体制的命运最终遭遇尴尬时，"经济管理关系与经济协作关系论"也不得不陷入窘境。总的来说，在这一时期，经济法学者的研究视角进一步扩展，总论中的其他一些问题（如经济法的功能和体系、经济法律关系、经济法调整方法等）开始受到重视，分论研究在蓬勃兴起时期"一穷二白"的基础上也建立起了初步体系，为诸多领域的现实立法提供了经济法学的理论支持。

三、经济体制改革与经济法学研究的互动

经济体制改革的每一步和每一个方面的发展，都会深深地影响经济法

---

① 参见李昌麒《经济法调整对象新探》，载《现代法学》1988 年第 1 期。

② 参见杨紫烜《再论经济法的调整对象》，载《法学杂志》1987 年第 5 期；谢次昌《论新形势下经济法与行政法的关系》，载《法学评论》1987 年第 4 期。

学的发展。在经济体制改革不断发展的情况下，经济法学不可能成为一个
僵化的封闭体系，而只可能成为一个生机勃勃、不断发展的学科。① 的确，
经济体制改革和社会主义现代化建设实践，给经济法学者不断提出需要研
究的经济法问题，这些问题并未局限在前述的基础理论方面，更多的问题
属于改革实践中的实际问题和具体问题，经济法学分论研究由此不断展
开，其相应成果成为我国经济法治建设的营养补给之源。

（一）　与国企改革同步的企业法研究为系统立法奠定了良好基础

改革初期，打破"大锅饭"②，增强企业活力，特别是增强全民所有制
大中型企业的活力，是以城市为重点的整个经济体制改革的中心环节。在
企业法研究中，企业法规范构成的复杂性，使得该领域研究一开始就融入
了多部门法学科的视角。以经济法学视角为主，并兼具其他部门法视角所
进行的研究，代表着经济法学蓬勃兴起阶段和初步发展阶段企业法研究的
主流，其理论体系被称为企业法理论或企业法学。在经济法学的蓬勃兴起
和初步发展时期，企业法理论一直被看做经济法学的一部分，这与后来社
会主义市场经济体制建立后企业法学研究的状况有所不同。在当时，国营
企业曾经在较长时间内占绝对多数，无论是企业的设立还是变更或终止，
国家对企业直接施加的影响力为企业法添加了浓厚的经济法色彩，但后来
实行社会主义市场经济以后，企业法中私法的因素明显增加，国家直接施
加的影响不断减少，由此导致企业法研究的跨部门法色彩更加浓郁，这也
是许多企业法学者或后来的商法学者在研究企业法时之所以会兼具经济法
学研究背景的历史原因。

关于企业概念和企业分类的研究是企业法研究中的基础性工作。在当
时，方流芳关于独资企业、公司、企业法人等概念的辨析研究③，以及赵
旭东关于独资企业、一人公司和国有企业在内涵、外延、法律特征及其相
互关系的辨析研究④等，虽然都属于基础性研究，但对研究企业立法体系

---

① 张友渔主编：《中国法学四十年》，上海人民出版社 1989 年版，第 394 页。
② "大锅饭"是对分配方面存在的平均主义现象的一种形象比喻。它包括两个方面：一是企
业吃国家的"大锅饭"，即企业不论经营好坏，是盈利还是亏损，工资照发，企业工资总额与经营
效果脱节；二是职工吃企业的"大锅饭"，即在企业内部，职工无论干多干少、干好干坏，都不会
影响个人的工资分配，工资分配存在严重的平均主义。
③ 参见方流芳《论独营有限公司》，载《中国法学》1987 年第 4 期。
④ 参见赵旭东《独资企业、一人公司与国有企业辨析》，载《中外法学》1991 年第 3 期。

已经具有重要的理论价值。有学者总结了我国改革开放最初十年的企业立法，认为从成就看，企业立法的指导思想初步实现了由"国家主体"向"企业主体"的转变，"两权分离"以立法形式被确定下来，厂长经理负责制明确了厂长的中心地位，承包、租赁、股份、联营等改革实践促进了企业经营权的革命，企业立法向着多元化和系统化的方向迈进；从不足看，企业立法目标本末倒置，应强调经济秩序服务于企业和企业活动；重管理立法而疏于企业社会性质、法律地位、权利能力与行为能力的立法；按所有制和行业立法不科学；全民企业产权不明晰。为此，主张立法模式应按企业形态立法，以企业为本位，由滞后型立法向超前型立法转变，由观念性立法向法律规范性立法转变，应通过多层次、多角度的立法，实现企业立法技术的新突破。① 也有学者提出，我国的企业立法模式应是以经济法为基本法，企业法规群为补充的一元性、二层次、多级别的企业立法模式。② 这一时期，关于企业立法体系的研究，对于1992年以后陆续推出的一系列企业立法，科学构建企业法律体系奠定了重要的理论基础。③

如何确定国营企业的法律地位，以及国营企业厂长（经理）的法律地位，是扩大企业经营自主权之后提出的一个重要理论问题。国营企业到底具有何种法律地位，在1980年前曾有过两种不同主张。少数人认为，国营企业不是法人，其理由有二：一是认为法人制度是传统的资产阶级民法制度，用以表示"私法"的法律关系，不宜用来确定国营企业的法律地位；二是认为国营企业没有自己支配的财产，不能独立承担民事责任。但多数人则肯定国营企业是法人，认为社会主义商品经济的存在，使法人制度在中国确立成为必然，用以肯定作为社会主义商品生产、经营者的国营企业的地位是适当的；并认为国营企业对国家授予其经营管理的财产有依法占有、使用、受益和处分之权，能独立承担债务责任，应赋予它法人资格。④ 国营企业是法人的观点，被1983年的《国营工业企业暂行条例》首

---

① 参见王鼎勋、杨春平《回顾与展望：我国十年改革中的企业立法》，载《法律科学》1990年第3期。

② 王艳林：《我国企业法律的立法模式与体系结构初探》，载《河南大学学报》（哲社版），1990年第3期。

③ 肖江平：《中国经济法学史研究》，人民法院出版社2002年版，第404页。

④ 张友渔主编、王叔文副主编：《中国法学四十年》，上海人民出版社1989年版，第369页。

次肯定，① 并为后来颁布的《全民所有制工业企业法》所采用。②

1984 年下半年，经济法学界展开了对国营企业厂长（经理）法律地位的研究和讨论。在早期的研究中，主要有三种主张：一是认为国营企业厂长的法律地位，应由企业法人代表、国家利益代表两方面的内容构成。这种主张主要着眼于企业法人的共同特征、国营企业的特殊性，以及正确处理国家、企业和职工个人三者利益关系的要求。二是认为国营企业是企业法人，厂长是企业法人的代表，这是它的地位应有的全部内容。这种主张着眼于国营企业是法人，是独立的商品生产者和经营者，拥有对国家授予其经营管理财产的经营权。三是认为对国营企业厂长的地位，不宜简单地采用一种表达方式，实行不同经营方式和采用不同企业领导体制的企业，其厂长也应有不完全相同的地位。持这一主张的学者注意到，我国国营企业情况很复杂，企业经营方式、领导体制均有差异，因而厂长地位也应有所不同。③ 1985 年，《中国法学》在其第 2 期上集中刊载了 3 篇有关国营企业厂长地位的文章④。通过讨论，不但使实践中一些含混不清的概念得到了澄清，如企业法人代表和企业代表、代表企业法人和反映企业法人的利益等，而且使人们普遍认识到，国营企业厂长的地位是与国营企业法律地位紧密联系在一起的，并体现于企业具体参加的法律关系之中，法律关系不同则相关的权利义务也不相同。

1988 年《全民所有制工业企业法》的制定，成为经济法学初步发展时期企业法研究的焦点问题之一。在该法草案征求意见时，张友渔深入贵阳、成都、重庆等地就有关企业法的问题与有关部门座谈，1988 年 1 月写成了《关于全民所有制工业企业法草案的研究报告》，为完善企业法草案

---

① 1983 年 4 月颁发的《国营工业企业暂行条例》第 8 条规定："企业是法人，厂长是法人代表。企业对国家规定由它经营管理的国家财产依法行使占有、使用和处分的权利，自主地进行生产经营活动，承担国家规定的责任，并能独立地在法院起诉和应诉。"

② 1988 年 4 月七届全国人大一次会议通过的《全民所有制工业企业法》第 2 条规定："全民所有制工业企业（以下简称企业）是依法自主经营、自负盈亏、独立核算的社会主义商品生产的经营单位。企业的财产属于全民所有，国家依照所有权和经营权分离的原则授予企业经营管理。企业对国家授予其经营管理的财产享有占有、使用和依法处分的权利。企业依法取得法人资格，以国家授予其经营管理的财产承担民事责任。企业根据政府主管部门的决定，可以采取承包、租赁等经营责任制形式。"

③ 参见张友渔主编、王叔文副主编《中国法学四十年》，上海人民出版社 1989 年版，第 381—382 页。

④ 郭宝林、丁卫国《关于全民所有制工厂厂长的身份问题》；秦之《论确认国营企业厂长法律地位的基本原则》；黄卓《厂长（经理）应是企业法人的代表》。

提供了有益资讯和建议。① 《改革》杂志创刊前，编辑部曾于 1987 年 11 月
21 日邀请了法学界、经济学界的部分学者，对该法草案修改稿进行了座
谈。讨论中认为：一是要建立企业法的体系；二是可以考虑将企业分为两
类②；三是立法目的应当保护企业的合法权利，增强企业活力。从技术层
面看，应由法学家或法律团体起草，而不是法学家和经济学家共同起草。③
讨论中涉及很多具体问题，如该法名称、"主管部门"提法的科学性、企
业的主要目的、"按国务院规定"提法的科学性等，今天看来仍值得品味。
该法通过后，一些学者对其给予了高度评价，并撰文指出，《全民所有制
工业企业法》属于社会主义经济法的范畴，是"企业地位法"、"企业组
织法"，并在企业经营权、厂长的法律地位、国家管理企业的体制等方面
实现了重大突破。④ 当然，该法在实施后也遇到了一些新问题，有学者专
门研究后强调，《企业法》赋予企业的经营权远未得到充分的尊重和落实，
其实施的外部条件还没有配套，厂长负责制未得到充分的贯彻，一个有利
于企业从事商品经济活动的公平竞争市场还有待形成。这些都成为影响该
法实施效率的重要因素。因此，应加快建设以企业法为核心的完备的经济
法规体系。⑤ 在这一时期，有关全民所有制企业承包经营、租赁经营、股
份制、公司制、企业联营、企业兼并、企业集团、企业破产等问题的研究
也已全面展开，相关成果对国有企业改革实践均发挥了重要作用。

　　从改革前的国有资产管理体制看，国家代表人民占有生产资料，国家
直接经营企业，政府成为资源配置的主体，市场体制基本退出社会资源配
置领域，形成了统一的集权型经济模式，因而政企不分和政资合一成为这
一模式的最大特点。对国有资产管理法的研究，是与国企改革和企业法研

---

　　① 如提出职工的民主管理在企业法中反映得不够，企业法的许多条款超越了现实情况，厂
长负责制如何体现等。参见周旺生《张友渔立法思想论述（卜）》，北大法律信息网：http：//arti-
cle. chinalawinfo. com/Article_ Detail. asp? ArticleId＝35748；访问时间：2009 年 7 月 10 日。
　　② 一类是垄断性、服务性的企业，如国防工业、铁路、邮政、城市公用事业等方面的企业，
要进行经济核算，但不以营利为目的；另一类则是普通经济法人，以营利为目的。
　　③ 参见肖江平《中国经济法学史研究》，人民法院出版社 2002 年版，第 406 页；《推进经济
体制改革的一种整体设想》，载《改革》1988 年第 1 期。
　　④ 如王保树《论全民所有制工业企业法的性质》，载《法学杂志》1988 年第 2 期；王保树
《论〈全民所有制工业企业法〉在企业立法上的突破》，载《中国法学》1988 年第 4 期；吴义华
《转变政府职能的一个重要突破》，载《法学评论》1988 年第 4 期。
　　⑤ 罗明达、卞翔平：《论〈企业法〉实施中的若干问题及其对策》，载《法学评论》1989 年
第 5 期。

究密切联系的一个经济法学问题。在中国经济法学初步发展时期，学者们已经认识到国有资产管理所存在的产权代表缺位、多头管理、责任不清、产权边界模糊、约束机制薄弱、资产流失严重等问题，并有针对性地展开了一些对策性研究，提出了一些具体的法律建议。如许洪臣提出，应当在坚持维护社会主义公有制基础的原则、"谁投资、谁所有"的原则、兼顾国家集体个人物质利益的原则和保持政策法规持续性、协调性的原则之下，以已经颁布的国有资产管理方面的法律法规为依据，明确产权界定，明晰产权关系。要建立产权登记制度，明确国有资产所有权属于国家、调控权属于政府、经营权属于企业的原则，根据不同类型的国有资产分类实行产权代表制、托管制、授权管理制，完善国有资产的静态管理。同时通过制定资产评估法规，确定资产评估机构，健全国有资产产权变动程序法规，建立国有资产产权交易市场机制，以完善国有资产产权的动态管理。①张士元等则认为，设立国家创办的、以投资和投资管理为目的的国有资产管理公司不失为措施之一。其优势在于：无论是以什么样的形式实行"两权分离"，国有控股公司都可以向其投资，同时向企业派出股东代表或董事。对那些与国民经济密切相关的企业，即使其经营状况不佳，濒临破产，国有控股公司也可以扶持，增加该企业的投资。②另外，学者们提出，经营性国有资产的管理方法可以分为两类：一类是公益性的资产，通过用特别法设立，不破产；另一类是竞争性的资产，应按公司法设立，国家只管股权，可以向企业派董事长或产权代表。③由于国有资产并不限于经营性国有资产，有关自然资源的利用和保护，在当时也形成了一定成果。自然资源法具有经济法的基本属性。吕润程曾提出，为增进自然资源法律法规之间的相互协调和与其他类法律法规的协调，有必要在条件成熟时制定自然资源基本法。④李宝达则专门研究了自然资源立法的缺陷，强调这些缺陷的实质是没有将自然资源的保护上升到关乎人类的生死存亡的高度，

---

① 许洪臣：《完善我国国有资产管理的法律思考》，载《法律科学》1991年第5期。

② 张士元、胡泽恩：《国有资产管理模式的探索》，载《经济法制》1988年第7期。

③ 《国有资产法制工作会议法学专家座谈会纪要》，载《经济法制》1991年第12期，封二和封三。

④ 吕润程：《略论国有自然资源的法律保护》，载《法学研究》1983年第1期。有的学者则专门研究了森林法、草原法、矿产资源法等问题，如，文伯平《论森林法》，载《中国法学》1985年第1期；施文正《论草原法》，载《内蒙古大学学报》（哲社版）1987年第4期；祈兰夫、王禾《矿产资源立法的若干问题》，载《中外法学》1990年第5期。

从而把经济补偿和价值补偿简单地等同于生态平衡。① 为此，学者们强调，要明确自然资源法的基本原则②，将相关法律规范进行必要的整合。③

（二）促进财税体制改革的财税法研究

财政历来乃国之大事，对一国经济发展、社会进步以及政治稳定影响甚大。财政体制改革是我国经济市场化改革的重要突破口之一。改革开放前，我国的财政体制高度集权，不仅地方政府没有独立的财政预算，而且国有企业实行统收统支，企业和政府的"一本账"，严重限制了地方政府和企业的积极性。实行改革开放后，农村家庭联产承包责任制的成功，为我国财政理论的更新提供了借鉴思路，财政体制改革率先从国家与企业之间、中央与地方政府之间的分配关系入手，通过财政包干、分灶吃饭，走出了一条符合国情的改革之路。

在经济法学兴起和初步发展时期，财政法的基础理论研究是比较薄弱的，相关著作只是提出了财政法的特征④和我国财政法体系构造⑤等方面的观点。在这一时期，学者们把研究重心放在了预算法、政府采购法、会计法、审计法等具体领域。⑥ 以预算法为例，学者们集中研究了制定《预算法》的必要性、立法模式、预算编制、预算管理、预算执行、预算监督等重要问题。学者们提出，我国长期以来由于缺乏严格的预算法律约束，存在着预算紧、执行松，基层紧、上面松，预算内紧、预算外松，以及整个预算管理松等问题，因此有必要加强预算立法，加快预算决策的科学化和民主化进程。预算法的制定之所以势在必行，还在于预算软约束成为经济波动的原因之一；现行的财政预算条例和规定，仍无法解决领导者人治的问题；在中央和地方财产的关系上有很大的随意性；人大无法对国家预决算进行有效监督。应突出量入为出、实事求是、留有余地的原则，严格预

---

① 李宝达：《试论自然资源立法的缺陷》，载《经济法制》1990 年第 8 期。

② 沈乐平：《略论我国自然资源立法的原则和体系》，载《中南政法学院学报》1987 年第 4 期。

③ 马骧聪：《关于环境法、自然资源法和国土法的思考》，载《法学研究》1989 年第 6 期。

④ 程深编著：《财政法浅谈》，法律出版社 1985 年版，第 6—7 页。

⑤ 罗玉珍主编：《财政法教程》，法律出版社 1986 年版，第 24 页。

⑥ 如寿康侯《违反会计法的法律责任》，载《现代法学》1988 年第 3 期；常公旺《审计法初探》，载《法学》1983 年第 7 期；牛国祥、王俊《论我国审计法律制度的理论与实践》，载《中国法学》1989 年第 4 期；周恺《对我国审计法规体系的思考》，载《财贸研究》1991 年第 5 期，等等。

算审批程序，对各级政府减免税收、增加支出的权限有所限制，强化人大的预算监督职能，发挥审计机关的监督作用。① 由于预算法调整的是我国权力机关、行政机关以及实行预算管理的各部门、各单位之间有计划地筹集和分配预算资金过程中所发生的预算关系，因此应重点解决的问题是预算管理权限问题、预算审批问题、预算费的设置与运用问题、预算调整权限问题以及对预算违法行为的处罚问题等。② 关于《预算法》的立法模式问题，王淑敏提出应结合我国特点，既然不能像德国的程序法模式，也应采用苏联的实体法模式，并可以借鉴日本的程序法与实体法合一的模式。③ 从内容上看，《预算法》应以程序法为主，重点规定预算收支的范围、审计年度预算及决算的问题；明确各级人大审批本级预决算制度；完善预算决算公开制度，健全复式预算和预算分列制度；建立经营预算制度；采用绩效预算，管理和控制行政预算支出。④ 总的来看，这个时期有关预算法的理论成果为 1994 年《预算法》的出台提供了较好的理论储备。

　　在税法领域有关税制改革的研究，曾是 20 世纪 80 年代我国经济法学研究中的一个亮点。当时的税法教材，对税法的特征等基本属性问题已开始论述，包括立法上的相对稳定性和执行过程中的相对灵活性，征纳双方权利义务的不对等性，税务争议适用程序的特殊性，以及实体法与程序法的合一性等。⑤ 一项研究认为，税法具有对经济运行的生产机制、交换机制、分配机制、消费机制的调控作用，并具有调控手段的多样性、范围的广泛性、机体的统一性、过程的灵活性等特点。⑥ 这一研究，为彰显税法不同于宏观调控法其他部门法的特质提供了新角度的阐释。⑦ 许兆明则以

　　① 参见祁群《国家预算法：经济增长的法律保障》，载《法学》1989 年第 6 期；曹凤岐、顾志杰《关于制定预算法的几个问题》，载《北京大学学报》1990 年第 1 期；严伯钧《对预算立法若干问题的探讨》，载《经济法制》1991 年第 1 期。

　　② 参见王淑敏《对制定我国预算法若干问题的思考》，载《上海财税》1991 年第 4 期；仲实、汤佳佳《预算立法若干问题探讨》，载《现代法学》1991 年第 5 期。

　　③ 参见王淑敏《对制定我国预算法若干问题的思考》，载《上海财税》1991 年第 4 期。

　　④ 参见刘修文《试论预算程序法的基本内容》和常言《制定预算程序法势在必行》，载《经济学周报》1988 年 5 月 15 日；刘修文、陈居奇《关于国家预算立法问题的思考》，载《经济参考》1990 年 9 月 12 日。

　　⑤ 参见刘隆亨《中国税法概览》，北京大学出版社 1986 年版，第 76—77 页；严振生主编《税法教程》，中国政法大学出版社 1989 年版，第 9—10 页。

　　⑥ 刘文彬、孙树明：《论运用税法调控经济运行》，载《法学杂志》1987 年第 6 期。

　　⑦ 肖江平著《中国经济法学史研究》，人民法院出版社 2002 年版，第 379 页。

1985 年 8 月 24 日国务院发布、1985 年 1 月 1 日起实施的《集体企业奖金税暂行条例》为例，研究了税法的溯及力问题。他认为税法的这种溯及既往的规定是特殊现象，从客观因素上讲，必然在公布之前已有相应的其他经济法规对征税对象或纳税人有过某种规定或限制；主观上讲，总是基于某种目的。同时在规定时，还要考虑照顾大多数原则和限制抵补原则。① 在税收倾斜与税收公平的关系处理上，梁彦等提出应改变税收倾斜政策，实行公平税负原则。② 税制改革问题是学者关注和研究的一个重点领域，无论是个别税种还是整体税制均有涉猎。如针对涉外企业所得税中存在的问题，严振生提出，现行的涉外企业所得税与我国其他经济法规和国际税收实际不协调，应将《中外合资经营企业所得税法》和《外国企业所得税法》合并，实行涉外企业所得税的统一立法。③ 刘隆亨则针对整体税制改革提出，要改革按不同所有制设置多种所得税的情况，建立统一的企业所得税，同时要划清财政与税收的职能。④ 在财税体制方面，有研究提出，要改革地方财政大包干的体制，向分税制过渡：不同的税种分别划归中央与地方所有，中央税的全部权限（包括立法权、征收权、减免权、监督权等）归中央，地方税的管理权限在中央与地方之间分割，中央与地方共享税的立法权与减免权归中央，其他由中央与地方共享。⑤

（三）金融法研究为金融体制改革提供理论支持

在计划经济时期，我国整个经济呈现出高度的财政化安排，国家建设资金的积累和分配大部分通过财政进行，金融业实行高度集中的国家银行体制。1978 年开始的改革开放以市场化为基本线索而展开，金融业改革不仅面临着要建成独立于财政的金融体系的任务，而且要使既有金融机构完成商业化和公司化改造，使商业性金融与政策性金融分离开来。改革开放以来，我国的金融体制改革作为整个经济体制改革的一个支撑点，以渐进式变革方式完成了金融体系市场化和金融机构商业化的蜕变，而以银行法

---

① 许兆明：《论我国税法的效力范围》，载《法学》1986 年第 11 期。

② 梁彦、王晓苹：《对我国税制立法及税收政策的几点思考》，载《中国法学》1990 年第 4 期。

③ 严振生：《试论我国涉外企业所得税法的改革》，载《政法论坛》1988 年第 3 期。

④ 刘隆亨：《论以法治国的若干制度》，载《法学杂志》1990 年第 5 期。

⑤ 胡祥甫、张湄：《健全和完善财政制度　治理通货膨胀》，载《中国法学》1990 年第 4 期。

研究为龙头的金融法研究显然功不可没。

由于我国的金融体制改革最先从银行体制改革入手，因此，在改革初期，银行立法问题即已进入金融法学者的研究视野。一项有关制定银行法基本要求的研究提出：制定《银行法》要有利于加快资金的周转、提高资金利用率，应规定中国人民银行的性质、任务和机构设置，规定银行基金、各单位闲置资金、个人储蓄、贷款条件和延期还贷责任等问题。① 银行立法，应坚持保护社会主义金融体系的各种权利，体现扶植工农业生产、发展生产、扩大商品流通、保护外资银行和合资银行的正当权利的立法导向。② 蔡福元则强调指出，要在国家对银行实行高度集中统一领导下，统一金融政策，统一信贷计划和现金收支计划，统一外汇收支计划，统一结算制度和统一货币发行与管理。③ 这些研究成果表明，在我国经济法学蓬勃兴起之初，经济法分论研究尤其是金融法研究即已经站在高起点之上，以中央银行与国家专业银行的二元银行体制形成为原点，高屋建瓴地分析和论证了金融法理论和实践中的重大问题。

当经济法学进入初步发展阶段以后，经济法学者随即又将目光投向了金融体制改革和金融监管问题。1979 年以后，中国人民银行专门行使中央银行的职能，专业银行成为独立核算的经济实体，银行管理手段、金融机构、资金运用多样化，形成了多种金融市场，金融领域业务充分、债权债务契约化等等，为银行立法创造了条件。吴志攀在研究了银行立法的可行性之后认为，在银行立法中要重点解决三大问题：一是应以保护存款者利益作为现代银行立法的目的之一；二是应借鉴世界各国银行立法的经验和惯例，我国的专业银行的分支机构不宜建成独立的法人机构；三是银行业和证券业管理问题，不应由人民银行统管银行业和证券业，应当让证券业独立于中央银行，实行与银行业并行的管理体制。④ 王鑫则进一步强调了中央银行独立性，他提出要认定中央银行对政府及其他政府部门的相对独立性，确定其同时具有企业法人权利能力和行为能力的行政机关法人地

---

① 张秀民：《要立一个银行法》，载《中国金融》1979 年第 2 期。
② 参见刘燕《试论我国的银行立法问题》，载《中国金融》1979 年第 3 期。
③ 参见蔡福元《对制订我国银行法的探讨》，载《法学》1982 年第 7 期。
④ 参见吴志攀《关于银行立法的几个问题》，载《中外法学》1991 年第 4 期。

位，强化全国人大对货币发行和信贷计划的监督权。① 这些理论认识上的科学性和改革建议的可行性，在我国 20 世纪 90 年代的金融体制改革实践中都获得了相应的证明。

（四）计划法研究抱憾无果而终

经济法学者热衷于计划法研究，是 20 世纪 80 年代经济法学初步发展阶段的一个突出现象，在当时，计划法被认为是经济法的龙头法、基本法。徐孟洲提出，制订计划法是深化改革的法律保障。他认为，《计划法》的立法意义在于：确认国家机关、组织和其他经济实体在计划管理体制中的法律地位、权利和义务；通过规定计划综合平衡的原则和方法，有利于提高计划的科学性；通过规定计划体系和指标体系，使计划的分类和计划形式、范围有明确的法律界限；明确规定计划程序，使计划的制订和执行有明确的法律保障；通过规定法律责任制度，有利于提高计划工作人员的责任心，加大计划执行者的压力，增强国家计划的严肃性。②

关于计划法的原则，学者们之间有着不同的看法。有的学者提出，计划立法中应坚持计划经济与市场调节相结合的原则、综合平衡的原则、自觉依据和运用价值规律的原则、统一性与灵活性相结合的原则、指令性与指导性相结合的原则、严肃制裁和优厚奖励相结合的原则。③ 也有的学者认为，计划法的原则与计划工作的原则、计划经济的基本原则是有所不同的。计划法的基本原则应当包括三个层次：基本经济制度层次的原则，即宪法原则；计划工作层次的原则，包括科学性原则、指令性原则、协调性原则；计划法律关系层次的原则，即计划法制化的原则，这是计划法的最核心的原则。④

在《计划法》的框架设计研究方面，有学者提出应主要包括：关于立法目的、适用范围、我国经济的性质、计划经济与市场调节的关系、制订和实施计划的基本原则等；关于计划和计划管理，包括计划体系、计划管理形式、计划管理权限、计划工作的基本方法和制度；关于计划决策，包

---

① 参见王鑫《完善中央银行立法的若干思考》，载《法学评论》1991 年第 2 期；刘修文《关于制定中央银行法的几个问题》，载《经济法制》1991 年第 3 期。

② 参见徐孟洲《制定计划法是深化改革的法律保障》，载《经济参考》1990 年 9 月 9 日。

③ 参见雷兴虎《试论我国计划立法的基本原则》，载《法学评论》1985 年第 4 期；王守瑜《计划立法中的几个迫切问题》，载《经济法制》1991 年第 2 期。

④ 周珂：《计划传统理论若干问题的法律思考》，载《经济法制》1991 年第 2 期。

括计划编制、计划审批和计划下达；关于计划实施，包括计划的执行、计划的调整和计划的监督检查；关于计划主体，包括计划机构及其职责、基层计划单位及其权利义务；关于法律责任。① 就计划方法而言，可以确定下列四个阶段，即正确掌握计划信息，认真进行计划预测，做好计划综合平衡，科学进行计划决策。②

从这些理论观点不难看出，在当时的经济体制下，经济法学者们曾经多么渴望国家能够早日出台一部《计划法》，并为之付出了大量的学术心血和理论智慧。③ 但如今看来，制订计划法的计划已经无疾而终，有关计划法的研究似乎也是竹篮打水一场空，给经济法学者们平添了几分遗憾。进入 20 世纪 90 年代后，计划法在宏观调控法研究中仍受重视，但是在最近几年，计划法正在逐渐淡出经济法学者的研究视野。

四、对外开放中的经济法学

实行对外开放，按照平等互利原则扩大对外经济技术交流，是我国改革开放初期即已确定的坚定不移的战略方针。改革开放适应了经济全球化的发展趋势，为我国经济发展注入了新的活力。经济法学从其蓬勃兴起的那一天起，就开始围绕外商投资企业法、涉外税法等展开理论研究，为对外开放的法治之路提供智力保障。

（一）外商投资企业法研究营造对外开放的法制环境

1979 年 1 月，邓小平强调指出：“现在搞建设，门路要多一点，可以利用外国的资金和技术，华侨、华裔也可以回来办工厂。吸收外资可以采取补偿贸易的方法，也可以搞合营，先选择资金周转快的行业做起。”④ 为吸引外商投资，国家自 1979 年 7 月起即加强涉外经济立法，积极营造良好的有利于对外开放的法制环境。这期间，《中外合资经营企业法》、《中外合资经营企业所得税法》、《外国企业所得税法》、《个人所得税法》、

---

① 参见益言《关于制定〈计划法〉的几个问题》，载《经济法制》1991 年第 2 期。

② 参加王守瑜《计划方法中的法律问题》，载《经济法制》1990 年第 5 期。

③ 一些经济法学者在此期还起草了《计划法》的专家稿，但由于诸多原因被束之高阁。参见肖江平《中国经济法学史研究》，人民法院出版社 2002 年版，第 365 页。

④ 《搞建设要利用外资和发挥原工商业者的作用》（1979 年 1 月 17 日），《邓小平文选》第 2 卷，人民出版社 1994 年版。

《外资企业法》和《中外合作经营企业法》等重要法律的陆续出台，其与经济法学者的辛勤劳动是分不开的。

学者们除了研究外商投资企业法的一般问题外，主要集中研究了外商投资企业立法、外商投资优惠以及我国利益保护等问题。一些学者根据外商投资企业法实施中的经验教训，提出了诸多法律建议。如提出以坚持对外开放、维护国家主权、学习外国经验、利用外资和独立自主、在尊重和维护外商利益与平等互利上找到恰当的平衡点等作为立法指导思想，通过整理和编纂现行外商投资法律法规，减少抵触和空白以增强经济立法的协调性，严格公布生效原则。为改变外资立法中多头立法、被动立法状况，应制定一部综合性的外资法或者统一的外商投资企业法。①

在有关中外合资经营企业法的研究中，曾华群针对事实控制问题，在分析合营企业中中方和外方地位时指出：由于外方在合资企业合同或其专门合同中非直接与管理权有关的条款（例如技术、销售方面的条款）形成对合资企业经营活动的实际控制，事实上改变了合资企业合同中有关管理条款所规定的法定控制，变共同管理权为一方专权。因此，有必要针对基于人员配备优势、技术优势、销售优势形成的事实控制的特点、方式与后果进行相应的法律规范。② 针对部分合营企业注册资本与投资总额比例严重不对称并借以转嫁风险、减少税收的问题，祁群研究后建议，应修改有关规定，根据贷款利率水平、平均利润率、资金周转周期、投资总额以及行业等因素规定合理的动态比例。③ 为解决合营企业土地使用权收费问题，茹恩敖提出，应改进立法，坚持土地有偿使用的原则和吸引外商投资的原则，遵循级差地租和绝对地租的理论。④ 还有一些学者在合营企业外方利益保护、工会制度等方面进行了研究，并提出了重要法律对策。⑤

---

① 周洪钧：《我国外资立法的若干思考》，载《法学》1987 年第 4 期；丁伟：《三资企业法律环境的透析》，载《法学》1989 年第 12 期；罗明达：《进一步完善外商投资法律环境的思考》，载《法学评论》1990 年第 2 期；黄进：《论海南特区投资法律环境的完善》，载《法学评论》1990 年第 5 期；雷兴虎：《外商投资企业立法系统化刍议》，载《中南政法学院学报》1991 年第 4 期。

② 参见曾华群《合资企业的事实控制问题》，载《法学研究》1987 年第 2 期。

③ 参见祁群《对合资企业注册资本与投资总额比例的思考》，载《法学》1989 年第 4 期。

④ 参见茹恩敖《中外合作经营企业土地使用问题及对策》，载《法学》1987 年第 9 期。

⑤ 如，王嵩山、汤秀娟：《对中外合资企业外商投资的法律保护》，载《中国法学》1985 年第 3 期；朱志明、殷延辉：《建立适合我国合营企业的工会制度》，载《法学》1989 年第 3 期，等等。

在有关中外合作经营企业法的研究中，外方先行回收投资和非法人的中外合作经营企业的法律性质问题引起了学者的广泛关注。在外方先行回收投资问题上，高惠广等认为，外商先行回收投资是外商不断减少对合作企业投资的过程；[①] 钟惠华认为，外商的先行回收投资事实上是对外商投资的先行回报和补偿；[②] 郑衍构和卢谦认为，外商先行回收投资的过程实质上是合作企业通过对投资各方的利润分配，实现资本的内部转移，或者股权的内部转移过程；[③] 易礼贤认为，外资先行回收是合作者之间股本额转让的买卖关系，是附条件和期限的法律行为，还含有金融信贷因素，因为在先行回收完成后外方仍然为股东。[④] 这些研究立足于不同的视角，对外商先行回收资本进行了深入分析，但无论哪一种观点都无法忽视的问题是，外方先行收回投资后至企业终止前仍然应承担经营风险和法律责任。

有关非法人的中外合作经营企业法律性质的研究，主要有两种意见：一种意见认为是合伙关系，合作各方承担无限连带责任；另一种意见则认为是责任有限的经济组织，主张合作企业以其财产对合作企业债务负责，各方各以其出资对合作企业债务负责，无论合作企业是否取得法人形式，合作方都只承担有限责任。[⑤] 张敬前则进一步提出，非法人的中外合作企业是一种特殊的合伙方式：一方面具有合伙的一些特征，如无限连带责任；另一方面它又不同于一般合伙，如外方可先行收回投资。[⑥] 总之，关于外商投资企业法的研究涉及的问题既多又细，经济法学为我国三资企业法的发展和完善作出了重要的理论贡献。

（二）涉外税法研究富有前瞻性

自 20 世纪 70 年代末实行改革开放后，为吸引外资、发展经济，我国对外资企业采取了有别于内资企业的税收政策。1980 年 9 月，第五届全国人民代表大会第三次会议通过了《中华人民共和国中外合资经营企

---

① 高惠广等：《中外合营旅行企业会计》，广东科技出版社 1985 年版，第 143 页。
② 钟惠华：《论中外合作经营企业特点和立法中的若干问题》，载《中国法学》1986 年第 2 期。
③ 郑衍构：《论合作企业中外国投资者回收资金法律性质》，载《中国法学》1987 年第 9 期；卢谦：《合作企业外商先行回收投资三议》，载《现代法学》1989 年第 2 期。
④ 易礼贤：《中外合作企业外资先行回收投资法律问题研究》，载《法学评论》1990 年第 5 期。
⑤ 参见沈四宝《中外合作企业法的作用及特点》，载《经济法制》1988 年第 4 期。
⑥ 参见张敬前《试论中外合作企业的法律性质》，载《经济法制》1989 年第 4 期。

业所得税法》并公布施行。企业所得税税率确定为 30%，另按应纳所得税额附征 10% 的地方所得税。1981 年 12 月，第五届全国人民代表大会第四次会议通过了《中华人民共和国外国企业所得税法》，实行 20% — 40% 的 5 级超额累进税率，另按应纳税的所得额附征 10% 的地方所得税。实践证明，这样做是必要的，对改革开放、吸引外资、促进经济发展发挥了重要作用。

在经济法学的初步发展时期，学者们在涉外税法的国际比较研究中发现，我国涉外税收优惠制度呈现税种少、企业所得税税率低、企业所得税减免周期长、区域性优惠条件宽厚等特点，同时还存在一些问题，即税收减免政出多门，贯彻税负公平、讲究优惠实效不够，对引导外资投向的能动作用规定得不够明确。[①] 孔凡认为，我国涉外税收优惠政策存在诸多问题，表现在内外税负不公平，合营企业与合作企业之间税负不公平，涉外的行业之间"一刀切"的优惠政策不合理，使用国产原材料生产出口产品没有得到鼓励，多级别、多层次的优惠政策带来征管上的被动，合营和合作企业中只对外商优惠等，为此建议改进流转税，统一涉外所得税法，改进税务结构等政策性建议。[②]

在对企业所得税法的研究中，有些学者认为，按照不同所有制设立税种，分别适用不同企业所得税法规的做法，体现了对不同所有制企业的政策，可以收到预期的不同效果。但更多的学者则认为，多种所得税法规并存，不可避免地会给税法的实施带来混乱和困难，并且，有的实行累进税率，有的实行比例税率，无法体现公平税负的原则，不利于各种不同所有制企业开展竞争。因此，应该尽快制定适用于所有企业的统一的企业所得税法。后一种见解，当时已成为税法研究中的主流观点。[③] 社会主义市场经济体制建立后，我国企业所得税制所走过的分步统一之路证明，当时经济法学者对我国涉外企业所得税法的研究不但思想敏锐，而且用发展的眼光为税制改革指明了一条正确道路。

---

① 刘隆亨、徐丽雯、冯益娜：《关于我国涉外税收优惠制度的法律问题》，载《中外法学》1989 年第 6 期。

② 参见孔凡《对涉外税收优惠政策及税务问题的探讨》，载《法学杂志》1987 年第 5 期。

③ 参见张友渔主编、王叔文副主编《中国法学四十年》，上海人民出版社 1989 年版，第 393 页。

第 九 章

改革开放中兴起的环境法学

一、环境保护法的颁布与环境法学的兴起

尽管经济发展中的环境保护至今仍是十分严峻的问题，但是与很多人的想象不同，我国在法制建设方面并不是采取"先发展，后环保；先污染，后治理"的环境立法政策，而是在实行经济改革、促进经济发展的同时，就加强了环境保护的法制建设。进入 20 世纪 80 年代，我国的环境立法发展十分迅速，环境立法成为我国法制建设中最活跃的领域之一。[①] 与这一时期其他领域的立法相比，环境立法在数量上明显高于其他领域的立法。与此相应，在这一时期的中国法学发展过程中，环境法学也是起步最早、成就最好的分支学科之一。

十一届三中全会结束后不到 10 天，中共中央就批转了国务院环境保护领导小组提交的《环境保护工作汇报要点》。1979 年 2 月 23 日，新中国第一部森林保护法——《森林法（试行）》颁布；同年 9 月 13 日，《环境保护法（试行）》获得全国人大常委会原则通过。《环境保护法（试行）》的颁布，标志中国环境保护法制化工作全面启动，朝着开放化和体系化的方向发展。这两部法律和同年通过的《刑法》、《刑事诉讼法》一起，得到了国内外的广泛关注。

本阶段是我国社会主义法制建设的快速发展时期。1982 年 12 月修订的《宪法》把 1978 年《宪法》规定的环境保护对象扩大和明确化了，为其后二十多年中国全方位的环境立法提供了依据。《海洋环境保护法》、

---

① 张友渔主编、王叔文副主编：《中国法学四十年》，上海人民出版社 1989 年版，第 465页。

《森林法》、《水法》、《渔业法》、《水污染防治法》、《大气污染防治法》、《草原法》、《野生动物保护法》、《土地管理法》、《水土保持法》等重要的环境法律、法规和规章，如雨后春笋般地被颁布、实施。《民法通则》等国家一些重要的民事、行政、诉讼等基本法律及有关企业立法，也规定了环境保护的内容。尤其值得注意的是，国家在总结《环境保护法（试行）》实施经验和教训的基础上，于1989年12月颁布并实施了《环境保护法》，标志着我国环境法制的建设进入了以该法为基本法律的体系化阶段。与此同时，中国加大了环境外交的力度，参加了《濒危野生动植物国际贸易公约》、《保护世界文化和自然遗产公约》等重要国际环境公约和协定，与日本等周边国家签署了《保护候鸟及其栖息环境协议》等双边环保协定。

为了适应我国环境保护事业和环境法制事业的发展需要，服务于环境法制建设，促进环境法制的科学化、完善化，一批具有国外学习环保制度经历或者具有本土环境保护、法制建设经验的学者[①]，开始加强环境法学的研究和教育。在1980年，中国环境管理、经济与法学学会在北京成立，创办了《中国环境管理》杂志。此后，中国学者开始编写自己的环境法学著作、教材和讲义，一些高校也相继开设了环境保护法课程，涌现出一大批学术带头人和学术骨干。马骧聪的《环境保护法浅论》[②]探讨了环境保护立法的主要内容，建议国家尽快制定综合性的环境保护法。该文的发表不仅标志着我国环境法学的起步，而且表明我国早期的环境法学研究主要服务于当时的环境立法实践。文伯平的《环境保护法是独立的法律部门》[③]针对当时将环境保护法视为经济法的一个组成部分的主流观点，主张环境保护法不是经济法的组成部分，而是一个独立的法律部门。该文标志着环境法学者的自主意识的开始。[④]

在这一时期，中国环境法学的发展主要集中于基础理论研究、法律规

---

① 根据北京大学环境与资源法研究中心的统计，中国环境法学教学与研究的开拓者包括韩德培、马骧聪、金瑞林、文伯屏、蔡守秋、程正康、罗典荣等22人。参见 http://envilaw.pkulaws.com，最后访问日期：2009年9月4日。

② 发表于《法学研究》1979年第2期。

③ 发表于《法学杂志》1980年第2期。

④ 张文显主编、黄文艺副主编：《中国高校哲学社会科学发展报告·法学（1978—2008）》，广西师范大学出版社2008年版，第217页。

范分析和外国环境法介绍三个方面。早在 20 世纪 70 年代末 80 年代初，中国社会科学院法学研究所、北京大学、武汉大学、中国政法大学等机构就组织力量进行环境法研究，以《环境保护法概论》（文伯屏著，群众出版社 1982 年版）、《环境保护讲话》（蒋碧昆、郭锐编著，法律出版社 1982 年版）、《环境保护法基本问题》（马骧聪著，中国社会科学出版社 1983 年版）、《中国环境政策概论》（蔡守秋著，武汉大学出版社 1988 年版）为代表的论著，奠定了中国环境法学的基础体系。《西方国家环境法》（文伯屏著，法律出版社 1988 年版）、《苏联东欧国家环境保护法》（马骧聪著，中国环境科学出版社 1990 年版）以及郭布罗（润麒[①]、程正康等翻译的日本、美国环境法资料，填补了对外国环境法系统性研究的理论空白。《环境外交概论》（蔡守秋著，香港中华科技出版社 1992 年版）填补了我国国际环境法研究的空白。

在环境法学教育方面，韩德培于 20 世纪 70 年代末主编了改革开放后第一部环境法教材《环境保护法教程》[②]；在 20 世纪 80 年代初，国家环境保护局与武汉大学协商，在武汉大学建立了环境法研究所，成为迄今为止中国乃至亚洲最大的专门从事环境法学研究和教学工作的研究机构；北京大学于 1979 年在全国法学院系中首开环境法学课程，并于 1980 年开始招收环境法学方向的研究生；1984 年教育部批准在武汉大学设立全国第一个环境法硕士点。后经教育部批准，中国社会科学院研究生院、北京大学、中国政法大学等单位，也开始陆续招收环境法硕士研究生。

总的来说，中国环境法学的兴起阶段，呈现出如下特点：一是国家实施改革开放的一开始，就重视环境法学教育和研究，如武汉大学环境法研究所在国家环境保护局的支持下，创办了《环境法》学术杂志。二是中国环境法学的发展初期，研究者们就既注重环境法的基本概念、环境法的体系等基础理论问题的研究，也关注现实中的环境污染和生态破坏问题的研究。三是在环境法学的发展初期，就注重加强国际合作与交流，吸收了协调发展、共同责任、污染预防等国际先进的环境法治理念。[③] 例如在 1979

---

① 郭布罗·润麒早年留学日本，1961 年至 1966 年在北京编译社工作，曾对日本环境法做过一些研究。1978 年起先后在中国社会科学院法学研究所编译室、《外国法译评》工作，翻译了一些日本环境立法资料。

② 韩德培：《环境保护法教程》，法律出版社 1986 年版。

③ 参见 1972 年的《人类环境宣言》。

年9月，以加藤一郎、野村好弘、森岛昭夫等知名学者为代表的日本人类
环境问题研究会访问中国社会科学院。这是当时中国法学界最早开展国际
学术交流的事例。自此，中国社会科学院与日本环境法学界一年一次的院
级双边环境法交流机制正式启动。现在看来，由于环境法制本身所具有的
技术性、国际性和较少的意识形态色彩，使得中国的环境法学能够较早地
面向国际，较早地引入国际上环保法学的最新理念与理论。

二、环境法学兴起中的重大理论问题研究

在改革开放初期至向市场经济体制转轨前，大力实现环境法治秩序，
大力推进环保体制改革，促进经济发展，是中国环境法治的指导思想和中
心任务。进入初创时期的中国环境法学，紧紧围绕这个指导思想和中心任
务展开建设，在环境法学的基本理论方面和对策研究方面，都取得了很大
的进展。

关于法律上环境的概念和范围确定问题。《环境保护法（试行）》对
"环境"的界定是："本法所称环境是指：大气、水、土地、矿藏、森林、
草原、野生动物、野生植物、水生生物、名胜古迹、风景游览区、温泉、
疗养区、自然保护区、生活居住区等。""指"字把环境和其中的资源等
同，既没有体现两者的区别，也没有体现环境的系统性和动态性，很不科
学。另外，单纯的列举式定义很繁杂，没有体现环境保护的规律性。因
此，环境法学界要求修改法律上的"环境"定义的呼声强烈。《环境保护
法》第2条针对上述不足，根据环境法学界的研究成果与理论建议，采取
概括和列举相结合的方法，将"环境"重新做了界定，即："本法所称环
境，是指影响人类生存和发展的各种天然的和经过人工改造的自然因素的
总体，包括大气、水、海洋、土地、矿藏、森林、草原、野生生物、自然
遗迹、人文遗迹、自然保护区、风景名胜区、城市和乡村等。"这一界定
吸纳了环境法学的理论成果，体现了法律上"环境"定义和范围界定的相
对科学性。

关于环境保护法的体系建设问题。《环境保护法（试行）》对污染防
治、生态保护及资源保护与节约的规定是并重的。但随着机构改革的进
行，资源保护、资源节约和相关的生态保护职权，逐渐向土地、林业、海
洋等资源管理部门集中，因此，《环境保护法》在界定"环境"的定义和

范围时虽然纳入了一些自然资源，但对《环境保护法（试行）》规定的水、土地、矿藏、森林、草原、野生动物和野生植物资源的保护措施问题，则采取了消极的回避态度，仅以"开发利用自然资源，必须采取措施保护生态环境"这一原则性规定予以应付。可见，《环境保护法》偏重于环境污染和生态破坏的法律防治。基于此，一些学者称《环境保护法》实质为污染防治和生态保护法。① 这为日后环境保护法和资源保护法体系的相对独立性奠定了基础。

关于环境法的部门法地位问题。《环境保护法（试行）》颁布不久，中国法学界曾有观点认为，环境问题是经济活动的副产物，应当归经济法调整，因此环境法是经济法的一个分支。加上环境法研究当时主要是一种基于规范分析和法律制度的应用性研究，缺乏基础理论的建设，所以有一些学者提出，环境法成为独立的部门法既无必要，也无基础。② 也有人认为，环境法体系正在形成，环境法正在向独立部门法发展。更多的人则认为，在我国环境法已经形成一个独立的法律部门，其基本依据是：环境保护所形成的特定社会关系领域和我国环境立法体系的形成。③ 随着森林、水、草原等资源保护方面和大气、水等污染防治方面的立法快速发展，特别是《环境保护法》的颁布，一些学者在考察西方环境法的发展历程后提出，环境法不仅解决经济发展的问题，还解决人与环境之间的生态问题，其目的与经济法不同；环境法具有独特的原则、制度和技术性调整方法，与经济法有天壤之别，因此环境法应属于独立的部门法。1992 年联合国可持续发展大会召开后，环境保护与经济发展立法的目的、制度和机制差别得到世界的公认，加上中国环境法体系的建设已初具规模，因此，环境法的独立部门法地位逐步得到中国法学界的承认。

关于环境法基本原则的确定问题。《环境保护法（试行）》确立了"全面规划，合理布局，综合利用，化害为利，依靠群众，大家动手，保护环境，造福人民"的基本方针和"谁污染谁治理"的基本原则。环境法

---

① 曹明德：《关于修改我国〈环境保护法〉的若干思考》，载《中国人民大学学报》2005 年第 1 期。

② 参见蔡守秋《论关于调整人与自然关系的环境法学理论（一）》，www.qiqi8.cn/article，最后访问日期：2009 年 9 月 5 日。

③ 张友渔主编、王叔文副主编：《中国法学四十年》，上海人民出版社 1989 年版，第 470 页。

学界基于这些制度规定，把环境法基本原则归纳为全面规划与合理布局、综合利用与化害为利、依靠群众保护环境及谁污染谁治理等原则。其后制定的专门环境与资源立法，在各自的适用范围里将这些基本原则予以具体化。1989 年《环境保护法》虽然没有明确使用"原则"二字，但是该法及其后制定的各专门环境与资源立法，均隐含了环保工作同经济建设和社会发展相协调、综合利用、公众参与和环境责任等贯穿环保工作全过程的基本准则，因此在我国的环境法律规范体系中，基本确立了环境法基本原则的体系。

关于环境犯罪主体的扩展问题。《环境保护法（试行）》规定了企、事业单位的环境行政义务，相应地也规定了"予以批评、警告、罚款，或者责令赔偿损失、停产治理"等行政责任。但在刑事责任主体的确定方面，仍然和 1979 年《刑法》保持一致，仅规定对"引起人员伤亡或者造成农、林、牧、副、渔业重大损失的单位的领导人员、直接责任人员或者其他公民"依法追究刑事责任，却没有承认单位的犯罪主体资格。其原因是，部分研究者认为，单位的意思表示是单位中人的意思表示，单位的行为是通过单位中人的行为来表现的，因此，犯罪的实现者是人而不是一个由人组成的单位。但是，由于这一拘泥于只有个人才是犯罪主体的理论无法解释单位为何能成为行政违法主体的问题，因此，中国法学界要求把单位确定为犯罪主体的呼声一直很高。到了 1987 年《海关法》制定时，其第 47 条终于对单位犯罪问题予以突破，对"企业、事业单位、国家机关、社会团体犯走私罪的"单位，规定了"判处罚金，判处没收走私货物、物品、走私运输工具和违法所得"的刑事处罚。刑法上对单位犯罪的规定，直接影响了环境法责任体系的变化。1988 年《全国人民代表大会常务委员会关于惩治走私罪的补充规定》的第 5 条，对走私珍贵动物及其制品的单位及其直接负责的主管人员和其他直接责任人员均规定了刑事责任，从而在制度上确认单位可以作为环境犯罪之主体资格。环境法学界在此问题上的多年研究成果和制度建议，终于得到立法的接受。

关于环境法的阶级性。在这一时期，阶级性还是法学的基本研究范畴，阶级分析还是法学的主要研究方法，即使以技术性、国际性见长的环境法学也不能免俗。关于环境法的阶级性问题，大体有三种主张。一种观点主张环境法没有阶级性。认为从人与自然的关系来看，法的共同性因素将随着社会生产力和自然科学的发展，人对自然的征服能力的扩大，以及由此产生的自然对人的征服的反作用力的加强，出现了日益扩张的趋势。这些调整自然关系的法规，虽然也会受到阶级利益的制约和影响，但也要承认这些法规本身是没有阶级性的。另一种观点强调环境法的阶级性。认为否认环境法阶级性的观点是不正确的，违背了马克思主义关于法的理论的基本性，例如资本主义国家的环境法，归根到底是为了维护资产阶级利益的。还有一种观点不否认环境法具有阶级性，但主张应全面把握环境法产生的背景、任务、性质和特点，进行具体分析。这种观点认为，环境法同其他法律部门比较有同有异；环境法保护的对象是人类赖以生存的基础——自然环境，环境法的任务是协调发展与环境的关系，保护和改善环境质量、保护人类健康，对社会全体成员都是一视同仁的；当然，环境法同社会的政治、经济、文化有密切的联系，并体现执政阶级的利益是毫无疑义的，但是简单化地套用传统公式，不作具体分析地把环境法也说成是阶级矛盾的产物，是统治阶级为了维护本阶级利益而进行统治的工具，就把复杂的社会现象简单化了。[1]

此外，在这一时期，我国环境法学界参考国外的立法和研究，开始了环境权性质、主体、内容和立法保障的学术探讨，[2] 对促进中国环境法治的民意化和民主化起到积极的作用。

---

[1] 本段参照张友渔主编、王叔文副主编《中国法学四十年》，上海人民出版社 1989 年版，第 471—473 页。

[2] 代表性的成果是蔡守秋所著《环境权初论》一文，载《中国社会科学》1982 年第 3 期。

第 十 章

为强化行政管理而衍生的行政法学

一、曲折起伏的行政法学发展历程

中国的行政法学真正成为一个学科意义上的理论体系，确实是在 1978 年之后才开始建构的，并且随着国家政治生活的变迁和理论注意力的转移，明显形成了几个不同的发展阶段。在描述这一时期的行政法学的发展历程时，简要回顾一下 1978 年以前的行政法学发展历程也是必要的，尽管此阶段的行政法学并不是 1978 年之后行政法学得以接续的序曲，但是我们可以从一条更为完整的历史轨迹，看到行政法学的曲折历程，并可引发我们更加深邃的思考。[①]

（一）行政法学萌芽初创阶段（1949—1959）

这段时间，我国正处于从新民主主义到社会主义转变的历史阶段，当时负责全国政法工作的董必武曾经提出：新中国应该厉行法治，应该研究行政法。因此，在建国之初，随着国家一定范围内行政法制工作的起步，行政法学也一度引起重视。包括中国人民大学法律系在内的少数法律院校也曾开设过行政法课程，并编写出了几本内部教材，也有不少苏联学者应邀来华讲授苏维埃行政法学。[②]

---

① 本部分关于我国行政法学发展阶段的描述，参见杨建顺《中国行政法和行政法学 20 年的回顾与展望》，载《法学家》1999 年第 1 期；张友渔主编、王叔文副主编：《中国法学四十年》，上海人民出版社 1989 年版，第 195—197 页；应松年：《中国行政法的回顾与展望》，载《上海政法学院学报：法治论丛》2008 年第 23 卷第 2 期。

② 比如，中国人民大学曾经在 20 世纪 50 年代请一位苏联专家讲授行政法的课程。其讲义分为上下两册，上册是总论，下册是分论。参见应松年《中国行政法回顾与展望》，见 http：//law. china. cn/news/txt/2006—10/23/content_ 226038. htm，最后访问时间：2009 年 6 月 2 日。

这段时期中国行政法学的发展呈萌芽状态，其特点表现为：在当时国际关系"一边倒"的大气候下，我国的行政管理体制和行政法律制度基本上照搬苏联的模式，行政法学的研究以介绍苏联行政法学开始但也仅限于介绍苏联的行政法，没有形成中国特色的系统理论。而且，当时的行政法学与行政学之间并没有明显的区分，行政法基本上被认为是行政管理的手段，"工具论"的观点占有主流地位。因此，从一开始，中国行政法学就脱离了中国的现实，机械移植本来就畸形发展的苏联行政法学，使刚刚诞生的我国行政法学先天不足。这个时期虽然标志着中国行政法学的萌芽，但在当时本来就十分落后的法律科学体系中，行政法学处于一种相当微不足道的地位，是一个非常薄弱的环节。

（二）行政法学萧条荒芜阶段（1959—1978）

中国行政法学的发展本来就是极端的不景气，自 1957 年起，又受"左"倾的错误路线的干扰，"文化大革命"中更陷入灭顶之灾。具体来说，在"左"倾的错误路线下，法律被作为"资本主义、修正主义"的东西予以批判，国家的行政立法工作陷于瘫痪，1959 年国务院法制局曾提出过的整理行政管理法规的设想也化为泡影；从 1962 年开始，《中华人民共和国法规汇编》停止出版；1966 年 6 月《国务院公报》停刊；从不同方面对国家行政活动进行监督的机构，诸如监察部、司法部、检察院相继被取消；行政权此时已经膨胀到了一种为所欲为的地步。不要法律、否定法治的呼声甚嚣尘上，法律学科成了人们不敢问津的禁区。这种情况从 1957 年一直延续到 70 年代末期，中国行政法学几乎整整被耽搁了 20 年。

（三）行政法、行政法学研究和教育恢复期（1978—1982）

粉碎"四人帮"以后，行政法学研究依然受冷落，处于停滞、徘徊状态。直到 1978 年中国共产党第十一届三中全会召开，全会决定把全党全国的工作重心转移到社会主义现代化建设上来，把民主和法制建设提到重要的议事日程，从而结束了包括行政法学在内的法学学科停滞不前的状态，使新中国的行政法和行政法学得到了恢复和发展。①

十一届三中全会提出了健全民主集中制、加强社会主义民主与法制的

---

① 参见熊文钊《回顾方知一路艰辛 展望更觉任重道远——新中国行政法学 20 年发展进程管窥》，载中国行政法学研究会编《中国行政法之回顾与展望——"中国行政法二十年"博鳌论坛暨中国法学会行政法学研究会 2005 年年会论文集》，中国政法大学出版社 2006 年版。

任务，为行政法学研究的展开和发展带来了新的生机。1979 年 3 月，中国社会科学院法学研究所在北京召开全国法学规划会议，部分法学刊物、法学学会、法学院系也得到恢复。1979 年 11 月第五届全国人大常委会通过《关于中华人民共和国建国以来制订的法律、法令效力问题的决议》，使建国以来的法律、法令（除同第五届全国人大制定的宪法、法律以及第五届全国人大常务委员会制定、批准的法令相抵触的以外）恢复了效力。此后，我国在人事和组织行政、公安行政、工业行政、民政行政、税务行政等领域，都制定颁布了大量行政法律规范。受十一届三中全会和法学规划会议的鼓舞，法学界开始研究行政法，呼吁加强行政立法、严格行政执法并探讨在中国建立行政诉讼制度的可能。夏书章、张尚鷟、姜明安、刘海年、常兆儒、陈春龙、周鲲等纷纷在报刊上发表文章，为健全行政法制和建立行政法学鼓与呼。①

1981 年，司法部和教育部领导下的法学教材编辑部在决定试编的高等学校法学教材书目中，列入了行政法学这个项目，我国行政法学的研究工作为适应高等学校教学的需要而迈出了第一步。安徽大学②、北京大学、中国政法大学、西南政法学院、西北政法学院等部分政法院系开设了行政法课程，也组织编写了讲义。③北京大学法律系率先在本科和研究生中开设外国行政法和行政诉讼法课程，而安徽大学于 1982 年开始招收国内首届行政法研究生。

（四）行政法学研究初步发展期（1982—1986）

1982 年现行宪法的颁布，有力地推动了行政法制建设，从而使行政法和行政法学研究进入到健康发展的轨道，为行政法学研究的展开提供了根本的

---

① 参见《曾经的行政法和行政法学》，《法制早报》，见 http://news.sina.com.cn/c/2006—10—30/092111368391.shtml，最后访问时间：2009 年 7 月 2 日。

② 安徽大学的陈安明 1981 年为安徽大学法律系学生讲授行政法学，开全国高等学校讲授行政法之先河，并于 1982 年开始招收全国首届行政法学硕士研究生，为我国行政法学高级专门人才的培养作出了重要贡献。陈安明还参加编著了《行政法概要》，撰写了《中国大百科全书·法学卷》行政法部分词条，主要著述有《中国行政法学教学大纲》和《中国行政法学》等。

③ 当时，除了民国时期的几本行政法著作、20 世纪 50 年代翻译的几本《苏维埃行政法》以及配套的《行政法总则参考资料》外，全国没有一部行政法学教科书或行政法学专门著作，各个学校只能自己编写讲义。1982 年 4 月，西南政法学院（现西南政法大学）国家与法理论教研室，编印了 141 页的《中华人民共和国行政法概论》作为校内教学用书。同年 6 月，北京政法学院国家法教研室编印了《行政法概要教学参考资料选编》作为校内教学用书。参见《曾经的行政法和行政法学》。

依据。《民事诉讼法（试行）》的颁布施行，第一次以法律的形式肯定了行政案件在一定条件下的可诉性。同时，许多单行法律、法规都赋予了公民、法人和其他组织不服相应行政管理行为可向法院提起诉讼的权利。

1983 年，我国第一部高等院校行政法学教材《行政法概要》① 以及与之配套的《行政法参考资料选编》出版，行政法学教育和研究开始步入正轨。1984 年，十二届三中全会通过《关于经济体制改革的决定》，提出了"实行政企职责分开、正确发挥政府机构管理经济的职能"的原则，为行政机构改革和行政法制建设指明了具体目标，为行政法学研究提供了明确指南。此后，教材、理论专著、工具书、普法读物大量出版，行政法研究文章不断见诸于各种法律报刊、杂志。1985 年还发生了两起对中国行政法学产生深远影响的事件，即"行政法师资培训班"的开设和"行政法学研究会"的成立。②

（五）行政诉讼理论的准备期（1986—1989）

1986 年 9 月，全国人大常委会通过《治安管理处罚条例》，把公民不服治安处罚纳入了行政诉讼的轨道，公民的权利开始受到一定程度的重视。同年 10 月，著名法学家陶希晋组织在京的行政法理论与实际工作者，成立行政立法研究组，开创了立法机关组织专家学者立法的先河。③ 作为全国人大法工委的咨询机构，行政立法研究组的宗旨是研究行政法制发展的方向、目

---

① 该书由王珉灿任主编、张尚鷟任副主编，包括全国一些法律院校、科研单位和实务部门十三位撰稿人在内的编写组共同编写，法律出版社 1983 年版。根据应松年回忆，由于当时行政法学教师匮乏，担任主编的王珉灿本来是研究宪法的，而张尚鷟则是研究刑法的；王名扬也参加了该教材的编写，他也是这本教材编写者中唯一完整、系统地学习和研究过行政法并获得公法学博士学位（法国巴黎大学博士学位）的作者。参见应松年《中国行政法的回顾与展望》，载《上海政法学院学报：法治论丛》2008 年第 23 卷第 2 期；《曾经的行政法和行政法学》。

② 这一年的 3—7 月，中国政法大学受司法部委托，开设"行政法师资进修班"。来自全国 30 余所法学院（系、校）的 44 名学员参加了一学期的行政法培训。在进修班上，应松年、朱维究和王名扬三位担任主讲，龚祥瑞、张晋藩等承担了一些课程，另外还请了部分实务部门的负责同志做讲座。这次进修班为中国当代早期的行政法教学培育了师资骨干，也为行政法学研究凝聚了重要力量，被人誉为"行政法的黄埔一期"。

同年 8 月，行政法学研究会在常州召开成立大会这次会议选举产生了 27 人组成的第一届干事会。张尚鷟被选为总干事，罗豪才、应松年等被选为副总干事，应松年还兼任秘书长。夏书章、龚祥瑞、方彦、王名扬等人为顾问。参见应松年《中国行政法的回顾与展望》，载《上海政法学院学报：法治论丛》2008 年第 23 卷第 2 期；《曾经的行政法和行政法学》。

③ 行政立法研究组由全国人大法律委员会、全国人大常委会法工委、中国法学会、中国社会科学院法学所、全国律师协会、最高人民法院、国务院法制局、中国政法大学、中国人民大学和北京大学等单位的人员组成。参见杨建顺《中国行政法和行政法学 20 年的回顾与展望》。

标和发展途径，为立法部门提供健全、完善的行政法制的具体方案。

20 世纪 80 年代初期，人们在有关行政法制建设上，注意力主要放在管理法规范的建立上，而对于权利保障规范的制定没有给予足够的重视。行政立法研究组成立以后，行政法学研究和立法实践的结合，导致 20 世纪 80 年代末至 90 年代中期我国行政领域连续数项重大变革，翻开了我国民主与法制的新篇章。行政立法研究组起初曾致力于发动广大理论与实际工作者起草行政法大纲，1987 年转向起草行政诉讼法，1988 年向全国人大法工委提交了《行政诉讼法（试拟稿）》，成为 1989 年正式通过的《行政诉讼法》的基础。行政立法研究组编发的《行政立法研究资料》和《行政立法研究动态》，向全国各地行政法学者提供了国外行政法理论和国内行政法研究的最新成果，推动了行政法学研究的发展。1988 年，行政立法研究组开始创办《行政法学研究》杂志（不定期），极大地促进和推动了全国性行政法学研究。

（六）行政法学研究的突破酝酿期（1989—1992）

1989 年以后，我国行政法学进入了一个全新的发展阶段，学界在广泛吸收和借鉴外国行政法学研究成果的同时，注意联系中国实际，研究中国行政法学面临的诸多理论和实践问题。1989 年七届全国人大通过《行政诉讼法》1990 年 10 月起施行，这标志着我国行政诉讼制度的正式建立，"民不告官"成为历史，"依法行政"的观念日益深入人心。行政诉讼制度的建立，一方面引起了这一领域活跃的理论争鸣，另一方面也促进了相关问题的研究，在宪法理论、行政立法、行政行为、监督行政、行政责任、行政救济、行政审判方面取得了重大进展。[①] 1990 年 12 月国务院颁布《行政复议条例》，建立了行政复议制度。《行政诉讼法》和《行政复议条例》都是行政法学者和实际立法工作者通力协作的结晶，其颁布、实施极大地推动了我国行政立法、执法、司法活动向现代化迈进，也促进了我国行政法学研究向纵深发展。这一阶段的行政法理论研究和行政立法研究会的工作都是围绕这一主题展开的，形成了理论研究推动和指导立法、执法、司法实践，立法、执法、司法实践又进一步促进理论研究深入发展的良性循环，这成为目前我国行政法学研究和实践的重要特征。更为重要的是，这一阶段实践与理论相结合的研究是下一阶段更深层次的行政法学理

---

① 罗豪才：《在邓小平理论指导下走向繁荣的中国行政法学》，载《中国法学》1998 年第 5 期。

论基础研究和争鸣的酝酿和积淀。

中国行政法学在这一时期取得重大进步的同时，也存在许多不足。在理论研究方面，行政法学者们仍受计划经济和集权观念的影响，在一些行政法规范和理论观点中，一定程度地反映出"重实体、轻程序，重义务、轻权利，重管理、轻救济"的倾向，因此，从整体而言，依然可以认为这个阶段的行政法学的基本性质是"强化行政管理的行政法学"。①

二、行政法理论体系的初步建构

从行政法学研究恢复以来，我国法学界不断提出和回答了有关我国行政法学的一些重大理论问题和实际问题。经过十几年的研究发展，行政法学界对这些问题的研讨取得了可喜的初步成果。

（一）关于行政法的本质

西方有些学者关于"行政法是控制法"的主张，能否作为我国行政法性质的描述，不仅涉及对行政法本质的认识，同时也涉及对行政法作用的认识。有一种观点主张"行政法就是限制政府的法"，认为只有给行政法下这样一个定义，才符合现代民主政治的要求。这种观点认为，行政法的精髓在于管理行政而不是行政管理，行政法通过监控行政权，保障公民宪法上和法律上规定的种种权利自由不受非法行政侵害。进而主张行政法应该关注的问题主要是：（1）行政权的大小；（2）行政权的运行准则和程序；（3）行政权侵犯个人、组织的权利时，所给予的纠正和补救。其中，司法审查制度是行政法的核心。对于行政权的授予，应该明确行政权的来源，界定行政权的大小，树立法律先于行政的原则，限制行政裁量权，并明确和限制对公民权益有重大影响的几种行政权。②

另一种观点则认为，这种"行政法就是限制政府的法"的观点对我国

---

① 罗豪才：《在邓小平理论指导下走向繁荣的中国行政法学》，载《中国法学》1998年第5期。

② 参见王天成《治人者治于法——行政法与人权》，载《中外法学》1992年第5期（总第23期）。该文在行政法学界第一次明确将人权与行政法联系起来予以论述。该文的第三部分列举了与行政法有关的若干实体人权，如表现自由、人身自由（行政机关主要通过拘留、劳动教养、收容审查、收容遣送等方式影响公民人身自由）、财产权（行政机关影响财产权的行为主要有税务和行政处罚）、劳动权、受教育权、环境权等。该文还认为我国1989年颁布的《行政诉讼法》是一个专门的人权立法，该法系统规定了公民诉诸司法审查这一基本程序人权，使人身权和财产权在行政法上有了正当法律程序的保障。

是不适用的。在我国，行政法是人民手中掌握的一种法律手段，人民把这种法律手段交给代表他们行使国家行政权的各级国家行政机关，据以有效地管理各个方面的国家行政工作。只有在国家行政机关及其工作人员采取了违反行政法的违法措施，从而侵犯了公民或其他当事人的民主权利或合法权益时，才谈得上采用行政诉讼手段来限制或监督政府的问题。因此，具有中国特色的行政法学理论，需要同时强调两个方面的内容，一方面，要强调政府有权代表广大人民运用行政法手段来有效地管理各个方面的国家行政工作，只要政府是坚持依照行政法办事的，就应当享有全体人民赋予它行使的国家行政权，且必须是享有国家行政权的具有权威的国家机关。广大公民和其他行政法上的当事人，在政府依法管理各个方面的国家行政事务过程中，都有义务遵守行政法的规定，坚持依法办事。另一方面，要强调政府不能越权或滥用权力从而侵犯公民或其他当事人在行政法上的合法权益和民主权利，只能坚持依法办事。政府及其工作人员违法了，也要允许公民或者其他当事人依法去控告政府机关及其工作人员，并通过行政诉讼由法院对政府的工作进行监督或限制，以保护广大公民或其他行政法上当事人的民主权利和合法权益。但这只是行政法本质问题的一个方面，不能因此就得出结论说，"行政法就是限制政府的法"。从我国的实际出发，行政法的两个方面都是需要强调的，不能只强调"限制政府"这一个方面，否则将会失之片面。这种意见的主张者还强调指出，在资本主义国家里，有些学者虽然在口头上很强调"行政法是限制政府的法"，而在实践中，他们的政府却是在充分运用行政法这种法律手段来达到有效管理国家行政事务的目的。广大人民群众在国家生活和日常生活中都必须履行行政法上规定的各种义务，否则就要依法受到各种行政制裁。行政法，在资本主义国家，像刑法、民法等法律部门一样，同样是资产阶级国家手中掌握的统治和管理整个社会的一种法律手段，实质上，并不像他们的法学家们所说的那样仅仅是"限制政府的法"，它同样是具有两方面作用的。而在社会划分为剥削阶级与被剥削阶级的情况下，行政法还常常是更多地表现为资产阶级从行政管理角度统治和压迫广大劳动人民的阶级压迫工具。[①]

---

① 张友渔主编、王叔文副主编：《中国法学四十年》，上海人民出版社 1989 年版，第 198—199 页。

这两种观点的争锋，反映了我国法制建设初创时期的时代背景，也反映了行政法理论初创时期的特点，即观点鲜明、论证简单。在这两种观点的区别与争论中，可以隐约看出后来"控权论"和"平衡论"争论的雏形。

（二）关于行政法原则

我国学者对行政法基本原则的认识和研究是从 80 年代才开始的，大致经历了两个阶段。第一阶段，即初步探讨阶段，以 1983 年出版的高校法学试用教材《行政法概要》为典型，该书着重阐述了坚持四项基本原则是我国行政管理的指导思想，并概括了七个基本原则。（1）在党的统一领导下实行党政分开和政企职责分开；（2）按照客观规律办事，实施有效的行政管理；（3）广泛吸收人民群众参加行政管理；（4）实行"简政"、"便民"；（5）坚持各民族平等；（6）贯彻民主集中制；（7）在国家行政管理领域里坚持依法办事。由此可见，我国学者一开始探讨行政法基本原则时着重把握正确的政治方向，但同时也存在着缺陷，即主要是照搬宪法原则和行政管理的基本原则，缺乏深入的具有行政法学特色的探讨。

第二阶段为深入探讨阶段。1985 年中国行政法学会成立时，有学者提出行政法的基本原则应不同于行政管理的基本原则，要充分考虑到行政法基本原则应具备的特殊性、普遍性和层次性等要求，由此提出了行政民主原则、行政法治原则、行政合理原则、行政平等原则、行政公开原则、行政统一原则和行政责任制原则。此后，一个探讨独立的、区别于宪法和行政管理基本原则的行政法基本原则的热潮到来了，许多学者从不同角度提出了不同见解。如《行政法论》[①] 一书提出法治原则、民主与效率协同原则是行政法两大基本原则；《行政法学教程》[②] 一书提出了行政合法性原则和行政合理性原则两大基本原则。姜明安撰文指出，行政法治原则、制约原则、公正原则和效率原则应为行政法基本原则，并作了比较充分的论述。[③] 这一阶段的争鸣和讨论开拓了人们的思路，并为以后进一步研究这一问题提供了丰富的思想资料。

（三）关于行政法的渊源

行政法学界在这方面主要研究的是行政法的形式渊源，即行政法的表

---

① 参见罗豪才主编《行政法论》，光明日报出版社 1988 年版。
② 参见赵克仁主编《行政法学教程》，中山大学出版社 1990 年版。
③ 参见姜明安《行政法的基本原则》，载《中外法学》1989 年第 1 期。

现形式。① 作为一个法律部门，行政法究竟是一个国家全部行政法规（或行政管理法规）的总称，还是全部行政法规范的总称，由此形成了两派学术观点，而且这些观点深深地烙上了《立法法》颁布之前的时代烙印。

按照行政法应是一个国家全部行政法规（或行政管理法规）的总称的看法，在我国，行政法只包括那些叫"法"（如文物保护法、义务教育法）的法律，以及属于"行政法规"、"行政规章"和"地方性法规"的行政法律文件才归属于我国行政法这个法律部门，一般包括宪法、法律、行政法规、行政规章、地方性法规、自治条例、单行条例、特别行政区的法规以及我国签订的国际条约和协定。

按照行政法应是全部行政法规范的总称的看法，行政法的范围就要大得多。这种意见主张，在我国，国家权力机关制定和颁布的一切具有行政法效力的规范性文件，包括这一方面的法律、法规以及那些名称不叫"法"或"法规"而叫决定、规定、办法、指示、通知、简则、通则、细则等等的行政法律文件，都应归属于我国行政法这个法律部门。除此以外，一些散见于其他法律部门的行政法规范，也可以在承认"交叉"的前提下，归属于我国行政法这个法律部门。这样，各级国家权力机关和国家行政机关在其法定职权范围内制定颁布的行政法规范性文件，都可以归属于我国行政法这个法律部门。② 比如朱维究的《略论我国行政法的法源》③认为，党和政府机关联合颁布的行政法规和规章、行政机关与群众团体联合颁布的行政法规和规章等也属于行政法的渊源。杨海坤的《试论我国行政法的实质渊源和形式渊源》④ 也认为，党和国家行政机关以及国家行政

---

① 但也有对实质渊源的研究，比如杨海坤认为，根据我国国情，行政法的实质渊源至少有以下几种情况：（1）社会经济关系及其发展规律是行政法的最终实质渊源。（2）已经建立的政治制度、政治关系、行政制度、行政关系和不断积累的行政工作经验等也是行政法的重要实质渊源。（3）外国现存的行政法、行政法律制度在一定条件下也可成为本国行政法、行政法律制度的实质渊源。（4）政党的主张和重要政策也成为现代行政法的实质渊源。（5）公众舆论、要求，专家意见，以及自然科学、社会科学理论，都可在一定条件下成为行政法的实质渊源。（6）法的理论，特别是宪法学理论、行政法学理论对各国行政法的萌芽、成长具有直接的意义。参见杨海坤《试论我国行政法的实质渊源和形式渊源》，载《山东社会科学》（双月刊）1989 年第 3 期（总第 13 期）。

② 张友渔主编、王叔文副主编：《中国法学四十年》，上海人民出版社 1989 年版，第 197—198 页。

③ 朱维究：《略论我国行政法的法源》，载《政法论坛》1983 年第 1 期。

④ 杨海坤：《试论我国行政法的实质渊源和形式渊源》，载《山东社会科学》（双月刊）1989 年第 3 期（总第 13 期）。

机关与群众团体联合颁布的行政规范性文件在一定情况下是行政法的特殊法源。

（四）关于行政立法

在这一时期的行政法学界，对行政立法的讨论集中在"行政机关有无行政立法权"的争论上。一种意见认为，由于全国人大及常委会是国家的立法机关，因此，只有它才享有国家立法权，才有权制定我国的行政法。国务院是全国人大的执行机关，不享有立法权，只享有行政法规的制定权。同样，省、自治区、直辖市一级的地方国家权力机关（地方人大及常委会），也不享有立法权，只享有地方性法规、自治条例、单行条例的制定权。至于国务院的各部、委以及国务院的其他直属国家行政机关，以及省以下的地方政府，就更不享有立法权了，充其量只能制定从属于法律的那些具有法律效力的规范性文件。这种观点，在相当长的一段时期里占了上风，法学界的许多学者都认为这种观点是有道理的。但随着我国法制建设的不断发展，行政法制建设逐步提到党和国家的重要议事日程，从行政法学的角度来考察问题，这种意见的看法不能自圆其说的缺陷就逐渐暴露出来了。①

另一种观点认为，那种主张只有全国人大及常委会才有立法权、才有权制定我国行政法的观点不大符合我国的实际情况，是对我国国家立法权的一种误解，是值得商榷的。全国人大及常委会确实是享有国家立法权的最高国家权力机关，这是正确的，但把全国人大及常委会仅仅看成为国家的立法机关，并相应地把国务院仅仅看成是执行全国人大的意志、行使国家行政权的行政机关，这种看法却不是十分恰当。因为这种看法，不符合我国议行合一制的实际情况。应当说，全国人大及常委会是我国的最高国家权力机关，代表全体人民行使我国的一切国家权力，其中最重要的一项是国家立法权，而其他的国家权力，如国家审判权、国家检察权、国家行政权等，也都是由它来统一行使的，"一府两院"都要向人大报告工作，受其监督。我们实行的是议行合一制，在全国人大统一行使国家权力的前提下，对于国家审判权、国家检察权、国家行政权等各种国家权力实行合理的分工，由全国人大来组建各种类型的国家机关，让它们在实际工作中分别掌握并行使各种国家权力。因此，比较确切的说法，不应当把全国人

---

① 张友渔主编、王叔文副主编：《中国法学四十年》，上海人民出版社1989年版，第199—200页。

大及常委会仅仅看成是国家的立法机关。诚然，按照《宪法》第 58 条的规定，我们的国家立法权是由全国人大及常委会来行使的。但是，由于国家行政管理涉及的面极广，情况千变万化，各级国家行政机关如要及时运用行政法手段来实施有效的行政管理，行政立法权完全由全国人大及常委会全部包揽起来，在实践中是做不到的，也不利于加强行政法制建设和及时提高国家行政管理效率。因此，我们采用了通过宪法和有关法律或通过全国人大常委会做出授权决定的办法，授权给各级（包括省、县、乡）地方国家权力机关和地方国家行政机关，让它们能在自己的职权范围内，在自己的行政辖区范围内，行使一部分国家立法权（即行政立法权）。当然，它们必须"依法"行使这种行政立法权，而且要按照法定的程序向上级人大常委会备案，并统一受全国人大及常委会的监督。认为国务院只有行政法规的制定权、省一级人大及常委会只有地方性法规的制定权，而没有一定范围内的行政立法权，是很难让人理解的。这种观点还进一步论证指出，如果硬要说国家行政机关没有立法权只有行政权，就完全是按照三权分立的观点来观察问题得出的结论。我国实行的不是三权分立制，而是议行合一制，我们的全国人大同国务院不是鼎立的，而是完全一致的。国务院是全国人大的执行机关，全国人大把大部分行政立法权依法授予国务院去行使，让它去执行全国人大及常委会这一方面（行使行政立法权这一方面）的意志，这是完全可以讲得通的。①

（五）关于行政法与经济法、民法的相互关系

作为法律体系中在宪法统率下的一个重要法律部门，行政法同我国新兴的经济法这个法律部门的相互关系，在讨论中主要形成了三种观点。但是，法学界关于这个问题看法的分歧，却并没有随着时间的推移与研究的深入而消除。

第一种主张"大经济法"的观点，认为经济法既调整纵向经济关系，又调整横向经济关系和企业内部经济关系。这种观点认为民法已经过时，它将被新兴的经济法取而代之，这种意见完全否认民法存在的必要性，在一段时期曾吸引了不少拥护者。但自我国《民法通则》颁布以后，坚持这种意见的人已经很少了。

第二种主张认为，在一个国家的法律体系中，运用民法来调整横向的

---

① 张友渔主编、王叔文副主编：《中国法学四十年》，上海人民出版社 1989 年版，第 200—201 页。

经济关系，运用行政法来调整纵向的经济关系，就已经够用了，经济法没有存在的必要，这主要是因为经济法没有自己独立的调整对象。这种意见不承认经济法是我国法律体系中的一个相对独立的法律部门。

第三种主张认为，我国经济体制改革的目的是为了大力发展有计划的商品经济，这就要求完善和加强民法调整手段；同时计划经济要求国家对企业和全社会经济活动加强宏观控制和调节，既要有必要的直接控制手段，又要有科学的间接控制手段，因此政府与企业之间的关系应由经济行政法调整。经济行政法是行政法的组成部分，它与传统行政法的区别在于它有突出的经济性，由于它在现代化建设中的重要地位和作用，可以把它作为一个从行政法中分离出来的独立的法律部门加以研究。①

第四种主张认为，民法、行政法、经济法都应是我国法律体系中重要的法律部门。其相互之间的关系，从行政法学的角度来考察，可以概括为以下几点：（1）划分法律部门的学术观点不应强求统一，这同国家机关贯彻执行法律必须要求"法制统一"不一样。法学界承认还是不承认民法或经济法是一个独立法律部门，都不应影响具体法律文件的贯彻执行。（2）究竟按照什么样的标准来划分法律部门，法学界存在严重的分歧。有人认为只有一个标准，即按调整对象来划分。有人认为，按调整对象来划分当然是一个最基本的标准，但在某些情况下，这个普遍适用的划分标准也需要具体化。从行政法学的角度来考察这个问题，可以把调整对象的争论先搁在一边，没有必要先从高度抽象的调整对象角度出发去研究这个问题。可以首先来回答某一法律文件究竟应当划归哪一个法律部门，而且在回答这样的问题时，需要承认"交叉"原则，不能搞绝对化。（3）在我国，经济体制改革和政治体制改革的实践，已为我国经济法和行政法的理论研究工作提出了一系列新的课题，新兴的经济法理论需要发展，传统的行政法理论也需要在新的历史条件下得到恢复和继续往前发展。经济法这个法律部门的出现，并不否认传统行政法的存在，也不会阻碍传统行政法在新的历史条件下的恢复和发展。我国既需要经济法，也需要行政法来调

---

① 杨海坤：《近年来我国行政法学理论的主要建树》，载《江苏社会科学》1991年第3期。吕润程：《论经济法和行政法的联系与区别》，载《社会科学》1984年第3期；袁曙宏：《论行政法与经济法的划分——兼及经济法与民法的划分》，载《西北政法学院学报》1987年第4期；谢次昌：《论新形势下经济法与行政法的关系》，载《法律评论》1987年第4期。

整各种社会关系特别是各种经济关系，以便从法制的角度保证我们的四化建设能够顺利进行。国家制定颁布的大量经济行政管理方面的法律规范，统称为经济行政法，既可以划归我国经济法这个法律部门，作为它的一个必要的有机组成部分；又可以划归我国行政法这个法律部门，作为它的一个重要的分支部门。我国的经济法理论工作者和行政法研究工作者，都必须认真、深入地阐明这两大法律部门之间的相互关系，从理论上为开展和加强我国的经济法制建设和行政法制建设服务。①

三、行政法学的理论拓展

（一）关于外国行政法与比较行政法研究

中国当代行政法学研究素来重视对域外行政法学的借鉴，阅读西方论著、吸收和移植西方行政法律制度并借此批判和建构中国行政法治，是行政法学界的学术传统。② 提到外国行政法与比较行政法研究，首推王名扬与龚祥瑞两位。

王名扬的"外国行政法三部曲"中的前两部——《英国行政法》和《法国行政法》，都是在 20 世纪 80 年代出版的，加上 90 年代中期出版的《美国行政法》，这三部专著，"至少在当下中国，是我们这代行政法学人难以企及的成果"。③ 这三部行政法学方面的专著，对于我国行政法学研究，乃至对于我国行政法制建设，对于我国整个法治和宪政建设，其意义都是难以估量的。④ 除了"外国行政法三部曲"以外，王名扬还主编了《法、美、英、日行政法简明教程》（山西人民出版社 1991 年版）和《外国行政诉讼制度》（人民法院出版社 1991 年版）。这两本书影响稍小一些，

---

① 张友渔主编、王叔文副主编：《中国法学四十年》，上海人民出版社 1989 年版，第 203—207 页。

② 于立深：《世纪之交行政法学研究的五年回顾与展望》，载《法制与社会发展》2001 年第 1 期。

③ 参见王名扬《比较行政法》，北京大学出版社 2006 年版，姜明安序言。

④ 据北京大学的朱苏力在《从法学著述引证看中国法学》中统计，仅仅在 1998 年至 2002 年间，王名扬的著作五年合计被引证高达 494 次，这其中著作被引证就达 491 次，在整个中国法学界排名第八位。如果这一点，还不能说明王名扬学术著作的价值的话，那么朱苏力统计的另一项数据，则使得王名扬的学术价值凸显了："他引最多的教科书型著作"中，王名扬的《美国行政法》当之无愧地排在第一位，他引达到 194 篇；不仅如此，在"他引最多的教科书型著作"前 20 名的清单中，我们还可以看到王名扬的《英国行政法》排在第 12 位，他引率达到 104 篇。参见陈夏红《斯人独憔悴——再访王名扬先生》，载《中国政法大学学报》2006 年 5 月 22 日。

但其实践意义亦不可小觑。《法、美、英、日行政法简明教程》为我国高等学校法律院系当时刚开设的外国行政法课程的教学，及时提供了方便、适用的教材；《外国行政诉讼制度》（介绍法、美、日、英、苏的行政诉讼运行机制）则为我国当时刚刚建立的行政诉讼制度的运作，提供了有益的借鉴。"三部曲"虽然也涉及相应国家的行政诉讼，但毕竟不是行政诉讼专著，内容不及该书集中，且该书增加了介绍日本和苏联制度的内容。

由于身体的原因，王名扬的《比较行政法》并没有完成（同样遗憾的还有他构思中的《中国行政法》一书）。该书（未完成稿）共四章。第一章研究和阐释法律的传统、法系和比较研究的方法。第二章对法、英、美三国行政法的意义、特点、法源、行政法的基本观念和原则，以及行政法学的历史发展、行政法学的内容、体系等进行比较研究。第三章比较研究行政组织的一般理论。第四章对法、英、美三国中央政府（较广义的中央政府）进行比较研究。① 王名扬对行政法的学术贡献，可以用应松年的话来作为最恰当的评价："在外国行政法和比较行政法的研究上，中国当代法学无可置疑地存在着一个'王名扬时代'，但他的著作至今仍然保持那么高的引用频率，说明我们还没有走出'王名扬时代'。"②

与王名扬一样，龚祥瑞也曾求学国外，曾经师从英国现代宪法大师拉斯基，所以他的学问研究更着眼于宪法领域。不过，龚祥瑞于1985年出版的《比较宪法与行政法》，不仅在宪法领域、也在比较行政法的领域占有重要地位。2002年12月，龚祥瑞去世六年后，法律出版社法律教育出版中心还对该书进行了重排再版。

一般来说，我国20世纪80年代初期到中期的法学作品，由于时代所限，不免显得视野较为狭小、研究方法相对僵化，而龚祥瑞的《比较宪法与行政法》则完全不然。该书由比较宪法与比较行政法两大部分组成，作者称："行政法是宪法的一部分，即是宪法的动态部分；宪法则是行政法的理论基础。"因之合编。如今宪法与行政法被合并为一个专业，在学习与研究上，二者呈越走越近之势，该书在十几年前的有意合编，确实具有学术远见。该书底稿是龚祥瑞在北京大学讲授比较宪法与行政法的讲义，

---

① 参见王名扬《比较行政法》，北京大学出版社2006年版，姜明安序言。
② 参见应松年《行政法学的新面相：2005—2006年行政法学研究述评》，载《中国法学》2007年第1期。

除中文新旧文献外，参考英法文著作及文章近百种，呈现出视野开阔、阐释纯熟的特点，作者的学识与智慧一展无遗，与当时流行的著作差别甚大。1987 年，梁治平在读本书的一篇书评《法·法律·法治——读龚祥瑞〈比较宪法与行政法〉》中说："常听人谈'法制'问题，讨论'法治'的文章、专著却不多见，更少有分量的论著。然而读毕龚祥瑞先生近著《比较宪法与行政法》，上面的印象便大为改观了。"不但如此，就算与十几年之后的今天的著作相比，这本书仍能以这个鲜明特点而具有不可替代的重要位置。多所大学的比较法、宪法、行政法课程，都将此书定为学习与论文写作参考书。

在这一时期的行政法比较研究中，还有许多学者翻译了国外行政法的著作或撰文介绍外国行政法的发展情况，这些也对国内行政法学的发展起到了积极的作用。①

（二）行政法理论拓展的其他方面

有学者认为，从行政法学的角度看，这一时期行政法学理论界的最大贡献，就在于建立起了具有中国特色的行政法学体系。尽管学者们对体系的构成、范围甚至理论基础仍有较大分歧，而且这些争论仍将继续下去，但不容置疑的是，这一法学体系的建立对于奠定现有的行政法理论支柱、开创行政法制实践都起到了相当重要的作用。现有论著所主张的行政法学体系见仁见智，不一而足。最具代表性的有两类：一是以行政法律关系为中心线的"法律关系体系"，二是以行政管理过程为中心线的"过程体系"。由于两大体系出发点的一致性，决定了它们在具体构成上有一定相似之处。近年来有互相吸收对方长处的发展趋势。

在这一时期，行政组织法理论也得到一定发展。有关行政组织法的研究成果对于丰富行政法基础理论，影响并促进国家机构及人事制度改革起到了重要作用。就理论而言有以下建树：（1）行政组织法不仅规范行政机关和机构，而且还规范行政编制和公务员。（2）对行政机关组织法、行政机关编制法和公务员法的具体内容、基本原则以及如何完善等问题分别作了研究。（3）就行政法学而言，行政组织应该是行政法主体的一部分，行政法研究组织的同时，还应研究与行政组织相对一方的权利义务。（4）行政法主体、行

---

① 相关译著、著作情况请见杨建顺《中国行政法和行政法学 20 年的回顾与展望》，载《法学家》1999 年第 1—2 期。

政法律关系主体、行政组织等用语之间的差异得以明确。

20 世纪 80 年代行政法学界对行政违法和责任问题进行了较为深入的研究，其成果对立法活动产生了直接影响。概括起来有以下几个方面：（1）对行政违法的内涵展开了广泛深入的讨论，初步明确了行政违法与刑事犯罪、民事违法以及其他违法行为的界限。（2）对行政违法的外延达成共识，行政违法可以包括行政机关及公务员违法和行政相对人违法两部分。（3）对行政违法的构成要件进行了一定探索，有些文章对违法和过错的关系也有所研究。（4）确认了行政法律责任的特殊性，使之与民事责任、刑事责任及纪律责任区别开来。（5）责任形式逐步确定。学者们对行政法律责任形式进行了多种概括和总结。最具代表性的是将行政法律责任分为惩戒、补救、强制三类。（6）加快了行政违法与责任的立法规范化进程，促使很多立法部门重视对责任条款的规定，使法律的执行获得有力保证。

行政法学研究刚刚起步时，学者们就十分重视国家赔偿问题的研究，在这一阶段已取得一定的理论成果。国家赔偿的权利观念开始深入人心，人们渴望尽早建立保护其合法权益的国家赔偿制度。赔偿实践也初露端倪，关于国家赔偿与民事赔偿的区别、赔偿原则、范围、请求权人及义务机关、经费、程序等问题的研究也日渐深入。在赔偿理论研讨基础上，赔偿立法实践取得长足的进步。《行政诉讼法》明确规定了国家行政赔偿责任和赔偿程序。人们期待已久的《国家赔偿法》也呼之欲出。[1]

---

[1] 应松年、马怀德：《向新的高峰迈进——九十年代我国行政法学展望》，载《中国法学》1992 年第 3 期。

第十一章

追求程序正义的诉讼法学研究

一、体会法治从程序开始的诉讼法学初创

1978 年 12 月召开的中国共产党十一届三中全会，确立了"发展社会主义民主，健全社会主义法制"的方针，并要求做到"有法可依，有法必依，执法必严，违法必究"。这标志着国家的法制建设重新起步，进入了全面恢复和发展的阶段。在健全社会主义法制的政策方针指引下，国家立法部门积极着手并加紧法律的制定和修改工作，刑事诉讼法和民事诉讼法的立法工作在当时都列入国家法制建设的重要议程。1979 年 3 月，全国人大常委会法制委员会成立，到 6 月底，在短短的三个月时间内，即向全国人大提出了包括刑事诉讼法在内的 7 个法律草案，1979 年 7 月 1 日，《中华人民共和国刑事诉讼法》经五届人大二次会议审议通过，正式公布，并于 1980 年 1 月 1 日起实施。1979 年 9 月，全国人大常委会法制委员会成立了民事诉讼法起草小组，开始草拟民事诉讼法。经过两年零六个月的反复酝酿、修改，其间先后三次在全国范围内进行讨论，反复征求各方意见，至 1982 年 3 月 8 日通过和颁布了《中华人民共和国民事诉讼法（试行）》，并于 1982 年 10 月 1 日起在全国试行。无论是 1979 年的刑事诉讼法还是 1982 年的民事诉讼试行法，都是新中国有史以来的第一部刑事诉讼法典和民事诉讼法典。1979 年 9 月，全国人民代表大会常务委员会法制委员会成立了民事诉讼法起草小组，开始草拟民事诉讼法。新中国有史以来的第一部民事诉讼法典终获通过。

立法必须要有理论指导，在这个极其紧迫的立法过程中，我国立法机关采取的是立法工作者、实际工作者与从事法学研究和教学的专家三结合的办法，这不仅被认为是一种好的办法，而且得到了中央领导同志的高度

重视。彭真同志即认为："制定重要的法律，请专家和实际工作者来参加，不是简单的技术问题"，"在制定法律过程中，把各方面专家和实际工作同志请来，大家一起讨论，共同商议修改，可以使理论和实践密切地结合起来"①。正是制定两大诉讼法的紧迫需要带动了中国诉讼法学研究的重建与发展。部分诉讼法学者直接参与了立法工作，而与此同时，中国诉讼法学研究的主旨也在于为立法准备理论基础，其研究的主要内容和范围基本上集中在论证制定刑事诉讼法与民事诉讼法的必要性和现实性，阐述刑事诉讼法与民事诉讼法的结构和体系，论证如何制定有中国特色的刑事诉讼法和民事诉讼法，对有关的立法指导思想和立法根据给予阐释和说明等方面，从而为刑事诉讼法典和民事诉讼法典的出台作舆论上的准备和理论上的铺陈。在刑事诉讼法典、民事诉讼法典颁行后，学者们纷纷著书撰文，阐述立法精神，注释和普及刑事诉讼法和民事诉讼法。

在此期间，由于中国刚刚走出"法律虚无主义"的阴影，公民的法律意识非常薄弱，法律知识亦非常贫乏。为了普及并增强公民的法律意识，刑事诉讼和民事诉讼法学研究人员的主要研究工作和研究成果就体现为承担向社会介绍、宣传、普及刑事诉讼法与民事诉讼法的基本知识，提高公民的法律素质等政策性的"普法"任务。

在中国的诉讼法体系中，行政诉讼法的制定稍晚了几年。其实这并不奇怪，因为以政府部门作为诉讼对象的法律的出台，无论是在人们的观念上、实践上还是法制环境上，都需要一个更长的准备过程。在 1978 年之前，尽管在立法上已经出现个别领域行政诉讼制度的萌芽，② 但由于当时阶级斗争不断以"运动"形式展开、高度集权的政治行政体制以及计划经

---

① 顾昂然：《立法札记——关于我国部分法律制定情况的介绍》，法律出版社 2006 年版，第 13、16—17 页。

② 建国初期，起国家根本法作用的《中国人民政治协商会议共同纲领》规定："人民或人民团体有权向人民监督机关或人民司法机关控告任何国家机关和任何公务人员的违法失职行为。" 1949 年 12 月 20 日，中央人民政府委员会批准的《最高人民法院试行组织条例》规定，在最高人民法院设立行政审判庭。尽管当时国家没有规定统一的行政审判程序，但是在一些单行法规和规范性文件中已有关于行政起诉权的规定。如 1950 年的《土地法》规定：农民对乡政府、区政府评定的成份有不同意见，可以向县人民法院起诉，由县人民法院判决。1954 年《宪法》第 97 条规定："中华人民共和国公民对于任何违法失职的国家机关工作人员，有向各级国家机关提出书面控告或口头控告的权利。由于国家机关工作人员侵犯公民权利而受到损失的人，有取得国家赔偿的权利。"宪法的这一规定包含了行政诉讼的内容。参见林莉红《我国行政诉讼法学的研究状况及其发展趋势》，载《法学评论》（双月刊）1998 年第 3 期（总第 89 期）。

济体制等历史原因，真正意义上的行政诉讼制度在我国未能建立，在实践中主要由各个国家机关的信访机构处理行政纠纷，大量的行政纠纷根本无法通过法律途径得到解决，1978 年 12 月中国共产党的十一届三中全会以后，党和政府积极推行改革，大力发展商品经济，实行党政分开、政企分开、权力下放，各种企业、组织之间的经济利益逐渐独立，社会生活主体之间各种新的矛盾越来越多地反映出来。一方面，经济体制改革和商品经济的发展，计划经济向市场经济的过渡，使企业从行政机关的附属物转变归位为独立核算、自主经营的经济实体，需要完备的法律制度保护其合法权益，特别是经营自主权和合法承包经营权不受行政机关和主管部门的非法干预，这就需要立法赋予企业法人在其受到行政机关违法行为侵害时的诉讼权利。另一方面，在改革开放的形势下，公民的民主意识、权利意识以及法律意识逐渐增强，而经济独立和民主、法律意识的增强必然使行政机关与被管理的个人之间产生行政争议的数量增多，这也需要有保护人民民主、保障人权，以及加强对行政机关是否依法行使职权进行有效监督的法律制度。从行政机关本身来说，为适应改革开放的新形势，建立廉洁高效的政府和反对各种腐败现象，同样需要有一套对行政机关及其工作人员依法行使职权的外部监督机制。而行政诉讼制度正好可以通过程序规范为那些受到行政机关违法行为侵犯的公民、法人和其他组织提供一个广泛而经常的救济手段，以此达到促使行政机关依法行政的目的。为了健全民主、加强法制，建立完善的社会主义制度，我国经济和政治体制改革的领导者首先意识到了行政诉讼制度的重要性。党的十三大提出："要制定行政诉讼法，加强对行政机关和行政人员的监督，追究一切行政人员的失职、渎职和其他违法乱纪行为。"客观的需要、主观的欲求与现实的可能相结合，也就使得行政诉讼制度在改革开放的形势下得以迅速建立起来。

从立法上看，为适应行政管理和社会发展的需要，我国的立法机关和行政机关制定并颁布了大量的行政管理法律、法规。从 1980 年《中外合资经营企业所得税法》开始，到 1989 年 3 月 28 日，已有 130 多个法律和行政法规规定了公民、组织对行政案件可以向人民法院起诉。在建立我国行政诉讼制度的过程中，有两个法律对促成《行政诉讼法》的最终制定起了非常重要的作用。其一是 1982 年 3 月 8 日颁布并于同年 10 月 1 日试行的《中华人民共和国民事诉讼法（试行）》。《民事诉讼法（试行）》关于行政诉讼有两条重要规定，该法第 3 条第 2 款规定："法律规定由人民法院审理的行政案件，适用本法规定。"这一规定使行政案件的审理自此有了程序法的依据。该法第 30 条关于专属管辖的第 4 项规定："因登记引起的诉讼，由登记机关所在地人民法院管辖。"其二是 1986 年 9 月 5 日颁布并于 1987 年 1 月 1 日施行的《中华人民共和国治安管理处罚条例》。该法第 39 条规定，被裁决受治安管理处罚的人或者被侵害人不服处罚，经复议后对复议裁决仍然不服的可以向当地人民法院起诉。许多学者认为，随着《治安管理处罚条例》的实施，人民法院受理的行政案件数量将会大量增加，人民法院审理行政案件仍适用民事诉讼法的规定，恐难适应新的情况。因而在《治安管理处罚条例》实施前后，学术界关于我国应建立独立的行政诉讼制度的呼声尤为高涨。

在这样的时代背景下，行政诉讼法的起草、制定工作被纳入全国人民代表大会的议事日程并加紧进行了有关工作，全国人民代表大会法律工作委员会受委员长会议委托，组织了由有关专家参加的行政立法研究组研究和起草行政诉讼法，先后拟订了草案试拟稿、草案征求意见稿和行政诉讼法草案。1989 年 4 月 4 日第七届全国人民代表大会第二次会议通过了《中华人民共和国行政诉讼法》，并规定自 1990 年 10 月 1 日起正式施行。在建立行政诉讼制度的过程中，围绕《行政诉讼法》及其配套法律、法规的制定和实施，法学界和司法实际部门进行了大量广泛、深入的理论研究和探讨，行政诉讼法学顺应历史的潮流和社会的需要，从无到有，很快发展起来。①

二、1979 年刑事诉讼法与刑事诉讼法学研究

自 1978 年起，伴随着我国的法制建设工作逐步展开，与之相适应，刑事诉讼法学的研究工作也开始冲破"左"的思想束缚，迅速复苏和发展，并取得了重大的成就。②

刑事诉讼法学研究上的拨乱反正，为 1979 年《刑事诉讼法》的制定做了理论上的准备。在"文化大革命"期间，不少正确的刑事诉讼原则、

---

① 参见林莉红《我国行政诉讼法学的研究状况及其发展趋势》。
② 以下内容主要转引自陈光中、郑旭《刑事诉讼法学二十年》，载《中国法学》1998 年第 4 期；陈瑞华：《二十世纪中国之刑事诉讼法学》，载《中外法学》1997 年第 6 期。

制度，如法律面前人人平等、法院依法独立审判、律师辩护、上诉不加刑等等都被视为"资本主义黑货"、"右倾观点"而受到粗暴批判和彻底的否定，认为这些原则和制度与社会主义是不相容的。十一届三中全会以后，学者们冲破禁区，大胆探索，对这些原则和制度重新作了肯定性的论述和评论，并认为它们是衡量我国民主和法制健全程度的重要尺度，从而为1979年《刑事诉讼法》的制定提供了理论上的准备。学者们的研究工作主要是，对过去因为政治方面的原因而遭受非理性批判的刑事诉讼原则和制度，重新阐述其正确性和确立的必要性，并由此进行理论上的"拨乱反正"；同时，几个院校的刑事诉讼法学知名专家还直接参与了立法工作。随着1979年《刑事诉讼法》的颁布实施，不仅为公安司法机关办理刑事案件提供了应当遵循的规范，也使中国刑事诉讼法学研究工作逐渐全面恢复。随着国家改革开放政策日益深入的实施和整个社会意识形态的变化，法学研究的气氛逐渐走向宽松，法学研究的"禁区"日益缩小。

编写刑事诉讼法学教程，初步形成刑事诉讼法学的基本体系。20世纪50年代，我国刑事诉讼法学者曾经参考前苏联的刑事诉讼教科书，尝试建立自己的学科体系，但由于受"左"的思想的冲击，一直未能正式出版刑事诉讼法学教科书。《刑事诉讼法》的颁布，为出版我国自己的刑事诉讼法教材创造了条件。张子培主编的司法部统编教材《刑事诉讼法教程》，是新中国第一部刑事诉讼法学教科书，该书以马列主义毛泽东思想为指导，以《刑事诉讼法》为依据，对我国刑事诉讼法作了全面的阐述，对外国刑事诉讼制度也有所评介。

自20世纪80年代以来，我国学者编写出版了大量的刑事诉讼法学教材，这些教材或者称为"刑事诉讼法教程"，或者称为"刑事诉讼法学"，还有的则冠以"刑事诉讼法论"的名称。从框架设计上看，这些教材尽管在编章结构上有所不同，如有的将教材内容分为"总论"、"证据论"和"程序论"三部分，有的分为"绪论（或导论）"、"总论"和"分论"三个部分，有的则没有设编，但是它们的内容基本上没有太大的不同。一般是在教材的开始部分，论述刑事诉讼法学的研究对象和体系，刑事诉讼法的性质和历史演变情况；接着对刑事诉讼法典总则部分的规定，如任务、基本原则、管辖、回避、辩护、强制措施、证据等进行理论解释；然后对立案、侦查、起诉、审判等刑事诉讼阶段的程序进行阐述。当然，随着法学理论的发展，学者们在20世纪80年代后期出版的一些教材中，也逐渐加入一些刑事诉讼法典规定之外的内容，如在绪论中提出并介绍刑事诉讼法学的几个基本概念或原理，增加对刑事证据、侦查、起诉和审判一般理论的论述，介绍古今中外的证据理论和刑事诉讼制度，将刑事诉讼法典未能包括的制度，如未成年人案件诉讼程序、涉外案件诉讼程序、刑事赔偿程序等纳入教材之中。但是，刑事诉讼法学教材在形式上与刑事诉讼法典体例的相似性及其在内容上所具有的注释特征，并没有因此而有根本的改变。

对刑事司法实践中出现的问题和一些理论问题展开专题探讨，把刑事诉讼法学进一步推向前进。在这一阶段，学者们纷纷发表文章、出版专著，对很多问题进行了探讨。实践问题包括司法机关依法独立行使职权问题，辩护律师的性质问题，辩护人对被告人未被揭发的犯罪事实应否保守秘密的问题，被告人供述与辩解问题，特别是共同犯罪同案人口供能否作为定案的唯一根据的问题，免予起诉的存、废、改的问题，上诉不加刑的适用问题等。刑事诉讼法学界对刑事诉讼法学中某些具体的理论问题，也展开了较深入的讨论，如关于刑事诉讼主体问题，刑事诉讼形式问题，基本原则的体系问题，刑事证据的概念、特征问题，无罪推定、自由心证是否适用于我国的问题，疑案如何处理的问题，以及如何对待外国刑事诉讼法制等。这一阶段的代表性研究成果有：陈光中主编的《外国刑事诉讼程序比较研究》（法律出版社 1988 年版）、陈一云主编的《证据学》（中国人民大学出版社 1991 年版）、王以真主编的《外国刑事诉讼法学》（北京大学出版社 1994 年版）等。

三、1982 年民事诉讼试行法与民事诉讼法学研究

自 1982 年颁行《民事诉讼法（试行）》，我国民事诉讼制度开始进入有法可依的法典化阶段。正是制定民事诉讼法的紧迫需要，推动了我国民事诉讼法学的重新起步。①

民事诉讼法学的研究开展，为制定第一部民诉法提供舆论和理论准

---

①　以下内容主要转引自赵钢《回顾、反思与展望——对二十世纪下半叶我国民事诉讼法学研究状况之检讨》，载《法学评论》1998 年第 1 期；江伟、邵明：《民事诉讼法学的研究成就及其发展的若干问题》，载《中国法学》1998 年第 4 期。

备，并通过对试行民诉法和民诉法的注释，为民诉法的适用提供了理论依据。在此期间，民事诉讼法学者的主要工作是介绍、普及民事诉讼与民事诉讼法的基本常识和阐释民事诉讼法，编写了一批旨在宣传、介绍民事诉讼法基本知识的普及读本与小册子，并成为"普法"的基本材料。这一阶段的民事诉讼法学研究主要是以民事诉讼法（试行）为依据，对民事诉讼法的立法宗旨、适用范围、基本原则以及民事诉讼的各项具体制度与程序作了较为系统、全面的阐释。当时民事诉讼法学研究的基点，仅被置于对以往的民事审判工作经验加以总结并从理论上加以提升的单一层面，而对于当事人诉权的行使以及如何为其提供尽可能完备的程序保障这一民事诉讼的另一重要层面，则明显缺乏应有的重视。至于开拓性的研究，则更是无从谈起。虽也有学者论及民事诉讼法律关系以及诉权等民事诉讼的基本理论问题，然而由于仍以苏联的民事诉讼理论为范式，故此不过泛泛而谈而缺乏创见，学术水平普遍较低，在研究风格与研究手法上均乏善可陈。但无论如何，我国的民事诉讼法学在这一时期已开始步入正轨。

开展科研资料的基础性积累工作。在此阶段，为了适应民事诉讼法学教学、研究和司法实际工作的需要，我国民事诉讼法学研究者收集、整理和汇编了大量的民事诉讼法资料，包括我国新民主主义革命时期苏区、抗日根据地、解放区和建国以后国家机关制定颁布的有关民事诉讼法方面的资料，有关的国际公约、条约、协定，陆续翻译出版了《苏俄民事诉讼法典》、《美国民事诉讼》、《匈牙利人民共和国民事诉讼》、《德意志联邦共和国民事诉讼法》等外国民事诉讼法的资料，介绍引入我国台湾地区学者的民事诉讼法学著述和学说，并编撰了《诉讼法大辞典》（柴发邦主编，四川人民出版社 1989 年版），尽可能地介绍了中外诉讼史以及外国现行诉讼制度方面有参考价值的内容，为此后我国民事诉讼法学的研究工作奠定了一个较好的资料基础。

随着经济体制改革的逐步深化和商品经济的蓬勃发展，这一时期的社会经济生活已发生了深刻的变化，利益冲突在主体、内容以及广度和深度等方面均异于先前。与此同时，由于以《民法通则》为基干的民商事实体法的相继颁行，客观上也要求民事诉讼法增加相应的程序规定。于是，修订《民事诉讼法（试行）》也就渐渐成为民事诉讼法领域的专家学者以及司法实际工作者的共识。这一时期我国民事诉讼法学的研究，基本上就是围绕着完善现行的民事诉讼制度这个主题展开的。学者们当时集中探讨的

问题有：诉讼主体问题（含非法人团体、第三人以及共同诉讼与集团诉讼
等具体问题）；管辖问题；调解问题（主要是"着重调解"原则之存废问
题）；举证责任问题（包括举证责任的概念、性质及其与法院调查收集证
据之相互关系等具体问题）；检察机关参与民事诉讼问题（包括检察机关
参与民事诉讼的范围、方式及其诉讼地位等具体问题）；撤诉问题（主要
是撤诉的实质内容及其法律后果问题）；反诉问题（含反诉的概念、性质、
条件以及其与本诉的相互关系等具体问题）；特别程序问题；民事执行问
题（主要涉及执行难的成因分析与对策探讨等问题）。其中，有相当一部
分的理论研究成果，被日后的新民事诉讼法典所吸纳。

四、1989 年行政诉讼法与行政诉讼法学研究

在 1978 年以前，中国行政诉讼法学基本上处于一片空白的状态，其
原因主要有两方面：一是新中国成立初期，由于立法和制度的欠缺和停
滞，这一时期基本上没有开展行政诉讼法学的研究。二是在这一时期，虽
然伴随新中国成立后行政立法的进行，行政法学有所萌芽，但在当时特殊
的历史背景下，刚刚起步的行政法学是以介绍和研究前苏联的行政法学为
主要任务的，但前苏联当时亦没有行政诉讼与行政诉讼法学，所以也不能
通过学习苏联而获得初步的发展。①

这一时期的行政诉讼法学的发展，可以较为明显地划分为几个阶段。
林莉红认为，1978 年之后的中国行政诉讼法学可以分为：立法前的理论准
备阶段（至 1989 年《行政诉讼法》颁布）；立法的普法宣传与内容阐释阶
段（《行政诉讼法》颁布至 1991 年）；立法后的理论探讨与立法的修改补
充阶段（1991 年以后）。② 杨海坤、曹达全则将行政诉讼法学的发展阶段
划分为：行政诉讼法学研究起步阶段（20 世纪 80 年代中期至 1989 年《行
政诉讼法》颁布）；注释法学和实证法学研究阶段（《行政诉讼法》颁布
至 20 世纪末）；行政诉讼制度走向深入研究阶段（也可称为行政诉讼基础
理论初步构建阶段）（《关于执行〈中华人民共和国行政诉讼法〉若干问

---

① 林莉红：《我国行政诉讼法学的研究状况及其发展趋势》；杨海坤、曹达全：《渐进发展中
的中国行政诉讼法学研究》，载《浙江学刊》2006 年第 6 期。

② 同上。

题的解释》颁布以后至今）。① 尽管由于写作时间的不同，各位学者对于发展阶段的划分有所不同，但基本一致的观点是：1978 年到 1989 年《行政诉讼法》颁布之前应算做一个阶段。由于林文是在 1998 年写就的，所以该文将《行政诉讼法》颁布之后到实施之前（1989—1991）作为一个"立法的普法宣传与内容阐释"阶段，这种划分放在今天回顾的视野下则显得有些划分过细。

《行政诉讼法》颁布之前的行政诉讼法学，被称为"理论准备阶段"或"起步阶段"。在这段时期，根据学者的研究，② 最早在法学刊物公开发表的专门论述行政诉讼的文章，是刊载于《法学杂志》1983 年第 2 期由熊先觉所著的《论行政诉讼》一文，这也是 1983 年全国法学刊物上仅有的一篇关于行政诉讼的文章。到 1984 年，《中国政法大学学报》第 1 期、《法学研究》第 4 期，先后发表了朱维究所著的《应当建立健全人事行政诉讼制度》和《试论我国的行政诉讼》两篇论文。1985 年以后，行政诉讼及与行政诉讼相关的论文逐渐增多。

这一时期发表的探讨行政诉讼制度在我国建立的必要性、作用和意义的论文，有李国亮的《我国应及时建立行政诉讼制度》③、方世荣的《论我国行政诉讼制度在保障宪法实施中的作用》④、朱维究的《我国应当建立独立的行政诉讼制度——兼论民事诉讼与行政诉讼的讨论》⑤ 等。

这一时期有关行政诉讼制度的特征和基本原则的文章，也有大量发表，仅 1987 年就有卓泽渊的《行政诉讼的特点》⑥、李松为的《我国行政诉讼制度特点初探》⑦、方世荣等的《论我国行政诉讼不同于民事诉讼的诸项基本原则》⑧、金俊银的《我国行政诉讼的基本原则试探》⑨、柯昌信等的《行政审判同样适用调解原则》⑩ 等。

---

① 参见杨海坤、曹达全《渐进发展中的中国行政诉讼法学研究》。
② 林莉红：《我国行政诉讼法学的研究状况及其发展趋势》。
③ 《法学季刊》1986 年第 1 期。
④ 《中南政法学院学报》1987 年第 3 期。
⑤ 《政法论坛》1987 年第 3 期。
⑥ 《政治与法律》1987 年第 1 期。
⑦ 《河北法学》1987 年第 3 期。
⑧ 《中国法学》1987 年第 2 期。
⑨ 《法学杂志》1987 年第 5 期。
⑩ 《法学》1987 年第 12 期。

这一时期行政诉讼法学界有关行政诉讼具体制度研究和探讨，涉及行政诉讼立法中的各个方面，从发表的论文情况来看，探讨的主题主要有行政诉讼的受案范围、诉讼参加人、审判组织、诉讼证据、审判程序、司法变更权、行政诉讼附带民事诉讼、行政损害赔偿等问题。其中学者们着重对行政诉讼立法在理论上必须加以解决的若干问题给予了明确，如行政诉讼中的司法变更权问题，行政审判如何对待规章的问题，以及行政案件的受理机构等问题。这些研究和探讨，为行政诉讼立法提供了大量的参考意见，发挥了重要的理论支持作用。

我国的行政诉讼制度是在立法上和理论上都很欠缺的基础上建立起来的，因而行政诉讼法学的一个重要任务，就是介绍外国的相关制度与理论并进行比较研究。在这一时期，这一方面的研究工作进展迅速，成绩斐然。1986 年法学界还认为，"当今世界各国行政诉讼制度有几种不同的模式：法国的行政法院、英国的行政裁判所、美国的独立管制机构以及瑞典的议会行政督察员"。① 这种不周延的理解，很快被这一时期发表的大量论文、论著和译著所纠正。其中有代表性的论文包括柳砚涛的《美国的行政诉讼制度》②、姜明安编译的《美国行政诉讼若干问题》③、刘兆兴的《联邦德国的行政诉讼法及行政诉讼制度》④、于安的《德国行政诉讼的历史演变》⑤、王名扬的《法国行政审判制度的最新发展》⑥、陆武师的《瑞典议会司法督察专员制度》⑦。此外，还有关于苏联、波兰、匈牙利、保加利亚等国行政诉讼制度以及对我国台湾、香港、澳门等地行政诉讼制度的介绍。特别值得一提的是，王名扬研究外国行政法的两部著作《英国行政法》和《法国行政法》都在这个阶段出版，书中均大量地介绍了行政诉讼制度。这一时期还有一些外国行政法著作的译著出版，这些译著中均大量包含有行政诉讼制度的内容。⑧

---

① 参见《中国法律年鉴（1987）》，中国法律年鉴出版社 1987 年版，第 758 页。
② 《国外法学》1988 年第 3 期。
③ 《国外法学》1988 年第 4 期。
④ 《法学研究》1988 年第 1 期。
⑤ 《现代法学》1989 年第 3 期。
⑥ 《法学论丛》1988 年第 4 期。
⑦ 《广西大学学报》（哲学社会科学版）1989 年第 3 期。
⑧ 其中影响较大的有［美］伯纳德·施瓦茨著，徐炳译：《行政法》，群众出版社 1986 年版；［日］南博方著，杨建顺、周作彩译：《日本行政法》，中国人民大学出版社 1988 年版。

除了在法学杂志上发表论文对行政诉讼中的专题性问题进行研究和探讨以外，这一时期亦有少量有关行政诉讼的教材、专著问世。如应松年主编的《行政诉讼知识手册》①，朱维究主编的《行政诉讼法原理》②，周卫平、江必新、张锋所著的《行政争讼制度概论》③，王礼明、张焕光、胡建淼所著的《行政官司漫谈》④ 等等。

这一时期行政诉讼法学研究状况的又一个特点，就是学术团体对行政诉讼法的研究和讨论异常活跃，多次召开了档次相当高的学术会议，开展对行政诉讼法的学术讨论。如中国法学会行政法学研究会于 1986 年 6 月 18 日在北京召开了"建立具有中国特色的行政诉讼制度"理论研讨会；全国人大常委会法律工作委员会于 1988 年 8 月 5 日召开了"行政诉讼法征求意见稿座谈会"；中国法学会诉讼法学研究会和行政法学研究会每年的年会，也都将行政诉讼法作为一个重要内容予以研讨。特别值得一提的是，1988 年 8 月 31 日至 9 月 2 日中国法学会和国际诉讼法学协会，在北京召开了以"诉讼制度的改革与完善"为主题的诉讼法发展趋势研讨会，在这次会议上，中外诉讼法学家对中外行政诉讼制度进行了广泛的交流和研讨。⑤

有学者将行政诉讼法学界在该阶段研究和讨论的内容，总结为"能否在我国建立行政诉讼制度"以及"如何初步建构行政诉讼制度"两个重大问题。在为《行政诉讼法》的出台鼓与呼的时代背景下，学界讨论的侧重点首先是回答第一个问题。一批行政法学的初创者对于我国行政诉讼制度从无到有的发展，确实起到了不可磨灭的作用。但在这段时期，学界对于第二个问题的回答，由于历史条件的局限则属于"粗放型"的，当时的讨论主要集中于行政诉讼的概念、行政诉讼的种类、行政诉讼的制度等基础性问题。应该说，这段时期的行政诉讼法学研究为《行政诉讼法》的颁布直接提供了理论支持，但从学界所讨论问题的深度来看，行政诉讼法学研究显得还并不成熟。⑥

---

① 应松年主编：《行政诉讼知识手册》，中国政法大学出版社 1988 年版。
② 朱维宪主编：《行政诉讼法原理》，中国政法大学出版社 1988 年版。
③ 周卫平、江必新、张锋：《行政争讼制度概论》，宁夏人民出版社 1988 年版。
④ 王礼明、张焕光、胡建淼：《行政官司漫谈》，人民日报出版社 1988 年版。
⑤ 林莉红：《我国行政诉讼法学的研究状况及其发展趋势》。
⑥ 杨海坤、曹达全：《渐进发展中的中国行政诉讼法学研究》。

下编　1992—2009

导　论

在这一编中，我们选择了 1992 年与 2009 年作为这一时期的始点与终点。1992 年是中国社会主义建设史上一个极为重要的年份，在 1992 年 10 月的党的十四大上明确提出，我国经济体制改革的目标是建立社会主义市场经济体制，以利于进一步解放和发展生产力。① 社会主义市场经济体制的确立，其所改变的绝不限于经济领域，中国社会的各个方面都因此发生了巨大的变化，法治领域因之而发生的变化尤为明显而巨大。1993 年宪法修正案规定，"国家实行社会主义市场经济"，市场经济体制相关的立法与研究迅即展开；1997 年党的十五大提出"依法治国，建设社会主义法治国家"，新的法治理念契合并期待新的中国法学发展；2001 年中国加入世界贸易组织，中国法学研究的国际视野愈加延展；2006 年党的十六届六中全会提出"构建社会主义和谐社会"，并将"民主法治"作为和谐社会的基本要求，中国法学有了新的时代期待和发展机遇。可见，1992 年之后的中国法学，处于理念不断深刻、内容不断丰富的持续发展态势，而社会主义市场经济体制的确立则是这种态势最近的历史触发点。本编选择 2009 年作为这一时期的终点，并不意味着 2009 年这个年份在中国法学发展史上具有什么特别的意义，而仅仅因为 2009 年是中华人民共和国成立 60 周年，是值得我们以各种方式纪念的年份，也是我们撰写"当代中国法学研究"暂时截止的年份。中国法学的发展没有终点，一如我们所倾注理想与努力的中国法治事业。

进步、兴盛与繁荣，是描述这一时期中国法学发展状况常见的形容词，中国法学的发展实况也确实如此。其一，在这一时期，中国法学的分

---

① 见江泽民在中国共产党第十四次全国代表大会上的报告《加快改革开放和现代化建设步伐，夺取有中国特色社会主义事业的更大胜利》。

支学科划分越来越细，形成了由基本的二级学科、众多的三级学科和许多边缘交叉学科组成的枝形学科体系。分解、衍生与组合成为中国法学的学科生成主要方式，例如一个二级学科分解出多个二级学科（如商法学渐次从民商法学中分解出来），许多法学二级学科衍生出更多的三级学科，还有劳动法学与社会保障法学组合成社会法学，等等。这种学科的分化在学术组织上也有所表现，例如，中国法学会民法经济法研究会后来分解为民法研究会、商法研究会和经济法研究会；诉讼法研究会分解为刑事诉讼法研究会和民事诉讼法研究会。中国法学以学科分支体系作为基干，建构了由不同分支学科知识体系构成的庞大理论体系。其二，法学研究成果产出量十分巨大，例如 2007 年全年的学术著作（译著）出版了 400 多部，全年的学术论文（译文）发表了 7 万多篇。① 发表法学科研成果的载体形式多样，现在已有 200 多个法学期刊，众多的法学系列连续出版物，大量的法学专业网站。其三，中国法学的理论研究指向多极化，既丰富追求应用价值的注释法学，也拓展追求理论建构价值的理论法学。在许多学科，新的哲学性话语开始用于表述对法学问题的思考与思辨，诸如宪法哲学、民法哲学、刑法哲学等，都成为学术课题的一时之选。这种多极化兼顾并行的研究态势，对于建构丰厚严整的法学理论体系极为必要。在注重学科基础理论研究的同时，法学研究者们也注重法制建言献策，基本上实现了各学科的基础理论研究和应用对策研究的平衡发展。这一时期也出现了借助于其他学科的理论、术语和方法研究法学的学术现象，诸如出现批判法学、经济分析法学、法律与文学、法律与后现代主义，等等。其四，在这一时期，法学研究的选题越来越精细化，开始向更抽象和更具体的两端寻求，处于中间层次的概论式综合性的法学知识叙述，已经让渡给教材编写而基本退出研究领域。其五，法学教育事业迅速发展，全国的法学院系近期已经达到 630 多个。② 法学教育事业的发展，培养了大量的法律实用人才和法学研究人才，扩大了法学理论的社会功能转化能力，其不断扩充的师资队伍也是法学研究的主要力量。其六，中国法学界的对外交流，包括著述转译、人员互访、学术会议等形式，已然成为法学界学术交流的常态

---

① 张文显主编、黄文艺副主编：《中国高校哲学社会科学发展报告·法学（1978—2008）》，广西师范大学出版社 2008 年版，第 9 页。

② 参见冀祥德等著《中国法学教育的现状与发展趋势》，中国社会科学出版社 2008 年版。

化手段。在前一时期法学界对外交流还处于可统计阶段①，而在这一时期，中国法学界的对外交流极为频繁多样，已然难以统计。

在这一时期，中国法学具有本质性的发展还是在理论创新及其能动性上，或者可称之为"能动的自立"上。以往的中国法学往往是紧跟着法律与政策变化来选择理论研究的重点，解释法律与解说政策是法学研究的主要学术任务。在这一时期，中国法学已经不再只跟在现实状态后面亦步亦趋地满足于学理解说，而是通过社会观察、事理分析、理论阐发为法治实践提供理论基础与学说先导，充分发挥理论先行的应有学术功能，推进中国的法治实践不断进展。例如在社会主义市场经济体制确立之后，中国社会科学院法学研究所的学者敏锐地从规律性研究出发，系统深入地分析研究了市场经济机制与法律机制的关系，提出了建设社会主义市场经济法律体系的建议②，这不仅形成了当时法学界一个重要的理论热点，也有力地推动了我国市场经济法制建设。再如在1996年，《法学研究》刊发《论依法治国》一文，对依法治国的意义、条件、观念等作了提纲挈领的阐述；③中国社会科学院法学研究所也召开了"依法治国，建设社会主义法治国家"学术研讨会，学者们就"法制"与"法治"、"以法治国"与"依法治国"、"形式法治"与"实质法治"等，作了进一步的广泛讨论。④ 这种倡扬依法治国的理论先声，促进了"依法治国、建设社会主义法治国家"这一基本方略的形成与确定。在这一时期，这种以法学研究促进法制建设的例子不胜枚举，诸如权利本位、人权研究、依法执政、政府信息公开、罪刑法定、物权法定、维护市场自由公平竞争、程序正义、司法公正等理论问题的研究，都直接或间接地成为那个领域法律完善的理论先导。

这一时期，中国法学界参与法治实践的意识前所未有地增强，法学研究者以多种途径参与立法实践活动与法制宣传活动。就参与立法实践活动

① 例如，有学者统计，在党的十一届三中全会后十年间，接待81个国家和地区的法学代表团352个，3389人次；在国内举行有国外法学家参加的各种学术会议18次；国内有164个法学代表团589人次出国作学术访问。见张友渔主编、王叔文副主编《中国法学四十年》，上海人民出版社1989年版，第12页。

② 中国社会科学院法学研究所课题组：《建立社会主义市场经济法律体系的理论思考和对策建议》，载《法学研究》1993年第6期。

③ 参见王家福、刘海年、刘瀚、李步云、梁慧星、肖贤富《论依法治国》，载《法学研究》1996年第2期。

④ 《依法治国建设社会主义法治国家学术研讨会纪要》，载《法学研究》1996年第3期。

而言，法学研究者的参与路径大概包括：直接成为某个法律的起草组成人员；组织撰写某个法律的学者建议稿，以作为立法机关的参考；参加立法机关组织的法律草案论证会；具体为某个法律或法律草案提供立法建议；提出一种理论见解，间接影响立法机关的政策选择。就参与法制宣传活动而言，法学研究者的参与形式大概包括：接受某个机关单位的委托，进行法制宣讲；在学术团体或本单位的组织下，参与法制宣传活动。法学研究者参与法制宣传，有利于普及社会主义法治理念，实现法学理论的社会价值和法学研究者的社会责任。

在这一时期，中国法学界也出现了追求中国法学"文化上的自立"的努力趋势。无可否认，中国法学在摆脱了苏联法学理论的依赖之后，也或多或少地出现了西方法学理论的依赖现象。西方法学理论观点、精神理念、制度技术、专业术语、研究方法，批量规模化地进入中国法学的知识生成系统中。虽然中国法学的理论来源借此丰富，但也带来了一些湮没中国法学自我的风险，尤其随着经济全球化的波及，法律及其研究国际化趋势愈加明显，愈加盛行的西方法学话语垄断导致了中国法学文化自立的警觉。20世纪90年代以来，中国法学界已经开始表现出对自身文化主体性的关注，文化自觉性意识和文化主体性意识呈现出逐渐增强的态势。在法学研究与理论建构过程中，进一步从苏联理论、西方法学的支配性影响中逐渐走出来，着眼于中国的现实问题和法律发展道路，形成深植于中国社会与中国人心灵的中国法学，是中国法学界的时代使命。在一定意义上，社会主义法治理念的建构与普及，也是建构中国法学文化主体性的努力之一。在追求中国法学的文化自立过程中，创新也只有创新才是必由之路。

从20世纪90年代以来，包括法学在内的整个人文社会科学界普遍认识到学术规范化问题的重要性，法学研究的规范化程度有了明显的提高。尽管法学界目前还存在着不少失范无序的现象，但是和20年前、30年前相比，这种进步不可否认。法学研究的规范化程度的提升，表现在文献引证、学术批评、学术评审、学术道德等各个方面。① 当然，法学研究的规范化路程还很长，其间需要整个学界做出共同努力的地方还很多。例如，重复性的缺乏创新的法学研究还很多，法学著述中夹带水货的现象也颇可

---

① 张文显主编、黄文艺副主编：《中国高校哲学社会科学发展报告·法学（1978—2008）》，广西师范大学出版社2008年版，第13页。

观，一哄而起的研究与一拥而上的写作依然存在，为注而注的现象使人产生对注释价值的怀疑，枯燥乏味的叙述风格令人失去对法学著述的阅读快感。尤其是缺乏论证的伪创新现象令人头疼，以前做出法学理论创新需要学术勇气，而现在似乎只需要学习勇敢。

实践已经证明并将继续证明，中国法治还在前进，中国法学还在发展。希望永在，所以我们努力。

第十二章

观照现实的法理学研究

一、中国法理学的三大理论资源

近一个半世纪以来，中国学术一直在世界历史进程中经受着激荡起伏。19 世纪中叶开始，西潮来袭，由此引发了变法运动和民主革命，而后社会主义思潮以及与之相应的新民主主义革命、社会主义革命在中国兴起，中国文化传统在两大潮流的长期冲击中终致飘摇破败，光景凄凉。建国初期受到苏联的强烈影响，西潮被隔断，中国传统文化也进一步遭受批判和抑制。改革开放之后，借助日渐开放的社会条件，西学在中国一度重新形成巨大的文化潮流；与此同时，民族传统文化也开始逐渐焕发新的生机。在这样一个大的历史背景下，当中国法理学在改革开放初期从"幼稚"开始"补课"时，历史变迁过程中的西学、社会主义理论以及中国传统文化，其实已经铸就了它的知识谱系和学术渊源，并且长期以来制约和影响它的成长和发展道路。

从名称上看，中国法理学大致经历了从"国家与法的理论"到"法学基础理论"、再到"法理学"的发展。这样的一个理论流变过程，不仅受我国国内政治环境和学术环境的影响，也较为明显地与国际政治环境的变化有关联。在一定意义上可以说，国家与法的理论是冷战格局下的与国家政治相关的法学理论，法学基础理论中国已脱离苏联阵营而逐渐独自回到世界体系期间的法学理论，法理学则是中国以改革开放的姿态走向世界时代的法学理论。在这一时期的国际政治背景下，苏联理论的影响逐渐被削弱，"西学"则在改革开放环境中重新大量涌入中国，成为影响中国法理学发展的重要理论因素。①

经历"文化大革命"之后的"思想解放"热潮和20世纪80年代"文化热"之后，中国法理学在平稳的政治和文化环境中获得了持续快速发展，进入最具有历史开拓意义的时期。同国家与法的理论和法学基础理论不同的是，这一时期的中国法理学不仅受到社会主义意识形态的指导，也受到继续迅猛发展的西学的进一步影响，而且还日渐受到于90年代初重新兴起的中国传统文化的深层浸润。社会主义尤其是中国特色社会主义理论、西学中的法学理论、传统法律文化，由此成为中国法理学据以发展的重要理论资源。从这一时期十几年的发展实态来看，这三种理论资源并非如以前所认为的那样水火不容、完全对立，而是在全球化条件下及中国的改革发展中，实际上彼此作用和相互交融并且共同统一于中国的现代化历史进程。

具体而言，三种理论资源的相互作用和交融，主要通过一些涉及中国传统文化、社会主义和西学的历史文化事件呈现出来。首先，20世纪90年代初期出现"国学热"以及关于"人文精神"的讨论，改变了中国传统文化自晚清以来在偏于激进的政治和文化运动中长期处于单纯被批判的窘迫局面。20世纪60—80年代，随着儒学在海外的发展以及东亚"经济奇迹"的出现，所谓"汉文化圈"、"儒家传统"和"新儒家文化"逐渐引起国际社会的关注，中国传统文化因此也开始被重新认识，国内在20世纪80年代出现了对于孔子的重新评价，中国文化书院等民间机构也被建立起来。尽管在20世纪80年代中后期的"文化热"中仍然遭受挫折，但经过近十年的酝酿，中国传统文化到80年代末已然成为一股奔涌而出的潜流。20世纪90年代"国学热"之后，2004年又因为接连几个传统文化

---

① 20世纪80年代着力介绍西方法理学的著作主要有，沈宗灵：《现代西方法律哲学》，法律出版社1983年版；张文显：《当代西方法哲学》，长春出版社1987年版；张文显：《当代西方法学思潮》，辽宁人民出版社1988年版。这些著作对法理学界有较大影响。这一时期影响较大的思想学说史方面的译著和论著还有，[苏]莫基切夫主编，中国社会科学院法学研究所编译室译：《政治学说史》，中国社会科学出版社1979年版；上海社会科学院法学研究所编译：《国外法学知识译丛》，知识出版社1981年版；《西方法律思想史参考资料选编》，北京大学出版社1983年版；张宏生主编：《西方法律思想史》，北京大学出版社1983年版；吕世伦、谷春德：《西方政治法律思想史》，辽宁人民出版社1981年版（1986、1987分上下卷出增订版）；[美]博登海默著，邓正来、姬敬武译：《法理学——法哲学及其方法》，华夏出版社1987年版，等等。此外，中国社会科学院法学研究所主办的《法学译丛》杂志，也翻译引进了大量外国法学文献。

事件而被称为"传统文化复兴"年。这一时期，激浊扬清，会通中西，寻求传统的现代转化，是传统文化研究的主要特点。其次，1992 年以来，中国先是实现了社会主义与市场经济的结合，继而实现了社会主义与法治的结合，从传统的马克思主义理论看，"社会主义市场经济"和"社会主义法治国家"都可谓社会主义历史上的全新创举。在这一时期，无论是传统文化，还是现代人权，都在国家层面得到了正式认可。传统文化方面，1989 年 10 月，国家领导人接见"孔子诞辰 2540 周年纪念与学术讨论会"与会代表并讲话，"国学热"随之兴起；到 2006 年，中国第一个文化建设规划《国家"十一五"时期文化发展规划纲要》对于传统文化给予了很高评价："五千年悠久灿烂的中华文化，为人类文明进步作出了巨大贡献，是中华民族生生不息、国脉传承的精神纽带，是中华民族面临严峻挑战以及各种复杂环境屹立不倒、历经劫难而百折不挠的力量源泉。"现代人权方面，人权、平等、法治、自由等逐渐被作为人类取得的共同文明成果接受下来，人权不仅被称为"伟大的名词"，而且到 2004 年，"国家尊重和保障人权"被明确写入宪法。最后，20 世纪 90 年代以后，后现代主义思潮也开始出现，到 90 年代中后期，还出现了所谓"新左"与自由主义的争论。从内容上看，"新左"与自由主义之争一方面体现出社会主义与现代学术话语的融合，另一方面也体现出自由主义在社会正义、现代性、公共性、公民美德等问题上的分歧。受这三种理论资源此起彼伏、交替互动的影响，"现代权利话语"、"现实利益话语"、"传统德性话语"在中国法律实践和法理学研究中竞相存在。①

　　上述历史文化事件反映出的与其说是理论的纷争，毋宁说是实践的统一。实际上，它们都具有很强的现实和历史针对性，关注着共同的理论和实践问题。这集中表现在，它们无不涉及现代化历史实践以及"现代性"理论思考，并且最终都落脚于中国的发展道路。就传统而言，传统文化在中国之所以成为历经百年磨难的问题，无疑与晚清发生"三千余年一大变局"后中国进入世界现代历史进程有着直接联系，它一开始就是被动地作为一个关乎国本文脉的大问题提出来的。从传统与现代的关系角度看，围绕传统文化所展开的"体""用"、"本""末"、"道""器"、"内圣""外王"之类的知识论辩，鲜明地显示出中国传统文化对于现代化历史进

---

① 参见胡水君《法律的政治分析》，北京大学出版社 2005 年版，前言。

程的价值要素和精神意义。甚至，传统文化所蕴含的精神价值不仅对于现代中国具有现实意义，对于现代世界也是具有普适意义的。就此而论，"国学热"以及后来的"传统文化思潮"，与其说是文化复古或文化保守，不如说是中国进入世界现代化进程后弘扬和开济精神价值的一个历史运动。如果说，20世纪80年代初期关于人性和人道主义的讨论与70年代的政治运动相关，那么，90年代初期出现"国学热"以及关于"人文精神"的讨论，从近期看与20世纪80年代兴起的商业大潮相关，从长远看则与一百多年的政治动荡和文化运动联系在一起。饱经沧桑之后，传统文化终于在20世纪90年代重现生机，这在很大程度上表明中国社会在经历百年政治动荡和文化运动后开始理性地承接中国历史，复归中国文化，固本深根，也表明中国开始立足自身进而重新作为文化主体参与世界现代历史进程。

中国自20世纪50年代开始的社会主义现代化，很大程度上受到苏联影响，明显带有社会主义与资本主义对抗并试图超越资本主义的特点。改革开放之后，随着世界格局的变化，特别是中国于2001年正式加入世界贸易组织，全球化成为了中国社会主义现代化的国际大背景。在此背景下，中国得以在开放的世界中吸收借鉴包括传统文化和现代人权在内的古今中外的一切优良文明成果，也得以更加专注地立足自身的历史和实践，致力于寻求自己的现代化道路。鉴于历史经验和教训，在改革和发展过程中，姓"社"姓"资"的争论最终诉诸中国的具体实践效果来判断或检验，分析社会主义现代化的基本范畴也沿着中国历史脉络回复到传统与现代、中国与西方上来。这里，可以看到对中国历史的承接，更可以看到使理论符合时代潮流和中国实践的现代趋向，中国因素由此一再被强调，马克思主义也进一步"中国化"为中国特色社会主义。

总体来看，20世纪90年代以来，传统文化、社会主义、西学得到了更加全面的重新认识，传统文化的精神价值、社会主义初级阶段理论、西方现代性受到高度关注，在改革开放大潮中一起汇入中国自己的发展道路。作为一个在世界现代化进程中处于后发展处境的国家，中国确实需要加倍学习和借鉴现代世界特别是欧美的优良文明成果，但这并不意味着"历史"会因此或在此"终结"。融合传统、社会主义、现代乃至后现代因素的中国现代化可望开拓出自己的道路，同样，融合传统文化、社会主义理论和现代因素的中国法理学也会开拓出自己的道路。在一个半世纪以来的现代化进程中，从"中学为体，西学为用"，到"三民主义"、"五权宪法"，再到马克思主义普遍原理同中国具体实践相结合，都始终可以看到在政治和文化变革过程中凸显中国因素的理论和实践努力。与此形成对照的是，"全盘西化"观点从提出之始就面临着强烈的文化抵制，凸显中国因素，一开始就是立足于中国现实而致力于弘扬和开创人类普遍性因素的努力。沿着这样的历史线索看，在从国家与法的理论到法学基础理论再到法理学的发展过程中，凸显文化自觉和文化主体性的"中国法理学"势必呈现出来。实际上，至今为止法理学者所做出的不懈努力，以及通过这种不懈努力所产生的成果，已经证明了中国法理学自己的发展道路是可行的，建立中国自己的法理学的目标是可以达到的。

二、法学理论新的构建和探索

1992 年以来，法理学研究呈现出色彩纷呈的特点，在继续受到仍然迅猛的西学影响的同时，也开始朝着拓展和建构主体性文化的方向努力；既有立足中国自身文化和现实的研究，也有结合世界背景和他国法学的研究，出现了关于诸如批判法学、经济分析法学、法律与文学、法律与后现代主义、法律与全球化、法律与政治哲学、法律与社会理论等的研究；既包括所谓"法学家的法理学"或"法律人的法理学"，也包括所谓"立法者的法理学"，[1] 为法学基础理论所舍弃的国家理论，在这一时期又被一些学者重新拉回到法理学之中。法学学科的独立自主性在得到进一步巩固的同时，关于"法律与……"（即法律与其他社会现象的关系）的综合研究也得到了发展。法理学在从道义、道理上探求中国的法理和政道的同时，研究的知识点也明显增多，研究的领域和范围有所拓展，由此，一方面表现出"以天下为己任"的经世致用倾向，另一方面也表现出"视学术为一目的"、"为学问而治学问"的知识探讨。在法理学研究中，既有关于法律、权利、民主的价值和文化探讨，也有结合部门法或实际法律操作的研究，还呈现出尝试运用社会科学方法研究法律问题的趋向。[2] 在学科上，

---

　① 参见舒国滢《由法律的理性与历史性考察看法学的思考方式》，载《思想战线》2005 年第 4 期；强世功：《迈向立法者的法理学》，三联书店 2007 年版。
　② 参见苏力主编《法律和社会科学》，法律出版社 2006、2007、2008、2009 年版。

诸如比较法学、法社会学等新兴学科不断发展，法律与其他学科的交叉研究也在加强。① 总之，在这一时期，法理学在道德性与科学性、法律性与政治性、学理性与知识性等方面交相辉映，纷繁复杂。与国家与法的理论、法学基础理论相比，法理学显得更为独立、丰富和开阔，也更为持重、理性和深厚，中国据以发展的道统、政统、法统、学统在法理学的自觉发展中，逐渐变得更有头绪，更加明朗。

不过，透过看似繁杂的表象，结合国内国际大事来看，这一时期法理学的发展在总体上也是有章可循的。经济方面，1993 年确立"建立社会主义市场经济体制"，2001 年中国加入世界贸易组织。政治和法律方面，"依法治国，建设社会主义法治国家"、"依法执政"分别于 1997 年和 2004 年相继被提出；2006 年接着提出"构建社会主义和谐社会"，并将"民主法治"作为和谐社会的基本要求；而且"国家实行社会主义市场经济"、"实行依法治国，建设社会主义法治国家"、"尊重和保障人权"也分别于 1993 年、1999 年和 2004 年写入宪法。文化方面，"中华文化"受到更高肯定，中国传统文化得以更加全面地被认识，并在近 20 年间日渐摆脱近代以来长期遭受政治、文化运动批判和冲击的历史处境。所有这些方面，体现出在中国与世界的联系日益紧密的形势下，"世界"和"中国"因素在深化改革、扩大开放的进程中都得到加强。在法理学研究中，这些方面也有明显反映，但就整体而言，大致可以"法治"和"人权"两个主题来总括这一时期法理学的发展主流，其与 1992 年以来的政治、经济、文化发展是密不可分的。"法治"体现出对于 20 世纪 80 年代关于"法制"研究的深化，"人权"体现出对于 20 世纪 80 年代关于"公民权利"、"权利本位"研究的提升。市场经济、和谐社会、传统文化共同促成了这样一种法理学向更高层次发展的历史进程，特别是进一步促成了法理学在研究范式上对"以阶级斗争为纲"的彻底摆脱。如果将"法治"归结为"法"，将"人权"归结为"理"，那么可以说，这一时期的法理学处在一个日渐呈现出"法理"，并且"法"与"理"结合得越发紧密的历史时期。这一特点在法理学教科书的体系上显得尤为突出。与旧的教材相比，这一时期特别是 21 世纪的法理学教科书总体上采取了"学"加"法

---

① 例如沈宗灵的《比较法研究》，北京大学出版社 1998 年版；朱景文：《比较法社会学的框架和方法——法制化、本土化和全球化》，中国人民大学出版社 2001 年版。

理"的基本框架。其中，"法理"部分主要涉及法律机制和法学原理，具体包括法的概念、法的要素、法的价值、法的渊源、法律效力、法的发展、法律体系、法律关系、法律行为、法律职业、法律责任、法律文化、立法、执法、司法、法律程序、法律解释、法理推理、法律技术、人权、权利、义务、法系、法治等内容，体现出从一般原理或根本道理上研究法律及其发展规律的理论特征。

具体而言，在法治研究方面，这一时期是法治在我国取得突破的关键历史时期，也是关于法治展开广泛深入研讨的时期。从新中国成立以来的历史看，法治算是一个老的理论问题，国内在20世纪50年代以及70年代末80年代初都曾出现相关讨论。以《法学研究》为例，1979年至1981年，《法学研究》三次开辟"法治与人治"讨论专栏，有选择地刊登了8篇争论人治与法治的文章。尽管1979年中央《关于坚决保护刑法、刑事诉讼法切实实施的指示》明确提到了"实行社会主义法治"几个字，但从这8篇文章看，理论界关于法治的理解其实存在很多分歧，也存在一些模糊认识。例如有学者认为，在历史上法治论比人治论更民主；有学者认为，法治与人治作为统治方法并无绝对界限，由此主张法治与人治并用；还有学者认为，应当摈弃"法治"、"人治"这样容易产生思想混乱的不科学概念。这些分歧和模糊认识，与学者们大多围绕古代儒家和法家的治国主张来谈人治和法治存在着一定联系。仅从"治"理的角度，而不从"政"制的角度审视"法治"，是难免会产生所谓的人治与法治"结合论"的。此后到20世纪90年代初期，可以说是一个从"法制"向"法治"逐渐转变的时期。① 1996年，是法治理论确立的一年，也是法治理论影响政治决策的一年。这一年，《法学研究》刊发《论依法治国》一文，对依法治国的意义、条件、观念等作了提纲挈领的阐述；② 中国社会科学院法学研究所也召开了"依法治国，建设社会主义法治国家"学术研讨会，学者们就"法制"与"法治"、"以法治国"与"依法治国"、"形式法治"与

---

① 沈宗灵：《"法制"、"法治"、"人治"的词义分析》，载《法学研究》1989年第4期；孙国华：《法制与法治不应混同》，载《中国法学》1993年第3期；张浩：《简论法制与法治》，载《中国法学》1993年第3期；刘作翔、肖周录：《跳出"周期率"，要靠民主，更要靠法治》，载《中国法学》1995年第2期。

② 王家福、刘海年、刘瀚、李步云、梁慧星、肖贤富：《论依法治国》，载《法学研究》1996年第2期。

"实质法治"等，作了进一步的广泛讨论。① 从研讨情况看，尽管学界此时对于实行法治已大体达成共识，但有关法治的一些基本理论问题，仍显出有深入研究的必要。例如，直到 1999 年，有学者感到仍需要理清"法治是什么"这一基本问题。② 到 2007 年，在中国社会科学院法学研究所召开的纪念依法治国基本方略实施十周年会议上，③ 法治与民主的关系成为一个焦点问题。有学者将法治与民主对立起来，或者将法治与民主视为两条并不相干的路径，认为法治与民主并无必然联系，历史上存在着没有民主的法治，中国应该走法治之路，而不应走民主之路。还有学者倾向于以法治统合民主，先法治后民主，或者缓行民主，强调民主政治必须在法治的框架下，特别是在法制的约束下有序展开。这一时期，法治一直是法理学界讨论的重点，研究范围涉及法治的价值、原则、要件，法治的社会互动基础、政治和文化条件，法治与市民社会、法治与民主等各个方面，论题广泛，观点纷呈。在这些讨论中，也夹杂着对于法治及其中国实践的理论反思。诸如形式与实质、确定与变革、普遍与特殊、中国与西方、传统与现代、国家与社会、司法与调解、诉讼与信访、民主与法治、职业化与民主化、法律事实与客观真实之间的矛盾等，都进入了学者们的分析视野。④

在人权研究方面，1992 年以来的关于人权研究，与 20 世纪 80 年代中后期到 90 年代初法理学界的关于权利与义务范畴以及"权利本位"的讨论比起来，在理论上显得更加深化。这一时期的人权和权利研究，一方面沿着国际、国内的法律制度和实践，向国际人权以及诸如结社、学术自由权等具体权利平稳延伸，⑤ 另一方面则着力于更有理论深度和高度的哲学探讨。哲学探讨主要表现为对人权和权利的根本理据的理论论证，对人权和权利的道德基础及其现实政治处境的分析，对现代人权和权利理论的哲

---

① 《依法治国建设社会主义法治国家学术研讨会纪要》，载《法学研究》1996 年第 3 期。

② 夏勇：《法治是什么？——渊源、规诫与价值》，载《中国社会科学》1999 年第 4 期。

③ 《纪念依法治国基本方略实施十周年笔谈》，载《法学研究》2007 年第 4 期。

④ 例如，苏力：《二十世纪中国的现代化和法治》，载《法学研究》1998 年第 1 期；马小红：《法治的历史考察与思考》，载《法学研究》1999 年第 2 期；高鸿钧：《现代法治的困境及其出路》，载《法学研究》2003 年第 2 期；汪海蓝：《形式理性的误读、缺失与缺陷——以刑事诉讼为视角》，载《法学研究》2006 年第 2 期。

⑤ 例如，李林：《国际人权与国家主权》，载《中国法学》1993 年第 1 期；万鄂湘：《论人权的国际标准》，载《中国法学》1993 年第 1 期；谢海定：《作为法律权利的学术自由权》，载《中国法学》2005 年第 6 期；吴玉章：《公民权利的实践——结社现象的法学意义》，载《法学研究》2006 年第 5 期。

学反思，沿着中国文化理路开拓现代人权和权利理论等。在理论论证上，有学者试图从"主体性"转向"主体间性"，立足"相互承认"来建立人权和权利的根基；也有学者试图在自然权利、社会正义和功利主义理论之外，立足"共同体"来考察人权和权利的现实基础。在道德基础上，有学者将人权的根基建立在人的"道德心"上，强调了人权的"无害性"，主张人权的享有以"无害他人"这一道德规范为条件。在政治处境上，有学者提到权利话语实际上隐蔽地起着为统治权力提供正当理由、正式边界和行使规则的作用。在哲学反思上，一些学者对基于人权和权利的制度化、形式化路向以及形式法治提出了理论批评。此外，一些学者在中国语境下，对源自西方的人权和权利理论作了具体探讨。有学者强调了中西文化差异对于人权和权利在中国生成和发展的影响。有学者认为，中国传统思想已然发育出天赋权利的要素，但中国传统民本学说，讲治者以民为本较多，讲民之所本较少，而且缺乏应有的抽象概念，更缺乏具体的制度设计，因此，要改造传统的民本学说，完成民从他本到自本的转变，并把民之所本落实在民权，从制度上发展可操作的民权概念、程序和机制。还有学者提到在现代条件下重新统合天理、伦理与法理，实现权利与德性的结合之道。① 与以往从法律体系和法学范畴来分析权利相比较，这一时期关于人权和权利的研究更为深入地触及到道德哲学和政治哲学等领域。在20世纪80年代末90年代初关于"权利本位"的争论中，"权利本位论"的批判者批评"权利本位"实际上是已经过时的"启蒙"时代的理论，"权利本位"论者也尽量把自己的理论主张与历史上的"自然权利"和"天赋人权"区分开。而自1992年特别是进入21世纪以来，人权和权利在现代史尤其是现代政治哲学史和道德哲学史上的历史地位，得到了更为充分的认识，而同时，中国学者也基于中国语境对人权和权利理论作出了一定反思和开创。

---

① 参见赵汀阳《有偿人权与做人主义》，载《哲学研究》1996年第9期；邱本：《无偿人权与凡人主义》，载《哲学研究》1997年第2期；王海明：《有偿人权还是无偿人权》，载《哲学研究》1997年第7期；张恒山：《论人权的道德基础》，载《法学研究》1997年第6期；黄克剑：《在"境界"与"权利"的错落处——从"人权"问题看儒学在现代的人文使命》，载《天津社会科学》1998年第4期；赵汀阳：《"预付人权"：一种非西方的普遍人权理论》，载《中国社会科学》2006年第4期；夏勇：《中国民权哲学》，三联书店2004年版；胡水君：《法律的政治分析》，北京大学出版社2005年版。

　　此外，这一时期还较为频繁地出现了关于中国法理学的回顾、总结和展望，"中国法学向何处去"成为很多学者思考和争论的问题，特别是在世纪之交以及改革开放三十周年之际。① 大体而言，新中国成立后我国的法理学，如前所述经历了从"国家与法的理论"到"法学基础理论"、再到"法理学"的发展历程。在 1992 年以来的"法理学"阶段，用以构筑和支撑中国法理学这座大厦的"道"（道理）、"政"（政制）、"法"（法律）、"学"（学术）四个基础性因素日渐形成和丰满。而且，在依靠外来理论资源经历三十多年的发展后，中国法理学的文化主体性，或者说，沿着自身的文化理路和社会现实向前开拓中国的政道法理，越来越作为历史任务呈现出来。②

　　在中国法理学的理论体系建构过程中，正在进行的"马克思主义理论研究和建设工程"中的法学教材编写是一项重大的理论创新工程。2004 年由中共中央直接领导下正式启动的"马克思主义理论研究和建设工程"，设立了 24 个主要课题组，法学教材编写课题组是其中之一。法学教材编写课题组自组建以来，先后成立了《法理学》和《宪法学》两个课题组，并实行首席专家负责制。《法理学》课题组首席专家由张文显等担任，课题组其他成员包括许崇德、杨靖宇、信春鹰、李林等专家学者。《宪法学》课题组由许崇德牵头，韩大元、李林担任首席专家，课题组成员包括童之伟、胡锦光、莫纪宏、焦洪昌、刘茂林、王磊、郑贤君等。这两部教材编写过程中，融入了法学界对中国化马克思主义法学理论积极探索的最新成果。③

三、法理学文化主体性的张扬

　　自西学东渐以来，中国法理学基本上是在因袭或照搬外国法学和法律

---

　　① 例如，《走向 21 世纪的法理学——1995 年全国法理学年会综述》，载《中国法学》1995年第 5 期；《20 世纪中国法学的回顾与前瞻学术研讨会综述》，载《中国法学》1997 年第 5 期；《20 世纪中国法学与法制研讨会发言摘要》，载《法学研究》1999 年第 2 期；《"法理学向何处去"专题研讨会纪要》，载《法学研究》2000 年第 1 期；邓正来：《中国法学向何处去——建构"中国法律理想图景"时代的论纲》，商务印书馆 2006 年版。

　　② 参见胡水君《法理的呈现：中国法理学三十年》，载《中国法学》纪念改革开放三十周年专刊；胡水君：《〈法学研究〉三十年：法理学》，载《法学研究》2008 年第 6 期。

　　③ 本段为莫纪宏所写。

理论的基础上建立起来的。它起初受到欧美和日本法学的影响，新中国成立后受苏联"国家与法的理论"的影响，改革开放以来则进一步受到西学的影响。与外国理论资源比起来，中国法理学对于中国传统文化资源的正面利用是稀少的，"古今"历史联系明显为"中外"文化沟通所削弱乃至隔断。此种学术状况，与近代以来中国与世界的联系空前加强的全球大背景是分不开的。世界不同文化融会交流，未尝不可被视为促进一国学术发展的客观有利条件，然而，中国学术和中国法理学的文化主体性，却也因此作为历史转型过程中的一个现实问题凸显出来。

　　一方面，中国法理学由于过多地受到外国理论的影响乃至支配，因而表现出自身的文化自主能力不足。有研究表明，仅民国时期国内就出现了约5500种法学著作，但"经典作品不多"，"大都是西方法学理论的翻版"①，显示出中国法学近代化道路上的受动处境。与传统文化和制度遭受前所未有的批判、贬抑乃至毁损形成鲜明对照的是，外国的学说和制度成了学习、模仿乃至移植的主要对象。应该说，学习借鉴并不为过，只是由此也导致了本国学术的不独立。20世纪30年代，一些学者对此已表现出担忧。有学者指出："法学为文化之一部，其质与量均与国家文化水准有关。中国近代法学已有数十年历史，就其内容与实质言，纵谓中国尚无法学文化，似亦非过当之论。盖中国法学文化大半为翻译文化、移植文化。自然科学可以移植，法学则不可抄袭。法为国家社会组织之一形式，与本国现实社会有不可分离关系。法学出于翻译抄袭之境地，是谓法学亡国；所谓法学文化亦即殖民地文化之别名。今后中国真正的法学文化之建设，似应以法学之国家的民族的自觉或觉醒为起点。"② 这是迄今仍然有所延续的中国近现代法学的历史处境。更重要的是，在此处境下，很多人在认识上逐渐形成了这样一种倾向，凡外国的尤其是西方的，通常被视为是新的、进步的、值得追求的；凡是中国的，通常都被认为是旧的、落后的、势必淘汰的，而中国发展的目标就在于向日本、欧美乃至苏联学习，与世界接轨。正如有学者所批评的，"惟分新旧，惟分中西，惟中为旧，惟西

---

　　① 参见郝铁川《中国近代法学留学生与法制近代化》，载《法学研究》1997年第6期；何勤华：《中国古代法学的死亡与再生——关于中国法学近代化的一点思考》，载《法学研究》1998年第2期。

　　② 蔡枢衡：《中国法理自觉的发展》，清华大学出版社2005年版，第25页。

为新"①。近世屈辱和百年动荡促成了这样一种向外国学习的心态和受外国影响的情势。到了 21 世纪，有学者这样反思中国法学："中国法学近 30 年的发展，主要是以现代化范式为依凭的，其具体表现便是它不仅经由移植西方制度安排或相关理念而为中国法制/法律发展提供了一幅西方法律理想图景，而且还致使中国法学论者意识不到他们所提供的并不是中国自己的法律理想图景。"② 在中国法理学经历了自改革开放特别是 1992 年以来几十年的发展之后，法学界仍然出现这样的判断，值得深思。

另一方面，在晚清以来一百多年中不断经历政治革命和文化运动后，传统文化资源的传承几乎被割断。早在 19 世纪末 20 世纪初，梁启超即已意识到这一问题，他说，"今日非西学不兴为患，而中学将亡为患"，③ "吾不患外国学术思想之不输入，吾惟患本国学术思想之不发明"。④ 20 世纪，"中学"在相当长的历史时期被作为陈腐的、比不上西学的知识体系而多番遭受文化和政治运动的批判和否定。新中国成立以来，在法理学研究中，中国传统文化理论资源要么被忽视，要么在诸如民主法制传统缺乏的意义上被视为现实挫败或失误的历史原因。看上去，缠绕在传统文化之上的那些自近代以来形成的根深蒂固的批判观念，远远多于人们对传统文化的细致、真切、同情的了解，而且，沿着既有理论乃至西方学者的眼光作判断而不作实际深究的情况仍然存在。一些法律史学者对此感触尤深。有学者这样写道："当我们阅读百余年来，尤其是近二十年来关于中国传统法研究的著作时，我们感受不到传统的震撼，找不到可以给我们自信的传统。相反我们时时感到的是一种苦涩和失落。……在中国五千年的文明发展史中，历史与传统从未像百余年来这样暗淡，这样被国人所怀疑。"⑤ 无论如何，存留在研究中的那些对待中国传统文化的历史遗绪是需要反省的，那种在纵向历史比较中惟破旧趋新、在横向空间比较中惟中不如西的扭曲比较观也是需要校正的。实际上，"中学"并不能仅仅作为一种存在新旧更替的民族历史文化形态去理解，而更应作为一种蕴含着可以跨越古

---

① 钱穆：《现代中国学术论衡》，三联书店 2001 年版，序。

② 邓正来：《中国法律哲学当下基本使命的前提性分析——作为历史性条件的世界结构》2006 年第 5 期。

③ 梁启超：《〈西学书目表〉后序》，《饮冰室合集》文集之一。

④ 梁启超：《论中国学术思想变迁之大势》，《饮冰室合集》文集之七。

⑤ 曾宪义、马小红：《中国传统法研究中的几个问题》，载《法学研究》2003 年第 3 期。

今中外的普适因素的文化去对待，一如西学之中也包含着某种普适要素。从普适的角度看，"学"确实可以说是不分中西、无论古今的，正所谓"学无新旧，无中西"，① 而从达致对普适因素的不同认知路径看，"学"在不同文化中又显现出不同的侧重和分别，因此，也可以说"文化异，斯学术亦异"。② 就此而言，挺立中国学术和中国法理学的文化主体性，是立足中国文化理路和社会现实对人类普世文化的固守和开创。那种认为追求中国法理学文化主体性是狭隘地维护本国文化的民族主义表现的观点，充满方法论上的偏颇与价值观上的偏见。尽管中国文化在近一百多年来历尽艰辛，但从历史上看，"中学"始终不乏一种包容和创新能力。承接并融会"古今中外"，张扬自身的文化主体性，可以说是中国法理学的一个历史任务。

20世纪90年代以来，中国学术界以及法理学学界已经开始表现出对自身文化主体性的关注，文化自觉意识和文化主体性意识呈现出逐渐增强的态势。例如，有学者提出了"文化自觉"的概念，指出"文化自觉只是指生活在一定文化中的人对其文化有'自知之明'，明白它的来历，形成过程，所具有的特色和它发展的趋向，不带任何'文化回归'的意思。不是要'复旧'，同时也不主张'全盘西化'或'全盘他化'。自知之明是为了加强对文化转型的自主能力，取得决定适应新环境、新时代时文化选择的自主地位"。同时又指出，"'文化自觉'指的又是生活在不同文化中的人，在对自身文化有'自知之明'的基础上，了解其他文化及其与自身文化的关系"③。这一提法在学界引起了较大共鸣。在法理学界，一些学者也表现出沿着中国文化理论和社会现实从事法理学研究的理论态度。有学者指出，"一个多世纪来……中西比较研究多是在强烈的自我贬抑的心态下进行的，尤其是中西政治法律文化的比较研究，似乎总是为了说明中国怎样地不如西方，以及怎样地把西方制度移植过来"；④ "今天，我们要努力走出一条新路，以足够的文化主体自觉来重新认识我们自己，重新认识我们所处的世界。……在重新认识和深入研究中国法律文化的同时，推动

---

① 王国维：《〈国学丛刊〉序》，《观堂别集》卷四。
② 钱穆：《现代中国学术论衡》，三联书店2001年版，序。
③ 费孝通：《论文化与文化自觉》，群言出版社2007年版，第190、302页。
④ 夏勇：《朝夕问道——政治法律学札》，上海三联书店2004年版，第8页。

中国法律文化走向世界，与包括西方法律文化在内的其他法律文化展开平等而有效的对话交流。"① 也有学者在"主体性的中国"的观照下，对支配中国法学的所谓"西方现代化范式"提出了批评，并试图开启文化自觉的"法学新时代"。②

张扬中国法理学的文化主体性，在很大程度上意味着使法理学从苏联理论、西学的支配性影响中逐渐走出来，着眼于中国的现实问题和现实的法律发展道路，沿着中国文化的理路开拓法理和政道，既对中外普适价值融会贯通，又使中外普世文化互相推助、彼此补充、内外衔接、共济并行。换言之，文化主体性的关键在于对普适的、根本的"道"和"理"的自觉体认，法理学的历史开拓意义，也正在于沿着中国文化理路对"道"和"理"的拓展和弘扬。这意味着，文化自觉和具有文化主体性的法理学是在"法"与"理"之间建立道义联系、逻辑关系的法理学，它所要避免的是把苏联人、欧美人或其他人所认为的"理"未经审视地直接挪用过来作为自己的道理或理论前设，也避免把经典著作中的所谓"理"未经审视地机械照搬过来指导实践，同时，它还凸显出使政治观点和法律实践合乎道义和逻辑的价值取向和知识诉求。就此来说，文化自觉和文化主体性实际上是道义、道理、法理的自觉和崛兴。

所谓"法理学"，既可以说是关于"法"的"理学"，也可以说是关于"法理"的学问和学科，"法理"实乃法理学关键之所在。正如古人所讲，"法理初非二物"，"法之立也，必以理为原。先有是非，而后有法，非法立而后以离合见是非也"；③"既有法系，则必有法理以为之原。……若夫在诸法樊然殽乱之国，而欲助长立法事业，则非求法理于法文以外，而法学之效用将穷，故居今日之中国而治法学，则抽象的法理其最要也"④。"法理"更为明显而自觉地呈现出来，正是法理学与国家与法的理论、法学基础理论相比更为强化的方面。所谓文化自觉和具有文化主体性的法理学，也就是能够自觉地体认"法"与"理"之间的道义联系和逻辑关系的法理学。相比于国家与法的理论、法学基础理论而言，将法理从诸

---

① 中国法律史学会编：《中国文化与法治·序》，社会科学文献出版社 2007 年版。

② 参见邓正来《中国法学向何处去——建构"中国法律理想图景"时代的论纲》，商务印书馆 2006 年版。

③ 严复译：《孟德斯鸠法意》上册，商务印书馆 1981 年版，第 1—2 页，严复案语。

④ 梁启超：《中国法理学发达史论》，《饮冰室合集》文集之十五。

如"以阶级斗争为纲"的政治运动以及外来理论的支配中抽出来，在全球化和开放世界条件下沿着中国的文化理路和现实道路重新思考建构法理和政道，是中国法理学逐渐成熟的重要标志。这些在教材体系以及权利、法治等理论上已有一定体现。在教材体系上，如前所述，进入 21 世纪以来，法理学教科书越来越多地采用了"学"加"法理"的体系结构，基本上由"法学"和"法理"两块内容组成。这表明中国法理学更加注重从法理出发、从中国现实出发，尽管法理学研究所涉及的范围实际上要远远超出法理学教材所列"法理"内容。在权利理论上，与法学基础理论努力将权利与义务确立为法学基本范畴相比，20 世纪 90 年代以来关于权利的法理学研究在"理"上有明显拓展。这一时期，出现了从中国文化传统中开掘权利和法治话语，以让人权和法治讲"中国话"的自主努力，由此也相应出现了试图融合中西文化、打通权利与德性的所谓"德性权利"概念，权利和法治研究的学理性和"中国性"明显加强。[①]

　　由于立足于根本而普适的文化因素，张扬文化主体性，并不表明中国法理学终将走入作茧自缚、自我封闭、坐井观天乃至夜郎自大的境地。相反，由于主体性文化在全球化背景和开放世界条件下，恰恰要求以开放和宽容的态度吸纳、会通或衔接世界上其他的普世文化。这意味着，它在对待"古"的方面需要从隔膜和断裂转向更多的疏通和理解，在对待"外"的方面需要从被动乃至自觉接受转向主体性建构。换言之，"世界之中国"，不仅需要中国与世界接轨，以吸纳世界文化，也需要世界与中国接轨，以使中国的智慧和普适价值主动参与和融入世界历史进程。强调中国法理学的文化自觉和文化主体性，正在于在中西新旧的争执中，自觉地存留中国文化路径并由此彰显和拓展与之相应的普适价值，从而在世界学术之林中，确立真正属于中国自己同时也以其独特性而属于世界的中国法理学。

四、法律移植与法律全球化趋势的理论探讨

（一）关于法律移植的理论探讨

　　自 20 世纪 90 年代以来，中国的许多比较法学者在其论作中，对法

　　① 夏勇：《中国民权哲学》，三联书店 2004 年版；夏勇：《飘忽的法治——清末民初中国的变法思想与法治》，载《比较法研究》2005 年第 1 期；夏勇：《遗忘的文明——重新认识古代中国的法治思想》，载高鸿钧主编《清华法治论衡》第七辑，清华大学出版社 2006 年版。

律移植的理论问题进行了阐释。比较法学家沈宗灵、潘汉典、王晨光、刘兆兴、朱景文、贺卫方、高鸿钧、米健、何勤华等许多学者，都先后发表了不少论作，运用比较法研究的方法从不同的视角阐述了法律移植问题。

1. 对法律移植含义的不同理解

在西方法学论作中使用的与"移植"相当的词还有借鉴（borrowing, drawing on），吸收（assimilation），模仿（imitation），输入（importation），影响（influence），转移（transfer），传播（spread），引进（introducing）等。中国的一些学者通过对法律移植问题的研究，对法律移植含义的理解有如下四种：一是接受说或继受说，认为法律移植是一国授受或自愿接受外国法律的现象；二是输入说，认为法律移植是一个国家法律体系的部分或大部分都是从另一个国家法律体系或多个国家"法律的集团"中输入；三是传播说，即把法律移植解释为法律传播；四是迁移说，认为法律移植是一条法则或一种法律制度从一国向另一国的迁移。

有的学者认为，法律移植是指某一国家或地区的法律像整株植物移地栽培一样，或移入另一国家或地区，即从植物学上从整体移入进去理解；有的学者认为，法律移植应从医学意义上即器官移植也即部分移植上去理解；有的学者认为，法律移植是特指国际法律的吸收、借鉴、融合和同化。"移植"既包括对被移植法律规范、法律实施状况和法律的运行过程等综合因素进行全面考察，也包括对接受国的政治、经济、文化、社会因素的全面分析后进行的移植试验，还包括对移植后被移植的法律同本国法律间的不断协调和融合。①

有的中国学者从历史的角度分析，认为法律移植是由多种社会变化的结果。有的是由于军事入侵造成的，占领国把自己国家的法律移植到被占领国；有的是由于经济、文化交往的结果，经济和文化发达的国家在与不发达国家交往时也影响了它们的法律制度，即接受先进的法律文化。② 许多学者认为，法律移植是一种活动的过程，是按照一定的方式和步骤达到预定或未预定结果的过程。这一活动过程除了包括输入、接受、引入外，还包括选择、融合以及选择合理化、决策控制化的过程。

---

① 参见《中国法律年鉴（1995）》，中国法律年鉴出版社 1995 年版，第 1010 页。

② 参见朱景文《比较法导论》，中国检察出版社 1992 年版，第 169、173 页。

2. 对法律是否具有可移植性的不同理解

中国学者对法律是否具有可移植性，有三种观点：第一种观点认为，法律不可移植，因为法律是某种特定的时空下产生的，不可任意移植。强调法律不可移植的理论基础实际上是强调法律的特殊性；第二种观点认为，法律可以移植，因为法律具有普遍性，不同的法律具有某些相同或相似的特性；第三种观点认为，法律同时具有普遍性和特殊性，一定意义上的法律移植是有选择的、有条件的。

最早提出法律移植（legal transplant）问题的英国比较法学家奥·卡恩·弗罗因德（O. Kahn-Freund）在其《比较法的应用和误用》中认为，一个国家的法律很难移植到另一个国家，阻碍法律移植的障碍是政治因素。英国苏格兰法制史学家阿兰·沃森（Alan Watson）在其《法律移植与法律改革》一文中反驳了弗罗因德的上述观点，认为历史并未证明法律移植的悲观论；在很不同的法律制度下，甚至很高的发展水平上和不同政治情况下经常实现成功的法律移植；法律改革者认为外国法律是可以改造为本国法律的一部分。中国比较法学家沈宗灵认为，弗罗因德与沃森之间的分歧，并不是法律是否可移植而只是对可移植的程度有不同的看法。①

近年来，中国的大多数学者经过学术争鸣和研究认为，为了适应中国社会主义法律体系的建立和完善的需要，必须要有选择地借鉴、吸收或移植外国法制建设的经验，进而从更深的层面理解法律移植的内涵。中国作为发展中的社会主义大国，具有不同于西方和其他发展中国家的独特的社会生活和经济环境。其特征和悠久的历史文化，使其必然从其他国家法律制度中借鉴成功的经验，同时又从其独特的地位出发对其他国家的经验进行有选择的批判性吸收。

3. 法律移植的原则和外国法植活于中国的条件

近些年来，中国的比较法学者结合部门法律的具体借鉴或部分地引进问题的研究，指出法律移植应当遵循的原则：一是作为供体的国外法与作为受体的本国法之间的同构建性和兼容性，要对受体进行必要的调适，以防止移植后出现被移植的"组织"或"器官"变异；二是外来法律的本土化，要使引进的法律法规有生命力，必须真正适合"植株"的"土壤环境"；三是法律移植的优选性，只有适合于自己的，才是最好的，立足于

---

① 参见沈宗灵《比较法研究》，北京大学出版社1998年版，第671—672页。

本国的现实国情，选择适合的移植对象，移植过来的法律才可能是最适用的法律；四是移植过来的法律要具有超前性，即被移植的法律经过必要的改进，既能保持本国法律的稳定性和先进性，又能适于本国现代化和未来发展的要求。

一些学者在论述到法律移植的本土化问题时指出，一项法律制度在形成和发展进程中，必须与本地的政治、经济、文化等因素相结合，外来的法律规则和运行方式在移植国能够被理解、消化、接受，即为法律的本土化。法律的本土化要求进行法律移植时，不只是对外国法律的再现，而且是在研究其法律理念和规则的基础上的再创造。①

在一些学者的论作中，着重研究了外国法植活于中国的条件，指出外国法植活于中国必须是法律制度与法律观念的同步移植。制度层面的法律移植要在符合国际通约性的基础上，尽力尊重本国的独特法律语言，以使西方法律制度所承载的意蕴与本国公民的理解力取得一致，从而获取其在公民日常生活中的正当性。制度层面的移植，还必须关注与之相应的配套移植。法律移植是一项系统工程，是由法律之外、法律之内和法律之间的配套移植三个系统构成。法律之外的配套移植，是对外国法所依存的环境因素进行考察以完成法律移植的前提性准备，具体地审视政治、经济、文化传统以及民族地理等因素，客观评价外国法的发展过程和社会效果。法律之内的配套移植是指保持被移植的法律内部的协调一致，这是其自身的要求。法律之间的配套移植是指移植来的法律作为法律体系中的一个组成部分，必须融入整个法律体系，必须保持和相关部门法的协调一致性。观念层面的法律移植，是指移植过来的法律观念要存活于中国，自然离不开市民社会的社会基础和市场经济的经济基础。最重要的是中国法治社会的生成，即具有良好的法律和对法律的良好的服从。法治社会建立的关键就在于培养公民的法律信仰，中国法治社会的建立或者说法律信仰的培育与外来法律观念的本土化是同步过程。无论是制度层面还是观念层面的法律移植，都需要植根于法治社会的土壤之中，而法律观念的培养或者说法律信仰的形成，则是法律移植成活的重心与切入点。②

---

① 参见《中国法律年鉴（2007）》，中国法律年鉴出版社 2007 年版，第 830 页。
② 参见《中国法律年鉴（2006）》，中国法律年鉴出版社 2006 年版，第 806—807 页。

（二）法律全球化的理论探讨

近些年来，随着经济全球化和法律现代化进程的发展，与之相连的法律全球化的理论问题越来越成为中外学者们所研讨的课题。中国的一些比较法学家联系当代各国实际并结合一些外国学者的理论观点，对法律全球化的理论问题进行了广泛而深入的探讨。

1. 关于法律全球化理论产生的背景和法律全球化的特征

一些学者认为，法律全球化理论产生的背景主要有以下几方面：一是随着经济全球化的不可逆转，世界范围的新的专门化分工的形成；二是世界范围的金融市场连接，超越国境投资的自由流动；三是大型跨国公司在世界范围的生产和其他活动，强化了它们在全球化经济中的重要性；四是随着国际贸易和地区贸易集团的不断增强，致使国际贸易的国际规则对国内规则的影响日趋增强；五是大部分发展中国家都在减少国家在经济生活中的直接参与，强调发展市场体制，改变原法律结构；六是经济关系中新自由主义概念占据主导地位；七是世界范围内民主化、人权保护、法治的呼声不断高涨。

一些学者认为，法律全球化的主要特征体现为：一是强调法律的技术性。技术性法律不因文化而有差异，可以自由地引进和输出，即可以进行法律移植（包括立法和法的实施）。大量的法律作为一项技术跨越了国界，尤其是商法、知识产权法、环境法等，法律规则的制定和实施越来越依赖于技术的发展。二是法律全球化理论主张法律发展的超国家化。当今法律的全球化正呈现全球化契约法和商法走向统一的趋势。

2. 对法律全球化含义的不同理解

中国的学者各自从不同的视角进行分析，对法律全球化的理解持有不同的理论观点。（1）"法律趋同化"理论。认为法律全球化是指全球范围的法律理念，法律价值观、法律制度、执法标准与原则的趋同化；认为法律全球化是在承认国家主权的基础上形成的全球性的规范系统，是法律规范的趋同化与一体化。[①]（2）法律全球化是全球性的国际政治、经济、文化的反映与定型。认为法律全球化是正在进行的世界经济、政治、文化全球化过程中的法律表现，既是经济、政治、文化全球化的结果，又是它们

---

① 参见翁国民《全球化与国际商事合同规则的国际统一》，载《中外法学》2001年第3期。

的保证。① （3）法律全球化是超越国界的法的契合力和影响力。认为法律全球化是指一定的国家和地区在一定的法律文化传统中相互借鉴和移植而表现出的法超越国家界限的影响力。② 在这里，体现出法律移植意义上的法律全球化。（4）社会学意义上的法律全球化，是指随着经济全球化的进程，一些非国家的国际组织的规则不依赖于国家法律或国际条约而独立地在全球发展，这类"没有国家的全球法"不同于传统意义上的民族国家法和国际法。③ 很显然，这种理解的范围很狭窄。（5）法律全球化就是法律的西化或美国化。认为法律全球化是西方国家特别是美国向全球推行其法律价值和法律制度的过程。全球化是以西方国家为主导的全球化，全球化进程的历史必然应从资本主义方式中去寻找，从市场经济的秘密中去寻找。④ （6）法律全球化实质是"一国（地区）法律全球化"。认为法律全球化是指在某个国家或地区通行的法律制度，随着全球经济的发展，通信手段的日新月异，各国之间交流的日益频繁而为全球普遍接受的现象与过程。它们主要包括两个方面：一是契约法和商法全球化；二是公法全球化。⑤ （7）法律全球化是解决全球性问题的现象。全球性问题是那些影响涉及全球各个角落而不以国家边界规定其范围的问题。

　　一些比较法学者更是深刻地指出，对于法律全球化的认识，应当避免三种误区：第一，不能把法律全球化等同于资本主义化。法律全球化是作为一种新的交往方式，建立在全球时代信息技术发展使各国人民以从未有过的方式相互交流与沟通的基础上的，是通过资本的国际化和市场的世界化，而导致全球化范围的政治、经济和文化的联结。法律全球化表明人类社会的法律和交往方式进入了一个新的阶段。第二，不能把法律全球化等同于西方化或美国化。在过去和现阶段，许多国际规则都是由西方国家或美国制定的，在不同程度上体现出它们国内规则的特点。但是，随着经济

---

　　① 参见朱景文《法律全球化：法理基础和社会内容》，载《法理学论丛》第 1 卷，法律出版社 2000 年版。

　　② 参见陈晓岚、汪进元《论法律全球化与中国法制发展》，载《光明日报》2001 年 9 月 14 日。

　　③ 参见孙国华《法理求索》，中国检察出版社 2003 年版，第 864 页。

　　④ 参见杨朝仁、韩志伟《全球化、制度开发与民族复兴》，载俞可平主编《全球化的悖论》，中央编译出版社 1998 年版，第 138 页。

　　⑤ 参见姚天冲、毛牧然《"法律全球化"理论刍议》，载《东北大学学报》（社会科学版）2001 年第 1 期。

全球化的发展，它们不可能在法律全球化的进程中永远居于主导地位，并且随着发展中国家的发展和世界多极化的形成，发展中国家在新的国际政治、经济秩序中的作用，将会越来越重要，将会不断地改变现行国际关系中发达国家与发展中国家之间在政治、经济、法律中的不平等，按照平等和良性互动关系模式构建新的世界法律秩序。① 第三，不能把法律全球化理解为是与法律的世界化或国际化的同义语。也就是说，不能认为法律全球化就是全球分散的法律体系向全球法律一体化的运动，是全球范围内的法律整合为一个法律体系的过程，因而认为这种法律来自于"不受任何国家控制的经济或政治势力"，是"超国家的法律"，是"独立于国家之外的立法过程"。② 法律全球化是建立在民族国家主权独立前提下的某国法律与国际社会其他成员之间法律的相互协调，其目的是为减少国际政治、经济、文化等方面交流的障碍。

有的学者在论述全球化与中国法制现代化的关系时指出，在全球化时代的法律重构进程中，当代中国的法律发展面临着新的严峻挑战。必须捍卫法律主权，反对新的法律殖民主义，防止中国法律发展的"边缘化"趋势。法律全球化趋势虽然推动了全球性法律重构的进程，但并没有给人类带来法律的"大同世界"，多元化的法律文明体系依然有着广泛而深厚的全球基础和强大的生命力。③

3. 对法律全球化不同的评价

纵览近些年来一些中国比较法学者的论作，对于法律全球化持有不同的评价观点。持肯定观点的学者认为，当代世界人们交往的范围已经超出了国家，出现了许多超国家组织，因此作为社会制度层面的政治和法律也必须被全球化。超国家法律大量出现，适用范围越来越大；国内越来越具有开放性，通过交流、移植等办法不断互相吸收和借鉴外国法中对自己有用的东西，使各国法律之间越来越具有共性，能彼此对接。国家之间的法律界限已不分明，国内法已不那么纯粹，越来越与别国的法律有更多的相同之处。④ 还有的学者从文化认同的角度出发，认为法律全球化能够变为

---

① 参见《中国法律年鉴（2007）》，中国法律年鉴出版社 2007 年版，第 830 页。

② 同上书，第 807 页。

③ 参见孙国华《法理求索》，中国检察出版社 2003 年版，第 864 页。

④ 参见严存生《"全球化"中法的一体化与多元化》，载《法律科学》2003 年第 5 期。

现实是由于人们对全球化的法文化的认同与接受，包括对共同法律理念的遵循、相同法律规则的借鉴和共同法律规范的遵守。在国际性的政治、经济和科技交流中，由于存在相互认同的法文化，使这种全球性的交流得以实现，共同的法文化则成为这种交往的内部凝聚动力。①

对法律全球化持否定观点的学者认为，法律全球化的主张实际是忽视了国家主权原则和否认了世界政治多极化趋势，抹杀了法律的本质特征，试图借助经济全球化的进程将法律描述成各国一体遵循的规则，淡化各国法律之间的差异。② 倡导超越国家的法律全球化理论的人，忽视了法律本身的完整性和世界政治的多极化趋势。尽管各国之间有私法领域法律的趋同，但各国法律的内在特性以及各国政府独立处理国际事件的原则并未改变，国际法调整范围的扩大和各国间在法律上共性的增加，并未从根本上改变各国法律主权的多元化特征。当代世界各国和地区，无论社会制度、价值观念、发展程度、宗教信仰，还是历史文化传统等方面，都还存在着差异，现有法律基本格局仍体现为，各国人民根据本国国情选择社会制度并制定自己的法律制度。③

有的中国学者通过研究对法律全球化持有否定态度的外国学者（如法国巴黎第一大学的戴尔斯·马蒂）的理论观点，阐明了法律全球化对国家法律制度的影响，指出法律全球化也可能成为某些国家推行霸权主义的法律手段。其第一种形式是以某种帝国主义法律的形式公开强加于人，如美国禁止同古巴进行贸易往来的《赫尔姆斯——伯顿法》（1996年3月12日）、禁止同利比亚和伊朗进行贸易往来的《阿尔托——肯尼迪法》（1996年8月5日）。第二种形式是将一国的法律塞进某一国际条约之中，甚至将一国的法律作为普通的商品输出到他国，以他国表面同意之方式强加于人。第三种形式是通过出现一种仅由市场法律占支配地位的真正的无法律区域的方式强加于人，以市场凌驾于国家之上而成为法律。有的中国学者对这些理论观点进行了认真研究和分析，指出在法律全球化的进程中，通过上述方式，事实上破坏了国家法律制度的统一性，打破了国内一元化法

① 参见王生卫《法律全球化研究的文化视角》，载《理论观察》2002年第5期。
② 参见姚天冲、毛牧然《"法律全球化"理论刍议》，载《东北大学学报》（社会科学版）2001年第1期。
③ 参见刘兆兴《比较法学》，社会科学文献出版社2004年版，第126页。

律秩序。① 因此，对于改革开放、高速发展的当代中国，必须认清法律全球化与经济全球化的区别。一方面，为把中国建设成为社会主义现代化法治国家，不断吸收、借鉴适合于中国国情的外国先进的、正确的立法，法律制度和法律文化，同时要坚持国家主权原则和法律主权原则。

五、现代化进程中的中国法制史研究

党的十四大确定了"建设社会主义市场经济"的中心工作目标。在"市场经济就是法制经济"的共识下，创建社会主义市场经济法律体系成为当务之急，加速移植经济发达国家的法律制度，强调法律同国际接轨和根据 WTO 规则修改和完善中国的法律体系，成为法学界研究的主流观点。中国的立法进程明显加速，如《公司法》、《合同法》、《物权法》等一大批新法律先后颁布实施，一大批原有的法律被修改或被废止。正是在这样一个法律和社会生活都急剧变动的时代，关于中西法律文化的冲融关系问题，再次成为理论法学界关注的焦点和基本命题。在当代中国的法制化进程中，到底应该如何看待中国法律的内在因子和外来因素，以及如何处理中外因素的冲突，所有见证和参与当代中国法律现代化进程的法学学者，都不得不面对并回答这一问题。凭着丰厚的历史底蕴和独特的历史视野，中国法律史学界正尝试着回答这一问题。

在这一时期，一度出现了法制史研究历程中一个相对的"低谷"。原因在于，为适应迅猛发展的市场经济的紧迫需求，经济法、民商法成为炙手可热的学科，大量的法律移植使介绍西方法制模式和理念的论著充斥报端媒体，中国法制史学科因而显得相对冷清。但是法制史学人们依然坚守这块阵地，并做了以下三方面的工作：自练内功，加强学科建设和反思以及法律文献的挖掘、整理和考证工作；深化断代法史和部门法史研究，特别对中国民商法律制度史和民族法史以及近代法律史的研究取得了明显进展；在中华法文化研究和中西法律文化比较研究方面，也取得了长足的进步。

如何科学地认识中国法律发展史，推动法律史走向科学，是当代法律史学者面临的重大命题。中国法律史学会 1999 年、2000 年年会，都以法

---

① 参见《中国法律年鉴（2004）》，中国法律年鉴出版社 2004 年版，第 920 页。

史研究的"新思维、新方法"为中心议题展开了讨论。2002 年 2 月 1 日出版的《社会科学报》，开辟"中国法律史研究反拨"专栏，发表了四位学者的文章，就法史传统研究模式的缺陷、误区和在转折时期的使命等，发表了新的见解。在此之后的几年中，我国法制史学界陆续发表了一系列论文，对传统的"诸法合体"说、"民刑不分"说、"以刑为主"说、"以例破律"说及否认古代法律的社会功能的观点进行了批驳。在这场关于如何科学地认识中国法律发展史的探讨中，学者们提出了许多新的观点：正视法史传统研究模式的缺陷，变革研究思维和研究方法；质疑"诸法合体"、"以刑为主"、"民刑不分"说，正确认识中国古代法律体系；质疑"唐以后古代法制停滞"论和"律学衰败"说，正确阐述古代后期法制和律学的发展；厘正"以例破律"说和例的研究中的不实之论，正确评价例的历史作用；按照实事求是的认识论，准确地表述中国传统法制的基本特征。

为了给法史研究提供丰富的基础资料，很多学者还参加了法律文献的整理，并取得了重大成果。据不完全统计，1996 年以来，我国学界出版的法律古籍整理成果上百部，收入文献 500 余种，计 5000 余万字。这十年中法律古籍整理成果的数量，超过了新中国成立后的前四十年的总和。近年来出版的一些法律古籍成果，其内容涉及历朝颁布的法律法令、地方法律、判例案牍、律学文献、法学文集等各个方面。其中，文献规模较大或有较大影响的代表性成果有：《中国珍稀法律典籍续编》、《张家山汉墓竹简》所载《二年律令》和《奏谳书》、《天一阁藏明抄本天圣令校正》、《元代宪台文献汇编》、《中国监察制度文献辑要》、《中国古代地方法律文献》甲编、《古代榜文告示汇存》、《古代乡约及乡治法律文献十种》、《历代判例判牍》、《刑案汇览》、《中国律学丛刊》、《中国律学文献》、《沈家本未刻书辑纂》、《近代法学文丛》以及《中国历代民族法律典籍》、《田藏契约文书粹编》、《清代条约全集》等①。

不可否认，在部门法史研究中，民法史的研究一直不及刑法史。其主要原因在于：第一，一些学者对中国古代是否存在民法至今尚抱有疑虑，关于这一问题的争论时有出现。由于前提问题没有达成共识，导致整个民法史研究裹足不前。第二，中国古代民法没有形成像"亲亲相隐"、"以服

---

① 参见中国社会科学院法学所法制史室编《中国法律史学的新发展》，中国社会科学出版社 2008 年版，第 2—9 页。

制论罪"等具有典型中华特色的制度，导致学者们在研究总结时难以形成着力点。第三，中国古代民法的运用，民间远比国家活跃，大量的民法资源和文献，散见于官方的判牍、民间的契约、习惯法等，这给研究者带来了系统搜集材料的困难。然而，中国民法学在最近十多年里的迅猛发展，迫使法律史学界不得不寻找沟通与对话的渠道，民法史研究因而有了很大进展，出版了以叶孝信、张晋藩等学者为代表的 10 余部民法通史专著。这些通史性民法著作的出现，标志着中国民法史领域的研究已日臻成熟和系统化。同时，从财产法、契约法到婚姻、继承制度都出现了专门性论著，而大量论文则对上述内容进行了补充、完善和深化，其中成就较突出的是关于民事习惯法、契约法、敦煌民事文书等内容的研究。但是，问题也是显而易见的，按照现代民法的体系生搬硬套我国古代民法的内容，虽然可以使其得到规范化的整理和系统编排，却也存在削足适履的危险。实际上最后可能还是达不到古今沟通与对话的目的。

　　关于中华法文化的研究自 90 年代中期以后逐步形成热潮，应当说，这是中国法制史研究和中国法律思想史研究发展的必然结果。然而，这一研究领域的出现和强劲势头，使中国法制史学科的格局发生了变化，原来以法制史和法律思想史为基本组成部分的体系正在被逐渐打破，中华法文化的研究有望成为独立于法制史和法律思想史之外的新的子学科。同时，在与 21 世纪交替之际诞生出这样一个新的研究领域，也有其深刻的社会环境根源。也许是历史的巧合，在上一个世纪交替的时候，中国经历了一场前所未有的、旷日持久的法律文化大论争，而现在我们又一次面临着同样的命题。所不同的是，上一次论争重在"西法为用"，即如何引进西方法律制度为中国所用；这一次论争则重在应否以"中学为体"以及如何以"中学为体"。学者们更多关注的是应否回归到中国传统文化，如何利用固有法资源。在国际化与现代化的视野下，法史学人对中华法文化从内涵、表现形式到与西方法文化的异同以及现代化的转型等，进行了深刻的审视和反思。目前有关这方面的论著约 20 余部，论文近 1000 多篇，形成的结论大致可以分成两派，一些学者认为中华法文化有许多积极因素，应当在现代予以发扬和继承；另一些则认为中华法文化中消极的因素过多，应当进行大力的改造和摒弃。无论是褒扬还是贬抑，学者们的目的却是共同的：试图揭示中国原生态法文化的本来面目，并从中汲取可服务于现代的养分和资源。

关于中华法文化的研究主要集中在以下几个问题上：（1）中华法文化的特质及其形成原因。学者们从中华法文化起源、内核、阶段划分、演进方式到导致其产生的物质条件、思想根源、哲学基础等进行了多层面、多角度的考察，分析了中华法文化的公法性、家族化、宗教性、专制性等特质。（2）关于礼与法、礼治与法治、伦理道德与法律的研究。由于"依法治国"和"以德治国"等理念的政策化法律化，礼与法、礼治与法治、伦理道德与法律等这些自中华法文化产生以来就贯穿始终的关系被重新诠释和解读。学者们从礼与法的起源、家礼与国法的关系、权利与义务的内涵、道德信念和法治信念的价值等方面为中国未来的法治发展方向提供思路。（3）关于传统法文化的现代化转型。自 20 世纪 80 年代中期开始，"传统与现代化"这个话题可谓长盛不衰，法学界尤其是法律史学人侧身其间虽然稍晚，但后势甚雄。围绕这一领域展开的讨论，主要集中在传统法文化与现代法治精神的契合程度、冲突因素以及如何改造等问题。目前关于传统法文化与现代化的论著、论文层出不穷，几成滥觞，然而真正有理论高度的精品力作稍嫌欠缺。但这至少说明了一点：在经受了一系列法律移植所带来的负面效应后，学者们开始反思法律在中国运行的社会基础与伦理环境，并由此引发了回归本土法文化的浪潮。其中，梁治平[1]和朱苏力[2]的观点最有代表性，也最有影响。

自 1840 年鸦片战争后中国踏入近代以来，西方文化与中国传统文化的关系问题，就一直是导致中外冲突和国内重大事变的一大根源，问题的解决之道也一直让"历史的创造者"煞费苦心。从学习西方"船坚炮利"的"师夷长技以制夷"，到洋务运动的"求强求富"；从追求大变、全变的"百日维新"，到稍后的清末新政，解决之道大致不出"中体西用"的范畴，尽管西用的概念（西用、西器、西学）从兵器、军工、经济等物质的层面一直延伸到官制、法律、宪政等制度层面，中体的概念（中体、儒道、中学）则从"文物制度"一直缩小为纲常之道。这说明在五四新文化运动之前，在物质、制度、精神三个层面上，中国"历史的创造者"试图

---

① 梁治平：《法律的文化解释》，三联书店 1994 年版；《清代习惯法：社会与国家》，中国政法大学出版社 1996 年版；《乡土社会中的法律与秩序》，载王铭铭等编《乡土社会中秩序、公正与权威》，中国政法大学出版社 1997 年版。

② 朱苏力：《法治及其本土资源》，中国政法大学出版社 1996 年版。

通过不断重新解释和划定"中体"、"西用"的范围和界限，来解决它们之间的紧张。趋势是"西用"的内涵和外延不断扩大而"中体"的内涵和外延不断缩小，最后退守到精神领地以安身立命。五四新文化运动发动"思想革命"后，以儒家为代表的中国传统伦理道德遭到批判，思想界主张彻底反传统、全盘西化的倾向出现。伦理道德是精神领域里最核心的内容，一个民族的伦理道德是这个民族认识、改造世界的价值标准。放弃了本民族自己的标尺，就只能拿外来的标准为标准，失去了民族鉴别力，鲁迅所讲的"拿来主义"就是一句空话。所以自清末修律以来，历代立法者所标榜的，大都不出"折衷各国大同之良规，兼采近世最新之学说，而仍不戾乎我国历世相沿之礼教民情"①的"会通中西"原则，但实际做的或者只能做到的，却是"专以折冲樽俎、模范列强为宗旨"②。今天，西方的法律精神和话语已经成为中国立法体系的主流，但却无法在中国这块土地上扎下根来，只能漂浮在中国的上空。传统法律的体系和话语在形式上已经荡然无存，却仍然顽强而深刻地影响着中国人的生活，并实际主宰着每一个中国人的命运。中外法律文化从来就没有真正融合过，它们以这种奇特的二元对立的形式存在于中国社会当中。这显然是我们所不愿意看到的，也是法制史学者们应当给予解释之理和解决之道的。

---

① 光绪三十三年十一月二十六日修订法律大臣、法部右侍郎沈家本《为刑律分则草案告成缮具清单折》，见《钦定大清律例》卷前奏折。

② 光绪三十四年正月二十九日修订法律大臣沈家本等《奏请编定现行刑律以立推行新律基础折》，参见故宫博物院明清档案部编《清末筹备立宪档案史料》，中华书局1979年版，第852页。

第十三章

依法治国与宪法学的新发展

　　1993 年至今，随着我国宪法学界逐渐接受和使用当今世界各国宪法学普遍采用的"法治原则"和"人权保障原则"，特别是 1999 年现行宪法修正案将"依法治国、建设社会主义法治国家"治国方略写进宪法，以及 2004 年现行宪法第四次修改时将"国家尊重和保障人权"写进宪法，"法治入宪"和"人权入宪"不仅在制度建设上有效地推动了我国宪法的实施，而且也给我国宪法学带来创新和大发展的历史机遇。与此同时，我国宪法学界又在大力推荐和介绍国外最新宪法学理论成果的基础上，结合我国社会主义法治建设的具体实际，对许多重大的宪法学理论问题进行深入和系统的研究。这些努力和尝试都在很大程度上推动了我国宪法学理论体系的完善，提升了我国宪法学理论的研究水准。

一、宪法学的"方法论觉醒"

　　我国宪法学的研究方法曾长期受到苏联宪法学的影响，在根本方法上严格贯彻阶级分析方法，在具体于特定问题的分析时，一般惯于引用政治性的话语解释宪法条文；甚至反其道而行，直接将宪法条文作为论证政治决断正当性的依据。有学者将早期的宪法学的方法称之为宪法学方法的"无特定性"状态。[①]

　　与上述关注传统意义上的宪法学方法不同，另有学者对宪法学的研究方法进行反思重构。比如童之伟主张"从根本上改造宪法学原有的阶级分析方法和相关基础理论，具体做法是用社会权利为核心概念或基石范畴，建立社会权利分析方法，作为宪法学的学科专门分析方法，进而

---

　　① 林来梵：《从宪法规范到规范宪法》，法律出版社 2001 年版，第 28 页。

以这种新方法为核心，对现有的基础理论进行革新和完善，形成更为系统科学的专业基础理论"。① 作为一种分析方法，"社会权利分析方法指的是从分析社会权利入手，以把握社会的基本属性尤其是分解和再分解的规律为基础来说明和认识宪法现象的一种学理方法"。② 与童之伟的社会权利分析方法相对应，邹平学认为，宪法学研究应当导入经济分析方法。经济分析方法的导入，意味着从经济范畴的角度，以经济—宪政的全方位思维来认识宪政的经济性和蕴含的经济逻辑，发掘经济和宪政的互动关系和整合机制，以探求宪政发展的内在规律性。经济分析方法的方法论基础是马克思主义的经济哲学观，客观基础奠定于深厚的、密切的经济与法律、经济与政治的关系之中，学理基础是经济学、宪法学和政治学。并认为，既有的经济哲学观、学理基础为进一步对宪政进行经济分析，提供了方法上的指导思想和必要条件；既有的知识没有把这一课题当作一个系统的主题加以研究，因而其认识、结论是分散的、零碎的；宪政与经济的关系是客观存在的，而且是内在统一的，应当通过研究方法与研究对象的逻辑的、历史的统一，来反映和再现客观对象的统一性。③ 宪法学研究要引入经济分析方法，以经济—宪政的全方位思维来认识宪政的经济性和蕴含的经济逻辑。④

其实，宪法学的研究方法并无绝对独立性可言，其与一般社会科学的方法并无二致，哲学、社会学、政治学等学科方法，可以被宪法学直接拿来和广泛采用。进入 21 世纪以来，关于宪法学的方法，大多数宪法学者认为，宪法学应当具有独立于其他临近学科，尤其是政治学的方法。⑤ 宪法学界较早关注宪法学方法问题的林来梵，就中国宪法学应当适用的根本方法与特定方法提出了独特的见解。他认为，就根本方法而言，宪法学的确具有"科学"的成分，有能力揭示"事实"，但也同时又包含了作为"学问"的构成要素，纠缠于种种复杂的价值判断之中，因此必须正视事

---

① 童之伟：《宪法学研究方法之改造》，载《法学》1994 年第 9 期。

② 同上。

③ 邹平学：《经济分析方法对宪政研究的导入刍议》，载《法制与社会发展》1996 年第 1 期。

④ 同上。

⑤ 郑贤君：《宪法学为何需要方法论的自觉？——兼议宪法学方法论是什么》，载《浙江学刊》2005 年第 2 期。

实与价值之间的紧张关系以及宪法的具体价值取向。宪法学的特定方法其实就是宪法解释的方法，然而在当今的中国，人们却对注释宪法学持一种鄙夷的态度，宪法学方法处于"无特定性"的状况当中。[①] 童之伟同样认为，中国宪法学的理论部分，"从学科专门分析方法到语言体系，都明显的是历史唯物主义原理的机械性延伸，如阶级分析的方法和国体、政体、阶级、革命、经济基础、上层建筑、生产力、生产关系等用语。这就是说，我国宪法学还基本处在用世界观层次的方法替代自己应有而尚未有的学科专门分析方法、它自己的学科专门分析方法还没有创造出来的落后状态"。[②] 郑贤君也赞成宪法学方法应当具有独立品格，认为让宪法学成为一门独立的学科的途径之一就是方法问题，因此需要建立相对独立于政治学，乃至传统的哲学、历史学的方法，使之能够在应对宪法问题过程中成为不可替代的专业尝试，树立其学科自主性。[③] 苗连营则倾向于认为，传统的宪法学离其他方法够远了，当下我国宪法学必须借鉴其他学科的方法，能解决实际存在的宪法问题才是关键所在。[④]

尽管如此，宪法学应当具备特定的方法已成为大多数学者的共识。然而，关于如何确立当下中国宪法学的研究方法，学者们的观点却各有不同。林来梵提出了规范宪法学的方法，认为宪法学是以宪法现象为研究对象的一门学问，其中宪法规范是宪法现象围绕展开的轴心。基于中国宪法学研究的现状，必须让宪法学返回规范，围绕着规范而展开，确切地说就是返回到适度地接近规范主义，但又不至于完全退到传统法律实证主义的那种立场。[⑤] 围绕规范的宪法学研究，毫不讳言宪法解释学的重要价值。这种将宪法解释学作为宪法学核心的观点，也是宪法学界许多学者的共识。韩大元是较早提出宪法解释学的学者，他认为现代宪法学理论与体系的发展，在很大程度上依赖于宪法解释学的发展与完善，现代宪法解释学反映了现代宪法学发展的基本去向。同时，他不断地推进宪法解释学方法

---

① 林来梵：《从宪法规范到规范宪法》，法律出版社 2001 年版，第 7—40 页。

② 童之伟：《宪法学研究方法之改造》，载《法学》1994 年第 9 期。

③ 郑贤君：《宪法学为何需要方法论的自觉？——兼议宪法学方法论是什么》，载《浙江学刊》2005 年第 2 期。

④ 参见林来梵、郑磊等《对话与约定的狂想———一场中国宪法学圆桌学术会议的综述》，《浙江社会科学》2005 年第 3 期。

⑤ 林来梵、郑磊：《所谓围绕规范》，载《浙江学刊》2005 年第 4 期。

的研究与运用，发表了一系列宪法解释方法的论文。① 宪法解释方法的技术化容易导致宪法学满足于价值中立的神话而流于形式。青年学者张翔意识到宪法解释学必须重视解释方法的价值导向，他指出，"在宪法解释中纳入政治的考量是不可避免的。对于同样的宪法条款，在不同的政治理论引导下，会得出完全不同的解释结果"。同时他认为，宪法解释必须根植于本国的制宪历史、规范环境和宪法文本去容纳政治理论论证这种"外部论证"，消解其对宪法解释确定性的损害。②

郑贤君曾总结了我国宪法学研究的主要方法，认为现有的研究主要是在三个层次展开：一是停留在宪法的精神层面，二是进入宪法原则的研究，三是规范研究。我们应该打通精神、理念、原则，而进入到规则里面，不能在精神的象牙塔里面待太久，必须在不忽视精神的同时，始终以规范为依据，面对现实，让正义重新回到人间。③ 对此，范进学提出了不同的看法，认为宪法学研究应当基于三个层面：一是价值宪法学，二是规范分析宪法学，三是宪法解释学。这三个层面上的研究分别指向价值法学、分析法学与解释法学，价值法学之理论基础是自然法学，分析法学之理论基础是分析实证法学，解释法学之理论基础则是哲学与语言诠释学。价值宪法学所研究与关注的是"宪法应当是什么"的命题，规范分析宪法学所研究与关注的是"宪法是什么"之命题，宪法解释学所研究与关注的则是理解与解释宪法规范意义的方法与技巧之命题。研究的对象不同，研究的方法不同，则关注的命题亦不同。范进学进一步认为，由于我们目前的大多学者属于价值宪法学的阵营，对宪法的各种所谓的解释活动主要停留在形而上的层面，为此他呼吁宪法学应该实现向宪法解释学的研究转向。④

其实，研究宪法学要注意区分宪法学研究方法与法的一般研究方法，以及政治学研究方法与宪法解释方法的差异与联系，同时确立中国宪法学

---

① 参见韩大元、张翔《试论宪法解释的客观性与主观性》，载《法律科学》1999 年第 6 期；韩大元、张翔《试论宪法解释的界限》，载《法学评论》2001 年第 1 期。

② 张翔：《祛魅与自足：政治理论对宪法解释的影响及其限度》，载《政法论坛》2007 年第 4 期。

③ 郑贤君：《宪法学为何需要方法论的自觉？——兼议宪法学方法论是什么》，载《浙江学刊》2005 年第 2 期。

④ 范进学：《宪政与方法：走向宪法文本自身的解释——宪法解释学之意义分析》，载《浙江学刊》2005 年第 2 期。

研究方法还要有中国问题意识，要对中国宪法文本持相对"客观中立"的立场，处理好宪法学研究中的普世性价值与中国特殊性的关系，正确处理"时差"问题。① 李树忠进一步指出，中国宪法学面临的最大问题在于"中国问题的特殊性"。长期以来，我们的研究主要是吸收国外先进理论成果，缺乏从中国历史角度和社会背景下解决中国问题的习惯。近代中国引入宪法，最初的根本目的是为了国家富强，即使在"保障公民自由与权利"的今天，实现国家富强仍是宪法的重要使命。在这种价值取向下，我们如何构建一套既不同于西方资本主义国家又不同于苏联的宪法理论体系，如何理解执政党与宪法的关系，如何看待人民代表大会制度，如何全面解释中国的宪法文本，将成为当下宪法学研究的重中之重。② 刘茂林认为，科学发展观对于中国宪法学走出困境具有方法论的意义。他指出，按照马克思主义的社会结构理论，宪法学是思想的上层建筑，社会的全面、协调、可持续发展，不能没有宪法学的发展；宪法学必须跟上社会发展的步伐，与时俱进，这既是科学发展观的要求，也是中国宪法学走出困境的必由之路；科学发展观既是社会发展的科学观，也是科学发展的科学观。它要求中国宪法学必须遵循"以人为本"的精神，以"人的全面而自由的发展为基本原则"，整合宪法的社会哲学理论和宪法的解释理论，使宪法学得以全面、协调和可持续的发展。③

二、宪法学理论体系的重构

宪法的体系基本可以分为两部分：人民的权利义务、国家机关的组织及其职权。前者包括各种基本权利的类型与内涵，后者包括国家立法机关、司法机关、行政机关以及地方制度等。④ 随着国家宪法的制定，宪法学的体系基本上是按照宪法典的结构来展开，这种状况一直延续到改革开放后一段时间内，一种主流版本的宪法学教科书曾以宪法法典的体系结构为依据，除绪论外，共分七章，即宪法总论、宪法的产生和发展、国家性

---

① 胡锦光、陈熊：《关于中国宪法学研究方法的思考》，载《浙江学刊》2005 年第 4 期。

② 刘卉：《当代宪法学发展的挑战与趋势》，载《检察日报》2006 年 11 月 10 日。

③ 刘茂林：《中国宪法学的困境与出路》，载《法商研究》2005 年第 1 期。

④ 参见张知本《宪法论》，中国方正出版社 2004 年版（古籍整理版本，殷啸虎、李莉勘校）。

质、国家形式、公民的基本权利和义务、选举制度、国家机构。① 晚近的宪法教科书在体系安排上则普遍以公民基本权利与基本义务和国家机构这种二元模式，比如胡锦光、韩大元所著的《中国宪法》一书共分为三部分：宪法总论、公民的基本权利和基本义务、国家机构。②

随着对我国宪法学研究方法和基本范畴的反思以及研究的不断深入，学者们开始致力于构建新的宪法学理论体系。王广辉指出，长期以来，中国法学界关于宪法学研究对象的界定一直是处于众说纷纭的状态，不仅影响了我们对宪法学"究竟是研究什么问题"的这一基本问题的明确，而且还导致了学理性宪法学体系的无法建构，从而在根本上影响了人们对宪法的精神实质与核心价值的把握。无论如何，宪法学研究对象的内涵应立足于宪法的调整对象来把握，不能偏离国家权力与公民权利的关系这一主题，据此，宪法学的学理体系应当由原理论、国家权力论、公民权利论、协调论这样几个部分来组成。③ 童之伟也认为，20 世纪 70 年代以来的中国宪法学教学和研究，从根本上说是围绕着反映经济社会发展要求的 1982 年宪法的形成、解说、实施和修改进行的，当然也在很大程度上受到后者发展状况的局限。中国的宪法学教学和研究得到了快速发展，但总体水平还比较低，其主要原因在于中国的政治体制改革相对滞后，宪政实践还不能提供必要而足够的研究资源，宪法学教学和研究缺乏现实的推动力。

近些年来，中国宪法学教学和研究出现了一些新的发展趋势。这些新的发展趋势适应了现阶段中国经济社会发展的要求，引领着中国宪法学教学和研究的新方向。④ 朱福惠认为，我国现行宪法学体系较为陈旧，不适应依法治国、建设社会主义法治国家的需要，以公民权利与国家权力相互关系的原理作为宪法学体系的主线，将宪法学的内容分为总论、国家论、公民论和典型案例分析四部分，以规范国家权力并保障公民权利作为各论的指导思路，是宪法学体系创新的重要思路。⑤ 周叶中、周佑勇也认为，重构宪法学理论体系，首先要正确解决宪法学的道德基础、社会基础及其

① 许崇德主编：《宪法学》，人民大学出版社 1999 年版。
② 胡锦光、韩大元：《中国宪法》，法律出版社 2004 年版。
③ 王广辉：《论宪法的调整对象和宪法学的学理体系》，载《法学家》2007 年第 6 期。
④ 童之伟：《中国 30 年来的宪法学教学与研究》，载《法律科学：西北政法学院学报》2007 年第 6 期。
⑤ 朱福惠：《论我国宪法学体系的创新》，载《云梦学刊》2002 年第 5 期。

逻辑起点等问题，并认为人性的至尊与弱点是宪法学的道德基础，国家与社会的二元化是宪法学的社会基础，人民主权是宪法学的逻辑起点，公民权利与国家权力是宪法学的基本矛盾。以公民权利与国家权力的关系为主线构建的宪法学理论体系，应当包括四个相互联系的组成部分：宪法基础论，包括宪法的理论基础和宪法的基本现象；公民权利论，包括公民、人权与公民权、公民宪法权利与义务的内容；国家权力论，包括国家权力与国家性质、国家权力的结构体系、国家权力的行使组织和国家权力的运行程序；宪法运行论，包括宪政、宪法创制与宪法修改、宪法实施与宪法解释、宪政程序与宪法诉讼。①

另有学者主张以权利或者权力为基石构建宪法学的理论体系。如吕泰峰认为，应当以权利和权力为中心重建宪法学体系，重建之后的宪法学体系包括宪法的基本原则、保障公民基本权利、监督国家权力、限制政党权利和宪法实施监督五部分。② 陈宝音则认为，我国宪法用法律形式肯定了社会主义初级阶段的社会主义民主，社会主义民主的本质就是人民当家做主。按照人民行使国家权力的要求，中国宪法学体系应当由下列七个方面的具体法律制度组成，即宪法原理、公民地位、国体政体、国家结构、国家机构、选举制度和政党制度。③ 赵世义认为，财产权是宪法产生的历史起点，是整个宪政制度的基石，主张以财产权为基石范畴构建经济宪法学的理论体系。这一体系分为三个主要部分：（1）经济宪法总论。公民与国家的关系可以理解为个人财产权与国家财政权的冲突，由此可以阐明市场经济是宪政经济宪法的经济中立原则，从资源配置到权利配置的规律等宪法学命题；（2）经济权利论。以财产权为权利的起点，在契约自由与劳动权冲突与协调的逻辑结构中，展开经济自由与经济权利二元对峙的权利体系；（3）经济权力论。以财政权为核心内容，建构国家经济权力体系。其思路是：国家是靠税收来维持的，财政权是国家一切权力之根本。经济宪法学是宪法学科群的一个重要组成部分，属于宪法学与经济学之间的交叉学科。④

---

① 周叶中、周佑勇：《宪法学理论体系的反思与重构》，载《法学研究》2001 年第 4 期。
② 吕泰峰：《以权利和权力为中心重建宪法学体系》，载《法学家》2000 年第 5 期。
③ 陈宝音：《对中国宪法学体系的思考》，载《法学家》2000 年第 3 期。
④ 赵世义：《经济宪法学基本问题》，载《法学研究》2001 年第 4 期。

　　与上述学说截然不同，也有学者致力于对已有学说的批判与重构。如童之伟就是以"法权"为核心范畴构建宪法学体系，提出了法权宪法理论。在童之伟看来，权利与权力背后的利益具有相通性，将权利与权力两个范畴连接构成了"法权"（即"社会权利"）这一范畴，作为法权宪法理论的核心范畴。针对法本位问题上的两个极端——个人本位与国家本位，作者提出宪法乃至所有法律既不应以权利为本位，也不应以权力为本位，而是应以法权为本位，追求法权最大化。① 童之伟所倡的法权宪法理论，在宪法学界乃至法理学界产生了较大的影响，但并未得到广泛赞同，遭到了一些学者的质疑。已有研究者指出，"社会权利"概念的提出并将其作为宪法学的研究方法和宪法学体系的逻辑起点，其存在的主要缺陷就是：仅以"社会权利"的概念比"公民权利与国家权力的关系"之说法抽象的程度高和包括的范畴数量少，作为充当宪法学学科逻辑起点的条件是没有根据的；"社会权利"既不是从宪政实践中归纳出来的，也不是从宪法学理论中推演出来，而是作者将国家权力和公民权利简单相加得到的。②

　　刘茂林将宪法学的理论体系分为三个层面：一是宪法的社会哲学理论（包含宪法政治学、宪法哲学、宪法社会学、宪法历史学、宪法的经济分析等）。它是以作为实在法的宪法为研究对象的纯粹的宪法的法的理论。二是宪法的解释理论。其所要解决的是在法的发展过程中的宪法学问题，诸如作为法的宪法是什么、宪法是如何形成和构成的、宪法如何配置并规范国家权力、宪法如何确认并保护公民权利等。从法的运行过程来看，宪法的解释理论致力于为宪法的制定、修改、解释和适用提供理论解释和技术帮助，以实现和发挥宪法的最高法的地位和作用。三是宪法的社会哲学理论和宪法的解释理论的关系。刘茂林认为，正是宪法的社会哲学理论和宪法的解释理论水乳交融般的结合，铸就了宪法学作为一门独立法律科学分支学科的理论品质和应用价值。宪法的社会哲学理论使宪法学成为科学，宪法的解释理论使宪法学成为法律科学并区别于法的一般理论和刑法学、民法学等部门法学。③

---

① 童之伟：《法权与宪政》，山东人民出版社 2000 年版。
② 赵世义、邹平学：《对人用社会权处分析方法注重结构宪法学体系的质疑》，载《法学研究》1995 年第 5 期。
③ 刘茂林：《中国宪法学的困境与出路》，载《法商研究》2005 年第 1 期。

三、宪法监督理论的重大发展

宪法监督问题一直是宪法学界广为关注的焦点问题。中国宪法规定了立法不抵触原则和人大监督政府、法院和检察院的制度，其他有关法律还规定了法律的备案审查制度、立法解释制度等，但是，由于没有专门的违宪审查监督体制，立法的合法性原则仍难以保证。对此有学者指出："违宪是最严重的违法，依法治国首先是依宪治国。因此，宪法监督便成为人大监督的核心和第一要务。但是，我国宪法监督的职能尚未得到有效行使。原因之一就是宪法监督机制和程序有待进一步完善。"①

早期的宪法学研究主要致力于研究如何在人大制度下构建宪法监督制度，特别是如何设立宪法监督机构的问题。关于设立宪法监督机构的必要性问题，宪法学界曾提出了两种截然相反的观点。一种观点认为，宪法监督在资本主义国家中是为了适应多元化民主政治的需要而存在的，宪法监督往往是在野党提出的，并且是在野党制约执政党的民主形式。我国不实行多党制，因此，没有必要建立宪法监督制度。另一种观点认为，宪法监督的存在本身是由宪法的法律特性而决定的，没有宪法监督，就等于没有宪法。② 随着宪法适用的观念逐渐深入人心，后一种观点成为宪法学界的主流学说。许多学者主张设立一个宪法委员会或宪法监督委员会，其地位或隶属于全国人大常务委员会或者平行于全国人大常务委员会。当然，也有学者认为无须另设立宪法监督机构，也可以实施宪法监督。③ 这种观点忽视了宪法监督的核心是对法律的合宪性进行监督，因而受到了许多学者的批评。

对于如何借鉴世界其他国家的宪法监督制度来完善中国社会主义宪法监督制度。有学者认为，中国应当建立由普通法院来审查合宪性的监督体制，即借鉴美国模式，允许人民法院受理宪法诉讼的案件，同时赋予最高人民法院在审理具体案件中行使合宪性审查的权力。这种模式的优点是，可以通过高度专业化、职业化的分工，由"异体"对立法进行独立的审查

---

① 程湘清：《论完善人大监督制度》，载《中国人大》2004 年第 8 期。
② 莫纪宏：《发挥宪法作用，坚持依法治国》，载《法制日报》1997 年 9 月 20 日。
③ 有关的理论综述可以参见胡锦光《中国宪法问题研究》，新华出版社 1998 年版。

和监督；但它面临的困难是，在不实行三权分立原则的人民代表大会制度中，人民法院产生并从属于人大，对人大负责，受人大监督，法院如果再反过来监督人大行使立法权的状况，就会从根本上改变它们之间的宪法关系，使法院成为制约人大的力量，进而成为与人大"平起平坐"的一种权力，其理论逻辑和现实结果势必构成对人民代表大会制度的挑战。如何"避免司法权与立法权正面冲突以及相应的副作用"，是建构由普通法院行使合宪性附带审查权难以逾越的鸿沟。[①] 还有一种观点认为，中国应当设立独立于人大之外的专门的合宪性审查机构——宪法法院，来负责行使这项权力。在中国设立宪法法院体制的必要性在于："一方面可以节约对立法权优越、司法解释权的行使方式、法院机构设置以及诉讼审理负担的分配等一系列现行制度立即进行彻底改造的转型成本，另一方面可以避免对地方普通法院的人员素质以及司法公正性的不信任感继续妨碍合宪性审查，从而迅速建立起具有充分的政策判断能力和高度的神圣权威的司法审查机构。"[②] 实行宪法法院审查的体制，同样需要协调与现行人民代表大会制度的关系，合理解释人大最高国家权力机关地位及其监督权是否可以分享的问题。如果这两点不能作出突破性的重新解释，那就会缺乏设立宪法法院的合理性和合法性根据；如果能够突破现行体制重新作出解释和设计，又很可能会导致人民代表大会理论及其制度解体。

宪法规定，一切国家机关都必须在宪法的范围内活动，作为国家机关的全国人大也必须在宪法的范围内进行活动。正因如此，不少学者认为，在现行人民代表大会制度体制下，只能在全国人民代表大会中设立一个宪法委员会。[③] 其地位有两种考虑：一是设立与全国人大常委会平行（并列）的宪法委员会，负责对全国人大常委会及其以下各位阶立法的合宪性审查，但不能审查全国人大的立法，否则有悖于中国人大及其常委会统一行使国家权力的体制，因为再增设一个宪法监督机构并规定它可以监督全国人大常委会的立法等工作的合宪性，就动摇了全国人大常委会的地位和权威。二是在全国人大设立一个专门委员会性质的宪法委员会，主要理由

---

① 李林：《全球化背景下的中国立法发展》，载《学习与探索》1998 年第 1 期。
② 季卫东：《合宪性审查与司法权的强化》，载《中国社会科学》2002 年第 2 期。
③ 季卫东主张设立"宪政委员会"或"合宪性审查委员会"来进行宪法监督，参见季卫东《宪政新论》，北京大学出版社 2002 年版，第 29—50 页。

是：设立这样的机构符合人民代表大会制度的基本原则和体制；宪法已对设立专门委员会作出了明确规定，增设一个新的专门委员会不涉及宪法和有关法律的修改，有利于保持宪法的稳定性；宪法监督委员会作为一个常设机构，协助全国人大及其常委会专门监督宪法实施，可以弥补最高国家权力机关因会期短、任务重而无暇顾及宪法监督，其他专门委员会也难以兼顾宪法监督的不足，有利于保持宪法监督的专门化和经常化；宪法监督委员会可以被授权对全国人大及其常委会制定的法律，以及国务院的行政法规、部门规章和地方性法规等，进行合宪性审查。①

从宪法本身的规定来看，全国人民代表大会以及其常务委员会并不是一个纯粹立法机关，宪法规定了全国人民代表大会有"监督宪法的实施"的职权，全国人大常委会有"解释宪法，监督宪法的实施"的职权。从现行宪法中推导出人大常委会具有独立于立法权之外的宪法审查的职权和功能，在制度上并不会遭遇太大的困难和阻力。正因如此，主张我国宪法中已经蕴含了由人大进行宪法审查的观点是学界的一种有力学说。② 业已通过的《监督法》并没有涉及宪法监督的问题，而全国人大常委会在法工委下设的法规审查备案室专门处理行政法规、地方性法规和部门规章等法律规范的违宪与违法问题。这项措施对于维护国家的法制统一和保障公民的宪法权利固然具有积极意义，但是自成立以来，法规审查备案室并没有作出任何合宪或是违宪的决定。当前我国社会不乏公民向全国人大提请违宪审查的申请，有学者认为，对于这些申请中那些与宪法不相抵触的国家行为完全可以作出合宪的决定，这样一方面可以消除社会各界对于国家行为合宪性的疑虑，另一方面也有利于为国家行为提供宪法上的正当性依据，树立法治政府的权威性。待到时机成熟时再针对那些明显且较为严重的违宪法规直接作出违宪无效的决定，甚至进一步作出修改指示，消除并纠正违宪行为，以此来建立和完善中国的宪法审查制度。③

通过研究解释当下社会所发生的案件或事例来推进宪法适用，是当前宪法学界所普遍采取的一种学术策略。近年来，宪法学界更加关注宪法实

---

① 李林：《全球化背景下的中国立法发展》，载《学习与探索》1998 年第 1 期。

② 程湘清：《关于宪法监督的几个有争议的问题》，载《法学研究》1992 年第 4 期；王叔文：《论宪法实施的监督》，载《中国法学》1992 年第 6 期。

③ 翟国强：《违宪判决的形态》，载《法学研究》2009 年第 3 期。

施问题，比如人民大学法学院宪政与行政法治研究中心发布了 2006—2007 年"年度中国十大宪法事例"，以宪法事例评选为契机，召开学术研讨会研究宪法适用的理论。其实，这一动向可以追溯至发生在世纪之交的所谓"宪法司法化第一案"①，最高人民法院针对这一案件的批复激起了宪法学界乃至整个法学界讨论宪法适用问题。最高人民法院在批复中指出："陈晓琪等以侵犯姓名权的手段，侵犯了齐玉苓依据宪法规定而享有的受教育的基本权利，并促成了具体的损害后果，应承担相应的民事责任。"对于这一批复，法学界见仁见智地提出了截然不同的观点。一种观点认为司法机关不能直接适用宪法条文。其理由在于一方面宪法是行为规则，但不是裁判规则。宪法条文不具备裁判规则的逻辑结构，即同时规定构成要件和法律效果，毕竟宪法的任务，是确定国家生活的基本原则、基本制度，并不为法院裁判民事案件确立裁判基准。② 尤其在民事审判中，由于对私人侵害基本权利的案件是通过民法调整的，用宪法对公民之间的权利侵害案件进行调整，显然超越了宪法的调整范围，实际上是将违宪行为的概念泛化，不仅不利于维护宪法的权威，反而会起相反的效果。③ 但也有学者认为，齐某的受教育权是属于民法理论中难以包容的权利，明显属于宪法规定的公民基本权利，如不直接适用宪法的规定，司法救济是无法实现的。因此，应当开创中国法院通过司法审查保障宪法意义上的公民基本权利的先例，开拓公民宪法权利的司法救济途径，开创宪法直接作为中国法院裁判案件的法律依据的先河。要言之，应当实现"宪法司法化"，让宪法进入司法程序④。应当在审判当中直接适用宪法规范，在法律文书中大胆引用宪法规范。⑤ 对于此案的见仁见智，可以看作是宪法学者在分析同一案件时的"短兵相接"，由此也直接体现了不同法学理论之间的交锋。齐玉苓案成为一个不同法学理论之间的交流的媒介与平台，对于本案宪法学角

---

① 参见《冒名上学事件引发宪法司法化第一案》，载《南方周末》2001 年 8 月 16 日报道。

② 梁慧星：《少女失学何需宪法断案——宪法司法化的冷思考》，载《法学天地》2002 年第 4 期。

③ 殷啸虎：《宪法司法化问题的几点质疑和思考》，载人大复印资料《宪法学与行政法学》2002 年第 2 期。

④ 王磊：《宪法的司法化——21 世纪中国宪法学研究的基本思路》，载《法学家》2000 年第 3 期。

⑤ 刘连泰：《我国宪法规范在审判中直接适用的实证分析与评述》，载《法学研究》1996 年第 6 期。

度的分析，也可以看作是宪法学者之间的一种对话。在这个过程中，有关宪法适用和基本权利的宪法学说，在这种对话与交锋中得到了很好的发展。①

四、宪法学新领域的再拓展

20 世纪 90 年代以来，越来越多的学者关注并致力于宪法学分支学科的建设，宪法学研究逐渐呈现出诸多分支。其中，占主流地位的是在对宪法理论体系的研究（宪法哲学）、对宪法文本的研究（宪法解释学），以及从国家建设角度对宪法政治的研究（宪法政治学），其共同特征是关于宪法的规范性研究，关注的是"宪法是什么"的问题。除此之外，还有宪法经济学、宪法与文学、宪法社会学、宪法人类学，等等。② 通过学者们的努力，我国宪法学研究已经在宪法哲学研究、宪法社会学、比较宪法学、中国宪法史研究等诸多领域，取得了丰硕的研究成果。

（一）关于"宪法哲学"的思辨

进入新世纪以来，我国宪法学出现了所谓"宪法哲学"的研究，其实在国外宪法学理论中，与"宪法哲学"严格对应作为指称一种学科的概念较为罕见，但与此类似的概念却有"constitutional philosophy"或"constitutional law's philosophical foundations"。需要指出的是，其相关的研究颇为丰富，所及论域亦较为广泛，甚至涉及政治哲学（political philosophy）、道德哲学（moral philosophy）的范畴。"宪法哲学"的概念是否可称为一种具有独立品格的学问迄今虽尚无定论，但该论域中的研究，对于宪法学确属至为必要。对于宪法哲学也有学者称之为"宪法逻辑学"。③ 莫纪宏认为，中国的宪法学要走出困境，必须从最基本的逻辑问题着手，按照道德哲学、文化哲学和逻辑哲学所各自具有的科学特性，来建构符合中国特色的社会主义宪政要求的宪法哲学。④

---

① 林来梵、朱玉霞：《错位与暗合——试论我国当下有关宪法与民法关系的四种思维倾向》，载《浙江社会科学》2007 年第 1 期。

② 侯猛：《分支学科制度建设与中国宪法学发展》，载《江海学刊》2006 年第 3 期。

③ 莫纪宏：《审视应然性——一种宪法逻辑学的视野》，载《中国社会科学》2001 年第 6 期。

④ 莫纪宏：《面向 21 世纪的中国宪法学的研究目标与任务》，载《法学家》2000 年第 3 期。

　　然而，作为宪法学分支学科的宪法哲学，其能否成立并非无需论证的。李琦认为，宪法学总得回答一个基本的问题：宪法是什么？这一问题可以进一步转化为三个具体问题：人类生活为什么需要宪法；人类生活需要什么样的宪法；人类生活是怎样通过宪法来实现我们的目的。这是关于宪法的三个元问题，已经涉及宪法本身的正当性问题，这就有理由将之理解为"宪法哲学"。①

　　当然，宪法哲学虽然具备了哲学气质，需经受哲学的检验，但它本身不是哲学，而是属于宪法学的范畴。文正邦认为，宪法哲学是从哲学的角度和运用哲学的观点与方法来思考和研究宪法的理论和实践问题的一门理论宪法学学科，是理论宪法学的最高层次，是非常重要的部门法哲学之一。它通过对既有宪法理论成果的再思考、再认识，即进行哲学"反思"，并通过对宪政实践的哲学审视、认知和分析，从其中总结和概括出具有世界观和方法论意义的内容和问题，以揭示宪法和宪政现象最深邃的本质和最普遍的规律性，从而为宪法发展和宪政建设提供直接的哲学指导和依据。也就是说，宪法哲学是有关宪法和宪政问题的世界观和方法论的理论化系统化的学问，概言之，也就是关于宪法和宪政问题的法哲学理论。进行宪法哲学研究，既有利于我们高瞻远瞩，把握宪法发展和宪政建设的全局性、宏观性、战略性问题，又便于我们深入认识纷繁复杂的宪法和宪政问题的实质和根本。② 谢维雁认为，宪法哲学是从人的理性出发，在对宪法科学进行反省批判的基础上，探究并建构"应然"宪法的一门学问。反省与批判，不是怀疑或否定宪法科学，而是不满足于宪法科学（实然）之"然"要探究其"所以然"，坚持对宪法科学追根究底，寻找其终极依据。宪法哲学是比宪法科学更高级的形态，据此，当下宪法学应当从宪法科学走向宪法哲学。③ 刘志刚也认为，"宪法哲学是对宪法所蕴涵的法理提高到哲学高度进行研究的一门学科。宪法哲学作为宪法学的基础理论，对于宪法学的发展具有深入意义。在我国宪法学领域宪法哲学尚是一块有待开垦的处女地"。④

---

　　① 李琦：《宪法哲学：追问宪法的正当性》，载《厦门大学学报》2005 年第 3 期。

　　② 文正邦：《宪法哲学——深化宪政理论的新视野》，载《检察日报》网站：正义网。

　　③ 谢维雁：《宪法学的走向：从宪法科学到宪法哲学》，载《四川师范大学学报》2006 年第 1 期。

　　④ 刘志刚：《宪法的哲学之维》，载《政治与法律》2003 年第 3 期。

（二）宪法社会学的提出

宪法社会学是以社会学方法研究、识别宪法学学科特性的宪法学的一门学科分支。① 董璠舆是较早提出宪法社会学概念的学者，他指出宪法社会学是把宪法过程作为社会过程，把宪法规范、宪法制度、宪法意识、宪法关系、宪法运动等宪法现象，与政治、经济、社会等其他社会现象联系起来，进行实证研究的经验科学。② 韩大元也指出，宪法社会学概念强调宪法现象与社会其他现象之间的联系，突出宪法存在的社会基础；在宪法社会学框架下，作为社会科学的宪法学与作为规范科学的宪法学能够建立一定的对应关系；宪法社会学是一种动态的体系，具有历史性；宪法社会学概念的核心是宪法的实践功能，通过对社会生活的评价体系发挥其学术影响力。③ 对于宪法社会学的目标和功能、基本框架和方法论，宪法学者也作出了初步的论述，认为宪法社会学是以社会学的方法来研究宪法学的一门学问，社会学意义的宪法结构立足于保障自由的公共权力机关与依据私法组织起来的经济社会之间的关系，国家与社会的分离是宪法关系得以确立的前提，公域与私域的界分是限权政府的存在基础，公权与私权的对峙是古典基本权利的宪法表现，社会权利是国家与社会相互渗透的产物。④

宪法社会学对于中国的宪法学而言，显然处于初级阶段。就其作为一门学科本身的独立性而言，首先面临的问题或者质疑，可能是宪法社会学与政治学或者政治社会学之间究竟有何不同，特别是在方法上都采取社会学方法的这一特征，使得其学科的研究范围界定成为问题。举例而言，社会学意义上的宪法制度与政治制度之间没有本质的区别，宪法观念与政治观念之间存在大量的交叉。在诸多宪法现象同时也是政治学的研究对象这样一种前提下，可能唯有与宪法规范保持一定的距离，同时运用社会学方法的研究，可以归入宪法社会学的研究，这种界限划分方法或许也可以推广至法律社会学与社会学法学之间的界分。

（三）宪法史研究的接续

宪法学的研究本身就包括宪法史研究在内，对宪法史的研究可以促进

① 郑贤君：《宪法的社会学观》，载《法律科学》2002 年第 3 期。
② 董璠舆：《中国宪法学十四年》，载《政法论坛》1989 年第 5 期。
③ 韩大元：《试论宪法社会学的基本框架与方法》，载《浙江学刊》2005 年第 2 期。
④ 郑贤君：《宪法的社会学观》，载《法律科学》2002 年第 3 期。

宪法学人积累深厚的宪法文化底蕴，以便能够高屋建瓴地从历史发展的进程中，来观察宪法的演变与社会发展之间的关系，深化对现行宪法及其制度的认识与理解。但在新中国成立之后，中国宪法史的研究由于受国家性质改变以及意识形态的影响，与民国时期的发展实际上发生了断裂。特别是在反右斗争扩大化和"文化大革命"期间，整个法学教育和研究几乎完全处于瘫痪状态的情形下，宪法史的研究自然也不可能正常进行。①

伴随着法学教育的恢复和发展，中国宪法史的研究开始受到重视。较早研究宪法历史的著作是张晋藩、曾宪义所著的《中国宪法史略》，该书以中国近代改良主义的宪政运动和清末政府的立宪骗局和颁布的宪法为起点，分别研究了民国时期的宪法制度、新中国成立后宪法制度的发展历程。在此基础上，作者还对宪法制度的发展作出了历史的分类。② 蒋碧昆所著的《中国近代宪政宪法史略》是国内比较早的研究中国近代宪法史的著作，而且是最早由宪法学者所著的中国宪法史方面的著作。③ 该著作以中国近代宪政史与宪法史为主题，内容涉及"改良主义的变法运动"、"晚清皇朝的宪法问题"、"中华民国的临时约法"、"北洋军阀统治时期的宪法"、"广州、武汉国民政府的宪法性文件"、"国民党政府的宪法问题"、"新民主主义宪政运动"等方面，全面分析和评价了中国近代历史发展过程中与宪政史和宪法史有关的重大历史事件和人物，特别是对宪法文件所规定内容的分析，始终坚持马列主义的基本立场和阶级分析的方法，无论是对清政府、北洋军阀和国民党时期的宪法假民主、真专制的揭露，还是对中国共产党领导的革命根据地宪法文件所具有的民主性的说明，以及对新旧民主主义宪政进行的比较，运用了大量的历史文献加以佐证，做到了史论结合，体现了蒋碧昆深厚的学术功底和严谨的治学态度。许崇德结合本人参加宪法制定过程的亲身经历为背景，撰写了《中华人民共和国宪法史》一书④。在本书中作者提供了大量第一手的宪法史料，将修改宪法的过程生动的加以再现，并以结合宪法原理加以分析和评述，为研究历史、探求宪法规范原意提供了丰富的素材。在这种学术脉络下，许多青年宪法

---

① 王广辉：《宪法学人的命运与历史责任》，载中国公法评论网，2008 年 4 月 5 日。
② 张晋藩、曾宪义：《中国宪法史略》，北京出版社 1979 年版。
③ 蒋碧昆：《中国近代宪政宪法史略》，法律出版社 1988 年版。
④ 许崇德：《中华人民共和国宪法史》，福建人民出版社 2003 年版。

学者也开始关注宪法史的研究，并撰写了大量的著作。①

五、宪法权利理论的新发展

现行宪法通过后，更多的宪法学者开始将目光聚焦在宪法上的基本权利条款，这种转变甚至受到西方学者的关注。② 这些研究大多是围绕新宪法的制定展开，通过对宪法上规定的权利条款进行"解说"，呼吁社会对宪法权利的关注和重视，提高社会整体的权利意识。当然这种完全是解说宪法权利条款的研究的最大问题，在于将价值命题和事实命题混为一谈，混淆了宪法权利存在的应然形态、法定形态和实然形态，③ 其中一个典型的观点就是将宪法规定的权利看做等于受到了宪法保障的权利。④

从1982年宪法制定到20世纪90年代，这种对宪法权利条款进行解说性的研究，占据了宪法权利理论的主流。早期宪法学对于宪法权利条款的简单解说并非严格意义上的学术研究，而是充斥了政治化和口号化的概念。然而不可否认的是，在促进整个社会宪法权利意识的提高，形成尊重和保护权利的宪法观念，形塑国家和社会的意识形态方面，都有着不可低估的重大意义。这些研究也使得国家的政治和法律实践对权利保障的重视，进而促使国家逐步采取各种措施对公民基本权利进行保障。有西方学者指出，自从1982年宪法以后，由于观念的改变，中国公民所实际享有的言论、出版、结社、迁徙自由（虽然这项权利并没有被宪法所明确规定）在逐渐增加。⑤

宪法权利是人权的法定化，因此宪法权利的研究与人权研究息息相关。在我国法学界，曾将人权作为资产阶级的价值加以批判和排斥。⑥ 20世纪90年代初，人权研究的禁区被完全突破，关于人权的研究成了法学界的热点问

---

① 如殷啸虎《近代中国宪政史》，上海人民出版社1997年版；王人博：《宪政文化与近代中国》，法律出版社1997年版。

② See Ann Kent, Between Freedom and Subsistence, China and Human rights, Oxford University press（1993），p. 97.

③ 权利存在的三种存在状态理论是李步云首先提出，后被法学界所广为接受。参见李步云《论人权的三种存在形态》，载《法学研究》1991年第4期。

④ 参见田军《我国公民享有广泛而真实的基本权利》，载《江海学刊》1983年第1期。

⑤ See Ann Kent, Between Freedom and Subsistence, China and Human rights, Oxford University press（1993），pp. 96—97.

⑥ 参见肖蔚云、罗豪才、吴撷英《马克思主义怎样看"人权"问题》，载《红旗》1979年第5期；兰英：《"人权"从来就是资产阶级的口号吗》，载《社会科学》1979年第3期。

题，而这种动向也促使了宪法学界对于宪法权利理论的高度关注。在此之前，我国法学界曾不加辨析地全面否定新中国成立前的宪法学说，并采取简单化解释马列经典著作来进行"学术研究"。许崇德指出："对于建国前的宪法学，一律不加分析地予以彻底否定，这种做法是不可取的。"① 然而，政治秩序的变动并未完全切断宪法学说史的脉络。在 20 世纪 90 年代后的宪法权利理论研究中，借助人权研究的东风，这些新中国成立前有关宪法权利学说的著作被广为引用，影响着中国宪法权利理论的研究。② 这种转向使得学界在重新返回中国宪法权利研究的学术脉络中，并逐渐摆脱苏联国家与法的理论的影响，同时开始大胆借鉴世界各国宪法权利保障的理论和实践。恰如韩大元所指出的："在中国社会发展中，宪法与宪法学遵循着不同的发展途径与逻辑，政治对宪法学的影响力并不是绝对的。"③

伴随着经济体制改革进程的加快，全国人大分别于 1988 年 4 月、1993 年 3 月、1999 年 3 月通过宪法修改，对国家经济制度不断地进行重新定位。在此过程中，法理学界以"建设社会主义市场经济"的主流话语作为切入点，提出了"社会主义市场经济是权利经济"的基本命题，论证保障权利与经济建设的密切关联。④ 与法理学界关于"市场经济就是权利经济"的论断类似，宪法学界同样对此予以高度关注⑤。由于市场经济体制的建立和完善的核心是产权问题，对于宪法财产权问题的研究成为当时宪法学界的热点问题。⑥ 加上历次宪法修改都是关于经济体制改革的修改，也促使宪法学界对于财产权的高度关注。宪法上财产权保障理论研究不断深化，学者们开始摆脱口号式的呼喊，转而开始研究"宪法如何保障财产权"。⑦ 20 世纪 90 年代末到 21 世纪初，在城市房屋拆迁中所表现出的权

---

① 韩大元、牛文展：《见证新中国宪法学发展的历史——许崇德教授的治学历程与学术思想》，载《高校理论战线》2004 年第 1 期。

② 典型的代表作如王世杰、钱端升《比较宪法》，中国政法大学出版社 1997 年版。

③ 韩大元：《对 20 世纪 50 年代中国宪法学基本范畴的分析与反思》，载《当代法学》2005 年第 3 期。

④ 张文显：《市场经济与现代法的精神论略》，载《中国法学》1994 年第 6 期。

⑤ 有关研究可参见孙潮、戚渊《论确立市场经济的宪法地位》，载《法学》1992 年第 12 期；韩大元：《市场经济与宪法学的繁荣》，载《法学家》1993 年第 3 期。

⑥ 胡锦光：《市场经济与个人财产权的宪法保障》，载《法学家》1993 年第 3 期。

⑦ 林来梵：《论私人财产权的宪法保障》，载《法学》1999 年第 3 期；林来梵：《财产权宪法保障的比较研究》，载张庆福主编《宪政论丛》第 2 卷，法律出版社 1999 年版；赵世义：《财产征用及其宪法约束》，载《法商研究》1999 年第 4 期。

利诉求和社会矛盾，更加刺激了宪法学界对财产权的高度关注和研究。这种对宪法权利的研究成果，最终为 2004 年的宪法修改提供了法律技术上的支持，2004 年宪法修正案第 22 条所采纳的权利保障的规范结构，正是学术界所主张的"保障 + 法律（公共利益）限制模式"。① 宪法修正案第 22 条对财产权保障的修订，再一次刺激了宪法学对于财产权保障问题的关注，这些研究在总结了过去研究的基础上更加注重对宪法财产权的保障方式的研究。② 此后，宪法学界对宪法财产权保障的研究进入了一个新的高潮，根据对 1993—2008 年已经发表的 143 篇有关宪法财产权的学术文章进行的检索统计，仅 2004—2008 年四年间，就有 93 篇研究宪法财产权保障问题，而 1993—2004 年 11 年间内有 50 篇。整体来看，有关宪法财产权保障研究的规范性正在逐步增强，摆脱了以往单纯的"政治话语"，开始注重其作为法律条文的逻辑结构和适用性。③

2001 年最高人民法院关于"齐玉苓案件"的批复，④ 为中国法学界提供了一个运用宪法权利理论解释现实案件的契机，该案引发了宪法学关于宪法权利的第三者效力问题的学理讨论。而发生在 2003 年的"孙志刚事件"和"延安黄碟案件"，同样为宪法权利理论的研究提供了现实的分析样本。学界对于这些事件和案例的讨论对宪政实践产生了一定的影响，比如收容审查制度的废止，很大程度上也取决于学术界对于宪法权利保障的热烈讨论⑤。2004 年的宪法修正案第 24 条增加"国家尊重和保障人权"九字条款，使得宪法权利理论的研究至今已经成为宪法学研究的重心所在。

纵观各国宪法权利保障的历史，对于宪法权利的保障模式大致可归入

---

① 林来梵：《论私人财产权的宪法保障》，载《法学》1999 年第 3 期。

② 韩大元：《私有财产权入宪的宪法学的思考》，载《法学》2004 年第 4 期；张庆福、任毅：《论公民财产权宪法保障制度》，载《法学家》2004 年第 4 期；胡锦光、王锴：《财产权与生命权关系之嬗变》，载《法学家》2004 年第 4 期。

③ 王锴：《新中国宪法保障财产权的历史变迁（1949—2004）》，载《法治论坛》2006 年第 1 期。

④ 最高人民法院《关于以侵犯姓名权的手段侵犯宪法保护的公民受教育的基本权利是否应承担民事责任的批复》（法释〔2001〕25 号）甚至引起了国外宪法学界的高度关注，See Thomas E. Kellogg, Courageous Explorers? Education Litigation and Judicial Innovation in China, Harvard Human Rights Journal, Vol. 20 (2007)。

⑤ 2001 年 12 月 3 日北京市宪法学会召开"齐玉苓案学术研讨会"，2003 年 6 月 30 日上海交通大学举行"孙志刚案与违宪审查"学术研讨会。

三种不同类型：绝对保障型、相对保障型和折中型。① 绝对保障是指由宪法本身加以直接保障，即使立法也不得加以限制或设定例外，也可以说是一种宪法保障模式；而相对保障则是指宪法权利的保障需要以具体的法律为依据，同时主张法律可以对宪法权利进行限制，该说又称宪法权利的法律保障主义；介于绝对保障和相对保障之间的被称为折中型保障。绝对保障说主张宪法权利是受宪法直接保障的基本权利，不应被包括立法权在内的任何国家权力所侵犯，法律如果侵犯了宪法权利，则可能被宪法审查机关判为违宪无效。2000 年以来，更多中国学者开始主张宪法权利的绝对保障理论，进而区分宪法所保障的权利和法律所保障的权利②，将权利保障放在宪法适用的框架下进行研究。该说的一个理论前设是将宪法上的权利规范作为可直接适用的法规范，为此大多数学者更倾向于采纳宪法解释学的方法，将宪法上的权利规范结合宪法审查过程中的具体适用，作精致的解释与构造。从各国宪法实践中抽象出来的宪法权利适用的逻辑结构理论被学者们广为接受。③ 根据绝对保障说，对宪法权利"通过法律的保障"和"依据法律的限制"其实是一体两面，法律对权利的行使方式等作出具体规定的时候，这种规定多数情况下也是限制。比如，《集会游行示威法》对游行示威的权利行使方式规定，显然也是一种法律上的限制。和任何权利一样，宪法上的权利也并非是完全没有界限的，而是存在受法律限制的可能性。然而，作为一种宪法规范的宪法权利约束所有国家机构，对立法机关同样有约束力，立法虽然可以对宪法权利的具体行使方式作出规定和限制，但这种限制本身也应当受到限制（对限制的限制），如果立法对基本权利的限制超出了宪法所允许的限度，则构成违宪。综上，宪法权利保障的逻辑结构是：宪法权利的保障→限制→对限制的限制。在这种学说的基础上，晚近一些青年学者综合比较了各国宪法权利的具体适用，抽象出其中共同的方法并结合我国宪法上的权利条款以及法律体系进行比较法意义上的解释。④ 当然，宪法保障说也并不排除对宪法权利依据法律进行保护，比如宪法权利同样对应着国家的保护义务，需要国家制定法律，构建

---

① 参见林来梵《从宪法规范到规范宪法》，法律出版社 2001 年版，第 94—98 页。

② 马岭：《宪法权利冲突与法律权利冲突之区别》，载《法商研究》2006 年第 6 期；马岭：《宪法权利与法律权利：区别何在？》，载《环球法律评论》2008 年第 1 期。

③ 林来梵、季彦敏：《人权保障：原则的意义》，载《法商研究》2005 年第 4 期。

④ 张翔：《基本权利的规范建构》，高等教育出版社 2008 年版。

特定的保障制度来实现。① 如果国家消极的不制定法律，没有实现权利的充分保障，则可能构成对宪法义务的违反。如前所述，这种法律的保障最终需要受到来自于宪法本身的尊重、限制与保障。

当下我国宪法学界，上述宪法保障说正在被越来越多的学者所倡导，然而宪法直接保障的前提，是通过宪法审查机关对法律本身的合宪性做出判断，方能对宪法权利加以最终的保障，而欠缺有时效性保障的宪法审查制度成为这一学说所面临的最大制度瓶颈。恰恰是受制于这种缺陷，绝对保障理论在当下中国因为欠缺实效性的宪法审查制度而没有用武之地，沦为一种仅仅停留在学说层面上的"屠龙绝技"。从宪法权利保障的现实需要来看，这也是宪法学研究中出现"违宪审查热"的原因之一。为此，学界对宪法权利的研究往往也同时伴随着对宪法审查制度的呼唤，比如2003年6月在上海交通大学召开的"孙志刚案与违宪审查"学术研讨会就是例证之一。

正是由于欠缺宪法审查制度的支撑，学界对宪法权利的研究仍然不乏寻求宪法权利在一般法律层面的实现，以宪法与部门法的关系以及宪法权利在部门法领域的效力来进行研究，比如，宪法权利在民事领域的适用问题②，宪法权利在其他法律部门中的效力问题③。不可否认，在欠缺制度的直接保障前提下，透过基本权利的间接效力说和在司法实践中运用合宪解释的方法，同样也可收到保障宪法权利的良好效果。由于现实制度的滞后性，宪法权利的相对保障理论在我国仍有一定的积极意义。因此，持论平稳的学者倾向于主张宪法权利的折中型保障，即一方面承认依据法律的保护是宪法权利保障的重要途径，同时主张宪法的直接保障才是宪法权利保障的应然状态，进而致力于研究宪法权利适用的原理与技术，为宪法审查制度的激活提供支持。④

宪法权利是一种原则性的权利，其保障内涵存在着从道德权利提升到

---

① 莫纪宏：《人权保障法与中国》，法律出版社 2008 年版，第三部分。

② 徐振东：《宪法基本权利的民法效力》，载《法商研究》2002 年第 6 期；张翔：《基本权利在私法上效力的展开：以当代中国为背景》，载《中外法学》2003 年第 5 期。

③ 韩大元：《论社会变革时期的基本权利效力问题》，载《中国法学》2002 年第 6 期；陈永生：《刑事程序中公民权利的宪法保护》，载《刑事法评论》2007 年第 1 期；秦前红：《论宪法原则在刑事法制领域的效力——以人权保障为视角》，载《法商研究》2007 年第 1 期。

④ 参见林来梵《从宪法规范到规范宪法》，法律出版社 2001 年版，第 94—98 页。

法制度化的权利的开放的部分，具有一定的自然权利属性。宪法通过将自然权利以法规范的形式加以确认而获得的道德关联性，恰恰是这种道德关联性使得完整的法律体系可以通过金字塔顶端的宪法规范，对下位规范的控制进行体系内的反思和自我完善，缓解"恶法非法"和"恶法亦法"之间的紧张。对于宪法规范体系，乃至于以宪法为根本法的法律体系整体而言，宪法权利应当处于价值核心的地位。迄今，我国宪法学界对于宪法权利在宪法规范体系中的核心地位达成了学说上的基本共识，中国的宪法学研究已经逐步转向以宪法权利为核心的研究。[①] 近年来的宪法权利理论研究，已经开始将宪法权利的保障理念渗透至国家机构和各种公法制度中进行研究，进而试图构建以宪法权利为轴心的宪法学。

基于这种视角，许多宪法制度的研究可以从宪法权利保障的视角加以重新审视。如对宪法审查制度的研究，如果以宪法权利保障为出发点，可以使得相关的研究不必纠缠于政治权力格局的重构和具体制度模式选择，而重点关注宪法权利保障的方法和原理；再如，宪法权利的立法限制和保障原理与立法制度（如立法委托、法律保留等），宪法权利的救济原理与司法制度，宪法权利的制度保障原理与地方自治、选举制度、大学自治、新闻出版制度等。

就中国立宪主义的现实状况而言，这种迈向宪法权利为轴心的宪法学研究，仍面临着一个价值取向选择问题。如前所述，立宪主义的展开历史经历了由近代宪法至现代宪法的嬗变过程。近代立宪主义的课题首先是着眼于人作为"赤裸裸的个人"面对国家，彻底地实现个人的解放[②]，为此尤其重视保障那种私人领域的核心不受侵犯。进入现代立宪主义阶段之后，出现了社会国家理念以及基本权利的国家保护义务等课题。当今主要立宪主义国家，甚至大都已经完成了这些现代宪法的课题，并有走向"后现代宪法"的趋势。但就我国当下而言，计划经济体制下形成的相对集中的权力格局在许多领域仍然存在，保障那种不受国家侵犯的私人核心领域，完成立宪主义的近代课题对于我国当下而言仍有举足轻重的意义。然

---

① 对此张千帆指出，宪法学过去将眼光放在"人民"、"国家"、"主权"等宏观概念，现在的焦点则转移到个人的宪法权利。张千帆：《从"人民主权"到"人权"——中国宪法学研究模式的变迁》，载《政法论坛》2005 年第 2 期。

② 参见林来梵《从宪法规范到规范宪法》，法律出版社 2001 年版，第 94—98 页。

而，社会主义国家宪法是对近代宪法中自由权利至上价值理念的超越，从规范内涵看，具有现代宪法的特征。加上我国城乡二元结构以及社会的贫富分化不断加剧，弱势群体的社会权保障问题也尤为迫切，立宪主义的现代课题也同样有待完成。为此，当下中国立宪主义的历史发展阶段，决定了中国的宪法权利研究的价值取向需要兼顾宪法权利规范作为"条件程式"和"目的程式"的双重属性。详言之，依近代宪法的价值理念，宪法乃是对国家权力限制的规范体系，宪法权利规范乃是一种针对国家的防御权规范，故而要求国家权力对市民生活领域的介入必须遵守一定界限。基于这种理念，宪法权利规范发挥着条件程式的功能，即宪法规范为国家行为设定相应的条件，如果满足这些条件则合宪，否则违宪。与此相对应，在国家对基本权利的保护义务的理念之下，宪法权利规范乃是一种目的程式[1]，即强调宪法权利是需要国家通过各种途径（包括立法、公共政策等）加以实施的目标。[2] 以宪法权利的角度切入宪法学的研究，需要将宪法权利同时作为一种目的程式和条件程式，以此二者为前提则涉及两种不同维度的宪法权利理论研究，即在"制约国家权力的宪法权利"和"有赖于国家权力来实现的宪法权利"两个不同维度进行研究。

六、"宪政"理论的构建

宪政是宪法发展史上的一个重要概念。从 20 世纪 90 年代初开始，我国宪法学界逐渐关注对"宪政"问题的研究，并且形成了"社会主义宪政"的概念。近年来，由于在宪法学研究中，对宪政的理解角度有所差异，所以出现了关于宪政概念的各种界定。一般而言，在宪法学中，宪政是作为一个专门的宪法学或者是政治学的术语使用的，其主要内涵是指依照宪法规定所产生的政治制度，是宪法规范与实施宪法的政治实践相结合的产物。

（一）关于"宪政"概念内涵的探讨

宪政一词，在英文中为"Constitutionalism"，也称作立宪主义。毛泽东

---

① "条件程式"与"目的程式"这对概念是卢曼的区分，See Niklas Luhmann, Law as Social System, Oxford University Press（2004），pp. 196—203。

② 这一源于德国宪法理论对于宪法规范区分已经被学者所广为接受，参见西原博史《政治部门与法院的宪法解释》，载《公法研究》第 66 号。

早在 1940 年发表的《新民主主义宪政》一文中就指出："宪政是什么？就是民主政治"，"世界上历来的宪政，不论是英国、法国、美国，或者是苏联，都是在革命成功有了民主事实之后，颁布一个根本大法，去承认它，这就是宪法。"① 毛泽东同志上述关于"宪政"概念的论述表明，作为一个制度学的概念，"宪政"一词并不属于资产阶级的专利，而是一个形容一国政治制度基本特征的中性概念，既可以为资产阶级使用，也可以为无产阶级夺取政权后建立社会主义制度所借鉴。

新中国成立以后相当长的一段时间内，尽管先后出台了四部宪法，但是，"宪政"一词不再用来指称社会的政治制度，在领导人的著作中或者是学者的著述中，以及公开出版的报纸和刊物上，都很少见到"宪政"一词。

国内宪法学界对"宪政"概念的探讨，是在现行宪法颁布之后逐渐开始的。我国著名宪法学家张友渔曾经对宪政的概念作过精确的表述："所谓宪政就是拿宪法规定国家体制、政权组织以及政府和人民相互之间权利义务关系，而使政府和人民都在这些规定之下，享有应享有的权利，负担应负担的义务，无论谁都不许违反和超越这些规定而自由行动的这样一种政治形式。"② 但是，由于"宪政"理论自身所具有的复杂性，因此，在宪法学理论研究过程中，就形成了关于"宪政"概念的不同认识。

1. 从宪政与民主之间的关系来探讨"宪政"概念

张庆福在《宪法学基本理论》一书中认为，宪政就是民主政治、立宪政治或者说宪法政治，其基本特征就是用宪法这种根本大法的形式把已争得的民主事实确定下来，以便巩固和发展这种民主事实，宪政就是由宪法确认和规范的民主政治制度及其设施。③ 与上述观点类似，许崇德指出，宪政的实质是民主政治，再加上形式要件，宪政应该是实施宪法的民主政治。④

刘惊海认为，宪法的实现就是宪政，宪法是民主的忠实而庄严的记录的社会最基本的规范文件，宪政是与宪法相对应的真实的民主政治状态，

---

① 《毛泽东选集》第 3 卷，人民出版社 1991 年版，第 735 页。

② 张友渔：《宪政论丛》（上册），群众出版社 1986 年版，第 100 页。

③ 张庆福主编：《宪法学基本理论》（上册），社会科学文献出版社 1999 年版，第 56 页。

④ 许崇德：《社会主义宪政的不平凡历程——新中国第一部宪法颁布 40 周年纪念》，载《中国法学》1994 年第 5 期。

宪政精神是在宪政提炼为宪法和宪法转化为宪政的过程中起着重要作用的民主意识，这三者是一个有机联系的统一运动的整体。①

2. 从宪政与民主、法治和人权三者之间的关系来论述"宪政"概念

李步云在《宪政与中国》一文中指出，宪政应当包含三个基本要素，即民主、法治和人权。民主是宪政的基础，法治是它的重要条件，人权保障是宪政的目的。② 与李步云的观点类似，郭道晖在《宪政简论》一文中指出，宪政是以实行民主政治和法治原则及保障人民的权力和公民的权利为目的，创制宪法、实施宪法和维护宪法、发展宪法的政治行为的运作过程，它包含民主、人权和法治三个要素，宪政是一个立宪、行宪、护宪、守宪以及根据时代要求与宪政实践进一步发展宪法的动态的实现过程。③ 邹平学在《宪政界说》一文中也指出，宪政是以宪法为起点、民主为内容、法治为原则、人权为目的的政治形态和政治过程，意味着既在形式上存在宪法，又在事实上存在宪法所规定的民主政治、法治状态和人权保障。④

3. 从限制政府权力的角度来探讨"宪政"内涵

邓世豹认为，宪政就是一种政府权力受到约束、受到控制，公民权利受到保障的政治制度。宪政的基本要求是确定政府权力界限，进而从三个层面控制政府权力：规范控制、权力控制和权利（社会）控制。⑤ 陈端洪主张，所谓宪政简言之就是有限政府。它指向一套确立和维持对政治行为和政府活动有效控制的技术，旨在保障人的权利和自由⑥。

与那些把宪政与民主等同的观点不同，杨小君、袁劲屹强调指出，必须跳出"宪政就是民主"的思维模式而从宪政的特殊功能来认识它，宪政就是以宪法为基础的政治制度，其主要特征是国家权力受宪法制约，以宪法防止国家权力的任性，即使是民主的权力，也要受到限制⑦。蒋伟认为，

---

① 刘惊海：《宪法、宪政、宪政精神——对宪法学研究对象的认识》，载《吉林大学社会科学学报》1989 年第 1 期。

② 参见《宪法比较研究文集 II》，中国民主法制出版社 1993 年版，第 2 页。

③ 郭道晖：《宪政简论》，载《法学杂志》1993 年第 5 期。

④ 邹平学：《宪政界说》，载《法学评论》1996 年第 2 期。

⑤ 邓世豹：《宪政：依法治国的核心》，载《法律科学》2000 年第 4 期。

⑥ 陈端洪：《宪政初论》，载《比较法研究》1992 年第 4 期。

⑦ 杨小君、袁劲屹：《经验的民主与理性的宪政》，载《法治研究》，杭州大学出版社 1999 年版，第 153 页。

宪政的核心是强调对政府权力的限制和对公民权利的保护①。

4. 从宪法实施的角度来界定"宪政"的含义

许崇德主编的《宪法》一书认为，宪政的主要内涵是指，依照宪法规定所产生的政治制度，是宪法规范与实施宪法的政治实践相结合的产物。从宪政产生、存在和发展变化的逻辑形式来看，所谓宪政必须是活着的宪法或者说是在现实生活中有效的宪法，基于这样一个要求，现代宪政应当具有四个基本内容：宪法的正当性、宪法的确定性、宪法的功能性和宪法的调控性②。

张庆福主编的《宪法学基本理论》一书认为，宪政就是立宪政治或宪法政治，是建立在宪法基础上的政治制度，是由宪法确认和规范的民主政治制度及其实施。它的基本特征就是用宪法这种根本大法的形式把已争得的民主事实确定下来，以便巩固这种民主事实，发展这种民主事实。③

5. 从动态过程的角度来考察"宪政"的内涵

有学者主张，就宪政的具体制度来说，宪政体现了权力的合理配置与运行过程。该学者指出，宪政是以宪法（立宪）为起点、民主为内容、法治为原则、人权为目的的政治形态和政治过程，它表现出一种政治法律有机结构的整体系统，其首要标志是宪法至上。宪政系统可以分为实体结构和层面结构两个方面，实体结构包括宪法、民主、法治和人权；层面结构表现为宪政规范、宪政体制、宪政文化三个层面④。

有学者把宪政理解为一个发展的过程，指出宪政正义论并不是一种政治学中的至善论，它并不认为在宪政的政治形态下，人类的绝对理想就能圆满实现，它只是说，就目前来看，就针对人的本性来说，宪政是最为合理的和合法的一种政治形态，它比其他形态所实现的正义具有更多的人性价值，特别是更多的人的个人性和自由性，它提供了一个尽可能的保障人的个人权利和个人自由的社会政治环境⑤。

有的学者把宪政理解为一种从观念到现实的转化过程，认为宪政有实

---

① 蒋伟：《宪政：法治国家的根本标志》，载《中南财经大学学报》2000 年第 5 期。
② 许崇德主编：《宪法》，中国人民大学出版社 1999 年版，第 17、19 页。
③ 张庆福主编：《宪法学基本理论》（上），社会科学文献出版社 1999 年版，第 56 页。
④ 邹平学：《宪政界说》，载《法学评论》1996 年第 2 期。
⑤ 高全喜：《宪政的正义性》，参见 http://go6.163.com/fanyafeng/xianzhengzhiyixinghgao-qx.htm。

质内容和形式意义两个方面，形式意义是指宪政的程序性，而其实质内容则表现为三个理论层次：（1）宪政的理想状态，即宪政的价值观，包括宪政的原理、原则与基本观念；（2）宪政的规范状态，即宪政理想的法律表现形式，具体表现为依据宪政原理制定的各种宪政法律规范；（3）宪政的现实状态，即宪政理想、宪政规范的实现程度。这三个理论层次互有交叉而不重合，表现为一个动态的转化过程。该学者还强调指出，宪政就其内容而言，可以从纵向层面和横向内容两个方面予以表述，宪政的纵向层面表现为宪政规范、宪政现实、宪政观念三个层次，三者相互交叉而不重合。宪政的实现过程是：宪政理论的规范化、宪政规范的现实化与宪政现实的规范化、宪政规范的理想化以及宪政的程序化。①

　　宪法学者们一致认为，"宪政"一词，不论从理论概念，还是从制度实践来看，都不是中国本土文化的产物，是从西方资本主义宪法文明中引进和予以借鉴的，所以，与"宪政"一词相关的话语不可能脱离西方社会的法治文化背景。作为西方社会法治文明不断进化的产物，宪政的内涵和表现形式在不同历史时期，有不同的侧重点。但是，无论宪政的内涵和表现形式发生多大变化，宪政的核心价值在于保护人权、限制政府权力自始至终是保持不变的。这是研究和讨论宪政问题的出发点。

（二）关于"宪政"的性质的探讨

　　关于"宪政"是否具有阶级性，宪法学界看法不一，主要存在两种相互对立的观点。一种观点认为，宪政的本质与宪法一样是统治阶级根本意志和利益的体现，是为统治阶级的统治地位服务的，宪政作为一种民主政治制度，只能是一定阶级的民主，"抽象"的、"超阶级"的、"全民"的宪政是不存在的。宪政就其本质特征来看，可以分为两种截然不同的宪政观，即资本主义宪政与社会主义宪政。② 另一种观念则明确反对"宪政"具有阶级性。此种观念认为，我国及其他社会主义国家都没有真正建立起社会主义宪政，因而对社会主义宪政的研究和阐述不是对过去的记录和描绘，而是对未来宪政蓝图的勾画，那么对于社会主义国家而言，设计一种"阶级宪政"维护的是什么阶级、针对的又是什么阶级呢？马克思主义本来就是反对阶级特权的，社会主义国家不在于它没有阶级，而在于它消灭

---

① 吴德星：《论宪政的实质内容和形式意义》，载《天津社会科学》1997 年第 1 期。
② 张庆福主编：《宪法学基本理论》（上），社会科学文献出版社 1999 年版，第 56 页。

了阶级压迫、阶级特权，所以社会主义宪政应当是社会各阶级、阶层的共同的宪政，而不是专属于某一或某几个阶级，狭隘的阶级特权观是剥削阶级社会的产物，是社会主义社会必须抛弃的东西。

经过讨论，绝大多数宪法学者都赞同，宪政并不是资本主义政治制度的专利品，无产阶级在夺取政权、建立社会主义类型的国家之后，同样也可以依据宪政所具有的有限政府与保障人权的理念，来建设社会主义宪政。个别学者对此持不同意见，认为宪政只能与资本主义法律文明形态相适应，不属于社会主义制度的范畴。

1. 宪政与宪法的关系

关于宪政与宪法的关系，宪法学界也展开了热烈讨论，产生了许多不同见解，形成了各自鲜明的代表性观点。

有学者将宪政与宪法之间的关系视为内容与形式之间的关系。如张庆福主编的《宪法学基本理论》认为，宪法和宪政是形式与内容的关系，是辩证统一的关系。一方面，宪法必须以宪政为内容和前提，没有宪政运动就不可能有宪法；另一方面，宪法是宪政的表现和依据，同时它又在实施宪政的过程中不断丰富和发展。①

有学者从宪法实施的角度来考察宪政与宪法的关系，如朱福惠在《宪法与制度创新》中认为，宪法是宪政的前提，宪政是宪法实施的结果。但它们之间并不存在必然的对应关系，宪法与宪政之间的对应性以宪法内容的民主性以及宪法得到了有效实施为前提，宪法的实施是宪政的关键，而有宪法无宪政是非正常状态的反映②。

有学者从宪政与宪法之间相互作用来研究两者之间关系的，如许崇德主编的《宪法》主张，宪政作为以宪法规定为基础而建立起来的政治制度，它的产生、存在、发展和变化都必须服务于使纸上的宪法成为现实的宪法的目的。但是，宪政实践在宪法面前也不是完全被动的，对于不具有正当性、确定性、功能性和调控性的宪法，宪政的实践活动又可以通过反作用的机制来使得纸上的宪法符合宪政实践的要求。所以，仅仅有宪法，并不意味着就可以基于纸上的宪法规定产生具有现实意义的宪政实践，宪法必须适应宪政实践的要求才能不断地为宪政实践提供正确的规范依据。

---

① 张庆福主编：《宪法学基本理论》（上），社会科学文献出版社 1999 年版，第 64 页。
② 朱福惠：《宪法与制度创新》，法律出版社 2000 年版，第 141—143 页。

当然，作为宪政实践的基础，没有宪法的存在是谈不上宪政的，也就是说，如果在一个国家中，不存在一个被称为宪法的根本法，或者是宪法存在的权威被人们严重忽视，宪政是无从谈起的。因此，要实现宪政，就必须要强化宪法作为根本法的权威，宪法是法，不是简单的政治纲领或者是政策。宪政实践要求一个国家必须保持法制的统一与协调，其中，宪法应当居于法律制度的核心，是依法治国的基本前提①。

有学者主张应当从多种角度来考察宪政与宪法之间的关系，如周叶中主编的《宪法》认为，从逻辑的角度来看，宪政以宪法为起点；从内容上看，宪法的内容直接决定宪政的内容，立宪的目的就是宪政的目的，宪政的产生、存在、发展和变化都必须服从于使纸上的宪法成为现实宪法的目的；从价值上看，它们都是商品经济发展的产物，都是民主政治建设和法治国家建设的重要表现，都是以限制国家权力保障公民权利为根本精神和价值取向，因而认为宪法是宪政的前提，宪政是宪法的生命；宪法指导实践，宪政实践完善宪法，两者是理论与实践的辩证关系。②

有学者从分类学的角度对宪政与宪法的关系作了类型的划分，指出了宪政与宪法之间关系的不同情形，如郭道晖在《宪政简论》中指出，宪法与宪政的关系有五种情况：（1）无宪法亦无宪政；（2）有宪法亦有宪政；（3）无宪法却有宪政；（4）有宪法而无宪政；（5）违宪而有宪政。在正常情况下无宪法即无宪政，而宪政又是宪法的灵魂，没有宪政精神和宪政运作，宪法就徒有虚名；宪政又是宪法的动力，宪政的运作促进宪法权威的树立和保障人民权力与权利。③

经过讨论，绝大多数宪法学者都赞同宪政与宪法是两个不同的概念，两者之间既有联系，又有区别。最早的宪法文件是宪政价值的体现，没有民主、人权和法治等价值的出现，就不可能有宪法的出现。但是，宪法在现实生活中也可能偏离宪政价值的要求，有宪法不一定有宪政。要有宪政，至少需要符合两个条件：一是要有符合宪政价值的宪法制度；二是符合宪政价值要求的宪法制度在实际生活中能够得到有效运作。个别学者主张，宪法与宪政是不可分的，宪政是宪法在现实中的具体形态，有什么样

① 许崇德主编：《宪法》，中国人民大学出版社1999年版，第20页。
② 周叶中主编：《宪法》，高等教育出版社、北京大学出版社2000年版，第180页。
③ 郭道晖：《宪政简论》，载《法学杂志》1993年第5期。

的宪法，就有什么样的宪政。社会主义类型的宪政完全不同于资本主义类型的宪政。

2. 政党制度与宪政的关系

政党制度与宪政具有密切的联系，现代宪政的最大特点是政党政治，但是，由于各个国家的政党制度产生的历史条件、政党的宗旨与性质、政党的使命、政党在国家政治生活中的法律地位都不一样，所以，通过政党制度形成的宪政理论和实践也迥然有别。近年来，我国宪法学界对政党制度与宪政之间的关系也作了较为深入的探讨，提出了许多不同的学术观点。

赵树民在《比较宪法学新论》中对政党制度与宪政之间的关系作了较为全面的阐述，提出了一系列较有学术影响的观点。赵树民认为，政党与宪政的关系可以概括为以下七个方面：（1）宪法是民主政治，政党使宪政和宪法更加生动、丰富和现实。（2）宪政并不是所有阶级和阶级斗争都有的产物，政党是应阶级、阶级斗争形势的需要产生出来并为二者服务的。（3）政党的兴起虽和宪政运动、宪法分不开，但政党在很长的时间内未列入宪法，这从一个侧面反映了政党与宪政、宪法的阶级斗争的特性。（4）政党与宪政运动和宪法的活动历史是有规律的，资产阶级政党由以宪法习惯和与宪法相分离的状态为主，转变为以政党活动列为宪法指导的条文所代替。社会主义国家也以明示为其特征，后来许多殖民地、半殖民地国家的政党在取得独立后也在宪法中加以规定。（5）政党和宪政运动、宪法的发展都是曲折的。（6）政党、宪政、宪法都是资产阶级与资本主义进入一定阶段后阶级斗争最尖锐、最敏感的反映。政党是以宪法习惯为主还是以列入宪法为据，是作为一般的政党还是以领导党列入宪法，大有区别。（7）政党、宪政、宪法都不是超阶级的。①

关于政党如何在宪法和法律的范围内活动，是宪法学界在探讨政党制度与宪政关系的重点问题。浦增元主张，解决党在宪法和法律范围内活动的制度化问题，除了制定立法法和监督法之外，还需要制定党如何在宪法和法律范围内活动的条例；制定各级党的领导干部法律知识培训考核办法，不合格的不得担任一定的领导职务；各级党委要把党在宪法和法律范围内活动的问题列入定期讨论议程，作为领导干部生活会的一项内容；党的纪检要把检查党在宪法和法律范围内活动作为自己的一项重要职责，并

---

① 赵树民：《比较宪法学新论》，中国社会科学出版社 2000 年版，第 729—739 页。

拟定具体的实施办法；通过立法规范各政党包括执政党在国家生活中的地位、作用和活动方式，特别是要把各政党必须遵守宪法法律的原则具体落实下来。①

关于是否需要将政党制度纳入立法范围，宪法学界存在两种截然不同的意见。一种意见主张为政党立法是现代宪政发展的一个重要特点，政党的法律化是解决对政党实施宪法监督的前提和条件。只有对政党的组织原则和活动原则进行必要的立法加以规范，对政党实施宪法监督才有可能。我国的政党活动能否法律化或者说能否将政党置于宪法监督之下，这是我国政治生活中非常严肃而现实的课题。我国的性质和中国共产党的性质的一致性，国际共产主义运动的教训，都证明了在我国建立对政党实施宪法监督的必要性和紧迫性。② 另一种意见不赞同为政党立法，1993 年将政党制度写入了宪法修正案具有积极意义，至此我国不需要再制定专门的《政党法》。③ 实行"以法治党"会遇到实践问题。从历史和现实来看，政党制定了大量的党章对政党进行管理，实际上在法外运行。政党规范全部纳入法律规范，在法律制定和实施等体制上都遇到诸多困难。④

总的来说，就政党制度与宪政的关系而言，宪法学界对此问题的研究仍然处于起步阶段，许多重要的概念和范畴还没有建立起来，许多重要的学术问题尚未加以有效的讨论。这些问题包括政党制度向民主、法治、人权方向发展中的问题，党际关系和党内民主关系，政党活动的监督制度以及政党领袖与宪政建设的关系等。⑤

3. 宪政与依法治国的关系

关于宪政与依法治国的关系，涉及是否要确立"宪法至上"原则的问题。目前，宪法学界总体上是认同"宪法至上"原则（或法律至上原则）的，但就"宪法至上"原则在制度建设中的具体意义和作用形式，还存在

---

① 浦增元：《关于党在宪法和法律的范围内活动的思考》，载《探索与争鸣》1998 年第 5 期。

② 蔡定剑：《国家监督制度》，中国法制出版社 1991 年版，第 137—144 页。

③ 许门友：《西方国家的政党立法与我国多党合作制度的法制化》，载《西北大学学报》（哲社版）1993 年第 4 期。

④ 蒋立由：《中国法制（法治）改革的基本框架与实施步骤》，载《中外法学》1995 年第 6 期。

⑤ 杨海坤主编：《跨入新世纪的中国宪法学》（下），中国人事出版社 2001 年版，第 571—572 页。

着一些不同看法。

关于宪法是具有最高效力还是最高权威，一种观点认为，宪政主张的"宪法至上"原则实际上强调的是宪法应当具有最高法律效力，也就是说，"宪法至上"原则是从法律角度来说的，在宪政体制下，一个国家的政治制度还需要受到现实中的政治力量的支配。另一种观点认为，"宪法至上"原则强调的是宪法应当具有最高权威性，因为宪法缺少治国的最高权威性，法治原则就会失去实质的意义。还有一种观点认为，鉴于党在我国的政治生活中处于最高领导地位的实际，实现宪法至上，树立宪法的最高权威，关键在于理顺党政关系，这是我们在建设社会主义法治国家的进程中无可回避的事实。党以身作则，并以其所拥有的广泛的政治资源努力使宪法的最高法律效力得以真正实现，是实现宪法至上、建设法治国家的关键所在。①

宪法至上与"人民主权"的关系，也是涉及宪政与依法治国之间相互关系的重要议题。有的学者认为，宪法至上与"人民主权"至上并不存在矛盾，两者是统一的。建立社会主义法治国家实现法治，实际上正是人民主权的最好表现形式，宪法至上就是人民对国家具有最高统治权的实实在在的体现。因为社会主义法律就其本质而言是全体人民共同意志的体现，法的统治就是人民的统治，宪法、法律直接体现了人民的意志，因而它是比国家权力更高一层次的事物。②

有学者主张，依法治国实际上就是依宪治国，宪法是依法治国的首要法律依据，依法治国必须在宪法的范围内进行，要达到法治的目标，其关键所在是确保宪法的贯彻实施，依法治国实际上就是依宪治国。③

许多宪法学者认为，在我国目前的政治体制下，人民代表大会制度就是我国社会主义宪政的集中体现。我国现行宪政的主要特征是共产党执政下的人民当家做主，人民通过选举人民代表组成各级国家权力机关代表人民行使国家权力，保护公民的基本权利。所以，宪政在我国已经得到了体现。少数学者认为我国目前还没有建立起宪政，宪政是社会主义法治建设的远景目标。

---

① 杨海坤主编：《跨入新世纪的中国宪法学》（上），中国人事出版社 2001 年版，第 68—69 页。

② 同上书，第 69—70 页。

③ 刘霞：《宪法实施与依法治国关系探析》，载《现代法学》2000 年第 3 期。

第十四章

刑法学的现代化

一、因刑法修改而兴起的刑法学研究

在 1988 年，全国人大常委会将刑法典的修改列入立法规划。尽管在此之前，有些刑法学者也曾对刑法修改作过探讨，但是在立法部门这一举措之后，刑法学界才如火如荼地全面展开对刑法修改问题的研讨。1997 年颁布的新刑法典，对 1979 年的刑法典作了全面修改，使我国的刑法制度朝着现代化方向迈进了一大步，刑法学界的许多研究成果和建议都被新刑法所采纳。当然，学术研究不可能千篇一律，对于同一问题有不同见解是完全正常的，提倡健康的学术争鸣有利于改变中国刑法学"有山头而无学派"的现象。① 另外，有些研究成果虽然暂时没有被立法机关采纳，也不能因此就否定其意义，从长远看，这些研究成果还是会促进中国的刑法现代化的，如 1997 年刑法修订时，曾有不少刑法学者主张一并解决劳动教养问题，后来立法机关感到此问题过于复杂，刑法修订时间又紧，故决定另行解决；② 又如，刑法学界主张较大幅度地削减死刑的意见没有被 1997 年新刑法采纳，当时立法机关认为，"考虑到目前社会治安的形势严峻，经济犯罪的情况严重，还不具备减少死刑的条件"，因此，"这次修订，对现行法律规定的死刑，原则上不减少也不增加"。③ 但时至 2007 年 1 月 1 日，最高人民法院终于收回了死刑核准权，从而在司法实践中大幅度地减

---

① 参见刘仁文《30 年来我国刑法发展的基本特征》，载《法学》2008 年第 5 期。
② 现在针对劳动教养制度改革的立法已经纳入立法规划，立法机关正在就《违法行为矫治法》的出台作相关的调研和论证工作。
③ 王汉斌：《关于〈中华人民共和国刑法（修订草案）〉的说明》1997 年 3 月 6 日。

少了死刑,①应当说这与刑法学界对此问题的持续关注是有关的。

（一）关于类推的废止与罪刑法定原则的确立

对于我国 1979 年刑法典中的类推制度何去何从,在 1997 年新刑法出台前存在争议。大体的观点变化方向,是刚开始多数学者认同类推制度的合理性,到后来越来越多的学者主张废除这一制度。这一历程反映了中国刑法学界观念的变革,即从过去的偏重刑法的社会保护功能,逐渐转向偏重刑法的人权保障功能。正如有学者所指出的:"不管我们是已经意识到还是没有意识到,这场讨论正在重塑我国当代刑法理论的文化品格。它对我国刑法理论的深远影响,随着时间的推移必将日益显现出来。"②

但是直到临近刑法修订,仍然有主张要保留类推制度的观点,其主要理由是:（1）设立类推制度符合中国国情,要求刑法对所有的犯罪都作出明文规定,显然不可能;（2）立法经验不足决定了保留类推制度而不实行罪刑法定的必要性;（3）罪刑法定在立法和司法中均行不通;（4）设立类推制度是市场经济的要求;（5）西方国家的罪刑法定正在走向衰亡,类推制度重新引起重视;（6）实行类推制度符合中国历史传统。③

上述观点为许多刑法学者所不认同。大多数刑法学者认为,我国刑法应当取消类推制度。如有学者指出:类推制度与罪刑法定相抵触,在本质上不利于法治,不利于对公民权利的有效保护。④另有学者指出:在一个国家是否实行罪刑法定,与立法经验没有联系,而是一个价值取向和立法思路的问题。⑤更有学者在对罪刑法定作出深入研究的基础上,指出前述类推保留论者的认识误区,如所谓西方国家的罪刑法定主义已是徒有虚名仅剩一个美丽的外壳的结论是不准确的,事实上,它只是由绝对的罪刑法定向相对的罪刑法定发展,这是罪刑法定主义的自我完善,与类推完全不

　　① 2008 年 3 月 10 日,时任最高人民法院院长的肖扬在与广东团代表共同审议"两高报告"时,透露被判死缓的人数多年来首超判处死刑立即执行的人数。同日,时任最高人民法院发言人的倪寿明在接受记者采访、解读最高人民法院的工作报告时指出:2007 年因原判事实不清、证据不足、量刑不当、程序违法等原因不核准的死刑案件占总数的 15% 左右,而且最高人民法院统一行使死刑案件核准权,也促进了一、二审质量的提高。

　　② 参见陈兴良《罪刑法定的当代命运》,载《法学研究》1996 年第 2 期。

　　③ 参见侯国云《市场经济下罪刑法定与刑事类推的价值取向》,载《法学研究》1995 年第 3 期。

　　④ 参见鲍遂献《类推制度应当废止》,载《法学评论》1990 年第 4 期。

　　⑤ 参见胡云腾《废除类推及刑法科学化》,载《法学研究》1995 年第 5 期。

同。虽然严格限制的类推与罪刑擅断不可同日而语，但仍然是不利人权保障的，让行为人承担立法者都预测不到的罪责是不公平的。①

经过学界的充分论证，最后立法机关采纳了废除类推制度、在我国刑法中明文确立罪刑法定原则的建议。但应当看到，我国刑法关于罪刑法定原则的表述仍然很独特，即从正反两方面来规定：正面是"法律明文规定为犯罪行为的，依照法律定罪处罚"；反面是"法律没有明文规定为犯罪行为的，不得定罪处刑"。这与其他国家和地区对罪刑法定原则只从反面规定"法无明文规定不为罪，法无明文规定不处罚"表现出明显的差异。本来，罪刑法定原则是为了反对司法擅断和任意入罪、从保护公民权利的角度提出的，因而它的定义必然要从否定方面来表述：如果法律没有明文规定，就不得定罪处刑。据参与刑法修订的学者介绍，我国之所以要从正反两方面来规定罪刑法定原则，是因为传统认识历来认为法律是统治阶级的工具，刑罚是镇压敌人的手段，若当时一下子从否定的方面规定，就会让大家觉得有点"右"，很难被接受。为了让这个原则能为更多的人所接受，因而在修改刑法的研究协商过程中，想到了这个两全之策，即从正反两方面都说，显得不偏不倚，减少阻力，使这个重要原则能够尽快地在刑法中确立。②

（二）关于将"反革命罪"改为"危害国家安全罪"的讨论

1979 年刑法典分则第一章规定了"反革命罪"，但随着社会的发展，对这一类罪名的科学性开始出现争议。早在 1981 年，就有学者发表文章，认为"反革命罪"已不适合当今形势，建议将其改为"危害国家安全罪"。③后来又陆续有学者提出这种主张。④针对这种主张，有的刑法学者突出了反对意见，认为我国刑法中的反革命罪名应继续保留，理由是：反革命罪是我国刑法的一贯传统特色，是立足于中国国情，与国内外反动势力、敌对分子作斗争的有效武器，反革命罪是刑法的锋芒所向，并且，反革命罪已经成为一个严格的法律概念，体现了反革命罪犯罪构成上的主客

---

① 参见陈兴良《罪刑法定的当代命运》，载《法学研究》1996 年第 2 期。

② 参见陈泽宪《罪刑法定原则的立法缺陷与司法误区》，载《刑事法前沿》第三卷，中国人民公安大学出版社 2006 年版。

③ 参见徐建《"反革命"罪名科学吗？》，载《探索与争鸣》1981 年第 1 期。

④ 参见赵秉志主编《刑法修改研究综述》，中国人民公安大学出版社 1990 年版，第 235 页以下。

观的统一，规定反革命罪也是真正保证一国两制实现的需要。[①] 但多数刑法学者认为，将"反革命罪"改名为"危害国家安全罪"，是一个更科学、合理的选择，理由是：（1）作为法律概念的类罪名，应该在用语上明确、科学、确定，"反革命罪"这一类罪名却在这方面存在较明显的缺陷，其多义性反映了它的不严密性，而"危害国家安全罪"能更准确地反映该类犯罪的本质特征。有人认为，修改反革命罪会从根本上取消这类犯罪，其实谁也没有主张要取消反革命罪的基本内涵，其基本内容仍然会在"危害国家安全罪"中得到保留。（2）强调"反革命目的"导致各罪规定的混乱，如反革命爆炸、放火、抢劫、劫机等，归入危害公共安全罪更为合适，[②] 而且"反革命目的"在实践中有时很难认定，不少案件都因对行为人是否具有"反革命目的"争论不休，使司法人员在认定犯罪性质是反革命还是普通刑事犯罪时难以决断，给司法工作带来重重困惑。（3）"反革命罪"因其带有浓厚的政治色彩，使我国刑法在走向国际社会时，遇到许多本可避免的不必要的困难，不益于国际司法协助，以引渡为例，我国反革命罪中的劫持飞机、船舰以及反革命破坏、杀人罪等的引渡，都有可能被某些国家以"政治犯不引渡"的国际惯例为由而拒绝引渡，1983年卓长仁等五罪犯劫机案及1989年张振海劫机案的纠葛就是明证。（4）把反革命罪改为危害国家安全罪，有利于"一国两制"的实行，因为不论是破坏大陆的社会主义制度还是破坏港澳的资本主义制度，都是危害国家统一和安全的行为，却不好说谁是革命行为，谁是反革命行为。[③]

经过广泛而深入的讨论，1997年新刑法采纳了将"反革命罪"改为"危害国家安全罪"的主张，同时删去了此类犯罪主观上反革命目的的定义，并按照危害国家安全罪的性质对此类犯罪作了修改和调整，将该章中

---

①　参见何秉松《一个危险的抉择——对刑法上取消反革命罪之我见》，载《政法论坛》1990年第2期。值得注意的是，虽然刑法学界绝大多数人对于该文持批评态度，但据有学者披露，其实该文对于刑法修改还是有价值的，如全国人大法工委1988年提出的刑法修改稿，把该章所有关于推翻无产阶级专政和社会主义制度的规定全部删除，但这篇文章发表后，作者的意见受到中央和立法者的重视，在1997年修订后的刑法在危害国家安全罪（即原反革命罪）一章中，有的条文保留了"颠覆国家政权、推翻社会主义制度"的规定，"这证明，在学术研究中包括刑事立法中，充分发挥民主的重要性"。（参见曲新久《何秉松教授刑法学思想述评》，载《法律文献信息与研究》1998年第4期）

②　1997年新刑法采纳了这一思路。

③　参见梁华仁、周荣生《论反革命罪名的修改》，载《政法论坛》1990年第4期；曹子丹、侯国云：《论将"反革命罪"易名为"危害国家安全罪"》，载《中国法学》1991年第2期。

实际属于普通刑事犯罪性质的罪行移入其他章节。应当说，这一修改是中国刑法走向科学化，与现代刑法的国际通例相衔接的一个重要举措，在国内外引起了良好的反响。

二、刑法理论的新发展

自 20 世纪 80 年代中期以后，刑法学界逐步从注释刑法学向批判型及建设型的理论刑法学努力，应当看到其成绩是显著的。尤其是 20 世纪 90 年代以来，刑法学界的诸多有识之士的勤奋耕耘，使我国的刑法理论达到了一个新的高度。[①]

（一）向理论刑法学的转变

在这方面，陈兴良 1992 年出版的《刑法哲学》（中国政法大学出版社）起到了很好的带动作用。该书所采用的刑法哲学研究方法对刑法学界形成很大的冲击力：原来刑法学还可以这样研究！[②] 作者在书的前言中直言，他写作本书的旨趣在于：“从体系到内容突破既存的刑法理论，完成从注释刑法学到理论刑法学的转变。”[③] 该书连同作者后来出版的《刑法的人性基础》（中国方正出版社 1996 年版）和《刑法的价值构造》（中国人民大学出版社 1998 年版）构成了其刑法哲学三部曲。在该领域，后来又相继产生过一些重要的论著，如曲新久在 2000 年出版的《刑法的精神与范畴》（中国政法大学出版社）。

刑法哲学的研究是我国刑法学超越法条，追求刑法学自身的体系化、学术化与科学化的一个标志。但应当看到，理论刑法学也可以从不同层面、不同维度进行展开。从中国刑法学的发展需要来看，其实最欠缺的是介乎注释刑法学与刑法哲学之间，也就是对刑法基础理论进行系统阐述的著作。可喜的是，刑法学界越来越多的学者意识到了这一点，陈兴良本人

---

① 参见王敏远《1997 年刑法学研究述评》，载《法学研究》1998 年第 1 期。

② 参见刘艳红《正义、路径与方法——刑法方法论的发端、发展与发达》，载梁根林主编《刑法方法论》，北京大学出版社 2006 年版。

③ 作者后来曾有过反思：“转变”改为“提升”要更为确切，“当时，我主要是有感于刑法理论局限于、拘泥于与受掣于法条，因此以注释为主的刑法学流于肤浅，急于改变这种状态，因而提出了从刑法解释学向刑法哲学的转变问题。由于转变一词具有‘取代’与‘否定’之意蕴，因而这一命题失之偏颇。”参见陈兴良《走向哲学的刑法学》，法律出版社 1999 年版，第 13 页。

也在 2001 年推出了他的又一理论刑法学力作《本体刑法学》（商务印书馆出版）。该书的贡献主要有二：一是构筑起一个以通说为基础、个性化叙述为补充的刑法学理论体系；二是对不同时期、不同国别的刑法学知识进行了整合。①

在形而上的研究蔚然成风的形势下，注释刑法学几近贬义词。此时，张明楷发出了自己独立的声音："刑法解释学不是低层次的学问，对刑法的注释也是一种理论，刑法的适用依赖于解释。因此，没有刑法解释学就没有发达的刑法学，一个国家的刑法学如果落后，主要原因就在于没有解释好刑法；一个国家的刑法学如果发达，主要原因就在于对解释刑法下了工夫。"② 从此，注释刑法学与理论刑法学并行不悖，互相促进。回归后的注释刑法学也摆脱了当初就事论事的稚嫩，更多地上升到方法论高度来阐明问题，如刑法解释中的目的性解释、刑法教义学中的司法三段论等。③近年来，有学者还注意到了当前注释刑法学对刑罚量化的配刑分析之不足，"在分论（罪刑各论）中，对'刑'的论述几乎沦落到完全可以省略而自行查阅条文法定刑的地步"。④ 这是十分精当的见解，也是下一步刑法教科书和刑法注释作品需要着力解决的一个问题。

近年来，在理论刑法学和注释刑法学之外，又出现了一门动态刑法学。其基本考虑是：理论刑法属于一种理念刑法，注释刑法属于一种文本刑法，两者均属静态，但刑法在运作中存在和发展，刑法的本性是动态的和实践的，于是根据刑法的本性打造一门新的学问——动态刑法，就成为刑法本身和社会的需要。⑤ 动态刑法学进一步丰富了刑法学的研究方法，其主张值得重视。

---

① 参见刘仁文《刑法学的本体追问》，载《中外法学》2002 年第 3 期。

② 张明楷：《刑法学》，法律出版社 1997 年版，导言。

③ 所谓"目的性解释"，就是"根据法条在适用时的目的、意义和所要保护的法益来解释"，不过王世洲认为，没有哪一种（解释）方法是万能的，综合的方法才是最好的方法。（参见王世洲《关于刑法方法理论的思考》，载梁根林主编《刑法方法论》，北京大学出版社 2006 年版）所谓"司法三段论"，按照陈兴良的观点，就是通过解释方法来找法——通过确认方法和推定方法来识别事实——通过逻辑演绎方法来推导出结论，他认为这是为刑法适用提供法律规则的刑法教义学的基本推理工具。（参见陈兴良《刑法教义学方法论》，载梁根林主编《刑法方法论》，北京大学出版社 2006 年版）

④ 冯亚东：《犯罪认知体系视野下之犯罪构成》，载《法学研究》2008 年第 1 期。

⑤ 参见储槐植等《刑法机制》，法律出版社 2004 年版；刘仁文《关注刑法运作》，载《人民检察》2007 年 9 月。

（二）对刑事一体化的阐释

刑事一体化的命题最初由储槐植在1989年提出，当时他将其界定为：刑法内部结构合理（横向协调）与刑法运行前后制约（纵向协调）。① 这个意义上的刑事一体化，实际上是就刑事政策而言的，其基本思想与关系刑法论极为接近，② 都是主张从刑法的内部与外部关系入手，实现刑法运行的内外协调。到1991年，储槐植又进一步指出：研究刑法要从刑法之外研究刑法，这涉及研究的广度；在刑法之上研究刑法，这涉及深度；于刑法之中研究刑法，这是起点和归宿。在刑法之外研究刑法这个话题下，储槐植指出：刑法不会自我推动向前迈进，它总是受犯罪态势和行刑效果两头的制约和影响，即刑法之外的事物推动着刑法的发展，这是刑法的发展规律。正因为犯罪决定刑法，刑法决定刑罚执行，行刑效果又返回来影响犯罪升降，所以刑法要接受前后两头信息，不问两头的刑法研究不可能卓有成效。正是在这个意义上，研究刑法必须确立刑事一体化意识，刑法研究者要有健全的知识结构——具有一定的犯罪学和行刑学素养。③ 至此，储槐植从刑事政策和方法论两个方面，提出了刑事一体化的初步构想。

虽然储槐植对刑事一体化的阐述只是一种简约的概述，并没有长篇大论的展开，但这一命题提出后，在我国刑法学界产生了出乎意料的影响，成为许多学者所推崇的一种研究方法。④ 1997年，陈兴良创办连续出版物《刑事法评论》，至今已出版20余卷，其编辑宗旨就将刑事一体化确立为一种研究模式，因而被评论者称为刑事一体化的自觉实践。⑤ 陈兴良本人还对储槐植的刑法之上研究刑法、刑法之外研究刑法和刑法之中研究刑法的方法论阐释，作了重新解读和扩展，认为刑法之上研究刑法是刑法的哲学研究，刑法之外研究刑法是刑法的社会学研究和经济学研究等，而刑法

① 参见储槐植《建立刑事一体化思想》，载《中外法学》1989年第1期。
② 关系刑法论是储槐植另一重要学术思想，主张把刑法放到整个关系网络中去进行研究，具体包括：（1）社会经济与刑法；（2）政权结构与刑法；（3）意识形态与刑法；（4）犯罪与刑法；（5）行刑与刑法；（6）其他部门法与刑法。参见储槐植《刑法存活关系中——关系刑法论纲》，载《法制与社会发展》1996年第2期。
③ 参见储槐植《刑法研究的思路》，载《中外法学》1991年第1期。
④ 对此，陈兴良的一个解释是：这与20世纪90年代我国刑法知识经过一个时期的恢复积累以后所处的蓄势待发的特定背景有关。参见陈兴良《"老而弥新"：储槐植教授学术印象》，载《刑事法评论》第21卷，北京大学出版社2007年版。
⑤ 参见付立庆《刑事一体化：梳理、评价与展望——一种学科建设意义上的现场叙事》，载陈兴良、梁根林主编：《刑事一体化与刑事政策》，法律出版社2005年版。

之中研究刑法则是刑法的规范研究，在此基础上，他提出还要增加一个研究向度：在刑法之下研究刑法，这就是刑法的判例研究。[①]

在刑事一体化思想的基础上，学界进一步发展出"立体刑法学"的思想，主张刑法学研究要瞻前望后、左看右盼、上下兼顾、内外结合。"瞻前望后"，就是要前瞻犯罪学，后望行刑学；"左看右盼"，就是要左看刑事诉讼法，右盼民法、行政法等部门法；"上下兼顾"，就是要上对宪法和国际公约，下对治安管理处罚和劳动教养；"内外结合"，就是对内要加强刑法的解释，对外要给刑法的解释设置必要的边界。[②] 刑事一体化和立体刑法学的思想与百年前德国刑法学大师李斯特提出的整体刑法学思想深有契合，其哲学基础是普遍联系的观点和系统论。系统论强调整体性原则，整体性原则又与唯物辩证法的普遍联系、相互作用原理十分接近。刑事一体化和立体刑法学的各对范畴之间存在相互联系和相互作用的关系，它们共同结合成一个系统，这个系统的功能要大于各部分的简单相加。而刑法效益则是其经济学基础。刑事一体化和立体刑法学有助于建立一个良好的刑法机制，其理念的贯彻必将节省刑法成本、提高刑法收益，增强立法、司法和研究中的协调性，减少因内耗而产生的资源浪费。

（三）犯罪构成理论争鸣

犯罪构成理论是规范刑法学中的理论基石，近年来，围绕我国传统犯罪构成理论的完善和存废产生激烈的学术论争，这首先是刑法学界贯彻"百花齐放、百家争鸣"的"双百方针"的结果，同时也是我国对外开放、比较刑法学日益兴隆的结果。它是我国刑法学走出"无声的刑法学"、形成不同学派的端倪。

如前所述，我国1949后对犯罪构成理论长期沿袭苏联的学说，缺乏必要的创新和争鸣。直到1986年何秉松发表《建立有中国特色的犯罪构成体系》一文后，该问题才开始引起我国刑法学界的反思。对此有评论说，《法学研究》1986年第1期发表了何秉松的《建立有中国特色的犯罪构成体系》一文，涉及当时的刑法学体系中所没有的一系列刑法学重大问

---

① 参见陈兴良《判例刑法学》序，中国人民大学出版社2009年版。

② 参见刘仁文《提倡"立体刑法学"》，载《法商研究》2003年第3期。作者后来又对"立体刑法学"的思想作了进一步的扩充，其中关于"内外结合"的表述改为"对内加强刑法的解释，对外关注刑法的运作"。（参见刘仁文《刑法的结构与视野》，"导论"部分，北京大学出版社2009年版。）

题，如犯罪构成理论的体系、定罪的根据、刑事责任的概念、犯罪的本质特征等。① 到 1993 年，何秉松主编的《刑法教科书》问世（中国法制出版社），其中最耀眼之处在于该书创立了一个崭新的犯罪构成理论新体系，即"犯罪构成系统论"。1995 年，何秉松又在此基础上出版了专著《犯罪构成系统论》（中国法制出版社），进一步巩固和完善了前述理论。"犯罪构成系统论"把犯罪构成看成是一个整体性、主体性、动态性、模糊性、多层次性、开放性的有机整体。犯罪构成的整体性，是指把犯罪构成看成是我国刑法所规定的相互联系、相互作用的诸要件组成的具有特定的犯罪性质和社会危害性的有机整体。这一观点克服了传统犯罪构成理论把犯罪构成看成是封闭的、平面的、静止的一切"客观和主观要件的总和"的缺陷。犯罪构成的主体性，是指犯罪主体控制、决定着犯罪构成，这一观点克服了传统犯罪构成理论忽视犯罪主体作用的缺陷。犯罪构成的动态性，是指犯罪构成作为一个过程而存在，这一观点克服了传统理论忽视犯罪构成过程的缺陷。犯罪构成的模糊性，是犯罪构成复杂性和多样性的一种表现，利用模糊数学这一自然科学成果来解释"情节严重"、"情节特别严重"等情节犯问题。犯罪构成的多层次性，是指犯罪构成和犯罪构成要素（子系统）之间的地位、等级和相互关系。犯罪构成是一个多层次、多等级但又相互联系的整体。这一观点在一定程度上克服了传统犯罪构成理论把犯罪构成看成是一个平面定罪规格的缺陷。犯罪构成的开放性，是指犯罪构成的整体性与外在环境的相互联系、相互作用。这一系统性观点克服了传统犯罪构成理论孤立地研究犯罪构成的缺陷。"犯罪构成系统论的提出，向人们展示了全新的理论观点和研究方法，令人耳目一新。"②

　　时至今日，我国刑法学界对完善犯罪构成理论的学术探讨已经出现了异常活跃的气氛，甚至到了何去何从的关键时刻。几乎没有人主张一成不变地固守传统的犯罪构成理论，争论的要点在于：是在传统的基础上进行改良还是彻底抛弃传统的犯罪构成理论模式，转而全盘引进德日的犯罪论体系。包括前述"犯罪构成系统论"在内的多种观点，主张对传统的犯罪构成理论进行改良，以建立有中国特色的犯罪构成理论。但另一种观点则主张全盘引进大陆法系的犯罪论体系，这种观点在 2009 年的司法考试大

---

①　参见陈兴良《刑法哲学》，中国政法大学出版社 1992 年版，第 678 页。
②　参见曲新久《何秉松教授刑法学思想述评》，载《法律文献信息与研究》1998 年第 4 期。

纲中，被正好持此种观点的学者塞了进去，由此引起全国刑法学界的关注乃至震惊。① 2009 年 6 月 9 日，北京师范大学刑事法律科学研究院专门针对这一问题，召开了犯罪构成理论体系专题座谈会，与会者达成的共识是：国家司法考试大纲的制定影响广泛，职责重大，应当采用学术界通行的观点；某些学者利用参与拟订国家司法考试大纲和编写相关配套教材的职务便利，用在德日也还颇有争议的三阶层犯罪论体系取代我国通行的犯罪构成四要件理论体系，其做法是很不严肃的。②

确实，部分学者主张全盘引进的德日三阶层犯罪论体系，即使在德、日等国，也不乏反思、质疑之声。如德国的雅科布斯就认为，德国学说争辩因果行为论或目的行为论何者为佳，以及争辩阶层构造理论，纯粹是因为第二次世界大战之后，刑法学者逃避政治压力（作为战败国的知识分子，谈规范的目的或规范的本质会有自我否定的压力），把精力放在这种技术问题所致。区分构成要件合致性、违法性和有责性，或区分不法和罪责，都是没有意义的。归根结底，只是一个行为人要不要负责的问题。③同样，日本也有学者认为，日本的犯罪体系论由于受德国刑法学的绝对影响，采用的是"构成要件"、"违法性"、"责任"这种观念的、抽象的犯罪论体系，因为必须考虑什么是构成要件，构成要件和违法性、责任之间处于什么样的关系，所以陷入了强烈的唯体系论的倾向。④ 当然，没有谁要否定大陆法系的犯罪论体系对我国的借鉴意义，但在"德日的阶层的犯罪论体系所面临的问题，可能并不比我国的犯罪构成体系少"的情况下，对我国犯罪构成理论采取一脚踢开而不是改造的思路，很难说这是一种严谨的反思和批判精神。

有人认为，我国的犯罪构成理论承继的是斯大林时代形成的刑法学说，其政治性与学术性的陈旧性自不待言。⑤ 但事实上，俄罗斯的犯罪论体系是在 100 多年前，由塔干采夫等人在接受德国的费尔巴哈的犯罪构成理论以后发展起来的，十月革命后，虽然受到法律虚无主义的影响，但这

---

① 参见王全宝《中国刑法学 "被变性" 引争议》，载《东方早报》2009 年 6 月 4 日。
② 参见 http://www.criminallawbnu.cn/criminal/info/showpage.asp?showhead=&pkid=23440。
③ 参见许玉秀《当代刑法思潮》，中国法制出版社 2005 年版，第 53 页。
④ 参见［日］刑法理论研究会《现代刑法学原论总论》（改订版），东京三省堂 1989 年版，第 317 页，转引自黎宏《刑法总论问题思考》，中国人民大学出版社 2007 年版，第 51—52 页。
⑤ 参见陈兴良《刑法知识的去苏俄化》，载《政法论坛》2006 年第 5 期。

一理论体系仍然被苏联的刑法学者所继承，并且在苏联解体后，一直延续至今。综观俄罗斯的犯罪论体系发展，100多年来，其基本格局未变，虽然具体的内容和结构在不同的历史条件下有所变化。① 针对"刑法知识去苏俄化"的主张，薛瑞麟曾经指出：该种观点对苏俄犯罪构成理论有不少误解、误读的地方，有些断言是依靠想象的力量所作出的伪判断。德国与苏联的犯罪构成体系各有所长，各有所短，有些问题只不过殊路而已。② 他还不无道理地指出：不能简单地说前苏联的犯罪论体系"在实践中是失败的，在理论上也是行不通的"，否则我们就不好解释苏联解体后，它原有的15个加盟共和国却仍然沿用过去的犯罪论体系。③ 我国的犯罪构成理论确实需要作进一步的完善，但一窝蜂地否定传统，特别是将源于100多年前的俄罗斯犯罪论体系人为地割断历史，简单地将其起点缩至20世纪30年代，然后以"维辛斯基式的刑法理论"为由，④ 将其"妖魔化"，这种做法并不可取。有人将德日的犯罪论模式普世化，这也不符合事实，英美法系国家不计，就连德国周边的一些"老欧洲"和"新欧洲"国家也并没有采用此种模式。

由于对传统理论带有一种先入为主的偏见，或者对德日刑法理论抱有一种过于美好的期待，有的学者赋予了犯罪构成理论太多超出其自身内容的价值和使命，如有的学者将犯罪构成理论模式与一个国家的政治体制联

---

① 参见何秉松《犯罪论体系》，第176页，2007年北京"全球化时代的刑法理论新体系"国际研讨会文件之二。

② 参见薛瑞麟《对话〈刑法知识去苏俄化〉的作者》，载《政法论坛》2008年第6期。

③ 参见薛瑞麟《迟来的反批评——对话〈刑法原理入门〉的作者》，2008年北京"中俄与德日两大犯罪论体系比较研究"国际研讨会提交论文。值得指出的是，在最新的一本关于俄罗斯犯罪构成理论的著作中，我们看到的仍然是犯罪客体、犯罪的客观方面、犯罪主体和犯罪的主观方面这样一个基本模型。（参见何秉松、科米萨罗夫等《中国与俄罗斯犯罪构成理论比较研究》，法律出版社2008年版，第45页以下）这使人想起，那种过分把犯罪论模型和意识形态联系起来的做法是否有失公允？尽管事实上，任何一个犯罪论模型都可能受意识形态的影响。

④ 李海东博士如是说，参见《刑法原理入门》代自序，法律出版社1998年版，第3页。但薛瑞麟在其《迟来的反批评——对话〈刑法原理入门〉的作者》一文中指出：苏联刑法论著中并无此提法。他还指出：虽然20世纪30年代的苏联刑法理论带有浓厚的意识形态色彩，但该体系不是封闭的、僵化的，而是随着时代的发展而不断地自我调整。这恰恰能说明苏联解体十多年后，俄罗斯等国的犯罪构成理论仍然保留了原来的模型。有人认为这是知识惯性使然，即假以时日，俄罗斯的犯罪论体系也肯定会推倒重来。但事实上，俄罗斯学界也在探讨犯罪构成理论的完善，但思路并不是简单地推倒重来，如库兹涅佐娃等人就运用当代系统观，提出将传统的四要件整合为一个统一的整体。参见何秉松、科米萨罗夫等《中国与俄罗斯犯罪构成理论比较研究》，法律出版社2008年版，第439—440页。

系起来。实际上，即便在德国，虽然其递进式的三阶段论由来已久，但真正与民主国家所要求的宪政发生联系也是二战以后的事。另有的学者将我国刑事司法中频繁发生的冤假错案归咎于我国的犯罪构成理论，而有点想当然地认为递进式的三阶段论可以防止冤假错案，但稍加推敲，就觉得其说服力不够，因为冤假错案的成因十分复杂，与司法体制、权力干预和诉讼结构等或许有更密切的关联。

三、刑事政策学的兴起

（一）刑事政策学兴盛的原因

从 20 世纪初开始，我国刑事政策的著作如雨后春笋般地冒出，"刑事政策研究在中国成为显学"。① 有学者观察指出："抛开教材和译著，理论界的研究成果主要有刘仁文的《刑事政策初步》，曲新久的《刑事政策的权力分析》，侯宏林的《刑事政策的价值分析》等；梁根林的刑事政策系列研究（《刑事制裁：方式与选择》、《刑事政策：立场与范畴》、《刑事法网：扩张与限缩》）；陈兴良的刑事政策研究系列（《宽严相济刑事政策研究》、《中国刑事政策检讨》等）；谢望原等的刑事政策研究系列（《中国刑事政策报告》系列、《中国刑事政策研究》等）；卢建平、赵秉志的刑事政策研究系列（《刑事政策评论》系列、《刑事政策专题探讨》等）。"②

这种情形的出现，主要还是来自社会的呼唤和需求：规范刑法学和注释刑法学不能满足当前与犯罪作斗争的需要，时代呼唤我们依据犯罪态势来形成科学的刑事政策，进而引导刑法的制定与实施，使刑法更有效地惩治犯罪；持续 20 多年的"严打"刑事政策，到了该反思的时候了，而建设社会主义和谐社会的大背景，又使"宽严相济"这一新型刑

---

① 参见卢建平《刑事政策研究的中国特色》，载《京师刑事政策评论》（第 2 卷），北京师范大学出版社 2008 年版。作者在文章附录统计了改革开放以来刑事政策研究的 48 本著作，其中新世纪以来出版的占 45 本。

② 汪明亮：《刑事政策研究新视角》，法律出版社 2008 年版，第 280 页。除此，还有刘远《刑事政策哲学解读》，中国人民公安大学出版社 2005 年版；李卫红：《刑事政策学的重构及展开》，北京大学出版社 2007 年版；蒋熙辉等：《刑事政策之反思与改进》，中国社会科学出版社 2008 年版，等。

事政策合乎逻辑地被推导出来，如何实现"以宽济严"，为刑法学者提出了新的课题；在依法治国、人权入宪的新形势下，刑事政策如何"在法治的篱笆"内活动，以达到相辅相成的作用；还有，不管是受西方"恢复性司法"、"轻轻重重"的刑事政策的影响，还是本土自生的原因（如监狱压力的加大自然要求减压），刑事和解、社区矫正等制度已经走在了立法的前面，在实践中表现出旺盛的生命力。对这些新兴事物作出理论解读和回应，乃刑事政策的题中之意。由此观之，刑事政策的方兴未艾也就不足为奇了。①

（二）刑事政策学的基本问题

关于刑事政策的概念，经历了一个从狭义到广义的过程。最初学界主要从狭义的刑事政策概念来讨论，其主要特点是：第一，多从策略层面理解刑事政策，尽管该语境下的刑事政策概念从方法、活动、手段、策略到方略，逐步获得提升，但仍属于狭义的刑事政策；第二，狭义的刑事政策概念指导下的刑事政策研究，多将刑事政策理解为针对犯罪或刑罚的具体原则，典型的如对犯罪人"惩办与宽大相结合"的政策，对青少年犯罪"教育、感化、挽救"的政策，对少数民族公民犯罪"两少一宽"的政策（即少杀、少捕，量刑时一般从宽——作者注），在罪犯改造中"改造第一、生产第二"的政策等，具有微观化的特征。②

随着研究的深入，以组织反犯罪斗争或抗制犯罪的综合艺术或者战略、集中体现反犯罪诸策略、系统集成反犯罪诸机制、全面整合反犯罪诸主体为本质内容的广义的刑事政策概念得到确立。广义的刑事政策概念重点包含以下几层意思：（1）刑事政策是一个由要素、目标和措施等组成的有机整体，不宜将刑事政策仅仅归结为"准则"与"方针"等单称的概念或者术语，而应该看到其"战略"宏观性；（2）刑事政策作用于国家抗制犯罪的全过程，即国家制定刑事政策、执行刑事政策、评估刑事政策的全过程；（3）刑事政策不单是刑法的政策，而是统领了打击犯罪、预防犯罪的所有治理手段；（4）刑事政策是社会整体据以组织对犯罪现象的反应

① 卢建平在分析中国当今刑事政策研究为何出现"轰轰烈烈"的局面时，也指出：由于改革开放后治安形势的急剧恶化，重刑主义等传统思想迅速抬头，这在一定程度上制约了刑事法律领域的制度创新，使刑事法律领域的制度供给日显不足，为了弥补这种不足，刑事政策就成为改革现行刑事立法和刑事司法的首选。参见卢建平《刑事政策研究的中国特色》一文。

② 参见卢建平主编《刑事政策学》，中国人民大学出版社 2007 年版，第 17—18 页。

的方法的总和，由此决定了刑事政策学是一个融合多学科的复合型知识载体。①

刑事政策的原则是指贯穿于刑事政策活动的全过程，在刑事政策的制定、实施中应遵循和追求的基本准则。我国学者对这个问题分别有一些不同的表述，如有的学者认为，刑事政策的原则有四个，即不能违反宪法和刑事法律原则，处遇个别化原则，打击少数和争取、教育、改造多数原则，统筹兼顾、不可偏废原则。② 有的学者认为，刑事政策的基本原则有五个，即法治原则，谦抑原则，人道原则，科学原则和教育改善原则。③另有的学者则分别从刑事政策的制定和刑事政策的执行，来阐述其各自应遵循的原则，其中刑事政策的制定应遵循科学原则、法治原则和人权原则，刑事政策的执行应遵循目标与手段相统一的原则、原则性与灵活性相结合的原则、监控与执行相同步的原则。④ 从中可以看出，法治原则是大家都公认的一项原则，也就是说，刑事政策必须受制于法治的"樊篱"，在法治的框架内活动。

关于刑事政策的结构，有学者将其分为微观和宏观两个层面，认为微观层面是指单个刑事政策的结构，它由原则思路和行动方案两部分组成。例如，"惩办与宽大相结合"是原则思路，而一系列的从重与从宽量刑制度等则是它的行动方案；"动员社会力量提高改造罪犯质量"是原则思路，"三个延伸"（把教育改造犯罪人员的工作深入到他们进入监所之前的社会环境中去的"向前延伸"，以监管机关为主体把教育改造工作向社会开放的"向外延伸"，监管机关组织社会各方面力量做好刑满释放人员的安置和接茬帮教工作的"向后延伸"）则是它的行动方案。宏观层面是指群体刑事政策的结构，它又可分为纵向结构和横向结构，前者由基本刑事政策和具体刑事政策构成，后者由定罪政策、刑罚政策和处遇政策构成。⑤

另有学者将刑事政策的结构描述为：目的和价值目标、刑事政策主体、刑事政策手段、刑事政策客体、刑事政策过程、反馈、运行环境等诸

① 参见赵秉志主编《刑法学总论研究述评》，北京师范大学出版社 2009 年版，第 46 页以下。

② 参见马克昌主编《中国刑事政策学》，武汉大学出版社 1992 年版，第 24—27 页。

③ 参见卢建平主编《刑事政策学》，中国人民大学出版社 2007 年版，第 170 页以下。

④ 参见刘仁文《刑事政策初步》，中国人民公安大学出版社 2004 年版，第 171 页以下。

⑤ 参见杨春洗主编《刑事政策论》，北京大学出版社 1994 年版，第 15 页以下。

要素的有机组合。认为刑事政策的主体在与环境的相互作用中产生一定的目的，并在一定的价值目标和具体目的的指引下，在刑事政策的内运行环境和外运行环境的相互作用下，制定刑事政策手段，适用于刑事政策客体，完成刑事政策的基本过程，再将这一过程中各个环节的反馈及环境的反馈运用于对刑事政策手段的调适和优化，以达到刑事政策主体的目的和价值目标。①

还有学者从系统论出发，将刑事政策分为单项刑事政策和群体刑事政策两大类，其中单项刑事政策的结构为：（1）从社会系统的角度看，刑事政策系统是一个有刑事政策主体系统、刑事政策支持系统以及将刑事政策主体系统与刑事政策环境连接起来的反馈系统构成的有机整体；（2）从刑事政策运行的角度看，刑事政策系统主要是信息子系统、决策子系统、执行子系统、评估子系统和控制子系统等各子系统之间相互联系、相互依存、相互作用而构成的大系统。群体刑事政策的结构为：（1）纵向结构：总刑事政策、基本刑事政策、具体刑事政策；（2）横向结构：刑事立法政策、刑事司法政策、刑事社会政策。②

也有学者将刑事政策的结构剖析为刑事立法政策、刑事司法政策、刑事执行政策和刑事社会政策，并且指出，这四部分内容并不是彼此孤立的，更不是静止的，而是存在互动的关系，如1983年的"严打"，本来是一项司法政策，但由此导致了刑法部分条文的修改，使刑事立法政策趋于重刑化，可见司法政策影响了立法政策。③

关于刑事政策的功能，一种观点认为，刑事政策的功能主要指刑事政策在犯罪控制这一社会系统中所起的功效和作用，具体而言，刑事政策有导向和调节两大功能。导向功能主要体现在：（1）在刑事实体法方面：划定打击范围，确定打击重点，设定打击力度，选定打击方式。（2）在刑事程序法方面，主要体现在实体法与程序法追求的目标不统一时：前者的目标是尽可能使罪犯少漏法网，后者的目标是高效地执行实体法并少出错案；在少漏网和少出错出现不统一时，就会出现"宁错毋纵"和"宁纵毋

---

① 参见何秉松主编《刑事政策学》，群众出版社2002年版，第78—79页。

② 参见许秀中《刑事政策系统论》，博士学位论文，中国政法大学2004年印行，第44页以下。

③ 参见刘仁文《刑事政策初步》，中国人民公安大学出版社2004年版，第48页以下。

错”两种不同的政策选择；程序法的种种制度、具体规则以及运行机制最终无不与此等政策思想密切相关。（3）在组织法方面，刑事政策的导向功能也有体现。组织法的核心问题是权力配置，这当然属于政策范围。调节功能主要体现在：（1）内部调节，即对刑事立法和刑事司法之间的调节，它包括立法通过刑事政策调节司法和司法通过刑事政策调节立法两个方面；（2）外部调节，即对刑事法律与社会状况（主要指犯罪态势）之间的调节，如犯罪化与非犯罪化。①

另一种观点认为，刑事政策的功能包括：导向功能、规制功能和中介功能。导向功能是指刑事政策指导犯罪预防和犯罪控制活动，为犯罪预防、控制指明大致的方向、路线、途径；规制功能是指刑事政策为国家机关预防、控制犯罪确定了具体的行动规则，并进而影响一般公民和实施违法犯罪行为的公民的行为。中介功能一方面表现为刑事政策是刑事立法与司法之间的中间环节，另一方面表现为刑事政策还是理论与实践的中间环节。②

还有观点认为，刑事政策的功能可以从多方面去考察，如积极功能和消极功能；保障（人权）功能与打击（犯罪）功能；限制功能与扩张功能；创新功能与守旧功能；惩办功能与宽大功能；明示功能与含糊功能；等等。而所有这些，都可归入两个最基本的功能，那就是导向功能和符号功能。需要指出的是，那种认为“刑事政策的功能指的是刑事政策可能产生的积极作用”的观点并不妥当，事实上，功能作为一种客观存在，它既有可能是积极的，也有可能是消极的，因为积极与消极是一种主观评价，例如，某一项刑事政策的出台，突破了罪刑法定的原则，它带给法治的破坏作用就是一种消极功能。③

四、国际刑法学在中国

（一）国际刑法学兴起的时代背景

20世纪90年代以来，国际犯罪特别是国际性和非国际性的武装冲突

---

① 参见储槐植《刑事政策的概念、结构和功能》，载《法学研究》1993年第3期。

② 参见何秉松主编《刑事政策学》，群众出版社2002年版，第56—57页。

③ 参见刘仁文《刑事政策初步》，中国人民公安大学出版社2004年版，第150页以下。

中严重违反国际人道主义法的犯罪频繁发生，与此同时，冷战的结束减少甚至消除了各国政府在防止和惩治国际犯罪方面的意识形态分歧，这使得国际刑事司法机构的建立变得更加容易。1993 年和 1994 年，联合国安理会分别通过决议，决定设立南斯拉夫国际刑事法庭和卢旺达国际刑事法庭，以审判在南斯拉夫境内发生的武装冲突和在卢旺达境内发生的种族冲突中犯有严重违反国际人道主义法罪行的人。1998 年，联合国在意大利罗马召开的各国外交大会上又通过了《国际刑事法院规约》（又称《罗马规约》），2002 年，据此规约诞生了人类历史上第一个常设性的国际刑事法院。此外，联合国还在一些国家设立或帮助设立了各种形式的国际化刑事法庭，如根据条约按照特别颁布的国内法律设立的柬埔寨混合法庭，根据联合国科索沃临时行政当局特派团的法规在科索沃法院中使用国际法官和检察官，联合国东帝汶过渡行政当局设立的对严重罪行拥有管辖权的特别分庭，作为条约法院设立的塞拉利昂混合法庭，以及在波斯尼亚和黑塞哥维那国家法院以特别分庭的形式设立的混合法庭。① 这些国际刑事审判机构的建立及其运作，大大地丰富了国际刑法的理论与实践。

中国积极参加国际刑法实践，例如，我国先后有三位法官在南斯拉夫国际刑事法庭工作（李浩培、王铁崖和现任的刘大群）；我国也积极参加了建立国际刑事法院的整个谈判过程，虽然最后没有成为《罗马规约》的缔约国，但对国际刑事法院成立以来的发展一直十分关注，并多次表示，对参加规约持开放态度，希望在适当的时候加入规约。国际刑法领域的这些新动向以及中国政府对国际刑法实践的态度，使中国刑法学界更加关心这一新兴学科在中国的发展，例如，最近几年，中国刑法学界对《罗马规约》的研究相当活跃，有关这方面的国际学术会议频繁举行。国际刑法研究在整体上也呈现出良好的发展态势，例如，2007 年一年内就出版了七部国际刑法的专著，它们分别是：朱文奇的《国际刑法》（中国人民大学出版社），黄风、凌岩、王秀梅的《国际刑法学》（中国人民大学出版社），杜启新的《论国际刑法中的危害人类罪》（知识产权出版社），卢有学的《战争罪刑事责任研究》（法律出版社），范红旗的《法人犯罪的国际控

① 参见联合国秘书长报告《冲突中和冲突后社会的法治和过渡司法》，S/2004/616，2004 年 8 月 3 日，第 2 页注 5，第 38 段，转引自魏武《国际化刑事审判机构规范性比较研究》，载赵海峰主编《国际法与比较法论坛》第 1 辑，中国法制出版社 2006 年版。

制》（中国人民公安大学出版社），何帆的《刑事没收研究——国际法与比较法的视角》（法律出版社），秦一禾的《犯罪人引渡诸原则研究》（中国人民公安大学出版社）。

我国相继签署并批准了一系列的与国际刑法相关的国际公约，其中不少涉及刑事立法和刑事司法，要求国内立法协调发展。于是，不少刑法学者以这类国际公约为参照，探讨我国刑法的完善，如有的学者结合《公民权利政治权利国际公约》的有关条款（该公约我国已签署尚待批准），对我国刑法中的死刑立法提出了完善意见。[①] 又如，《联合国反腐败公约》于2003 年通过后（我国已签署并批准该公约），刑法学界对我国刑法与公约的要求所存在的差距也做了比较多的研究。[②] 此外，国门的打开，为犯罪分子外逃提供了方便，近年来，我国贪官外逃已成为一个突出问题，如何加强国际刑事司法协作，以及协调国内法与国际法的关系（如针对国际上通行的"死刑不引渡原则"，有国内学者提出废除我国贪污贿赂犯罪的死刑），也成为刑法学界的一个热门话题。[③]

（二）　国际刑法基本原则的界定

经过广泛的讨论，现在学界大都认为以下六项原则应当成为国际刑法的基本原则：

其一是国家主权原则。在确认和惩处国际犯罪时，不仅要考虑打击和防范的需要，而且要考虑各国的立法状况和价值取向，在尊重别国主权的基础上进行国际间的刑事合作，否则，国际刑法的实施根本不可能。[④] 尊重国家主权在国际刑法中主要表现为：国际刑法面前国家主权平等；在国

---

① 参见高铭暄、李文峰《从〈公民权利政治权利国际公约〉论我国死刑立法的完善》，载高铭暄、赵秉志主编：《21 世纪刑法新问题研讨》，中国人民公安大学出版社 2001 年版；张文、刘艳红：《〈公民权利政治权利国际公约〉对中国死刑立法的影响》，载《中国青年政治学院学报》2000 年第 1、2 期。

② 2007 年 4 月，在中国人民大学刑事法律科学研究中心主办的"和谐社会语境下刑法机制的协调"学术研讨会上，专辟"刑法与有关国际公约的协调"单元，而在该单元的 18 篇论文中，有 12 篇是探讨《联合国反腐败公约》与我国刑事法律的协调和完善的。2007 年 10 月，由北京师范大学刑事法律科学研究院主办的第二届"当代刑法国际论坛"，则专门以"联合国公约在刑事法治领域的贯彻"为题，将联合国反腐公约与联合国人权公约和联合国反恐公约并列作为三大议题。

③ 参见黄风、赵林娜主编《境外追逃追赃与国际刑事司法合作》，中国政法大学出版社 2008 年版。

④ 参见王秀梅主编《国际刑法研究述评》，北京师范大学出版社 2009 年版，第 39 页。

际刑法国内化问题上，各国有权自行决定立法程序；在进行国际刑事司法协助与合作过程中，各国的刑事诉讼程序应得到足够的重视。① 当然，也应当看到，国际刑法的迅猛发展使得绝对的国家主权观念受到一定冲击，如根据《国际刑事法院罗马规约》的规定，在联合国安理会向国际刑事法院提交的情势中，国际刑事法院检察官可以对非缔约国领域内或非缔约国国民实施的犯罪进行调查和起诉，而且国际刑事法院可以对这类事件行使管辖权。②

其二是合法性原则。合法性原则作为刑事审判的基本原则，对维护法律的权威性与执法公正性，特别是在整合各种法律规范、法系特点的国际审判机构活动中必不可少。人们一般将合法性原则等同于罪刑法定原则，不过需要注意的是，《公民权利和政治权利国际公约》在确立罪刑法定原则的同时，还规定："任何人的行为或不行为，在其发生时依照各国公认的一般法律原则为犯罪者，本条规定并不妨碍因该行为或不行为而对任何人进行的审判和对他施加的刑罚。"（第 15 条第 2 款）这里的所谓"各国公认的一般法律原则"，国际法学界一般将其解释为国际习惯法。③ 而国际习惯法包含的罪名有战争罪、反人类罪、反和平罪、奴役罪和酷刑罪等。④

其三是普遍管辖原则。有些国际罪行的性质和危害十分严重，以致破坏了国际社会整体的共同利益和根本利益，每个国家对国际社会整体都负有防止和惩治这些罪行的义务，对这些罪行也都有管辖权，而不论这些罪行是发生在哪个国家，罪犯的国籍属于哪个国家，这就是普遍管辖原则的基本含义。该原则的目的是为了不让那些犯有严重罪行的人找到可以躲避的地方，以逃脱惩罚。⑤ 普遍管辖原则是国际刑法赖以产生和存在的基本前提之一，它为世界各国联合制裁国际犯罪的实施者提供了行动的保障。中国刑法学界曾经在很长一段时间内对普遍管辖原则持否定态度，将其视为霸权主义者肆意践踏别国主权的理论基础。但后来逐渐改变观念，认识

① 参见张景《国际刑法综述》，人民法院出版社 2004 年版，第 45—46 页。
② 参见陈泽宪《国际刑事法院管辖权的性质》，载《法学研究》2003 年第 6 期。
③ Manfred Nowak, U. N. Covenant on Civil and Political Rights-CCPR Commentary, 2nd revised edition, p. 367, N. P. Engel, Publisher, 2005. 参见岳礼玲《〈公民权利和政治权利国际公约〉与中国刑事司法》，法律出版社 2007 年版，第 205 页。
④ 参见岳礼玲《〈公民权利和政治权利国际公约〉与中国刑事司法》，法律出版社 2007 年版，第 205 页。
⑤ 参见朱文奇《国际刑法》，中国人民大学出版社 2007 年版，第 286 页。

到遵守作为国际刑法基本原则之一的普遍管辖原则，是每一个国家应尽的国际义务。所以在 1997 年修订刑法时，就在第 9 条增加规定了这一内容："对于中华人民共和国缔结或者参加的国际条约所规定的罪行，中华人民共和国在所承担条约义务的范围内行使刑事管辖权的，适用本法。"

其四是个人刑事责任原则。第一次世界大战后，协约国与德国签订了《凡尔赛条约》，国际社会建立了国际特设法庭，准备起诉德国皇帝威廉二世和其他被指控有违反战争法和习惯的德国军人，但此次起诉的努力由于政治上的原因而夭折。第二次世界大战后，纽伦堡审判和东京审判确立了个人刑事责任原则在国际刑法中的地位。此后，南斯拉夫法庭和卢旺达法庭进一步巩固和发展了个人刑事责任原则。1998 年通过的《国际刑事法院罗马规约》再次明确了"个人刑事责任原则"，将其规定为国际刑事法院运作的一项基本原则，也使得该原则成为国际刑法理论和实践的一项无可辩驳的基本原则。①

其五是刑事诉讼中的人权保障原则。人权保障原则在国际刑法中体现为实体和程序两方面，在实体方面，主要是通过将大规模侵犯人权的行为规定为犯罪并加以惩罚；在程序方面，主要体现在对犯罪嫌疑人和被告人的权利保障以及被害人的权利保障方面。② 关于犯罪嫌疑人和被告人的权利保障措施主要包括：无罪推定的权利，一罪不再审的权利，免受任意逮捕和拘禁的权利，免受酷刑、残忍、不人道和有辱人格待遇或者处罚的权利，享有公正审判的权利，包括公开受审与出庭的权利、被告知被指控罪行及迅速受审的权利、平等诉讼权、反对强迫自证其罪的权利。③

其六是国际刑事合作原则。从国际刑法公约的规定来看，在追诉国际犯罪方面有进行国际刑事合作的内容，主要包括：（1）按照普遍管辖原则确立对国际犯罪的管辖权；（2）采取必要的应急措施和强制措施；（3）引渡或移送罪犯；（4）开展双向刑事司法协助，如相互交换情报、追寻并扣押财产、移转被判刑人；（5）刑事诉讼的转移管辖与外国刑事判

---

① 参见王秀梅主编《国际刑法研究述评》，北京师范大学出版社 2009 年版，第 53 页。

② 参见周露露《当代国际刑法基本原则研究》，博士学位论文，中国人民大学 2007 年印，第 168 页以下。

③ 参见赵秉志主编《新编国际刑法学》，中国人民大学出版社 2004 年版，第 39 页以下；朱文奇：《国际刑法》，中国人民大学出版社 2007 年版，第 345 页以下。

决的承认和执行；（6）遵守国际条约中规定的其他义务性规范和禁止性规范。① 上述国际合作方式在惩治国际犯罪和跨国犯罪过程中发挥着非常重要的作用，当前的问题是，各国的刑法制度和刑事诉讼制度存在较大的差异，加上意识形态和国家制度的不同，影响了这些措施的有效运用。

---

① 参见王秀梅主编《国际刑法研究述评》，北京师范大学出版社 2009 年版，第 49 页。

第十五章

时代的发展与民法学的繁荣

一、繁荣发展的民法学

自我国确立了社会主义市场经济体制之后，与市场经济体制有着天然密切联系的民法学研究较以往发展得更为迅猛。这一阶段最显著的特点有二：一是民法学成为法学界"显学"，民法学研究已经超越了教科书阶段，研究持续向细密化和专业化方向推进。二是民法学逐渐开始与国际民法学最新潮流接轨，并与国际民法学界对话。这不仅体现为各种国外民法典、民法学著作的翻译上，也体现为国内举办的各种国际研讨会上。

（一）民法学研究的巨大成就

1992 年以后，出现了一些彰显民法学研究变迁的标志性事件：其一，1994 年梁慧星主编的《民商法论丛》[法律出版社，一度由金桥文化出版（香港）有限管理公司出版几卷] 创刊。其宗旨是："从我国改革开放和发展现代化市场经济的实际出发，广泛参考发达国家和地区民商事立法的成功经验和最新判例学说，研究民商法的基本理论和重大法律问题，为我国民商事立法的现代化和审判实务的科学化提供科学的法理基础，提升我国民商法理论水准，培养民商法理论人才。"该《论丛》不仅推动了我国民法学长篇专题论文的发表，使民法学研究真正细密化，而且也带动了中国法学以书代刊的风潮。如《中日民商法研究》（渠涛主编）、《私法》（易继明主编）、《私法研究》（陈小君主编）、《复旦民商法评论》和《民商法学家》（张民安主编）等。目前民法学连续出版物可谓灿然大备，为民法学的长篇论文提供了交流平台。其二，在这一时期，梁慧星主编了"中国民商法专题研究丛书"（法律出版社），迄今出版民商法专著 60 余本。其中不乏在民法学界有重大影响的作品，如孙先忠的《当代德国物权法》、尹田的《现代法国合同法》等。很多学者也正是通过在这套丛书中的出版专著，得以在民法学界获得认可。本套丛书的主题所涉甚广，有关注方法论问题的，如石佳友的《民法法典化的方法论问题研究》（2007年）；有探讨传统民法的基本问题，如肖厚国的《物权变动研究》（2002年）、孙美兰的《情事变动与契约理论》（2004年）、朱广新的《信赖责任研究——以契约之缔结为分析对象》（2007年）；有介绍域外法制的，如张民安的《现代法国侵权责任制度研究》（2003年）、刘承韪的《英美法对价原则研究》（2006年）、于海涌的《法国不动产担保物权研究》（2009年）、齐晓琨的《德国新、旧债法比较研究》（2006年）；有研究现代民法新问题的，如刘颖的《电子资金划拨法律问题研究》（2001年）、张燕玲的《人工生殖法律问题研究》（2006年）等。整体而言，这套丛书是我国民法学研究细密化、精致化的代表。其三，在这一时期，民法学者广泛介入立法活动中。1999年，梁慧星主编的《中国物权法草案建议稿附理由》（社科文献出版社1999年版），这是我国出版的第一本民法学者的立法建议稿，该书除了建议条文以外，还有立法例、说明和理由。此后，还有王利明主编的《中国物权法草案建议稿及说明》（中国法制出版社2001年版）。2007年的《物权法》参酌了这两个草案。梁慧星和王利明起草的民法典草案也陆续出版。这表明我国民法学者参与立法的深度逐渐增加。此外还有徐国栋主编的《绿色民法典草案》（社会科学文献出版社2004年版）。

梁慧星在总结改革开放30年的民法成就时说，民法的进步主要体现为：（1）继受目标的多元化；（2）对外国民法的态度的转变，现今的中国民法学，对于外国民法制度和理论，不是盲信盲从，而是敢于怀疑，敢于自己决定取舍；（3）敢于针对中国现实问题设计法律对策；（4）产生了一大批高水平的学术研究成果；（5）勇于面对来自意识形态的挑战。①王利明等在总结我国民法学研究时指出，我国民法学研究的特点是：（1）立法论的研究多于解释论的研究；（2）比较法的研究多于本土资源的挖掘；（3）对策性研究多于基础理论研究；（4）法律教义学的研究多

---

① 梁慧星：《中国民法学的历史回顾与展望》，载《望江法学》第1期，法律出版社2007年版。

于案例的分析研讨；（5）纯民法的研究多于交叉学科的探讨。① 这些总结很精到地指出了我国民法学研究的成果与不足。

（二）民法学研究存在的问题

我国民法学界的研究中存在最重要的问题是过于依赖概念法学方法，在某种程度上忽视了问题本身。还有一个突出的问题是选题重复，而且欠缺问题意识、论证不严密。中国民法学继承的是潘德克吞学派以来的德国民法学传统。在德国，潘德克吞学派最终走向了概念法学，普赫达是集大成者。拉伦兹的《法学方法论》一书详细地介绍了德国概念法学的理论谱系，认为19世纪是概念法学的世纪。概念法学是由历史法学派发展起来的，这在学术史上是很有意思的一个问题。概念法学以《学说汇纂》为其理论体系和概念术语的历史基础，其最重要特征是体系化思想，即通过意义的关联，将多样性的事物统一在一起，形成一个整体。在对具体材料作分析的基础上，形成概念有机体，一个既有上位概念，也有下位概念的概念金字塔。在此基础上，普赫塔发展了"形式概念法学"。这种方法又与理性法学派、自然法学派紧密联系在一起，讲究概念、规则的层次，它明显受到当时社会科学主流方法的影响，即把社会科学与自然科学一样的学科来研究。在这种方法中，常常是预先存在总体的理论框架，然后在由这个框架中的一些基础性概念、原理和规则推导出其他下位概念和规则。这种体系化价值在于，它使得法律规范和法律体系形成一个逻辑一致、前后拘束的有机体。这样就能够把法院拘束在逻辑中和法律体系之中，以保证判决的客观公正。这样一来，任何民法典中的规范都不是单一的，而是首尾呼应、逻辑一致的，不可能孤立地理解任何一个法条。很明显，概念法学过高地估计了一般性概念的位阶关系形成的逻辑体系对于发现和理解法律的意义。但是一个概念只是一种称谓而已，它不能被实体化了。我们如果纠缠于概念本身，就可能被概念遮蔽了事实和问题本身。事实上，正如有论文所指出的，应注意移植的概念往往与历史的和社会的语境有着密切关联，因为大陆法系的概念体系表面上具有一种连续性，但在这种表象之后，却可能存在着含义上的根本性断裂。概念法学虽然提供了一种科学的体系构造之基础方法，但其缺陷在于它只考虑了概念的形式逻辑性，而忽视了其中蕴涵的

---

① 王利明、周友军：《民法典创制中的中国民法学》，载《中国法学》2008年第1期。

功能和价值。从中国民法学研究的历史与现状来看，对概念法学的价值崇尚与方法模仿，导致其理论缺陷在中国民法学研究中大范围存在，并且至今仍然在相当范围存在。

另一个普遍问题是民法学作品论文还相对欠缺有力的论证，我们习惯的论证方式还是历史的和比较的角度，从罗马法到现代民法，从法国民法典到中国的民法通则。并不是说这种论证方式不好，但是它常常没有力量，因为文本分析的解释力始终是有限的。我们必须从问题本身进行论证，而不是引用概念和文本上的制度，而忽视了文本赖以存在的社会的、历史的、经济的背景。在民法中，现在我们常常运用交叉学科的方法，但我们必须意识到民法学科的尊严，我们不能简单地嫁接哲学、社会学和经济学，而必须从民法学的角度出发运用这些知识，从另外一个角度为这些学科提供足够的制度甚至是思想资源。

现在民法学研究中哲学的普泛化也是一个重大问题，民法与哲学无疑是有关的，甚至关系还很密切，但是这并不意味着哲学方法可以随意运用来解决民法问题，关键问题还是在于我们如何运用交叉学科的知识。如果我们运用这些知识仅仅是引入一些"大词"，并以引入这类"大词"而满足，为自己的论点求得一种道德上的、哲学上的论证，那么我们就必须反思了。民法毕竟是涉及人们现实生活的鲜活规范，有时把它哲学化了，规范本身反而失去了生命力。事实上，民法作为人事日用之法，与人的生存状态息息相关，我们从民法中透视这个社会的变迁，并予以解释，其理论贡献也许更大。这是民法学者应当早已体察到的事理，但在今天仍需对此深刻体察。

（三）民法学应进一步关注的问题

虽然我们是在叙述中国民法学的学术史，但是叙述历史的过程与体察历史的经验正是为了今天。因此，经过对民法学术历史的分析，我们更能有历史根据地为当下的学术现实提供一些建议，提示今后的民法学值得深入研究的重大问题。

（1）民法典与特别民法的关系研究。近代民法传统是以农业为主的社会建构起来的，它以自由和效率为其最高价值追求。而在现代民法中，为了保护弱者（诸如消费者、劳动者）的利益，西方各国在民法典之外制定了很多特别民法。这些特别民法的理念与传统民法典存在较大差异。我国目前也有大量的特别民法。在民法典的制定过程中，我们面临的一个重大问题，就是如何科学合理地协调两者之间的关系。

（2）民法与生态问题。近代民法无疑是基于近现代自由主义政制建立的，而自由主义并不关注生态问题，或者说，它对生态问题是有心无力的。民法是以自由和效率为价值追求的，其制度设计如物权制度、契约自由和过错责任都是围绕这一目标建构的。目前，生态和可持续性发展问题已成为世界性的重大问题，环境资源法就是为了回应这些问题而成为正式的制度性安排。在国内外法理学界，早就都有将自然（至少将动物）作为法律主体的呼吁，而国外的立法也多少支持了这样的观点。在民事主体、物权法以及侵权法方面，都有学者试图以生态主义的观念来改造现有的制度。但是，环境法的理念如何突破主体与客体的两分法，既涉及民法价值体系和立法体系编排，也涉及民事诉讼法等各部门法变革（如代际侵权中的起诉权问题）。从整个汉语学界看，有关环境的理论主要是突破人类中心主义，但在具体的操作层面上，除了笼统地运用民法中的代理制度外，细致的制度化路径研究还很少。

（3）公法与私法的关系问题。民法中涉及大量的私法与公法交叉的问题。如环境权的公法与私法保护，公法上的请求权与私法上的请求权，人格权的公法渊源和私法渊源，法律行为中的国家强制与私法自治，物权法定原则中的强制与自由等。在中国处于国家与社会共同转型时期，妥善处理公法与私法的关系显得越来越重要了。公法与私法的划分直接对应的是政治国家与市民社会的两分模式。国家与社会最理想的状态不是此消彼长，而是同生共长、相互促进的关系，最终促进国家的善治。任何一方的力量过小都可能引发重大的社会问题。这既是理论的逻辑，也是人类历史展现的逻辑。在当今社会普遍存在公民政治冷漠、公共领域淡泊、公民与国家的距离越来越远的情况下，尤其应注意这一问题。在我国转型期间，不能走强调私法自治而忽视国家作用的极端，也不能因为强调国家的推动作用和主动性而忽视了市民社会的自由、想象力和创造力。虽然在我国，公法与私法的区分虽然已经成为法学界的常识，但是，公法与私法关系的真正澄清和厘定，还有许多技术问题。民法学界有学者讨论过德国法上的宪法对第三人的效力问题，很多学者也都注意到了"私法公法化"和"公法私法化"的倾向，但大多数议论以纵横捭阖、汪洋恣肆的宏观纵论居多，鞭辟入里、细致精微的微观问题分析较少。在一切部门法学中，民法学应是最擅长微观分析的学科。在公法与私法的两分已经达成共识的学术背景下，我们需要讨论更为细致的更能有效解决实践问题的公法与私法关系问题。

二、民法总论研究的长足进展

这一时期，我国在民法基础理论和民法总则方面的研究取得了长足的进展。有深度和有创见的著作众多。（1）有关民法总论的教材，如梁慧星的《民法总论》（法律出版社 1996 年版）、寇志新的《民法总论》（中国政法大学出版社 2000 年版）、孙宪忠等的《民法总论》（社科文献出版社 2004 年版）、韩松的《民法总论》（法律出版社 2006 年版）、刘凯湘的《民法总论》（北京大学出版社 2006 年版）、徐国栋的《民法总论》（高等教育出版社 2007 年版）、杨立新的《民法总论》（高等教育出版社 2007 年版）、傅静坤的《民法总论（第三版）》（中山大学 2007 年版）、李建华的《民法总论》（科学出版社 2007 年版）等。（2）有关民法总论的体系性著述，如龙卫球的《民法总论》（中国法制出版社 2001 年版）、李开国的《民法总则研究》（法律出版社 2003 年版）、李永军的《民法总论》（法律出版社 2006 年版）、徐国栋的《民法总则》、王利明的《民法总则研究》（中国人民大学出版社）。（3）有关民法总论的专著，如董安生的《民事法律行为》，（中国人民大学出版社 1994 年版）、徐国栋主编的《中国民法典起草思路论战》（中国政法大学出版社 2001 年版）、易继明的《私法精神与制度选择》（中国政法大学出版社 2002 年版）、刘士国的《中国民法典制定问题研究》（山东人民出版社 2003 年版）、谢怀栻的《大陆法国家民法典研究》（中国法制出版社 2005 年版）、申卫星的《期待权基本理论研究》（中国人民大学出版社 2006 年版）、于海涌的《绝对物权行为理论与物权法律制度研究》（北京大学出版社 2006 年版）、于飞的《公序良俗原则研究》（北京大学出版社 2006 年版）、徐国栋的《民法典与民法哲学》（中国人民大学出版社 2007 年版）、赵万一的《公序良俗问题的民法解读》（法律出版社 2007 年版）、谢怀栻的《民法总则讲要》（北京大学出版社 2007 年版）、宋炳庸的《法律行为基础理论与研究》（法律出版社 2008 年版）等。（4）翻译的有关民法总论的作品，主要有邵建东译的《德国民法总论》（梅迪库斯著，法律出版社 2000 年版）、谢怀栻等译的《德国民法通论》（拉伦茨著，法律出版社 2004 年版）、解亘译的《民法

讲义 I》（山本敬三著，北京大学出版社 2004 年版）、江溯、张立艳译的
《民法学总论》（大村敦志著，北京大学出版社 2004 年版）、于敏译的
《新订民法总则》（我妻荣著，中国法制出版社 2009 年）。

　　上述对民法学著述的简要列举，在一定程度上反映了这一时期民法总
论研究的繁荣局面，也在一定程度上反映了民法学者对于研究"总论式"
问题的学术偏好。在这一时期，出现了许多民法研究的热点问题和重点问
题，吸引了许多民法学者的学术注意力。深入的研究与广泛的讨论，涌现
出了一大批有关民法总论的热点问题和重点问题的成果。

　　（一）关于市民社会与民法的研究

　　随着社会主义市场经济的推行，民法学界无须再论证民法的正当性
了，但因为传统行政权力对市民社会与市场经济的过度管制的惯性依然存
在，加之 20 世纪 90 年代市民社会研究出现的高潮，民法学界依然有大量
文章论证市民社会与民法的关系。[①] 这些论著的宗旨大抵是结合市民社会
的基本理论与民法本身的特点，其目的主要有二：一是论证民法在法律体
系中的重要地位，二是论证私法自治、契约自由原则的正当性。[②]

　　今天看来，这些讨论最大的意义在于，它使学术界普遍承认市民社会
与民法的共生关系。至今，几乎所有的民法著作都公开承认和宣扬民法是
"私法"。民法的特性在这一时期因此真正得以展示，民法也才恢复了其超
越政治体质的中立地位。民法研究也才在很大程度上摆脱了意识形态的
限制。

　　（二）关于现代民法与近代民法的研究

　　20 世纪 90 年代，近代民法与现代民法的区分是民法学界讨论的热点，
也动辄作为民法论文的论证前提。引发这一讨论的是梁慧星的论文"从近
代民法到现代民法法学思潮"。梁慧星认为，近代民法是指经过十七八世
纪的发展，于 19 世纪欧洲各国编纂民法典而获得定型化的，一整套民法
概念、原则、制度、理论和思想的体系。民法的现代模式，其集中表现
为：具体的人格；财产所有权的限制；对私法自治或契约自由的限制；社

---

　　① 民法学界最初援引市民社会概念分析民法的学者是徐国栋，他认为民法的原意是指"市
民法"，甚至建议将民法改称市民法。参见徐国栋《市民社会与市民法》，载《法学研究》1994 年
第 4 期。

　　② 典型的论文如苏号朋《民法文化：一个初步的理论解析》，载《比较法研究》1997 年第 3
期。

会责任。①

事实上，谢怀栻在 20 世纪 80 年代的讲稿中，已经敏锐地注意到近代民法与现代民法的区分。如谢怀栻提出现代民法出现了社会化趋势，形成了与"个人法"不同的团体法；家庭法中的平等化、自由化变革；人格权越来越受重视；一物一权原则被打破；用益物权越来越失去其重要性，种类越来越少，而担保物权的种类越来越多；合同的种类越来越多；侵权行为法发展很快；债权的证券化程度越来越高。② 今天，当我们看到谢怀栻二十几年前的讲稿，大概都会为谢怀栻眼光之高远开阔，论述之鞭辟入里所折服，也惊讶于谢怀栻游刃于国外法的从容而高超的概括、提炼能力。以后的事实表明，中国民法的发展基本上也符合谢怀栻当年对国外法的总结。

应该说，近代与现代的对立，主要不是一种时间上的差序，甚至不是制度的根本性变化（也不存在这种根本性的变化和断裂）。现代民法也更多的体现为一种对民法基本精神质素的调适和修正，很难说存在实体意义上的"现代民法"。

从近代与现代这一对立的范畴出发，一些论文讨论了民法的现代性问题，这是对"现代"讨论的进一步深化。对中国而言，"现代"一词始终是有吸引力的一个大词。在"现代"向"现代性"的更迭过程中，"现代性"一词也受到民法学界的青睐。有论文专门讨论了中国民法的现代性问题，认为中国民法典要最大限度地解决民法的现代性问题，就必须要实现民法规范人事而服务人世的功用和价值，必须调整价值取向，关注民族精神，关注本土的人，在本土中发掘私法资源。③ 整体上看，这些论文实际上提出了中国民法的一个重大问题：作为一个后发国家，西方的民法生存的社会环境与中国的社会环境在很大程度上不同，如何调适中国民法的"现代性"与本土性？

（三）关于民法典的形式与价值的研究

"民法典较之刑法、诉讼法等，更足以代表一个民族的文化高度，而

---

① 参见梁慧星《从近代民法到现代民法法学思潮——20 世纪民法回顾》，载《从近代民法到现代民法》，中国法制出版社 2000 年版。

② 参见谢怀栻《外国民商法精要》，法律出版社 2002 年版，第 13—48 页。

③ 李建华、蔡立东、董彪：《论中国民法的现代性问题：民法典立法基调前瞻》，载《法制与社会发展》2002 年第 1 期。

且只有一个全中华民族的民法典才能表明中华民族已攀上了历史的高峰。"① 1949 年后，民法典始终是民法学人的一个情结，一个心病。梁慧星在 2001 年即认为，我国已经具备制定民法典的五个条件，如市场经济已经达到相当的规模；民事立法为民法典的制定提供了基础和经验；民事审判有了相当的发展；民法教学和理论研究有了相当的发展等。②

1998 年，全国人大法工委委托学者、专家成立民法起草工作小组，进行民法典起草工作。官方对民法典的推动促进了有关民法典的讨论，围绕民法典的争议成为民法学界经久不衰的热点。

关于制定民法典的思路。梁慧星概括了制定民法典的三种思路：（1）松散式或曰"联邦式"，即不制定民法典，而采取单行法汇编的方式。这等于实际上取消了民法典。（2）理想主义途径，即按照徐国栋倡议的取法于法国—拉美民法典的做法。（3）现实主义途径，即顺乎传统，取法于德国的模式。③

关于人法前置与物法前置。徐国栋在研究罗马法、近现代欧洲、拉丁美洲国家民法典编纂史后，认为《法学阶梯》的三编制突出了人法，故我国民法典应采用改进的二编制，即人身关系法和财产关系法。为了突出人在私法中的中心地位，借鉴俄罗斯联邦民法典和荷兰民法典的结构来设计分编；再借鉴伊比利亚—拉丁美洲诸民法典，设置序编，规范调整对象、基本原则、交易、权利保护等内容。④ 这种三编制的体系引发了两个问题，即所谓"物文主义"与"人文主义"之争和民法典篇章的逻辑与结构。他认为传统民法典物法前置的体例是"见物不见人"的，而人法前置则彰显了人文主义精神。围绕这种观点，学者间产生了激烈的争议。⑤ 该体系架构的突出特点是彰显人法价值，使其独立成编，而德国民法典的总则也随之改造为序编，这不同于学界习见的德国、日本、我国台湾地区的民法典

① 谢怀栻：《外国民商法精要》，法律出版社 2002 年版，第 13—48 页。
② 参见梁慧星《制定民法典的设想》，载《现代法学》2001 年第 2 期。
③ 参见梁慧星《当前关于民法典编纂的三条思路》，载《中外法学》2001 年第 1 期。
④ 徐国栋：《民法典草案的基本结构——以民法的调整对象理论为中心》，载《法学研究》2000 年第 1 期。
⑤ 参见徐国栋《两种民法典起草思路：新人文主义对物文主义》，载徐国栋（编）《中国民法典起草思路论战——世界民法典编纂史上的第四大论战》，中国政法大学出版社 2001 年版，第 137—183 页。

模式。"总则"还是"序编",成了我国民法典架构的首要问题。①

关于人格权是否独立成编。王利明强调,人格权不能为主体制度和侵权行为法所涵盖或替代,将其独立成编,既丰富与完善了民法典体系,又发展了人格权制度。② 有专家认为,人格权当然和民事主体的资格相联系,与生俱来,与人身不可分离,不过人格权的具体内容和民事主体的资格问题是两个问题,可以分别规定。③ 有学者反对人格权独立成编,其理由是,人格权与人格的存在本质联系;人格权的客体存在于主体自身,不是存在于人与人之间关系上的权利。人格权单独设篇,混淆了人格权与其他民事权利的区别,破坏了民法典内部的逻辑关系。④ 还有学者反对人格权独立成编的理由是,基于自然人的人格而产生的"人格关系"应属于法律关系,不可能由法律来调整;"一般人格权"与既存的各种具体人格权是互相不包容,互相不隶属的权利类型;人格权仅仅具有消极保障功能,并不具备民事权利的特性。⑤《中华人民共和国民法(草案)》将人格权作为单独的一编规定。

关于侵权行为法应否独立成编。传统民法典都将侵权法作为债法的一部分,但我国一些学者认为,鉴于20世纪以来,社会生活的复杂化和科学技术的高度发展,产生各种新的合同关系、新的危险和新的侵权行为,导致债法内容的极大膨胀,因此将债权分为三编,并以债权总则编统率合同编和侵权行为编。不当得利和无因管理制度仍规定在债权总则。⑥ 反对者认为,侵权行为之债再具有自己的特性,也改变不了其属于债的一种的共性,这决定了侵权行为法和债法不是并列关系,而是隶属关系,侵权行为法不应该独立于债法。主张侵权责任法相对独立的观点,基本上被我国立法机关采纳。

关于债法总则是否设立。认为侵权行为应独立成编的多数学者相应得

---

　　① 参见陈小君《我国民法典:序编还是总则》,载《法学研究》2004年第6期。

　　② 参见王利明《人格权制度在中国民法典中的地位》,载《法学研究》2003年第2期。

　　③ 参见王胜明《法治国家的必由之路——编纂〈中华人民共和国民法(草案)〉的几个问题》,载《政法论坛》2003年第1期。

　　④ 参见梁慧星《松散式、汇编式民法典不适合中国国情》,载《政法论坛》2003年第1期。

　　⑤ 参见尹田《论人格权独立成编的理论漏洞》,载《法学杂志》2007年第5期

　　⑥ 王利明:《论中国民法典的体系》,载《民商法研究》,法律出版社2001年版,第53—58页;麻昌华:《侵权行为法地位研究》,中国政法大学出版社2004年版。

出民法典不宜设置债法总则的结论。① 反对者认为，民法典中应当规定债法总则，由债法总则来统领合同法和侵权法，并将不当得利和无因管理规定在债法总则中，"如果取消债权概念和债权总则，必将彻底摧毁民法的逻辑性和体系性，就连权利名称也将成为问题……"② 还有学者在赞成侵权法独立的基础上，认为仍应设立债编通则，规定违反债的责任。③

"绿色民法典"概念的提出。在民法典的价值方面，我国学者最大的创新之一是提出了"绿色民法典"问题。徐国栋指出，民法的调整对象问题上就埋伏着绿色问题。"绿色民法典"是"生态主义的民法典"，它以悲观主义的人类未来论为基础，承认资源耗尽的必然性和一定的可避免性，并基于这种确信禁止和限制人类对资源的浪费性使用，从而维持人类的可持续生存。④ 在这种思路的指引下，他主持编纂的民法典学者草案也称为"绿色民法典"。

除此之外，民法学界对法典化本身也进行了诸多讨论。长期以来，民法学者对民法典寄予厚望。但近年来，对于法典化的局限，学者也作了多方面的讨论，⑤ 甚至还将国外反对法典化的思潮引入了国内。⑥

（四）关于民事权利的研究

大陆法系民法传统是以请求权为重点分析权利。请求权也是民法学界研究的重点，各种作品层出不穷，⑦ 但多集中在物权请求权的讨论上。就具体的权利类型而言，谢怀栻对传统民事权利体系做了精到的总结，尤其是对身份权的梳理，对民法学界影响很大。⑧

人格权是民法学界当前研究的一个热潮。民法学界参与研究讨论的学者，全面论述了人格权体系。⑨ 值得一提的是，一些研究从宪法与民法的

---

① 如覃有土、麻昌华《我国民法典中债法总则的存废》，载《法学》2003年第5期。
② 梁慧星：《为中国民法典而斗争》，法律出版社2002年版，第34页。
③ 魏振瀛：《论债与责任的整合与分离》，载《中国法学》1998年第1期。
④ 参见徐国栋《认真地透析〈绿色民法典草案〉中的"绿"》，《法商研究》2003年第6期。
⑤ 代表作品如易继明《民法法典化及其限制》，载《中外法学》2002年第4期。
⑥ 参见张礼洪、高富平编的《民法法典化、解法典化和反法典化》，中国政法大学出版社2008年版。
⑦ 如徐晓峰《请求权概念批判》，载《法学方法论》，清华大学出版社2004年版；段厚省：《民法请求权论》，人民法院出版社2006年版。
⑧ 参见谢怀栻《民事权利体系》，载《法学研究》1996年第2期。
⑨ 如王利明：《人格权法研究》，中国人民大学出版社2005年版、杨立新：《人格权法专论》，高等教育出版社2005年版、马俊驹：《人格和人格权理论讲稿》，法律出版社2009年版。

关系角度讨论人格权，提升了对这一问题讨论的深度。① 由此还引发了法人有无一般人格权、有无精神损害赔偿请求权等问题。

这一时期人格权常见的研究范式，是论证某种我国没有规定的人格权。如认为形象权是新兴的人格权，具有具体人格权的法律地位。②

（五）关于民事主体制度的研究

在这一时期，我国民法学界对民事主体制度的研究主要体现在如下方面：一是对自然人的基础理论研究，如研究权利能力、人格之间的关系、"不在"制度等。③ 二是对法人基础理论的研究。④ 三是研究传统民法着力较少的公法人。有学者提出，我国应当重新塑造行政主体理论，特别应当采用公法人概念，在民法典中以更加合理的方式规定公法人问题。此外，国家机关不应当具有法人和行政主体地位，国家才是法人和行政主体。⑤ 也有学者介绍了德国法上的公法人（即公法社团、公营造物和公法财团）制度，提出我国应当借鉴德国法，并承认一定范围的公法人具有破产能力并强化董事等申请破产的义务。⑥ 四是对事业单位的研究。有学者提出，事业单位法人化是一个历史误会，公立机构的组织和治理应当遵循公权力运作的机制而不是民法。⑦ 此外，学界也对非营利性组织、合作社等，也作了深入研究。

（六）关于法律行为的研究

法律行为是民法总则的核心部分，是德国法系最精巧与最辉煌的理论贡献，也是概念法学发展的极致。法律行为制度是私法自治原则的重要体现，也是民法的核心制度之一，历来是我国学者研究的重要内容。⑧

近年来，民法学对法律行为的关注主要是在这样一些方面：一是对民法通则中使用的"民事法律行为"这一概念的反思。这类研究多是批判民

① 参见龙卫球《论自然人人格权及其当代进路——兼论宪法秩序与民法实证主义》，载《清华法学》2002 年第 2 期；尹田：《论人格权的本质》，载《法学研究》2003 年第 3 期。

② 杨立新、林旭霞：《论形象权的独立地位及其基本内容》，载《吉林大学社会科学学报》2006 年第 2 期。

③ 如尹田《论宣告失踪与宣告死亡》，载《法学研究》2001 年第 6 期。

④ 如江平、龙卫球《法人本质及其基本构造研究》，载《中国法学》1998 年第 3 期；易继明：《论日耳曼财产法的团体主义特征》，载《比较法研究》2001 年第 3 期。

⑤ 参见葛云松《法人与行政主体理论的再探讨》，载《中国法学》2007 年第 3 期。

⑥ 参见周友军《德国民法上的公法人制度研究》，载《法学家》2007 年第 4 期。

⑦ 参见方流芳《从法律视角看中国事业单位改革》，载《比较法研究》2007 年第 3 期。

⑧ 代表作品如董安生《民事法律行为》，中国人民大学出版社 1994 年版。

法通则采用的概念体系。① 二是对法律行为的起源、语义的疏证。② 米健指出，"法律行为"一词的翻译有误，准确的翻译应为"法律交易"。③ 有学者认为，法律行为理论的产生，就其实质内涵而言，受到意志论的法学思想的影响；就其形式角度而言，受到欧洲近代法学对人类行为所具有的法律意义的理论分析的影响。④ 三是处分行为与负担行为的区分，对于这一方面的学术研究状况，我们将在民法物权综述中论及这部分内容。四是对意思表示的深入研究。意思表示是法律行为的核心要素。近年来的研究集中在意思表示的解释方面。⑤

三、民法物权研究的迸发进展

1995 年以前，民法物权一直是我国民法学研究的一个薄弱环节。直到 1994 年，我国才出版了第一本物权法教材。⑥ 此后，我国物权法研究逐渐进入了一个繁盛时期，至今物权法著作已数百种。（1）这一时期教材类的作品主要有：梁慧星和陈华彬的《物权法》（法律出版社 1997 年版，2007 年第 4 版），孙宪忠的《中国物权法总论》（法律出版社 2003 年版），《物权法原理》（法律出版社）等。（2）有关物权法的体系性著述主要有：温世扬的《物权法要论》（武汉大学出版社 1997 年版）、梁慧星主编的《中国物权法研究》（法律出版社 1998 年版）、王利明的《物权法论》（中国政法大学出版社 1998 年版）、陈华彬的《物权法原理》（国家行政学院出版社 1998 年版）、高富平的《中国物权法：制度设计和创新》（中国人民大学出版社 2005 年版）、高圣平的《担保法论》（法律出版社 2009 年版）等等。（3）有关物权法的专著主要有：陈华彬的《现代建筑物区分所有权制度研究》（法律出版社 1995 年版）、《物权法研究》［金桥文化出版（香港）有限公司 2001 年版］、《外国物权法》（法律出版社 2004 年版），孙

---

① 典型的详见，申卫星：《民事法律行为本质的重新思考》，载《吉林大学社会科学学报》1995 年第 6 期；宋炳庸：《法律行为概念应更名为设权行为》，载《中外法学》1999 年第 2 期。

② 如朱庆育《法律行为概念疏证》，载《中外法学》2008 年第 3 期。

③ 参见米健《法律交易论》，载《中国法学》2004 年第 2 期。

④ 参见薛军《法律行为理论在欧洲私法史上的产生及术语表达问题研究》，载《环球法律评论》2007 年第 1 期。

⑤ 如朱庆育《意思表示解释理论》，中国政法大学出版社 2004 年版。

⑥ 即钱明星的《物权法原理》，北京大学出版社 1994 年版。

宪忠的《德国当代物权法》（法律出版社 1997 年版）和《论物权法》，（法律出版社 2001 年版），王卫国的《中国土地权利研究》（中国政法大学出版社 1997 年版），尹田的《法国物权法》（法律出版社 1998 年版）和《物权法理论评析与思考》（中国人民大学出版社 2008 年版），王轶的《物权变动论》（中国人民大学出版 2001 年版），马新彦的《美国财产法与判例研究》（法律出版社 2001 年版），肖厚国的《物权变动研究》（法律出版社 2002 年版），田士永的《物权行为理论研究》（中国政法大学出版社 2002 年版），梅夏英的《财产权构造的基础分析》（人民法院出版社 2002 年版），程啸的《中国抵押权制度的理论与实践》（法律出版社 2002 年版），崔建远的《准物权研究》（法律出版社 2003 年版）、《土地上的权利群研究》（法律出版社 2004 年版）、《物权：生长与成型》（中国人民大学出版社 2004 年版）、《论争中的渔业权》（北京大学出版社 2006 年版），孙鹏的《物权公示论》（法律出版社 2002 年版），常鹏翱的《物权程序的建构与效应》（中国人民大学出版社 2005 年版），房绍坤的《用益物权基本问题研究》（北京大学出版社 2006 年版），刘保玉的《担保法疑难问题研究与立法完善》（法律出版社 2006 年版）等。（4）翻译作品涉及两大法系，如施天涛等译的《财产法》（劳森、拉登著，中国大百科全书出版社 1998 年版），渠涛译的《物权的变动与对抗》（铃木禄弥著，社科文献出版社 1999 年版），陆庆胜译的《物权法》（山田辉明著，法律出版社 2001 年版），吴越、李大雪译的《物权法》（沃尔夫著，法律出版社 2004 年版），张双根等译的《德国物权法》（鲍尔著，法律出版社 2004 年版），钟书峰译的《不动产》（伯恩哈特安与伯克哈特著，法律出版社 2005 年版）、《美国财产法精解》（斯普兰克林著，北京大学出版社 2009 年版），王茵译的《物权法》（近江幸治著，北京大学出版社 2006 年版）等。

（一）物权法草案在意识形态上的正当性问题①

全国人大常委会办公厅在 2005 年 7 月 10 日，向社会公布了物权法草案，以广泛征求社会各界的意见。有人认为，物权法草案违宪，背离了社会主义，是在开历史的倒车，故主张推迟物权法的立法进程。这一观点造成了广泛的影响，并成为物权立法工作必须认真面对的社会思潮。到 2005 年 11 月，社会上传来了 2006 年 3 月颁布物权法的计划将被中止的消息，

---

① 本节为陈甦所写。

不久这个消息就得到了证实，这就是所谓的"物权法计划流产事件"。此事件形成了新中国成立以来关于立法的最大争议，社会各界对物权法不能如期出台的反应非常强烈，从网络上的评论来看，可以说各种说法都有，有人忧心、有人愤懑、有人惋惜、有人观望、还有人感到庆幸。数年来一直深蕴于法学界的法律意识形态争议，就这样借物权法草案讨论之机爆发出来。①

　　事后归纳起来，持否认物权法草案具有意识形态上正当性的观点的，主要是民法学界以外的专家学者。他们的主要观点是②：其一，《宪法》第12条规定的"社会主义的公共财产神圣不可侵犯"是宪法最本质的社会主义特征之一，物权法草案另行提出了"对国家、集体和私人的物权平等保护"的基本原则，其用意使私有财产与社会主义的公共财产"平起平坐"，这与《宪法》的规定相抵触。其二，物权法草案背离了社会主义原则，规定由国务院或者地方人民政府代表国家行使所有权、履行出资人责任或者处分国有财产，实际上导致国有财产流失的行为合法化，进一步削弱了国有经济社会主义全民所有制经济，进一步削弱了公有制经济的主体地位。其三，《宪法》第8条规定："农村中的生产、供销、信用、消费等各种形式的合作经济，是社会主义劳动群众集体所有制经济。"而物权法草案废弃了该规定，农村劳动群众集体所有制经济组织的财产权得不到物权法的保护。其四，物权法草案应当规定对于侵犯国有财产和集体财产的责任追究不受时间限制，否则，就会使那些侵吞公共财产的犯罪分子在一定时间之后将非法占有的公共财产变为合法的私有财产。同时，物权法草案规定的善意取得不能适用于公共财产。

　　我国民法学界、法理学界和宪法学界的诸多学者召开多次会议进行讨论，对否认物权法具有意识形态上正当性的观点进行了反驳，主张物权法草案具有意识形态上的正当性。其一，认为物权法草案不仅没有违宪，而

---

　　①　孙宪忠：《争议与思考——物权立法笔记》，中国人民大学出版社2006年版。

　　②　参见巩献田《一部违背宪法和背离社会主义基本原则的〈物权法（草案）〉——为〈宪法〉第12条和86年〈民法通则〉第73条的废除写的公开信》，载 http://www.wyzxsx.com；巩献田等《关于〈物权法〉（草案）修改的建议稿》，载 http://bbs.jycg.com.cn；杨晓青《我对物权法（草案）的意见》，载 http://www.law.tsinghua.edu.cn；巩献田等《致全国人大常委会的公开信——关于第六次审议后的〈物权法（草案）〉仍在五个重大原则问题上违反宪法必须认真修改的意见》，载 http://economy.guoxue.com。

是遵照宪法制定的，体现了宪法特别是 2004 年宪法修正案的精神。有学者回顾了我国宪法修改的历程，得出宪法肯定了"非公有制经济"的平等法律地位，肯定了"非公有制经济"是社会主义市场经济的"重要组成部分"，是促进社会生产力发展的重要力量，而物权法的规定与宪法完全相符。① 有学者指出，认为物权法不对公共财产实施特殊保护就是违宪的观点，实际上是对物权法本身的误解，我国宪法和民法通则明确规定了公有财产神圣不可侵犯的原则，但宪法也规定了合法的个人财产受法律保护。党的十六大报告也明确指出，"必须毫不动摇地巩固和发展公有制经济"，"必须毫不动摇地鼓励、支持和引导非公有制经济发展"。宪法和十六大报告精神都明确表示，要促进多种经济形式的共同发展，这就表示多种所有财产权形式将并存发展，即既要保护公有财产也要保护私有财产，绝对不能割裂二者之间的密切联系而对宪法的规定断章取义。② 还有学者指出，并非下位法的法律条文措辞与宪法条文不一致就叫违宪，通过把物权法草案的条文和宪法条文进行直接比对，就会发现物权法草案并不违宪。③ 还有的学者指出，物权法之所以没有重述宪法的有关规定的原因，就在于物权法不是宪法。宪法有自己的职能，物权法也有自己独特的职能，它们之间不必也不能相互重述，更不能互相替代。④ 其二，认为应当正确理解物权法和所有制之间的关系，物权法不解决不同所有制之间谁优先谁劣后的问题，而是在公有制为主体的所有制环境中，对经济运行所形成的财产关系给予调整。所有制与所有权之间并不是等同的，所有制不平等，并不等于不同所有制下的物权也要不平等，因为各个所有制下取得物权的民法根据都是同样的。其实，我国法学界特别是民法学界对物权法应当平等保护国有、集体以及个人物权已经达成共识，认为无论权利的所有制形态如何，只要它们是合法取得的，不在法律上就应给予平等对待和平等保护。只有这样，才能准确反映我国基本经济制度，维护社会主义市场经济制

---

① 参见梁慧星《谁在曲解宪法、违反宪法？——正确理解宪法第十一条、揭穿个别法理学教授的谎言》，载 http：//www. civillaw. com. cn。

② 参见王利明《〈物权法（草案）〉符合我国国情、时代进程和人民需要》，载 http：//www. civillaw. com. cn。

③ 参见《民法权威力挺物权法草案，质疑直指巩献田公开信》，载 http：//news. xinhuanet. com；崔建远等：《物权法是推进改革开放之法》，载 http：//www. civillaw. com. cn。

④ 孙宪忠：《争议与思考——物权立法笔记》，中国人民大学出版社 2006 年版。

度，促进社会财富的增长和经济的繁荣，体现现代法治的基本精神，并为法官正确处理各种纠纷提供基本法律依据。① 认为物权法平等保护公民财产会导致保护非法财产，这其实是对法律功能的误解，因为法律所保护的只能是合法财产，非法财产永远不能得到法律的保护。其三，认为应当正确理解物权法与解决国有资产流失之间的关系。国有资产流失问题是非常复杂的现象，很多涉及体制的问题，不仅仅是法律就能够解决的，而物权法草案高度重视了这个问题，首先强调了对国有经济财产的保护，并对这个问题专门作出了规定。还有学者认为，考虑到社会需求和立法政策，在物权法中规定对国有资产保护是有必要的，但真正解决国有资产的保护问题，必须依靠《国有资产法》等专门的法律。② 其四，针对物权法草案规定善意占有制度为侵占公共财产的犯罪分子提供了方便的观点，大多数学者认为，这种观点是对民法上善意取得制度的概念与功能缺乏最为基本的理解。物权法中所说的"善意占有"，关键在于行为人的"善意"，而侵占公共财产的犯罪分子显然是出于"恶意"，对其侵占行为，根本就不能适用善意取得制度。如果法律不保护"善意占有"状态下的财产，大家都去争夺、侵害，社会上的财产秩序将不复存在。③

在经过多次集中讨论后，根据中国法学会民法学研究会公布的研究成果，我国民法学界整体上认为，尽管已经公布的物权法草案在具体内容上还有一些有待改进的地方，但物权法是一部维护我国社会主义基本经济制度、保障社会主义市场经济建设顺利进行、推动社会主义和谐社会构建的重要法律。物权法与民法通则的基本原则是一脉相承的，是我国建立和完善社会主义市场经济的必然结果。我国民法学界对物权法制定工作以及物

---

① 参见王利明《我国民法典重大疑难问题之研究》，法律出版社 2006 年版，第 245—250 页；孙宪忠编著《物权法》，社会科学文献出版社 2005 年版，第 183—187 页；梁慧星《"三分法"或者"一元论"——物权法指导思想之争》，载 http：//www. civillaw. com. cn；赵万一《冷静而理性地看待物权法中的争议》，载 http：//www. civillaw. com. cn；《民法权威力挺物权法草案，质疑直指巩献田公开信》，载 http：//news. xinhuanet. com；《法学专家解读物权法：财产平等是最重要的原则》，载 http：//news. xinhuanet. com。

② 参见魏振瀛《物权法应当怎样体现社会主义初级阶段的基本经济制度》，载 http：//www. civillaw. com. cn；《民法权威力挺物权法草案，质疑直指巩献田公开信》，载 http：//news. xinhuanet. com；《法学专家解读物权法：财产平等是最重要的原则》，载 http：//news. xinhuanet. com。

③ 孙宪忠：《争议与思考——物权立法笔记》，中国人民大学出版社 2006 年版。

权法草案的基本精神与内容，达成了广泛的肯定性的共识。①

在物权法草案审议中，常委会组成人员和列席人员一致认为，物权法草案坚持正确的政治方向，从我国国情出发，以宪法为依据，体现我国社会主义基本经济制度，遵循平等保护物权的原则，加大对国有资产的保护力度，反映党在现阶段的农村基本政策，维护了最广大人民的根本利益，重点解决了现实生活中迫切需要规范的问题。关于物权平等保护问题，全国人大常委会办公厅在 2006 年 12 月 29 日举行的新闻发布会上指出，宪法规定"国家实行社会主义市场经济"，物权法草案规定平等保护，是由市场经济的特点决定的。市场经济要求市场主体享有相同的权利、遵循相同的规则、承担相同的责任。如果市场主体不平等，我国的市场经济肯定就没法搞。实行平等保护，有助于完善我国平等竞争、优胜劣汰的市场环境；只有实行平等保护，才能坚持我国的基本经济制度。② 可以说，全国人大常委会的立法态度以及物权法的立法实践，已经为物权法草案在意识形态上的正当性，做出了明确肯定的回答。

（二）关于物权法基础理论的研究

虽然所有权已经是一个非常熟悉的法律术语和法学概念，但是中国民法学界仍是以其特有的风格，对所有权的取得依据，进行了哲学性的探讨。人取得财产权似乎也是理所当然的事，但是如果要深究"凭什么取得财产权"确实是很难的题目。在人取得财产的依据从神圣依据过渡到世俗依据的过程中，劳动取得说是最为重要的。有论文从洛克的劳动学说出发，阐发了所有权取得在哲学上的正当性。③ 还有论文指出，对财产权的根源的探索，人类经历了一个由外到内的过程，即在古代，至善的终极目标和上帝存在的理念决定了财产的归属、取得依据和最终分配。所有权的劳动学说则将财产建立在人自身自然实在性的基础之上，这样，人类取得财产就在自己身上找到了依据。论文以洛克的劳动学说阐发了财产的取得

① 参见杨立新《物权法与中国社会主义和谐社会建设理论研讨会闭幕词》，载 http：//www.civillaw.com.cn；姚辉等《2005 年民商法学研究的回顾与展望》，载中国法学会民法学研究会主办：《中国民法年刊2005》，法律出版社 2006 年版。

② 见《物权法草案已趋成熟》，载《人民日报》2006 年 12 月 31 日。

③ 易继明：《评财产权劳动学说》，载《法学研究》2000 年第 3 期。

依据以及劳动对人类历史进程的意义。①

　　关于物权法与生态的关系，是民法学的现代课题。民法无疑是基于近现代自由主义政制建立的，而自由主义并不关注生态问题，或者说，它对生态问题是有心无力的。民法是以自由和效率为价值追求的，其制度设计，如物权制度、契约自由和过错责任都是围绕这一目标建构的。物权法最集中地体现了人与物在法律中的二元对立。近代各国物权法只是一味关心物之经济效益的充分利用，这导致了对资源的掠夺性消费。有学者指出，极端的"人类中心主义"哲学，表现在准物权制度乃至物权法领域，就是所有权绝对，准物权的义务性弱化等。在侵权行为法等领域需要适当地承认某些动物享有特殊权益，作为对绝对的"人类中心主义"的修正，这才是比较现实的选择②。有学者提出了如下方案：将未来世代人视为民事主体，以解决代际公平的问题。对破坏生态环境的行为，不仅可予以行政处罚，还可以未来世代人的名义要求其停止侵权行为，承担恢复生态和环境的治理费用。另外，动物有成为法律主体的可能性，可以通过监护制度来弥补动物在行为能力上的欠缺。我国民法典应把物分为普通的物和动物，对于动物，应适用于关于保护动物（包括普通动物）的特别法。③

　　还有学者认为在物的概念层次上，将能够以货币衡量的生态价值归入物之中，不但可行，而且应该。在物权的行使层次上，可以规定物权人的环境保护义务。可以通过三种立法模式来实现物权法的环境保护理念：（1）采取最为抽象的原则性规定，在物权法的一般规定中加入宣言性的规范；（2）以法律的解释标准为切入点，如规定物权法的解释必须符合环境保护的需要；（3）物权法的解释应以维护物的经济价值和生态价值为标准进行等。④ 另有学者认为，各国物权法中的林权、探矿权、采矿权、取水权、渔业权、狩猎权等物权类型，都成为具有公法性质的特许物权。虽然我们提倡物权法的绿色化，但在法律制度的构造上，还是需要以尊重私权

　　① 参见肖厚国《我们凭什么取得物权？——洛克的劳动财产哲学解读》，载《民商法论丛》第 25 卷。

　　② 参见崔建远《自然哲学观与准物权乃至民法的命运》，载《法商研究》2003 年第 6 期。

　　③ 参见曹明德、徐以祥《中国民法典化与生态保护》，载《现代法学》2003 年第 4 期。张瑞萍的"从'代际公平'理论反思民事主体制度的价值"（《比较法研究》2003 年第 5 期）一文也提出了类似观点。

　　④ 参见高利红《物权法的环境保护功能：理念与模式》，载《法学》2003 年第 9 期。

为价值体系的逻辑起点。①

（三）关于物权总论的研究

在物权法出台之前，对我国应制定物权法还是财产法存在争议。有论文专门讨论物权的概念，认为如果制定财产权法，其内容上将不仅仅是规范传统大陆法系国家的物权法的内容，还将包括传统物权法之外的财产权的内容，必然会打乱民法的整个体系，对我国立法模式造成巨大的冲击。采纳物权概念的最大优点在于，从法律上使物权和债权这两种基本的财产权形态得以严格区分。② 关于物权体现的是何种社会关系，有对人关系说和对物关系说之争。有论文认为，两者事实并不对立，物权可以直接界定为"对物的直接支配权。"③

还有论文从物权法的历史角度，讨论了物权与知识产权、准物权的区分，认为自法国法采用对物权概念以后，经概念法学对物和财产的进一步区分，该概念已成为处理物权、知识产权和准物权之关系的联结点。如果我们历史地、体系地看待物权法和财产法，就可产生如下两个认识：第一，三种权利都具有绝对权、支配权的性质，但因其各自客体的特性而有差别。第二，对物权抽象了物权、知识产权和准物权的两个共同功能。在未来的民法典中，不妨借鉴荷兰新民法典的做法，就对物权的一般规则设立财产法总则。④

物权法定原则是物权法的一项基本原则，也是物权法作为强行法的重要表征。有观点认为，物权法定原则的形成可以归结于反封建等级、醇化财产权利、维护一国基本经济制度以及便于物权公示以维护交易安全、降低交易成本等。⑤ 有的则检讨了这一制度的局限性，认为物权法定原则使得法律失去了应有的灵活性，抑制了新型权利的出现，压抑了民间社会对权利的创新功能。就当前中国而言，采取物权法定原则一定会引发大量问题，使法律与现实脱节，而且会损害既有的多元化安排，妨害民间创新。⑥

---

① 参见徐涤宇《环境观念的变迁和物权制度的重构》，载《法学》2003 年第 9 期。

② 参见王利明《物权概念的再探讨》，载《浙江社会科学》2002 年第 2 期。

③ 参见尹田《论物权的定义与本质》，载《中外法学》2002 年第 3 期。

④ 参见徐涤宇《历史地、体系地认识物权法》，载《法学》2002 年第 4 期。

⑤ 参见尹田《论物权法定原则的解释及其依据》，载《河南政法管理干部学院学报》2002 年第 4 期。

⑥ 参见杨玉熹《论物权法定主义》，载《比较法研究》2002 年第 1 期。

还有的认为在物权法定模式下，当事人虽不能任意创设法律规定以外的物权，但在法定的物权类型中却有选择的自由。因此，在物权立法工作中，应尽可能设计符合社会生活需要的各种物权类型，以强化当事人在物权类型上的选择自由，在促进物的用益和担保等经济功能时，也实现其一定的社保和环保功能。① 但也有学者旗帜鲜明地坚持这一原则，认为目前我国物权立法的症结是物权法定的刚性不足，只有高举物权法定旗帜，物权法才能有所建树。物权法可以根据社会经济发展的客观要求，规定新的物权种类，满足人们选择物权类型的需要。②

1995 年以后，物权变动成为民法学界讨论的热点。目前较有影响的专著也很多。相关论文更可谓汗牛充栋、浩如烟海。在物权变动理论中，讨论最激烈的主题莫过于物权行为理论。对物权行为的独立性，民法学界至今依然存在截然对立的学说。物权行为实在论者认为物权行为在生活中，在交易中是现实存在的，不论立法者承认与否，都不能抹杀。该理论最坚定的倡导者孙宪忠认为："将一个尚不存在的物权创设出来，必须依据物权公示原则以及物权法定原则，而不能依据债权法中的契约自由原则，根本不能把创设物权的契约归纳为债法上的合同行为，用债法的合同规范予以调整，创设物权必须进行公示，而且物权的设立必须以公示为有效。……物权行为的存在既符合实际，又符合法理。"③ 物权行为虚构论者则认为，物权行为纯属学者之虚构，严重脱离社会生活现实，违背交易常情与人之常理："这一理论，捏造了独立于债权行为之外的物权行为，又进一步割裂原因与物权行为的联系，极尽抽象化之能事，符合德国思维方式对抽象化的偏好，严重歪曲了现实法律生活过程，对于法律适用有害无益。毫无疑问是不足取的。"④ "如果将移转标的物和价金所有权的合意从买卖合同中剥离出来，买卖合同也就不复存在。"⑤ 随着我国市场经济体制的完全确立和现实交易精确调整的必要性增强，我国立法现实以及大多数学者尤其是青年学者表现出接受该理论的趋势。《物权法》回避了物权行为制度，但对债权合同的生效和物权效力的发生采用了区分原则。物权行

---

① 参见徐涤宇《物权法定主义和物权立法》，载《法商研究》2002 年第 5 期。
② 参见洪海林、石民《物权法定主义研究》，载《现代法学》2003 年第 3 期。
③ 孙宪忠：《物权行为理论探源及其意义》，载《法学研究》1996 年第 3 期。
④ 梁慧星：《民法学说判例与立法研究》，中国政法大学出版社 1993 年版，第 122 页。
⑤ 王利明：《物权法论》，中国政法大学出版社 1998 年版，第 49 页。

为的无因性备受民法学界责难，反对物权行为独立性的观点更是对其痛加鞭挞。有学者运用德文一手资料，详细梳理了物权行为的无因性制度，并对相关的制度进行了深入研究，结合国内外批驳无因性理论的观点，为无因性做了富有成效的辩护。[1]

我国不动产登记制度的缺陷很早就为学者所关注。孙宪忠多年研究该制度，并呼吁建立完善的不动产登记制度。早在 1996 年，孙宪忠就发表论文分析动产物权登记的理论基础，探讨德国民法和法国民法的不动产物权登记制度这两种具有代表性制度的异同及其理论根基，以及我国未来立法应当的取舍。[2] 他还率先提出了我国不动产登记的"五个统一"原则，即统一登记的法律依据、统一登记机关、统一登记效力、统一登记程序、在统一不动产登记簿的基础上统一权属证书。[3] 另外也有学者详细讨论不动产登记制度中的各种制度（如异议登记、预告登记、非基于法律行为取得的不动产所有权的登记等）。这些有关物权登记的研究成果，为 2007 年的《物权法》所采纳。

物权请求权作为一项独立的、与债权请求权并列的权利，是物权特有的内容。民法学界以往的讨论重点是物权请求权的性质、诉讼时效等。[4] 随着侵权责任法立法工作的开展，民法学界目前讨论的热点，是物权请求权与侵权行为请求权的关系。多数学者主张，应当将绝对权请求权和侵权责任方式区分开。[5]

（四）关于物权法分论的研究

在所有权制度中，国家所有权和集体所有权始终是物权法领域的一个难题。多数观点认为，不应以所有制来对所有权进行区别，主张重新确定公共所有权，承认法人所有权。[6] 但另有论文从国家所有权的特性角度，认为对国家所有权的立法应通过统一法律相互联系和配合，按照私法公法化和公法私法化的总体立法思路，并用物权法概括式立法和国

---

① 参见田士永《物权行为理论研究》，中国政法大学出版社 2002 年版。

② 参见孙宪忠《论不动产物权登记》，载《中国法学》1996 年第 5 期。

③ 参见孙宪忠《中国物权法总论》，法律出版社 2003 年版。

④ 相关总结，参见侯利宏《论物上请求权》，载《民商法论丛》第 6 卷，法律出版社 1997 年版；尹田《论物权请求权的制度价值》，《法律科学》2001 年第 4 期。

⑤ 参见王利明《侵权行为法研究》上卷，中国人民大学出版社 2004 年版；崔建远《绝对权请求权抑或侵权责任方式》，载《法学》2002 年第 11 期。

⑥ 参见孙宪忠《我国物权法中所有权体系的应然结构》，载《法商研究》2002 年第 5 期。

有资产管理法列举式立法技术，设置国家所有权制度。① 在《物权法》的制定过程中，学界曾出现过《物权法》到底姓资还是姓社、有没有违宪、会不会鼓励和纵容国有资产的流失、会不会使非法财产合法化的争论，其争论的核心之一就是国家所有权问题。②《物权法》最终延续了民法通则的做法。

20 世纪 90 年代以来，建筑物区分所有权成为物权法研究的热点。从这种所有权到物业管理（服务）、业主自治，学界都有很多研究。《物权法》规定了这一制度，但语焉不详，由此引发了热烈的讨论。2009 年，最高法院通过了有关建筑物区分所有权和物业服务的司法解释，吸纳了这些讨论的合理意见。

善意取得也是这一时期讨论的热点问题。学者的讨论主要集中在善意取得的构成要件如"善意"的确认、善意取得与物权行为无因性和无权处分的关系等方面。但在对传统民法善意取得与不动产登记公信力的关系研究尚不够深入的情况下，《物权法》第 107 条作了重大革新，规定不动产也可以适用善意取得制度。

用益物权是最能体现物权法为解决现代资源紧张与需求紧张矛盾的制度，它体现的是"物尽其用"的物权法价值追求。对用益物权，学界研究较多。但在土地公有制的大背景下，如果充分发挥用益物权制度的作用，的确是一个值得深入思考的大问题。用益物权的代表性观点是，应从我国市场经济体制的发展需要、物的利用秩序的公平和稳定、人类生存和发展的需要以及我国物权法的自物权与他物权的权利结构等方面研究我国用益物权制度存在的依据；应当建构含地上权、农地承包权、典权、居住权和地役权等的用益物权体系。③ 但对用益物权的种类，学界争议则相当大，如是否设定居住区等。典型的研究选题模式或论证范式之一，是认为应否增设某种用益物权。如有论文认为应改造传统的用益权以适应新的需要，其思路是首先认为用益权在现代发生了很多变化：第一，可以有明确的期限；第二，标的物范围扩大；第三，可转让性增强；第四，功能发生了变化。我国民法可以借用用益权的这个"壳"来建构企业用益权、自然资源

---

① 参见周林彬、王烨《论我国国家所有权的立法及其模式选择》，载《政法论坛》2002 年第 3 期。

② 参见巩献田《一部违背宪法的〈物权法（草案）〉》，［EB/OL］. http：//www. Chinaelections. com.

③ 参见钱明星《我国用益物权制度存在的依据》，载《浙江社会科学》2002 年第 2 期。

用益权和空间用益权。①《物权法》很大程度上吸收了学者的研究成果，且第 117 条规定动产上可设用益物权，肯定了部分学者的观点。

担保物权是我国研究较为成熟的一个领域，相关著述琳琅满目。1990 年代以来，学者讨论主要集中在我国没有规定的担保物权制度上，如涤除权、所有人抵押、物保与人保的竞合、抵押权的期限、法定抵押权（通常结合《合同法》第 286 条讨论）、权利质押、担保物权的竞合等。典型的研究之一是对顺位制度的讨论。有论文详细地讨论了顺位的意义、顺位的原则、顺位的形态和顺位的变动。② 限于篇幅，这里不再展开。《物权法》集中体现了我国学界有关担保物权研究成果，如担保物权实现条件的改革（第 170 条）、担保的独立性（第 172 条）、物保与人保的竞合（第 176 条）、新种类的权利质押（第 223 条）等。

占有是物权法中最为复杂和核心的内容之一，但我国的研究整体上还相当薄弱。近年来有学者深化了对这一问题的研究。有的学者从物权请求权的角度，讨论了占有中最复杂的所有人—占有人关系规则。③ 萨维尼的名著《论占有》（朱虎、刘智慧译，法律出版社 2007 年版）被翻译为中文。刘智慧出版了《占有制度原理》（中国人民大学出版社 2007 年版）、周梅出版了《间接占有中的返还请求权》（法律出版社 2007 年版）。物权法对占有的规定相当简单，可以预见，未来会出现占有制度研究的高潮。

四、民法债权研究的全新进展

（一）关于合同法的研究

合同法是我国民法学界研究时间较长、研究最多的一个领域。1992 年尤其是 1999 年合同法通过以来，我国合同法研究进入了一个新阶段。各类教材、体系书和专著琳琅满目。（1）教材类作品如崔建远的《合同法》（法律出版社 2004 年版）、朱广新的《合同法总则》（中国人民大学出版社 2008 年版）等。（2）有关合同法的体系性著述如沈达明的《英美合同

---

① 参见屈茂辉《用益权的源流以及在我国民法上的借鉴意义》，载《法律科学》2002 年第 3 期。

② 参见常鹏翱《论顺位》，载《民商法论丛》第 25 卷。

③ 王洪亮：《论所有人与占有人关系——所有物返还请求权及其从请求权》，《中德私法研究》2006 年第 1 卷，北京大学出版社 2006 年版。

法引论》（对外经贸大学出版社 1993 年版），尹田的《法国现代合同法》（法律出版社 1995 年版），崔建远的《合同法总论（上卷）》（中国人民大学出版社 2008 年版），王利明、崔建远合著的《合同法新论·总则》（中国政法大学出版社 1997 年版），郭明瑞、王轶的《合同法新论·分则》（中国政法大学出版社 1997 年版），谢怀栻等的《合同法原理》（法律出版社 2000 年版），王利明的《合同法研究》（中国人民大学出版社 2003 年版），李永军的《合同法》（法律出版社 2004 年版），韩世远的《合同法总论》（法律出版社 2004 年版）等。（3）有关合同法的研究专著，如王利明的《违约责任论》（修订版）（中国政法大学出版社 2003 年版），韩世远的《违约损害赔偿研究》（法律出版社 1999 年版）、《履行障碍法的体系》（法律出版社 2006 年版），傅静坤的《二十世纪契约法》（法律出版社 1997 年版），王军的《美国合同法》（对外经济贸易大学出版社 2004 年版），葛云松的《期前违约规则研究》（中国政法大学出版社 2003 年版），徐涤宇的《原因理论研究》（中国政法大学出版社 2005 年版），杜景林和卢谌的《德国新给付障碍法研究》（对外经济贸易大学出版社 2006 年版），李先波的《英美合同解除制度研究》（北京大学出版社 2008 年版），李响的《美国合同法要义》（中国政法大学出版社 2008 年版）等。（4）合同法的译著也相当多，如王卫国、徐国栋等译的《科宾论合同》（中国大百科全书出版社 1997 年版），张文镇等译的《英国合同法与案例》（盖斯特著，中国大百科全书出版社 1998 年版），王书江等译的《债法在近代民法中的优越地位》（我妻荣著，中国大百科全书出版社 1999 年版），周忠海等译《欧洲合同法》（海因·克茨著，法律出版社 2001 年版），葛云松、丁春艳译的《美国合同法》（范斯沃思著，中国政法大学出版社 2004 年版），张家勇翻译的《现代合同理论的哲学起源》（戈德雷著，法律出版社 2006 年版），陈彦明等译的《美国合同法精解》（费里尔著，北京大学出版社 2009 年版），高圣平等译的《美国〈统一商法典〉及其正式评述》（中国人民大学出版社 2005 年版）等。

20 世纪的合同法的重大变化之一是契约自由受到了诸多限制，以至于美国法学家吉尔默惊呼契约"死亡"。民法学界翻译了相关国外作品。[①] 另

---

① 如格兰特·吉尔莫著，曹士兵等译《契约的死亡》；内田贵著，胡宝海译《契约的再生》，《民商法论丛》第 3 卷，法律出版社 1995 年版。

外还有大量的作品研究 20 世纪合同法的变迁，即合同义务的扩张。① 民法学界对合同法上的"义务群"达成了普遍共识，这一研究的成果体现为合同法的第 42 条（前合同义务）、第 60 条（附随义务）和第 92 条（后合同义务）。

1999 年以前，我国对合同效力的研究主要集中在因欺诈、胁迫成立的合同的效力。很多学者认为，这类合同的效力通常应为可撤销合同，《合同法》第 52 条、第 54 条采纳了这一结论。1999 年前后，民法学界对合同效力的讨论主要集中在无权处分。无权处分被认为是法学上的幽灵，滋生了诸多困扰与纷争。《合同法》第 51 条关于无权处分的规定出台以后，学界对无权成分行为中"效力待定"的行为到底是债权合同还是物权合同产生了重大争议。一种坚持债权合同效力未定说。② 另一种观点则坚持物权变动不生效力说。毫无疑问，这一争议与是否承认物权行为的独立性有关。不承认物权行为独立性的学者坚持第一种观点，反之则坚持第二种观点。

1999 年后，民法学界对应缩小无效合同的范围达成了共识。代表性的观点认为，法律行为无效制度以维护社会利益为其出发点，禁止或制裁对私法自治原则滥用的行为，修复滥用私法自治的行为对社会造成的损害。减少国家对私法领域的干预，赋予当事人更多的行为自由，缩小无效法律行为的范围，也许应当成为一种指导思想。③ 对无效合同，民法学界集中讨论的是合同法第 52 条第（5）项的规定。该条虽然将"违法"限制为"违反法律、行政法规的强制性规定"，纠正了以往"违法＝无效"的简单思路，但范围依然过宽。很多论文从不同方面讨论了解决之道。有论文指出，违法公法的合同无效的归责指导思想是：公法目的必须实现、私法必须服从公法的利益。违反强行法在私法上的效力涉及两种价值之间的平衡，即尽可能地实现强制性规定的目的，以及兼顾当事人之间的公平、信义以及交易安全。④ 大量的论文还借鉴传统民法上"效力规范"与"取缔

---

① 傅静坤：《二十世纪契约法》，法律出版社 1997 年版。

② 王利明：《论无权处分》，载《中国法学》2001 年第 3 期。梁慧星：《物权变动与无权处分》，《为中国民法典而斗争》，法律出版社 2002 年版，第 253、254 页。

③ 参见张广兴《法律行为之无效——从民法通则到民法典草案》，载《法学论坛》2003 年第 6 期。

④ 参见解亘《论违反强制性规定契约之效力》，载《中外法学》2003 年第 1 期。

规范"的区分，创造出各种名称的规范类型区分，以限制该条规范的适用范围。还有论文进一步认为，违法中的法律应仅限于公法，应区分违反公法导致的无效与违反私法的"不生效"（国家并不制裁这类行为，只是在当事人发生纠纷时作为裁判规范）。① 合同法司法解释（二）第14条吸收了学者的研究成果，对违反管理性法律的合同不做无效处理。

在合同履行方面，民法学界近年关注的主要问题包括：（1）预期违约与不安抗辩权。我国合同法第94条、第108条引入了英美法上的预期违约制度，第68条、第69条又规定了不安抗辩权制度。两者的功能类似，在适用中两者应如何区分，是民法学界关注的一个焦点问题。有学者讨论了两者在适用上的区分，检讨了预期违约与不安抗辩权的关系，认为合同法只规定了预期拒绝履行为预期违约，并没有确认也没有必要确认预期不能履行为预期违约，后者相当于大陆法中的难为对待给付，则分别由不安抗辩权、顺序履行抗辩权和同时履行抗辩权予以调整。预期违约发生后，债权人可以选择承认预期违约，也可以选择不承认。但是这种选择权应当受到限制。② （2）涉他合同（为第三人利益合同），即订约当事人并非为了自己设定权利，而是为第三人的利益所订立的合同，合同将对第三人发生效力。争论的重点主要集中在合同法第64条是否赋予了第三人以独立的请求权。③ 也有博士论文专门讨论了这一问题的理论脉络和立法例。④

1999年以后，民法学界对合同解除的讨论集中在合同法第96条（合同解除的方式）上，即守约方没有通知违约方而直接起诉时，应如何认定。另外涉及合同解除与损害赔偿的关系，尤其合同解除与违约金条款的关系。在违约责任方面，民法学界研究的重点是：（1）可预见规则。这一规则与合同法中的诸多理念都有冲突：如全面赔偿、严格责任原则，有论文从全面赔偿原则、立法比较、违约归责原则、因果关系和理论构成等方面论述了这一规则。⑤ 可预见规则更有利于对债权人利益的保护。⑥ （2）违约行为是否可以适用精神损害赔偿。主流的观点认为，在一定情形下必

---

① 参见谢鸿飞《论法律行为生效的"适法规范"》，载《中国社会科学》2007年第6期。
② 参见蓝承烈《预期违约与不安抗辩权的再思考》，载《中国法学》2002年第3期。
③ 参见尹田《论涉他合同》，载《法学研究》2001年第1期。
④ 参见张家勇《为第三人利益的合同的制度构造》，法律出版社2007年版。
⑤ 参见蓝承烈、阎仁河《论违约损害赔偿的合理预见规则》，载《民商法论丛》第24卷。
⑥ 蓝承烈、阎仁河：《合理预见原则比较研究》，载《学习与探索》2000年第4期。

须给予因违约遭受非财产损害的当事人以赔偿，并提出了违约非财产损失的类型化。① （3）违约金的适用。有论文认为，原则上宜将对于迟延履行及不完全履行所约定的违约金，视为相应的赔偿额的预定。②

民法学界对合同法分则的深入研究不多。这方面的专著主要有郭明瑞、王轶的《合同法新论·分则》（中国政法大学出版社 1997 年版），刘家安的《买卖的法律结构》（中国政法大学出版社 2003 年版），易军、宁红丽的《合同法分则制度研究》（人民法院出版社 2003 年版），方新军的《现代社会中的新合同研究》（中国人民大学出版社 2005 年版）等。学术界对新型合同的研究较多。典型的研究如有论文对旅游合同作了全面的研究，研究了双方当事人的权利义务、旅游给付中的第三人、旅游合同的变更和解除、旅游合同的违约行为和精神损害赔偿请求权、旅游时间浪费请求权、旅游合同与格式合同。③ 这些对生活中大量出现的、而合同法又未规定的合同所进行的研究是很有价值的，可以为制定民法典提供有价值的材料。

（二）关于侵权法的研究

相对合同而言，侵权法是我国研究较为薄弱的一个环节。但 1995 年以后，尤其是因起草《侵权责任法》的推动，侵权法研究也取得了骄人的成绩，出现了一大批侵权法的优秀研究成果。（1）有关侵权法的教材，主要有王利明等的《民法·侵权行为法》（中国人民大学出版社 1993 年版），王利明、杨立新的《侵权行为法》（法律出版社 1996 年版），张新宝的《中国侵权行为法》（第二版）（中国社会科学出版社 1998 年版），杨立新的《侵权行为法》（复旦大学出版社 2005 年版）。（2）有关侵权法的体系性著述主要有杨立新的《侵权行为法论》（吉林人民出版社 1998 年版），王利明的《侵权行为法研究》（中国人民大学出版社 2004 年版），尹志强的《侵权行为法论》（中国政法大学出版社 2008 年版），程啸的《侵权行为法总论》（中国人民大学出版社 2008 年版）等。（3）有关侵权法的专著主要有张新宝的《隐私权的法律保护》（中国社会科学出版社 1995 年版），《名誉权的法律保护》（中国政法大学出版社 1997 年版），《侵权责

---

① 参见程啸《违约与非财产损害赔偿》，载《民商法论丛》第 25 卷。

② 参见韩世远《履行迟延的理论问题》，载《清华大学学报（哲学社会科学版）》2002 年第 4 期。

③ 参见宁红丽《旅游合同研究》，载《民商法论丛》第 22 卷。

任法原理》（中国人民大学出版社 2005 年版），李薇的《日本机动车事故损害赔偿法律制度研究》（法律出版社 1997 年版），于敏的《日本侵权行为法》（法律出版社 1998 年版）、《机动车损害赔偿责任与过失相抵》（法律出版社 2004 年版），龚赛红的《医疗损害赔偿立法研究》（法律出版社 2001 年版），王利明的《侵权行为法归责原则研究》（修订二版）（中国政法大学出版社 2004 年版）、《侵权行为法专论》（高等教育出版社 2005 年版）、《侵权损害赔偿》（法律出版社 2008 年版），王军的《侵权法上严格责任的原理和实践》（法律出版社 2006 年版），徐爱国的《英美侵权行为法》（北京大学出版社 2004 年版），麻昌华的《侵权行为法地位研究》（中国政法大学出版社 2004 年版），张民安的《过错侵权责任制度研究》（中国政法大学出版社 2002 年版）、《大学的侵权责任》（中山大学出版社 2007 年版），蒋云蔚的《走下神坛——专家民事责任基本问题研究》（法律出版社 2008 年版），曹艳芳的《雇主替代责任研究》（法律出版社 2008 年版），李昊的《纯经济上损失赔偿制度研究》（北京大学出版社 2004 年版），《交易安全义务论》（北京大学出版社 2008—2009 年版），周友军的《交往安全义务理论研究》（中国人民大学出版社 2008 年版），刘信平的《侵权法因果关系理论之研究》（法律出版社 2008 年版）等。（4）有关侵权法的译著主要有张小义、钟洪明翻译的《欧洲法中的纯粹经济损失》（布萨尼、帕尔默编，法律出版社 2005 年版），张新宝、焦美华译的《欧洲比较侵权行为法》（冯·巴尔著，法律出版社 2004 年版），齐晓琨翻译的《侵权行为法》（福克斯著，法律出版社 2006 年版）等。

20 世纪的民法学界就一直有侵权法的"危机"、"没落"之说，其起因在于，现代侵权法，尤其其中的无过错责任和各种责任分担机制（社会保障、保险和补偿），很大程度上动摇了传统侵权法的根基。有论文反思了这一问题，认为传统的侵权行为法要避免衰亡，就得寻找出自己正义性的道德基础，这是 21 世纪侵权行为法的首要使命。应将侵权行为法现有的归责体系，整合成一个全新的过错责任原则体系，以消除侵权行为法内部的不和谐。此外，该论文还结合本世纪的经济、社会和科技状况，指出 21 世纪侵权行为法的扩张表现为：对人权的私法救济；环境侵权；特别巨大的危险活动；科学技术的发展；侵权行为法的国际功能。①

---

① 参见麻昌华《21 世纪侵权行为法的革命》，载《法商研究》2002 年第 6 期。

　　侵权法的一般条款是指在成文法中居于核心地位的，成为一切侵权请求权之基础的法律规范。① 如何确定侵权法的一般条款是相当重要的理论与实践问题，因而近年来民法学界对此讨论较多。一般认为，"一般条款＋类型化"已成为当代侵权法发展的一种趋势。但欧陆各国侵权法的一般条款有不同模式，究竟应采取何种模式，民法学者之间争议较大。有学者认为，应采取"全面的一般条款＋全面列举"的模式。② 有学者则认为应采取有限的一般条款。这实际上涉及侵权法中对利益的保护及其限度问题，一般条款模式有助于赋予法官以自由裁量权，在个案中决定对利益的保护。

　　纯粹经济损失是近年来的一个侵权法研究热门问题，它涉及侵权法所保护的权益范围问题。有论文讨论了纯粹经济上损失的主要类型：有专业人士对委托人承担的过失侵权责任，行为人因过失陈述对第三人承担的侵权责任，因建筑物或产品瑕疵导致的纯经济损失赔偿责任，因侵犯他人的相关经济损失而承担的过失侵权责任。③ 学者一致的意见是，纯粹经济上的损失不可能都受保护，也不能一概不保护，而应采取严格限制的立法与司法策略。但应如何限制，则有不同观点。有学者认为，在立法上应以违反善良风俗之要件限制；司法认定因果关系应采取"近因原则"，受害人只能请求对方赔偿直接损失。④

　　违法性与过错的关系，是侵权行为构成要件中最为复杂的问题之一。学术界对违法性要件是否应当独立一直存在争议。多数主张违法性要件独立，我国未来的侵权法应当明定违法性要件，理由在于：违法性的含义与功能不同于过错；正当化事由的理论依据只能是违法性；承认违法性有助于设计仅以违法性而不以过错为要件的规则；对侵害绝对权益之外的其他权益的违法行为做出类型化规定；回应并推动相关司法实践。⑤ 也有学者

　　① 参见张新宝《侵权责任法的一般条款》，载《法学研究》2001 年第 4 期。

　　② 参见张新宝《侵权法立法模式：全面的一般条款＋全面列举》，载《法学家》2003 年第 4 期。

　　③ 参见张民安《因侵犯他人纯经济损失而承担的过失侵权责任》，载《民商法论丛》第 25 卷。

　　④ 朱广新：《论纯粹经济上损失的规范模式》，载《当代法学》2006 年第 5 期。王利明也着眼于通过因果关系限制，参见其《侵权行为法研究（上）》，法律出版社 2004 年版，第 381—384 页。

　　⑤ 参见张金海《论违法性要件的独立》，载《清华法学》2007 年第 4 期。

指出，与评价行为人的主观心态的过失不同，违法性涉及的是客观层面上是否有法律所保护的利益受到侵害。此外，该要件还具有划定行为自由空间、保障正当利益以及型塑权利的功能。① 目前，学术界普遍接受了相当因果关系说和责任构成和责任范围的因果关系的两分。对因果关系与过错的关系也有了深入研究。

安全保障义务理论是近年来我国侵权法研究引入的新理论。② 有学者提出，安全保障义务应当被改造，用于构建不作为侵权的一般条款，并纳入我国过错侵权的一般条款之中。③ 2003 年最高法院有关人身损害赔偿的司法解释（法释［2003］20 号）第 6 条确认了安保义务，目前民法学界已经有了一些深入的研究。

关于侵权损害赔偿的研究热点和重要问题主要有：（1）惩罚性赔偿制度。该制度与完全赔偿原则相悖，因此为大陆法系所排斥。有学者建议引入英美法上的这一制度。④ 还有学者从侵权法的社会功能角度予以反驳，认为惩罚功能在侵权法中已消失，因此我国不应当引入惩罚性赔偿制度。⑤（2）"同命不同价"问题。我国对死亡赔偿采取的是完全客观—抽象标准，对死亡赔偿研究也较少。但围绕《人身损害赔偿司法解释》第 26 条、第 29 条规定的所谓"同命不同价"，社会各界展开了激烈的讨论。有学者指出，侵害生命权的法律后果并不是对生命本身进行所谓的"命价赔偿"，当前中国的立法和司法实践采用的是一种"改良"了的继承主义，此种原则在实践中被误读为"城乡二元歧视"的体现。⑥ 但学术界对这一问题的深入探讨尚不多见。（3）精神损害赔偿。精神损害是我国近年来研究的一个热门话题。学者通过扩张解释《产品责任法》和《消费者保护法》，扩大了精神损害赔偿的适用范围。学者有关精神损害赔偿的理论为最高法院有关精神损害的司法解释（法释［2001］7 号）所吸收。但对"死亡赔偿金"、"残疾赔偿金"的性质，司法解释的态度变化相当快，学术界的讨论

---

① 参见叶金强《侵权构成中违法性要件的定位》，载《法律科学》2007 年第 1 期。
② 参见张新宝、唐青林《经营者对服务场所的安全保障义务》，载《法学研究》2003 年第 3 期
③ 参见周友军《论我国过错侵权的一般条款》，载《法学》2007 年第 1 期。
④ 参见王利明《美国惩罚性赔偿制度研究》，载《侵权法评论》2003 年第 2 辑。
⑤ 参见尹志强《侵权行为法的社会功能》，载《政法论坛》2007 年第 5 期。
⑥ 参见姚辉、邱鹏《论侵害生命权之损害赔偿》，载《中国人民学报》2006 年第 4 期。

尚不充分。有学者讨论了英美法上的"精神打击"（shock）损害，提出我国应建立"精神打击"损害赔偿制度并进一步完善我国的精神损害赔偿制度。①

近年来，我国民法学界对特殊侵权行为的讨论，主要集中在以下几个方面：（1）雇主责任。以前学术界讨论较多的是其归责原则，近年来关注较多的是雇主责任中的特殊问题，如劳务派遣等。②（2）机动车交通事故责任。围绕《道路交通安全法》第76条以及我国的交强险制度，学者展开了较多讨论。还有学者讨论了实务中很重要的责任主体问题。③（3）专家责任，尤其是专家第三人责任，成为我国侵权法研究的重点，并呈现深入和细化的趋势。（4）医疗事故责任。（5）网络侵权责任。

五、回归民法后的婚姻家庭法学研究

1992—2009 年的 18 年间，是我国婚姻家庭法制建设与法学研究不断完善、全面深入的繁荣时期。中国法学会婚姻法学研究会自 1990 年提出修改婚姻法立法建议以来，④ 1992 年承担中国法学会重点课题"关于完善婚姻家庭立法的研究"，并于 1995 年出版课题成果《走向 21 世纪的中国婚姻家庭》。⑤ 该书由学会理事共同撰写，以专题研究形式对修改婚姻法的必要性和可行性、修法的体系结构、具体制度设计等进行了系统论证，为立法机关着手修法提供理论支持。1994 年，全国人大内务司法委员会召开修改婚姻法论证会，与会有关部门人员和专家学者一致认为，修改婚姻法不仅必要而且可行。⑥ 1995 年 10 月，八届全国人大常委会第十六次会议通过修改《中华人民共和国婚姻法》的决定，将其列入"九五"立法规划。

1996 年 11 月，修改婚姻法领导小组和办公室成立。修法领导小组聘

---

① 参见张新宝、高燕竹《英美法上"精神打击"损害赔偿制度及其借鉴》，载《法商研究》2007 年第 5 期。

② 参见张玲、朱冬《论劳务派遣中的雇主责任》，载《法学家》2007 年第 4 期。

③ 参见程啸《机动车损害赔偿责任主体研究》，载《法学研究》2006 年第 4 期。

④ 参见巫昌祯、王德意、杨大文主编《当代中国婚姻家庭问题》，人民出版社 1990 年版。

⑤ 巫昌祯、杨大文主编：《走向 21 世纪的中国婚姻家庭》，吉林人民出版社 1995 年版。

⑥ 王枚：《婚姻法要适应新形势——访中国法学会婚姻法学研究会会长巫昌祯》，资料来源：http://www.chinalawedu.com/news/21604.htm 2005-2-6。

请婚姻法学研究会六位专家组成试拟稿起草小组。① 1996 年 11 月至 1997 年 6 月完成《婚姻家庭法》草案试拟稿第一、二稿；1997 年 6 月至 9 月，征求各地对试拟稿意见，并组织有关部门和专家学者进行论证；1999 年 9 月至 12 月完成《婚姻家庭法》草案试拟稿第三、四稿。② 之后，全国人大常委会法制工作委员会开始婚姻法修订（草案）起草工作。经多次征求意见，反复讨论、修改，2001 年 4 月 28 日，第九届人大常委会第 21 次会议通过《中华人民共和国婚姻法（修正案）》，并从当日起在全国施行。

与以往修法不同，此次婚姻法修改不只吸纳法学专家学者参与，也是一次全民参与立法的过程。2001 年 1 月全国人大常委会向社会公布《中华人民共和国婚姻法（修正草案）》，在全国范围内征求意见。在短短一个月的时间里，全国人大法工委收到修法建议的来信、来函、来电共 4000 余件。这些修改意见来自工人、农民、知识分子、公务员、司法工作者、学生、军人等各阶层人士。一部法律的修改能够引起公众如此广泛的关注，能够持久地进行全民讨论，在新中国立法史上是前所未有的。这进一步表明，婚姻家庭法关系千家万户，它是"有关一切男女的利害，其普遍性仅次于宪法"的法律（毛泽东语），③ 同时也反映出改革开放以来，社会、经济巨大变化带来的人们观念的改变和权利意识的增强。数年之后，提起这一修法过程，当年起草专家组成员之一陈明侠仍然难掩激动之情，她说："在某种意义上，中国婚姻法修改过程的意义远远大于婚姻法修改结果本身。婚姻法的修改过程对推动中国立法民主化进程将产生深远的影响，同时对推动中国民主法制建设、推动社会的民主进程具有重要的意义。"④

2001 年年底，在《婚姻法》修正案实施半年后，传来立法机关第一次审议《中华人民共和国民法（草案）》的消息。在民法草案中，现行婚姻法、收养法分别成为独立的两编，这是立法机关对婚姻法修改两步到位思路的明证。婚姻法学会在京专家再次接受全国人大常委会法制工作委员

---

① 这六位专家是：杨大文、巫昌祯、王德意、陈明侠、夏吟兰、龙翼飞。召集人为杨大文。

② 该建议稿由起草组专家在婚姻法学会数次年会讨论基础上几经修改而成，共计 11 章，147 条。参见梁慧星主编《民商法论丛》第 14 卷，法律出版社 2000 年版，第 770—779 页。

③ 参见陈绍禹《关于中华人民共和国婚姻法起草经过和理由的报告》1950 年 4 月。

④ 陈明侠：《中国婚姻法修法评述》，载薛宁兰主编《国际视野本土实践》，中国社会科学出版社 2008 年版，第 201 页。

会委托，于 2002 年 4 月起草出民法婚姻家庭（亲属）编专家建议稿。① 在上述背景下，立法研究依然是本阶段研究的重中之重，具体可分为两个方面：一是围绕修改婚姻法所展开的研究；二是为制定民法典婚姻家庭（亲属）编所开展的研究。

（一）围绕修改婚姻法展开的研究

婚姻法修改纳入立法规划后，婚姻法学界围绕修法展开持续数年的研究，1997—2000 年婚姻法学研究会年会均以此为议题。综合这几年年会综述和部分学者论著，可归纳出修法期间学者关注和讨论的热点与焦点问题。

1. 关于婚姻家庭法立法模式与体系结构

从 1997 年年会开始，立法模式一直为学者所关注。在 1999 年年会上学者对此已形成初步一致的看法，认为应当制定独立法典式的"中华人民共和国婚姻家庭法"。有些学者提出，修改后的婚姻法应正名为亲属法或以民法亲属编的形式出现。其理由是：（1）1986 年《民法通则》从立法体例上解决了婚姻家庭法的归属，修改婚姻法的立法模式应以此为前提。（2）大陆法系国家多采用亲属法名称，将其作为民法的一编。我国采用亲属法的名称，符合国际惯例，便于同国际接轨，也为将来海峡两岸统一后法律制度的融合奠定基础。（3）近二十年来我国亲属关系的演变趋势是：婚姻关系逐渐淡化，单个家庭的规模日益缩小。随着婚外同居和离婚现象增多，非婚生父母子女关系以及其他非婚非家的近亲属关系越来越多。这要求原本以婚姻家庭关系为调整对象的婚姻法，必须以更广泛的近亲属关系为调整对象。（4）人类亲属生活保障机制与其他社会保障机制相比，具有更天然、更直接、更符合人性的特点，应在个人日常生活保障机制中占主导地位。这些新的社会需求，远非现实的婚姻法或婚姻家庭法的运作范围所能满足，只有通过制定亲属法才可能实现。②

也有些学者认为，虽然理论上采用亲属法的名称最为科学，但从可行性上讲，其立法难度较大，要对现行婚姻法进行全面彻底的修改，还要对

---

① 民法婚姻家庭编专家起草组成员有：巫昌祯、李忠芳、王德意、陈明侠、夏吟兰、李明舜。巫昌祯担任负责人。

② 杨遂全：《论我国家庭的缩变与婚姻法更名为亲属法》1998 年婚姻法学会年会论文；杨遂全：《论婚姻法正名为亲属法的必要性与迫切性》，载《社会科学研究》1998 年第 3 期。

现行的收养法等具有亲属法性质的法律进行修改，合并到亲属法中。这必然拖延对现行婚姻法改革的进程。如采用婚姻家庭法的名称，其立法难度要小得多，容易为我国公民和立法机关所接受，而且还有较为充分的理论准备。因此他们一方面在理论上赞成和支持采用亲属法的名称，一方面又认为目前采用婚姻家庭法的名称较为可行，更具有务实精神。①

关于收养法的立法地位问题，学者有两种意见：第一种意见是，立足于法律的系统性和统一性，主张将收养法内容纳入婚姻家庭法，作为其中一章。第二种意见是，鉴于收养法在我国已经以单行法形式出现，主张保留收养法，只在婚姻家庭法中确立收养的基本原则。②

2. 关于无效婚姻制度

针对婚姻法修正案草案，学者对无效婚姻的概念界定、制度构成和法律后果等问题，通过比较研究，提出了富有见地的立法建议。在论及无效婚姻概念时，有学者针对长期以来，法学界将婚姻的概念界定在合法范围之内，而违法婚姻、包办婚姻、买卖婚姻等概念又常常在现行法律和婚姻法学中出现的现象，认为在确立无效婚姻制度时有必要划清婚姻与合法婚姻、违法婚姻的界限，摒弃"婚姻"概念中"合法"的内涵，扩大"婚姻"一词的外延，使之成为一个中性概念，将合法婚姻、违法婚姻涵盖进去，从而避免法律用语上的逻辑矛盾。③ 也有学者认为，"无效婚姻"一词只是婚姻立法和婚姻法学中，用以否定违法婚姻发生合法婚姻效力的一个特定概念，它并不是婚姻的一个种类。④ 婚姻是一种身份关系，不能完全适用民法关于民事行为的有关规定和理论。

关于婚姻无效制度的构成，学者中存在着单轨制和双轨制的分野。⑤ 主张采一元结构、仅设无效婚的学者认为，由于现代无效婚的效力已发展为多种形式，与可撤销婚姻无实质差别，没有必要在法律上加以区别，只

---

① 陈明侠、薛宁兰：《中国法学会婚姻法学研究会 1998 年年会》，载《中国法律年鉴（1999）》，中国法律年鉴社 1999 年版，第 926 页。

② 轶男：《中国法学会婚姻法学研究会 1999 年年会综述》，载《中国法学》1999 年第 6 期。

③ 文晖：《婚姻概念质疑》，载《南京大学法学评论》1996 年秋季号；薛宁兰：《关于无效婚姻的几点思考》，中国婚姻法学会 1998 年年会论文。

④ 参见杨大文《亲属法》，法律出版社 1997 年版，第 100 页。

⑤ 薛宁兰：《婚姻法修改中的热点、难点问题研讨会》，载《中国法律年鉴（2001）》，中国法律年鉴社 2001 年版，第 1115 页。

需在请求权人及时效期间上有所区别。① 主张采二元结构的学者则认为，自始无效婚与可撤销婚的最主要区别在于其法律后果上，前者无效是当然的、绝对的、自始的，而后者则是相对的、不溯及既往的。现实生活中导致违法婚姻的原因多种多样，不分具体情形一概否认这些婚姻的法律效力，利益受损最甚的还是女性、未成年子女和生活困难的当事人。因此，确立自始无效婚与可撤销婚的二元结构，是处理瑕疵婚姻的最佳法律选择。②

关于宣告婚姻无效的法律后果。坚持二元结构论的学者针对婚姻法修正案草案关于"无效或被撤销的婚姻，自始无效"的规定，指出可撤销婚姻应当从法院撤销判决发布之日起无效。其理由是：（1）在民法理论中，"无效"是民事行为在法律上当然、完全不发生效力，"撤销"是民事主体行使撤销权消灭民事行为的法律效力，两者的法律后果都具有溯及力，即自始无效。但婚姻关系是身份关系，它在形成、内容以及消灭上，都有不同于合同关系之处。无效婚姻因其违法程度严重，事关社会的公共秩序与善良风俗，应当自始无效。而可撤销婚姻为可能无效：一者如果撤销权人不行使撤销权，其将继续存在；二者随着除斥期间届满，撤销权人尚未行使该权利的，该权利因期间的经过而消灭。婚姻关系因此将继续存在。（2）婚姻关系本身具有事实先行性，各种业已形成的婚姻家庭对双方、子女及社会都会产生一系列的重要影响，婚姻法不能完全漠视婚姻实体的现存事实及其衍生的各种身份、财产关系，可撤销婚姻具有不同于前者的法律后果，即法院撤销婚姻的判决从生效之日起无效，不具有溯及力。③

此阶段学者对无效婚姻制度的讨论是 80 年代的继续，虽然一些建议最终未被立法机关采纳，但是，它们对于未来我国民法典无效婚姻制度的完善仍具有重要的学术参考价值。

---

　　①　参见杨大文《无效婚姻》巫昌祯、杨大文主编：《走向 21 世纪的中国婚姻家庭》，吉林人民出版社 1995 年版，第 56 页；杨大文：《亲属法》，法律出版社 1997 年版，第 104 页。

　　②　陈苇：《建立我国婚姻无效制度的思考》，《法律科学》1996 年第 4 期；王洪：《婚姻家庭法热点问题研究》，重庆大学出版社 2000 年版，第 67—73 页；薛宁兰：《如何构建我国的无效婚姻制度》，载《人民法院报》2001 年 2 月 14 日。

　　③　王洪：《婚姻家庭法热点问题研究》，第 77 页；薛宁兰：《婚姻无效制度论——从英美法到中国法》，载《环球法律评论》2001 年夏季号，第 218 页。

3. 关于配偶权

1997 年婚姻家庭法草案（法学专家建议稿）在一夫一妻制原则之后，首次增加规定"公民的配偶权受国家保护"，在社会上引起广泛关注和热烈讨论。①

婚姻法学者争议的焦点是否要在夫妻关系一章增加配偶权和夫妻忠实义务等条款。对此，有赞成和反对两种截然不同的观点。② 赞成者主要从一夫一妻制的内在要求入手，对配偶权存在的合理性进行逻辑分析。认为在法律中增加规定配偶权的根本目的，是为强化夫妻之间的自我约束，以及他们对社会的共同责任，而不是为了制裁第三者。反对者则认为，配偶权的核心与实质在于明确了男女婚后性权利的归属。它意味着男女结婚后，其身体某一器官的专有使用权只属于其配偶，同时也意味着配偶的感情和肉体是自己的私有财产。这是对公民性自主权这一基本民事权利的剥夺。

配偶权问题中另一个有争议的方面是，夫妻忠实请求权（忠实义务）是否作为夫妻间的法定权利写入法律。多数婚姻法学者对此持赞同观点，认为夫妻间相互忠实、不为婚外性行为是两性结合的内在要求，反映了婚姻关系的本质，也是建立平等、真诚夫妻关系的保障。那种认为夫妻忠实仅为道德义务的观点，割裂了法律和道德的关系。统治者出于治理国家的需要，必要时可以将道德法律化。③

4. 关于夫妻财产制

1980 年《婚姻法》颁行的 20 年间，是中国改革开放，迈向现代化国家的转型时期。经济体制改革带来社会生产力的高度发达和人民生活水平的空前提高。从农村家庭承包责任制的实行，到个体经济、私营经济等非公有制经济法律地位的确立，④ 家庭的社会生产职能得到了历史性地回归，个人拥有的物质财富从数量到种类空前丰富。这些都使家庭财产关系日趋复杂多样，家庭财产制尤其夫妻财产制的法律地位日渐突出。

---

① 参见李银河、马忆南主编《婚姻法修改论争》，光明日报出版社 1999 年版。

② 薛宁兰：《共同关切的话题——"〈婚姻法〉修改中的热点、难点研讨会"综述》，载《妇女研究论丛》2001 年第 1 期。

③ 林建军：《配偶权研究》，《中国法律年鉴（2000）》，中国法律年鉴社 2000 年版，第 1067 页。

④ 参见 1999 年《中华人民共和国宪法修正案》第 14 条。

鉴于 1980 年《婚姻法》关于夫妻财产制规定得过于简略,[①] 学者提出重构我国夫妻财产制。他们认为,重构夫妻财产制必须符合我国国情,既立足于当前实际,又能对未来一段时期可能出现的情况有恰当估计,使立法具有一定的前瞻性。为此婚姻法学者们建议:(1)法定财产制继续以婚后所得共同制为基本模式。婚后所得共同制符合我国国情,它充分肯定了家务劳动的社会价值,保障了夫妻中经济能力较弱一方(尤其是从事家务的女方)的合法权益,有利于实现夫妻家庭地位事实上的平等,促进家庭关系的稳定。对于它所存在的缺陷,可通过增设夫妻个人特有财产制度,适当缩小夫妻共同财产的范围来完善。[②] 也有学者指出,为扩大夫妻个人财产范围,法定财产制应采劳动所得共同制,男女婚后一方或双方劳动所得归夫妻共同所有,非劳动所得的财产,如继承、受赠的财产,个人婚前财产的孳息等归夫妻个人所有。[③](2)强化约定财产制在夫妻财产制中的地位。采用授权性规范规定,婚姻当事人可以以契约方式对夫妻财产关系作出约定;双方无约定或约定无效时,才适用法定财产制。这样就明确了约定财产制与法定财产制具有同等的法律地位,并且约定财产制具有优先于法定财产制的适用效力。修法时还应对夫妻财产约定的时间、有效条件、成立的程序、效力、变更与终止等,作出补充规定。为避免恶意利用约定财产制逃避应以夫妻共同财产清偿债务的可能性,还需建立约定财产登记制度。(3)增设非常财产制。2000 年,有学者以瑞士夫妻财产制结构为蓝本,认为我国现有夫妻财产制属于通常财产制,还需增加非常财产制。非常夫妻财产制"是特殊情况下对原夫妻财产制的变通,以保护夫妻各方及第三人的利益,维护交易安全,体现了个人利益与社会利益兼顾的立法宗旨"。[④] 主张我国非常财产制包括宣告的非常财产制和当然的非常财产制。也有学者认为,"将夫妻财产制分为普通财产制与非常财产制,从理论上看较为完美,能适应复杂多变的社会经济环境下夫妻财产关系种种

---

① 1980 年婚姻法关于夫妻财产制仅第 13 条规定:"夫妻双方在婚姻关系存续期间所得的财产,归夫妻共同所有,双方另有约定的除外。""夫妻对共同所有的财产,有平等的处理权。"

② 陈苇:《完善我国夫妻财产制的立法构想》,载《中国法学》2000 年第 1 期;蒋月:《我国夫妻财产制若干重大问题思考》,载《现代法学》2000 年第 6 期。

③ 王歌雅:《关于完善我国夫妻财产制的建议》,载《中国法学》1997 年第 2 期。

④ 陈苇:《夫妻财产制立法研究——瑞士夫妻财产制研究及其对完善我国夫妻财产制的启示》,梁慧星主编:《民商法论丛》第 15 卷,法律出版社 2000 年版,第 316 页。

特殊要求，有利于公平维护婚姻当事人与第三人利益。"但是，就现阶段我国社会条件（包括经济环境、法律环境等）和公民的婚姻财产观念而言，设立这一制度还不现实。①

5. 关于裁判离婚标准的立法表达

在婚姻法修法期间，裁判离婚标准再次成为学者讨论的焦点。此时学者对这一问题的关注，已经与20世纪50年代、80年代有很大不同。前两次讨论更关注问题本身所具有的政治色彩，强调其阶级性，不可避免地多从经典中找寻立论的根据。到了20世纪90年代，学者再提这一话题，则更多地从司法实践出发，质疑将"感情确已破裂"作为裁判离婚标准的合理性。②

将破裂主义作为我国离婚立法的基本原则，与20世纪五六十年代在司法中占主导地位的"正当理由论"相比，是一种进步，同时也与世界离婚立法的总体发展趋势相一致。但是，经过十几年实践的检验，这一规定在立法和司法方面的缺陷也是不容置疑的：其一，以夫妻感情确已破裂作为判决离婚的法定条件，与婚姻的本质相悖。婚姻作为社会认可的男女结合的形式，虽具有自然属性，但它是以一种伦理关系和法律关系的形式存在于社会之中的。就法律关系而言，双方当事人是被夫妻间的权利和义务紧密地联系在一起的，这些权利和义务，既不从感情中派生出来，也不以感情的有无或深浅为转移，而是法律调整的结果。夫妻感情仅仅是婚姻关系借以建立和存续的思想基础，它并不能概括婚姻关系的全部内容。因此，将夫妻感情已破裂作为法院判决离婚的法定条件，夸大了婚姻自然属性的地位和作用，忽视了夫妻间的权利和义务以及对他人、社会的责任，与婚姻的本质不符。其二，法律规范应当是明确的、客观的、可操作的，而不是抽象的、主观的、难以衡量的。任何法律都以一定的社会关系为调整对象，夫妻感情则属于意识形态范畴，具有主观性、模糊性和易变性，很难成为法律的调整对象。因此，把夫妻感情确已破裂作为判决离婚的法定条件，在法律规范的用语上是欠科学的。其三，在司法实践中，由

---

① 蒋月：《夫妻财产制度研究》，夏吟兰、蒋月、薛宁兰：《21世纪婚姻家庭关系新规制——新婚姻法解说与研究》，中国检察出版社2001年版，第271页。

② 1987年，我国学者首次对夫妻感情破裂作为裁判离婚标准的合理性提出质疑。参见蒋月《改革开放三十年中国离婚法研究回顾与展望》，载陈苇主编《家事法研究》2008年卷，群众出版社2009年版，第198页。

于这一法定标准过于抽象，使得法官处理离婚案件时的主观随意性加大，造成有些法官不是在适用法律，而是在创造法律，甚至有时因果倒置：凡是被判决准予离婚的，说明其夫妻感情确已破裂；凡是被判决不准离婚的，说明其夫妻感情尚未达到完全破裂的程度。

学者们认为，应当用"婚姻关系确已破裂"取代现行婚姻法的"夫妻感情确已破裂"，并将这一原则界限具体化，使其在适用中具有可操作性。① 具体说来，法律既要有相对抽象的概括性规定，即"婚姻关系确已破裂"，又要列举生活中常见的、具体的，能证明婚姻关系确已破裂的一些情形，作为法院衡量婚姻关系是否确已破裂的具体标准。学者建议，可参照最高人民法院 1989 年发布的《关于人民法院审理离婚案件如何认定夫妻感情确已破裂的若干具体意见》列举的 14 条情形来确定。②

有学者在对相关国家裁判离婚标准分析后指出，不同程度上将破裂主义、目的主义、过错主义相结合，是当今各国离婚立法的趋势。我国现有司法解释列举的离婚法定理由，不仅反映了婚姻破裂的事实，而且还关注造成破裂的原因和过问当事人的过错，实际上也是立足于三大原则相结合的司法取向。因此，我国离婚标准应由过去单一的破裂主义原则，变为包括过错主义和目的主义在内的综合的破裂主义原则，简称"结合原则"或"混合原则"。

与此同时，也有一些学者仍然坚持将感情破裂作为裁判离婚标准。③其主要理由是：（1）马克思主义经典作家认为，离婚仅仅是对已经死亡婚姻的确认，婚姻的死亡应指感情的消失。否定感情论有可能重蹈"正当理由论"的覆辙。（2）感情破裂原则符合人民的利益和要求。我们提倡以爱情为基础缔结婚姻，法律应该保护爱情，无感情的婚姻应该准予解除。（3）那种认为法律不调整主观东西的观点是错误的。刑法中构成犯罪的主观要件、民法上的过错原则、无过错原则都属于当事人内心主观的心理状

---

① 参见巫昌祯、杨大文主编《走向 21 世纪的中国婚姻家庭》，吉林人民出版社 1995 年版，第 10 页；李银河、马忆南主编《婚姻法修改论争》，光明日报出版社 1999 年版，第 113—229 页。

② 陈明侠、薛宁兰：《裁判离婚标准》，《中国法律年鉴（1999）》，中国法律年鉴社 1999 年版，第 927 页。

③ 参见夏珍《感情破裂作为离婚法定原则的正当性》，中国婚姻法学研究会 1998 年年会论文；夏珍《"感情破裂"作为判决离婚的理由不容置疑》，载李银河、马忆南主编《婚姻法修改论争》，光明日报出版社 1999 年版；李忠芳《坚持离婚理由的"感情说"》，李银河、马忆南主编《婚姻法修改论争》，光明日报出版社 1999 年版。

态，依旧为法律所调整。（4）感情破裂标准并未超前，我国现有婚姻的30％是以爱情为基础缔结的，法律不能迁就落后的意识和行为。

6. 关于亲子关系的研究

长期以来，我国婚姻法学者对亲子关系的研究，与对结婚制度、夫妻关系、离婚制度的研究相比，比较薄弱。这与我国婚姻法立法重婚姻关系而轻家庭关系建构的惯例有直接关系。20 世纪 90 年代修改婚姻法期间，学者对亲子法的立法研究逐渐展开，发表论文的数量开始增长。① 学者研究主要集中在亲子法的基本问题上，例如父母子女的种类，亲权的概念，婚生子女推定与否认制度，非婚生子女的认领制度，亲权与监护权的区别，继父母子女关系，离婚后父母对未成年子女的监护权等。

许多论文将研究目标落脚在提出婚姻法修改立法建议上。学者指出，我国婚姻法虽对父母对未成年子女的管教与保护有规定，但极为抽象，有亲权之实而无亲权之名。为适应市场经济和物质利益关系对婚姻家庭亲属关系的冲击，完善我国亲子法律制度迫在眉睫。② 因此，我国应否确立亲权制度，是这一阶段亲子法研究的热点问题。③ 有学者比较大陆法系诸国和英美法关于亲子法各项制度规定之后，提出较系统的作为民法亲属编或单行婚姻家庭法的亲子关系法的立法设想。④ 还有学者对人工生殖技术的

---

① 学术论文主要有：陈佩群：《海峡两岸父母子女关系之法律比较》，载《法商研究》1994年第 2 期；刘素萍、陈明侠：《健全我国亲子法制度》，邓宏碧、王洪：《亲子法律制度反思与重塑》，巫昌祯、杨大文主编：《走向 21 世纪的中国婚姻家庭》，吉林人民出版社 1995 年版；张学军：《论离婚后未成年子女的抚养》，载《法制与社会发展》1996 年第 6 期；孟勒国、蒋慧、黄鹏：《论监护的性质及监护人的权益》，载《法学》1996 年第 11 期；陈明侠：《亲子法基本问题研究》，梁慧星主编：《民商法论丛》第 6 卷，法律出版社 1997 年版；陈苇：《离婚后父母对未成年子女监护权问题研究》，载《中国法学》1998 年第 3 期；樊丽君：《论亲权法律关系的构成》，载《中央政法管理干部学院学报》1999 年第 1 期；樊丽君：《我国婚姻法建立亲权制度的理论研究》，载《陕西师范大学学报（哲学社会科学版）》1999 年第 2 期；李文辉、高晓霞：《关于设立我国亲权法律制度问题的探讨》，载《河北法学》1999 年第 3 期；樊芃：《论亲权的性质》，载《法学杂志》1999 年第 3 期；王洪：《论血缘主义在确定亲子关系时的修正与限制》，载《现代法学》1999年第 4 期；杨玲、杨遂全：《论市场经济条件下的私生准正问题》，载《法商研究》1999 年第 4期；陈明侠：《完善父母子女关系法律制度（纲要）》，《法商研究》1999 年第 4 期。

② 刘素萍、陈明侠：《健全我国亲子法制度》，载巫昌祯、杨大文主编《走向 21 世纪的中国婚姻家庭》，吉林人民出版社 1995 年版，第 153—155 页。

③ 薛宁兰：《改革开放三十年中国亲子法研究回顾与展望》，载陈苇主编《家事法研究》2008 年卷，群众出版社 2009 年版，第 143—150 页。

④ 陈明侠：《亲子法基本问题研究》，梁慧星主编：《民商法论丛》第 6 卷，法律出版社1997 年版，第 1—74 页。

法律问题及其对亲子法的影响做了专门研究。①

1999 年，中国法学会婚姻家庭法学研究会向立法机关提交的《中华人民共和国婚姻家庭法（法学专家建议稿）》中，有专章规定亲子关系，其内容主要有两方面：一是父母子女的种类。设有婚生子女推定与否认、非婚生子女认领、继父母子女关系（养父母子女关系另设一章规定）。二是亲权。规定亲权的概念与内容、父母丧失亲权的情形、父母离婚后亲权的行使及探视权的享有。②

（二）关于民法典婚姻家庭编（亲属编）的研究

1. 关于婚姻家庭法与民法的关系

我国婚姻家庭法在立法体例上向民法的回归，始于 1986 年《中华人民共和过民法通则》。《民法通则》第 2 条指出："中华人民共和国民法调整平等主体的公民之间、法人之间、公民和法人之间的财产关系和人身关系。"根据这一规定，我国民法的调整对象包括两种社会关系，即发生在民事主体之间的财产关系和人身关系。其中平等主体间的人身关系，除人格关系外，便是发生在家庭领域中的亲属关系。此外，《民法通则》还专条规定自然人的婚姻自由权、婚姻家庭受法律保护。（第103—104 条）。

学术界对于婚姻家庭法与民法关系的问题的讨论和重新认识，较早就进行了讨论。例如，杨大文 1989 年主编出版的《婚姻法学》、张贤钰 1995年主编出版的《婚姻家庭法教程》。他们认为，"从《民法通则》的公布即正式宣告了婚姻家庭法向民法的回归，确定了婚姻家庭法在立法体制上，应属于广义民事法律的组成部分，它与继承法、知识产权法、合同法等居于相同层次的基本法律地位。"③他们还指出："婚姻家庭法是不是一个独立的法律部门，同婚姻家庭法学能否成为法学的一个分支学科，是性质不同的两个问题。从婚姻家庭法学的广泛内容和发展婚姻家庭法学的实际需要来看，似以作为法学中独立的分支学科为宜。"④

---

① 冯建妹：《生殖技术的法律问题研究》，梁慧星主编：《民商法论丛》第 8 卷，法律出版社1997 年版，第 63—124 页。

② 《中华人民共和国婚姻家庭法（法学专家建议稿）》，梁慧星主编：《民商法论丛》第 14卷，法律出版社 2000 年版，第 783—787 页。

③ 张贤钰主编：《婚姻家庭法教程》，法律出版社 1995 年版，第 36 页。

④ 杨大文主编：《婚姻法学》中国人民大学出版社 1989 年版，第 52 页。

20 世纪 90 年代以来学界对婚姻法修改的讨论，因立法体例安排上的需要，婚姻法与民法的关系得到了更为深入的讨论。当时有三种看法：第一，维持现状，婚姻法仍保持独立地位。修改时法律名称不变、基本框架不变，只做一些补充和修改。第二，在保持婚姻法独立地位的前提下，将其名称改为"婚姻家庭法"，体系、内容也作大的变动。第三，回归民法。将其列为民法的一编，更名为"亲属编"或"亲属法"。

学者们对婚姻家庭法的认识可归纳为两类：一类是独立法律部门说，上述第一、第二种观点即是。尽管这两种观点在细节上有别，却都以婚姻法是独立法律部门为前提的。另一类是回归民法说。当时相当多的专家认为，"鉴于全面确定社会主义市场经济的法制体系需要有一个过程，民法典很难在近期列入立法议程"。"采取第二种主张最为理想，符合中国的实际情况并切实可行"。①

有学者还从马克思的市民社会理论出发，解释我国婚姻家庭法向民法的回归。② 江平指出，平等主体间的关系包括三个方面：一是物质资料的生产、交换、分配和消费领域；二是人类自身的生产和再生产领域；三是劳动关系领域。在西方国家，这些关系是统一的，都属于民法的范畴。我国制定民法典时，应将亲属关系即婚姻关系、家庭关系作为民法的组成部分。③ 按照市民社会理论，亲属关系和经济关系一同构成市民社会的两大基本关系，一个属人类自身的生产和再生产，一个属物质资料的生产和再生产。它们既是市民社会的基础，又成为市民社会的基本法则——民法的调整对象。

徐国栋高度评价亲属法向民法典回归的意义，认为它带来了民法中人法和物法两大板块比重的变化，过去强调民法对于商品经济发展的重要性，现在民法调整对象中要将人身关系置于财产关系之前。他认为从人文主义的民法观出发，"如果亲属法的回归民法典（以及人格权独立成编的立法规划）不能在民法的调整对象定义上得到反映，只能发生亲属法的'身'归而'魂'不归的效果。"

---

① 巫昌桢、夏吟兰：《婚姻法增改动议观点综述》，载《民主与法制》1998 年第 7 期。
② 薛宁兰：《中国婚姻法的走向——立法模式与结构》，夏吟兰、蒋月、薛宁兰：《21 世纪婚姻家庭关系新规制——新婚姻法解说与研究》，中国检察出版社 2001 年版，第 196—197 页。
③ 江平：《民事立法中的几个热点问题》，载《江西财经大学学报》2000 年第 1 期。

2. 关于婚姻家庭编的体例

在制定我国民法典，完善调整亲属关系的法律规范体系时，是将之称为"婚姻家庭法"，还是"亲属法"？学者们的认识有所不同。有一种观点认为，此部分在未来民法典中既可以称"婚姻家庭法"，又可以叫"亲属法"；① 从建国几十年的现状看，取名"婚姻家庭法"通俗易懂，更能为群众理解和接受。也有学者指出，"婚姻家庭法"与"亲属法"是不能画等号的。主要原因在于，婚姻家庭法以婚姻家庭关系为调整对象，亲属法则以一定范围的亲属关系为调整对象，包括了婚姻家庭关系，还包括其他近亲属关系。两者调整的社会关系的范围是不同的。② "亲属法"一词能够准确反映和体现该法律体系身份法的属性和特征。

关于民法典婚姻家庭（亲属）编的体例，有外部体例与内部体例之分。就外部体例而言，因学者对民法典编纂的思路不同，而有不同的处理。③ 现有三个版本的中国民法典学者建议稿，④ 对民法典婚姻家庭编（亲属编）的体例设计就各具特色。中国社会科学院法学研究所版"中国民法典草案建议稿"采纳德国式（潘得克吞式）的五编制，即以法律关系为标准，除总则外，将亲属法与物权法、债权法、继承法相并列，各自成编。⑤ 中国人民大学版"中国民法典草案建议稿"突出对人身权保护，在人格权编之后，便是婚姻家庭编。⑥ 厦门大学版"绿色民法典草案"则采取两编制，将民法典分为人身关系法和财产关系法两编。在人身关系法中再分为自然人法、法人法、婚姻家庭法和继承法四个分编。认为人身关系法直接体现人的尊严和人权，当然比财产法更为重要，因此安排在第一编

---

① 参见陈明侠《婚姻家庭立法研究（摘要）》，1998 年婚姻法学会年会论文。

② 薛宁兰：《中国婚姻法的走向——立法模式与结构》，夏吟兰、蒋月、薛宁兰：《21 世纪婚姻家庭关系新规制——新婚姻法解说与研究》，中国检察出版社 2001 年版，第 198 页。

③ 梁慧星认为，学者关于民法典的编纂有三条思路：一是"松散式、联邦式"；二是"理想主义思路"；三是"现实主义思路"。梁慧星：《当前关于民法典编纂的三条思路》，刘海年、李林主编：《依法治国与法律体系建构》，中国法制出版社 2001 年版，第 165—178 页。

④ 以出版时间为序，它们是：中国社会科学院法学研究所《中国民法典草案建议稿》，法律出版社 2003 年版；中国人民大学版《中国民法典草案建议稿及说明》，中国法制出版社 2004 年版；厦门大学版《绿色民法典草案》，社会科学文献出版社 2004 年版。

⑤ 参见梁慧星《关于中国民法典编纂》，《民商法论丛》第 24 卷，金桥文化出版（香港）有限公司 2002 年版。

⑥ 王利明主编：《中国民法典草案建议稿及说明》，中国法制出版社 2004 年版。

以突出民法的"人法"色彩。①

　　关于婚姻家庭编（亲属编）的内部体例设计，除前述的三个草案建议稿版本外，还有第四个版本，即婚姻法学研究会受立法机关委托起草的民法典婚姻家庭（亲属）部分专家建议稿。② 杨大文认为，"确定婚姻家庭编的体系结构，应以调整婚姻家庭关系的实际需要为依据，也要注意婚姻家庭领域的各种具体制度的内在联系，使之具有一定的科学性和系统性。"③ 学者比较一致的看法是，婚姻家庭（亲属）编设通则、亲属、结婚、夫妻、离婚、父母子女、收养、监护、扶养等九章。至于法律责任，涉外婚姻家庭关系和区际婚姻家庭关系的法律适用等，在婚姻家庭（亲属）编中不必设专章规定，应分别由民法典中的合同编、侵权行为编，以及专门的国际私法典规定。④ 这四个版本对婚姻家庭编的体例设计虽有差别，但主要方面一致，为立法机关重构民法婚姻家庭（亲属）编提供了可资借鉴的学术模本。

　　3. 关于婚姻家庭（亲属）编的基本原则

　　作为民法典一编的婚姻家庭编与总则编有千丝万缕的联系。因为作为身份法，婚姻家庭制度具有强烈的伦理性，应有别于民法其他各编。其与民法总则编是个性与共性的关系，有自己特有的原则与制度设计。

　　学者们对应否在婚姻家庭编中规定基本原则的意见并不一致。否定论者认为，现行婚姻法中的婚姻自由、男女平等、保护妇女、儿童和老人合法权益等基本原则，已经被总则编的民事主体地位平等原则、意思自治原则，以及现行妇女权益保障法、老年人权益保护法和未成年人保护法中的相关原则所涵盖，因此，本编无须再规定基本原则。⑤ 肯定论者认为，婚姻家庭（亲属）编属民法典分则，与民法总则编之间构成一般法与特别法

---

　　① 徐国栋：《民法典草案的基本结构——以民法的调整对象理论为中心》，徐国栋编：《中国民法典起草思路论战》，中国政法大学出版社 2001 年版。

　　② 关于该版本体例与内容的说明，各章起草人撰文在《中华女子学院学报》2002 年第 4 期集中发表。

　　③ 杨大文：《民法的法典化与婚姻家庭法制的全面完善》，《中华女子学院学报》2002 年第 4 期。

　　④ 《中华人民共和国民法典大纲（草案）》，梁慧星主编：《民商法论丛》第 13 卷，法律出版社 1999 年出版，第 801—832 页；杨大文：《民法的法典化与婚姻家庭法制的全面完善》，载《中华女子学院学报》2002 年第 4 期。

　　⑤ 薛宁兰：《婚姻家庭法向民法典的回归与完善——2002 年婚姻家庭法学研究会年会综述》，中国法学会研究部主办《法学研究动态》2002 年第 11 期。

的关系。总则编规定的基本原则是高度抽象的规则，须由各分则编的基本原则予以具体化，其与各分则编的基本原则之间构成上下位阶的关系。下位原则具有更为具体的内涵和特殊的规范功能。例如，虽然总则编规定有意思自治原则，也仍有必要在合同编中确定合同自由原则，在物权编中规定所有权自由原则，在继承编中规定遗嘱自由原则，在亲属编中规定婚姻自由原则。[①]

（三）婚姻家庭法研究的现在与将来

这一时期的婚姻家庭法研究，除了呈现出紧密为立法提供理论支持的特色之外，比较研究、实证研究也是本阶段婚姻家庭法学研究的亮点。随着中国法学研究打破故步自封的樊篱，开始对西方发达国家，尤其是大陆法系国家学说理念与立法例的学习吸收，20 世纪 90 年代以来，一些中青年学者走出国门，深造访学，进行比较研究。随着法学研究方法的拓展，[②]一些学者立足本土，深入基层，通过调查了解民生、了解社会现实，进行实证研究，出版了相当多的专著及译著。[③] 本世纪以来，一些学者以联合国倡导的社会性别为视角，对照我国签署批准的国际人权公约（联合国"妇女公约"和"儿童公约"），分析检审我国现行婚姻家庭法律法规及司

---

① 梁慧星（课题负责人）：《中国民法典草案建议稿附理由亲属编》，法律出版社 2006 年版，第 2 页。

② 陈苇指出，新的世纪以来，我国学者对婚姻家庭法的研究在方法上有很大更新，已从过去局限于传统法学研究方法，发展到目前包括法社会学、法经济学等跨学科的研究方法，以及运用社会调查、社会性别分析等方法。陈苇：《改革开放三十年中国夫妻关系法研究回顾与展望》，陈苇主编：《家事法研究》2008 年卷，群众出版社 2009 年版，第 109 页。

③ 主要有：［日］利谷信义等编著，陈明侠、许继华译：《离婚法社会学》，北京大学出版社 1991 年版；陈晓君主编：《海峡两岸亲属法比较研究》，中国政法大学出版社 1996 年版；夏吟兰：《美国现代婚姻家庭制度》，中国政法大学出版社 1999 年版；宋豫、陈苇：《中国内地与港澳台婚姻家庭法比较研究》，重庆出版社 2002 年版；蒋新苗：《收养法比较研究》，北京大学出版社 2004 年版；王丽萍：《亲子法研究》，法律出版社 2004 年版；张学军：《论离婚后的扶养立法》，法律出版社 2004 年版；曹诗权：《未成年人监护制度研究》，中国政法大学出版社 2004 年版；李霞：《监护制度比较研究》，山东大学出版社 2004 年版；李秀华：《妇女婚姻家庭法律地位实证研究》，知识产权出版社 2004 年版；陈苇主编：《外国婚姻家庭法比较研究》，群众出版社 2007 年版；夏吟兰：《离婚自由与限制论》，中国政法大学出版社 2007 年版；蒋月：《婚姻家庭法前沿导论》，科学出版社 2007 年版；王歌雅：《中国亲属立法的伦理意蕴与制度延展》，黑龙江大学出版社 2008 年版。

法解释，发表了一些颇具开拓性和挑战性的论文。① 这些论著涉猎领域之广泛，研究理论议题与实际问题之具体，是前两阶段的婚姻家庭法学研究所不能企及的。

　　然而，以发展眼光观当下的婚姻法学研究，还存在着基础理论研究薄弱、对本民族传统婚姻家庭文化研究不够，缺乏对亚洲地区国家婚姻家庭制度的比较研究等缺憾。未来中国婚姻家庭法学研究充满挑战，"这不仅来自于学科内部的理论发展，更来自于科学技术的发展、不同学科的交叉共融……"②

---

　　① 这方面的论文主要有：陈明侠：《社会性别意识：婚姻法修改新支点》，载《中国妇女报》2000 年 6 月 24 日；夏吟兰：《在国际人权框架下审视中国离婚财产分割方法》，载《环球法律评论》2005 年第 1 期；陈苇、冉启玉：《公共政策中的社会性别——〈婚姻法〉的社会性别分析及其立法完善》，载《甘肃政法学院学报》2005 年 1 月，总第 78 期；夏吟兰：《对中国夫妻共同财产范围的社会性别分析——兼论家务劳动的价值》，载《法学杂志》2005 年第 2 期；薛宁兰：《法定夫妻财产制立法模式与类型选择》，载《法学杂志》2005 年第 2 期；马忆南等：《离婚财产分割若干问题的社会性别分析》，《妇女研究论丛》2006 年 12 月；薛宁兰等：《中国夫妻财产制的社会性别分析——以离婚夫妻财产分割为侧重》，载《妇女研究论丛》2006 年 12 月。
　　② 夏吟兰：《21 世纪中国婚姻法学展望》，载《法商研究》1999 年第 4 期。

第十六章

市场经济体制下的商法学繁荣

作为市场交易的基本法，商法根植于经济发展的现实，并随着经济市场化的发展创新而不断发展创新。新中国成立以来，我国依次历经计划经济、有计划的商品经济、初步的社会主义市场经济三大经济制度。高度的计划经济时期，真正的商事交易极度匮乏，商事立法无从谈起。因此，我国的商法大多数是在改革开放以后，在我国市场经济体制建设过程中孕育发展起来的。尤其是进入 20 世纪 90 年代，我国经济体制改革进入了一个崭新的阶段，随着社会主义市场经济体制的确立和市场经济的发展，商事立法大焕光彩。《海商法》（1992 年）、《公司法》（1993 年）、《担保法》（1995 年）、《票据法》（1995 年）、《保险法》（1995 年）、《商业银行法》（1995 年）、《合伙企业法》（1997 年）、《证券法》（1998 年）、《合同法》（1999 年）、《独资企业法》（1999 年）、《信托法》（2001 年）、《证券投资基金法》（2003 年）、《农民专业合作社法》（2006 年）等众多商事单行法的相继颁布，在我国迅速建立起商事主体、交易和秩序的商事法律制度，商法体系在我国初具规模。相应的，以商法制度作为研究支撑、以商法理论与实践及其发展规律作为研究对象的商法学，伴随着我国商事立法的产生、发展到相对完备获得了迅速的发展，成为我国法学领域中最为年轻又最为迅速繁荣的学科。但受我国社会经济政治变迁影响，商法学的研究在我国经济发展的不同时期也表现出不同的特点，折射了商事立法在我国起伏跌宕的坎坷进程。在商法学相对短暂但紧扣时代脉搏的发展历程中，对商法基础理论、公司法、证券法、企业破产法等的思考探索，构成了商法学研究的主流。

一、商法基础理论的形成与发展

由于我国欠缺商法的传统和历史，商法基础理论研究在历史上就显得薄弱。建国以后实行高度集中统一的计划经济体制，商法及商法学均无在社会生活和学术活动中立足的基础。实行经济体制改革的初期，法学与法律领域更为关注的是民法与经济法的此消彼长，商法学其时仅仅是在民法学与经济法学碰撞的夹缝中生存。然而商法学界围绕着商法的定位、商法的体系构建以及商事立法模式、商事信用等问题执著探索，力图建立独立的能够真正体现商法特点的商法理论体系，以推动我国商事立法和实践的发展。

（一）商法独立性之辨与商法学的独立形成

在我国的法律体系中，如何确立商法的地位，如何把握商法与民法、商法与经济之间的关系，是 20 世纪以来商法理论中最为重要和基础的问题之一。这一问题集中表明了商法的价值，决定着商法的前途和命运。①

在 20 世纪 80 年代的法学研究领域，受制于我国当时特殊的经济体制，"二元经济关系分析模式"盛行一时。② 在这种模式主导下，在理论上商法为经济法所"吸收"，立法上商法被民法所"包容"。在民法学与经济法学"两雄相峙"的"二元格局"下，商法根本无立锥之地。③

从 1992 年开始，社会主义市场经济的法律需求及其法律体系的建构，成为法学研究的重点，而在社会主义市场经济体制下，民法、商法、经济法三者间的关系以及各自的地位、作用问题，又是法学研究的重中之重。由于从"二元经济关系分析模式"出发的制度设计和规范架构日渐为现实经济改革的步伐所突破，在民法学、经济法学自我调整的主流下，"超脱民法、经济法的框架，来探讨社会主义商品经济的法律调整体系"④，重新

---

① 范健、王建文：《商法的价值、源流及本体》，中国人民大学出版社 2007 年版，第 6 页。

② 所谓"二元经济关系分析模式"，即把现实的经济关系划分为"平等主体间的经济关系"和"不平等主体间的经济关系"。其中，"民法主要调整平等主体之间的财产关系，即横向的财产关系。政府对经济的管理、国家和企业之间以及企业内部等纵向经济关系，或者不是平等主体之间的经济关系，主要由经济法、行政法调整"。

③ 帅天龙：《二十世纪中国商法学之大势》，载《中外法学》1997 年第 4 期。

④ 赵新华：《论社会主义商品经济的法律调整体系——兼论我国商法的建立及其与民法经济法的关系》，载《当代法学》1991 年第 2 期。

认识商法在法律体系中的独立地位和特殊作用的呼声日益高涨。在理论界和实务界的共同努力下，计划与市场并存时期经济立法中民法、经济法"两雄争锋"的局面，开始向社会主义市场经济条件下民法、商法、经济法"三足鼎立"的新格局过渡。

随着对计划和市场关系理解的深入，对既有的关于经济法与商法关系的流行观点，有越来越多的学者提出质疑。经过重新的审视和反思，基于对社会主义市场经济中自由竞争（看不见的手）和国家干预（看得见的手）两种机制不同作用、地位、目的的认识，人们逐渐认识到，商法是与市场机制相联系的，而经济法是国家对经济实行干预的手段。商法属于私法，强调意思自治为原则，具有较强的国际性，而经济法属于公法。经济法不能取代商法，商法也不能替代经济法，二者应有机整合。①

尽管我国民法的立法体系一度包容几乎所有的民商法制度，但 20 世纪 90 年代颁布的一系列商事单行法，其所包含的原则、已经建立或者试图建立的制度，具有明显不同于民法原则和制度的特点，有些制度的差异甚至导致民法原则和制度在商事活动领域的不适用。例如，保险法规范的"保险合同"完全实现了格式化，附合合同成为保险法上合同制度的普遍现象，民法上的合同自由原则几乎被抛弃。至于保险法上的诚实信用原则，有其特有的逻辑内涵，依据民法上的原则和制度是难以解释的。还有，信托法中的许多理念及制度设计也是与我国现行的民法制度相冲突的。② 这些被称之为"商法"的法律和民法之间客观存在的难以调和的差异，使人们逐渐认识到，商法并不简单地是民法的副产品，即便在民商合一的大前提下，也不能否认商法有不同于民法的特殊之处。特别是随着我国经济体制改革的步伐，很早就有学者指出商法发展的必要性和重要性。③王保树在 1997 年的一篇论文中指出，"商事法是法律体系中的独立法域"，进而论述了商法（在这篇论文中尚被称之为"商事法"）的特点，即"商事法是以商事关系为调整对象的法律部门，商事法是一个重要的私法领域，商事法是一个渗透着公法因素的私法领域"。王保树还在这篇论文中

---

① 郑少华：《商法与经济法：市场经济发展的重要法律制度设计》，载《法商研究》1995 年第 3 期。

② 邹海林：《我国商法发展过程中的几个问题》，载中国法学网。

③ 见顾功耘《发展商品经济，不能没有商法》，载《社会科学报》1987 年 7 月 6 日。

论述了商法与民法、经济法、劳动法、行政法之间的关系。① 王保树的这篇论文从商法的调整对象、商法在法律体系中的地位与特点、商事主体、商事行为以及商法的发展趋势等方面，系统深入地论述了商法的本质规定性及其法律形式上的表现，为学术界和实务界清晰地识别商法、研究商法，提供了系统而有说服力的理论依据。

20 世纪 90 年代中后期，基于对商法在社会主义市场经济中的重要作用的认识不断深化，商法的独立地位和私法属性逐渐得到了承认。商法调整平等主体之间商事行为或商事关系，是市场经济中最重要的法律之一的观念已成为法学界的共识。② 但是，如何划定商法的范围、寻找商法独立的内在基础，使商法从内容到形式都真正独立起来，还有许多实质性的工作。

在经济体制改革初期的法学研究领域，将民商法学兼容一体是法学界的通常做法，例如中国人民大学法律系民法室于 1986 年编辑出版了《外国民商法论文选》，将民商法学资料熔为一炉。但是随着相对独立的商法在逐渐脱离民法传统领地的过程中，获得了相对自由的发展；相应的，作为有关商法的学问的商法学，也开始相对独立的发展。在 20 世纪 90 年代中期以后，准确地说是在 1992 年党的十四大确定我国经济体制改革的目标是建立社会主义市场经济体制以后，商法学的研究突然以喷发的态势蓬勃发展。这期间，体现商法学独立学科地位的商法总论性的著述大量涌现，例如王保树主编的《中国商事法》（人民法院出版社 1996 年版），董安生、王文钦、王艳萍编著的《中国商法总论》（吉林人民出版社 1994 年版），覃有土主编的《商法学》（中国政法大学出版社 1999 年版），徐学鹿的《商法总论》人民法院出版社 1999 年版，赵万一主编的《商法学》（中国法制出版社 1999 年版）等。

于是在 20 世纪 90 年代末期，学者们的研究不再简单地以民法的既有研究作为平台来看待和研究商法，而呈现出了把商法研究相对独立出来，

---

① 王保树：《商事法的理念与理念上的商事法》，载王保树主编《商事法论集》第 1 卷，法律出版社 1997 年版，第 1—14 页。

② 李铁映：《解放思想，转变观念，建立社会主义市场经济法律体系》，载《法学研究》1997 年第 1 期。

逐步走向成熟化的趋势。① 在商法学者建构的商法学体系中，通常包括商法基础理论、公司法、证券法、保险法、票据法、商业银行法、信托法和海商法等。在我国商法学的研究过程中，王保树主编的《商事法论集》值得一提。鉴于当时商法学的"专题研究仍然很少，重大问题未及研究"的状况，编辑出版了专门刊发商法学论文的文集，以"立足中国商事法的发展与完善，广泛借鉴和吸收国外商事立法的经验和判例学说，追踪国外商事法的发展趋势，推动商事法专题的研究，促进商事法学的学科建设，进而为商事立法和商事审判实践提供理论上的服务。"② 该论集的出版，为商法研究提供了一个有影响力的学术平台。

在我国商法研究的学术历史上，在 2001 年发生了一个标志性的事件，就是中国法学会民法经济法研究会一分为三，从中独立设立出商法学研究会。中国法学会商法学研究会每年召开一次学术年会，召开若干次专题理论研讨会，并出版一本《中国商法年刊》，为商法学者提供了更为专门的学术交流平台。

（二）民商立法体例之争

关于民商立法体例，一直是民商学者津津乐道又难以定论的课题。我国实行改革开放后，商法的重要性日益彰显，民商分立还是民商合一的争论成为旷日持久的理论陷阱。归结起来，民商分立还是民商合一，就是关于民法典与商法典的关系问题（本质上还是民法与商法的关系问题）。民商分立是指在民法典之外另行制定商法典的模式，民商合一是指就民商事关系仅制定一部统一的法典，对于不能合并到民法典中的有关商事的规定，另行制定单行法规。主张"民商合一"的学者指出，"民商分立并不是科学的构思，而只是历史的产物"，"民商合一适应了社会商品经济发展的需要，反映了社会化大生产的要求，因而具有一定的进步意义"。③ 有学者在其著述中，还详细列举了民商合一的诸项理由。④ 主张"民商分立"的学者基于国外商法实践的分析，认为"中国应采取私法二元结构的立法

---

① 《商法研究动态与综述（2001 年 11 月至 2002 年 7 月）》，载 http：//cn-commercial-law. org. cn/shangfa_ 4. htm。

② 王保树主编：《商事法论集·写在卷首》，法律出版社 1996 年版。

③ 梁慧星、王利明：《经济法的理论问题》，中国政法大学出版社 1986 年版，第 121、122 页。

④ 江平主编：《民法学》，中国政法大学出版社 2000 年版，第 56 页。

模式，即采取民商分立的立法模式，在民法典之外再单独制定商法典"。①
有的学者坚持认为，"总有一天会把各种单行的商事法编纂成为一部具有
中国特色的社会主义的《商法典》，这一天将标志着向现代市场经济法律
理念调整的完全到位"。②

时至今日，理论界和实务界都难以对"民商合一"还是"民商分立"
给出令人信服的答案。有学者指出，由于民商立法体例的争论理由均是从
规范分析角度作出的价值判断，缺少实证分析结论的支持，因而缺少说服
力。这也正是目前国内学者仍在此问题上争论不休的主要原因。③ 虽然民
商合一还是民商分立表面上是立法体例的争论，但实质上还是民法与商法
的关系、民法学与商法学的关系的争论的延续，或者进一步从民法本位的
角度观察，是商法应否具有独立性、商法学应否有独立性的争论。其实，
商法是否有独立性与商法学是否有独立性，并不与"民商合一"或者"民
商分立"有必然的联系，以"民商合一"或"民商分立"的立法体例形
式，去探讨具有实质意义的民法与商法的关系，似乎已经是失去了论证逻
辑上的重心。

客观而言，本世纪初以来，随着大量商事单行法规的颁布，民法完全
包含商法的现象已经不复存在，因此民商法在事实上很难合一。但在我
国，由于至今没有民法典的事实以及我国将来是否制定商法典的不可预
知，从理论和实务上讲，我国法学界常说的"商法"只能在"民商合一"
的体制范围内进行思考。即使主张制定具有商法总则意义的商人法（后来
的研究实践称之为"商事通则"）④ 的学者，也不否定商法是民法的特别
法。现阶段我国社会经济活动方面的制度规范层面，也基本上是实行民商
合一的法律体制。如今随着现代商品经济的发展，在民法与商法之间又呈
现出一种"互化"的趋势。在世界范围的民商立法中，民法的商事化，商
法的民事化已形成一种普遍现象。之所以在当代会出现民法商事化，商法
民事化的现象，最根本的原因在于商事关系与民事关系的传统界限已被打
破。随着生产社会化的发展和参与商业交易的主体的非特定性，商业交易

---

① 范健、王建文：《商法论》，高等教育出版社 2003 年版，第 210 页。
② 徐学鹿：《商法总论》人民法院出版社 1999 年版，第 6 页。
③ 任尔昕、石旭雯：《商法理论探索与制度创新》，法律出版社 2005 年版，第 177 页。
④ 王保树：《商法的改革与变动的经济法》，法律出版社 2003 年版，第 38—55 页。

的范围已扩展到工业、农业、不动产、有价证券、期货等领域，对这些领域进行调整的法律法规究竟属于商法还是属于民法已很难定论。鉴于此，继续拘泥于"民商合一"还是"民商分立"的选择问题，实无多大益处且未有穷期。从理论与实践的关系来看，我国民商法关系的论争已远远落后于民商立法实践。民商法水乳交融的实质关系，并不因为学者们的"分立"或"合一"主张而出现改变。再者，商事法律规范既可以在传统商法典中表现，也可以在商法典之外以单行法的形式表现，这就是说，现代商法规范的存在形式已经具有多样性。这些情况表明，现代民商法的关系已进入一个新的阶段。[①]

"跳出三界外，不在五行中"。我们承认如何正确认识民法与商法之间的关系是商法学发展道路上必须认真解决的问题，但我们也许可以不必拘泥于"民商合一"还是"民商分立"的争执，实事求是结合我国的实践，研究一种确实可行的方案，为我国商法的发展提供可靠的、适合我国国情的理论支持。我们甚至有必要反思一下争论的前提。民商合一就一定要将商事规定纳入民法典，无视民商之区别吗？民商分立就一定要在民法典之外另立独立之商法典吗？难道除此之外，我们就不能有其他的选择与设计吗？对概念把握的绝对化，有时候会束缚我们的思维而陷于理论的误区。不囿于概念之内的争论，多一点实事求是的精神和对现实的关注，我们可能在新的视角上会有新的认识。[②] 在这样的思索中，我们可以认可这样的前提，即从本质上讲，商法是在民法的产生、发展中逐渐形成的，无论这一形成的客观基础如何，在商法的理论及适用上都留有民法的痕迹。这样，无论商法采取何种立法体例都不能摆脱和民法的联系，只是所侧重的方面不同而已。但我们同时必须清醒地意识到，在我国这样一个欠缺商法传统又急需发展商法的国度，固守实行民商合一的理念势必有碍于独立的商法制度的形成。摆正民法与商法的关系，对民法和商法作出科学定位的关键，就是要让二者在社会主义市场经济建设中最大限度地发挥其各自应有的作用。

（三）商法公法化之论

传统上，商法作为商人自治法，属于典型的私法。近现代商法作为调

---

① 郭锋：《民商分立与民商合一的理论评析》，载《中国法学》1996 年第 5 期。

② 彭真明、江华：《商法法典化的反思》，载《浙江师范大学学报（社会科学版）》2005 年第 1 期。

整商事交易关系的法律，从根本上说也是属于私法的范畴。但随着现代经济的发展，社会整体观念的加强，政府对于私法关系逐渐改变以往的态度，而采取积极干预的方式，从而形成所谓的"私法公法化"。商法的公法化尤为明显。商法在以私法规范为中心的同时，为保障其私法规范之实现，设置了大量属于公法性质的条款。我国台湾地区学者李宜琛就指出：现代各国的商法虽以私法规定为中心，但为保障司法规定之实现，颇多属于公法性质的条款，几乎与行政法，刑法有不可分离的关系，确已形成"商事法之公法化"。①

商法的公法化作为一种法律发展现象，被学者誉为现代商法发展的趋势，以及商法与民法相区别的一个重要因素。② 究其成因，是相对于民法来讲，商主体要承担较民事主体更高的注意义务，商事行为的外观对于交易的安全更有意义，而这些都需要借助国家公权力来保证更好地落实和贯彻。但商法中公法性规定的强制性主要是基于市场交易的技术需要而产生的，是实现交易效率的技术手段，而非国家积极干预经济的产物。强制性是商法的内在特征，与私法自治具有内在统一性。正确对待商法的强制性，是商法理性化的一个基本前提。③

在我国，随着市场经济活动的深入发展，我国商法也和其他国家的商法发展趋势一样，渗透着公法的因素。主要表现在为了保证经济健康发展、社会稳定，商事立法中越来越多地体现政府经济职权色彩和干预意志、调节个人与政府和社会间经济关系、维护社会公共利益的内容，这些内容在一定程度上都体现了公法的属性。值得注意的是，由于我国商法在建构其制度的过程中吸收了更多的、不规则的国家公权力积极干预商事活动的公法内容，我国的商法在商法公法化的道路上走得更远，呈现出"泛公法化"的特点。从我国商事单行法的内容来看，我国保险法规定有保险业的监管机构——保监会及其监管权限，并详细规定有保险业监管机构的监管内容和方式，以法律的形式授权保险监督管理委员会对保险业进行全面的监管；证券法规定有证券交易的监管，以法律的形式授权证券监督管

---

① 转引自张国键《商事法论》，中国台湾三民书局1980年版，第20页。

② 范健、王建文：《商法论》，高等教育出版社2003年版，第50页。

③ 曹兴权：《认真对待商法的强制性：多维视角的诠释》，载《甘肃政法学院学报》2004年第5期。

理委员会对证券交易进行全面的监管等等。

我国商法"泛公法化"的特点具有深刻的经济基础和制度背景。首先，经济基础决定上层建筑。我国的经济制度所建立的是具有中国特色的社会主义市场经济，在这种经济制度中，存在"宏观调控、经济调整"等许多特有的经济现象，成为支持我国商法呈现"泛公法"的经济基础。而这种商法的"泛公法"化还将在今后的法制进程中进一步得到体现。其次，我国从计划经济过渡而来的立法机制着眼点只是在于保障交易的安全，严重忽视商事活动中主体意志的表达，致使我国商事主体规范及行为规范的价值出现扭曲。比如，票据法不仅对票据的种类、出票人资格加以严格限制，而且还规定票据的签发、取得和转让，应当具有真实的交易关系和债权债务关系。

许多学者指出，商法的公法化，在性质上主要还是要限于国家公权力对商事活动的消极干预，即设定商主体必须遵循的强行法制度，以限制商主体的意思组织和加重商主体的法律责任。从建立公平有序的市场经济环境的角度来讲，商法的公法化不应当倡导国家公权力对商事活动的积极干预。国家公权力对商事活动的积极干预，将会改变商法作为私法的属性，而不仅仅是商法的公法化问题。当国家公权力积极介入商事活动而改变了商法的性质时，不如称其为"经济法"，即国家干预经济活动之法。我国在重建市场经济法律的过程中，在构建商法的结构和内容方面并没有作出足够的符合法理的准备，在商法中规定有国家公权力积极干预商事活动的"公法"内容，这对于我国商法理论的重构造成了负面的影响，其妥当性是值得怀疑的。因此，我国商法学研究要理清商事法发展的规律，认识到商法公法化的边界限度，倾注更多的力量拓展商事法发展的自治空间，防止商事法向经济法方向演变。

（四）商法现代化之惑

对现代化的理解见仁见智。一般人们从相对概念理解，把现代化解释为"一个发展的动态过程和现实活动，相对于传统在时间和空间上的差异"。[①] 而法制的现代化则是"一个国家或地区从法的精神（或观念、意识）到法的制度的整个法制体系逐渐反映、适应和推动现代化文明发展趋

---

① 邹海林：《我国商法发展过程中的几个问题》，载中国法学网。

向的历史过程"。① 法制现代化有内源性和外源性两种模式。法制的基本要素是法律规范、法律程序和法律意识形态等，所以，法制现代化也应当蕴含了这些基本要素的现代化过程。只是内源性和外源性的不同模式"在推进力量的性质、变革进程的次序和实际演化的程度"上是有差别的。②

　　商法作为一国法律制度中的重要组成部分，同样也包括商法法律规范、商法的法律程序和商法的法律意识形态，同样也存在内源与外源的模式问题。③ 改革开放以来，我国短时期内颁布了相当数量的商事法律和法规，从商法现代化模式上表现为外力和内力的共同推进，使商事法律制度在形式上具备了现代特征。这些商事法律规范蕴含着现代商法的法律程序和法律意识，但是这些法律程序和法律意识并未发生实质性现代化。究其原因，与缺乏现代商法意识形态密切有关。

　　"法制的借鉴是法制现代化的基本规律之一。"④ 借鉴包括"现代法的精神（观念、意识）的借鉴和具体法律制度的借鉴。其中，现代法的精神的借鉴更为根本，更具实质意义，它是整个法制借鉴的基础，当然也是最为艰难而持久的一种法制借鉴形式"，"如果法制的借鉴根本不涉及法的精神而只在具体法律制度与法律体系展开……传统的法的精神很容易对其进行拒斥、侵蚀、解构和破坏"。⑤ 在全球化背景下，如何借鉴和移植，适时而适当地重构我国的商法体系和规则，已成为我国法律变革之重要环节。我国商法对现代商法的借鉴与移植中有个目标、重点和选择的问题。我们的目标是要借鉴和移植那些能充分反映现代经济发展要求的商法理念和具体商法制度。在具体商法制度和商法理念上，重点应放在对现代商法理念的借鉴，这是创新我国商法的关键。选择涉及的内容很丰盛，既有具体商法制度、程序，也有商法理念，我们应当选择代表商法发展时代趋势和能与国际衔接的商法制度、程序和理念。⑥

　　此外，商法的修正及其现代化问题颇值得关注。近年来，许多民商分立国家，由于其商法典对商法调整对象的判断及商法体系的设计严重落后

　　① 公丕祥：《法制现代化研究》，南京师范大学出版社 1995 年版，第 7 页。
　　② 同上书，第 118 页。
　　③ 徐学鹿：《论我国商法的现代化》，载中国私法网。
　　④ 公丕祥：《法制现代化研究》，南京大学出版社 1995 年版，第 16 页。
　　⑤ 同上。
　　⑥ 徐学鹿：《论我国商法的现代化》，载中国私法网。

于社会经济发展实践，普遍对商法典进行重大修订，甚至希望通过重新立法使其实现彻底的现代化。在我国，商法的修正及其现代化问题甚为突出。我国已经修正过的"商法"包括公司法、保险法、证券法等，其他被归类为"商法"的法律，有的已经开始了修正工作，但更多的并没有提上修正的日程。我国商法的修正，本身意味着我国商法的发展过程曲折，修正商法的目的显然是要完善欠缺妥当性的法律规范。但即使经过立法机关修正的商法，仍然存在修正的空间，这恐怕是学术界和实务界都不得不面对的永恒课题。为此，我们必须注意遵循现代商法的立法理念与要求，寻找到一个与我国市场经济发展实践以及我国法律体系相适应的科学的商法体系，再以此为指导制定修改具体的商事制度。

二、适应市场经济发展需要的公司法研究

作为重要的商事主体法律，《公司法》在商法体系中举足轻重。从1904 年清政府颁行《公司律》，到 2005 年全面修订后的《公司法》的出台，我国的公司法制历经百年沧桑。

十一届三中全会以后，我国进入经济体制改革时期，作为经济体制微观基础的公司制度开始恢复，公司立法也逐步推进。1993 年 12 月 29 日全国人大常委会第五次会议表决通过《中华人民共和国公司法》，新中国第一部公司法诞生了。然而，由于我国公司实践起步较晚、市场发展迅速，《公司法》条文存在着原则性强、可操作性差、法律漏洞多等诸多不足，实际应用中问题颇多。尽管随后十年间该法进行过两次修改，但仍不能适应我国社会主义市场经济发展和调整公司关系的需要。为适应我国企业面临的全球竞争的形势，以放松监管、鼓励投资、完善公司治理机制、增强公司经营的灵活性和竞争实力为目的，2005 年 10 月 27 日全国人大十届全国人大常委会第十八次会议通过了修订后的《公司法》。新公司法对1993 年《公司法》做了比较全面的修订，进一步完善了公司法律制度，顺应了深化改革、促进发展的实践要求，为我国社会主义市场经济的发展提供了更加有力的制度支持。

《公司法》的出台、修订以及公司实践的发展带动了我国公司法学研究的繁荣。客观而言，公司法学一直是商法学者倾注热情最多的学科，也是我国商法学中发展较早、研究成果较丰的领域之一。如果说 1993 年

《公司法》的颁布是我国公司法学形成规模的阶段性标志，而从 1999 年 12 月底《公司法》开始修订至今，则是我国公司法学深入发展时期。① 这两个时期的公司法学研究，表面上看主要是围绕着对 1993 年《公司法》的修改、完善以及对 2005 年《公司法》的理解、实施而展开的，但本质上说，是在 21 世纪世界性公司法现代化改革浪潮的大背景下，学者们在借鉴域外研究成果的基础上，对公司理论与实践的深度思考和整合。其中，对公司立法的理念、公司的治理结构、公司的社会责任、公司的资本制度等问题的探讨不仅富有理论价值，更具实践指导意义，展现了公司法领域宏观理念和微观制度交融互通的研究格局。

从我国公司法的制度演变过程与公司法的学术研究过程的相互关系来看，其间有一个重要的现象值得注意，就是在 1993 年公司法制定前后，学者的参与形式更多的是对公司法的诠释与解说；而在 2005 年公司法修订时，学者的参与形式更多的是谋划公司法的规范建构，让公司法的内容体现更多的学者设想。2001 年秋，中国法学会商法学研究会成立之时，许多与会者建议由学者提出一个公司法修改稿，由商法学研究会牵头组织的"公司法修改"研究小组，经过长达几年的专门研究，形成了《中国公司法修改草案建议稿》②，对当时现行的 1993 年公司法提出了理念更新、系统规范的修改建议。这个建议稿对公司法的修改影响很大，其中许多建议体现到日后出台的 2005 年公司法中。另外，参与这个建议稿撰写的许多人，都参加了国务院法制办的公司法修改专家顾问组。③ 这一现象充分说明，商法学者对于商法特别是公司法的研究，已经具有很高的主动性和能动性，不仅可以影响公司法的实施实践，也可以影响公司法的立法实践。

（一）关于公司法的品格与公司自治的研究

我国公司法的发展曾经面临着意识形态、公司定位和国家管制等诸多困扰。公司法的品格直接决定了公司法规范的整体走向，是公司法理论和实践的基础性命题。在 1993 年制定公司法时，全国正行大办公司之风。

① 邹海林主编：《中国商法的发展研究》，中国社会科学出版社 2008 年版，第 39 页。
② 王保树主编：《中国公司法修改草案建议稿》，2004 年。
③ 他们是江平、王家福、王保树、赵旭东、陈甦、朱慈蕴、叶林。见《新公司法修订研究报告》，中国法制出版社 2005 年版，第 380 页。

大量公司中难免鱼龙混杂，利用公司逃废债务、影响经济秩序的现象也是层出不穷。因此防止公司滥设、整顿皮包公司、规范公司运作秩序等就成为当时公司法的制度目标，体现公司法条文上就是大量的强制性规范的存在，致使我国公司法基本上成为一部纯粹的企业管制法。

随着市场经济法律体系的不断完善和企业法制建设实践的不断深入，公司法规范究竟应当主要是强制性规范，还是任意性规范引起了学界广泛深入的探讨。受 20 世纪 80 年代源于美国公司法学界"公司的合同理论"的影响，① 我国公司法学者逐渐意识到现代企业是独立法人、自治企业。② 作为私法的公司法，就应强调公司自治，给公司一种权利，一种选择，一种自治的空间，还公司法以本来面目，进而推动公平、高效、自由的社会主义市场经济体制的建立。公司法除了约束功能外，更主要的是发挥促导功能，激发公司的活力和经营的灵活性。有学者指出，由于制定 1993 年公司法的最初动机在于解决国有企业的问题，它自始就承载着维护社会稳定的政治任务，对稳定的追求在未能成为一种自觉行动之前都必须依靠强制来实现，这种文本构造自然影响到学术界对公司法品格的判断。③ 有学者将公司法的品格在立法政策上，直接表达为公司人格自由主义、公司设立自由主义、公司资本自由主义、公司治理自由主义、公司交易自由主义。④ 这些学术思想反映到对公司法的修改理念上，就是 21 世纪的公司法制不宜再以简单地规制公司的行为作为核心内容，而应该为企业提供一个富有弹性的、促使企业能够进行富有创造性活动的公司法律制度。通过强化公司自治能力来提高公司的自我发展能力，也就成为公司法的新的制度目标。

学界持续、广泛的关注最终促成了公司法私法品格的司法表达。2005 年《公司法》充分体现了放松管制、强化自治的企业法制建构理念。集中体现在在经营决策、投资、融资和对经营者内部责任的追究等领域尽量扩

---

① 法经济学家将公司作为一种经济现象来分析，认为企业是一系列合同安排，是一种由众多因素构成的集合，它们共同受到一种复杂的合同链条的约束。根据"契约关系理论"，公司法基本上是一种任意法，政府或者立法机构不应通过制定法形式将强制性规范强加于公司。因为这种强制性规范与代表自由企业与自由市场的契约关系理念背道而驰。

② 江平：《公司法与商事企业的改革与完善》，载《中国律师》1999 年第 6 期。

③ 蒋大兴：《论公司法的私法品格》，载《南京大学学报》2005 年第 1 期。

④ 施天涛：《公司法的自由主义及其立法政策——兼论我国公司法的修改》，载《环球法律评论》2005 年第 1 期。

大公司自治的空间以及公司章程重要地位的凸显。[①] 在以往的公司运作实践中，公司章程往往成为形式化的公司文件，其内容千篇一律，导致公司内部的制度结构"千人一面"。新公司法在多个方面允许通过公司章程进行公司自己的制度安排，例如在施行注册资本分期缴纳时，可以用公司章程规定出资时间；可以用公司章程规定由董事长、执行董事还是经理担任法定代表人；在有限公司，可以用章程规定不按照出资比例分取红利或者不按照出资比例优先认缴出资，可以用章程规定股东不按照出资比例行使表决权等。[②] 可以说，新公司法对任意性规范适用范围的拓宽、对公司自治之商事精神的秉持，无疑是学术界学理探索与公司实践经验的"结晶"。

（二）公司资本制度的反思与选择

公司资本制度是公司立法的基石，它贯穿于公司设立、运营和终止的全过程。公司资本制度模式的选择过程，不仅是不同公司立法理念的交锋过程，也是认知公司法功能的过程。各国公司资本制度的发展不尽相同，但大致上都是为了促进公司制度的发展，便于公司筹措资金，以及保护公司债权人利益，而各项制度的演变不外乎在各项目的中，尽可能求取最佳之平衡点。[③]

传统公司法为了平衡公司债权人利益不因股东的有限责任而受损害，立法上预先设计了一整套关于公司资本形成、维持和退出的机制。这一机制在理论上被归纳为资本确定、维持和不变三原则。但传统的公司资本三原则因其固有的缺陷而受到越来越多的抨击。一些学者通过比较三大资本制模式对股东、公司、外部债权人利益的影响，进而反思我国公司资本制究竟应以股东利益为主导并致力于融资机动化，抑或以债权人利益为主导兼顾筹资机动性。[④] 有学者认为，在理论上，公司资本制度的预设功能可分为融资功能和信用功能，融资功能强调促成公司资金的筹集和运用，信用功能强调对债权人利益的保护。传统的公司法理论偏重信用功能而忽略

---

① 沈四宝、沈健：《公司章程在新公司法中的重要地位与作用》，载《法律适用》2006 年第 3 期。

② 陈甦：《公司法：与时俱进的制度创新》，载《中国社会科学院院报》2005 年 12 月 29 日。

③ 赵德枢：《两岸公司法修订后有关股份有限公司资本制度之比较研究》，载赵旭东主编《国际视野下公司法改革》，中国政法大学出版社 2007 年版，第 263 页。

④ 傅穹：《公司三大资本制模式比较及我国公司资本制的定位》，载《法商研究》2004 年第 1 期。

融资功能，导致我国公司立法上核心理念是保护交易秩序与安全的防弊观，其采纳的立法规则是以强制性规则为主，其主导思路是倾向债权人利益的保障。[①]

沿功能路径，越来越多的学者对我国公司资本制度进行了检讨和评判，并逐渐形成折中资本制更容易为公司法转轨国家接受的共识。[②] 有学者指出，公司资本的担保功能在实践中并未起到充分保护公司债权人的作用，相反，却限制了公司便利筹资、自由经营的空间。所以，各国资本制度逐渐转向宽松、灵活；但同时，如何保护债权人利益就凸显重要性。我国公司资本制度在适应缓和化趋势的同时，应将资本信息披露、阻止公司资产向股东的不当流失、揭开公司面纱等，作为保护公司债权人的有效措施来构建。[③] 决定公司信用的并不只是公司的资本，公司资产对此起着更重要的作用，中国公司资本制度改革的基本思路与方向是从资本信用到资产信用、从法定资本制到授权或折中的资本制。[④] 公司资本制度应以赋权型规则为主，以致力于推动企业效率化筹资与提升国家经济竞争力为终极目标，以最低的成本推动公司资本的形成，以充分的公司经营自治谋求筹措资金的机动化，以积极回应商业现实需求的态度给投资者以切实的投资回报并留有投资的退出渠道，以中性规则的理念平衡公司参与人的利益冲突，从而实现公司参与人利益双赢，开发社会资源并创造社会财富，进而构建一个符合竞争经济的现代公司法。[⑤]

学者们的研究从各种资本制度的选择比较，上升到对资本制度功能定位和立法理念的反思，为我国公司资本制度的立法选择提供了理论支持。新《公司法》完善了公司设立和公司资本制度方面的规定，包括较大幅度地下调了公司注册资本的最低限额，扩大了股东可以向公司出资的财产范围，施行注册资本分期缴纳制等等。这些修改和补充，为公司设立提供了制度上的便利，有利于鼓励投资创业，促进经济发展和扩大就业。

---

① 叶林：《公司法研究》，中国人民大学出版社 2008 年版，第 238 页。
② 喻敏、汤火箭、谈李荣、廖振中：《中国法学会商法学研究会 2003 年年会综述》，载《中国法学》2003 第 6 期。
③ 朱慈蕴：《公司资本理念与债权人利益保护》，载《政法论坛》2005 年第 3 期。
④ 赵旭东：《从资本信用到资产信用》，载《法学研究》2003 年第 5 期。
⑤ 徐晓松：《论我国公司资本制度的缺陷与完善》，载《中国法学》2000 年第 3 期。

（三） 完善公司治理结构的理论探索

公司治理是公司法的核心命题，主要是指有关公司机关的权力分配与行使诸问题的制度安排。有效的公司治理机制要求公司的治理结构应科学合理，以有效配置、平衡各相关利益主体的职责、权限。有学者认为，公司治理是涉及公司内部关系和外部关系的开放系统。就内部关系而言，公司治理主要包括公司权力的内部分配和制衡，在此意义上，公司机关设置规则就成为公司治理的重要内容。就外部关系来说，公司治理不仅要界定企业与公司之间的关系，还要调整公司与所有的利益关系集团之间的关系。①

就我国来看，我国公司治理结构的演进与国有企业改革进程密切相关。国有企业产权与公司外部治理曾受到学者长期的重视和关注。随着股份制企业改造的完成，学者们对公司治理问题的研究重点先是股东和股东大会的地位和权限，进而是公司董事和监事在公司治理中的地位，此后独立董事成为上市公司治理研究中最受人关注的问题。

理论上的积累和创新直接促成了新公司法在完善公司治理结构方面的大量的制度创新，包括完善了股东会和董事会制度，充实了股东会、董事会召集和议事程序的规定；增加了监事会的职权，完善了监事会会议制度，强化了监事会作用；增加了上市公司设立独立董事的规定；对公司董事和高级管理人员对公司的忠实和勤勉义务以及违反义务的责任，作出了更为明确具体的规定，等等。这些措施使公司组织机构的权限安排更加详细合理，相互之间的权利义务关系也更加明确公平，从根本上提高了公司的治理水准，为实现公司和全体股东利益的最大化提供了制度保障。②

（四） 对公司社会责任的提倡

传统的公司治理理论往往忽视除股东外的其他利害关系人的利益，导致公司屡屡突破道德底线，损害其他利害关系人的利益。随着经济的迅猛发展，引发出资源和环保、安全和体面的劳动、消费者权益等问题，许多学者开始从社会历史、企业目的、现代公司特征等多种角度阐释企业社会责任的内涵，同时结合中国当前的社会经济发展背景，分析了中国企业社会责任理论和实践中并存的制约因素和现实意义。

---

① 叶林：《公司法研究》，中国人民大学出版社 2008 年版，第 193 页。
② 刘俊海：《改革开放 30 年来公司立法的回顾与前瞻》，载《法学论坛》2008 年第 3 期。

学者研究表明，公司社会责任既有实体层面的含义，又有程序层面的含义。作为程序意义上的概念，公司社会责任要求公司决策程序考虑和反映社会利益与社会权。作为实质意义上的概念，公司社会责任要求公司决策的结果能够对社会利益与社会权负责。① 公司社会责任的要旨在于，公司不应仅仅作为谋求股东利润最大化的工具，而应视为最大限度顾及和实现包括股东在内的公司所有利益相关者利益的组织体系或制度安排；公司的权力来源于公司所有利益相关者的委托，而非只是植根于股东的授予；公司的管理者应对公司所有利益相关者负责，而不限于惟对股东负责。②

新公司法基于我国特有的经济和政治结构，顺应潮流与学者的建议，首次概括规定了公司承担社会责任，但企业的社会责任往往需要通过多种机制来落实。公司社会责任承担之实际绩效，在很大程度上取决于司法救济的有效性。当前公司社会责任的含义模糊不清，法官负担过于繁重以及商业裁判素养的缺乏，使得法官无法对公司社会责任这一弹性极强的案件作出裁断。目前亟须搭建更具说服力的理论框架，避免公司社会责任沦为"企业办社会"、"政府摊派企业"之"正当性"基础。除此之外，还应考虑由商务部等部门组织各行会或商会组织根据本行业实际情况，颁布《公司社会责任规范指引》，以利法官在裁判具体案件时妥为考量。③

纵观我国公司立法之发展及公司法学研究之态势，公司法的国际化、统一化特征日益彰显，公司法制度的移植亦随处可见。反映在研究领域，对外国相关立法和实务的比较研究一直是公司法学科的研究潮流。学者们全球化的研究视野使我国立法借鉴吸收国际先进理念和制度成为可能，但是，我国特殊的历史文化背景以及转型期特定的社会环境，决定了公司法制本土化的重要性。因此，即便在公司法制高度国际化的背景下，对本土环境的理解和把握仍然是决定公司法制度成败的关键。立足本土与追求国际视野之间的有机结合，将是公司法学未来发展的必行之路。

---

① 刘俊海：《关于公司社会责任的若干问题》，载《理论研究》2007年第22期。

② 卢代富：《公司社会责任与公司治理结构的创新》，载《公司法律评论》2002年卷，顾功耘主编，上海人民出版社。

③ 罗培新：《我国公司社会责任的司法裁判困境及若干解决思路》，载《法学》2007年第12期。

三、关注资本市场稳定发展的证券法研究

证券是商品经济发展到一定阶段的产物。随着我国经济体制改革的不断深化以及社会主义市场经济的不断发展，我国的资本市场从无到有，从量变到质变迅猛发展，证券立法加快步伐并逐步完善，为我国证券法学的发展提供了崭新的经济基础和制度背景，也为学者们的研究提供了丰富的素材和广阔的空间。鉴于学术研究与证券立法的关联互动性，以 1998 年《证券法》的出台和 2005 年《证券法》的修订为节点，我国证券法学的研究进路大致可分为三个阶段。

（一）1998 年《证券法》出台之前

我国证券市场自产生以来就一直处于较为混乱的状态，不同层次的立法内容参差不齐，执法尺度不一，证券市场问题频发。1992 年之后，我国沪深两大证券交易所在实践层面上的较大发展对制定统一的证券交易法提出了迫切要求。针对当时证券市场发育中的经济法问题进行不同视角的研究，如针对证券市场发育困境问题、证券中介机构专业化问题等，许多人都提出了一些富有针对性的建议。[①] 也有人专门研究了证券监管问题，并就立法原则、立法内容、机构体例、主要制度等提出了立法建议。[②] 但因种种原因，证券法迟迟未能出台。在《证券法》长期缺位又呼之欲出的情形下，本阶段证券法学的研究整体上都是围绕《证券法》的总体立法思路、立法架构及证券市场的基本法律制度做初步规划。

证券法基本原则在证券法制定以至实现过程中的重要意义，是学者们共同承认并加以推崇的。但是，对于证券法究竟包括哪些具体的基本原则，见解纷呈。有学者认为证券法基本原则包括：保护投资者合法权益原则；公开、公平、公正原则；自愿、有偿、诚实信用原则。[③] 有学者认为证券法的基本原则包括：公开原则；公平原则；公正原则；高效原则；保

---

① 参见钱奕《困扰中国市场发育的深层原因》，载《法学》1989 年第 8 期；刘海波：《证券中介机构的依法管理》，载《法学》1991 年第 8 期。

② 参见莫志成《制定证券交易法构想》，载《法学季刊》1987 年第 2 期；陈陵：《试论证券管理立法》，载《法学杂志》1988 年第 5 期。

③ 周友苏主编：《证券法通论》，四川人民出版社 1999 年版，第 128 页以下。

护证券投资者原则；对证券市场实行适度宏观调控原则。① 尽管出于对证券法的理解和判断的角度不同，学者们对各项基本原则的归纳有所差异，但"三公"原则却获得高度认同并成为研究热点。当时的研究强调，证券法律制度的公开应体现三层内涵：第一，证券应当向社会公开发行；第二，证券发行后，应在证券交易场所公开上市交易，禁止非法"黑市"交易；第三，必须公开与证券发行、交易相关的一切信息。② 由于我国证券市场的发展还处于初级阶段，我国立法在贯彻公开原则时，应特别强调对拟披露信息的审查，即上市公司公开的有关资料必须经主管部门审查批准，审查合格方准许向市场发布，以加强所披露信息的严肃性和权威性。③至于证券法上的公正原则，大多学者认为，是指在证券法的制定与实施中，有关证券法律制度的制定与执行应当力求公正。另外也有观点认为，"公正的原则，主要是指证券主管机关和证券商的自律组织（含证券交易所与证券商协会）对于证券市场进行监督和管理时，对于证券市场的每一位主体，都应当是不偏不倚、一视同仁的，不得因其身份不同而差别对待。"④

由于我国立法的疏漏以及诚信机制的缺失，证券市场欺诈行为猖獗。对证券欺诈行为法律规制的研究与我国证券市场的发展相伴相随，并成为证券法学研究的永恒话题。当时国内理论界对是否要对内幕交易、操纵市场等证券欺诈行为进行法律规制，已经取得了比较一致的意见，但在内幕交易的主体范围、内幕信息的界定、内幕交易者的主观心态以及操纵市场的主观要件等方面还存在一定的分歧。因此，在此方面的研究重点主要从刑法学构成要件理论的角度，对证券违法行为进行界定，其中对内幕交易、操纵市场行为的研究较为集中深入。有研究表明，内幕交易有两种故意的情形，一是故意隐瞒内幕信息并据此进行证券交易，二是故意向他人

---

① 宁新晨、刘俊海：《规范的证券市场——证券的法律分析》，贵州人民出版社1995年版，第12页以下。

② 黄仁杰：《证券法律制度与实务》，法律出版社1997年版，第19—20页。

③ 徐冬根：《证券法制的"三公原则"》，《证券市场若干法律问题研究》，上海社会科学院出版社1997年版，第210页。

④ 宁新晨、刘俊海：《规范的证券市场——证券的法律分析》，贵州人民出版社1995年版，第13页。

提供内幕信息或窃取内幕信息从而进行内幕交易。① 也有观点认为，行为人只要知悉了内幕信息而从事相关交易行为即构成内幕交易，无须证明交易者从事交易的主观心理及交易行为的后果（是否获利）。② 在认定某一交易行为是否构成"操纵"时，动机因素不具有实质意义，目的要素才是操纵行为的构成要件。③ 这些研究客观上都体现了证券法理论与实践的并行互动。

信息公开制度是证券法的核心制度。证券市场的发展使学者们逐渐意识到，"公开性的证券市场是形成证券公平价格的基础"，"公司信息公开是防止证券欺诈的重要因素"。④ 证券市场失灵的客观存在是信息披露制度存在的经济基础。设计我国信息披露制度，在价值选择上必须兼顾效率与公平的双重目标，实现二者和谐内在的统一。政府在运用信息披露制度干预证券市场时，应着重从以下几方面发挥作用：第一，创造公平竞争环境，建立规范完善的信息披露制度；第二，裁决纠纷，制裁违法行为，保障信息披露制度的贯彻实施；第三，维护投资者权益，促进证券市场发展。⑤ 这一制度所依据的原则可被归纳为三点即：一、充分性和完整性；二、真实性和准确性；三、及时性。中国的证券立法和证券管理部门应当在强制性信息披露制度及其相关问题，如信息传播的广度、深度、及时性和可比性等问题，以及对蓄意违反信息披露法规的调查和处罚等问题上投入最多的关注和最大的努力，以图使市场日趋成熟，最终将政府从社会成本很高、自身风险极大、费力不讨好而又不胜其烦的日常经济决定和具体市场运作中解放出来。⑥ 有学者对上市公司信息公开的基本原则进行了分析，指出上市公司在公开其信息时，应当贯彻主要包括真实原则、充分原

---

① 陈晓：《论对证券内幕交易的法律规制》，载《民商法论丛》第 5 卷，法律出版社 1997 年版。

② 杨志华：《证券法律制度研究》，中国政法大学出版社 1995 年版，第 304 页。

③ 沈厚富：《证券交易市场操纵行为的法律分析》，载《民商法论丛》第 7 卷，法律出版社 1997 年版。

④ 王保树：《发行公司信息公开与投资者的保护》，载王保树主编《商事法论集》第 1 卷，法律出版社 1997 年版，第 279、280 页。

⑤ 张忠军：《证券市场信息披露制度基本问题探讨》，载《中国人民大学学报》1996 年第 1 期。

⑥ 高西庆：《证券市场强制性信息披露制度的理论根据》，载《证券市场导报》1996 年第 10 期。

则、准确原则和及时原则。①

该阶段，受时代背景和证券立法实践的约束，证券法学研究广度有余，深度不足，尤其对具体制度的探讨相对粗浅、零散，缺乏深入的法理分析。但学者们对市场实践的关注以及运用学理资源的探索，为证券法的出台提供了必要的学术准备。

（二）1998 年《证券法》颁行至 2005 年《证券法》修订之前

1998 年《证券法》的颁行，对我国证券法律体系建设以及证券法学研究的发展意义非凡。以《证券法》的颁行为契机，我国证券法律规范内容急速增多，致使证券法律体系成为商法部门最为庞大最为复杂的规范集合。在资本市场规模快速扩大的大背景下，以证券法律制度为支撑的证券法学研究获得了前所未有的发展机遇并展示了务实创新、开放进取的研究态势。

本阶段的证券法学研究从前期相对关注宏观基础性的理论问题，逐渐转向具体微观制度的阐述，同时注重借鉴域外经验，尤其英美成熟市场的先进经验，对证券法实施过程中出现的关键性问题展开循序渐进的研究。

由于我国特殊的国情以及政府主导型的证券市场运行机制，对我国证券市场监管理念、职能定位以及监管权力的合理行使等问题进行符合国情的研究探讨尤显迫切。具体的研究成果主要包括：第一，关于证券市场监管基本理论的研究，包括运用公共选择理论、不完备法律理论等探求我国证券监管不力的症结，为管理层提高证券监管效率，给投资者营造公平、高效的投资环境提供新的思路。对证券监管理念，有学者指出，如果说，在制度不完善状态下较多的政府行为和行政干预在某种意义上是新兴市场的共性，那么，现阶段，随着我国进入后股权分置时代，资本市场的市场化趋势已是必然。这就要求在监管理念方面，必须坚持市场化的方向，逐步放松行政管制，把证券监管思路从原先带有强烈计划色彩的控制风险的思路转向遵循市场运行规律的揭示风险的思路，② 把预防和惩处市场不当行为作为主要目标，把确保市场的流动性和透明性、市场信息的有效性作为监管重点。这种由证券监管机构充任证券市场调控者的监管思路，在市场化、国际化的背景下无法实现对资源的优化配置和对市场的有效监管，

---

① 陈甦：《上市公司信息公开的基本原则》，载《中国法学》1998 年第 1 期。
② 黄运成等：《证券市场监管理论、实践与创新》，中国金融出版社 2001 年版，第 219 页。

同时限制了市场机制的自我调整能力，制约了市场主体的行为自由，挤压市场的发展空间，影响了市场的健康发展。[①] 第二，关于我国证券市场监管体制、模式及现状的研究。从分析我国证券市场监管体制的现状和存在的问题入手，提出一些具体的改革措施和模式设计。有研究指出，目前我国证券市场监管体系的最大缺陷在于监管功能错位，监管权力与监管职责过于集中于政府监管部门。这种监管功能的错位，给证券市场造成的潜在风险就是证券市场关系理不顺、市场发展也难以遵循市场规则。[②] 尤其是证券监管机构充任证券市场调控者，会使一些原本属于市场的权利无法得到落实，仍然保留在证券监管机构的监管权限范围之内，这样会制约市场主体的行为自由，挤压市场的发育空间，不能充分发挥市场自我发展、自我调控机制，影响市场的健康发展。[③] 第三，关于证券市场具体监管制度的国际比较研究。主要是审视我国证券市场具体制度建设的疏漏，借鉴国际经验，吸收国外成熟监管制度的有益启示，取长补短，洋为中用。

对居于证券市场核心地位的证券交易所，学界持续关注。其中，对证券交易所的性质、组织结构的变革、行政监管与自律管理的协调等方面的认识不断深化，研究成果颇丰。证券交易所在证券市场活动中扮演的角色具有复合性：它既是一个集中交易场所，又是由众多证券从业机构组成的市场自律组织；它既是市场运营组织，又是市场监管机构。证券交易所可谓集市场职能和监管职能于一身的特殊市场主体。证券交易所这种双重属性和多重角色的特征正广为认识和接受。不管新兴市场还是成熟市场，证券交易所的基本功能不外乎两个：一是为证券集中交易提供场所设施；二是为维护证券市场交易秩序而承担监管职责。[④] 至于交易所监管权力的来源，有学者认为，从历史发展和理论角度看，多属于交易所作为独立主体应当享有的自治权，国家法律对这些权利进行规定，意味着法律对交易所享有自主权的认可和保护，与其说是自律监管"权力"的来源，还不如说是对交易所自律监管"权利"的确认。[⑤]

---

　　① 　高西庆：《论证券监管权》，载《中国法学》2002 年第 5 期。

　　② 　《中国证券市场国际化问题研究报告》之四，载《上海证券报》2003 年 9 月 11 日。

　　③ 　高西庆：《论证券监管权》，载《中国法学》2002 年第 5 期。

　　④ 　彭冰、曹里道：《证券交易所监管功能研究》，载《中国法学》2005 年第 1 期。

　　⑤ 　徐明、卢文道：《从市场竞争到法制基础：证券交易所自律监管研究》，载《华东政法学院学报》2005 年第 5 期。

关于交易所的组织形式，公司制交易所和会员制交易所的差异主要表现在三方面：所有权结构、治理结构及经营目标。① 关于我国证券交易所的改革方向，主流观点认为，应借鉴各国交易所非互助化改制经验，对我国交易所进行股份化改造②，使其与当今世界证券交易所公司制改革潮流相一致。

对我国行政监管与交易所自律关系上存在的问题，学者们的认识颇为一致，即自律管理机制和职能没有真正到位。具体表现在：（1）在法律上，证券市场自律管理缺乏应有的地位。我国证券法所规定的证券市场监管，基本上是行政监管为主，自律监管未作系统性表述。（2）在主体资格上，证券市场自律管理组织独立性不够。证券交易所和证券业协会都带有一定的行政色彩，通常被看做准政府机构。（3）在职责分工上，自律管理与政府监管的权限不够明晰。在对证券市场监管过程中，自律组织与证券行政主管机构对证券市场监管的权力边界不够清晰，职责分工和监管机制还没有理顺，有的地方存在交叉或重叠，有的地方出现了缺位或越位。③

民事赔偿制度是实现保护投资者利益的最重要、最根本的途径。在民事责任的制度体系和理论领域中，证券民事责任以其内容丰富、结构复杂、特征明显、作用重大而引起理论界和实务界的高度重视和广泛研究。我国对该问题的研究大体上从两个层面上展开讨论：一个是技术层面上的，就是从立法技术角度研究如何建构民事责任制度，例如证券法上民事责任的性质如何界定，证券违法行为的构成要件如何确定，更为具体的，是研究证券违法行为造成的损失怎样计算，具体的诉讼制度如何设定等等。学者们结合证券市场的特殊性，运用民法学的原理，借鉴美国发达的证券法律制度，将证券民事责任置于侵权责任法的逻辑脉络中进行研究。④例如，有学者通过对各类证券欺诈行为构成及危害的分析，系统阐释了证券欺诈侵权损害赔偿制度。⑤ 另一个是观念层面上的，就是在立法理念上

① 谢增毅：《证券交易所组织结构和公司治理的最新发展》，载《环球法律评论》2006 年第 2 期。

② 于绪刚：《交易所非互助化及其对自律的影响》，北京大学出版社 2001 年版，第 201 页。

③ 朱从玖：《建立和发展证券市场自律管理体系》，载《经济法学、劳动法学》（中国人民大学报刊复印资料）2003 年第 11 期。

④ 郭锋：《虚假陈述侵权的认定及赔偿》，载《中国法学》2003 年第 2 期。

⑤ 例如陈洁的《证券欺诈侵权损害赔偿研究》，北京大学出版社 2002 年版。

研究和讨论证券法为什么要规定民事责任制度，民事责任制度在证券市场监管机制中应处于何种地位，证券法上规定的民事责任制度要达到何种法律效果，等等。这两个层面是互相联系互相影响的，并且立法理念上的认识与选择会决定立法技术上的选择与运用。证券民事责任的研究从制度层面的探讨深入到理论层面的反思，推动了证券立法与司法的变革，[①] 更重要的是使证券法律保护投资者的根本诉求落到实处。2003 年 1 月 15 日，最高人民法院颁布了《关于审理证券市场虚假陈述的民事赔偿案件的规定》（以下简称《规定》），就是在学者研究成果的推动下，使我国证券民事赔偿案件的审理有了实质性突破。

归纳本阶段的学术研究，总体上呈现了由一般到具体、由宏观入微观的研究趋势。突出特点是学者们善于借鉴国外证券立法的成功经验，热衷于证券法具体制度的专题性研究。这种分散的点到点的比较分析研究，固然有细致入微的好处，但难见体系化的整体性，严重缺乏由点到面的宏观把握以及高屋建瓴式的对某项制度未来发展的探讨和分析，凸显了我国证券市场发展过于迅速导致的应急性立法和应景性学术研究的弊端。

（三）2005 年《证券法》全面修订之后

2005 年 10 月 27 日，十届全国人大常委会第十八次会议对《证券法》进行了全面的修订。此次修订，对于一些涉及市场运行机制的事项，诸如分业经营还是混业经营、融资融券交易、证券业务许可等，提供了更适当的制度空间。同时，增加了证券监管机构的权限，强化了证券行政责任制度，进一步完善了证券民事制度体系等。针对修订后的《证券法》进行必要的评价反思是该阶段证券法学研究的主流，只是本阶段的反思注意与立法和司法实践的相互呼应，因而更具理论意义和现实价值。

虽然修改后的证券法进一步加强了证券市场监管体制，但从修改的制度内容分析，修改后的证券法只是对现行证券市场监管体制予以量的加强，而没有实现质的改变。尤其是修改后的证券法并没有改变原有的监管理念与监管机制，相反，却是在保留原有的监管模式的前提下，通过广泛增加监管机构的权限，致使证券监管部门成为上市公司主管机关和证券公司的行业主管部门之趋势得到进一步加强。面对现实的证券市场监管体制中，证券监管机构与其监管对象之间关系异化现象，证券的适度监管成为

---

① 奚晓明、贾纬：《证券法上民事责任的丰富与发展》，载《法律适用》2005 年第 12 期。

学者关注的焦点。有学者指出，造成市场监管机构向行业主管部门转化这种现象的原因，主要是在市场经营和市场调控职责的促使下，形成的对监管对象"过分关心"和监管方式"深度介入"所造成的。① 就监管机构与上市公司关系看，证券监管者在推动上市公司内部公司治理完善方面所扮演的角色非常重要，关键是应厘定监管权限。证券监管定位应该根据经济体不同历史阶段所处的不同环境做出适时的变更。从整体上看，过去十多年来，中国证券监管者的积极引导对上市公司治理水平提高、治理机制完善发挥了至关重要的作用。然而，中国证券监管的外部环境已经发生了很大的变化，面对已经变化的外部环境与挑战，证券监管定位需要做出调整。解决监管体制内部冲突已经成为证券监管者所面临的迫切任务。新老制度移植所导致的体制内冲突在上市公司内部治理方面表现得尤为突出。鉴于大多数上市公司股权结构仍没有得到根本性改变，因此证券监管重点也就不可能发生根本性转移，即仍为防范内部人控制问题。在上市公司内部治理结构框架初步搭建的情况下，证券监管者应着重对公司高管人员与控股股东进行监管。②

　　尽管随着 2005 年公司法和证券法修订的联袂出台并实施，我国证券民事赔偿制度的基本架构从单纯倡导到探究其具体构成，从最初局限于虚假陈述拓展到内幕交易、操纵市场并最终形成相对完善的证券民事责任理论体系，③ 但相当多学者认为，在我国这样一个行政监管为主导的证券市场制度体系中，民事责任制度始终未能获得应有的地位，始终未能发挥其应有的制度功能。在目前证券法学界面临的最突出的问题就是如何把这些基本制度落到实处。2005 年证券法系统地确立了虚假陈述的民事赔偿责任机制，对虚假陈述民事责任的主体、责任类型和归责原则进行了系统的梳理和归纳，尤其把归责原则给明确化了，例如对于违反信息公开义务的民事责任，依据相关主体的地位与作用，分别规定了无过错原则、过错推定原则和过错原则。对内幕交易、操纵市场、欺诈客户等行为，直接规定了民事责任。但在证券立法的技术上，仍有很大的改进余地。如对内幕交易

---

① 陈甦：《证券法专题研究》，高等教育出版社 2006 年版，第 208—210 页。

② 焦津洪、丁丁、徐菁：《论我国证券监管者对上市公司内部治理的监管权限之界定》，载《公司法与证券法论丛》2006 年第 2 期。

③ 张文显、黄文艺主编：《中国高校哲学社会科学发展报告》，广西师范大学出版社 2008 年版，第 168 页。

民事责任制度，还缺乏损害行为与损害结果之间因果关系推定的规定，使得有关的民事责任制度实际上缺乏可操作性。

就我国证券法研究的现状分析，由于学者们往往是从实践中的一些具体问题入手，以解决具体问题为导向，因此，类似专题性的研究无论是广度还是深度均显不足。此外，证券法学界相当程度上以"经院式"的研究方式思考市场实践问题，致使汗牛充栋的研究成果因与实践严重脱节被束之高阁。如何消化吸收我国证券市场国际化进程中创造出来的新经验和新形式，然后进行"具有中国特色"的创新，及时推动我国证券立法的不断修改或完善是学界的重要任务。与此同时，证券立法规范发生变动的原因、机理以及变动后的效果，也将直接体现在证券法学的研究中。这样，立法与学术的互动不仅是学术层面的现象，而且也是商事法治实践的重要体现。

四、与企业改制密切相关的企业破产法研究

我国是一个缺乏破产法传统的国家。20 世纪 80 年代开始的经济体制改革，促使人们思考如何处理企业倒闭的问题，进而催生破产制度来推进改革和促进经济发展。1983 年初，国务院经济技术社会发展研究中心在《关于争取科技进步促进经济发展若干问题的建议》中，建议有关部门立即起草破产法。同年 9 月，该中心又撰写了《关于"企业破产整顿法"的方案设想》，并于次年在《瞭望》周刊第 9 期摘要发表，这是我国第一篇公开发表的关于创建破产制度的文章。[①] 1985 年，在国务院的指示下，企业破产法起草小组成立并草拟了《企业破产法纲要》。在广泛征询意见和讨论的基础上，1986 年完成《中华人民共和国企业破产法（草案）》。同年，经第六届全国人大常委会第十七次会议和第十八次会议二次审议，《中华人民共和国企业破产法（试行）》于 12 月 2 日表决通过。鉴于《企业破产法（试行）》仅适用于全民所有制企业，而全民所有制企业以外的其他企业同样需要破产法的调整，1991 年 4 月 9 日，七届全国人大四次会议通过的《民事诉讼法》于第二编中专设第 19 章 "企业法人破产还债程

---

① 叶甲生：《中国破产法理论研究的现实状况与未来路向》，载《西南政法大学学报》2008 年 12 月。

序"，适用于全民所有制企业以外的具有法人资格的其他企业的破产案件。

在 1986 年破产法制定之时，我国不仅缺乏历史传统和必要的理论积淀，而且没有破产司法实践的技术支持，再加上当时非市场经济的制度因素还严重地制约着人们对于破产立法的认识和制度应用，因此，1986 年的破产法从立法理念到制度设计都难免存在相当大的局限性，在实施过程中缺陷日渐显现。1994 年，第八届全国人民代表大会常务委员会财经委员会开始组织起草我国新破产法。这一法案从组织起草到 2006 年颁布，历时整整 12 年，可谓"十年磨一剑"。借助新破产法的立法契机，破产法学研究逐步升温。在与破产法立法的良性互动中，学者们通过汲取发达国家成熟的理论和实践经验，在破产法基础理论及相关具体制度研究方面均得以快速发展。实践表明，破产立法在推动或引导学术理论研究不断深入与拓展的同时，破产法的学术研究也为破产法的完备出台，提供了厚实的理论基础和广阔的成长空间。

以新破产法为分界线，在新法出台之前，破产法学研究紧紧围绕破产立法酝酿摸索，新法出台后，破产法学研究主要关注三个方面的课题：一是新《破产法》的理解与适用；二是新《破产法》的发展与完善；三是新《破产法》实施中的问题。归结起来就是两条主线，一是立法理念的更新和突破，为破产法的出台与提升奠定理论基础；二是具体制度的建构和创新，为《破产法》的施行与完善提供理论支持。

（一）破产法立法理念的更新和突破

与 1986 年破产法相比较，在立法理念上，新的破产法以科学的立法技术、充分的当事人意思自治和适度的司法强制，构造了我国全新的以企业再生为主导目标的破产程序模式结构。而这种立法理念的转变，经历了长期的理论思考和实践积淀。

民事主体地位平等是民商法的一个基本原则，但在我国企业破产法的起草过程中，破产程序是否应当适用于企业法人以外的债务人，曾经引起了广泛的讨论。[①] 有观点主张，破产程序应当适用于企业法人和自然人，没有个人破产内容的破产法不是一部完整的破产法；[②] 我国处于一般破产主义趋势的时代背景下，没有理由将自然人排除于破产程序的适用范围之

[①]　常敏、邹海林：《中华人民共和国破产法的重新制定》，载《法学研究》1995 年第 2 期。

[②]　李曙光：《关于新破产法起草中的几个重要问题》，载《政法论坛》2002 年第 3 期。

外，应当扩大破产法的适用范围而采用一般破产主义。① "破产程序的目的主要在于保护债权人的公平清偿利益，程序制度的设计所主要考虑的事项是如何保证债权人的地位平等，至于债务人为法人还是自然人，对于一个确保公正的程序，并不会产生任何影响。在实体法上，自然人与法人并没有法律地位上的差异，其所承担的债务并不会因为是自然人还是法人而区别对待，这表现在程序法上也应当一体对待自然人与法人。破产法适用于法人，也应当适用于自然人，可以真正做到自然人与法人在债权债务清理程序上的平等。"②

从法理分析，破产法作为私法，应当体现主体平等的精神；如果在所有适用破产法的主体中，采取不同的政策，特别是将国有企业和非国有企业相互区别而采取不同的规则，将违反主体平等这一私法精神和基本原则；坚持破产法上的主体平等，不仅要贯彻破产原因或者破产条件的平等对待，而且尽可能减少政府对国有企业破产的干预。③ 我国已经是一个加入 WTO 的市场经济国家，我们必须把所有的市场经济主体放在一个公平的环境中来对待。在这种背景下，必须将破产法当作私法来起草，反映和体现私法的基本精神逐渐取得认同。反映在新破产法中，新破产法统一了破产程序对企业法人的适用，消除了企业法人在适用破产程序方面存在的各种制度性差异，奠定了破产程序的平等适用制度基础。企业破产法有关破产程序适用于企业法人的制度安排，彻底解决了我国长期存在的破产程序适用不平等的问题，除《企业破产法》第 133 条和第 134 条等的特别规定外，企业法人适用破产程序没有任何程序上的差异，不论企业法人的所有制性质、规模、行业及其他差异，均无差别地适用企业破产法规定的重整程序、和解程序或者清算程序。④

当然，企业破产法仅将企业法人纳入破产程序的适用范围。依照《企业破产法》第 2 条的规定，破产程序仅仅适用于企业法人。究其因，立法者最终考虑的问题仍然还是自然人破产的财产如何管控的问题，即我国的个人"财产登记制度和个人信用制度处于初建阶段，难以有效防范个人利

---

① 汤维建：《修订我国破产法律制度的若干问题思考》，载《政法论坛》2002 年第 3 期。
② 邹海林：《关于新破产法的适用范围的思考》，载《政法论坛》2002 年第 3 期。
③ 李永军：《重申破产法的私法精神》，载《政法论坛》2002 年第 3 期。
④ 邹海林：《中国商法的发展研究》，中国社会科学出版社 2008 年版，第 130 页。

用破产逃债的问题，故目前不宜适用于个人破产"。①

在旧的破产法框架下，尽管规定债权人会议作为当事人自治的基本形式，但是债权人会议的职能定位不准确以及债权人自治的方式或途径过于僵化，当事人自治实际上成为破产程序中法官主导程序的点缀。此外，过去的制度模式框架并没有给出负责债务清理的清算组清晰的地位和职责，以至于法官在破产程序中基本上替代了清算组。有学者将以上现象归结为法官主导型的破产程序。② 基于破产程序中对债务人财产有效管理以及当事人自治的考虑，新企业破产法以管理人中心主义和债权人自治，实现了破产程序由法官主导型向当事人自治主导型的彻底转变。其中债权人自治，是指全体债权人组成债权人会议或者选任其代表，对破产程序进行中的有关重大事项，发表意见并作出决定，并监督管理人正当履行其职责。③ 破产程序中的债权人自治，就是为多数债权人参加破产程序、平等行使权利而设立的制度。新破产法对于债权人自治的空间给出了较为清晰的边界，并且以债权人委员会制度的创设扩充了债权人自治的方式，提高了破产程序中债权人自治的有效性。

企业再生是破产法改革的世界性课题。但在我国，"长期以来，在企业破产问题上，存在着一个似乎是约定俗成并且不可动摇的观念，破产就是倒闭清算"。而有的观点对我国企业破产法（试行）所确立的破产观念予以了高度评价，认为"在我国，破产概念的内涵并没有如同西方那样历经了长期的演变过程，而是从一开始就具有最丰富的含义，深刻地烙上了现代特征"。④ 随着现代重整制度的诞生和成长，"开辟了在公平清理债务的前提下实现困境企业再建和复兴的途径，从而更新了破产法的观念和结构，并拓展了民商法的思维空间"。⑤ 学者们逐渐认识到，在设计破产程序制度时，立法者应当有这样的价值判断，企业的再生利益优先于破产程序中的其他利益；并以此为基础，在立法政策上做出取舍。有学者指出，所

---

① 《中华人民共和国企业破产法》起草组编：《〈中华人民共和国企业破产法〉释义》，人民出版社 2006 年版，第 8 页。

② 邹海林：《中国商法的发展研究》，中国社会科学出版社 2008 年版，第 137 页。

③ 见邹海林、王仲兴《论破产程序中的债权人自治》，《民商法论丛》第 2 卷，法律出版社 1994 年版，第 157 页。

④ 汤维建：《破产概念新说》，载《中外法学》1995 年第 3 期。

⑤ 王卫国：《论重整制度》，载《法学研究》1996 年第 1 期。

有的债权人，不论其是否享有担保，以及对债务人的财产归属或支配利益享有权利的其他人，均受重整程序的支配。在重整程序中，即使个别表决组的权利人不同意重整计划，法院也可基于其自由裁量权顺延重整期间或者批准重整计划。可见，债务人受重整程序的保护利益是十分优厚的。我国破产立法应当坚持这样的立场。① 新的企业破产法较为全面地贯彻了以企业再生为主导目标的破产程序制度。② 企业破产法基于企业再生的理念，对我国过去的破产立法规定的企业清算主导型的破产程序进行扬弃，通过规定重整程序与和解程序，凸显了企业再生主导型的破产程序制度。

（二）破产法制度建构中的理论创新

新的企业破产法在程序制度的设计方面，尤其是围绕企业再生程序的设计及其运行效果而展开的改革或者制度创新，既有深度也有力度。企业破产法有关破产程序的规定，并非纯粹意义上的程序制度，而是在更高的层面上要提升破产程序在挽救有财务困难的企业方面发挥作用。

破产法改革的核心是建立统一和专业化的管理人制度，并贯彻自治方式多样化的债权人会议制度。管理人中心主义，是指破产程序的事务性工作通过管理人来进行，管理人在破产程序开始后依法对债务人的财产进行接管、清理、保管、运营以及必要的处分，以更好地保护债权人的利益。引入破产管理人制度最终成为新《破产法》的一大创新。学者们借鉴西方经验研究表明，管理人不仅可以更加有效地维护债务人和债权人的利益，而且可以极大减轻法官在破产程序中的业务负担，节约宝贵的司法资源。依照企业破产法的有关规定，管理人在破产程序中具有独立的地位；依法独立执行职务。基于这样的理念，《企业破产法》第13条、第23条和第25条就管理人及其地位所为规定，基本上反映了破产程序中的管理人中心主义。

在起草企业破产法的过程中，曾有观点建议将管理人中心主义限定于破产清算程序中，认为管理人在清算程序和重整程序中的作用不同，管理人的作用更多地表现在清算程序中，在重整程序中的作用则是有限的。③ 但更多学者认为，"破产程序中的管理人中心主义应当贯穿于统一的破产

---

① 邹海林：《中国商法的发展研究》，中国社会科学出版社2008年版，第139页。
② 邹海林：《我国企业破产法的制度创新》，载《中国社会科学院院报》2007年7月5日。
③ 李曙光：《关于新〈破产法〉起草中的几个重要问题》，载《政法论坛》2002年第3期。

程序的各个环节。管理人中心主义不能仅仅在破产清算程序中有意义，而且应当有效于和解程序与重整程序。管理人中心主义与重整程序中的债务人自行管理财产的地位并不矛盾。依照企业破产法的相关规定，我们确实可以看到，在破产清算程序和和解程序中，管理人的中心地位十分显著；但在重整程序中，管理人的作用则是有限的。管理人的作用在重整程序中'有时'并不十分显著，这种现象只是管理人中心主义的异化，即管理人的职能向重整程序中的债务人发生了有条件的转移，并非对管理人中心主义的否定"。[1]

至于债权人会议制度，在我国的破产立法上，债权人会议在破产程序中具有独立的地位。但是，由于破产程序涉及的债权人众多，若将债权人自治推向绝对化，有可能会影响破产程序的顺利进行，故债权人自治属于法院的司法控制范围内的自治。"债权人自治原则的贯彻落实，要求破产立法应始终从债权人如何利用破产程序实现合法权益的视角予以设计和规制，而不是从人民法院如何行使对破产案件的审判权这个角度作出规定。人民法院对破产案件的审判权集中体现在它的监督权和指挥权上，其目的主要在于对债权人自治权予以限缩和制约，从而平衡债权人和债务人双方的合法权益，避免债权人对债务人滥用破产程序权。"[2] 简而言之，债权人自治则是在公力救助范围内的自治，法院对债权人自治的活动拥有最终裁决的权力。[3]

新企业破产法有关破产程序体系化设计的重点，在于创造性地规定重整程序与和解程序。新企业破产法的改革实际上是围绕着企业再生程序的设计及其运行效果而展开的。企业再生程序的设计水准往往成为检验破产法改革现代化的标志。重整制度是企业破产法规定的采取积极措施挽救有财务危机的企业的司法程序，是一种预防破产清算的积极制度。破产重整制度的细化与优化问题作为现代破产法律制度发展的主要制度特征和重要制度成果之一，是一项复杂而精巧的制度安排。在世界范围内，基于各国不同的历史传统、经济状况，不同国家的重整制度也千差万别。我国新《破产法》中的重整制度，主要参考和移植了《美国破产法》第11章的内

---

① 邹海林：《新企业破产法与管理人中心主义》，载《华东政法学院学报》2006年第6期。
② 汤维建：《修订我国破产法律制度的若干问题思考》，载《政法论坛》2002年第3期。
③ 邹海林：《破产程序和破产法实体制度比较研究》，法律出版社1995年版，第129页。

容。鉴于我国的重整制度存在线条过粗的问题。重整制度的细化与优化，是未来研究需要着力解决的课题。

除此以外，为增加困难企业的再生机会，我国新企业破产法还规定了一种"自行和解"的制度。和解制度是企业破产法规定的债务人和全体债权人在破产程序中经协商妥协而达成清理债权债务的一揽子协议的程序。严格地说，债务人的自行和解并非程序制度，但该制度的实践价值或效果在于终结已经开始的破产程序，尤其是终结可能开始的破产清算程序。债务人自行和解制度之创设，不仅具有阻止法院宣告债务人破产清算的功效，而且具有防止以清算程序分配债务人财产的功效。[①]

---

① 邹海林：《我国企业再生程序的制度分析和适用》，载《政法论坛》2007 年第 1 期。

第十七章

知识创新时代的中国知识产权法学

一、知识产权法学发展概述

1992 年以后，与国家加入 WTO 的决策相呼应，中国的知识产权制度正经历不断完善并与国际规则接轨的过程。伴随着一波又一波国内外因知识产权保护引起的国际贸易争端的产生和解决，"知识产权"从一个仅为研究人员、专业事务从事者了解的术语，变成社会关注的热点。中国的知识产权法研究也由此经历了一场深刻的变化，知识产权法学作为传统的民商、经济法学的特殊分支逐渐脱离出来，形成了自己的研究队伍并取得了丰硕的研究成果，知识产权法进入了学科发展和成熟时期。

（一）知识产权法学的学科发展阶段（1992—2000 年）

这一阶段中国社会科学院法学所的郑成思仍然是中国知识产权法学学科的带头人，他创办的"中国社会科学院知识产权中心"于 1994 年 9 月正式成立，陆续吸收了一些国内知识产权法学领域的知名学者。几乎与此同时，国内一些大专院校和研究机构也先后成立了专门的知识产权研究教学机构，如 1994 年上海大学和北京大学的"知识产权学院"。之后，随着中国知识产权法律制度的迅速发展，现实中知识产权相关争议大幅攀升，1996 年最高人民法院设立了专门的知识产权审判庭，而全国其他一些重点大学的法学院也逐渐成立了专门的知识产权教学研究机构，培养了一批知识产权专门人才。

在著述方面，随着知识产权法学科的发展，专门的教育培训教材也陆续产生，比如郑成思 1993 年的《知识产权法教程》等。而且各类教材的不断产生和修订，为我国知识产权法的学科建设人才培养提供了基础条件。此外，学术界开始出现了比较系统阐述知识产权法某一方面问题的著作，如 1993 年唐广良、董炳和、刘广三的《计算机法》、1994 年汤宗舜的《专利法解说》、郑成思翻译出版的《与贸易有关的知识产权协议》、张平的《知识产权法详论》，等等。围绕中国加入 WTO 这一社会经济生活中的主要事件，尤其是 1996 年中美关于知识产权问题的贸易战结束后，中国的知识产权法研究总体上开始超越介绍性和一般阐述性的层次，开始进入一个较为深层次的对知识产权制度及其规则的探讨。比如学术界对知识产权的基本观念问题、知识产权与物权的关系问题、平行进口与权利用尽问题、商标法与反不正当竞争法的交叉问题、反向假冒问题等，都展开过比较充分的讨论。这期间除了汇集这些热点问题进行探讨的中国方正出版社出版的《知识产权研究》和中国政法大学出版社出版的《知识产权文丛》丛书外，代表性的论著还有郑成思于 1996 年出版的《世界贸易组织与贸易有关的知识产权》和其 1998 年的《知识产权论》，1997 年程永顺的《工业产权难点、热点研究》，1998 年程永顺、罗李华的《专利侵权判定》，1998 年尹新天的《专利权的保护》，1999 年陈旭的《法官论知识产权》，2000 年李明德的《"特别 301 条款"与中美知识产权争端》，等等。也是在这一阶段，以刘春田为代表的中国人民大学的知识产权教学研究机构从 1998 年开始组织编写公布每年度的"知识产权法学研究的回顾与展望"，为具体了解我国知识产权法研究和学科发展状况提供了参考。

（二）知识产权法学的学科成熟独立阶段（2000 年至今）

这一阶段前期，即 2001—2005 年，因加入 WTO 的需要，中国的知识产权法律制度经过一系列修改达到了国际保护水平；之后，中国进入了全方位履行 WTO 承诺的过渡时期。相应地，这段时期中国知识产权法研究的特点，是着重于对 WTO 规则及其与中国法律关系的阐述，对新修订的知识产权法律规则的评析，对相关配套法规的研究以及对司法实践中新问题的探讨等方面。比如集成电路布图设计的保护问题，诉前临时禁令的概念及其适用问题，网络环境下的知识产权保护问题，等等，都曾经是广泛进行探讨的热点。除了对这些与具体制度密切相关的研究之外，越来越多的学者加入到关于知识产权基本理论的讨论中来。

这一时期，中国的知识产权法学走向成熟的标志性事件，是中国法学会知识产权法研究会的成立及其每年度的有效运作。2001 年 10 月底，经中国法学会批准，其下属的学科研究会——知识产权法研究会在北京正式成立。这是一个由专门从事知识产权法学研究、法学教育及知识产权立法、司法和行政管理事务的骨干人员以及与知识产权密切相关业务的其他专业人员组成的知识产权法专业学术团体，其核心成员几乎囊括了中国知识产权学界和实务界的精英。中国法学会知识产权法研究会由中国社会科学院知识产权中心负责日常工作，郑成思为2001—2006年前两届研究会的会长；目前第三届研究会（2007—2012）会长是中南财经政法大学的吴汉东。

在学术成果方面，这一时期的代表性著作包括2000年薛虹的《网络时代的知识产权法》，王先林的《知识产权与反垄断法》；2001年郑成思的《知识产权论》（修订本），吴汉东和胡开忠的《无形财产权制度研究》，黄晖的《驰名商标和著名商标的法律保护》；2002年郑成思和张晓都的《专利实质条件》；2003年郑成思的《知识产权论》（第3版），李明德的《美国知识产权法》；2004年李扬等的《知识产权基础理论和前沿问题》；2005年郑成思主编的《知识产权——应用法学与基本理论》，吴汉东等的《知识产权基本问题研究》，尹新天的《专利权的保护》，以及汇集这一时期热点问题探讨的郑成思主编的《知识产权文丛》，郑胜利主编的《北大知识产权评论》，唐广良主编的《知识产权研究》各卷。

这一阶段后期，即2006年至今，随着中国的经济、政治体制改革的深化，为建设"创新型国家"提供制度保障的知识产权法律制度也正在迈入一个新的阶段，即从相对机械、被动的规则制定走向灵活、主动的规则运用，以及对国际知识产权规则制定的积极参与。在应对"入世"后知识产权保护引起的国际贸易纠纷的过程中，卷入纷争的中国企业积累了深刻的经验和教训。依法有效保护知识产权不仅是中国履行所承诺的国际义务的需要，更是中国促进自身经济社会发展、实现建设创新型国家目标的内在需要。中国政府已经认识到知识产权在未来世界的竞争中举足轻重的地位，高度重视知识产权保护工作，于2008年6月颁布了旨在积极营造良好的知识产权法治环境、市场环境、文化环境，大幅度提升我国知识产权创造、运用、保护和管理能力的《国家知识产权战略纲要》。相应地，这一阶段的理论研究成果主要体现在围绕知识产权战略各个层面展开的探讨方面，典型的就是历时两年多、由当时的"国家知识产权战略制定工作领导小组办公室"协调各相关部门完成的20个专题研究之成果（即《国家知识产权战略纲要》的基础性材料）。

在国家知识产权战略制定工作和知识经济时代要求的直接推动下，近几年来我国的知识产权研究成果颇丰，且在研究领域和内容的深度和广度上都有所拓展，呈现出知识产权法学快速发展的良好势头；尤其是年轻一代的研究者，出版了一批专著，大大丰富了我国知识产权法学研究的内容。近几年来有代表性的成果包括：2006 年董炳和的《技术创新法律保障制度研究》和冯晓青的《知识产权法利益平衡理论》，2007 年李明德的《知识产权法》，2008 年王迁的《网络版权法》，等等。另外，郑成思及李明德主编的《知识产权文丛》，刘春田主编的《中国知识产权评论》，吴汉东主编的《知识产权年刊》，也在国内知识产权法研究领域保持着一贯的影响。

结合新中国知识产权法学创建阶段的情形可见，我国的知识产权法学从启蒙到学科成熟，30 年来在人才培养和科研机构建设方面蓬勃发展，在理论研究上取得了丰硕的成果。以郑成思为代表的老一代学者对我国知识产权法学的创建功不可没①，而目前一批中青年学者走上教学研究岗位、成绩卓然，成为我国知识产权法学的骨干力量。这说明我国知识产权法学正在走向成熟之际，后继有人、前景光明。然而，当前中国的知识产权法学出现内热外冷的迹象，即内部各种学术交流思想碰撞十分频繁，但与外部各学科的交流互动却不甚理想。这可从近年来中国法学研究和教育界对改革开放 30 年来的学术史进行的总结中看出来，关于法学教育研究 30 年的小结中，均没有专门撰写关于中国知识产权法学科创建和发展的内容②，这与知识产权法学在当今我国法学研究和教育界的地位是不相适应的。

二、知识产权法学发展过程中的主要观点与探讨

应该说，在中国知识产权法学的学科启蒙和创建阶段，理论上的讨论主要是介绍国际上相关制度，而少有对制度本身及规则进行深入的探讨。中国知识产权法学领域重大的理论性研究成果主要出现在知识产权法学发展壮大和走向成熟的过程中，尤其是 2000 年前后直到现在。在此期间，

---

① 参见陈甦《郑成思：中国知识产权研究第一人》，载《中国审判》2008 年第 4 期。

② 如，李林主编：《中国法学 30 年：1978—2008》，中国社会科学出版社 2008 年版；舒扬主编：《中国法学 30 年》，中山大学出版社 2009 年版；张文显主编：《中国高校哲学社会科学发展报告（1978—2008）》（法学），广西师范大学出版社 2009 年版。以上几本书中关于知识产权法学的内容基本没有，或在民商法学发展的有关阐述中简单带过。

围绕当时与知识产权有关的各种热点问题，社会各界和学术界都曾产生过比较广泛的讨论，而且这些讨论及其结果一直伴随并影响着我国知识产权法律制度的建立和完善，比如知识产权的定义、知识产权与民法的关系、侵权归责原则、权利穷竭及平行进口问题、临时禁令问题、反向假冒问题、权利冲突问题、专利法领域的若干问题、反不正当竞争法与商标法关系问题、互联网与著作权保护问题、传统知识保护与知识产权的问题、知识产权战略的制定与实施问题，等等。值得注意的是，司法界在这些讨论中一直扮演着比较重要的角色，因为许多热点问题都来源于对典型案例的关注和讨论。中国的法官中存在着一批学者型的研究者，这一现象在知识产权法官中尤为突出。事实上，前面提到的中国法学会知识产权法研究会中，就有为数不少的中国司法界精英，他们是自 2001 年以来历次年会暨研讨会的主要参与者和贡献者，这使得中国的知识产权法学研究至今保持理论联系实际、以解决问题为主旨的务实作风。

（一）关于知识产权制度基础理论的研究

1. 关于"知识产权"的称谓、含义

"知识产权"在新中国是个外来语。尽管有些学者一直认为该词汇像我国台湾地区那样翻译为"智慧财产"[①] 更恰当，但由于"知识产权"这一术语在中国内地经过多年使用已经被人们广泛接受，而且在相关的国家法律规范及政策中被一致采用，绝大多数学者认为在学术研究中坚持改过来是不必要也是不可能的。对于"知识产权"一词的含义，由于国际上影响重大的《世界知识产权组织公约》和《与贸易有关的知识产权协议》本身并未给出概括性的定义，在我国学术界至今还存在着各种各样的说法，争论颇多。

概括地说，我国知识产权法学界对"知识产权"的定义主要有三种观点。其一，范围说或列举说。这一观点的主要来源是"迄今为止，多数国家的法学专著、法律乃至国际公约，都是从划定范围出发，来明确知识产权这个概念，或给知识产权下定义的"；根据相关国际公约，知识产权是指发明、发现、作品、商标、商号、反不正当竞争等一切智力创作活动所产生的权利。[②] 其二，概括说。此说早先见于 1984 年 9 月中国大百科全书

---

① 参见郭寿康主编《知识产权法》，中共中央党校出版社 2002 年版，第 2—3 页。

② 郑成思：《再论知识产权的概念》，载《知识产权》1997 年第 1 期。

出版社出版的、张友渔主编的《中国大百科全书·法学卷》中，其对"知识产权"的解释是："知识产权是基于智力的创造性活动所产生的权利（赵中孚撰写）。"之后，代表性的观点包括："知识产权指的是人们可以就其智力创造的成果所依法享有的专有权利"①；"知识产权是智力成果的创造人依法享有的权利和生产经营活动中标记所有人依法享有的权利的总称"②；"知识产权是人们对于自己的智力活动创造的成果和经营管理活动中的标记、信誉依法享有的权利"③，等等。其三，无形财产体系说。近几年来，有学者认为以知识产权名义统领下的各项权利，并非都是来自知识领域，亦非都是基于智力成果而产生，知识产权的"知识"一词似乎名不副实，因此应在民法学研究中建立一个大于知识产权范围的无形财产权体系，该无形财产权包括创造性成果权、经营性标记权和经营性资信权等三类权利④。

2. 关于知识产权法与民法的关系问题

在我国，知识产权制度最初是《民法通则》的组成部分。随着学科的发展，知识产权法学与传统民法学若即若离。在民法典起草过程中，知识产权法学和民法学的研究者对于知识产权法与民法的关系、知识产权法是否应编入民法典等问题进行了广泛的讨论。值得注意的是，这一问题也是同一时期整个法学界的关注点。

有不少学者认为知识产权法不宜放在民法典中，因为现代知识产权法技术性强、变动频繁、国际化趋势显著，其规范内容难以与一般民事法律制度规范相协调。如郑成思赞成"法国式的知识产权法典与民法典的分立"⑤。不约而同地，民法学界的梁慧星也持知识产权法无必要规定在民法典中的观点，在其主持起草的民法典草案中未列知识产权一编⑥。

但相反的观点认为知识产权的所有内容都应放进民法典，且单独成为一编，如"从理论上讲，知识产权作为无体物，应该被纳入物权编作为无

---

① 郑成思主编：《知识产权法教程》，法律出版社1993年版。

② 刘春田主编：《知识产权法教程》，中国人民大学出版社1995年版。

③ 吴汉东主编：《知识产权法》，中国政法大学出版社2002年。

④ 吴汉东：《无形财产权的若干理论问题》，载《法学研究》1996年第4期。

⑤ 郑成思：《中国知识产权法学》，载罗豪才、孙琬钟主编《与时俱进的中国法学》，中国法制出版社2001年版，第337—373页。

⑥ 梁慧星：《中国民法典草案大纲》，载《民商法论丛》第13卷，法律出版社2000年版。

体物规定。因此，我们的民法典草案把知识产权放在紧接物权编的一编加以规定，把它理解为一种特殊的所有权。这样，既可以昭示知识产权与普通物权的联系，也可以揭示两者的不同"①。另外，有学者认为在民法典中应当明确知识产权的地位。如王利明认为，"知识产权从性质上讲仍属一种民事权利，其基本属性是财产权利和人身权利，而且我国民法通则已在民事权利一章中专设知识产权一节，因而我国未来的民法典应包含知识产权的内容"。② 吴汉东认为：民法典中的知识产权编既要凸显与其他民事制度的不同，又要具有适用于各项知识产权的一般性，不能影响相关民事特别立法的独立存在，具体来说，主要是对知识产权的性质、范围、效力、利用、保护等作出规定③。也有学者认为尽管不能将所有知识产权法律规范放进民法典，但"我们完全可以在总则编中对知识产权作出原则性规定，即像《民法通则》那样明确知识产权制度应保护的权利类型即可……"④

3. 关于知识产权的侵权归责原则问题

法律对权利提供何种救济方式，对权利保护而言至为重要。在知识产权法学研究中，知识产权侵权归责原则在 20 世纪 90 年代末成为学界论争点。探讨侵害知识产权归责原则的文章很多，但无论在理论界还是实务界，都一直存在着许多争议。有观点认为，在知识产权侵权认定中应坚持过错责任原则，而非无过错原则⑤；但也有人认为对知识产权的侵权认定应分别不同情况，同时适用"过错责任"和"无过错责任"两种原则⑥。多数学者都支持对于知识产权的侵权行为应当采取无过错原则的归责原则的观点。郑成思认为，侵犯知识产权，并不要求行为人有过错⑦。另外，还有折中的观点认为，"行为人主观上有过错"是知识产权侵权的构成要件之一，但"并不是承担所有的侵权责任都以当事人主观上有过错为前提

---

① 徐国栋：《民法典草案的基本结构》，载《法学研究》2000 年第 1 期。

② 王利明：《论中国民法典的制订》，载《政法论坛》1998 年第 5 期。

③ 吴汉东：《知识产权立法体例与民法典编纂》，载《中国法学》2003 年第 1 期。

④ 胡开忠：《知识产权法与民法典关系论纲》，载《法制与社会发展》2003 年第 2 期。

⑤ 姚欢庆：《知识产权侵权行为归责原则研究》，载《浙江社会科学》2001 年第 4 期。

⑥ 郑成思：《侵害知识产权的无过错责任》，载《中国法学》1998 年第 1 期。

⑦ 郑成思：《侵害知识产权的无过错责任》，载《中国法学》1998 年第 1 期；郑成思：《中国侵权法理论的误区与进步》，载《中国专利与商标》2000 年第 4 期。

条件"①。这些讨论一般结合案例并紧紧围绕着改革开放以来不时发生的中美知识产权谈判进行理论思考，颇具现实意义。在 2000 年前后中国为加入 WTO 而作的知识产权法律制度第二次完善的过程中，由于法律法规相关的条款得以细化，各类侵犯知识产权行为的法律责任得以明确，以往在法律适用中出现的难题也得以解决，因此我国的知识产权法学界对这一问题的探讨暂时告一段落。

4. 关于权利穷竭及平行进口

"权利穷竭"也称"权利用尽"，指知识产权权利人一旦将含有其知识产权的商品投入市场，就丧失了在一定地域范围内的对该商品再次销售的控制权，即权利人的权利穷竭了；凡是合法地取得该知识产权产品的人，只要不将其用于侵犯知识产权人的专用权，即可以自由地使用、转卖、处置该知识产权产品。权利穷竭是对权利的一种限制，是知识产权法领域的一项普遍原则。其基本出发点是：在鼓励商品自由流通的市场经济社会中，知识产权不应成为信息传播或商品自由流通的障碍。在中国知识产权法学的发展阶段，不少文章对权利穷竭问题进行了分析和探讨。② 因国际货物贸易中商标权是最基本的一项知识产权，对商标权穷竭的探讨尤为集中。有学者介绍了国际上商标权穷竭的通行规则，并提出了自己的见解；③ 但也有观点认为在商标权领域不存在权利穷竭的问题。④

与权利穷竭问题紧密相关的是平行进口问题，而这一问题的讨论也主要是针对商标权的。商标权的权利用尽是指权利人在正常行使其商标权后，无权干预他人将使用该商标的商品进行再次销售，而平行进口（也有人称之为"灰色市场进口"）是指在国际贸易中，进口商未经本国商标所有权人及商标独占许可人许可，从境外进口经合法授权生产的相同商标的同类商品的行为。学界对于国内商标权的权利用尽原则的意见较为统一，但对于境外真品的平行进口问题则有不同的观点。因此，有人针对权利穷

---

① 韦之：《著作权法原理》，北京大学出版社 1998 年版，第 141 页。

② 如，姚欢庆：《论知识产权法上的权利穷竭原则——兼论知识产权法的有关理论》（硕士学位论文，1996 年）；王春燕：《贸易中知识产权与物权冲突之解决原则》，载《中国人民大学学报》2003 年第 1 期，等等。

③ 如，张今：《论商标法上的权利限制》，载《法商研究》1999 年第 3 期；马强：《商标权权利穷竭原则研究》，载《现代法学》2000 年第 1 期。

④ 张永艾：《商标权穷竭原则质疑》，载《政法论丛》2004 年第 1 期。

竭及平行进口这两个概念进行分析，并借鉴国外经验对我国的情况提出了相应的对策。① 但经过一段时间的探讨，得出的基本结论是：与国内法是否应当规定商标权权利穷竭的情形不同，是否允许境外真品的平行进口，并不是法律上的问题而是国家根据对外贸易状况进行的政策选择，因此不宜从法律上进行详细规定。当然，如果平行进口中伴随着混淆、搭便车等行为，则可以适用制止不正当竞争的法律规则进行规制。

5. 关于知识产权的权利冲突

同一知识产权客体在某种条件下同时归属于多个主体的法律形态，这种情形在知识产权领域十分多见，尤其在作品、商标和外观设计这几个容易交叉的权利客体方面。应当如何对待知识产权权利冲突或权利竞合问题，引起了我国知识产权研究者的兴趣。知识产权的权利冲突问题的实质，是如何看待"在先权利"与"在后权利"之间的关系。结合"三毛及图"商标注册不当案和"武松打虎"商标侵权案等因版权作品被用作商标而引起的争议，我国知识产权法学界对权利冲突问题进行了热烈的讨论。有学者从法院判决出发，对两者的法律性质、哲学基础和责任范围等方面提出了自己的见解。② 有人认为应当就著作权人对商标权人的权利主张进行合理限制，让同一知识产品最大限度地发挥其价值，并提出了实体上和程序上的对策。③ 持相反观点者认为，将他人的作品用于工业领域，即使已经取得工业产权，也是对他人著作权（复制权和发行权）的侵犯，理应撤销已注册的商标。④ 还有人从司法的角度提出了对策。⑤ 对于这场讨论，郑成思曾有过评述。他认为不应一般地否认知识产权权利冲突的存在；但我国20世纪末一批被炒得沸沸扬扬的"权利冲突"知识产权案例，事实上并非真正意义上的权利冲突，而是地地道道的权利人与侵权人的

---

① 黄晖：《论商标权利用尽及平行进口》，载《中华商标》1999年第2期；张今：《论商标法上的权利限制》，载《法商研究》1999年第3期。

② 刘春田：《"在先权利"与工业产权》，载《中国专利与商标》1998年第3期。

③ 周焕润：《合理限制著作权人对商标权人的权利主张》，载《中华商标》1997年第4期；曹新明：《让同一知识产品最大限度发挥价值》，载《中华商标》1998年第5期。

④ 吾言：《浅议著作权与工业产权的关系》，载《中国专利与商标》1998年第2期。

⑤ 陈子龙：《知识产权权利冲突及司法裁量》，载郑成思主编《知识产权文丛》第三卷，中国政法大学出版社2000年版。

冲突。[①]

此外，关于如何解决知识产权中的权利冲突的问题，学者们也提出了各式相应的措施[②]。知识产权权利冲突的讨论还延及对商标与字号之间冲突的讨论[③]，而且这一讨论持续的时间比其他议题要长。多年来我国知识产权司法界对此讨论热烈，成果较多，[④] 并且近年来形成了相对主流的观点，体现在 2008 年 2 月 18 日最高人民法院通过实施的《关于审理注册商标、企业名称与在先权利冲突的民事纠纷案件若干问题的规定》和其他一些省级高级人民法院通过的办法上，确认只要在后使用者的商标或字号包含他人在先权利（商标权或字号权）、足以使相关消费者产生混淆的，即为不正当竞争行为。

（二）版权法领域的研究

1. 关于数据库的保护

数据库是信息技术高度发展的产物，其比较公认的定义是：由有序排列的作品、数据或其他材料组成的，并且能以电子或非电子方式单独访问的集合体。数据库的法律保护问题引起了国际上的广泛关注。一般说来，具备独创性或原创性的数据库之法律保护在各国都是不成问题的，即作为版权法中的汇编作品或集合作品而获得保护；但大量的信息量庞大而无法体现信息收集汇总者特有构思的数据库，则比较不容易以版权法解决其被他人任意截取或复制的问题。由此欧盟的《数据库法律保护指令》提出了"特别权利"保护规则，即基于"额头出汗"原则，对不具有独创性、但体现了大量人、财力投资的数据库内容也给予特别的保护。这一方式在我国也引起了比较热烈的讨论。有人认为，我国不宜建立欧盟似的数据库特别保护制度，但可考虑在著作权法中规定专门的条款，适当降低对数据库

---

① 郑成思：《对 21 世纪知识产权研究的展望》，载《知识产权文丛》第三卷，中国政法大学出版社 2000 年版。

② 曹新明：《论知识产权冲突协调原则》，载《法学研究》1999 年第 3 期；李永明、张振杰：《知识产权权利竞合研究》，载《法学研究》2001 年第 2 期。

③ 侯淑雯：《商标权与企业名称权的冲突辨析》，载《知识产权》1999 年第 1 期；陶鑫良：《权利冲突、权利平衡和协调——上海召开〈张小泉〉案专题研讨会》，载《中华商标》1999 年第 5 期；林千多：《论商标权与字号权的冲突及其解决》，载《中华商标》2003 年第 10 期；伍健：《知识产权权利冲突中的几个问题》，载《中华商标》2005 年第 11 期。

④ 如，潘伟：《论商号权与商标权的权利冲突》，载《中华商标》2001 年第 8 期；宿迟：《商标与商号的权利冲突问题研究》，中国人民公安大学出版社 2003 年；谭筱清：《知识产权权利冲突的理论与判例研究》，苏州大学出版社 2004 年版，等等。

的独创性要求，但对数据库的内容则不应予以保护。① 还有人认为，数据库特殊权利保护对发展中国家非常不利，已有的"著作权 + 反不正当竞争法"模式可以为数据库制作者提供保护。② 还有人认为，我国数据库的保护主要应该采用反不正当竞争法为保护方法，同时充分利用合同法的相关规定。③ 此问题多年来一直有讨论，就目前来看，我国知识产权法学界对此比较一致的观点与许多国家版权法及国际公约的选择相同，即数据库因其内容的选择或编排而构成汇编作品的受著作权法保护。从相关案例的判决来看，尽管我国至今仍未将数据库的特殊权利保护制度提上立法议程，我国法院还是采用了"著作权法 + 反不正当竞争法"的方式对其进行了适当的保护。

2. 互联网环境下著作权的保护问题

20 世纪 90 年代末以来，信息技术飞速发展，而其中作为计算机互联网技术支撑之关键的数字传输技术为海量信息的收集、复制和传输带来了极大的便捷；相应地，信息技术也像任何一次复制传播技术的革新一样给著作权法的实施带来了冲击。在数字或网络化生存成为人们基本生活方式的今天，有许多涉及计算机复制和网上传播的行为需要在著作权法中确定其性质；因此理论上的探讨十分必要。而在这一点上，正如郑成思所说的，我国知识产权法学界无论在研究起点还是研究成果上，都不低于国际上和其他国家的学者。比如，针对计算机网络数字传输的著作权问题的研究，早在 20 世纪 90 年代末就已经开始了。有学者对此进行了概括和总结，认为在数字传输中，暂时存储不同于存储在硬盘或软盘内的复制，数字传输也不同于发行或出租。④ 针对网络环境中的作者精神权利的保护，有学者提出应把保护水平保持在适当的程度，以使公众能参与作品的完善甚至再创作，在更高层次上享用人类智慧的成果，并提出了限制网络上作者精神权利的具体尺度。⑤ 还有学者具体探讨了"电子创作"问题⑥和作

---

① 董炳和：《论数据库特别保护》，载《著作权》1998 年第 1 期。
② 薛虹：《数据库保护与反垄断》，载《知识产权》1998 年第 3 期。
③ 李扬：《试论数据库的法律保护》，载《法商研究》2002 年第 1 期。
④ 袁泳：《计算机网络上数字传输的版权问题研究》，载《中外法学》1998 年第 1 期。
⑤ 薛虹：《网络空间的精神权利保护》，载《著作权》1998 年第 3 期。
⑥ 张平：《关于"电子创作"的探析》，载《知识产权》1999 年第 3 期。

品的网络传输与公共传播权问题。[①]

进入 21 世纪后，随着互联网的迅猛发展，网络环境下的著作权保护问题尤显突出。这以后的讨论更多地关注著作权法中的一些基本制度应该如何调整，以期在网络环境下实现各方权利及利益的平衡，最大限度地实现著作权法的立法目的。此外，研究者发现网络环境下技术本身的使用方式对法律规则的运行具有格外重要的意义，因此也出现了一些关于技术保护措施及其使用规范的研究成果。以上这些研究的成果集中体现在单独撰写或更新修改的各知识产权及著作权方面的专著或教材中，比如郑成思主编的《知识产权研究》各卷及其专著《知识产权论》；薛虹等人介绍和阐述网络与知识产权保护问题的专著[②]等。另外，围绕这个热点问题的探讨，还产生了一批学术性文章。早期的讨论主要关注发现和分析互联网新技术发展与知识产权法、尤其是著作权法的关系，指出著作权法需要作出应对新技术的相关规定或对相关规则进行新的阐释[③]。在 2001 年《著作权法》修改后，讨论相关问题的文章主要集中于对信息网络传播权的解读和技术保护措施的立法评价与完善等方面。[④] 另外，结合互联网上出现的新事例，对以往我国著作权理论中尚未深入探讨的一些问题，也产生了一些研究成

---

① 董炳和：《网络传输与公共传播权》，载《著作权》1999 年第 3 期。

② 薛虹：《因特网上的版权及有关权保护》，中国政法大学出版社 1999 年版；薛虹：《网络时代的知识产权法》，法律出版社 2000 年版；闫桂贞：《因特网上的著作权合理使用》，吉林人民出版社 2001 年版；王迁：《网络版权法》，中国人民大学出版社 2008 年版。

③ 如，王化鹏：《电子商务中的版权保护著作权》，载《著作权》1993 年第 3 期；李燕容《试论著作权法对网络版权的保护问题》，载《知识产权》1999 年第 5 期；郑成思《新技术的保护、新技术产品流通与民商法重点的变更》，载《知识产权》1999 年第 6 期；田文英、孟娟：《网络环境下的版权保护》，载《当代法学》2000 年第 6 期；许超：《关于网络传播与著作权的关系》，载《法治论丛》（上海政法学院学报）2001 年第 16 卷第 1 期，等等。

④ 如，吴伟光：《版权的技术保护与限制》，载王兵主编《高新技术知识产权保护新论》，中国法制出版社 2002 年版；许春明：《解读"INTERNET 条约"》，载《电子知识产权》2003 年第 7 期；郭禾：《规避技术措施行为的法律属性辨析》，载沈仁干主编《数字技术与著作权：观念、规范与实例》，法律出版社 2004 年版；乔生：《信息网络传播权立法评价与完善》，载《中国法学》2004 年第 4 期；张耕：《略论版权的技术保护措施》，载《现代法学》2004 年第 2 期；冯晓青、胡少波：《互联网挑战传统著作权制度——兼论著作权合理使用制度在网络空间中的新形式》，载《法律科学》2004 年第 6 期；王迁：《P2P 软件最终用户版权侵权问题研究》，《知识产权》2004 年第 14 卷第 5 期；梁志文：《信息网络传播权的谜思与界定》，载《电子知识产权》2008 年第 4 期，等等。

果。比如针对《一个馒头引发的血案》现象①，即滑稽模仿的问题，学者们分析了"模仿讽刺作品"构成"合理使用"的法律规则，主张我国著作权法应当基于"合理使用"原则对滑稽模仿予以保护。②

总的来说，我国学术界对网络环境下的著作权保护问题的主流意见是：新技术固然对法律规则的实行带来了前所未有的挑战，但并未实质性改变权利人、使用人与社会公众之间就作品的利用产生的法律关系。因此著作权法的基本理论和规则在网络环境下仍然是有效的；也就是说，著作权法对权利的保护不应因为计算机网络技术的发展而减弱或消失。但是，鉴于网络环境造成的权利人难以控制作品的复制传播的事实，原有的法律措施需进行某些调整以适应各方的需要。中国目前已经根据《著作权法》制定了《信息网络传播权保护条例》，吸收已有研究成果和司法经验提出的"第三人责任"就是一种较好的思路，研究者应当据此提出更加详细、科学的规则及适用方案，比如通知—移除制度的设计、技术措施的限制与反限制、集体管理制度的应用，等等。

（三）商标法与反不正当竞争法领域的研究

"反假冒"是商标法与反不正当竞争法共有的一个核心概念。针对"假冒"商业性标识现象的规制，商标法与反不正当竞争法时常有交叉与重叠。对此议题，我国知识产权法学界一直都有人研究。郑成思很早就提到反不正当竞争法与知识产权法、尤其是商标法的关系，并结合外国商标法和反不正当竞争法的立法模式进行了比较分析③，提出了反不正当竞争法"附加"或"兜底"作用的观点。此外，有人对"反向假冒"属于不正当竞争还是商标侵权问题发表了意见④。

在一段时期内，域名与商标的关系问题备受人们关注。域名是为方便网络使用者而设计的一种技术性功能，它们为计算机提供容易记住和辨别

---

① 具体事例指：网民胡戈将电影《无极》中的画面进行剪辑和重新组合，加入了一些其他的画面并对其重新配音，从而形成一部以《无极》为基础，但却与《无极》的剧情、结构、主题根本不同，具有滑稽讽刺意义的短片，最后将该短片上传到互联网的行为。

② 王迁：《论认定"模仿讽刺作品"构成"合理使用"的法律规则》，载《科技与法律》2006 年第 1 期；苏力：《戏仿的法律保护和限制》，载《中国法学》2006 年第 3 期。

③ 郑成思：《反不正当竞争与知识产权》，载《法学》1997 年第 6 期；《浅议〈反不正当竞争法〉与〈商标法〉的交叉与重叠》，载《中国专利与商标》1998 年第 4 期；《反不正当竞争——知识产权的附加保护》，载《知识产权》2003 年第 5 期。

④ 郑友德、刘平：《试论假冒与不正当竞争》，载《知识产权》1998 年第 1 期。

的字符网址。在电子商务环境下，为了便于被记住和识别，商家的域名通常含有与企业名称、商标、商号、产品或服务名称相关的意义，因此它与知识产权紧密相关。由于域名注册与商标注册分属不同体系，同一标记可能分别被不同的人注册为商标或域名，因此有人认为域名应当作为一个全新的、独立的知识产权范畴①；但也有人认为，所谓域名与商标之间的冲突实际并不存在，域名不应影响商标权人行使其商标权，也不应对驰名商标造成淡化②。从对域名与商标争议案件的判决看，在 2001 年《商标法》第二次修订之前，国内各法院都是结合《反不正当竞争法》一起进行判决的。2001 年《商标法》实施后，特别是 2002 年最高人民法院《关于审理商标民事纠纷案件适用法律若干问题的解释》通过之后，我国知识产权界关于商标与域名冲突或争议问题的讨论告一段落。

近几年来，尤其是 2007 年最高人民法院《关于审理不正当竞争民事案件应用法律若干问题的解释》通过前后，我国知识产权界在此领域的关注点转为商标与字号、商业外观等商业性标识的关系等问题的探讨③；尤其是由于实践中的相关案件日益增多，无论是司法界还是理论界都对注册商标、企业名称与字号之间的关系投入了较多的关注，这一点前面介绍关于权利冲突的讨论时已经提及。另外，无论在商标法还是在反不正当竞争法领域，假冒一般是针对有知名度的商业性标识，因此驰名商标保护及其存在的问题，一直是我国知识产权法学界讨论的议题，针对驰名商标保护方式、认定程序以及异化等问题都有论述④。理论上的探讨对实践的作用体现在 2009 年 4 月刚刚通过的《最高人民法院关于审理

---

①　张乃根：《试析全球电子商务中的知识产权》，载《知识产权》1999 年第 3 期。

②　吴登楼：《析互联网域名与商标名称冲突之解决》，载《知识产权》1999 年第 3 期。

③　何祥菊：《商业外观的保护——从商标法和反不正当竞争法的角度》，载《电子知识产权》2005 年第 1 期；钱光文、孙巾淋：《我国商业外观的法律保护问题探讨——以〈反不正当竞争法〉的适用为中心》，载《知识产权》2009 年第 1 期。

④　郑成思：《驰名商标保护的若干问题》，载《知识产权》1995 年第 3 期；邱剑：《驰名商标及其保护的法律问题》，载《中国法学》1995 年第 2 期；任自力：《论驰名商标的淡化及反淡化保护》，载《知识产权》1996 年第 5 期；张今：《对驰名商标特殊保护的若干思考》，载《政法论坛》2000 年第 2 期；黄晖：《驰名商标和著名商标的法律保护》，法律出版社 2001 年版；普翔：《对驰名商标界定的思考——兼评修订后的商标法》，载《中华商标》2002 年第 1 期；龚恒超：《驰名商标认定实践中的异化现象及其治理——在驰名商标认定理论框架基础上的讨论》，载《中国工商管理研究》2008 年第 5 期；袁杏桃：《我国驰名商标认定制度的重构》，载《电子知识产权》2008 年第 12 期，等等。

涉及驰名商标保护的民事纠纷案件应用法律若干问题的解释》上，显然，人民法院采取了主流性的观点，对民事案件中驰名商标认定的诉求持逐渐保守的态度。

有关商业秘密的保护问题，是我国知识产权法学界历来关注的反不正当竞争法领域的又一个重要议题。最初的研究集中在对国外（主要是美国）相关法律、案例及实践方面内容的介绍与评述。《反不正当竞争法》确立了我国对商业秘密的法律保护后，《刑法》（1997 年）也相应增加了相关条款。因此，此后的研究重点主要是讨论商业秘密的基本理论问题、商业秘密的刑事保护方面。[1] 一段时期后，我国出现了一批总结以往研究成果和实践中的经验教训以及进行国内外比较研究的专著性成果[2]，商业秘密的研究成为知识产权法学中的一个分支，主要的理论包括对商业秘密概念、性质、构成要件、与"竞业禁止"的关系等方面的阐述。有研究者对知识经济时代英、美、法国家关于商业秘密保护的主流观点进行了介绍和分析，认为"财产权理论"和"保密关系理论"是最有助于了解整个商业秘密法律保护制度形成和发展的基础理论[3]。随着研究的深入，目前我国学界、司法界的研究重点是对商业秘密构成要件判断及在案件审理中遇到的主要难点问题的探讨。

（四）专利法领域的讨论

在我国专利法律制度完善的过程中，学界对许多具体问题都有过集中讨论，比如客体扩大化、间接侵权、等同理论、职务发明专利等。这些研究讨论的成果，对我国专利制度的完善具有推动意义。专利制度最能体现知识产权制度的特点，即与高新技术紧密相关。目前专利领域最为引人注目的问题，当属软件、尤其是商业方法软件是否可以成为专利权的保护客体。信息网络技术的发展带来了新的商业模式，在法律上则体现为对以计

---

① 张玉瑞：《商业秘密法律保护的诸问题》，载《知识产权》1995 年第 5 期；陈立：《商业秘密及其刑法保护》，载《安徽师范大学学报》1995 年第 1 期；邢雨：《侵犯商业秘密罪及立法完善》，载《行政与法》2000 年第 2 期。

② 孔祥俊：《商业秘密法保护原理》，中国法制出版社 1999 年版；张玉瑞：《商业秘密法学》，中国法制出版社 1999 年版；张玉瑞：《商业秘密的法律保护》，中国政法大学出版社 2003 年版；郑成思：《知识产权论》，法律出版社 2003 年版；李明德：《美国知识产权法》，法律出版社 2003 年；戴永盛：《商业秘密法比较研究》，华东师范大学出版社 2005 年版。

③ 单海玲：《论知识经济时代商业秘密保护主流理论：保密关系学说与财产权论》，载《政法论坛》2004 年第 5 期。

算机或网络技术为基础的商业方法的专利保护问题。与此议题紧密相关的，是计算机软件的专利保护这一长期以来知识产权法学界争议不断的问题。寻求版权之外的保护方式，对竞争者通过新颖、实用、有创造性的功能性软件获取合法垄断地位具有重要意义，我国也在实践中逐渐明确这一原则，即与设备硬件不可分离的软件结合技术方案可以获得专利法保护。商业方法软件、尤其是金融财会方面计算机系统的可专利性引发的争论一致持续到目前①，此外，新技术发展引发的有关专利制度的讨论，还包括关于生物、基因技术相关成果的可专利性问题。②

　　另一方面，加入 WTO 之后的近几年来，由于我国企业在壮大中屡屡遭受国外专利权人的打压，大大损伤了原先的良好发展势态，因此国内兴起了一波对专利制度、甚至是整个知识产权制度进行反思的思潮。结合我国《反垄断法》的出台，我国知识产权法研究中产生了一批关于知识产权（专利权）限制或滥用禁止制度的研究成果。有学者从利益平衡角度分析了专利权扩张的缘由③，有观点认为专利制度改革明显受国家经济水平、政治体制和法律传统的影响④；也有学者专门探讨了限制专利权的强制许可制度。⑤ 其中最热点的问题是专门就知识产权（专利权）滥用行为与反垄断法的关系进行的论述。有代表性的观点认为：知识产权原本作为一种合法的垄断，一般是作为反垄断法的适用除外而存在的；但是，知识产权这种独占权往往容易使得其拥有者在某一特定市场上形成垄断或者支配地位，较易限制该市场的竞争，比如权利人利用知

---

　　① 如，郑万青、姜文鹏：《简论电子商务的商业方法专利》，载《知识产权》2001 年第 2 期；蒋红珍：《专利保护——电子商务网络创新的必由之路》，载《知识产权》2001 年第 5 期；张平、卢海鹰：《从拒绝保护到大门洞开——纵论计算机软件的可专利性》，载《中外法学》2001 年第 2 期；黄毅、尹龙：《商业方法专利》，中国金融出版社 2004 年版；郎贵梅：《专利客体的确定与商业方法的专利保护》，知识产权出版社 2008 年版，等等。

　　② 如，张清奎：《试论中国对生物技术的专利保护》，载《知识产权》2000 年第 6 期；张晓都：《试论与基因相关的发明与发现》，载《知识产权》2001 年第 6 期；赵震江、刘银良：《人类基因组计划的法律问题研究》，载《中外法学》2001 年第 4 期，等等。

　　③ 冯晓青：《专利权的扩张及其缘由探析》，载《湖南大学学报》（社会科学版）2006 年第 5 期。

　　④ 刘华：《国际专利制度改革的实证分析及对我国的启示》，载《法律科学》2006 年第 1 期。

　　⑤ 郭寿康、左晓东：《专利强制许可制度的利益平衡》，载《知识产权》2006 年第 2 期；林秀芹：《TRIPS 体制下的专利强制许可制度研究》，法律出版社 2006 年版。

识产权制度故意排除、限制竞争的行为，以及不诚实地以侵权诉讼相威胁或者恶意提起侵权诉讼以限制他人对技术或信息使用的行为等，都应以法律进行规制①。

专利领域其他方面的一些探讨也对我国的制度完善起到了一定的促进作用，比如对"垃圾专利"现象、外观设计制度、专利法上各程序的优化、遗传资源披露制度、专利实质要件及侵权判断标准等方面的研究。从2008年年底我国《专利法》的修改来看，我国知识产权法学界对专利领域诸问题的研讨成果是具有实践意义的。

（五）关于传统知识保护的研究

因全球化进程的加快，生物及文化多样性观念的加强，以及族群自决意识的加深等因素，传统知识保护议题得以进入知识产权法的视野。根据世界知识产权组织（WIPO）1999年在世界各地多个相对不发达的国家和地区的调查结果，传统知识被一致认为是当今创新或创作的来源，也即诸多智力成果财富的来源，它与现有知识产权制度的各个分支都紧密相关。因此，自WIPO于2000年设立"传统知识、遗传资源、民间文艺政府间委员会（IGC）"以来，包括这三项在内的广义上的传统知识保护与知识产权制度之间的关系问题，在我国日益受到关注，并成为知识产权研究界的一个热点。从国际层面看，各方对这个议题的争论极大，基本上是发达国家坚决反对以知识产权或类似知识产权的特殊权利方式对传统知识进行保护，而发展中国家则基本上认为应当建立类似《生物多样性公约》确定的那种"国家主权、知情同意、惠益分享"的原则，从而改变目前现有知识产权制度只保护当前的创新成果而无视这种成果是基于对传统知识的无偿占有甚至不当利用之事实的失衡状态。

在国内层面，我国研究者的观点基本上是倾向于法律应当为传统知识的保护作出规定的，但对具体法律制度应当如何设计却争议很大。早期的研究主要是从民族民间文化或非物质文化遗产保护的角度来讨论的，一些

---

① 陈丽苹：《论专利权滥用行为的法律规制》，载《法学论坛》2005年第2期；许春明、单晓光：《"专利权滥用抗辩"原则——由ITC飞利浦光盘案引出》，载《知识产权》2006年第3期；王先林：《知识产权滥用及其法律规制》，中国法制出版社2008年版；张伟君：《规制知识产权滥用法律制度研究》，知识产权出版社2008年版。

对此问题感兴趣的政策和法律研究者都撰文发表了自己的看法。① 这方面的研究达成一致的观点，主要集中在保护（其实质是保存）的必要性和行政性管理措施等方面，比如有的学者提出传统知识保护机制的体系，认为应包括建立和健全民族民间文化的普查机制，民族民间文化的重点保护和传承机制，民族民间文化的使用与开发机制，文化生态保护机制，民族民间文化的保障措施等②。虽然学界也有一些涉及传统知识的归属与利用关系的研究成果③，但总体说来关于传统知识与知识产权关系的理论性讨论仍旧欠缺。另一方面，对以知识产权法规范传统知识保护持怀疑甚至反对态度的观点也很有代表性，比如，有人质疑知识产权制度应为民间文艺保护作出调整的观点，指出调整著作权法保护民间文艺会妨碍"公共领域自由开放"，从而影响后续创造④。近几年来，随着研究的深入，在此议题上产生的成果也日益增多，越来越多的研究者主张在我国针对不同类别的传统知识，建立不同形式的、类似知识产权的特殊权利保护制度⑤。这些研究成果对我国的政策和法律产生了一定影响，比如相关意见被写入《国家知识产权战略纲要》中，2008 年年底修正的《专利法》采纳了关于遗传资源保护的一些建议，其他与传统知识相关的法律法规（如《非物质文化遗产保护法》、《民间文学艺术作品著作权保护条例》 等）的制定也在进行中。但由于其间的争议和分歧仍然较大，传统知识的保护如何与知识产权制度的实质性法律条款相结合，我国知识产权研究界目前还未有公认一致的意见。

---

① 主要研究成果刊载于郑成思主编《知识产权文丛》第 8 卷，中国方正出版社 2002 年版。其他文章如，贾明如：《保护民族民间文化的法制建设与立法构想》，载《中国版权》2002 年第 1 期；赵蓉、刘晓霞：《民间文学艺术作品的法律保护》，载《法学》2003 年第 10 期；蒋万来：《从利益归属关系看我国民间文学艺术的法律保护》，见中国民商法律网，网址：http：//www. civillaw. com. cn/weizhang/default. asp？id＝16643。

② 见王鹤云《保护民族民间文化（folklore）的立法模式思索》，载郑成思主编《知识产权文丛》第 8 卷，中国方正出版社 2002 年版。

③ 如，龙文：《论民间文学艺术的权利归属》，黑龙江大学法律硕士学位论文，2004 年，011439 号；刘银良：《传统知识保护的法律问题研究》，网址 www. chinalawedu. com。

④ 见崔国斌《否弃集体作者观——民间文艺版权难题的终结》，载《法制与社会发展》2005 年第 5 辑。

⑤ 如，严永和：《论传统知识的知识产权保护》，法律出版社 2006 年版；管育鹰：《知识产权视野中的民间文艺保护》，法律出版社 2006 年版；张小勇：《遗传资源的获取和惠益分享与知识产权》，知识产权出版社 2007 年版；张耕：《民间文学艺术的知识产权保护研究》，法律出版社 2007 年版；黄玉烨：《民间文学艺术的法律保护》，知识产权出版社 2008 年版。

（六）关于知识产权战略的制定与实施

进入 21 世纪以来，知识产权成为世界主要国家在经济全球化和知识经济迅速发展的时代参与国际竞争的战略性资源，知识产权战略已经成为许多国家提升核心竞争力的重要发展战略。我国经过三十年的改革开放虽然在各方面都取得了巨大进步，但经济发展方式仍然比较粗放，资源环境代价过大，自主创新能力不强，缺乏核心技术和知名品牌，文化产品创作还不能充分满足人民丰富精神文化生活的需求，知识产权制度激励科技创新、推动知识传播、促进经济文化繁荣、规范竞争秩序的根本性作用尚未充分发挥。因此在 2005 年年初，为了积极应对国际挑战，适应我国经济社会发展需要，实施国家知识产权战略，国务院成立了国家知识产权战略制定工作领导小组，启动了国家知识产权战略制定工作，知识产权局、工商总局、版权局、发展改革委、科技部、商务部等 33 家中央部委办局共同推进国家知识产权战略制定工作。国家知识产权战略包括《国家知识产权战略纲要》（简称《纲要》）和 33 个专题的研究制定工作。在此后的三年里，中国的知识产权研究界的主导方向基本上是围绕各个专题，分别从知识产权战略的宏观问题、知识产权各主要类别、知识产权法制建设、知识产权重要管理环节、知识产权重点行业五个方面围绕知识产权的创造、管理、保护、运用展开研究。中国知识产权界的主要专家学者都投入了不同专题的研究工作。在国务院领导的直接指导下，知识产权局、工商总局、版权局、发展改革委、科技部、商务部等部门认真研究、反复修改，最终形成了《纲要（送审稿）》，2008 年年初提交国务院常务会议讨论，4月 9 日由国务院常务会议审议通过，6 月 5 日公布实施。需要指出的是，上述这些专题研究的核心内容已经体现在公布的《纲要》中，并且很多具体内容都是对以往有关观点的总结，对于今后如何实施国家知识产权战略，相关专家陆续发表的论著中也都有所阐述。

（七）完善知识产权执法体制问题

在中国加入 WTO、知识产权法律规范基本完善后，"执法"开始成为国际最为关注的中国知识产权保护问题；知识产权执法效果成为影响中国国际形象并在一定意义上决定中国被国际社会接受程度的关键要素。知识产权执法体制的科学设置及其完善是保障执法效果的基本条件。中国社会科学院知识产权中心对这一领域内的相关探讨进行了梳理、总结，通过研究认为，中国的知识产权执法体制主要在两个方面需要完善。第一方面涉及的是知识产权的授予和管理。按照中国目前的行政机构设置，知识产权申请、授予和管理等职能分散于不同的行政机关。现行的知识产权授权与管理体制也暴露出了许多问题，如不同领域的保护交叉和遗漏、工作不同步与不协调造成的效率低下、机构设置过多导致的人力与财政资源浪费、程序复杂给权利人及社会公众带来困惑与不满，等等。第二方面涉及的是法律的实施或适用机制。中国的知识产权执法实行的是"双轨制"，即包括行政执法和司法。近年来，行政执法在整个知识产权执法体制中的地位和作用成为学者们关心的内容；而与此同时，作为知识产权执法体制的核心，中国的知识产权司法保护、尤其是确权程序的改革问题更是整个学界关注的焦点。由于知识产权案件的专业化特点日益突出，一些人士在不同场合提出了建立知识产权专门法院，或者恢复知识产权审判庭称谓的主张。此外，配合司法改革的整体进程，对于知识产权案件分属民事、行政、刑事审判庭可能产生的问题，也引起了理论界和实务界的关注。[1]

三、知识产权法学的发展趋势展望

知识产权法学在我国从无到有、从依附于其他学科到走向独立和成熟，发展的速度是比较快的。然而如前所述，中国的知识产权法学自产生以来已经取得了丰硕的研究成果。以郑成思为代表的第一代知识产权法学者创建了我国的知识产权法学科，他们完成了制度及规则的引进、论证、与国情相结合等学术任务，使知识产权法学逐渐从民商法、经济法学中独立出来，进入相对独立的发展阶段。

围绕国家知识产权战略制定这一核心议题，中国的知识产权法学研究的广度和深度都比以往有了明显的拓展，特别是在国家知识产权战略制定研究的过程中，几乎动员了全国最主要的知识产权界专家学者及新锐力量，产生了大量研究成果，这使得中国知识产权法学的发展走向成熟。越来越多的高校都开设了知识产权法课程，2006 年 7 月司法部（司办函[2006]222 号）文件指出：经报国务院学位办公室同意，全国法律硕士

---

① 中国社会科学院知识产权中心编：《中国知识产权保护体系改革研究》，知识产权出版社 2008 年版；中国社会科学院知识产权中心、中国知识产权培训中心编：《完善知识产权执法体制问题研究》，知识产权出版社 2009 年版。

专业学位教育指导委员会拟确定中国人民大学、北京大学、中国社会科学院研究生院（法学所）、中南财经政法大学、华中科技大学等院校试办在职攻读法律硕士知识产权方向班。自这五个第一批单独招收知识产权人才的重点培养单位确立之后，全国各地高校纷纷申请并设立了知识产权法专业法律硕士、博士点。与此同时，许多地方与部门的研究机构也大力开展与制定及实施各类知识产权战略有关的对策研究。中国知识产权法学进入了蓬勃发展阶段。

实施国家知识产权战略阶段后，即 2008 年下半年以来，我国知识产权法学界的主要研究重点是围绕《纲要》明确的主要措施和重点任务等进行研讨。从这段时间的研究动向看，我国的知识产权法学的发展明显呈"两极分化"：一极是关注宏观性问题、尤其是关于知识产权制度的基本理论问题的学者越来越多；另一极是关注微观性问题，深入研究知识产权某一领域、某一具体制度、某一法律规则等的学者也越来越多。这种动向将持续相当一段时期。值得一提的是，在中国的知识产权法学创建和发展中，司法界一直起着特殊的作用，中国法官中的研究者对知识产权典型案件的判决和剖析，在一定程度上左右着知识产权界理论研究的关注点和倾向性，甚至引导立法动向①，这一影响也将持续到将来的一定时期。

知识产权法学中宏观性问题的主要研究内容包括：我国知识产权法学产生和发展的背景分析，知识产权的定义和特性，知识产权法的立法目的，知识产权的私权性质，知识产权在知识经济时代的作用，知识产权与国际贸易，知识产权与人权，知识产权法与民法，知识产权法与反垄断法，知识产权执法，知识产权法典化，等等。另一方面，知识产权法学中微观性问题的研究内容则十分庞杂而无法一一列举，主要应当集中在专利制度在新技术领域中的应用、互联网与版权、品牌经营与保护等方面。随着科学技术的飞速发展和国际经济贸易一体化进程的推进，基本上知识产权法学中的每一个分支、每一项具体的制度或规则都会随时滋生丰富的研究议题、引导最新的研究动向。当然，微观制度的研究必定是放在宏观背景下进行的，面对我国正处于经济社会转型期的现实，当前中国知识产权法学的发展，需要的是关注现实、关注社会的学者，而不是单纯的法律规

① 当然也有学者对此持否定态度，参见崔国斌《知识产权法官造法批判》，载《中国法学》2006 年第 1 期。

则引进、移植者。在未来一段时期中，中国知识产权法学界的任务就是适应形势发展的需要，使知识产权理论研究更好地服务于经济发展。因此，紧密结合中国国情，尤其是结合如何落实国家知识产权战略的对策性研究，应当是今后知识产权法学发展的主流方向。

第十八章

与时俱进的经济法学变革

作为法学领域里的一个新兴学科，经济法学因应国家改革开放而迅速崛起，并在与经济立法、经济执法以及经济司法的互动中不断实现理论突破和创新。从实践和时代发展的内在原因看，中国经济法学自其产生时起，30 年来提出的诸多理论命题和许多制度构建契合了中国经济社会发展的需要，对相关经济立法、政府决策产生了重要影响，为推动中国社会经济的转型和发展作出了不可忽视的贡献。[①] 尽管在其发展历程中也充满了波折和艰辛，但在一个学科走向成熟和理性繁荣的道路上，这又显得极为正常和普通。一代又一代经济法学人的坚韧品格，铸就了经济法学与时俱进、奋力开拓的精神品质，使经济法学在科学发展观指导下，在不断变革中，实现了跨世纪的可持续发展，促进了我国法学事业的发展和繁荣。

一、从走向成熟到理性繁荣

20 世纪 90 年代，中国开始全面推进社会主义市场经济建设，由此进一步奠定了法治建设的经济基础，也对经济法治建设提出了更高的要求。1992 年 1 月 18 日至 2 月 21 日，邓小平视察武昌、深圳、珠海、上海等地，发表了重要讲话，揭开我国社会主义市场经济建设的伟大序幕。1992 年党的十四大明确提出，我国经济体制改革的目标是建立社会主义市场经济体制，以利于进一步解放和发展生产力。在新的历史条件下，经济法学面临着整体的学科反思和重构任务。1993 年《宪法修正案》的通过，为

[①] 参见岳彩申《中国经济法学 30 年发展的理论创新及贡献》，载《重庆大学学报》2008 年第 5 期。

经济法学走向成熟和理性繁荣确立了根本性的宪法准则。①

1993 年《中共中央关于建立社会主义市场经济体制若干问题的决定》，把党的十四大确定的经济体制改革目标和基本原则系统化、具体化，成为我国建立社会主义市场经济体制的总体规划和进行经济体制改革的行动纲领。从 1993 年起，《产品质量法》、《反不正当竞争法》、《消费者权益保护》、《公司法》、《对外贸易法》、《中国人民银行法》、《商业银行法》、《票据法》、《保险法》、《证券法》等一系列经济法律的出台，以及宏观调控体系的完善，标志着中国经济法学在此前初步发展的基础上走向了成熟，并获得了恰如其分的学科定位。北京大学杨紫烜、中国人民大学刘文华、西南政法大学李昌麒以及武汉大学漆多俊等一批经济法学科发展带头人纷纷著书立说，促进了经济法学走向繁荣。随着我国经济法治环境不断改善，经济法的理论学说更加系统和完善，经济法基础理论研究和部门法研究实现了由量到质的飞跃，学术交流和学科建设也结出了累累硕果。

从学术交流看，虽然中国经济法学会在 1992 年后的研讨活动有所减少，后来基本停止，但全国性的经济法理论研讨活动却并未因此中断。1993 年 4 月，由北京市经济法学会承办的首届社会主义市场经济与经济法理论问题研讨会在北京成功举行，会议主题是社会主义市场经济条件下的经济法基础理论构建，获得了良好的预期效果。此后该研讨会每年一届，会议主题广泛涉及经济法基础理论、现代企业制度、市场规制法、经济法学专业建设与教学改革、西部大开发等重大理论和实践问题。从第六届开始，这一会议的名称确定为"全国经济法理论研讨会"。全国经济法理论研讨会不仅填补了因中国经济法学会活动减少以至停止而造成的全国性经济法学专门研讨活动的机构组织者的空缺，而且还实际上替代了全国性经济法学学术组织的部分职能，为推进中国经济法学研究朝着健康的方向发展作出了重要贡献。② 与此同时，中国法学会民法学经济法学研究会则坚持每年召开一届年会，深入研讨国有企业改革、债权担保、土地制度、金

---

① 《中华人民共和国宪法修正案》第 7 条明确规定，宪法第 15 条修改为："国家实行社会主义市场经济。""国家加强经济立法，完善宏观调控。""国家依法禁止任何组织或者个人扰乱社会经济秩序。"

② 参见肖江平《中国经济法学史研究》，人民法院出版社 2002 年版，第 113 页。

融风险防范、公司法、证券法、加入 WTO 对中国经济法的影响等重要问题，进一步从不同角度深化了经济法学研究。另外，全国各地还有一些影响较大的区域性研讨会和国际研讨会，对经济法理论前沿、竞争法、宏观调控法、税法、金融法、法学教育等问题进行了研讨和交流。①

1992 年以来，经济法学论文平均每年发表不少于 1500 篇，其中 2000 年、2001 年的经济法学论文不少于 2000 篇。虽然不少带有实务性、教学指导性和普及性，但学术性强、层次高、创新显著的精品论文为数不少。较之前两个时期，无论数量、质量都有了很大程度的提高。② 很多论文发表在《法学研究》、《中国法学》以及《中国社会科学》等国内一流核心刊物上，展现了经济法学旺盛的生命力和创造力。③ 最值得一提的是发表在《法学研究》1993 年第 6 期的《建立社会主义市场经济法律体系的理论思考和对策建议》一文，提出了必须区分公法和私法，区分作为公权者的国家和作为所有者的国家，主张抛弃拉普捷夫的经济法理论和观念以及把计划法作为经济法基本法的观念，并对经济法的概念、性质和体系作出了新的回答，该文成为经济法研究范式转变的纲领性文章。④ 从 1999 年和 2000 年起，漆多俊主编的《经济法论丛》（中国方正出版社）、杨紫烜主编的《经济法研究》（北京大学出版社）、徐杰主编的《经济法论丛》（法律出版社）和史际春主编的《经济法评论》（中国法制出版社）等专业出

---

① 如 1984 年开始每年一届的全国十三省市（区）经济法理论研讨会；2000 年开始每年一届的经济法前沿理论研讨会；1997 年开始两年或三年一届的竞争法与竞争政策国际研讨会，等等。

② 肖江平：《中国经济法学史研究》，人民法院出版社 2002 年版，第 115 页。

③ 如，李昌麒：《试论房地产市场宏观调控目标及其实现的法律保障》，载《中国法学》1994 年第 6 期；漆多俊：《论现代市场经济法律保障体系》，载《中国法学》1994 年第 5 期；杨紫烜：《论公司财产权和股东财产权的性质》，载《中国法学》1996 年第 2 期；刘文华：《运用经济法理论　加强经济立法》，载《中国法学》1999 年第 3 期；张守文：《论税收法定主义》，载《法学研究》1996 年第 6 期；史际春、邓峰：《合同的异化与异化的合同——关于经济合同的重新定位》，载《法学研究》1997 年第 3 期；王晓晔：《规范公用企业的市场行为需要反垄断法》，载《法学研究》1997 年第 5 期；王晓晔：《依法规范行政性限制竞争行为》，载《法学研究》1998 年第 3 期；邱本：《从契约到人权》，载《法学研究》1998 年第 6 期；李昌麒、鲁篱：《中国经济法现代化的若干思考》，载《法学研究》1999 年第 3 期；王晓晔：《巨型跨国合并对反垄断法的挑战》，载《法学研究》1999 年第 5 期；漆多俊：《论权力》，载《法学研究》2001 年第 1 期；王晓晔：《社会主义市场经济条件下的反垄断法》，载《中国社会科学》1996 年第 1 期；李胜兰等：《法律成本与中国经济法制建设》，载《中国社会科学》1997 年第 4 期，等等。

④ 参见王伦刚《论中国经济法学史分期标准和界点》，载《成都理工大学学报》（社会科学版）2004 年第 3 期。

版物，每年组织刊发大量有价值的经济法学论文或译文，这不但有效弥补了经济法学学术刊物品种数量上的不足，而且显著扩大了经济法学学科整体的社会影响力。

　　1993 年，经国务院学位委员会批准，中国政法大学的徐杰和中国人民大学的刘文华成为全国第一批经济法专业博士点导师。1994 年以后，经济法学专业博士点在北京大学等其他高校和科研机构纷纷设立。① 1998 年，教育部高教司发布《全国高等学校法学专业核心课程教学基本要求》，经济法学被列入法学 14 门核心课程。1999 年 5 月，全国人大常委会领导批示成立的"有中国特色社会主义法律体系研究小组"发布了关于中国法律体系划分为七个法律部门的信息，将经济法列为七大法律部门之一。在经济法学走向成熟时期，诸多概论式教材②、若干个"经济法系列"教材③和一些兼具教材特征的专著陆续出版。这些教材无论结构体系、资料素材及理论层次，较之前两个时期都有非常明显的改善和提高，使经济法学教材的编撰达到了前所未有的新水平。④ 以概论式教材的结构体系为例，其

---

　　① 目前国内设有经济法专业博士点的主要有：北京大学、中国人民大学、武汉大学、吉林大学、中国政法大学、西南政法大学、华东政法大学、中南财经政法大学、南京大学、厦门大学、湖南大学、安徽大学、辽宁大学以及中国社会科学院法学研究所等。

　　② 如，张守文、于雷：《市场经济与新经济法》，北京大学出版社 1993 年版；刘文华主编：《新编经济法学》，高等教育出版社 1993 年版；杨紫烜、徐杰主编：《经济法学》，北京大学出版社 1994 年版和 1997 年版；肖乾刚、程宝山主编：《经济法概论》，中国商业出版社 1995 年版；石少侠主编：《经济法新论》，吉林大学出版社 1996 年版；刘隆亨：《经济法概论》，北京大学出版社 1997 年版和 2001 年版；漆多俊主编：《经济法学》，武汉大学出版社 1998 年版；朱崇实主编：《经济法》，厦门大学出版社 1998 年版；杨紫烜主编：《经济法》，北京大学出版社、高等教育出版社 1999 年版；王保树主编：《经济法原理》，社会科学文献出版社 1999 年版；潘静成、刘文华主编：《经济法》，中国人民大学出版社 1999 年版；李昌麒主编：《经济法学》，中国政法大学出版社 1999 年版；杨紫烜、徐杰主编：《经济法概论》，北京大学出版社 2000 年版；刘文华、肖乾刚主编：《经济法律通论》，高等教育出版社 2000 年版；刘瑞复：《经济法学原理》，北京大学出版社 2000 年版；顾功耘主编：《经济法》，高等教育出版社、上海社会科学院出版社 2000 年版，等等。

　　③ 如司法部法学教材编辑部审、法律出版社出版的"经济法系列"教材有：史际春等的《经济法总论》、张士元等的《企业法》、李昌麒等的《消费者权益保护法》、种明钊主编的《竞争法》、刘剑文主编的《财政税收法》、肖乾刚等编著的《自然资源法》等。北京大学出版社出版的"21 世纪法学系列教材——经济法系列"教材有：刘瑞复的《经济法原理》、甘培忠的《企业与公司法学》、程信和等的《房地产法》、张守文的《税法原理》、吴志攀主编的《金融法概论》、刘燕的《会计法》等。中国人民大学出版社出版的"21 世纪法学系列教材"中的经济法教材有潘静成、刘文华主编的《经济法》等。

　　④ 肖江平：《中国经济法学史研究》，人民法院出版社 2002 年版，第 128—129 页。

体系的改造从总论与分论之间以及分论与制度之间两方面进行了延伸，强调从调整对象到总论体系、从总论到分论的呼应性和协调性，强调从形式到内容、从制度到理论的一致性和逻辑性。综观这一时期概论式教材在体系安排上的共同趋势，可以认为，概论式教材总论在维持的基础上有所扩张，而分论无论范围和内容都在缩小。总论的扩张体现在研究领域的扩大、研究层次的深入和阐述内容的丰富；分论的缩小体现在内容的"纯粹化"、类型的精确化。无论总论和分论，教材内容的理论性越来越强，经济法学的学科个性越来越突出，法规翻版的现象也逐步减少。① 应该说，概论式教材在体系化上的诸多突破并非孤立进行，它是经济法学研究整体水平的提高在教材上的一种体现和反映，从一个侧面表明中国经济法学在走向成熟。

迈入新世纪，我国进入全面建设小康社会的新阶段，经济法学随经济法治建设继续向前平稳、快速推进。2002 年党的十六大将社会主义民主更加完善，社会主义法制更加完备，依法治国基本方略得到全面落实，作为全面建设小康社会的重要目标。十六大报告提出，21 世纪头 20 年经济建设和改革的主要任务是，完善社会主义市场经济体制，推动经济结构战略性调整，基本实现工业化，大力推进信息化，加快建设现代化，保持国民经济持续快速健康发展，不断提高人民生活水平。2003 年党的十六届三中全会通过了《中共中央关于完善社会主义市场经济体制若干问题的决定》，进一步明确了完善社会主义市场经济体制的目标和任务。2007 年党的十七大又明确提出，全面落实依法治国基本方略，加快建设社会主义法治国家，并对加强社会主义法治建设作出了全面部署。在加入 WTO 前后的几年里，我国顺利完成了建国以来最大规模的法律法规清理，提高了社会主义法律体系的统一性和协调性，推动了中国法治的历史进程。我国的经济法治建设一方面集中清理全国性的相关经济法规、规章，另一方面，在已经建立的经济法律体系基础上，不断改善经济立法。经济法学顺应时势发展，保持了平稳快速发展的态势。

2002 年 10 月 26 日，中国法学会经济法学研究会在湖南长沙宣告成立，吴志攀担任首任会长。② 该研究会自成立 8 年来，相继在北京、广州、

---

① 肖江平：《中国经济法学史研究》，人民法院出版社 2002 年版，第 139 页。
② 该会是中国法学会成立的专门从事经济法学研究的全国性学术团体。

南昌、兰州、厦门、上海等地举办了年会，这些年会与全国经济法理论研讨会合并举行，不仅活动内容丰富，而且研究成果丰硕。每届年会都紧紧围绕经济社会改革发展大局，抓住改革发展中的重大理论和实践问题，科学确定年会主题，通过充分表达、自由讨论，达到共同提高的目的。为确保年会论文质量，该会还建立了年会论文遴选制度和网上提交系统，建立并坚持青年优秀论文评选制度，与北京大学出版社推出了《经济法学家》，使研究会的理论研究和组织工作富有成效，既提高了年会的效率，也扩大了年会的影响。在这一阶段，中国经济法中青年博士论坛自 2004 年起先后在湖南大学、中国政法大学、华东政法大学、西南政法大学、深圳大学等成功举行了 5 次，成为中青年学者取得学术共识的重要平台。① 中国经济法治论坛自 2006 年起相继在北京、上海和昆明举办了 3 届，分别就"十一五规划与中国经济法治"、"和谐社会与地方经济法治"、"改革开放三十周年与中国经济法"、"湄公河区域经济合作与发展法律问题研究"等主题进行了专场研讨，取得了积极的学术成果与社会效应。另外，围绕银行法修改、反垄断立法、企业所得税法的合并等各类专题，各高校和科研机构还举办了大量学术会议，使经济法学的学术活动更加丰富，理论研究更加深入。

进入 21 世纪后，经济法学的研究成果极为丰富，各类专著、教材、论丛、论文、研究报告等不断推陈出新，在整个法学领域里占据了重要地位。经济法基础理论研究和制度研究都在朝着纵深化方向发展，与 WTO 有关的新的研究领域不断被开拓出来，对经济社会发展的作用越来越突出。西南政法大学与法律出版社共同推出的《经济法学博士精品文库》，华东政法大学与北京大学出版社共同推出的《经济法文库》，以及中国检察出版社推出的《当代经济法文丛》等，集中展示了经济法学的最新前沿理论成果。同时，经济法专业性网站工程建设成绩显著。2003 年 3 月中国法学会经济法学研究会建立了经济法网，为经济法学界的相互交流、沟通和学习提供了重要的网络平台。此外，法大民商经济法律网、李昌麒经济

---

① 第一届论坛是由湖南大学法学院发起并主办的，讨论的主要内容是"经济、社会、生态发展联动中的经济法"；第二届由中国政法大学主办，讨论的主题是"范畴、体系、制度和方法"；第三届由华东政法学院主办，讨论的主题是"经济法主体行为与实践问题"；第四届论坛由西南政法大学主办，讨论的主题是"经济法律行为"；第五届论坛由深圳大学举办，讨论的主题是"经济法权利"。

法网、漆多俊经济法网、中国经济法治网、北京经济法网等经济法专业性网站也都办得很有特色，访问量逐年提高。

经济法学的理性繁荣是由中国"入世"后所带来的经济法律制度的国际化和科学化所决定的，是以高质量的研究成果积极主动地影响国家的经济立法来成就的。杨紫烜曾强调指出，我们彻底摆脱了苏联计划经济体制下的经济法理论，建立了具有中国特色的新经济法理论。[①] 经济法治在新经济法理论的指导下，一方面高度重视对市场主体行为的经济法规制，另一方面，也突出强调对政府经济管理行为的经济法约束，从而在防止"市场失灵"和避免"政府失灵"，有效保障我国市场经济体制改革和完善的顺利进行方面发挥了不可替代的作用。经济法学的学术研究空前繁荣，出现了百家争鸣、百花齐放的喜人局面。各高校和科研机构的经济法学研究和教学队伍进一步发展壮大，一些法学博士和博士后人员及时充实到一线岗位。尤其是博士后制度的发展非常迅速，成为快速培养经济法学高层次人才的重要途径和加强经济法学人才竞争的重要手段。许多老一代的经济法学家培养出了一批出类拔萃的学生，昔日的很多博士业已成为今日的博士或硕士研究生导师，经济法学的人才培养模式在不断创新中取得了显著成效，为国家输送了大量优秀的经济法人才。经过近 30 年的恢复、重建、改革和发展，一个以经济法专业的法学学士、硕士、博士教育为主体，法学专业教育与法律职业教育相结合的经济法学教育体系已经形成，基本适应了建设社会主义现代化国家的需要。

二、有关经济法学基础理论的探讨与争鸣

从走向成熟到理性繁荣，经济法学紧扣时代发展主题，在全面总结和扬弃前两个时期的学术成就、经验教训的基础上，积极借鉴国外经济法学说和国内外其他学科的研究成果，不但创新和丰富了我国的法学理论，突破了传统法学公私法二元划分的研究范式，而且引入了社会本位和整体主义的价值理念，运用了多学科、多视野的研究分析方法，在增强法学研究的开放性和时代性的同时，提高了法学理论的解释力和论证力，有效推动

---

① 参见杨紫烜、吴韬《经济全球化背景下的中国经济法》，载《江西财经大学学报》2002年第 1 期。

了社会主义市场经济体制的建立和完善。

十多年来，经济法学基本理论研究的重点体现在：（1）考察中外经济法的产生和发展历史，认识经济法产生的客观基础和理论基础，寻找国内外经济法制建设的经验和规律；（2）研究经济法的概念、调整对象、调整方式、特征、制度功能、制度体系，探讨经济领域法律调整机制和规律；（3）论述经济法的理念、精神、价值（包括权利观、利益观等），引入和宣扬先进的价值理念；（4）分析经济法的基本原则（如国家适度干预原则、社会本位原则、经济民主原则），阐明国家与市场的关系，揭示市场经济的本质特征；（5）讨论经济法的逻辑起点、基本范畴、分析范式、研究方法等，建立科学的理论解释体系；（6）研究经济法主体、经济法行为等问题，认识市场主体和行为的特点及规律；（7）分析经济法责任、经济法的权利救济、经济法的实施，寻找科学的经济法制的实施机制；（8）研究经济法立法问题，力求为经济立法和决策建言献策；（9）研究如转轨时期的经济法、经济全球化和知识经济时代的经济法等问题，为中国的经济社会转型提供理论解释。[①]

经济法学基础理论研究凝结了几代经济法学者的毕生心血，其间形成了若干相对独立且比较成熟的经济法理论和学说，这些理论和学说之间的探讨和争鸣，使经济法学的研究视角更加多元，对经济法的理论阐释更加充分。这一时期的经济法研究并未拘泥于以往的既有成果，而是通过从形成经济关系的行为角度、经济关系的特质角度以及继续从经济学角度区分经济关系，使研究视角发生了重大转变。

一是国家协调说。该说以杨紫烜为代表，认为经济法调整的是在国家协调本国经济运行过程中发生的经济关系，既不是一切经济关系，也不是社会关系中的非经济关系。国家经济协调关系的形成是因为经济运行需要国家协调，而国家协调经济运行既是为了促进经济的健康、稳定发展，也是国家经济管理职能、国家对经济活动的干预和"国家之手"在经济运行中作用的体现。国家经济协调的主体是国家，客体是经济运行，目的是使经济运行符合客观规律的要求。具体包括企业组织管理关系、市场管理关系、宏观调控关系和社会保障关系。该说强调在调整对象上经济法与国际

---

① 参见《中国经济法学三十年发展报告》课题组（岳彩申、李永成执笔）《中国经济法学三十年发展报告》（讨论稿），2008 年 10 月 31 日—11 月 3 日，第 9 页。

经济法的贯通，强调经济法调整对象的协调特质的一致性及其在不同国家、不同地区具体范围上的差异性。该说认为经济法具有特定的调整对象，是一个独立的法律部门。其基本原则包括：遵循客观规律协调本国经济运行的原则；坚持经济效率优先并兼顾经济公平的原则；坚持国家整体经济利益并兼顾各方经济利益的原则；坚持可持续发展并兼顾当前发展的原则。①

二是需要国家干预说。该说以李昌麒为代表，认为经济法的调整对象是需要由国家进行干预的、具有全局性和社会公共性的经济关系，即国家需要干预的经济关系，具体包括市场主体调控关系、市场秩序调控关系、宏观经济调控和可持续发展保障关系、社会分配关系。我国市场经济条件下国家对经济的干预应当有所为，有所不为。该说认为经济法是介于公法和私法之间的独立的法律部门。其基本原则有：资源优化配置原则、国家适度干预原则、社会本位原则、经济民主原则、经济公平原则、经济效益原则、可持续发展原则。②

三是国家调节说。该说以漆多俊为代表，认为经济法的调整对象是在国家调节社会经济过程中发生的各种社会关系，简称经济调节关系，具体包括市场障碍排除关系（反垄断与限制竞争关系以及反不正当竞争关系）、国家投资经营关系和宏观调控关系。该说认为经济法调整方法的特点是实行提倡性规范与必要的强制性规范相结合，实行制裁与奖励相结合。经济法成为独立部门法的内在根据在于经济法的调整对象和基本功能与任务上。该说强调，经济法在秩序、效率、公平、正义等价值上有着与一般法不同的特殊性，其中心是效率和公平，其固有价值取向是社会本位。经济法基本原则的最核心内涵是：注重维护社会经济总体效益，兼顾社会各方

① 该说的观点具体参见杨紫烜的下列著述：论文《建立和完善适应社会主义市场经济体制的法律体系与〈经济法纲要〉的制定》（2001）；论文《国家协调论》（2000）；论文《论社会主义市场经济法律体系》（1998）；论文《论新经济法体系》；论文《经济法调整对象新探》（1994）；论文《建立社会主义市场经济体制与经济法的发展》（1993）；专著《国家协调论》（2009）；教材《经济法》（1999，2006，2008）；教材《经济法学》（与徐杰联合主编）（1994，1997，2001，2007，2009），等等。

② 该说的观点具体参见李昌麒的下列著述：论文《论市场经济、政府干预和经济法之间的内在联系》（2000）；论文《中国经济法现代化的若干思考》（1999）；论文《论社会主义市场经济与经济法制观念的更新》（1994）；教材《经济法学》（2007，2008）；教材《经济法学》（1999，2002）；教材《经济法教程》（1996）；教材《经济法——政府干预经济的基本法律形式》（1995），等等。

经济利益公平。①

　　四是纵横统一说。该说以刘文华和史际春为代表，认为经济法调整在社会生产和再生产过程以各种组织为基本参与者所参加的经济管理关系和一定范围内的经营协作关系（即经济联合关系、经济协作关系和经济竞争关系），具体包括经济管理关系、维护公平竞争关系以及组织管理性的流转和协作关系。"纵"不包括非经济的管理关系、国家意志不直接参与或应当由当事人自治的企业内部管理关系；"横"不包括公有制组织自由的流转和协作关系，以及其实体权益不受国家直接干预的任何经济关系。"统一"是指经济法调整对象是财产因素和行政因素的统一，或者说是经济性和国家意志性的统一。经济法分为经济组织法、经济管理法和经济活动法，属于"以公为主、公私兼顾的法"。经济法的基本原则包括：遵循客观经济规律的原则、巩固和发展社会主义公有制和保护多种经济成分合法发展的原则、国家统一管理和组织独立自主相结合的原则；物质利益原则、经济核算制原则、经济效益原则、经济法律责任制原则。其中，经济法最基本的原则是责权利效相统一原则。②

　　五是国家调制说。该说的代表是张守文，认为经济法的调整对象是国家在对经济运行进行宏观调控和市场规制的过程中所发生的经济关系，包括宏观调控关系和市场规制关系。经济法的宗旨在于通过对经济运行的协调来不断地解决个体营利性和社会公益性之间的矛盾，兼顾效

---

　　① 该说也被称为"三三制"理论，即认为经济法的产生是市场有三缺陷，市场三缺陷需要国家三调节，国家三调节需要法律的三保障。该说的观点具体参见漆多俊的下列著述：论文《论市场经济发展三阶段及其法律保护体系》（1999）；论文《论经济法本质、体系与核心》（1997）；论文《论现代市场经济法律保障体系》（1994）；教材《经济法基础理论》（1993，1996，2004，2008）；《经济法学》（1998，2004），等等。

　　② 该说的观点具体参见刘文华的下列著述：论文《中国经济法的基本理论纲要》（2001）；论文《经济法的本质：协调主义及其经济学基础》（2000）；论文《运用经济法理论　加强经济立法》（1999）；论文《经济法是改革开放思想路线的产物》（1999）；教材《经济法》（与徐孟洲联合主编）（2009）；教材《经济法律通论》（与肖乾刚联合主编）（2000）；教材《经济法》（与潘静成联合主编）（1999，2005，2008）；教材《经济法基础理论教程》（与潘静成联合主编）（1993），等等。还可参见史际春的下列著述：论文《论从市民社会和民商法到经济国家和经济法的时代跨越》（2001）；论文《经济法的地位问题与传统法律部门划分理论批判》（2000）；论文《改革开放和经济法治建设中产生发展的中国经济法学》（1999）；论文《经济法：法律部门划分的主客观统一》（1998）；论文《社会主义市场经济与我国的经济法——兼论市场经济条件下经济法与民商法的关系问题》（1995）；教材《经济法总论》（与邓峰合作）（1998，2008）；教材《经济法》（2005）；专著《探究经济和法互动的真谛》（2002），等等。

率与公平，从而促进经济的稳定增长，保障社会公共利益和基本人权，促进经济与社会的良性运行和协调发展。经济法的特质在于经济法的现代性。作为现代法，经济法在精神追求、背景依赖、制度建构等方面与传统法之间存在着重大区别。经济法的基本原则包括调制法定原则、调制适度原则和调制绩效原则。经济法的制度运作主要体现在行政领域，而不是司法领域，因而经济法领域的纠纷有许多不在司法机关解决。不能以一种法律，或者一种部门法规范是否主要由司法机关执行，来判断其存在的理由和价值。①

六是社会公共性经济管理说。该说以王保树为代表，认为经济法的调整对象是以具有社会公共性为根本特征的经济管理关系，包括市场管理关系和宏观经济管理关系。该说强调，社会公共性体现为社会普遍性、公有性、公益性和国家干预性，是经济法的核心范畴，决定并表现在经济法的产生、价值、主体、权利义务、属性等各个方面。社会公共性所体现的经济自由、经济民主和经济秩序以及社会公益是经济法价值之所在。经济法是一个独立的法律部门，是确认和实行社会整体调节机制的重要法律部门。经济法的体系由市场管理法、宏观经济管理法、对外经济法和经济监督法四部分组成。经济法的基本原则包括：经济上的公平与公正、违法行为法定原则、经济管理权限和程序法定原则。②

经济法调整对象理论是经济法总论的核心，直接关系经济法学整个学科体系的存在和发展。上述六种理论学说实际上并未穷尽和容收学界的所有观点和见解，比如"国民经济运行说"③、"管理与协调说"④、"行政隶

---

① 该说的观点具体参见张守文的下列著述：论文《经济法基本原则的确立》（2003）；论文《经济法学的基本假设》（2001）；论文《论经济法的现代性》（2000）；论文《略论经济法上的调制行为》（2000）；《经济法的时空维度描述》（1998）；论文《略论经济法的宗旨》（1994）；论文《经济法学的法律经济学分析》（1992）；教材《经济法总论》（2009）；教材《经济法学》（2008）；教材《经济法概论》（2005）；专著《经济法理论的重构》（2004），等等。

② 该说的观点具体参见王保树的下列著述：论文《关于民法、商法、经济法定位与功能的研究方法》（2008）；论文《经济法与社会公共性论纲》（2000）；论文《市场经济与经济法学的发展机遇》（1993）；论文《论经济法的法益目标》（2001）；论文《市场经济与经济民主》（1994）；教材《经济法原理》（1999，2004），等等。

③ 参见刘瑞复《经济法学原理》，北京大学出版社 2000 年版和 2002 年版；刘瑞复：《经济周期与反周期法》，载《北京大学学报》1996 年第 2 期，等等。

④ 参见程信和《经济法与政府经济管理》，广东高等教育出版社 2000 年版，等等。

属性说"①、"行政管理性说"② 等学说在经济法调整对象上的独到研究，和一些研究者从国家参与、调控和管理、社会性与管理性结合、社会整体经济利益、创设市场经济、干预政府、宏观调控关系等角度提出的关于调整对象的许多见解，以及一些不直接进行调整对象理论研究的研究者从总论的其他方面间接进行的调整对象研究。③ 但总的说来，这些理论学说都直接或间接地揭示出了经济法所调整的经济关系的主体特质，即国家或政府总是或常常是经济法律关系中的一方主体；也揭示出了国家或政府的行为特质，只不过不同学说采用的语词稍有不同而已，如协调、调节、干预、调制、管理、规制、调控等，进而使得国家或政府行为作用的方式和范围有所不同；还揭示了国家或政府实施行为时的目的特质，即追求社会整体利益。这些特质上的共同性或共通性，为经济法学调整对象理论中共识的达成提供了最基本的工具和钥匙。

2003 年，李昌麒发表了《发展与创新：经济法的方法、路径与视域》一文，对我国中青年学者多年来对经济法理论的贡献进行了梳理和评介。该文既体现出老一代经济法学家对中青年经济法学者研究成果的一种赞赏，同时也是对经济法不断拓新研究领域与研究进路的一种倡导。他的研究结论很有价值，受到了学界的普遍重视。他认为，法学的发展与法学研究方法的发展是紧密相关的，法学研究方法本身就是法学理论的重要组成部分。我国中青年学者研究经济法的方法，可以说是法哲学方法、经济分析法学方法、社会学法学方法和法律史、法学史方法的交相辉映。他强调，多向度的认识视角，可以开启事物分析的诸多路径。经济法的研究者们正是通过把握国家与市场这对矛盾统一体，围绕国家与市场之关联，建构经济法的理论平台。中青年学者将经济法的理论考察置于国家与市场这一基础平台之上，就经济法的认识路径，抽象出 5 种主要的认知范式，即（1）经济法：市场失灵与政府失灵双重干预之法；（2）经济法：市民社会与政治国家辩证统一之法；（3）经济法：市场调节与宏观调控关联耦合之法；（4）经济法：自由竞争与秩序调控均衡协调之法；（5）经济法：

---

① 参见李中圣《经济法：政府管理经济的法律》，载《吉林大学社会科学学报》1994 年第 1 期；《关于经济法调整的研究》，载《法学研究》1994 年第 2 期，等等。

② 参见石少侠《经济法新论》，吉林大学出版社 1996 年版；《对经济法概念、对象、体系的再认识》，载《吉林大学社会科学学报》1998 年第 5 期，等等。

③ 肖江平：《中国经济法学史研究》，人民法院出版社 2002 年版，第 168 页。

私法与公法互动交融之法。他指出，过去在经济法的研究过程中，或多或少地存在有一种重理论演绎、轻制度实证，重部门地位、轻问题解决的研究倾向，这使得经济法在排解社会冲突、规范社会秩序方面难以发挥自己的制度功效。近些年来，我国中青年学者在注重对经济法基础理论潜深拓新的同时，对经济法领域中的具体制度研究也十分关注，在竞争法、企业法、消费者保护法、宏观调控法、政府采购法、生态法、社会保障法、经济公益诉讼等诸多领域的研究都取得了一批丰硕的成果，达到了经济法研究与实践中的理论指导制度、制度反衬理论的良性互动。①

在经济法走向成熟时期，经济法与民商法的可区分性研究和协同性研究仍在继续，但可区分性研究发生了明显的转变，即从以调整对象为主转变为以法益保护、调整功能和价值取向为主，从以区别为主转变为以联系为主，从原来仅限于总论部分转变为向分论领域适度扩展。② 具体说来，从法益保护和调整功能方面看，民商法注重私益保护，而经济法注重公益或社会整体利益的保护；民商法保护的是存量利益，而经济法保护的是增量利益。③ 从价值取向、调整宗旨和层次等方面看，民商法强调意思自治，而经济法在尊重意思自治的同时强调限制意思自治；民商法强调平等保护，经济法强调偏重保护；民商法侧重从微观保障自由交易、自由竞争以提高效率来促进人们的利益，而经济法则侧重于（并非全部）从宏观、从利益协调方面减少社会经济震荡的破坏以提高效率从而促进人们的利益；民商法主要重视经济目标，而经济法不仅重视经济目标而且重视社会目标和生态目标。④ 从理论假设上看，民商法所假设的市场整体源于古典经济学，而经济法所假设的市场整体源于现代经济学；民商法建基于政府外在于市场的假设，而经济法则建基于政府内在于市场的假设；民商法认为市场主体是平等、均质的"经济人"，而经济法则认为市场主体是不平等、

---

① 参见李昌麒《发展与创新：经济法的方法、路径与视域——简评我国中青年学者对经济法理论的贡献》（上、下），载《山西大学学报》（哲学社会科学版）2003 年第 3、4 期。

② 肖江平：《中国经济法学史研究》，人民法院出版社 2002 年版，第 187 页。

③ 史际春：《社会主义市场经济与我国的经济法——兼论市场经济条件下经济法与民商法的关系问题》，载《中国法学》1995 年第 3 期；程宝山：《再论经济法与民商法的关系》，载《郑州大学学报》（哲学社会科学版）1999 年第 5 期；陈乃新：《经济法是增量利益生产和分配法——对经济法本质的另一种理解》，载《法商研究》2000 年第 2 期。

④ 王全兴、管斌：《民商法与经济法关系论纲》，载《法商研究》2000 年第 5 期。

非均质、有个性的"经济人"兼"社会人"。① 具体到经济法与商法，有学者从二者的调整对象、调节机制以及所创设的经济环境条件等方面研究了它们的区别。② 但与此同时，学者们也充分认识到了经济法与民商法的功能协同性，几乎所有的可区别性研究成果都可以从二者的功能协同性上得到理解，得到认同。

经济法与行政法的可区分性研究和协同性研究也有不同程度的深化。有的学者认为，经济法调整对象是行政管理性经济关系，经济法与行政法在调整对象、调整方法和社会功能等方面有很大区别。也有学者提出，经济法与行政法在许多方面具有互补性，其中经济法对行政法的补充集中体现在经济法的立法宗旨、立法对象以及法律手段等方面。③

当然，将经济法、民商法和行政法一并进行比较的研究也有一些。如程宝山认为，经济法、民商法、行政法在法益保护上分别保障社会整体经济利益、个人利益和国家公共利益。④ 王保树认为，从经济社会调节机制角度看，适应经营主体自我调节机制要求的是民商法，适应行政调节机制要求的是行政法，适应调整宏观间接经济关系和市场管理关系要求即满足社会集体机制发生作用需要的是经济法。⑤ 邱本等人则从法对市场经济的作用角度进行了分析，认为市场经济因行政法的存在而得以独立，因民商法的存在而得以发展，但还必须因经济法的存在而得以完善。⑥

一系列的研究成果表明，经济法与民商法、行政法既互相区别，又密切联系，它们在我国现行法律体系中相互补充、相互协同地发挥各自的作用。正如邱本所言，"经济法产生于民法之后，以民法为参照，是对民法的补充，民法与经济法相依而存。只有对民法的规定性有根本的把握，对民法的局限性有清楚的认识，才能理解经济法，因为经济法开始于民法存在局限性的地方，是对民法局限性的克服。经济法与政府干预紧紧相连，与行政权力密切相关，有时政府干预、行政权力是行政法规制的核心，这

---

① 吕忠梅：《论经济法的边缘》，载《法商研究》1994年第4期。
② 参见王保树主编《经济法原理》，社会科学文献出版社1999年版，第89页。
③ 石少侠主编：《经济法新论》，吉林大学出版社1996年版，第18—23页；吕忠梅：《论经济法的边缘》，载《法商研究》1995年第4期，等等。
④ 参见程宝山《论经济法与民法、商法、行政法的关系》，载《郑州大学学报》（哲学社会科学版）1999年第3期。
⑤ 参见王保树《市场经济与经济法学的发展机遇》，载《法学研究》1993年第2期。
⑥ 参见邱本、董进宇《论经济法的宗旨》，载《法制与社会发展》1996年第4期。

就决定了经济法与行政法必然有千丝万缕的联系。经济法与行政法内容交叉，互相交融，因此，对经济法来说，与行政法同行，与行政法合作，借鉴行政法是经济法所应有的态度。民法、行政法和经济法是拉动市场经济向前发展的'三驾车'①。

走入理性繁荣的经济法学仍在成长过程中，虽然对许多问题的研究仍然存在一定的分歧，但基本上形成了以下理论体系和共识：（1）将国家（或政府）与市场之间关系的法治化作为经济法学研究的基本理论框架；（2）将"市场失灵"与"政府失灵"作为经济法的理论基础，将经济民主与经济集中、经济自由主义与国家干预主义的对立统一作为经济法的哲学基础，主张从多学科的视野分析经济法的产生和发展；（3）认为经济法是偏重于追求实质正义的法，是社会本位法，是对传统民法、行政法的制度功能不足的弥补和超越；（4）在利益调整上，紧紧把握住社会利益或社会公共利益或社会整体利益来展开研究；（5）认为经济法具有经济性、社会性、公共性、政策性、现代性、综合性、整体性等特征；（6）将市场规制法和宏观调控法作为经济法制度体系的核心部分；（7）认为经济法律关系应该突破和超越传统的民事法律关系模式；②（8）认为经济法的责任具有区别于传统法律责任的特殊性；③（9）在经济法权利的司法救济上主张建立公益诉讼制度；（10）认为经济法具有很强的本土性，中国经济法有许多区别于西方经济法的地方，中国经济法学研究更应该关注本土资源。④

总的看来，走入理性繁荣阶段的经济法学一改过去的热闹浮华，转而沉着冷静思考，实现了从众说纷纭到学说逐步统一、从务虚到务实、从借鉴国际到自我发展的转变，强调经济之法要经世济用，立足市场经济，与民商法和行政法并驾齐驱，并敢于直面自身问题，不断完善自我。⑤ 经济

---

① 邱本：《在变革中发展深化的中国经济法学》，载《政法论坛》2005 年第 6 期。

② 这主要体现在，经济法学认为，传统法学理论强调民事法律关系的权利与义务的对应性，由于经济法所解决的问题不再局限于微观的个体行为与个体社会关系，因此无法沿用民事法律关系的理论模型解释经济法所调整的社会关系。为此，经济法学基于经济法所调整的社会关系的特殊性，提出了"经济职权—经济职责"、"经济权利—经济义务"的对等性原理，实际上丰富了法律关系的理论。

③ 即在传统的民事责任、行政责任和刑事责任外，经济法学根据现代社会经济结构的特点和行为人的行为特点，在经济立法中提出了新的责任形式，如产品召回、结构控制（分拆垄断企业）、资格减免、信用减等、行为控制等，从而发展和丰富了法律责任理论。

④ 参见《中国经济法学三十年发展报告》课题组（岳彩申、李永成执笔）《中国经济法学三十年发展报告》（讨论稿），2008 年 10 月 31 日—11 月 3 日，第 9—10 页。

⑤ 参见邱本《在变革中发展深化的中国经济法学》，载《政法论坛》2005 年第 6 期。

法学 30 年发展的历史经验表明，经济法学者必须求同存异，共同致力于推动经济社会的可持续发展，通过各种方式和平台，整合学术资源和力量，从研究范式和研究方法上不断创新，并牢牢抓住新时代发展的主题，在与时俱进中实现经济法学关怀经济社会和民生福祉的理想与抱负，促进社会主义市场经济体制的进一步改革、发展和完善。

三、市场竞争及其法律保护机制的研究

（一）关于反不正当竞争法的研究

有市场就有竞争，竞争是促进经济发展和社会进步的不竭动力，也是对立统一规律在经济社会等各方面的直接反映。在市场经济发展过程中，竞争立法必须正视不同竞争行为所产生的正、负面效应。正面效应产生于自由竞争、正当竞争以及公平竞争，竞争主体为在竞争中获得有利地位，通过积极采取有效措施，可以推动社会进步、促进经济发展，使人类的生存和发展环境得到改善；而负面效应则产生于限制竞争、不正当竞争之中，少数经营者采用投机取巧手段，违背商业道德去谋求竞争优势和商业利益，不但会损害竞争对手的合法权益，而且会严重破坏市场的公平竞争秩序。竞争法尤其是其中的反垄断法素有"经济宪法"之称，是市场经济建立和发展的基石。竞争法以反不正当竞争法和反垄断法为核心，以产品质量法和消费者权益保护法为补充和配合，在我国经济法体系中具有举足轻重的地位。

中国的竞争立法及其研究起步较晚。1980 年 10 月国务院发布《关于开展和保护社会主义竞争的暂行规定》后，为中国竞争立法及竞争法的理论研究提供了契机。《反不正当竞争法》出台后，我国经济法学的大量研究成果集中在《反不正当竞争法》的实施和适用上，一些学者和实务部门的法律工作者运用注释法学的方法，就《反不正当竞争法》在实践中的具体应用提出了诸多有价值的见解。[1] 很多经济法学者的研究极为深入和细

---

① 如刘春田《中国反不正当竞争法在实践中的几个问题》，载《中国专利与商标》1995 年第 2 期；卢修敏：《对知名商品特有名称不宜进行专用保护——兼评我国〈反不正当竞争法〉第 5 条第 2 款规定》，载《法学》1996 年第 5 期；孔祥俊：《论反不正当竞争法中的竞争关系》，载《工商行政管理》1999 年第 19 期；王艳林：《市场交易的基本原则——〈中国反不正当竞争法〉第 2 条第 1 款释论》，载《政法论坛》2001 年第 6 期，等等。

致，例如孔祥俊在《中国法学》上发表了《引人误解的虚假表示研究》一文，详细论证和分析了引人误解的虚假表示行为。他认为，"引人误解的虚假表示"是"引人误解的表示"的一种形式，"引人误解的表示"是包含"引人误解的虚假表示"、"引人误解的真实表示"的大概念。从《反不正当竞争法》的立法目的看，不论是虚假表示还是真实表示，只要有引人误解的客观后果，其意义和后果都是一样的，因此也是应当予以同等规制的。①

这一时期关于反不正当竞争法的理论研究，则主要集中在以下几个方面：（1）反不正当竞争法的价值取向问题。有学者专门研究了这一问题，认为反不正当竞争法的价值取向主要通过三个方面表现出来，一是鼓励每一个市场行为主体正当地获得最大的利益，二是给每一个市场经营者提供公平的竞争机会，三是使市场经营者获得的竞争结果公正。②（2）反不正当竞争法的法律属性问题。对该问题的研究，出现了两种不同观点：一种观点认为，反不正当竞争法属于经济法，主要依据是反不正当竞争法和反垄断法一样，是规范市场合法竞争秩序的最基本、最重要的法律之一；另一种观点认为，反不正当竞争法属于知识产权法，其主要依据是有关国际公约和国际组织早有定论（反不正当竞争法属于知识产权法），它是专利法、商标法的重要补充，被称为与专利法、商标法平等的"第三工业产权法"。从事知识产权法研究的学者李顺德认为，反不正当竞争法之所以可以称为经济法，是其客观效果和属性向经济法的自然延伸。但是，如果仅强调反不正当竞争法是经济法，否认其为知识产权法的本质属性，那就是本末倒置、舍本求末了。③另一位从事知识产权法研究的学者郑成思在一篇文章中强调，反不正当竞争法与商标法之间会有一定交叉或重叠，其中有些是不可避免的，甚至是必要的。但有时在立法考虑不很周到时，某些应当避免的交叉与重叠也会出现。④从事竞争法研究的学者王晓晔则认为，知识产权法和反不正当竞争法虽然有着极为密切的联系，但是，知识产权

① 孔祥俊：《引人误解的虚假表示研究——兼论〈反不正当竞争法〉有关规定的完善》，载《中国法学》1998 年第 3 期。

② 曹新明：《试论反不正当竞争法的价值取向》，载《法商研究》1996 第 4 期。

③ 李顺德：《试论反不正当竞争法的法律属性》，载《中国工商管理研究》1998 年第 11 期。

④ 郑成思：《必要与不必要的界定——我国〈反不正当竞争法〉与〈商标法〉的交叉与重叠》，载《国际贸易》1998 年第 7 期。

法和反不正当竞争法毕竟是两种不同的法律制度，它们的差异主要表现在不同的立法宗旨。一方面，反不正当竞争法以制止不正当竞争行为和保护公平竞争为己任，除了制止知识产权领域的侵权行为，它还对其他不正当竞争行为作出了禁止性规定，例如商业贿赂、虚假广告、欺骗性有奖销售行为等。另一方面，知识产权法作为保护知识产权的专门法律制度，必须得明确受法律保护的智力成果和不受法律保护的智力成果之间的界限。正因为这两种法律有不同的立法目的，当一个市场竞争行为出现两种法律可以同时适用的情况时，应当分清适用法律的先后顺序。① （3）中外反不正当竞争法的比较以及对外国反不正当竞争法的译介。② 对于反不正当竞争法的比较研究，范围主要涉及中德、中日以及中国大陆与台湾地区等。从译介成果看，如孔祥俊1998年翻译的《反不正当竞争示范法》内容系统、全面、权威，反映了当时反不正当竞争立法的趋势和导向，对完善我国《反不正当竞争法》及行政执法具有一定参考作用。③ 比较法研究仍是竞争法研究中的一个重要方面，如郑友德等专门研究了德国反不正当竞争法的发展与创新以及波兰反不正当竞争法及其对我国的启示等。④

2002年后，反不正当竞争法研究则更加集中于以下两个方面：其一，反不正当竞争法对知识产权的保护。此前，王先林、郭凯峰等对这一问题已展开研究。⑤ 在这一阶段，王文英主要研究了商品化权的反不正当竞争法保护。⑥ 杨明提出，应强化反不正当竞争法对知识产权的兜底保护，因

① 王晓晔：《重要的补充——反不正当竞争法与相邻法的关系》，载《国际贸易》2004年第7期。

② 郑友德、田志龙：《反不正当竞争法世界现状分析》，连载于《知识产权》1994年第4、5期；郑友德：《匈牙利反不正当竞争法的历史演进》，载《知识产权》1994年第6期；林燕平：《德国反不正当竞争法的发展与启示》，载《法学》1996年第9期；张玉娟：《论中德反不正当竞争法的差异及对我国立法的启示》，载《政法论丛》1997年第1期；孔祥俊：《〈反不正当竞争示范法〉及其注释》，连载于《工商行政管理》1998年第10、11、12期；王为农：《中日反不正当竞争法的比较研究》，载《浙江大学学报》（人文社会科学版），1999年第1期，等等。

③ 具体内容参见孔祥俊《〈反不正当竞争示范法〉及其注释》，连载于《工商行政管理》1998年第10、11、12期。后有学者专门就其对我国的借鉴价值进行了研究，参见洪伟《〈反不正当竞争示范法〉与我国〈反不正当竞争法〉的完善》，载《福建法学》2003年第4期。

④ 参见郑友德、万志前《德国反不正当竞争法的发展与创新》，载《法商研究》2007年第1期。

⑤ 王先林：《试论反不正当竞争法对商标的保护》，载《知识产权》1995年第5期；郭凯峰《完善反不正当竞争法对知识产权的保护》，载《河北法学》1998年第2期。

⑥ 参见王文英《商品化权之反不正当竞争法保护》，载《行政与法》2003年第7期。

现行立法所规定的知识产权领域中的不正当竞争行为范围极为狭窄，对现实生活中不断涌现的不正当竞争行为缺乏调控力，因此应努力克服现行反不正当竞争法的缺陷，以强化反不正当竞争法在保护知识产权方面的补充和兜底作用。① 孙颖认为，目前知识产权的保护仍不尽如人意，特别是《反不正当竞争法》对知识产权的附加保护还有待完善。反不正当竞争法对知识产权的附加保护或补充保护可以归纳为以下几个方面：对那些未被纳入知识产权法保护的课题提供保护；对那些可以受到单行法保护但尚未得到授权的客体提供保护；对特别法不赋予的保护提供救济；对新型课题提供过渡性保护；解决不同知识产权之间的权利冲突。② 其二，反不正当竞争法的修改和完善。③《反垄断法》出台前，有关《反不正当竞争法》修改的研究即已经展开，学者们围绕该法实施中出现的问题，就不正当竞争行为的定义、具体类型、法律责任等问题展开了广泛而深入的研究；另外，考虑到和《反垄断法》的衔接与协调问题，这方面的研究在《反垄断法》颁行后得到了进一步加强。刘春田的《司法对〈反不正当竞争法〉的补充和整合》④ 一文，专门研究了进一步运用和发挥司法对《反不正当竞争法》的补充和统驭功能的问题，通过司法解释来解决反不正当竞争法尚未修改前存在的问题，该研究建议显然具有重要的实践意义和长远意义。2007 年 1 月 12 日《最高人民法院关于审理不正当竞争民事案件应用法律若干问题的解释》公布，并于同年 2 月 1 日起施行，从而在司法实践领域先行解决了一些《反不正当竞争法》的实际问题。

（二）关于反垄断法的研究

我国《反不正当竞争法》颁行后，有关反垄断法的研究即全面展开，

---

① 参见杨明《试论反不正当竞争法对知识产权的兜底保护》，载《法商研究》2003 年第 3 期。

② 孙颖：《论反不正当竞争法对知识产权的保护》，载《政法论坛》2004 年第 6 期。

③ 王先林：《我国〈反不正当竞争法〉的封闭性与一般条款的完善》，载《中国工商管理研究》2003 年第 8 期；李胜利：《我国〈反不正当竞争法〉修改与完善中的有关问题》，载《法学杂志》2005 年第 2 期；李扬：《数据库的反不正当竞争法保护及其评析》，载《法律适用》2005 年第 2 期；郑友德、范长军：《反不正当竞争法一般条款具体化研究——兼论〈中华人民共和国反不正当竞争法〉的完善》，载《法商研究》2005 年第 5 期，等等。

④ 刘春田：《司法对〈反不正当竞争法〉的补充和整合》，载《法律适用》2005 年第 4 期。

相关专著开始出版，论文也大量增加，研究视角被不断拓宽。① 王晓晔于 1996 年在《中国社会科学》上发表了《社会主义市场经济条件下的反垄断法》一文，明确提出了反垄断法的主要任务和内容。从任务看，一是打破行政垄断，建立竞争性的和全国统一的大市场；二是建立有效竞争的市场结构，禁止严重限制竞争的横向和垂直协议，限制过大规模的企业合并，并拆散垄断程度过高的大企业；三是禁止滥用市场优势的行为。从实体内容看，主要包括：禁止商定垄断价格；反对过大规模的企业联合；禁止公用企业及其他具有独占地位的经营者限制竞争；以及禁止政府及其所属部门滥用行政权力限制竞争等。作为一部法律，除了实体法规范，还应建立适用除外制度，明确主管机构、程序和法律责任等。② 王晓的观点略有不同，围绕着垄断的可责难性以及保护竞争的必要性，提出反垄断法规制的内容包括对于垄断状态的法律规制，对于垄断行为的法律规制、对于贸易或者商业限制行为的法律规制以及对于企业结合的法律规制。他强调，行政垄断比经济垄断更具有社会危害性，但应从行政体制上予以解决。③ 在经济法学走向成熟阶段，我国学者还系统研究了反垄断法的职能④、性质⑤、价值目标⑥、立法体例⑦、对知识产权的保护⑧、市场界

---

①　如，曹士兵：《反垄断法研究》，法律出版社 1996 年版；王晓晔《竞争法研究》，中国法制出版社 1999 年版；王先林：《知识产权与反垄断法——知识产权滥用的反垄断问题研究》，法律出版社 2001 年版，等等。20 世纪 80 年代，我国已有学者对反垄断法开始了研究，如，卢代富：《严厉与宽容：反垄断中的企业合并控制政策》，载《现代法学》1984 年第 4 期；闵策励：《联邦德国的反垄断法》，载《法学研究》1986 年第 6 期，等等。

②　王晓晔：《社会主义市场经济条件下的反垄断法》，载《中国社会科学》1996 年第 1 期。还有一些学者系统研究了中国反垄断法的立法问题，观点大同小异。如，漆多俊：《中国反垄断立法问题研究》，载《法学评论》1997 年第 4 期；史际春：《遵从竞争的客观要求——中国反垄断法的概念和对象的两个基本问题》，载《国际贸易》1998 年第 4 期，等等。

③　王晓：《论反垄断法一般理论及基本制度》，载《中国法学》1997 年第 2 期。

④　王先林、唐大森：《从垄断与竞争的相对性看反垄断法的职能》，载《中央政法管理干部学院学报》1995 年第 6 期。

⑤　即不确定性、非规则性及优先性。沈敏荣：《反垄断法的性质》，载《中国法学》1998 年第 4 期。

⑥　即经济自由和经济平等。参见汤春来《试论我国反垄断法价值目标的定位》，载《中国法学》2001 年第 2 期。

⑦　李胜利：《分立还是合并：中国反垄断法立法例的选择》，载《河北法学》2000 年第 1 期。

⑧　张瑞萍：《反垄断法应如何对待知识产权》，载《清华大学学报》（哲学社会科学版），2001 年第 4 期。

定①、公用企业市场行为规制②、执法机关③等问题，并在垄断的定义、反垄断法的立法模式、调整范围、适用原则、适用例外、执法机构以及司法实践等方面进行了一些比较法研究。④

当经济法学进入理性繁荣发展阶段后，反垄断法的研究随中国"入世"而急剧升温，对相关理论问题的研讨越来越细，也越来越深。王晓晔说："一个国家是否需要反垄断法，决定性是它的经济体制。如果一个国家要以市场机制作为配置资源的根本手段，这个国家就得反垄断，就得制定反垄断法，就得为企业营造一个公平和自由的竞争环境。随着加入世界贸易组织，反垄断立法在中国显得更为必要和迫切。"⑤ 王先林给出了同样的结论，他强调指出，我国制定反垄断法的必要性的基本依据在于市场经济的客观要求和反垄断法的内在功能，但"入世"使得我国制定反垄断法的必要性和紧迫性更加凸显出来。⑥ 经过20多年的经济体制改革，中国已经有了制定和执行反垄断法的基础和条件：一是计划经济条件下的价格垄断制度已经被打破；二是企业的所有制结构已经实现多元化；三是国有企业享有越来越大的经营自主权，在相当程度上已经成为独立自主的市场主体；四是随着加入WTO，中国的经济已经愈来愈快地融入国际经济。⑦ 在这一时期，学者们对制定我国反垄断法的必要性和紧迫性很快达成了共识。随后，有关反垄断法的研究即开始集中于两个方面，其一是对反垄断法具体制度进行研究；其二是对反垄断法的草案进行论证，并提出具体的

---

① 张俊文：《反垄断法中的市场界定》，载《现代法学》2001年第3期。
② 王晓晔：《规范公用企业的市场行为需要反垄断法》，载《法学研究》1997年第5期。
③ 邱本：《我国反垄断法执行机关的设想》，载《法学杂志》1999年第1期。
④ 如，吴振国：《美、德、日三国反垄断法比较》，载《中国法学》1994年第2期；林燕平：《反垄断法中的适用除外制度比较》，载《法学》1997年第11期；王晓晔：《欧盟电信反垄断法及其对我国的启示》，载《红旗文稿》1999年第24期；程吉生：《国外企业合并控制反垄断法发展趋势的分析》，载《现代法学》2000年第1期；徐士英、陶旭东：《美国软件产业反垄断法实践中的若干问题》，载《法学》2000年第3期；王长斌：《反垄断法视角下的企业集团———一个比较法的研究》，载《法制与社会发展》2000年第3期，等等。
⑤ 王晓晔：《"入世"与中国反垄断法的制定》，载《法学研究》2003年第2期。
⑥ 王先林：《"入世"背景下制定我国反垄断法的两个问题》，载《法学评论》2003年第5期。
⑦ 王晓晔、陶正华：《WTO的竞争政策及其对中国的影响———兼论制定反垄断法的意义》，载《中国社会科学》2003年第5期。

修改和完善意见。① 在具体制度的研究中，其内容广泛涉及相关市场界定②、滥用市场支配地位③、经营者集中④、行政垄断⑤、执法机构及私人执行机制⑥、适用除外及域外效力⑦、损害赔偿⑧、与行业监管关系⑨等。学者们在这些领域各抒己见，畅所欲言，为《反垄断法》的出台提供了充分的理论准备。和《物权法》一样，《反垄断法》是我国开门立法、民主立法、科学立法的一个典范。草案在征求意见中，立法机关收到了很多来自经济法学界的宝贵意见。典型之一就是中国社会科学院法学研究所组织

---

① 林晓静：《跨国并购的反垄断规制——兼评〈反垄断法〉（征求意见稿）》，载《华东政法学院学报》2003 年第 1 期；魏琼：《企业集中（或合并）法律控制的程序规定——兼议 2004 年〈反垄断法（送审稿）〉》，载《法学》2004 年第 11 期；魏琼：《中国反垄断法中的诉讼请求程序初探——兼评 2004 年〈反垄断法（送审稿）〉》，载《政治与法律》2005 年第 1 期；史际春、肖竹：《〈反垄断法〉与行业立法、反垄断机构与行业监管机构的关系之比较研究及立法建议》，载《政法论丛》2005 年第 4 期；王健：《威慑理念下的反垄断法刑事制裁制度——兼评〈中华人民共和国反垄断法（修改稿）〉的相关规定》，载《法商研究》2006 年第 1 期；李俊峰：《垄断损害赔偿倍率问题研究——兼论我国反垄断法草案的相关制度选择》，载《比较法研究》2007 年第 4 期；王先林：《论滥用市场支配地位行为的法律规制——〈中华人民共和国反垄断法（草案）〉相关部分评析》，载《法商研究》2007 年第 4 期；李国海：《反垄断法公益利益理念研究——兼论〈中华人民共和国反垄断法（草案）中的相关条款〉》，载《法商研究》2007 年第 5 期。

② 如，王晓晔：《举足轻重的前提——反垄断法中相关市场的界定》，载《国际贸易》2004 年第 2 期；王先林：《论反垄断法实施中的相关市场界定》，载《法律科学（西北政法大学学报）》2008 年第 1 期；丁茂中：《美国反垄断法中界定"相关市场"的临界损失分析法》，载《西南政法大学学报》2008 年第 6 期，等等。

③ 如，王丽娟、梅林：《相对优势地位滥用的反垄断法研究》，载《法学》2006 年第 7 期；李小明：《反垄断法中滥用市场支配地位的违法认定问题研究》，载《河北法学》2007 年第 11 期，等等。

④ 如，胡健：《反垄断法中"经营者集中"的立法解读》，载《安徽大学法律评论》2008 年第 1 辑；王晓晔：《〈中华人民共和国反垄断法〉中经营者集中的评析》，载《法学杂志》2008 年第 1 期，等等。

⑤ 如胡光志、王波《行政垄断及反行政垄断法的经济学分析》，载《中国法学》2004 年第 4 期；聂孝红：《"行政垄断"纳入我国〈反垄断法〉的必要性》，载《河北法学》2007 年第 2 期，等等。

⑥ 如，李剑：《试论我国反垄断法执行机构建立的可行性》，载《现代法学》2004 年第 1 期；时建中《私人诉讼与我国反垄断法目标的实现》，载《中国发展观察》2006 年第 6 期；焦海涛：《论现代反垄断法的程序依赖性》，载《现代法学》2008 年第 1 期，等等。

⑦ 如，郑鹏程：《美国反垄断法适用除外制度发展趋势探析》，载《现代法学》2004 年第 1 期；黄勇《中国〈反垄断法〉中的豁免与适用除外》，载《华东政法大学学报》2008 年第 2 期；吴宏伟、金善明《论反垄断法适用除外制度的价值目标》，载《政治与法律》2008 年第 3 期等。

⑧ 如李国海《反垄断法损害赔偿制度比较研究》，载《法商研究》2004 年第 6 期等。

⑨ 如梁鹏《论保险行业协会制定规则的权限——兼论反垄断法对保险行业协会规则制定的影响》，载《保险研究》2008 年第 11 期，等等。

召开的 5 次竞争法与竞争政策国际研讨会①，尤其是 2007 年的第五届研讨会①，会议紧紧围绕《中华人民共和国反垄断法（草案）》的修改与完善，进行了深入细致的研讨，为专家学者代表与政府官员代表之间的直接对话搭建了理想平台，一些修改建议后来也被立法机关所采纳。会后形成的专门论文集——《反垄断立法热点问题》②，在社会上产生了积极的反响。

《反垄断法》出台前后，有关反垄断法立法和执法问题迅速成为社会热点，一些重要的法学期刊立足自身平台，相继组织多次反垄断法专题研究，对该法的正确制定和实施进行了深入的分析和论证。如《法治研究》2007 年第 5 期集中刊载了 8 篇反垄断法论文，《法学杂志》2008 年第 1 期集中刊载了 6 篇，《法学家》在 2008 年第 1 期也集中刊载了 8 篇。总之，《反垄断法》是一部经济大法，它的颁布和实施，对保护市场公平竞争、提高经济运行效率、维护消费者利益和社会公共利益、促进社会主义市场经济健康发展都具有重大的实践价值，在中国经济法发展史上具有里程碑意义。③

（三）关于消费者权益保护法的研究

相对于各发达国家的消费者保护工作，我国的消费者保护起步较晚，但发展迅速。1983 年 5 月，河北省新乐县成立了我国第一个县级消费者协会。1984 年 9 月，广州市成立第一家城市消费者委员会。同年 12 月，经国务院批准，中国消费者协会在北京成立，同时制定了《中国消费者协会章程》，在保护消费者权益、促进经济健康发展方面起了良好作用。1987 年，国际消费者组织联盟接纳中国消费者协会为其正式成员。我国《消费者权益保护法》的出台相对于消费者问题的出现，具有一定的滞后性。但它最终确立并推动了倾斜保护的理念，旨在追求实质正义。④ 梁慧星指出，中国消费者政策的实质在于，承认市场经济条件下的企业与广大消费者之

---

① 2006 年 6 月，全国人大常委会第一次审议了《中华人民共和国反垄断法（草案）》。鉴于草案仍存在很多疑难问题，本次会议以草案为核心，分八个单元分别就八个方面的议题进行了主题发言和自由提问讨论，其中八个议题分别是：（1）反垄断法的地位；（2）垄断协议；（3）合并控制；（4）市场支配地位；（5）行政垄断；（6）执法机构；（7）法律救济；（8）经济全球化、区域化与竞争政策。

② 王晓晔主编：《反垄断立法热点问题》，社会科学文献出版社 2007 年版。

③ 徐孟洲：《论我国反垄断法的价值与核心价值》，载《法学家》2008 年第 1 期。

④ 李有根：《从平等走向倾斜——对消费者保护法的回顾与展望》，载《法学论坛》2008 年第 3 期。

间存在利益冲突，必然会有一些企业要不择手段地损害消费者的利益。鉴于企业为拥有强大经济力的组织体，分散的、经济力薄弱的消费者难以与之抗衡，因而需要由国家承担保护消费者的职责，通过立法、行政等予消费者特殊保护，补救其弱者地位，维持企业与消费者之间的利益平衡，建立和维护健康有序的市场经济秩序。这一消费者政策的重心，是对市场经济消极面的补救和对受害消费者的救济。① 这一论断实际上表明，消费者权益保护法实为经济法的有机组成部分。

对消费者权益提供特别法律保护，在立法上表现为构筑完备的消费者权益保护法律体系。在消费者权益保护基本法的统领下，一方面经济法、行政法、刑法等法律部门在介入消费者权益保护这一领域，即在各自立法中应以特别保护消费者权益为立法价值目标取向之一；另一方面发展完善债法。债法对消费者权益的保护和重心在于补救，其他法律对消费者权益的保护和机制在于预防和惩治。② 正因为如此，许多民法学者在这一领域展开了研究，但多着眼于债法角度以及民事责任角度，如从消费合同角度入手研究其权义设计，这是民法学者研究的一个重点，其中也不乏一些有价值的成果，如提出消费者的撤回权等。③ 关于惩罚性赔偿制度的研究，也就是《消费者权益保护法》第 49 条的适用问题，同样也是民法学研究的一个重点，相关成果十分丰富。④ 其中既有关于欺诈认定的讨论，也有关于知假买假的讨论，还有关于惩罚性赔偿制度的完善问题。民法学关于消费者权益保护法的研究仍在深化中，有的学者甚至指出，从以政府为主维权向支持消费者投诉的转化应成为制度变迁的方向。⑤

---

① 梁慧星：《中国的消费者政策和消费者立法》，载《法学》2000 年第 5 期。

② 傅绪桥：《债法的新发展对消费者权益的特别保护》，载《云南大学学报》1994 年第 3 期。

③ 代娟：《经营者有选择消费者的权利吗?》，载《法学杂志》2004 年第 2 期；董文军：《消费者的知情权》，载《当代法学》2004 年第 3 期；董新凯、夏瑜：《冷却期制度与消费者权益保护》，载《河北法学》2005 年第 5 期；迟颖：《论德国法上以保护消费者为目的之撤回权》，载《政治与法律》2008 年第 6 期，等等。

④ 刘荣军：《惩罚性损害赔偿与消费者保护》，载《现代法学》1996 年第 5 期；贺欣：《对〈消费者权益保护法〉惩罚性赔偿规定的思考》，载《中央政法管理干部学院学报》1998 年第 1 期；侯向磊：《〈消费者权益保护法〉第 49 条亟待修改》，载《法学杂志》1998 年第 2 期；李金元《对〈消费者权益保护法〉第 49 条的理解》，载《河北法学》1998 年第 6 期；董文军：《论我国〈消费者权益保护法〉中的惩罚性赔偿》，载《当代法学》2006 年第 2 期。

⑤ 郭广辉：《我国消费者保护法律制度变迁的经济分析》，载《河北法学》2008 年第 1 期。

经济法学更为关注消费者权益保护法的研究。李昌麒曾经指出，国家保护、经营者自律、消费者觉醒是保护消费者利益的三大法宝。消费者保护法的完善和全面实施，消费者处境的根本改善，特别仰赖国家机关工作人员消费者保护意识、经营者的自律意义和消费者自我保护意义的全面提高。① 换言之，消费者的法律保护除了依靠民法外，必须依靠经济法，发挥政府和消费者组织的作用，运用经济法的理念和调整手段。经济法学更多地站在宏观角度、整体角度甚至主体角度研究消费者保护的法律问题，如陈云良应用模糊法学对消费者概念进行的模糊性分析便具有一定的新意。② 徐孟洲认为，对经济法主体的概括，应当体现现行法的规定，经济法主体的概括及类型化必须表明该类主体所承载的经济法特殊的权利（权力）义务。考察经济法主体，应立足于经济法的调整对象以及承载经济法上权利义务主体的特殊身份及其特征，从而将其与其他部门法的主体相区分。③ 有学者将经济法的主体概括为经营者、消费者和政府。④ 徐孟洲认为，将经济法主体概括为消费者、经营者和管理者更具有现行法的依据，也更能体现经济法特殊的调整对象和立法宗旨。消费者和经营者的概念已经为《反不正当竞争法》、《消费者权益保护法》、《价格法》使用，并且法律对其也有明确定义，是市场规制法保护或规制的对象。在经济法的视野中，在其主体的体系构造中，消费者应处于核心地位；经营者的生产经营目的是为消费者提供有偿服务与商品，管理者应服务于消费者和经营者。对所有经营者与管理者而言，消费者是"上帝"，这是"以人为本"的应有之义，也是经济法的立法必须加以贯彻的理念。⑤ 管斌则从消费者权利的角度进行了深入剖析，他认为，消费者权利是人权的理论基础，也是人权的实证基础，符合人权的至关重要性标准。消费者权利的基本属性是生存权、发展权和其他基本人权，是包含财产权、人身权等多种民事经

① 李昌麒、许明月：《论消费者保护意识》，载《现代法学》1999 年第 2 期。
② 陈云良：《消费者概念之模糊性分析——模糊法学的一个应用》，载《法学》2006 年第 10 期。
③ 徐孟洲、谢增毅：《论消费者及消费者保护在经济法中的地位——"以人为本"理念与经济法主体和体系的新思考》，载《现代法学》2005 年第 4 期。
④ 李有根：《论经济法主体》，载《当代法学》2004 年第 1 期。
⑤ 徐孟洲、谢增毅：《论消费者及消费者保护在经济法中的地位——"以人为本"理念与经济法主体和体系的新思考》，载《现代法学》2005 年第 4 期。

济权利在内的综合权利。① 王艳林的研究从另一侧面直接回答了这一问题，他在《食品安全法》颁行后撰文提出，《食品安全法》在立法宗旨和制度构建时，"隐匿"了消费者保护。他希望该法在实施过程中充分关注这一点，能够将现在《食品安全法》的基础架构——监管/生产经营——的两极博弈发展成监管者—生产经营者—消费者的三元博弈，使食品安全从两极的跷跷板状态中进入三角平衡的结构中。② 还有学者站在竞争法角度研究消费者权益保护问题。如以"禁止自带酒水"为例，经营者是否侵犯了消费者的选择权，李剑认为，应从竞争法角度进行分析，不能一概认定为侵权。当市场的竞争能够为消费者提供足够多的饭店选择时，消费者完全可以"用脚投票"，选择接受"自带酒水"的饭店就餐；如果市场的竞争不够充分，饭店具有市场优势地位，那么此时再对饭店的行为进行一定的限制从而平衡其与消费者之间的力量对比才具有合理性。③

在消费者权益保护法中，学者们还就其中很多问题进行了研究。例如，如何界定生活消费，汽车消费是否属于生活消费，应否受到消费者权益保护法的保护。多数人认为，汽车消费已走进千家万户，应该受到消费者权益保护法的保护。④ 再如，消费者权益保护法是否应调整医患关系的问题也有争论。一种观点认为，医院不同于经营者，故不调整；另一种观点认为，医生、医院的医疗服务行为是有偿服务行为，所出售的药品也是商品，因此应当调整；还有采取折中意见的，认为总体上应适用，但非营利性医疗机构不具有经营者身份，故对其不适用。⑤

（四）关于产品质量法的研究

产品质量法研究紧跟经济社会发展，注重导入经济法的生态化理念。为了加强对产品质量的监督管理，明确产品质量责任，我国于1993年通过了《中华人民共和国产品质量法》，并于2000年7月通过了其修正案。这部法律既借鉴了欧美国家关于产品责任的最新理论和做法，适应国际上关于产品责任的立法潮流，在立法体例和法律内容上又充分考虑了中国国

---

① 吴宏伟主编《经济法》，中国人民大学出版社2003年版，第209页。
② 王艳林：《我国〈食品安全法〉中的消费者保护》，载《东方法学》2009年第2期。
③ 李剑：《消费者选择权、消费心理与竞争法的逻辑》，载《现代法学》2007年第6期。
④ 王鑫等：《成都中院终审以购车纠纷案》，载《人民法院报》2006年6月13日第4版。
⑤ 梁慧星：《中国的消费者政策和消费者立法》，载《法学》2000年第5期；王利明：《消费者的概念及消费者权益保护法的调整范围》，载《政治与法律》2002年第2期，等等。

情，整部法律颇具中国特色。① 我国的《产品质量法》既是一部产品质量监督管理法，也是一部产品质量责任法。加强对产品质量的监督管理，提高产品质量水平，明确产品质量责任，保护消费者的合法权益，维护社会经济秩序，是产品质量法的根本目的。产品责任同产品质量责任是两个既有密切关系但又不相同的概念。产品责任是一种民事责任，即产品侵权引起的民事法律责任，是一种在缺陷产品给消费者造成实际损害后的消极责任。产品质量责任则是包括民事责任、行政责任、刑事责任在内的一种综合责任，它既是事前责任，也是事后责任。由单一的产品责任走向综合的产品质量责任，实现了对产品质量法律调整的民法到经济法的部门法跨越，体现了适合我国国情的制度创新和进步。

陈乃新指出，我国经济法学的教科书通常将产品质量法作为一个部门法编入其中，但这些教科书大多只是对产品质量法律制度作了一些注释性的表述，并没有深层地阐释产品质量法中的法律精神。因此，人们读罢这些经济法学的教科书，仍难知晓为什么要将产品质量法纳入经济法的范畴。这并不利于我们正确认识产品质量法的本质，从而难以在实施产品质量法的过程中把握其立法精神，发现和认知产品质量法的不足。② 王利军等提出，产品质量法律制度的生态化是一个值得研究的问题。一直以来，我们将环境问题和经济问题分开对待和处理，环境保护立法和经济立法分隔，经济部门很少承担环境保护责任，经济立法也很少考虑环保要求，这是实现可持续发展的一个巨大障碍。要消除这个障碍，必须将生态保护要求和可持续发展的思想融入各法律部门之中。应建立产品的"绿色"质量标准，包括绿色技术标准、绿色环境标志、绿色卫生检疫制度，实现产品包装的生态化，要扩大生产者的责任，使其负有一定的对其产品进行适当循环利用和处置的责任③，并分别针对农产品、电子信息产品、转基因产品建立完善的绿色质量标准体系。④ 他们的这些思想和观点，实际上是经济法生态化的一种直接体现。

随着技术进步和经济的发展，出现了不断扩大产品质量法适用范围的

---

① 徐孟洲、谢增毅：《一部颇具经济法理念的产品质量法——兼评我国〈产品质量法〉的修改》，载《法学家》2001 年第 5 期。

② 陈乃新：《论产品质量法的经济法精神》，载《长沙理工大学学报》2004 年第 4 期。

③ 参见俞金香《循环经济及其法律调整》，载《甘肃社会科学》2003 年第 6 期。

④ 王利军、冯兆蕙：《产品质量法律制度的生态化思考》，载《河北法学》2006 年 12 期。

要求，许多学者在此方面做出了开拓性的研究。随着信息的商品化、财产化、数字化和网络化，专门从事信息收集、整理、储存以及扩散的信息服务业已经应运而生，并且成为经济社会中的一个支柱性产业。有学者提出，在这样的大背景下，专门用来解决产品质量引发的责任问题的产品质量法如果还将信息产品责任问题排除在调整范围之外的话，显然不利于信息产品消费者权益的保护，也不利于信息产业的健康发展。为此，从信息产品的界定和信息产品质量标准、信息产品责任的性质和归责原则、信息产品责任的认定以及信息产品责任中的抗辩事由等方面，进行了充分的分析和论证。比如，在信息产品的质量标准上，强调应以真实性、准确性、完整性、合法性为标准要求，否则应当视为缺陷产品，并承担由此导致的损害责任。[①] 这一研究对产品质量法适应经济生活的新变化有着重要意义。

2008 年三鹿奶粉事件发生后，产品免检制度受到了媒体和社会的广泛关注和质疑，并引起了政府的回应。此前，有学者研究认为，产品免检制度作为政府的一种不作为，其设立破坏了法律效力的位阶性，破坏了公平有序的市场竞争秩序，因此应在完善产品质量监督制度的基础上予以废除。[②] 在这一问题上，应飞虎采用了法学、经济学、社会学、社会心理学等视角和工具，基于免检条件设定的合理性、免检制度实施的基本绩效、免检标志的信号功能等方面，对免检制度的存废和改良等问题进行了专门研究。他认为，国家质检总局在免检制度制定过程中因静态思维而导致免检条件设定失当；就实施绩效而言，免检制度正面影响的作用机制存在较多问题，免检产品在获得免检资格后其销售额的增长可能主要并不在于该制度拥有的质量保障功能，而在于政府、企业、消费者、媒体及质量信号的现状等多种因素的共同作用下，导致的免检标志所产生的信号功能的不当放大；由于对特定产品的功能瑕疵认知和危害测定存在难度等，免检制度的实施在产品质量方面会产生不可避免的负面影响。综合考虑多种因素，他提出应取消免检制度；但如果基于信息提供和执法效率提升等角度，或国家质检总局基于其他因素的考虑，认为免检制度必须存在，则应

---

① 李扬：《信息产品责任初探》，载《中国法学》2004 年第 6 期。
② 参见雷兴虎、习小琴、吕亚峰《中国企业产品免检制度的存与废》，载《法学》2004 年第 7 期。

在处罚、监督、适度保留等方面对这一制度作出必要修正。① 另外，杜国明对我国农产品质量安全问题进行了专门研究，他指出，目前我国农产品质量安全立法还存在农产品范围不明确、禁止生产区域界定不清、法律责任规范不足等问题，必须针对这些问题进行深入分析，进而构建出适合我国农产品质量安全运行规律的法律体系，以从根本上提高我国农产品质量安全水平。②

　　进入 21 世纪后，也有学者从法和经济学的角度，研究分析了产品严格责任原则的适用和完善问题，认为严格责任的提出，在一定程度上抑制了厂商、销售商对经济效益的无止境追求，而对市场经济中的弱势群体投以人文关怀的目光，从而促进了社会公平与效率两者之间的动态平衡格局的实现，有利于我国市场经济的持续发展乃至人类社会的全面进步。③ 在产品质量法修改后，还有一些学者对相关条文进行了研究和分析，提出了完善相关规定的建议。④ 需要指出的是，在产品质量法的研究中，一些民法学者专注于产品责任的研究，出现了一系列比较法上的研究成果⑤，从而对我国《产品质量法》的修改和完善提供了重要的理论借鉴资料。

---

　　① 应飞虎：《对免检制度的综合分析：坚持、放弃抑或改良?》，载《中国法学》2008 年第 3 期。

　　② 杜国明：《农产品质量安全的立法研究》，载《河北法学》2008 年第 9 期。

　　③ 刘大洪、张剑辉：《论产品严格责任原则的适用与完善》，载《法学评论》2004 年第 3 期。类似的研究还有：千省利、薛平智：《我国产品责任归责原则的法学与经济学分析》，载《河北法学》2002 年第 2 期；周新军、容缨：《论我国产品责任归责原则》，载《政法论坛》2002 年第 3 期；孙波：《完善我国产品责任法之思考》，载《政法论坛》2001 年第 1 期，等等。

　　④ 如，孙鹏程：《论〈产品质量法〉若干条款对公平竞争的维护》，载《华东政法学院学报》2003 年第 2 期；王庆丰：《产品责任与合同责任竞合探析》，载《政法论坛》2009 年第 1 期，等等。

　　⑤ 如，张骐：《中美产品责任的归责原则比较》，载《中外法学》1998 年第 4 期；李静、李爱国：《简论法国产品质量法》，载《中外法学》1998 年第 5 期；张桂红：《美国产品责任法的最新发展及其对我国的启示》，载《法商研究》2001 年第 6 期；王翔：《关于产品责任抗辩事由的比较研究》，载《政治与法律》2002 年第 4 期；张民宪、马栩生：《荷兰产品责任制度之新发展》，载《法学评论》2005 年第 1 期；李辉：《WTO 转基因农产品贸易争端与欧盟转基因产品管制立法评析》，载《环球法律评论》2007 年第 2 期；梁亚：《美国产品责任法中归责原则变迁之解析》，载《环球法律评论》2008 年第 1 期；董春华：《美国产品责任法中的惩罚性赔偿》，载《比较法研究》2008 年第 6 期；汪军民、涂永前：《论美国毒物致害侵权责任的特殊免责抗辩及对我国产品责任法的启示》，载《环球法律评论》2008 年第 6 期，等等。

四、经济全球化中的宏观调控法研究

宏观调控作为一个经济学名词，已完全成为宏观经济调控的缩略语，并已成为一个重要的法学概念。对市场机制的引导和保护，可以加强对市场主体的约束，协调个体利益和整体利益、社会利益的矛盾，防范和制止市场机制作用和宏观调控作用的冲突。经济法在保障市场机制正常运行、引导市场主体利益向宏观经济目标倾斜的同时，还注重对宏观调控措施或政府经济行为的规范，以优化宏观调控功能。历史经验表明，微观经济越活，市场化进程越快，要求宏观调控越有力和有效。如何使宏观调控既有效地促使市场机制的基础性作用得到充分发挥，又有力地管住国民经济协调平衡发展，这就需要促使市场机制与宏观调控的相互适应，真正达到内在的耦合。[①] 在我国，宏观调控法基础理论的研究比市场规制法基础理论研究开始得更早，内容也更丰富。[②] 宏观调控法地位日益提升，正在成为经济法体系的核心，宏观调控和宏观调控法日益社会化、民主化和国际化。[③]

对宏观调控法的研究，经济法学者主要集中在宏观调控法的形成原因或客观条件、宏观调控法的定义和特征、宏观调控法的宗旨、本质和基本原则、宏观调控法体系、宏观调控法的调整方法、宏观调控权、宏观调控基本法的制定等领域。"宏观调控法"的称谓及其理论概括是中国经济法的独创，无论是大陆法系还是英美法系均无类似的概念。[④] 宏观调控法是社会化大生产的需要，是发展市场经济的共同要求，是国家管理经济职能的集中反映。[⑤] 市场经济之所以需要宏观调控，是由市场经济的性质决定的，从根本上说就是市场失灵决定的。市场经济不能始终自动均衡，市场调节无法克服盲目性，市场经济无法自给自足，市场经济无法实现社会公平，市场经济无法主动直接地促进公共利益，市场经济的产生、存在和发

---

① 徐孟洲：《论市场机制与宏观调控的经济法耦合》，载《法学家》1996 年第 2 期。

② 肖江平：《中国经济法学史研究》，人民法院出版社 2002 年版，第 353 页。

③ 漆多俊：《宏观调控立法特点及其新发展》，载《政治与法律》2002 年第 3 期。

④ 谢增毅：《宏观调控法基本原则新论》，载《厦门大学学报》（哲学社会科学版），2003 年第 5 期。

⑤ 徐孟洲：《略论宏观调控法》，载《法学家》1994 年第 4 期。

展需要加强宏观调控。①

在宏观调控法的定义中，学者们沿用了经济法的定义方法，仍然通过对特定经济关系的性质和范围内涵的确定来界定经济法概念。如，有的定义为"调整国家在调节和控制宏观经济运行中所发生的经济关系"②，有的则定义为"调整国家对社会经济宏观调控中发生的各种社会关系"③，还有的定义为"调整国家对经济运行实施宏观调控过程中发生的经济关系"④。显然，宏观调控法与宏观调控的关系甚为密切，宏观调控法的定义直接依存于宏观调控的定义。漆多俊认为，宏观调控是国家综合运用各种引导、促进方式对经济社会宏观结构和运行进行调节的一种国家经济职能活动。⑤徐孟洲认为，宏观调控是指政府为实现社会总需求与社会总供给之间的平衡，保证国民经济持续、稳定、协调增长，而对社会经济运行的调节与控制。⑥王全兴、管斌认为，宏观调控是指调控主体从社会公共利益出发，为实现宏观经济总量的基本平衡和经济结构的优化，引导国民经济持续、健康、协调发展，对国民经济所进行的总体调节和控制。⑦尽管各种表述不尽相同，但还是有很多共同之处，如对宏观调控的主体、目的、方式等均有所提及，不同之处在于要不要明确立足点以及基本特征等。邱本则选择了放弃下定义的方法，而是归纳了宏观调控的规定性，即宏观调控是对市场的宏观调控，是宏观领域的调控，是有限调控、民主调控，并主要是法律调控。⑧这也不失为一种新的有益探索和尝试。在宏观调控法的特点和本质问题上，相关研究从多途径入手进行了归纳。有的从调整对象和法律关系的特点入手，认为宏观调控法不是以个别企业或经营单位及其相互之间所发生的经济关系为调整对象，而是以整个国民经济中所发生的各种

① 邱本：《宏观调控法导论》，载《经济法学的新发展》（王晓晔、邱本主编），中国社会科学出版社 2002 年版，第 232—244 页。

② 王守渝、弓孟谦：《宏观经济调控法律制度》，中国经济出版社 1995 年版，第 1 页。

③ 漆多俊：《宏观调控法研究》，载《法商研究》1999 年第 2 期。

④ 徐孟洲：《经济法的对象、根据和体系结构研究》，载《经济法论丛》第 2 卷（徐杰主编），法律出版社 2001 年版；徐孟洲：《再论宏观经济调控法》，中国宏观经济法制研讨会暨北京市法学会经济法学研讨会交流论文 2000 年。

⑤ 漆多俊主编《宏观调控法研究》，中国方正出版社 2002 年版，第 10 页。

⑥ 徐孟洲：《论市场机制与宏观调控的经济法耦合》，载《法学家》1996 年第 2 期。

⑦ 王全兴、管斌：《宏观调控法论纲》，载《首都师范大学学报》（社会科学版）2002 年第 3 期。

⑧ 邱本：《宏观调控法论》，中国工商出版社 2002 年版，第 1—7 页。

关系为调整对象；宏观调控法律关系的主体一方必定是国家及其授权的经济职能部门或综合经济部门；宏观经济调控法律关系中主体间的经济权利与义务具有不对等性。[1] 有的从调整方法角度进行概括，认为宏观调控法的调整方法是一种社会整体调节方法、自觉调整方法、统制方法、间接调整方法，并区别于其他法律部门；[2] 或认为是综合运用经济的、行政的、刑事的、实体法和程序法的方法，并以经济和法律手段为主，主要运用经济法手段进行调节，辅之以必要的行政手段。[3] 有的从利益本位和调控主体能动角度进行概括，认为宏观调控法是一种政府干预法、社会本位法，是一种中介性的法律、政策性的法律。[4] 宏观调控法还是一种综合性的法律。[5] 还有的研究认为，宏观调控法的本质在于它是涉及社会经济的宏观与总体，是在宏观和总体的某些关键和必要部位实行国家调节的法律，是一种更加自觉主动的调节，是现代国家高度主观能动性的体现。[6] 所有这些研究，都从不同侧面揭示了宏观调控法的某些属性，虽然也是仁者见仁、智者见智，但却共同勾勒出了宏观调控法的大致轮廓，有助于人们更好地认识和把握宏观调控法的概念和含义。

宏观调控法的基本原则集中体现宏观调控法的本质理念和基本精神，主导整个宏观调控法体系，是宏观调控立法和执法所必须遵循的最基本的行为准则，对宏观调控法体系中的各项制度具有普遍的指导意义。因此，有关宏观调控法基本原则的研究同样十分重要。在这一方面，学者们的概括同样不尽相同，如有的概括为宏观调控职权和程序法定原则、维护国家宏观经济利益原则、宏观调控主体分工和协调原则；[7] 有的概括为平衡优化原则、有限干预原则、宏观效益原则、统分结合原则；[8] 有的概括为尊重市场原则、社会公益原则、可持续发展原则、经济民主原则；[9] 有的概

① 王守渝、弓孟谦：《宏观经济调控法律制度》，中国经济出版社 1995 年版，第 3—5 页。

② 董进宇主编：《宏观调控法学》，吉林大学出版社 1999 年版，第 20—25 页。

③ 杨紫烜主编：《经济法》，北京大学出版社、高等教育出版社 1999 年版，第 268—269 页。

④ 董进宇主编：《宏观调控法学》，吉林大学出版社 1999 年版，第 15—20 页。

⑤ 邱本：《宏观调控法论》，中国工商出版社 2002 年版，第 15—19 页。

⑥ 漆多俊：《论经济法的本质、体系与核心》，第五届经济法理论研讨会交流论文（1997 年）。

⑦ 谢增毅：《宏观调控法基本原则新论》，载《厦门大学学报》（哲学社会科学版）2003 年第 5 期。

⑧ 潘静成、刘文华主编：《经济法》，中国人民大学出版社 1999 年版，第 296—298 页。

⑨ 王全兴、管斌：《宏观调控法论纲》，载《首都师范大学学报》（社会科学版）2002 年第 3 期。

括为资源优化原则、总量平衡原则、间接调控原则、统一协调原则、宏观
效益原则①；有的概括为间接调控原则、计划指导原则、公开原则、合法
原则、适度性原则、稳定性与灵活性结合原则②；等等。由此可见，在宏
观调控法基本原则这一重要理论问题上，出现了三原则说、四原则说、五
原则说乃至六原则说等不同观点，这与不同学者在提炼原则时所采用的标
准和方法不同有着直接关系。宏观调控原则的提炼和抽象，对于宏观调控
立法和法学研究的重要性是不言而喻的，它有利于将宏观调控法的各种制
度和规范有机统一于宏观调控法这个经济法的亚部门之下。

　　关于宏观调控法的体系问题，经济法学界的共识是在构造中都包括了
计划法、财政法、税收法、金融法、产业政策法等，分歧在于是否应包括
国有资产管理法、自然资源法、能源法、环境保护法以及社会保障法等。
在 1991 年及以前的研究中，对宏观调控法的体系曾有过不同的构造分析，
比如从手段上分为宏观经济决策程序法、宏观经济运行计算监督法、宏观
经济信息反馈及调整法、宏观经济稳定增长促进法以及宏观经济失误责任
法等；从涉及的范围分为国民经济计划法、财政法、金融法、投资法、物
资法、资源法、劳动就业法、工资法、物价法、产业振兴法、产业结构调
整法、外汇法、外贸经济法、科技进步法、环境保护法等；从立法角度又
分为有关宏观经济综合调控职能方面的立法、有关经济行业部门的宏观调
控立法、有关宏观调控自身行为的立法等。1992 年以后，有研究者认为市
场经济条件下国家的宏观调控可分为三个法律层次：国家直接管理国民经
济，决定国民经济发展方向的法律层次；国家间接管理国民经济或间接参
与经济活动，实现对经济法律关系主体的调控；国家直接参与国民经济活
动，通过对特定经济行为的干预，来实现对国民经济整体的调控。但这更
多的是经济意义上的探讨。③ 后来的研究，有从实体法和程序法的角度认
为，法律和宏观调控的结合可以表现为实体意义上的调节和程序意义上的
调节，其中前者适用于经济正常时期，后者适用于经济波动时期。进而宏
观调控的法律框架由四部分组成：综合性法律，以计划法和宏观调控法律
程序为主；关系全局的专项法律，主要是关于财政、金融、固定资产投

　　① 卢炯星：《宏观经济法》，厦门大学出版社 2000 年版，第 53—55 页。
　　② 杨紫烜主编：《经济法》，北京大学出版社 1999 年版，第 267—268 页。
　　③ 肖江平：《中国经济法学史研究》，人民法院出版社 2002 年版，第 357—358 页。

资、外贸等方面的法律；振兴经济方面的法律；社会保障方面的法律。①
有的从整体上综合理解，认为宏观调控法的体系包括财政预算法、税法、
金融法、产业结构规划法、固定资产投资法、国民经济与社会发展计划法
和对外经济贸易法。② 还有的从"国家计划—经济政策—调节手段"的轴
线上理解，认为宏观调控法的体系从内容构成上包括了计划法、经济政策
法和关于各种调节手段运用的法律。③ 另外，新近的研究认为，宏观调控
法是一种综合性的法律，具体由计划法、财政法、金融法和产业政策法等
各具功能的法律综合构成。④ 尽管这些研究成果不完全相同，但却反映了
不同时期学者对宏观调控法体系的理解和认识。目前看来，学界对宏观调
控法的核心构成已经有了基本共识，如计划法、财政法、金融法、产业政
策法、政府投资法、国有资产管理法以及对外贸易法等，环境保护法、社
会保障法等宜归属于新兴的社会法部门。虽然有些立法仍为空白，但宏观
调控法的系统化势在必行。

关于宏观调控法的调整方法，徐孟洲认为主要有引导、规制和监督三
种；⑤ 邱本认为主要有社会整体调节方法、自觉调整方法、统制方法和间
接调整方法；⑥ 王全兴、管斌则将其分为直接调控和间接调控，事前调控、
事中调控和事后调控，对象不特定的概括调控和对象特定的具体调控等。
改革开放以来的所有制结构变化，给宏观调控带来了新的挑战。从总体上
说，调控方式经历了从"行政与经济"双重调控到以经济调控为主的根本
性转变，而且下列几种转变趋势值得重视，即：从短期调控（战术性调
控）为主向长期调控（战略性调控）为主转变，从微观目标为主向宏观目
标为主转变，从总量调控为主向结构调控为主转变，从所有制标准为主向
产业标准为主转变，从以需求调控为主向以供给调控为主且与需求调控相

---

① 马绍春：《我国宏观调控法制化进程的回顾与思考》，第七届全国经济法理论研讨会交流
论文（1999 年）。

② 徐孟洲：《经济法的对象、根据和体系结构研究》，载《经济法论丛》（徐杰主编），法律
出版社 2001 年第 2 卷。

③ 漆多俊主编：《宏观调控法研究》，中国方正出版社 2002 年版，第 18 页。

④ 邱本：《宏观调控法导论》，载《经济法学的新发展》（王晓晔、邱本主编），中国社会科
学出版社 2002 年版，第 253—262 页。

⑤ 潘静成、刘文华主编：《经济法》，中国人民大学出版社 1999 年版，第 298 页。

⑥ 邱本：《宏观调控法导论》，载《经济法学的新发展》（王晓晔、邱本主编），中国社会科
学出版社 2002 年版，第 248—253 页。

结合转变，从因事调控为主向机制调控为主转变，从价值调控为主向实物与价值调控配合转变。①

在宏观调控法研究中，一些学者还把宏观调控权问题作为宏观调控法理论中的一个重要范畴进行了探讨。如对宏观调控权渊源的分析，即提出了三种不同观点：一是所有权说，认为国家宏观调控的权力来源于国家所有权；二是管理权说，认为宏观调控权来源于国家对社会经济的管理职能，是一种公权活动；三是立法—行政权说，认为宏观调控权是一项立法与行政权并行的独立权力，由立法和行政机关共同享有。② 张守文认为，从形式上看，宏观调控权来源于法律上的明确授权。在把法律理解为制定法的情况下，宏观调控权的确立、分配和行使等内容，要通过国家制定的法来加以体现。此外，宏观调控权也是国家的经济管辖权的具体化。作为国家主权或更为具体的管辖权的组成部分，从根本上说，宏观调控权同样是整个国民总体的一项重要权力，是一种新型的权力。宏观调控在经济上的合法性，取决于经济上的合理性，实际上就是经济上的"合规律性"。宏观调控的主体应当是国家，应当是国家的最高政权机构，而不是基层的政权机构。宏观调控权的配置必须慎重，应当坚持"调控权法定原则"，其行使应当适用比例适度原则、诚实信用原则和情势变更原则。③ 目前看来，在宏观调控权问题上，还有许多问题需要深入研究，如宏观调控权的类别、效力，与之对应的义务、责任以及与相关制度的协调等，而且还可以向宪法学、法律关系的构架、宏观调控法律责任理论、宏观调控程序、宏观调控司法审查权等一系列向度延伸。④

在社会主义市场经济体制建立前后，宏观调控立法研究即已引起学界的普遍重视。⑤ 宏观调控法不是取消政府在发展经济方面的作用和职能，

---

① 参见王全兴、管斌《宏观调控法论纲》，载《首都师范大学学报》（社会科学版）2002 年第 3 期。

② 鲁篱：《论宏观调控的权力渊源》，载《经济法制》1994 年第 4 期。

③ 参见张守文《宏观调控权的法律解析》，载《北京大学学报》（哲学社会科学版）2001 年第 3 期。

④ 肖江平：《中国经济法学史研究》，人民法院出版社 2002 年版，第 356 页。

⑤ 刘剑、郭锐：《论加强国民经济宏观调控的法律问题》，载《中国法学》1990 年第 2 期；李昌麒：《论社会主义经济宏观调控的法律问题》，载《现代法学》1990 年第 3 期；江平：《贯彻七中全会精神　加快经济法制建设——宏观调控经济的决策应当法制化、科学化、民主化》，载《中国法学》1991 年第 2 期；徐士英：《日本经济宏观调控的法制保障》，载《外国法译评》1994 年第 3 期；彭启先：《论宏观调控的法制化》，载《现代法学》1996 年第 3 期，等等。

而是改变推动经济、发展经济、干预经济的方法，通过法律手段保证宏观调控的客观性、科学性和稳定性。① 2000 年在重庆召开的第八届全国经济法理论研讨会上，宏观调控法研究进一步升温。在九届全国人大四次会议上，杨紫烜等 4 位代表领衔、100 多位代表附署提出 4 份关于制定《宏观调控法》（即《宏观调控基本法》）的议案。此后，一些学者分别起草了《宏观调控法》草案稿。2001 年 7 月中旬在太原召开的第二届经济法前沿理论研讨会，集中讨论了 3 份专家试拟稿，内容涉及宏观调控法草案体例安排、理念、宏观调控权力配置和行使、调控主体、调控范围、调控手段、宏观调控法与政策的关系、可行性研究、宏观调控的部门法构成及法律责任等问题。② 制定《宏观调控法》的必要性研究认为，这是切实落实《中华人民共和国宪法修正案》第 7 条③的需要，是完善国家宏观调控体制的需要，是增强国家宏观调控协调性的需要，是实现第三步发展战略目标的需要，是应对经济全球化、保障国家经济安全的需要，是借鉴国外宏观调控经验、提升我国宏观调控水平的需要。可行性研究认为，制定《宏观调控法》既有宪法依据和政策支持，也有多年来卓有成效的宏观调控经验、较大的立法规模和丰富的立法经验作基础，还有充分的理论指导、学术支撑和国外成功的法治经验可资借鉴，因此立法条件已经成熟。在具体的制度设计上，研究认为，应以实现国民经济的总量平衡、结构优化，促进国民经济持续、快速、健康发展为目标；明确规定国家宏观调控的机构设置、权力配置及其程序，将宏观调控程序法定化；规定国民经济和社会发展计划基本制度、财税调控基本制度、金融调控基本制度、产业政策基本制度、区域经济协调基本制度、价格调控基本制度、对外贸易基本制度等；并明确规定法律责任。④

我们需要注意到，伴随着宏观调控法基本理论的研究，经济法学者在

---

① 李铁映：《解放思想、转变观念，建立社会主义市场经济法律体系》，载《法学研究》1997 年第 2 期。

② 徐孟洲、卢炯星、郑少华等负责的三个课题组，分别提出了一份《中华人民共和国宏观调控法》（试拟稿），见第二届经济法前沿理论研讨会交流材料（2001 年）。后来，在这三份试拟稿的基础上，形成了一份质量较高的专家稿，在 2002 年 3 月召开的九届全国人大五次会议上作为立法议案提出，产生了较大影响。

③ 该条明确规定："国家加强经济立法，完善宏观调控。"

④ 参见由部分全国人大代表在九届全国人大四次会议上提出的《关于制定〈中华人民共和国宏观调控法〉的议案》，载《经济法研究》第 2 卷（杨紫烜主编），北京大学出版社 2001 年。

财政法、税法、金融法、产业政策法、国有资产管理法、政府投资法、对外贸易法等宏观调控法专项领域，也开展了深入细致的研究，并取得了大量的研究成果。以金融法为例，吴志攀曾提出了金融法"四色定理"。他说，金融法从资本市场到资金市场，从保险市场到外汇市场，都要涉及各种"债权关系"与"物权关系"。这些权利义务关系都会受到外来的四种因素影响。这四种因素分别是政府、市场、单位和个人。这四种因素对金融关系产生了四种调节：政府的行政调节、市场的经济调节、单位部门调节和个人的微调。我们将这四种调节称为金融法的"四色定理"。①

　　近年来，有学者提出，从社会学、经济学和法治国家的视角并结合国外宏观调控改革的发展趋势，我国宏观调控法研究需要在调控目标、调控主体、调控原则、调控责任、调控手段方式以及宏观调控法的体系构建等方面，进行反思与完善。② 郑少华等认为，研究宏观调控法必须从其理论前提入手，界定理论的适用边界，探寻有效的研究方法。宏观调控法之宏观调控的界定、市场机制的形成、现代政府治理、现代社会冲突与治理、现代化与全球化，是宏观调控法的主要理论前提。③ 众所周知，全球化是以经济全球化为先导的经济、生态、政治、文化的全球性整合运动。④ 当前，全球化已不再是一个趋势或学说概念，而是客观存在的世界机构的特质，是我们一切行为的规定性条件或境遇。因此，每一个民族国家都是全球化中的国家，每一个个体也都是全球化中规定的个体，处于全球化编织的关系网中。在全球化背景下，转变研究观念，更新研究内容，已成为今后一段时期我国宏观调控法研究中需要注意把握好的问题。在研究内容方面，一是要在继续研究已有的宏观调控具体制度的基础上更加注重宏观调控法基本理论的研究，不能再仅仅满足于对已有的具体宏观调控制度进行注释，而应当以这些制度为个案，抽象、提取宏观调控法最一般、最本质的概念、范畴和规律，这是建立宏观调控法基础理论的必然路径；二是要从全面、系统的角度来研究宏观调控法的调整对象，既要看到调控者，也要关顾受控者，既要看到调控者的权利，也要看到受控者的权利，既要分

---

① 吴志攀：《金融法的"四色定理"》，载《金融法苑》2000 年第 12 期。
② 侯作前、潘爱叶：《宏观调控法若干基本问题之反思》，载《法学杂志》2005 年第 1 期。
③ 郑少华、吴晓晖：《论宏观调控法的理论前提及方法》，载《东方法学》2008 年第 2 期。
④ 周永坤：《全球化与法学思维方式的革命》，载《法学》1999 年第 11 期。

析清楚静态的宏观调控关系，又要准确把握宏观调控关系的动态运动；三是要注意研究宏观调控法制化的规律，特别是制定宏观调控法的可能性、具体时机和实现路径等；四是注重研究宏观调控法的框架和具体内容；五是注重宏观调控法的实施，特别是宏观调控法的执法与司法等；六是要注意宏观调控法国际化问题的研究。[①] 经济法学对宏观调控法的研究仍然任重而道远。

① 胡光志：《宏观调控法研究及其展望》，载《重庆大学学报》（社会科学版）2008 年第 5 期。

第十九章

科学发展中繁荣的环境法学

一、市场经济转轨期迅速转型的环境法学

（一）市场经济体制的确立与环境法学的发展

1992 年 6 月，联合国环境与发展大会召开，会议通过的《里约环境与发展宣言》、《21 世纪行动计划》、《联合国气候变化框架公约》、《联合国防止荒漠化公约》、《关于森林的原则声明》等法律文件，确认了可持续发展的法律地位，会后中国发布了《中国环境行动计划》（1991—2000 年）、《中国 21 世纪议程》等行动方案。同年 10 月，党的十四大明确提出"我国经济体制改革的目标是建立社会主义市场经济体制"；1993 年 3 月修订的《宪法》明确宣布"国家实行社会主义市场经济"。1997 年 9 月，党的十五大报告提出："进一步扩大社会主义民主，健全社会主义法制，依法治国，建设社会主义法治国家。"正式提出了"依法治国"的基本方略。这一方略在 1999 年修订《宪法》时得到了采纳。自此，市场经济、可持续发展、依法治国一起，开始共同影响中国环境法治的发展模式和方式。

在可持续发展和市场经济双重要求下，全国人大于 1993 年设立了环境保护委员会①，加大了环境法律立、改、废的工作力度，使环境法制建设进入快速发展期。为了响应可持续发展的要求，中国发布了《中国环境行动计划》（1991—2000 年）、《中国 21 世纪议程》等行动方案，提出要建立体现可持续发展的环境法体系，并将环境立法列为新的优先项目计划。在这一阶段，中国于 1994 年 9 月颁布《自然保护区条例》，于 1995

---

① 后更名为全国人大环境与资源保护委员会。全国政协也设立了类似的机构。

年 8 月颁布《淮河流域水污染防治暂行条例》，于 1995 年 8 月修订《大气污染防治法》，于 1995 年 10 月颁布《固体废物污染环境防治法》，于 1996 年 5 月修订《水污染防治法》，于 1996 年 8 月修订《矿产资源法》，于 1996 年 9 月颁布《野生植物保护条例》，于 1996 年 10 月颁布《噪声污染防治法》。特别是在 1997 年 3 月修订的《刑法》，其中增加了"破坏环境和资源保护罪"，实现了环境犯罪立法模式的重大突破。为了使可持续发展战略在中国经济建设和社会发展过程中得以实施，国务院于 1996 年 8 月通过了《国务院关于环境保护若干问题的决定》，为中国的环境保护设立了中期目标，作出了系统性的政策安排。

在这一时期，由于有了新的指导思想和新的发展体制，环境法学研究进入活跃期，可持续发展理论、制度与机制，借鉴国外成熟的环境立法和制度等，成为研究的热点领域。《环境法原理》（陈泉生著，法律出版社 1998 年版）、《环境法与自然资源法的融合》（杜群著，载《法学研究》2000 年第 6 期）等代表性论著，促进了中国环境法基本理论的创新；《美国环境法概论》（王曦著，武汉大学出版社 1992 年版）、《日本环境法概论》（汪劲著，武汉大学出版社 1994 年版）、《欧洲环境法》（高家伟著，工商出版社 2000 年版）、《俄罗斯生态法》（王树义著，武汉大学出版社 2001 年版）等，填补了对国际上相关国家环境法研究的空白。《国际环境法导论》（马骧聪主编，社会科学文献出版社 1994 年版）、《国际环境法》（王曦编著，法律出版社 1998 年版）等代表性论著，填补了国际环境法研究的空白。

市场经济体制确立之后的经济社会发展和法制建设的发展，为中国环境法学的发展提供了机遇。在此之后，经过中国环境法学界的共同努力，既适应中国现实又符合国际潮流，既能满足实践需要又有深刻理论底蕴的中国环境法律体系基本形成。[①] 中国环境法学的发展呈现出明显的时代特点：一是以可持续发展作为环境法的目的价值，深入影响中国环境法学的研究模式，即不仅注重结合研究环境破坏和防治环境污染，还注重结合研究环境保护和资源保护；不仅注重结合研究环境资源的开发、利用、保护和改善，还注重把环境保护法和其政治、经济、社会背景结合起来研究。二是以可持续发展作为环境法学研究的指导，加强立法体系和法律制度的

---

① 曲格平："序"，载赵国青主编：《外国环境法选编》，中国政法大学出版社 2000 年版。

建设研究。三是在环境法学领域扩大和深化国际交流，国际上流行的行为节制、科学利用、环境文化、环境道德等观念，[①] 对中国的环境法制建设和环境法学研究产生较大的影响，环境民主和公众参与理念日益影响中国环境法学的发展。这一时期，中国的环境法开始全面融入世界环境法制建设的潮流之中，中国的环境法学也以其壮大的研究力量和丰厚的研究成果跻身于世界环境法学之林。

（二）环境法学转型中的重大理论问题

加强宏观管理，规范微观行为，巩固社会主义市场经济体制改革的成果，保障改革开放，[②] 促进经济、社会和环境保护的可持续发展，是联合国环境与发展大会召开至加入 WTO 前，中国环境法治的指导思想和中心任务。指导思想与中心任务的明确，人与自然关系的再认识，可持续发展理念的植入，环境法研究方法与理论来源的更新，实际上引发了中国环境法学的转型，并且以相关重大理论问题研究不断取得成果而顺利实现了这一转型。

关于环境法的公益性问题。我国法学界奉行的经典观点认为，法是由统治阶级制定或者认可的，保护其整体意志和共同利益并镇压被统治阶级反抗的工具，[③] 传统的中国法学观点以此为依据，提出法只具有阶级性而不具有公益性。环境法学者从环境法的本质与特点出发，对环境法是否有公益性这一问题进行了深入的探讨。环境法学者普遍接受的众所周知的事实前提是，大气、水、森林等环境因素具有开放性，生态退化对任何阶级的人身和财产都有害；反之，环境改善对任何阶级的人身与财产都有好处，因此环境的法律保护措施体现了一定的公益性。[④] 另外，为了缓和阶级矛盾，"聪明"的资产阶级也常会在立法中适当考虑无产阶级的环境福利需求。特别是在中国，人民是统治阶级，占人口的绝大多数，环境法保护其环境权益实际上也是公益性的体现。[⑤] 1992 年《里约环境与发展宣

---

① Sean Coyle and Karen Morrow, The Philosophical Foundations of Environmental Law, Portland, Hart Publishing, p. 3.

② 李林："改革开放 30 年中国立法的主要经验"，http：//www. iolaw. org. cn，最后访问日期：2008 年 9 月 5 日。

③ 《列宁全集》（第 13 卷），人民出版社 1986 年版，第 304 页。

④ Marie – Louise Larsson, The Law of Environmental Damage, Stockholm, Kluwer Law International, 1999, p. 403.

⑤ 蔡守秋主编：《环境法教程》，法律出版社 1995 年版，第 29 页。

言》宣布世界各国应为当代人和后代人的利益保护环境，要求各国创造公众参与的条件，肯定了国际和国内环境保护的公益性。具有公益性的环境保护需要法律保障，而保障具有公益性的环境保护的法律，其内涵与效果也必然具有公益性。随着环境法立法实践的进行和环境法学研究的深入，环境法的公益性逐步得到广泛承认。①

关于环境法的调整对象问题。《环境保护法》第1条规定："为保护和改善生活环境与生态环境，防治污染和其他公害，保障人体健康……制定本法。"有的环境法学者基于此提出，环境法除调整人与人的关系外，还调整人与环境的关系。另外一些学者持反对态度，认为法律是人制定的社会关系调节器，只能反映人的意志，调整人的利益。由于环境无意思表示能力，人与环境之间不可能形成社会关系。环境属于人类，因此人与环境的关系在法律上还是人与人之间的社会关系。但是主张环境法还调整人与环境关系的一派继续主张，认为被纳入法律调整范围的环境属于社会化的环境，它与人的关系实质上是一种社会化的关系；在法律关系中，人是主体、环境是客体，人与环境是主、客体的关系，这种关系也属于法律关系。在这两个针锋相对观点之间持折衷观点的学者提出，马克思主义法学并没有断言法只调整社会关系，所以，没有必要去纠缠人与环境的关系是否属于社会关系。由于环境法调整人对人和人对环境的行为，为了避免争端，最好从行为的角度去研究环境法的规范对象。

关于可持续发展法律制度体系的构建问题。自1992年联合国环境与发展大会以来，可持续发展的理念深入人心，建设促进经济、社会可持续发展的环境法律制度体系成为社会焦点和环境法学界的研究热点。对于在可持续发展时代环境法制建设的独特指导原则，环境法学界普遍认为，可持续发展是国际和国内环境法的基本原则。但一些主流环境法学者认为，环境法的基本原则应是一个相对明确和可操作的准则，具有一定的可适用性和可诉性，而可持续发展缺乏可适用性和可诉性，它不能成为一个基本原则。由于可持续发展具有全局性、抽象性和指导性的特点，因此它只能是环境法的目的价值。由于代内公平和代际公平是国际环境法确认的可持续发展是否实现的判断准则，因此一些学者提出，应以代内公平和代际公平作为原则指导中国环境法律制度体系的构建。

---

① 蔡守秋主编：《环境法教程》，法律出版社1995年版，第29页。

关于环保市场化的法律调整问题。在市场经济社会，只有把环境保护的规律和市场机制结合起来，使环保专业化、产业化、市场化，才能激活各方面的环保积极性，[1] 部分地克服公用地的悲剧。[2] 环保市场化导致政府、环保企业和服务对象间权利（力）义务的再分配，环境法学界普遍认为其内涵应当包括：其一，政府监管手段要进行市场化取向，剥离一些本质上属于市场调整范围的职权。如把地方环卫单位转制为独立核算的市场主体，政府与环卫企业的关系转变为监管与被监管、补贴与被补贴的关系。其二，环保单位要进行全方位的市场服务，其收入来源于政府的补贴、服务对象的缴费和国家的经济政策优惠，运行遵循完全的市场规律。其三，居民和企业的负担不应明显增加，本应由政府承担和补贴的费用不得转嫁给居民和企业。投资主体、投资方向和环保模式的多元化是环保市场化的核心特征，为此要发展委托处理、联合处理以及二氧化硫、水污染物排放权交易等市场化模式，灵活地体现"污染者负担"原则的要求。

关于区域环境保护的综合和长效机制探索问题。为了尽快实现污染排放达标，国家于 1997 年和 1998 年分别在淮河和太湖流域实施了重点企业一律关停的"零点"行动。行动在短期内确实取得了一定的成效，如太湖流域 1998 年主要入湖河道 COD 监测浓度年平均值比 1997 年平均值下降 26.7%。[3] 但是，其后不久的污染反弹却相当厉害。事实证明，投入巨大的专项执法总体是失败的。惨重的教训，迫使中国探讨综合考虑经济、社会和环保因素的长效政策设计问题。[4] 1998 年发生长江全流域特大洪水之后，为了加强生态建设，中国立即在长江上游、黄河上中游、东北、内蒙古等地区启动退耕还林活动。为了保护农民退耕还林的长期积极性，国务院于 1999 年提出"退耕还林、封山绿化、以粮代赈、个体承包"的综合措施，将农户直接享受退耕还林钱、粮补贴的期限初步确立为 8 年。

关于环境民事纠纷的行政处理问题。1994 年以前的大多数环境法律，都规定了"行政调处"的民事纠纷解决机制。有的学者认为，"行政调

---

① 赵关良：《要坚持走可持续发展之路》，载《中国环境报》，2002 年 5 月 11 日第 1 版。

② Amy Sinden, The Tragedy of the Commons and the Myth of a Private Property Solution, 78 U. Colo. L. Rev. 533 (2007).

③ 黄文钰、杨桂山、许朋柱：《太湖流域"零点"行动的环境效果分析》，载《湖泊科学》2002 年第 1 期。

④ 李艳：《太湖治污 16 年功败垂成关停排污企业收效甚微》，载《新京报》2007 年 6 月 11 日。

处"是"环境行政调查与处理"的简称；① 有的学者认为是"环境行政调解处理"的简称。② 这种认识上的不同，导致了法律适用的不一致。行政调解当事人不能提起行政诉讼，这是无异议的，但对不服行政处理能否提起行政诉讼的问题，环境法学界有不同的看法。全国人大法工委于1992年给国家环保部门的答复中指出："根据当事人的请求，对因环境污染损害引起的赔偿责任和赔偿金额的纠纷所作的处理，当事人不服的，可以向人民法院提起民事诉讼，但这是民事纠纷双方当事人之间的民事纠纷，不能以做出处理决定的环境保护行政主管部门为被告提起行政诉讼。"但一些环境学者指出，全国人大法工委不能代表全国人大常委会，其解释不具有法律效力。为最终解决这一问题，1995年《固体废物污染环境防治法》及其后制定的环境法律均把"环境行政调处"改为"环境行政调解处理"。

二、科学发展观指导下走向繁荣的环境法学

（一）繁荣的环境立法与走向繁荣的环境法学

2001年12月11日，中国正式加入WTO，中国的环境法学得以在经济全球化背景下扩展研究领域与学术视野。2003年8月，全国人大常委会通过《行政许可法》，要求"减少行政许可项目，规范行政许可行为，改革行政许可方式"，全国环保行政系统对照要求开展了许可清理的专项行动。21世纪初，环境资源已成为制约我国经济和社会进一步发展的瓶颈。③2003年10月，党的十六届三中全会审时度势，明确提出"坚持以人为本，树立全面、协调、可持续的发展观，促进经济社会和人的全面发展"。2005年10月，党的十六届五中全会进一步提出了建设资源节约和环境友好型社会的目标。2005年11月松花江重大污染事件发生后，国务院随即发布《国务院关于落实科学发展观加强环境保护的决定》，把建设环境友好型社会的任务落实到了具体制度建设的层次上，并要求"弘扬环境文

① 金瑞林主编：《环境法学》，北京大学出版社1994年版，第192页。
② 蔡守秋：《环境行政执法与环境行政诉讼》，武汉大学出版社1992年版，第205页。
③ David Hunter, James Salzman & Durrwood Zaelke, International Environmental Law and Policy, Third Edition, New York, Foundation Press, 2007, pp. 2—3.

化，倡导生态文明"。自此，科学发展、生态文明、资源节约和环境友好，成为衡量我国经济和社会是否科学发展、发展是否和谐的重要判断标准，这是我国政府立足本土文化并借鉴国外先进发展理念的重大创举。① 当然，科学发展、生态文明、资源节约和环境友好这些重要理念，也成为环境法学研究的理论着眼点，成为环境法学理论繁荣的生长点。

在这一时期，中国环境法学研究和中国的经济建设、环境法制建设一样，既重视环境法学研究成果的数量，也注重环境法学研究成果的质量。2002—2008 年，CSSCI 所列期刊发表的环境法学论文分别为 92、77、115、128、170、210、153 篇。其中，中央提出科学发展观后，环境法学研究成果的质与量均有大幅度提高。总的来说，借鉴国际经验、参考国际规则、体现中国特色和国情的环境法学研究范式，在这一时期逐步形成。《生态法原理》（曹明德著，人民出版社 2002 年版）、《生态主义法哲学》（郑少华著，法律出版社 2002 年版）、《市场经济与我国环境法律制度的创新和完善》（常纪文著，中国法制出版社 2004 年版）、《动物福利法：中国与欧盟之比较》（常纪文著，中国环境科学出版社 2006 年版）等论著，对中国环境法的基础理论进行了归纳和创新。《比较环境法专论》（肖剑鸣、欧阳光明、林芳惠著，中国环境科学出版社 2004 年版）等著述，填补了比较环境法系统性研究的空白。根据北京大学环境与资源法研究中心的统计，1998—2008 年中国环境法有影响力的学者包括蔡守秋、王曦、吕忠梅、王灿发、周珂、汪劲、曹明德、常纪文等 18 人。②

在环境法学教育方面，1994 年，国务院学位委员会批准北京大学设立中国第一个环境法学博士学位授予点，紧接着武汉大学环境法研究所也拥有了环境法学博士学位授予权。1996 年，环境与资源法学被列为法学二级学科，跻身于民法、行政法等十大部门法学的行列。截至 2007 年底，能够招收环境法学专业硕士研究生的单位达到 63 家，能够招收环境法学博士生的单位达到 10 多家。

在这一时期，中国环境法学的发展表现出自己的特点：一是研究考虑

① 中共北京市委讲师团研究室：《指导发展的世界观和方法论的集中体现》，载《人民日报》2007 年 6 月 20 日。

② 参见北京大学环境与资源法研究中心网站 http：//envilaw.pkulaws.com，最后访问日期：2009 年 9 月 4 日。

了国内的民生需求，又考虑了环境条约和国际贸易规则的要求，体现了统一性、体系性、深入性、民意性和国际性的特点。一个明显的现象是，本阶段，中国的环境法学研究并不是惟国外而论。坚持中国的基本国情，适当地借鉴和参考国外环境立法和学术研究成果已经成为环境法学研究的主流方向。二是指导思想先进，目标明确，思路清晰。本阶段，中国环境法学以科学发展、资源节约、环境友好、人与自然和谐等先进理念为指导，把学术研究每隔一段时间推上一个新台阶。三是结合时代要求，不断提出环境保护基本原则和法律制度方面的新观点。如学者们提出的环境优先观点被2005年的《国务院关于落实科学发展观加强环境保护的决定》部分吸收。四是围绕国际化的市场经济和热点环境法治问题，如建立长效和应急相结合的环境保护机制、环保投融资的多元化、综合性的环境经济政策等，展开研究。五是不断提倡环境民主，促进环境立法的民主化和民意化。① 此外，研究对象还涉及环境文化培育等法治问题。

但是，我国目前的环境形势依然严峻，国际压力持续增大，因此环境法治发展的任务以及环境法学研究的任务也很艰巨。在科学发展观的要求下，在今后一段时间里，我国环境法学发展的工作应注意以下几个问题：（1）在指导思想方面，要按照科学发展观、生态文明观、和谐自然观和社会主义法治的要求，立足于环境保护和经济、社会发展的实际，通过体制、制度和机制的创新和完善，为中国社会的全面科学发展提出新的切合实际的建议。（2）在研究对象方面，今后要把重点研究城市环境的保护转向城市环境与农村环境保护的研究并重，农村居民环境权益保护与城市居民环境权益保护的研究并重，国际环境义务履行与国内环境法的切实实施研究并重，政府保护与公众参与的研究并重，行政监管与司法监督的研究并重。（3）在研究内容方面，既要重视政府的主导作用，也应重视发挥公众参与和市场机制的作用；既应研究单个项目的环境问题，关注区域的环境污染和生态破坏问题，还应把国内的环境保护对策和国际的合作与协调结合起来研究；既应研究环境污染和生态破坏问题，也应研究环境风险防范和安全保障问题；既应研究生态保护、污染防治和资源节约等传统的环境法学问题，也应关注绿色产业结构、绿色生产方式、绿色消费模式、绿色交易、绿色产权等新型环境法学问题。（4）在研究方法方面，环境法学

---

① 步雪琳：《环境法制建设取得新突破》，载《中国环境报》2007年12月28日。

的发展既要坚持全面、系统的研究观，也要有所为，有所不为，寻找克服地方保护主义、行业保护主义、部门保护主义、西方国家的保护主义及促进公众参与、社会监督等制度建设的研究侧重点和突破点；既要体现环境法学研究的国际趋同化特点，也要立足中国的国情和特色。

（二）环境法学繁荣中的重大理论问题研究

巩固和发展贸易国际化和环境保护全球化的制度和机制，落实科学发展观的要求，培育生态文明，建设环境友好和资源节约型社会，是加入WTO后至今中国环境法治的指导思想和中心任务。围绕这个指导思想和中心任务，中国的环境法学研究得到很大的发展。

WTO规则与中国环境法的接轨问题。WTO对中国环境法的变革要求集中于货物贸易与服务贸易方面，主要包括最惠国待遇与国民待遇、统一实施与透明度、自由贸易与公平竞争、行政救济与司法审查等。由于当时的环境法明显地带有计划经济和转型期的烙印，因此，环境法学界认为，中国环境法的制度创新与变革须满足如下特殊要求：建立以市场为导向的环境法律调控体系；按照承诺有步骤地开放环保市场；正确处理党的文件、党和政府的内部规定与环境法的透明关系；保持全国环境立法和环境执法的一致性，克服地方保护主义。事实证明，加入WTO不仅有利于环境污染与生态破坏转嫁，还可以防止我国初级资源产品的过度开发，化解国际贸易纠纷；不仅有利于健全环保市场，促进环保产业发展，还有利于加快环境行政与司法体制改革。①

关于环境应急法制的建设问题。"非典"特别是松花江特大污染事件的发生，使中国深切地体会到加强应急状态下环境法治研究与建设的重要性。在综合性法律层面，2007年的《突发事件应对法》强调了维护环境安全的重要性，规定了环境隐患排查、消除以及应急处置等基本制度。在专门性法律层面，本阶段制定或修订的《放射性污染防治法》、《固体废物污染环境防治法》、《水污染防治法》对应急准备、应急处置和事后恢复均作出了具体规定。在行政法规的层面，2005年发布的《国家突发公共事件总体应急预案》明确地把生态环境破坏事件纳入国家突发公共事件之中。在行政规章的层面，2006年《国家突发环境事件应急预案》细化了环境

---

① 常纪文：《WTO与我国环境法律制度的创新和完善》，载《经济法学　劳动法学》2002年第7期。

污染事件的分类、分级、应急的工作原则、组织指挥与职责、预防和预警、应急响应、应急保障和后期处理等内容。可以看出，我国的环境应急立法已成体系，层次明晰，内容明确，可操作性强。①

关于环境友好和资源节约型社会的法制保障问题。在法治时代，环境友好和资源节约型社会的建设，需要从生产方式、生活方式和消费方式三方面的制度创新和完善入手。现行环境立法在体系、目的、本位、适用范围、具体内容和相互之间的衔接等方面与环境友好和资源节约的要求还存在一定的差距，因此，环境界和法律界认为，应从法律体系和法律制度的创新和健全两个方面，解决环境文化的培养、环境信息权的充分保障、公众的民主监督与有序参与、环境产权制度的确立、市场准入与政策扶持制度的建立、综合决策与市场干预的科学性、技术支撑与技术转化的鼓励等关键性问题。②

关于生态文明的法制培育问题。公用地缺乏引导及私有化缺乏规范，必然导致生态环境和区域文明的衰败，因此政府必须利用公权加强环境文化的建设，③ 培育环境友好和资源节约型的理念、思维方式及决策、生产、生活方式。④ 2005 年《国务院关于落实科学发展观加强环境保护的决定》首次把环境文化的建设提高到"倡导生态文明"的高度，并把它作为"强化环境法治"的前提条件。党的十七大报告则更进一步，不仅重申了"生态文明"这一思想，还提出要"建设生态文明，基本形成节约能源资源和保护生态环境的产业结构、增长方式、消费模式"、"生态文明观念在全社会牢固树立"，从而把生态文明由单纯的消费文明转化为有利于环境与资源保护的由生产、决策、消费机制来支撑的综合性文明，把生态文明的建设要求贯穿到产业结构和增长方式领域，体现了先进文化对环境法治的指导性。

关于区域限批的法律适用问题。一对一的具体项目执法改变不了区域性的地方保护主义，因此一些学者提出，要借鉴美国联邦环保局的区域停

---

① 常纪文：《抗震救灾与我国的环境应急法制建设》，载《环球法律评论》2008 年第 3 期。

② 马凯：《发展循环经济　建设资源节约型和环境友好型社会》，载《求是》2005 年第 16 期。

③ 顾连宏：《从环境危机到民族危机》，载《植物生态学报》2007 年第 3 期。

④ 潘岳：《社会主义生态文明》，载《学习时报》2006 年 9 月 27 日。

批经验，建立区域执法和产业执法的制度。2007年1月，国家环保部门通报了82个严重违反环评和"三同时"制度的钢铁、电力、冶金等项目，首次依据《国务院关于落实科学发展观加强环境保护的决定》第13条和第21条之规定，对唐山市、吕梁市、莱芜市、六盘水市4个城市及国电集团等4家电力企业处以"区域限批"的制裁，有效地遏制了高污染产业的盲目扩张。和项目执法相比，区域执法和产业执法离地方保护主义的底线更近，执法难度更大。一些地方公开表示，《国务院关于落实科学发展观加强环境保护的决定》第13条和第21条之规定缺乏可执行性，国家环保部门的处罚依据不足。在此背景下，2008年修订的《水污染防治法》把区域限批法定化了，规定："对超过重点水污染物排放总量控制指标的地区，有关人民政府环境保护主管部门应当暂停审批新增重点水污染物排放总量的建设项目的环境影响评价文件。"

环境损害赔偿的制度创新问题。环境损害赔偿问题因为制度不健全长期困扰司法界。《水污染防治法》在2008年修订时，除了继续坚持无过错责任原则外，在纠纷解决新机制方面，作出如下创新：一是损害赔偿诉讼，由排污方就法律规定的免责事由及其行为与损害结果之间不存在因果关系承担举证责任；二是若损害是由受害人故意造成的，排污方不承担责任；若损害由受害人重大过失造成的，可以减轻排污方的赔偿责任，加重了排污企业的监管义务和赔偿责任。三是第三人因故意或者过失导致损失时，排污方承担赔偿责任后，有权向第三人追偿。这三项创新是对传统民法和民事诉讼法的重大突破，其克服地方保护主义、保护弱者和促进社会和谐的良苦用心可想而知。

关于环境权理论。在中国环境法学研究过程中，环境权长期作为理论热点而存在。[①] 环境权研究中主要形成了四种观点：其一，认为环境权是人类为解决环境问题而新兴的一种公法上的权利，是通过具有社会法性质的环境法来确立的，其目的是保护环境免遭污染和破坏，公益性是环境权的本质属性。其二，认为环境权的属性与人权、自然权利、道德权利、人格权和财产权密切关联，然而环境权本质上是一种习惯权利。其三，环境

---

① 如在2008年时统计，1982年以来，专门讨论环境权的论文有200多篇，2003年以来出版了4本关于环境权的专著。见张文显主编、黄文艺副主编《中国高校哲学社会科学发展报告·法学（1978—2008）》，广西师范大学出版社2008年版，第223页。

权具有生态权利、经济性权利和精神性权利三位一体的属性。其四，环境权的性质是人权，是作为集合的人类对于整体的环境的权利，是不可分的、只能依靠各义务主体主动履行义务来实现。① 于今看来，由于环境权的研究尚未形成主导观点，且没有被环保法学领域之外的中国法学界广泛接受，因而环境权的制度体现也不甚明显。但是，有关环境权的研究具有重要的理论意义，因为这一研究有助于确立环保法学的基本范畴，有助于建构和完善环保法学的理论体系。

此外，在这一时期的本阶段，中国环保法学界还出现了有关区域生态补偿②、环境公益诉讼③、动物福利保护④等理论热点问题，虽然在理论上还没有形成定论，立法上也没有明显的制度接纳，但是对于丰富我国的环保法理论、提升环境立法理念，都具有重要的理论价值和实践意义。

从研究的脉络看，20 世纪 90 年代以后，环境法学界对环境法本质、本位问题有了初步研究，同时环境权问题开始成为研究的热点，出现了大量的研究论文和专著。2000 年起，中国环境法学开始形成真正有影响的学术争论。特别是 2001 年蔡守秋提出环境法调整人与自然的关系的观点后，引发了热烈的讨论，相关的著述非常丰富。2003 年起，一种新的观点，即环境法应该以义务为本位的观点逐渐形成，并成为学术争论的焦点问题。⑤不仅如此，在环境法学研究中，逐渐出现了研究方法多元化的趋势。在环境法学研究早期，学者主要运用生态学、环境经济学等研究方法，分析环境和环境制度问题，阐述环境法的基础理论。随着生态伦理学、生态哲学在中国的传播，环境法学研究吸收了这些学科的理论研究成果，对环境问题有了更合理的判断。目前，环境法学研究的总体特征是：第一，环境伦理成为环境法学认识论的重要组成部分；第二，以调整人与自然环境关系为标志的环境法学理论基本成熟；第三，可持续发展理论已经稳定地成为环境法学的指导思想；第四，环境正义、环境公平、环境民主和环境权成

---

① 这四种观点的归纳引自张文显主编、黄文艺副主编《中国高校哲学社会科学发展报告·法学（1978—2008）》，广西师范大学出版社 2008 年版，第 223 页。

② 如杜群《生态补偿的法律关系及其发展现状和问题》，载《现代法学》2005 年第 3 期。

③ 如叶永飞《论环境民事公益诉讼》，载《中国法学》2004 年第 5 期。

④ 如常纪文《动物福利法：中国与欧盟之比较》，中国环境科学出版社 2006 年版。

⑤ 徐祥民等：《环境法学研究 30 年：回顾与展望》，载《法学论坛》2008 年第 6 期。

为环境法的思想武器。① 但与法学其他二级学科相比，环境法学教学和研究人员的数量相对要少，这在一定程度上影响了环境法学研究成果的数量和质量。② 且综观各类环境法教材，品种繁多，结构、内容、体例大同小异，似乎已经有了某种共识，这些也不免有缺乏创新的嫌疑。③ 但是作为一门新兴学科，环境法学正不断趋于完善成熟，且理论研究日渐繁荣，日益显示出强大的学术生命力。④

① 蔡守秋：《论当代环境法学的发展》，载《法商研究》1998 年第 3 期。
② 汪劲：《中国环境法学研究的现状与问题》，载《法律科学》2005 年第 4 期。
③ 吕忠梅主编：《环境法原理》，复旦大学出版社 2007 年版，第 1 页。
④ 本段为余少祥撰写。

第二十章

依法治国进程中的行政法学

一、行政法学一般理论的基础性建构

对于行政法学来说，1992 年是一个重要的时间点。因为此前与此后的行政法学是在不同的社会观念、制度环境和知识体系之中，展开其前行之翼，拓展其研究视野，发展其理论成果。1993 年，中国行政法学界围绕行政法学的理论基础，展开了一场规模空前的讨论，大大地推动和深化了我国行政法学研究的发展。在这场讨论中得到的一个共识即是，"强化行政管理"的行政法受到学界几乎一致的批判。自此之后，中国行政法学（至少是在学理上）彻底摆脱了源自苏联的以强化行政管理为理念的痕迹，挣脱了传统的规范分析窠臼，开始走向弘扬人文精神、崇尚法治理念、健全理论体系的发展阶段。

（一）行政法理论基础的研究

早在 1983 年，应松年就提出了行政法理论基础的研究问题，[①] 但直到罗豪才、袁曙宏、李文栋于 1993 年发表《现代行政法的理论基础——论行政机关与相对人一方的权利义务平衡》[②] 一文之后，我国行政法学界才掀起了一场关于行政法学理论基础的讨论。这场持续近十年的争论热烈而开放，呈现出百花齐放、百家争鸣的局面，形成了若干具有代表性的学说、观点，诸如"平衡论"、"控权论"、"公共利益本位论"、

---

① 参见应松年、朱维究、方彦《行政法学理论基础问题探讨》，载《中国政法大学学报》1983 年第 2 期。关于这一主题还有"行政法基础理论"的称谓，参见周佑勇《行政法理论基础诸说的反思、整合与地位》，载《法律科学》1999 年第 2 期。这两种称谓之争也构成了本次争论的一部分。

② 《中国法学》1993 年第 1 期。

"服务论"、"公共权力论"、"职责本位论"、"政府法治论"等十余种学说。各种学说的提出、交锋、论证、修正以及学者们对行政法基本范畴的提炼和理论体系的构建，都大大提升了中国行政法学整体的研究水平，标志着我国行政法学已经冲破传统的规范分析，正在走向理性思维的发展阶段，对于促进"我国行政法学研究的深化和人文精神的弘扬"无疑具有极其重要的意义。

具体而言，这场争论的主要贡献表现在：（1）确立了行政法学的基本范畴。本学科的一些核心范畴，包括行政、行政权、行政法律关系、行政主体、行政相对人、行政行为、行政程序、行政违法、行政责任、行政救济、司法审查等概念都已基本定型。（2）更新了行政法学的理论体系。行政法理论基础的一项重要使命就是为构建行政法学的理论体系提供立足点，各种学说几乎都宣称以该论为起点能够构建起"科学的"行政法学理论体系。（3）开启了对行政法学的哲学思考。学者们在从事行政法学研究的过程中，已经不再拘泥于对行政法规范进行简单的解释或专注于对策性的探讨，相反地，他们已经自觉地从哲学的高度对诸如什么是行政法、行政法的本质是什么、行政法的价值导向是什么、行政法应当具有哪些内容和功能、以什么样的视角和方法去研究行政法、行政法制度建设和理论体系应当以何种理念作为指导等深层次问题进行了不懈探索。①

近几年，关于行政法理论基础的讨论虽然已不多见，但仍有行政法学者继续着艰深的理论创新和努力。其中，袁曙宏和罗豪才分别从"公法"的宏大视野出发，先后提出了超越行政法，但与行政法理论基础研究紧密

---

① 这场争论中的论文、论著不胜枚举。武步云：《行政法的理论基础——公共权力论》，载《法律科学》1994 年第 3 期；陈泉生：《论现代行政法学的理论基础》，载《法制与社会发展》1995 年第 5 期；杨解君：《关于行政法理论基础若干观点的评析》，载《中国法学》1996 年第 2 期；王锡锌、沈岿：《行政法理论基础再探讨》，载《中国法学》1996 年第 4 期；叶必丰：《行政法的理论基础问题研究》，载《法学评论》1997 年第 5 期；郭润生、宋功德：《控权——平衡论》，《中国法学》1997 年第 6 期；皮纯协、冯军：《关于"平衡论"疏漏问题的几点思考》，载《中国法学》1997 年第 12 期；孙笑侠：《部门法理论基础"析要"》，载《法学》1997 年第 10 期；周佑勇：《行政法理论基础诸说的反思、整合与定位》，载《法律科学》1999 年第 2 期，等等。本部分写作还参考了章志远《回顾与展望：中国行政法学理论基础研究之评析》，载《贵州警官职业学院学报》2004 年第 3 期；沈开举、王红建：《当代中国行政法理论基础问题研究的回顾和展望》，载中国行政法学研究会编《中国行政法之回顾与展望——"中国行政法二十年"博鳌论坛暨中国法学会行政法学研究会 2005 年年会论文集》，中国政法大学出版社 2006 年版。

相关的"统一公法学"理论和"软法"理论，① 本主题的研究又似乎随着这些新的学术视窗的打开，而有了新的着眼点和智识源泉。②

在最近的一篇关于行政法理论基础研究的"绝非简单综述"的文章中，作者总结道：行政法理论基础作为一种行政法整体观，从一开始粗糙简单的概念、观念（表现为命题、纲领），逐步走向系统化、理论化，同时在一棵大树上生出几枝枝繁叶茂的分权，形成争奇斗艳的格局，尔后又在尝试开启新的理论视窗，引进新的智识资源，丰富本主题的研究。行政法理论基础的学说之争，也许还会继续下去。到目前为止，这样的竞争，与其说是决出了一个优胜者，倒不如说是让各自更加完善了。各家学说虽然都在相当程度上完成了系统化的工作，但其主张仍然有需要补缮的空间。抛开各家分歧不论，不难发现，论者们对诸多行政法问题还是达成了许多共识。这些共识对于行政法学的贡献胜于分歧，使中国行政法学大致上对行政权持有了相同或相似的基本立场，也形成了面向行政过程的现实、面向行政目标的设定和实现、面向法律规范对行政过程的实际作用的研究路径。同时，这场绵延至今的争论所展现出来的百家争鸣、百花齐放的学术风尚也将是行政法学的一笔宝贵财富，并蕴含了产生能与世界对话的优秀学说的可能。③

（二）行政法学体系的研究

中国行政法学理论体系的研究涉及行政、行政权、行政法关系、行政主体、行政行为、行政程序、行政诉讼等诸多领域，涉及中心观念、理论基础、基本原则等诸多理论范畴，行政法学理论体系的成熟程度反映了行政法学学科本身的成熟程度。中国行政法学恢复以来，与行政法基本原则类似，行政法学理论体系也经历了一个从宪法学体系和行政学体系中逐渐

---

① 关于"统一公法学"可参见，袁曙宏：《建立统一的公法学》，载《中国法学》2003 年第5 期；袁曙宏：《建立统一公法学的时代意义——兼答"统一公法学"可能遭遇的质疑》，载《现代法学》2005 年第5 期；袁曙宏《统一公法学的基本理论架构》，载《法学论坛》2007 年第4期；袁曙宏、宋功德：《统一公法学原论——公法学总论的一种模式》，中国人民大学出版社 2005年版。关于"软法"理论，可参见罗豪才等：《软法与公共治理》，北京大学出版社 2006 年版；罗豪才：《认真对待软法——公域软法的一般理论及其中国实践》，载《中国法学》2006 年第2期；姜明安《软法的兴起与软法之治》，载《中国法学》2006 年第2 期；翟小波：《"软法"及其概念之证成——以公共治理为背景》，载《法律科学》2007 年第 2 期。

② 参见沈岿《行政法理论基础回眸——一个整体观的变迁》，载《中国政法大学学报》2008年第6 期。

③ 同上。

独立的过程。进入 20 世纪 90 年代以来，学界开始自觉地寻找和探讨行政法学理论体系。北京大学法律系行政法教研室和中国法学会行政法学研究会，分别于 1991 年和 1994 年召开了以行政法学体系为主题的研讨会，促进了这一领域的深入发展。有学者总结了中国行政法学理论体系所经历或面临的以下几组关系的选择和判断：（1）行政法学与行政诉讼法学，即是否应把行政诉讼法置于行政法之外，成为与行政法相对应的独立的法律部门。学界对这个问题直至今天仍存有分析，以"行政法学是否包含行政诉讼法学"为标准，分别形成了"大行政学体系"和"小行政学体系"。（2）行政法学总论与分论。这一关系相对简单，人们的观念亦为一致。总论系指行政法各领域普遍适用的规则与原理，分论则指行政法规则和原理在各个具体行政管理领域的运用。（3）单线体系与双线体系。"单线体系"是指以行政权为主线，侧重研究行政主体及行政权运行过程的法律调整的理论体系。在中国，大多数教材和著作采用"单线体系"。"双线体系"是指以行政法关系作为主线，研究行政法关系双方相对人及其行为的法律调整过程的理论体系。"单线体系"和"双线体系"各有所长，前者能分清主次，突出国家行政权的中心，后者能充分展开行政法律关系，研究问题比较全面。如何在共同的理论基础之上，将两个体系中的基本范畴串联起来，建立起内在逻辑统一、具有中国特色的现代行政法理论体系或许是行政法学界共同努力的方向。以上三组关系是中国行政法学理论体系所涉及的最主要的关系，另外，该学者还讨论了"制度（静态）行政法学体系与原理（动态）行政法学体系"、"宏观、微观与中观行政法学体系"、"内线体系与外线体系"等几对有关行政体系的模式。①

二、行政法主体理论的全面更新

（一）关于行政主体理论

行政主体是中国行政法学中的一个极为重要的基本范畴，它不仅是行政组织法领域的核心概念，也是行政行为、行政程序以及行政诉讼领域的基本问题。西方国家对于行政主体的界定与创设，不管是否直接采用了行

---

① 参见胡建淼《中国行政法学理论体系的模式及评判》，载《中国法学》1997 年第 1 期；熊文钊：《回顾方知一路艰辛 展望更觉任重道远——新中国行政法学 20 年发展进程管窥》。

政主体的概念，均包含一种"行使公权力并独立承担法律后果的法律人格"。

我国行政法学界在考察一些国家和地区情况的基础上，借鉴法国的做法，在 20 世纪 80 年代末引入了"行政主体"概念，并结合我国的实际情况，对该概念进行了相应的改造，使之具有了本土化的特定内涵。通过对中外行政主体概念进行比较分析，行政法学界明确了行政主体作为行政法上的独立法律人格的实质含义，将我国行政法学上的行政主体予以正确定位，并理顺了行政法中行政主体、行政机关、行政机关构成人员三者之间的关系，从而形成了全方位、深层次、多角度的研究行政主体的理论。除了行政主体的界定外，行政主体理论的其他基本内容还包括行政主体的范围和分类、行政主体的职权和职责、行政主体的资格及其确认等。

对于行政主体的定义，各位学者的表述各有不同，但其基本内核一致：（1）行政主体是一种组织，而不是个人。这种组织包括国家行政机关和法律、法规授权的组织两大类。（2）行政主体是指依法拥有行政职权并以自己的名义行使行政职权的组织。是否拥有行政职权是界定行政主体的重要标准。（3）行政主体是指能承担自己行为所产生法律责任的组织。这主要表现为以自己的名义参加行政诉讼并能成为行政诉讼的被告。①

另一方面，对于目前的行政主体理论，学者们也进行了反思。有学者指出，把行政主体定位于行政管理主体，会造成这一概念内涵与外延的冲突以及行政主体理论研究的狭隘化、浅层化，具体表现在：行政主体理论研究的角度和范围比较狭隘；不利于行政组织的统一协调；造成行政主体概念内涵与外延之间的矛盾；片面强调行政职能部门的对外管理职能，忽视了对行政主体、公务员的整体控制。因此，要完善我国的行政主体理论研究，必须明确行政主体作为独立法律人格的实质含义，将行政主体予以正确定位；理顺行政法学中行政主体、行政机关、行政机关构成人员三者之间的关系；全方位、深层次、多角度地研究行政主体理论，不仅要从

---

① 参见应松年主编《行政法学新论》，中国方正出版社 1998 年版，第 58—62 页；李昕：《中外行政主体理论之比较研究》，载《行政法学研究》1999 年第 1 期；李积霞：《浅析我国行政主体理论及其实践意义》，石佑启、孙雪：《论我国行政主体理论的发展——从国家行政向公共行政转换的视角》，载中国行政法学研究会编《中国行政法之回顾与展望——"中国行政法二十年"博鳌论坛暨中国法学会行政法学研究会 2005 年年会论文集》，中国政法大学出版社 2006 年版。

公、私法的共性出发、借助私法的方法来研究，也要在静态的组织体系中研究；不仅要从行政权力外部作用上，也要从行政主体内部构造中完善行政主体理论。① 有学者指出了行政主体理论当下面临的困境：在确定行政诉讼被告资格方面的不足；实体行政权和行政责任的归属难以确认；无法适应国家权力向社会公共权力转化的大趋势。② 还有学者以国家行政和公共行政作为模型，对两种不同背景下的行政主体理论作了类型化的分析、比较，并主张从国家行政主体理论向公共行政主体理论的转化。③

对于行政机关中的组成人员，即公务员，行政法学界的研究并不深入，而且一般都是从行政组织学的角度，按照以前的《国务院公务员暂行条例》和现在的《中华人民共和国公务员法》对公务员制度给予描述和介绍。从行政法学意义上研究公务员的法律地位、公务员与国家之间的国家公职关系的著述，相对较少。④

（二）关于行政相对人理论

在 20 世纪 70 年代末我国行政法学恢复、初创之时，行政法的基本观念是强化行政管理，行政法被认为是有关行政管理的法，是被作为行政管理的有效工具来认识的。行政法的这种价值取向，导致了行政法学以行政主体及其行政权力为重点。行政相对人作为受支配的一方，其法律地位上的被动性使其不具有更多的研究价值。因此，学界直接阐述行政相对人问题的论著可谓凤毛麟角，对其进行系统研究的更是付诸阙如。有行政法学者曾明确指出："传统的行政法理论，在主体上只限于对行政主体的研究，相对人被冷落一旁；……只囿于对行政行为的研究，相对人行为被行政法学拒之门外。"⑤ "传统的行政法学大多以行政权或行政主体的作用为主要

---

① 参见刘翠霄《一九九九年中国法学研究回顾——行政法学研究述评》，载《法学研究》2000 年第 1 期。

② 高文英、李琳琳：《行政主体理论的回顾与重构》，载中国行政法学研究会编《中国行政法之回顾与展望——"中国行政法二十年"博鳌论坛暨中国法学会行政法学研究会 2005 年年会论文集》，中国政法大学出版社 2006 年版。

③ 石佑启、孙雪：《论我国行政主体理论的发展——从国家行政向公共行政转换的视角》。

④ 参见应松年主编《行政法学新论》，中国方正出版社 1998 年版，第 96—119 页；姜明安主编：《行政法与行政诉讼法》（第二版），第 149—159 页；杨临宏：《公务员法要义》，华龄出版社 2005 年版。

⑤ 张焕光、胡建淼：《行政法原理》，劳动人事出版社 1989 年版，第 371 页。转引自方世荣《论行政相对人》，中国政法大学出版社 2000 年版，前言第 2 页。

研究对象，不重视行政相对方在行政过程中的作用。"①

随着当代行政法从传统的以权力制约行政权力的模式逐步发展为强化以行政相对人的程序权制约行政权力，从早期单一的秩序行政逐步发展到当代福利国家秩序行政、给付行政的多元化，传统权力色彩淡化的行政合同、行政指导等行政行为方式被广泛加以运用，调动行政相对人积极参与的行政民主做法备受青睐。随着我国政治经济体制改革和行政法治的发展，也使相对人的地位有了很大提高，这给行政法学研究行政相对人提供了实证基础和契机。在 20 世纪 90 年代关于行政法基础理论的争论中，"平衡论"强调行政机关与相对一方之间的权利义务平衡，也为正确认识行政相对人及其法律地位提供了重要思路。因此，这一时期出现了我国第一部系统研究行政相对人的著作，即方世荣的《论行政相对人》。该书初步搭建了行政相对人这一行政法基本范畴的理论框架，探讨研究了行政相对人的概念、资格、类型、地位、权利、行为等各种相关的法律问题，并对其中具有规律性的现象作出了科学的理论总结。② 在这一时期所发表的有关行政相对人的行政法学论文中，大多数作者都围绕相对人的法律地位、程序权利等问题进行了进一步的探讨。而在近几年有关公众参与的理论探讨中，行政法学人卓有成效地讨论了在行政立法、行政决策等行政行为中，相对人参与行政过程的权利、程序、救济等问题。③

三、行政行为理论的体系化建构

从某种意义上说，行政法学的基本理论（特别是从传统上来讲）主要是行政行为的理论，因为行政法的任务是规制行政主体的行政行为，确保行政行为的合法性与合理性。中国行政法对于行政行为的研究可以大致分为两个方面：第一，行政行为总论，主要包括对行政行为定义、效力和分

---

① 罗豪才主编：《行政法学》，北京大学出版社 1996 年版，第 99 页。转引自方世荣《论行政相对人》，前言第 2 页。

② 参见方世荣《论行政相对人》，前言第 4—6 页。

③ 近年来，有关行政相对人的代表性论文详见，方世荣：《论行政相对人行为及其效力》，载《法商研究》2000 年第 1 期；张晓光：《行政相对人在行政程序中的参与权》，载《行政法学研究》2000 年第 3 期；王锡锌：《行政过程中相对人程序性权利研究》，载《中国法学》2001 年第 4 期；方世荣：《对当代行政法主体双方地位平等的认知——从行政相对人的视角》，载《法商研究》2002 年第 6 期，等等。

类的研究；第二，行政行为分论，即具体研究类型化的行政行为。由于行政行为与一国的行政体制紧密联系，因此这方面的研究也具有强烈的中国特色，我国行政法学界在行政行为的类型化以及行政处罚、行政复议、行政许可、行政强制等领域的法律制定与实施等研究方面，具有自己的理论独创性。①

（一）关于行政行为总论的研究

关于行政行为的效力，在 20 世纪 90 年代之前学界的通说认为：行政行为具有确定力、拘束力和执行力。② 到了 90 年代，叶必丰在这个领域用力颇深，相继发表了《行政行为确定力研究》、《论行政行为的公定力》和《论行政行为的执行力》③ 三篇论述行政行为效力的论文，并于 2002 年出版了其研究行政行为效力问题的集大成之作——《行政行为的效力研究》④。其他学者也有对此问题的真知灼见，⑤ 而且还有学者初步探讨了与行政行为相对的相对人行为的效力问题。⑥

在我国第一部高等学校行政法学教材《行政法概要》中，行政行为被区分为抽象的行为（制定抽象的规范）和具体的行为（处理具体事件的行为，一般称为行政措施）。王名扬在其《法国行政法》一书中，将法国行政法中的行政行为分为两类：一是普遍性的行为，二是具体的行为。从名称上讲，将行政行为一分为二，表述为抽象行政行为与具体行政行为是我国特有的概念名称，但这种分类并不是自发生成的，而是在国外有关理论的启发下产生的。由于在《行政诉讼法》及其先后两个相关司法解释中，都涉及具体行政行为和抽象行政行为的界定和区分，因此，对这一对概念的研究成为行政行为研究中的热点问题之一。学者们主要围绕着抽象行政行为和具体行政行为

---

① 熊文钊：《回顾方知一路艰辛　展望更觉任重道远——新中国行政法学 20 年发展进程管窥》。

② 张尚鷟主编：《走出低谷的中国行政法学》，中国政大学出版社 1991 年版，第 153—154 页。

③ 这三篇文章分别发表于《中国法学》1996 年第 3 期；《法学研究》1997 年第 5 期；《行政法学研究》1997 年第 3 期。

④ 叶必丰：《行政行为的效力研究》，中国人民大学出版社 2002 年版。

⑤ 如，周佑勇：《行政行为的效力研究》，载《法学评论》1998 年第 3 期；刘莘：《具体行政行为效力初探》，载《中国法学》1998 年第 5 期；沈军：《论具体行政行为之构成要件效力》，《行政法学研究》2001 年第 3 期；张治宇：《行政行为效力理论之检讨》，载《河北法学》2004 年第 10 期。

⑥ 方世荣：《论行政相对人行为及其效力》，载《法商研究》2000 年第 1 期。

的区分标准、抽象行政行为的种类和可诉性等问题，进行了探讨和争论。①

　　除了抽象行政行为和具体行政行为这一对范畴之外，行政法学学者们还着力探讨了内部行政行为与外部行政行为、依职权行政行为与依申请（声请）行政行为、羁束行政行为与裁量行政行为、行政行为与行政不作为、要式行政行为与不要式行政行为、授益行政行为与负担行政行为、中间行政行为与最终行政行为、行政法律行为与行政事实行为、合法行政行为与违法行政行为、无效行政行为等多组范畴。②

（二）行政行为分论研究——对典型行政行为的研究

　　行政立法作为典型的抽象行政行为，学者们 20 世纪 80 年代就已经对其展开了丰富的研究。在这一时期，行政法学者继续在这方面的研究上着力，出现了几部全面研究行政立法的专著，如刘莘的《行政立法研究》③、《法治政府与行政决策、行政立法》④ 以及曾祥华的《行政立法的正当性研究》⑤。《行政立法研究》填补了专门研究的空白，该书将之前有关行政立法研究的规范和论述广为收集，并加以比较分析。⑥《法治政府与行政决策、行政立法》则在中国社会转轨和变型的大背景下，通过分析政府的角色和定位，探讨了法治对政府决策和行政立法的要求。《行政立法的正当性研究》则选取了一个比较新的角度，从研究行政立法正当性的角度进行研究，对行政立法提出了根本性的价值追问。⑦ 近几年，随着地方行政规章立法实践的丰富展开，学者又将行政立法的制定与公众参与结合起来加以研究。

　　行政处罚一方面是国家行政管理的有效手段，又是最可能侵犯行政相对人权利的行政行为之一，因此，对行政处罚的研究自始至终都是行政法学研究的重点。有关行政处罚的论著数量相当可观。特别是在《中华人民共和国行政处罚法》（以下简称《行政处罚法》）颁布前后，学者们围绕行政处罚的概念、原则（尤其是一事不再罚原则）、设定、主体、管辖、种类（尤其是劳动教养）、程序（尤其是听证程序）以及相关的行政违法

---

① 关于这些问题的各家观点和研究深度，参见胡建森主编《行政行为基本范畴研究》，浙江大学出版社 2005 年版，"第一章抽象行政行为与具体行政行为"。

② 参见胡建淼主编《行政行为基本范畴研究》各对应章节。

③ 刘莘：《行政立法研究》，法律出版社 2003 年版。

④ 刘莘：《法治政府与行政决策、行政立法》，北京大学出版社 2006 年版。

⑤ 曾祥华：《行政立法的正当性研究》，中国人民公安大学出版社 2007 年版。

⑥ 刘莘：《行政立法研究·序》。

⑦ 曾祥华：《行政立法的正当性研究·序》。

责任、对《行政处罚法》的反思等问题，进行了深入的探讨。① 另外，相关学者还深入到各个部门行政法当中，将行政处罚研究与部门行政法的研究结合起来，讨论更具专业性和技术性的部门行政处罚问题，比如宋功德的《税务行政处罚》②、石宗政的《治安行政处罚通论》③ 等。

作为典型的授益行政行为，在行政法学研究的开始阶段，行政许可就受到学者的关注。在 1983 年的《行政法概要》中，就出现了对行政许可的最初定义。④ 但在整个 20 世纪 80 年代，由于国家仍然处于计划经济体制之下，因此，对于行政许可这一具有典型市场经济特色的行政行为，学者们的研究并不多也不够深入。直到 1994 年，在我国确立了社会主义市场经济体制之后，学界才出现了第一部全面研究行政许可的著作，即马怀德的《行政许可》。⑤ 此后在各种教科书中，行政许可的内容大幅增加，有关行政许可的论著也层出不穷。在 2001 年中国加入 WTO 之后，由于 WTO 规则对国内行政许可提出了相当大的挑战，而且国家作出了相应的"入世"承诺，并开始着手进行行政许可的立法工作，因此，对于行政许可的研究成为一时显学。围绕行政许可的概念、性质、分类、设定、实施机关、实施程序、监督检查、收费、法律责任等问题，行政法学者们进行了广泛而深入的探讨。在《中华人民共和国行政许可法》（以下简称《行政许可法》）正式颁布之后，学者们除了对行政许可立法作出解读、阐释，对行政许可实务予以指导之外，一些学者还能从行政许可出发、又跳出行政许可之外，分析指出《行政许可法》背后所蕴含的有关法治进路、个人自由等更为深远的命题和意义。比如，有的学者分析了《行政许可法》所面临的实践挑战，提出了进一步实施的政策建议，并指出我国立法中所存在的一种边际效益递减的现象，以及由政治推进法治的进路所导致的法治双重困境。⑥ 有的学者运用分析法学的方法，剖析行政许可的概念本质以

---

① 具有代表性的著作有，胡锦光：《行政处罚研究》，法律出版社 1998 年版；冯军：《行政处罚法新论》，中国检察出版社 2003 年版；杨小君：《行政处罚研究》，法律出版社 2002 年版，等等。

② 宋功德：《税务行政处罚》，武汉大学出版社 2002 年版。

③ 石宗政：《治安行政处罚通论》，中国人民公安大学出版社 2002 年版。

④ 王珉灿主编：《行政法概要》，第 114—115 页，转引自张兴祥《中国行政许可的理论和实务》，北京大学出版社 2003 年版，第 1 页。

⑤ 马怀德：《行政许可》，中国政法大学出版社 1994 年版。

⑥ 参见周汉华《行政许可法：观念创新与实践挑战》，载《法学研究》2005 年第 2 期。

及逻辑脉络，阐述行政许可背后的个人自由、权利的演变和范围。① 另外，还有一些学者将行政许可与部门法结合起来，研究各行政部门的行政许可问题，比如余凌云的《警察许可与行政许可法》②。

对于行政强制的研究，浙江大学在这一领域走在了全国的前沿。由胡建森主持的有关"行政强制"的国家社科基金项目，出版了一系列研究行政强制的著作。其中，胡建森主编的《行政强制法研究》③ 系统探讨、研究了有关行政强制的理论和立法问题；金伟峰主编的《中国行政强制法律制度》④ 系统研究了中国行政强制检查、强制检疫防疫、强制保全、强制取缔等 15 项制度，并比较研究了中国港、澳、台三地区各自的行政强制制度；朱新力主编的《外国行政强制法律制度》⑤ 主要选择了行政强制法律制度较为成熟的西方发达国家来介绍，既展示了各国行政强制法律制度的概貌，又突出了各国行政强制法律制度独有的特色；章剑生组织编写的《中外行政强制法研究资料》⑥ 为行政强制研究提供了坚实可靠、实用便利的文献基础。此外，余凌云专门研究了公安部门的行政强制理论与实践，⑦ 王天星专门研究了行政紧急强制制度。⑧

当代行政法与传统行政法有着很大的不同，随着经济的发展、民主的发扬、福利国家的产生，行政法由专制的工具到管理的手段、再发展到对行政权的控制和对公民合法权益的维护与保障，在行政法领域出现了许多新的制度。学者们在继续深入研究传统行政法的规制手段的同时，也越来越关注那些日益对人们生活发生着不容忽视的影响的非权力行政问题，行政合同或行政契约、行政指导、行政规划、行政给付等就是其中值得研究的若干问题。但总体说来，与对传统行政手段的研究相比，我们对后面几种行政行为方式的研究仍然不够深入。在 20 世纪 90 年代后半期，国内陆

---

① 陈端洪：《行政许可与个人自由》，载《法学研究》2004 年第 5 期；朱新力、余军：《行政许可概念的逻辑结构——分析法学视角的解读》，载刘恒主编《行政许可与政府管制》，北京大学出版社 2007 年版。

② 余凌云：《警察许可与行政许可法》，中国人民公安大学出版社 2003 年版。

③ 胡建森主编：《行政强制法研究》，法律出版社 2003 年版。

④ 金伟峰主编：《中国行政强制法律制度》，法律出版社 2003 年版。

⑤ 朱新力主编：《外国行政强制法律制度》，法律出版社 2003 年版。

⑥ 章剑生组织主编：《中外行政强制法研究资料》，法律出版社 2003 年版。

⑦ 余凌云：《警察行政强制的理论与实践》，中国人民公安大学出版社 2003 年版。

⑧ 王天星：《行政紧急强制制度研究》，知识产权出版社 2007 年版。

续出现了几本填补相关领域研究空白的著作，其中在行政合同领域的论著就是余凌云的《行政契约论》。该书对行政契约的概念、行政契约与依法行政理念的调和、民法规律和原理在行政契约中的援用、行政契约的实体权利义务的配置以及程序规范、行政契约的救济制度等基本理论问题作了较为深入细致的探讨，建立了有关行政契约理论的基本框架，并对具体行政契约形态作了典型性例证研究。①

学者们对其他具体行政行为也展开了研究。对于行政奖励和行政物质帮助或行政给付的研究，国内学者除了引入、借鉴国外的相关制度、学说之外，还主要研究了行政给付的基本理论（概念、性质、功能、原则、存在形态），行政给付的权利基础和权利化，行政机关在行政给付中的义务内容、属性，行政给付中的具体行为，以及行政给付的实证分析等问题。②

对于行政指导，国内最早作专门、系统研究的是郭润生、宋功德所著的《论行政指导》③。在该书中，著者跨越与行政指导制度相关的经济学、政治学、行政学、法学（包括宪法学、法理学、行政法学和经济法）等多个领域，较为系统地探讨了行政指导的基本理论、系统结构、行政指导与法治的关系等，并对外国实践与中国行政指导制度进行了较为深入而全面的考察。④ 莫于川出版了《行政指导论纲》和自己的博士论文《行政指导要论——以行政指导法治化为中心》，他综合采用资料分析、比较研究、交叉研究、案例研究、实证研究、对策研究等社会科学方法，对行政指导进行了系统而有重点的研讨。⑤ 其最新成果则是带领自己的硕士生撰写的《法治视野下的行政指导》⑥ 一书。

关于行政补偿的问题，在20世纪80年代基本无人问津，90年代则出现了数篇研究文章。⑦ 进入21世纪之后，随着姜明安《行政补偿制度研

---

① 参见余凌云《行政契约论》，中国人民大学出版社2000版、2006年第2版。

② 参见柳砚涛《行政给付研究》，山东人民出版社2006年版。

③ 郭润生、宋功德：《论行政指导》，中国政法大学出版社1999年版。

④ 郭润生、宋功德：《论行政指导·序》第3页。

⑤ 莫于川：《行政指导论纲》，重庆大学出版社1999年版；莫于川：《行政指导要论——以行政指导法治化为中心》，人民法院出版社2002年版。

⑥ 莫于川：《法治视野下的行政指导》，中国人民大学出版社2005年版。

⑦ 参见，曾祥瑞：《日本行政损失补偿要论》，载《行政法学研究》1993年第3期；刘嗣元：《我国行政补偿制度初探》，《行政与法》1995年第3期等文章。

究》①一文的发表，行政补偿研究逐渐在行政法学界兴起，不仅论文的数量增加，而且研究的广度和深度都远远超过前人。各位学者不仅开始研究行政补偿的标准、范围、程序等具体问题，还将行政补偿与行政征用、私产保护、环境受害、城市拆迁等问题结合起来加以研究。②近几年还出版了有关行政补偿的几部专著。③最近的一部是夏军所著的《论行政补偿》，④该书运用实证分析、价值分析、比较分析和逻辑分析的方法系统研究了行政补偿的概念界说与历史成因、功能、理论基础、基本原则、义务和权利主体、类型和方式、归责原则、标准和程序、救济、立法构想以及实例分析等问题。

四、行政程序研究的蓬勃发展

在我国行政法学界，行政程序法的研究一直是近十几年来最热门的话题，有关行政程序法的著述如雨后春笋般面世。行政程序法成为各种高规格行政法学术研讨会的主题，行政法学者利用各种渠道积极建言献策，行政程序立法工作取得了重大进展，程序违法行为不断得到纠正。在行政法学者的推动下，行政听证、行政公开等新型行政程序制度逐渐为国人所熟知，整个社会对行政程序的认识和需求都大大提高。有学者称，行政程序法时代正在悄然来临。⑤

在回顾行政程序法研究的历程时，有学者尝试将 1978 年之后中国行政程序法的嬗变之路从总体上划分为三个阶段，并作出了较为全面的分析：⑥（1）1978 年前后至 1989 年《行政诉讼法》实施前后为"初始阶

---

① 姜明安：《行政补偿制度研究》，载《法学杂志》2001 年第 5 期。
② 代表性论文有，杨解君：《公益收用之界定与行政补偿之完善》，载《湖南社会科学》2005 年第 1 期；熊文钊：《试论行政补偿》，载《行政法学研究》2005 年第 2 期；沈开举：《论行政补偿的标准》，《河南社会科学》2005 年第 1 期；莫于川：《私有财产权的保护与行政补偿法制的完善》，载《浙江工商大学学报》2005 年第 2 期等。
③ 如，王太高：《行政补偿制度研究》，北京大学出版社 2004 年版；沈开举：《行政补偿法研究》，法律出版社 2005 年版；季怀才：《行政补偿要件研究》，法律出版社 2006 年版，等等。
④ 夏军：《论行政补偿》，中国地质大学出版社 2007 年版。
⑤ 熊文钊：《回顾方知一路艰辛　展望更觉任重道远——新中国行政法学 20 年发展进程管窥》。
⑥ 王成栋：《中国行政程序法理论与实践 20 年之回顾与反思》，载中国行政法学研究会编：《中国行政法之回顾与展望——"中国行政法二十年"博鳌论坛暨中国法学会行政法学研究会2005 年年会论文集》，中国政法大学出版社 2006 年版。

段"。这一阶段的特点是：国内行政法学界对于行政程序制度的研究还未引起足够的重视，个别学者的研究亦仅处于对外国行政程序制度非系统化或简单、零散的介绍阶段。（2）1989 年《行政诉讼法》实施之后到 1996年《行政处罚法》实施前后为"前成熟阶段"。《行政诉讼法》的实施标志着中国行政法的发展进入一个崭新的阶段，在新法律的催促下，理论界对于监督行政主体权力行使过程的行政程序制度给予了前所未有的关注，涌现出大量有见地的专著、论文①。这一阶段总体呈现出的特点是：虽然中国行政法学界对于行政程序制度的研究进入了更高阶段，但总体水平仍停留在介绍国外经验以及浅层次的比较层面上。尽管有个别学者已经提出程序正义的观点，但程序工具主义思想仍然占主流地位，这是该阶段中国行政法学界对于现代法治国家的行政程序制度理解上的一些褊狭认识的反映。（3）1996 年《行政处罚法》出台前后至今为"逐步成熟阶段"。《行政处罚法》是中国第一部规范行政行为运作过程的专门立法，中国加入"WTO"和中国行政程序立法提上议事日程也给行政程序法的研究提供了强大的动力。在这一阶段中，学界对于行政程序法的研究开始向更深、更广的领域发展。对于行政程序的研究进入了相对系统化的成熟阶段，"程序正义"的理念已为更多的研究人员所接受。② 研究的视角亦从早期的以规范行政主体行使权力之过程为基点扩展至对于行政行为实施过程中相对人程序性权利的研究。③

在这一阶段，许多学者专门从事行政程序的研究且硕果累累，比如，应松年所主持的国家社科基金项目"行政程序法研究"出版的系列研究成果，浙江大学章剑生的《行政程序法学原理》④、《行政程序法比较研究》⑤，苏州大学杨海坤的《中国行政程序法典化：从比较法角度研究》⑥，中国人民大学皮纯协的《行政程序法比较研究》⑦，中国政法大学马怀德的

---

①　如，应松年：《论行政程序法》，载《中国法学》1990 年第 1 期；季卫东：《法律程序的意义》，载《中国社会科学》1993 年第 1 期。

②　如，陈端洪：《法律程序价值观》，载《中外法学》1997 年第 6 期。

③　如，王锡锌：《行政过程中相对人程序性权利研究》，载《中国行政法学精粹》（2002年），机械工业出版社 2002 年版。

④　章剑生：《行政程序法学原理》，中国政法大学出版社 1994 年版。

⑤　章剑生：《行政程序法比较研究》，杭州大学出版社 1997 年版。

⑥　杨海坤：《中国行政程序法典化：从比较法角度研究》，法律出版社 1999 年版。

⑦　皮纯协：《行政程序法比较研究》，中国人民公安大学出版社 2000 年版。

《行政程序立法研究：〈行政程序法〉草案建议稿及理由说明书》① 等，都是
这一研究领域中的优秀成果。王锡锌的《行政程序法理念与制度研究》、
《公众参与和行政过程》② 两书，则是研究行政程序和公众参与的最新著作。
前者从法治政府与法律程序之间的关系入手，对程序正义的基本观念和要
素、程序价值、程序性权利等行政程序理论问题进行了比较系统的介绍和探
讨，在这一理论探讨的基础上，作者通过比较、借鉴行政程序制度相对发达
国家的经验，对我国行政决定程序和行政立法程序进行了深入分析，既总结
经验、又指出不足，并提出了一系列建议。后者则从法律和行政相结合的角
度，考察了行政法的模式变迁，分析了现代行政过程中公众参与的意义，并
结合我国实际，提出了完善我国公众参与制度的一些观点和建议。

五、行政法律责任与行政救济研究的深入进行

（一）关于行政责任研究

行政法律责任理论是行政法学理论的重要组成部分，有学者勾勒了我
国行政法学界对这一问题的研究过程：③ 1983 年王珉灿主编的《行政法概
要》没有直接论述行政法律责任的内容；1988 年应松年主编的《行政法
学教程》和 1989 年姜明安主编的《行政法与行政诉讼法》开始阐述行政
法律责任问题；1990 年，任志宽撰写的《行政法律责任概论》④ 出版，这
是我国第一部有关行政法律责任问题的专著；1995 年中国法制出版社出版
了《法律责任适用全书（行政法卷）》；之后越来越多的行政法学教科书
开设专章（节）介绍行政法律责任的基本理论。进入新世纪，一批专门研
究行政法律责任问题的力作相继问世，如姚锐敏、易风兰所著的《违法行
政及其法律责任研究》⑤，朱新力主编的《行政法律责任研究：多元视角下

---

① 马怀德：《行政程序法研究：〈行政程序法〉草案建议稿及理由说明书》，中国法制出版社
2000 年版。

② 《行政程序法理念与制度研究》和《公众参与和行政过程》均由中国民主法制出版社于
2007 年出版。

③ 参见梁津明《行政法律责任问题研究的回顾与思索》，载中国行政法学研究会编《中国行
政法之回顾与展望——"中国行政法二十年"博鳌论坛暨中国法学会行政法学研究会 2005 年年会
论文集》，中国政法大学出版社 2006 年版。

④ 任志宽：《行政法律责任概论》，人民出版社 1990 年版。

⑤ 姚锐敏、易风兰：《违法行政及其法律责任研究》，中国方正出版社 2000 年版。

的诠释》①，杨解君主编的《行政责任问题研究》② 等。

　　学界对行政法律责任进行研究的主要内容可作如下概括：（1）行政法律责任的概念。目前的主流观点是：行政法律责任是行政法律关系的主体因违反行政法律义务，由国家行政机关依法追究或主动承担的否定性法律后果。杨建顺、李元起主编的《行政法与行政诉讼法学教学参考书》中将行政法律责任的概念归纳为 9 种观点。③ 行政法律责任概念的内核是行政法律责任的性质，行政法学界对此存在不同见解，其中具有代表性的观点为制裁说、后果说和义务说。（2）行政法律责任的根据，即行政法律责任的构成要件。关于这个问题，目前有 6 种观点。④ 通说认为，行政法律责任的构成要件包括：主体要件、行为要件、结果要件、主观要件。（3）行政法律责任的方式。根据效果的不同，可以将行政法律责任的方式分为惩罚性的方式和补救性的方式两种；根据主体的不同，可以将行政法律责任的方式分为行政主体、国家公务员以及行政相对人承担行政法律责任的方式。

（二）关于行政救济的研究

　　以《行政诉讼法》、《中华人民共和国国家赔偿法》（以下简称《国家赔偿法》）、《中华人民共和国行政复议法》（以下简称《行政复议法》）的制定和实施为契机，学界在行政救济制度领域的研究有了长足发展，这表现在：在先后出版的一系列行政法教科书、行政法专著和论文中，行政救济都在其中占有重要分量。⑤ 我们可以将行政救济研究大致分为总论和分论两个部分。

　　在关于行政救济的研究著述中，学者的研究对象主要集中于分论部分的行政复议、行政诉讼和行政赔偿研究，相对而言，行政救济的总论研究并不是重点。长期以来，行政法学界学者大都较少使用行政救济这个概念，也鲜有著述加以专门讨论，一些较有影响的行政法教科书、专著都采

---

　　① 朱新力：《行政法律责任研究：多元视角下的诠释》，法律出版社 2004 年版。

　　② 杨解君：《行政责任问题研究》，北京大学出版社 2005 年版。

　　③ 杨建顺、李元起：《行政法与行政诉讼法学教学参考书》，中国人民大学出版社 2005 年版，第 385 页。

　　④ 同上书，第 399 页。

　　⑤ 石柏林、石亚男：《中国行政救济法 20 年发展之回顾与展望》，载中国行政法学研究会编《中国行政法之回顾与展望——"中国行政法二十年"博鳌论坛暨中国法学会行政法学研究会 2005 年年会论文集》，中国政法大学出版社 2006 年版。

用监督行政、行政监督、行政法制监督、对行政的监督等概念，以专章或专编进行论述。不过，近年来已有一些中青年行政法学者借鉴英、法等国行政法学理论，在自己的著述中开始使用行政救济这一概念。① 行政法学界对于行政救济总论部分的研究范围也未形成统一的观点，有的学者主要研究行政救济（或称为监督行政、行政法制监督等）的概念、特征、模式、分类，但有的学者还将关于行政违法和行政责任的研究也纳入进来。②

　　"行政复议"一词是随着我国行政法学的兴起，行政法学界对国家行政机关审查和裁决行政争议这种特定的法律现象所作的抽象和概括。③ 对于行政复议的定位，有的学者将其放在"行政行为"中"行政司法"的主题下予以研究，④ 有的学者将其放在"行政救济"的主题下予以研究。⑤这两种定位其实都没有错，反映了学者们关注行政复议的不同角度，体现了行政复议的多重性质。但总的说来，越来越多的学者现在趋向于将行政复议作为行政救济的一种手段予以研究。以1996年《行政复议法》为界，可以将学界在20世纪90年代之后对行政复议的研究分为两个时期。在第一个时期，学者们对行政复议的各项制度以及行政复议与行政诉讼的关系、异同进行了研究，而随着1996年《行政复议法》的正式出台，学者对行政复议的研究一方面在理论上更加深入，另一方面更加关注行政复议实施中出现的实践问题。⑥ 此外，一些学者还更加具体地关注和研究特定部门或领域的行政复议制度。⑦

　　我国的行政赔偿研究比行政法和行政诉讼法其他部分的研究起步要

---

　　① 石柏林、石亚男：《中国行政救济法20年发展之回顾与展望》。最早以"行政救济"为名的专著是刘恒的《行政救济制度研究》，法律出版社1998年版，近年来以"行政救济"为名的著作渐多，如，林莉红：《中国行政救济理论与实务》，武汉大学出版社2000年版；曾祥瑞：《行政救济论》，人民出版社2002年版；袁明圣、罗文燕主编：《行政救济法原理》，中国政法大学出版社2004年版；宋雅芳主编：《行政救济法学》，郑州大学出版社2004年；毕可志：《论行政救济》，北京大学出版社2005年版。

　　② 参见应松年主编《行政法学新论》，第371—391页。

　　③ 同上书，第313页。

　　④ 如许崇德、皮纯协主编的《新中国行政法学研究综述》。

　　⑤ 如姜明安主编的《行政法与行政诉讼法》（第二版）。

　　⑥ 如周汉华主编《行政复议司法化：理论、实践与改革》，北京大学出版社2005年版；徐劲：《行政复议办案实务解析》，武汉大学出版社2007年版。

　　⑦ 如，李石山、杨桦编：《税务行政复议》，武汉大学出版社2002年版；刘敬东、姚臻主编：《反倾销案件行政复议、司法审查制度的理论与实践》，中国人民公安大学出版社2004年版。

晚。在 20 世纪 90 年代之前，有关行政赔偿的专著不多，只是在关于行政法与行政诉讼法的专著中，有较为系统阐述行政赔偿的章节，对行政赔偿具体问题深入、细致的研究比较少见。有学者在 20 世纪 90 年代初分析了其中的原因。① 自从 1994 年颁布、并于 1995 年开始实施《国家赔偿法》之后，学者对行政赔偿的研究不论在广度还是在深度上都有了显著进展，学者的关注点主要集中在行政赔偿的范围、标准、原则以及最近讨论甚多的《国家赔偿法》的修改方面。不过从整体而言，有分量的学术论文和著作数量仍然较少。②

六、行政法其他方面研究的多维展开

（一）关于部门行政法

前几个主题的研究构成了我国行政法学的总论部分，而分论部分就是部门法行政法，又称为专门行政法，是指行政法规则和原理在各具体行政管理领域的运用，是我国行政法律体系的重要组成部分。部门行政法的深入研究，不仅有助于行政法学总论研究的丰富和深入，也有助于行政法学学科体系更趋致密完备。因此，对部门行政法展开深入系统、分门别类的研究对于我国行政法学学科的建设具有极其重要的意义。

我国部门行政法的研究，发端于 1983 年王珉灿主编的《行政法概要》一书。该书的体系为绪论、总论和分论三部分，分论部分概述了军事、公安、国民经济运行、教科文卫等部门行政法，开创了部门行政法研究之先河。此后，尽管大多数行政法学论著都认为部门行政法是行政法学的当然组成部分，但都未曾对此详加讨论，行政法学者在具有较强专业色彩和技术色彩的部门行政面前往往驻足不前。此后，我国部门行政法研究进入了"散兵游勇"的分散研究阶段，各行政领域的实务工作者在各自行政领域的刊物上自觉或不自觉地发表了一些不系统的、零碎的部门行政法研究成果。值得一提的是，在余书通任顾问、罗豪才任主任的高等学校部门行政

---

① 参见张尚鷟主编《走出低谷的中国行政法学》，中国政法大学出版社 1991 年版，第 579 页。

② 代表论文有，马怀德：《行政赔偿责任的构成特征》（上、下），载《政法论坛》1994 年第 3、4 期；章志远：《我国行政赔偿制度完善之构想》，载《贵州警官职业学院学报》2005 年第 2 期。

法编委会的组织下，20 世纪 90 年代编写出版了包括《海关行政法》、《工商行政法》、《民政行政法》、《审计行政法》、《环境行政法》在内的约 15 部"部门行政法系列教材"，对部门行政法研究起到了一定促进作用。但这套书侧重于对具体部门行政法律制度的介绍，尚未达到"部门行政法研究"的高度。可见，部门行政法研究远远滞后于现实社会生活，反过来又掣肘了部门法的进一步发展，我国当前部门立法及部门执法中的种种不尽如人意之处，也许与此不无关系。

近年来，随着行政活动法制化的加强，行政法学界对行政法分论领域各个问题的研究也日渐深入，一些部门行政法学的论著开始问世。比如，公安行政法、工商行政法、土地行政法、税务行政法、环境行政法等部门行政法领域的研究都取得了一定的成果。它们从各个角度对国家行政活动领域的法律问题作了系统的探讨，对于我国行政法学体系的逐步完善起到了积极的推动作用。在教育行政法方面，由于实践的推动，关于高校的行政法律地位、司法审查与大学自治的关系的研究，以及对学生诉高校的司法审判的实证研究方面也结出了累累果实。①

（二）关于政府监管（规制）

政府监管（规制）研究与部门行政法学的研究有着紧密的联系。我国对政府监管问题的关注和研究起步较晚。大约在 20 世纪 90 年代初，经济学界开始了对管制经济学的研究，之后，随着经济体制改革的不断深化，政府机构改革问题日益紧迫，法学和政治学领域才开始关注监管问题。浙江大学的朱新力、中山大学的刘恒、华东政法大学的朱芒、清华大学的于安、中国人民大学的杨建顺以及中国社会科学院法学研究所的周汉华等，是国内比较早从行政法的视角关注政府规制的学者。

在上述学者的努力研究和带动下，近些年来，对政府监管（规制）的研究以及在行政法学研究中对实证方法和法社会学的运用，成为行政法学界的一个亮点。同时需要指出的是，现代行政法学对政府规制理论和方法的引入，对行政过程的关注，并不会引起"行政法学的终结"，相反还可以为行政法学研究增加新的生机和活力。例如，在政府规制理论中，规制基本上被视为政府、企业和消费者三方相互结盟并讨价还价的过程，因此

---

① 程雁雷：《高等教育领域行政法问题研究之回顾与前瞻》，载《行政法学研究》2006 年第 1 期。

可以促使我们去反思传统的行政相对人及行政法律关系理论；诸多独立规制机构的涌现，又促使我们去检讨和修正传统的行政主体及行政组织法理论；现代社会出现的不胜枚举的崭新政府规制形式，又会促使我们去对行政行为形式化以及非正式行政活动理论予以反思和重构。政府规制理论不应与传统行政法学成为不相往来的单行道，相反这些研究有助于我们去革新传统行政法的概念架构和学理体系，从而逐步建立起对真实世界行政过程有解释力的现代行政法学体系。①

（三）关于外国行政法与比较行政法

中国当代行政法学研究素来重视对域外行政法学的借鉴，阅读西方论著、吸收和移植西方行政法律制度并借此批判和建构中国行政法治，是学界的光荣传统。② 从 20 世纪 80 年代至今，我国翻译和介绍外国行政法的著作、译介或者讨论外国行政法的文章数不胜数，③ 在行政法论文中引用外国文献也蔚然成风。但总体而言，学界对外国行政法的译介还存在几个明显的薄弱环节。从类型上看，对外国行政法学的翻译多为教科书型的著作，而专题性的论著依然寥寥；从国别上看，这些译介的作品基本限于英美法德日五国，因而存在明显的盲区。例如，对俄罗斯等在转型时期的行政法，仍然缺乏了解；从时效上看，与国外的最新发展之间存在明显的"时间差"。例如，王名扬的《法国行政法》之后，缺少可以替代的理想著作，以至该书出版近 20 年后还是常引之书。可以说，在比较行政法研究上，中国当代法学无可置疑地存在着一个"王名扬时代"，但他的著作

---

① 朱新力、宋华琳：《现代行政法学的建构与政府规制研究的兴起》，载《法律科学》2005年第 5 期。

② 于立深：《世纪之交行政法学研究的五年回顾与展望》，载《法制与社会发展》2001 年第1 期。

③ 1992 年之后出版的有重要影响的著作包括：王名扬：《美国行政法》，中国法制出版社1995 年版，胡建淼：《十国行政法：比较研究》，中国政法大学出版社 1993 年版；［英］韦德著：《行政法》，徐炳译，中国大百科全书出版社 1997 年版；［法］莫里斯·奥里乌：《行政法与公法精要》，龚觅等译，辽海出版社、春风文艺出版社 1998 年版；［日］盐野宏：《行政法》，杨建顺译，法律出版社 1998 年版；［德］毛雷尔：《德国行政法总论》，高家伟译，法律出版社 2001 年版。另外，罗豪才主编，商务印书馆出版的"公法名著译丛"；陈端洪主编、翟小波副主编，法律出版社出版的"宪政古今译丛"；罗豪才、张志坚主编，辽海出版社、春风文艺出版社出版的"法国公法与公共行政名著译丛"；陈端洪主编，高等教育出版社出版的《法律程序与行政过程译丛》；姜明安主编、李洪雷执行主编，中国人民大学出版社出版的"法学译丛·公法系列"；以及中国大百科全书出版社出版的"外国法律文库"等文库、译丛中，也有许多以行政法为主题的译著。

至今仍然保持那么高的引用频率，说明我们还没有走出"王名扬时代"。①

有学者从一个"航拍者"的角度，研究了 1978 年以来域外行政法学对我国行政法学发展的影响。该文作者把中国行政法学的发展过程比喻为造房子，将这种影响大致分为三个时期：1978 年至 1989 年为"打地基、搭框架"时期，这一时期行政法学处于初创阶段，学科框架初步确立，域外行政法学的引入以宏观体系的介绍为主。1989 年至 1998 年为"砌砖墙、建主楼"时期，行政法学从宏观体系的介绍转向具体制度的构建，行政法学理论逐步走向成熟，域外行政法学的引入以立法为主轴，尤其以服务于司法审查为特色。1999 年至今为"精装修、图革新"时期，行政法学研究走向繁荣，学科体系框架进一步确立，域外行政法学的研究呈现"百花齐放"的局面，大量的译著、文章被介绍到中国，并推动行政法学的发展朝着更关注行政过程、行政法分论的方向发展。②

---

① 参见应松年《行政法学的新面相：2005—2006 年行政法学研究述评》，载《中国法学》2007 年第 1 期。

② 朱新力、骆梅英：《前行没有路障——比较行政法与中国当代行政法学的发展》，载中国行政法学研究会编《中国行政法之回顾与展望——"中国行政法二十年"博鳌论坛暨中国法学会行政法学研究会 2005 年年会论文集》，中国政法大学出版社 2006 年版。

第二十一章

和谐社会构建中新兴的社会法学

社会法是一门新兴学科。现代社会，随着生产力和科学技术的发展，带来了越来越多的物质财富，也产生了越来越多的社会问题和负面影响，如贫富悬殊、弱势群体生存困难、自然和人文环境破坏，等等。由此，传统的二元法律结构理论已越来越不适应法治实践的需要，即国家不能不关注过去与自身不相干的劳动、社会救济、福利、教育、经济等方面的问题，并运用行政、法律手段对各类社会问题进行调节和干预，这就是社会法产生的现实社会原因与制度生成逻辑。社会法是弥补私法的不足和市场经济的固有缺陷而形成的新的法域，其基本理念是：基于社会现实的不平等，追求相对意义的平等与公平，以促进和实现社会整体利益。

一、中国社会法学的兴起

作为一种法律现象，在 1949 年以前，中国对于社会法曾有一定的研究，如黄右昌、李景禧、吴传颐等学者都有较为精深的论著存世。1949 年以后，由于种种原因，社会法及一些分支学科的研究在我国一度长期中断。直到我国实行改革开放后，有关社会法的研究和学科建设才陆续恢复。根据现有文献，在我国较早正式地提出"社会法"概念的，是中国社会科学院法学所 1993 年发表的一份题为《建立社会主义市场经济法律体系的理论思考和对策建议》的研究报告。该报告提出，中国社会主义市场经济法律体系主要由民商法、经济法和社会法三大部分构成，认为"社会法是市场经济另一种重要法律。它是调整因维护劳动权利、救助待业者而产生的各种社会关系的法律规范的总称。它的法律性质介于公法与私法之间"。① 此后，社会法作为一门法学学科开始进入人们的研究视阈，但并未引起我国法学界的足够重视。

进入 21 世纪以后，中共中央提出"以人为本"，构建"和谐社会"，社会法有关理论逐渐成为学界研究的热点。2005 年 5 月，中国社会科学院法学所成立全国第一个社会法学研究室。2006 年 5 月，该室筹备召开了首届"中国社会法论坛"，始倡社会法基础理论研究，目前该论坛已召开了三届。2005 年 9 月，中国法学会社会法学研究会宣告成立，贾俊玲当选为第一任会长。同年 10 月，中国法学会社会法学研究会在苏州大学召开主题为"劳动基准法研究"的首届年会，来自全国各地的约一百多位学者参加了会议。到 2009 年 8 月，该研究会共举办了四届年会。目前，全国人大将社会法定位为与民商法、行政法、经济法、刑法等并列的"七个法律部门"之一。

从社会法的研究现状看，中国社会法学发展呈现如下特征：第一，社会法总论研究落后于某些分支学科的研究，如劳动法、社会保障法、环境保护法等的研究，均早于社会法总论的研究，发展也较为成熟。第二，社会法研究专才严重不足，很多理论问题未能厘清。从四届年会召开的情况看，参加者几乎是清一色的劳动法和社会保障法学者，这些学者中研究社会法总论的少之又少。且何为社会法，它是一个"法域"还是一个"法律部门"在学界仍有很多争议。第三，社会法研究整体水平较之其他法学学科还相对落后，在高端刊物如《中国社会科学》、《法学研究》等难以见到社会法学的理论文章。

就社会法基础理论研究而言，近十余年来，社会法学界作出了有益的探索和贡献，相继产生了一些较有影响的论著。如董保华的《社会法原论》对社会法的产生和发展、社会法规制对象、社会法原则、社会法的法律关系、社会法的执法程序以及社会法中的法律责任等进行了系统的分析和阐释。该书中从新技术的视角探讨了社会利益、社会领域、社会本位以及社会法四个范畴，提出了较独到的社会法理论观点，为我国社会法这一新兴领域开创了很好的研究途径。汤黎虹的《社会法通论》系统地阐明了

---

① 中国社会科学院法学所课题组：《建立社会主义市场经济法律体系的理论思考和对策建议》，载《法学研究》1993 年第 6 期。

社会法的地位和作用，认为社会法是解决社会问题的产物，在近现代历史上发挥了解决社会问题、维护社会稳定的重要作用。其新近主编的《社会法学》不仅系统地揭示了社会法学科形成的根据、过程、形态，还全面阐释了这一新兴学科的研究对象——社会法的含义、理论基础、范畴、形成、渊源、价值、基本原则、体系等理论，作出了社会法律制度由扶助弱势群体法律制度、增进社会公益法律制度、维护社会安定法律制度等构成的概括。史探径的《社会法学》对社会法及其范围内诸法的基本概念、基本制度框架和基本理论知识作了详尽介绍，回顾和反思了社会法制建设的历程，客观分析了人们关注的社会热点、难点、焦点问题，对所展现的各类问题进行了深入的研究，探讨了问题的解决办法。史探径的另一本专著《社会法论》，则深刻地阐述了社会法总论、劳动法、工会法、社会保障法及合同法、经济法和其他方面的内容，对各个方面进行了理论性的剖析和阐述，具有较高的学术价值。

不仅如此，社会法学界对社会法分支学科的理论研究也取得了一定的成就，这些成就主要体现在劳动关系契约化理论、劳动者弱者理论、劳动权范畴论、劳动合同立法论、社会保障制度建构论、劳动争议处理制度改革论和非典型劳动关系规制论等诸多理论层面。但相比之下，社会法学基础理论研究还很薄弱。以"社会法"为题，在中国学术期刊网络总库、中国优秀硕士学位论文全文数据库、中国重要报纸全文数据库、中国博士学位论文全文数据库和中国重要会议论文全文数据库（下称"五大数据库"）检索到的文献共计3489篇，与其他学科相比明显偏少。以此为题，在中国国家图书馆和 CNKI 中国图书全文数据库的藏书总计为91本。总之，有关社会法的基础理论的研究好比一块正待开发的处女地，只是刚刚破土动工而已。

可以预计，21 世纪将是中国社会法发展的重要时期。首先，中国的经济持续、稳定、协调发展，人均 GDP 已超过 3000 美元，跃居世界第四大经济体，有能力解决过去未能解决的很多社会问题。从国际上看，社会法的发展也是与经济发展水平息息相关的。其次，在政治层面，党中央要求重视民生，无论是初次分配还是再次分配都要注重公平。中共十七大报告明确提出，加快推进以改善民生为重点的社会建设，促进社会公平正义，努力使全体人民学有所教、劳有所得、病有所医、老有所养、住有所居，推动建设和谐社会等。从立法上看，社会立法已呈提速之势，如《社会保险法》、《社会救助法》、《慈善事业促进法》等已相继进入立法规划，这对社会法学研究无疑具有极大的推动作用。再次，中国初步建立了健全的社会法学研究组织网络，有力地推动了社会法学科的研究与发展。除中国法学会成立社会法学研究会外，一些省级法学会也纷纷成立社会法学研究会，为社会法学研究提供了强有力的组织保障。为加强社会法学科建设，中国人民大学的系列《劳动法》评论已改为《社会法评论》，中国政法大学也开始编纂系列《社会法论丛》，均产生了一定的社会影响。目前，社会法学研究的理论文章和有关研讨会逐年增多，发展势头良好。正如林嘉所言，"中国社会法的研究进入生机盎然的春天"。[①]

二、社会法基础理论在辨析中发展

由上述可知，社会法学成为热门话题只是近几年的事，以致一些学者将社会法学、社会学法学和法律社会学的概念混为一谈。[②] 从已发表和出版的论著看，社会法总论研究的热点问题有社会法的概念定位、性质特征、体系原则等，但无论哪一个论题均未使学界达成一致与共识，这与其他学科发展初期的状况有些类似。

关于社会法的概念定位。有学者认为，社会法只是一种法学理念或法学思潮，即一个相对于个人法和国家法的概念，是与个人法和国家法相对应的民间法。如王为农认为，可以将社会法作为一种"法学思潮，即相对于'个人法'的概念"，或可以从"法社会学角度来考察和认识'法源'问题时"使用"社会法"一词，"相对于同国家和地方的立法机关制定的法律规范——即'国家法'而言，所谓的'社会法'，则是指由社会团体制定的、并且仅适用于其内部的一种'行为规范'。换句话说，相对于所谓的'国家法'包括了所有的国家制定的实在法而言，'社会法'的渊源，除了那些不成文的习惯、民约等之外，还包括了社会团体自主制定的内部的'法律规范'，即并非按着'国家法'的立法程序制定的，像社会

---

① 林嘉主编：《社会法评论》第 2 卷，中国人民大学出版社 2007 年版，第 1 页。
② 参见严存生的《社会法学研究的基本问题》，载《法治论丛》2006 年第 5 期。王涌：《社会法学与当代中国法的理念与实践——一个初步的检讨和构想》，载《中外法学》1996 年第 1 期。

团体的规章和协议等这样的一些行为规范"。① 有学者提出，社会法是介于公法和私法之间独立的第三"法域"。如孙笑侠认为，由于传统两大结构要素存在不适应现代社会的情况，所以法律体系发生了重大变革，这就是在现代市场经济社会里出现了第三种法律体系结构要素——社会法。② 董保华等认为，如果我们将以国家本位为特征的公法看作第一法域，以个人本位为特征的私法看作第二法域，那么私法与公法相融合而产生的、以社会本位为特征的社会法则是第三法域。③ 有学者提出，社会法是与宪法、刑法、民法、行政法等并立的一个法律部门，作为"一类法律"，它与宪法、行政法、刑法、诉讼法、民商法和经济法一起构成中国特色的社会主义法律体系。如陈甦等认为，"将社会法作为与民商法、经济法、行政法等传统的法律部门并列的法律部门，不仅具有现实的制度依据，而且也具有重要的理论意义"。④ 郑尚元认为，"公"与"私"对立或融合的结果，不是"社会"，公法与私法融合的结果同样不可能是"社会法"，这种融合的结果只能是公法与私法之外的"第三法域"，而"第三法域"并不等同于社会法。⑤ 总体上说，目前学界对社会法的概念定位并无统一的认识。⑥ 对于什么是社会法，社会法的体系如何，社会法在整个法学体系中的地位等问题，学者们给出了异彩纷呈的观点。

关于社会法的性质特征。有学者提出，私法奉行个人本位，公法奉行国家本位，社会法奉行的是社会本位。如李龙等认为，在立法上所呈现出来的各种利益，不外乎四类，即国家公共利益、社会共同体利益、家庭共同体利益与个体利益，与之相应，法律及其体系可划分为国家法、社会法、家庭法和自治法四大部类。由此，他们将环境与自然资源法、科教法、经济法等列入社会法。⑦ 有学者提出，社会法就是劳动法与社会保障法，是国家调整劳动关系、社会保障和社会福利关系的法律。如覃有土和

① 王为农等：《社会法的基本问题：概念与特征》，载《财经问题研究》2002 年第 11 期。

② 孙笑侠：《宽容的干预和中立的法律——中国的市场经济社会需要怎样的法律》，载《法学》1993 第 7 期。

③ 董保华等：《社会法——对第三法域的探索》，载《华东政法学院学报》1999 年第 1 期。

④ 陈甦主编：《社会法学的新发展》，中国社会科学出版社 2009 年版，第 14 页。

⑤ 郑尚元：《社会法的存在与社会法理论探索》，载《法律科学》2003 年第 3 期。

⑥ 董文军：《和谐社会建设与社会法保障》，载《当代法学》2007 年第 6 期。

⑦ 李龙等：《论中国特色社会主义法律体系的科学建构》，载《法制与社会发展》2003 年第 5 期。

樊启荣认为，"狭义的社会法，乃指由俾斯麦以来创建的社会保障立法，包括社会保险和社会福利立法"，但事实上，"即使是对社会法作狭义的理解，许多社会法的规范也是可能规定于形式意义的劳动法、住宅法、消费者权益保护法、环境法等法律、法规之中的"，因此"对社会法的体系不能僵化地恪守于广义或狭义，而必须从实质意义上的法律规范及部门法的角度来加以认识"。① 有学者提出，社会法是将社会生活中具体的、有差异的"人"作为法律关系的主体，在承认具体人的能力、禀赋与资源占有差异的前提下，基于现实的不平等，促进实质意义的平等与公平，涉及公权力对私权的必要限制。社会法的本质是生存权保障，即"人生而具有生存的权利"，其发展是生存权的内涵被不断认识并被不断突破的过程。② 最高人民法院编纂的《中华人民共和国法库》认为，社会法是社会保障制度的基本法律规范，包括对劳动者、失业者、丧失劳动能力和其他需要社会扶助的社会成员权益的保障制度，其主要特点是坚持社会公平，维护社会公共利益，保护弱势群体的合法权益，促进社会的全面进步与发展。可见，中国学者对社会法语词之使用，很明显不如民商法、行政法、刑法等固定成熟的术语那么明确。③ 有学者因此提出，我们只需了解、辨别和掌握可以从哪些不同角度和层面使用"社会法"一词即可，无需过多地深究社会法的概念，也不必试图得到一个能被较为普遍地接受的定义。④

关于社会法的体系原则。有学者提出，社会法等同于作为法律部门之一的社会保障法，如张守文、刘翠霄、林嘉、覃有土等即持有这种观点。张守文曾指出："各国的社会立法却都是以其社会保障政策和社会保障制度为核心的，这一共同之处使得社会法在狭义上常常被理解为社会保障法。"⑤ 林嘉还列举德国的例子说，社会法包括社会保险、社会补偿、社会促进和社会救济，其他调整公民之间相互关系的规定，尽管其宗旨也是保护社会弱者，却不包含在社会法中。⑥ 有学者提出，社会法乃是社会保障法和劳动法之和。如陈海嵩认为，社会法有广义、中义和

① 覃有土等：《社会保障法》，法律出版社1997年版，第75页。
② 余少祥：《关注社会法，促进社会和谐》，载《中国社会科学院院报》2006年8月31日。
③ 王为农等：《社会法的基本问题：概念与特征》，载《财经问题研究》2002年第11期。
④ 竺效：《祖国大陆学者关于"社会法"词之使用考》，载《现代法学》2004年第4期
⑤ 张守文：《社会法论略》，载《中外法学》1996年第6期。
⑥ 林嘉：《论社会保障法的社会法本质》，载《法学家》2002年第1期，第116页

狭义之分，中义的社会法居于广义和狭义两种概念界定的中间，"以法学界达成的共识为标准，宜将社会法定位于劳动法与社会保障法"。① 竺效认为，社会法的实质是"劳动法与社会保障法的总和"，其对社会保障关系的理解包含了社会福利关系等范畴。② 有学者提出，社会法是除了经济法之外的第三法域中剩余部分法律的总称。如谢鹏程将法律体系的结构分为基本结构、部门法结构、子部门法结构和法律制度等，进而将中国社会主义市场经济法律体系的基本结构分为私法、公法和社会经济法三大"部类"。③ 也有学者提出，作为法律观念的社会法，除第三法域外，还包括公法和私法中的法律社会化现象等。如王全兴认为：作为法律观念的社会法，除第三法域外，还包括公法和私法中的法律社会化现象。④ 关于社会法的基本原则，有学者认为是平等保护，有学者认为应该倾斜保护。⑤ 目前，学界对劳动法、社会保障法、特殊群体保护法属于社会法并无太大争议，而对于经济法、环境与资源保护法、消费者权益保护法等是否属于社会法仍有不同意见。也有学者认为，广义的社会法包括劳动法、社会保障法、经济法、环境法、人口与计划生育法、科技法、教育法、卫生法、公共事业法等；在中义上讲，社会法应当定位于劳动法和社会保障法；而在狭义上，社会法就是社会保障法。⑥ 可见，学界对于社会法的基本体系问题，一直有不同意见。2006 年底，中国社会科学院曾将"社会法体系的创新与完善"作为重点课题进行研究，但课题组成员对这个问题的意见也是一直难以统一。

总体上说，中国社会法学理论研究目前极为薄弱，尚处于探索与争鸣的初创时期，无论是科研成果的数量还是质量都难以适应新形势发展的需要。关于社会法学的基本理论问题，还有很多值得探讨，如社会法的外延与含义、法律特征、价值理念、法律原则和功能目标等，都是需要解决、不能回避的重大问题。

---

① 陈海嵩：《经济法与社会法关系之我见》，载《中南民族大学学报》2003 年第 4 期。
② 竺效：《法学体系中存在中义的社会法吗》，载《法律科学》2005 年第 2 期。
③ 谢鹏程：《论市场经济法律体系的基本结构》，载《法学研究》1994 年第 4 期。
④ 王全兴：《社会法学研究应当吸取经济法学研究的教训》，载《浙江学刊》2004 年第 1 期。
⑤ 余少祥《社会法——维系民生之法》，载《今日中国论坛》2009 年第 1 期。
⑥ 竺效：《法学体系中存在中义的社会法吗》，载《法律科学》2005 年第 2 期。

三、倾注人文关怀的劳动法学研究

劳动法学的研究对象包括劳动法、劳动合同法、促进就业法、劳动争议调解与仲裁法、安全生产法、职业病防治法、工会法等法律法规。以1994年《劳动法》的制定为界线，中国当代劳动法学的发展在改革开放后经历了两个重要阶段：之前，计划经济色彩在劳动政策法规中十分浓厚，劳动法学基本上是与计划经济体制相对应的劳动法理论，其观点、体系和方法仍未摆脱苏联劳动法学的影响；之后，中国劳动制度和劳动法发生了根本转变，与市场经济体制相对应的劳动法理论逐步建立。近十年来，劳动法学研究得到了较大发展，一是社会上对劳动法学的研究越来越重视，二是从事劳动法学研究的专业队伍比过去明显增强。但总体上看，劳动法学仍是一门弱小学科，所得到的研究资源远远少于其他学科。按照现行学科分类标准，劳动法并非独立的法律部门，仍处在三级学科的地位。①

劳动法学科研究与发展情况。建国初期，劳动法学曾经受到重视。1950年夏，已有一些大学的社会学系设置了劳动组，劳动法被列为教学计划中的一门主课。1951年，中国人民大学法律系为本科生开办了劳动法学课，并先后培养了十几名研究生。1954年前后，全国主要的法律院系和部分经济院系都开设了劳动法学课，有的院校还设置了劳动法学教研室。1958年，中国科学院哲学社会科学部法学研究所设立了劳动法研究组，当时劳动法学研究队伍具有一定的规模。20世纪50年代末以后，在"左"的错误的干扰下，一些法律院系开始调整课程，许多法学专业课被取消，除个别院校外，劳动法课都停开，劳动法学研究陷入完全停滞状态。② 十一届三中全会之后，劳动法学研究工作开始逐步恢复。1982年4月，劳动人事部劳动科学研究所成立了劳动法研究室，不久，部分高校开始建立劳动法学系或教研室。1983年7月，第一次全国劳动法学术讨论会召开，并在会上成立了中国劳动法学研究会。1984年，《中国大百科全书》"法学卷"将劳动法列为一个分支学科。同时，一些院校编写了劳动法教材、讲

---

① 陈信勇主编：《劳动与社会保障法》，浙江大学出版社2007年版，第3页。
② 张友渔主编：《中国法学四十年》，上海人民出版社1989年版，第436页。

义和劳动法教学参考资料，劳动法研究中探讨的和有争论的问题多了起来。到 80 年代末，全国各法律院系和经济院系中，有很多已开设了劳动法课。

在劳动法学科建设方面，1998 年，北京大学法学院贾俊玲开始招收劳动和社会保障法专业方向的博士生，这是中国第一个劳动法学和社会保障法学博士点，对深入开展劳动法和社会保障法的研究是有力的推动。到 20 世纪末，除了专门的劳动法学研究机构，各高等院校政法院系都配备了劳动法教师，相继开设了劳动法课程。此时，有关学术活动与交流空前活跃，这些都有力地促进了劳动法学的成长。

进入 21 世纪后，促进就业法和劳动合同法等一些重要法规相继颁布，极大地促进了劳动法学的研究和发展。如促进就业法颁布前后，就曾引起热烈讨论。特别是劳动合同法的研究，备受学界关注，从根本理论问题到涉及劳动合同方方面面的细节问题，都有不少论著问世。以集体合同的界定为例，从 20 世纪 90 年代到 21 世纪初，形成了多种有代表性的观点。第一种观点：集体合同即集体契约，一般指企业行政与工会之间订立的关于调整该企业劳动关系的一种协议。有时也可以由一个地区的工会组织与企业组织订立行业性的集体合同。① 第二种观点：集体合同是用人单位或有法人资格的用人单位团体与法人资格的工会或者劳动者代表，以规定劳动关系为目的所订立的书面协议。集体合同当事人在用人单位方面可以是个人也可以是团体，但在劳动者方面则永远是团体。② 第三种观点：集体合同是工会与企事业单位及企业部门、雇主及雇主团体之间就劳动报酬、工作时间、休息休假、安全卫生、保险福利等事项，经协商谈判缔结的书面协议。集体合同的当事人，一方是职工自愿结合而成的工会组织，另一方是企业的法人代表或雇主及雇主团体。③ 第四种观点：集体合同是企业工会和职工代表与企业经营者以及双方的代表组织就有关劳动报酬、工作时间、休息休假、劳动安全卫生、职工福利与保险等事项经平等协商签订的书面协议。④ 这些不同的观点不断争鸣，极大地推动和丰富了集体合同的

---

① 史探径：《劳动法》，经济科学出版社 1990 年版。
② 强磊、李娥珍：《当前中国的劳动合同——集体谈判与集体合同》，中国物价出版社 1994 年版。
③ 刘继臣：《集体协商与集体合同制度》，中国工人出版社 1995 年版。
④ 中华全国总工会编：《工会干部培训教程》，中国工人出版社 2002 年版。

研究。

在劳动合同法的制定中，学界曾围绕一些焦点问题展开了激烈的争论。如以董保华为代表的"劳资平衡派"和以常凯为代表的"劳工优先派"，就《劳动合同法》的评价、劳动标准的评价、现行劳动关系是工人还是雇主得不到保障等基本问题，展开了持续的论战。关于无固定期限劳动合同是否会导致"铁饭碗"，王全兴则提出，《劳动合同法》没有就无固定期限合同的解除作例外规定，它是可以解除的，因此与我国"大锅饭"时代的"铁饭碗"有着本质区别。关于《劳动合同法》是否因提高了用工成本而抑制了企业的用工需求，顾晓敏认为，这会使企业在招聘员工时比以前更谨慎，导致用工萎缩。张世诚则指出，《劳动合同法》的实施，只有违法企业的用工成本将大幅度提高，对合法企业的用工成本影响不大。关于《劳动合同法》是否会影响投资环境，张五常提出，一些外企因受《劳动合同法》的影响，已决定"外逃"印度、越南等国。向文波则认为，少数外资企业利用中国改革开放早期急于引进外资所制定的各种特殊优惠政策，享受"超国民"待遇，分吃中国的"人口红利"、损害中国的环境、消耗中国有限的资源，这些企业外迁，在某种意义上是国家提高经济运行质量、转变经济增长方式、调整产业结构的必然结果，根本不值得大惊小怪。[①] 在这一阶段，如劳动合同的特征，如何区分劳动合同、民事合同与雇佣合同，劳动合同在劳动关系中的作用，劳动者对劳动合同的单方解除问题等，都成了社会法学界研究的热点。[②] 目前，劳动法学研究的主要不足是，深层次的超前性的理论探讨较为薄弱，现有研究主要是为了解决实践中出现的问题或者适应迫在眉睫的立法需要。因此，需要对某些基本理论展开深层次的研究，这种研究对于劳动立法的发展无疑将具有方向性的根本指导意义。

在 20 世纪 80 年代之前，中国盛行的是以司法部统编教材为代表的传统劳动法学，这是一种与高度集中、统一管理体制相适应的劳动法理论，其所有的重要范畴几乎照搬苏联 20 世纪 50 年代的劳动法学。20 世纪 90 年代以后，中国经济体制发生了脱胎换骨的变化，但劳动法学中一些与市场经济发展不相适应的旧观念并未得到根本清除，如一些地方政府以保护

[①] 参见崔久衡《〈劳动合同法〉的五大焦点问题》，http://www.enpctn.com.cn。

[②] 钱斐：《劳动合同研究综述》，载《中国劳动》2004 年第 7 期。

劳动者为借口，抬高劳动基准，强化行政管理。因此，现代劳动法学只能建立在对传统劳动法学扬弃的基础上。1990 年，史探径出版《劳动法》，开始实现劳动法学研究从计划经济话语向市场经济话语的转型。这是我国推行市场经济体制后关于劳动法的第一本专著，开辟了劳动法学研究的新思路。继 1996、1997 年关怀主编的新编高等院校统编教材《劳动法学》出版之后，1998 年和 1999 年国内劳动法学者出版了一系列新的劳动法教材和专著，其中以董保华著的《劳动法论》较为引人注目。该书是劳动法理论方面的新著，对劳动法产生和发展等问题给予了阐述，提出了不少有价值的观点，对后来的劳动法理论研究有重要的参考价值。近 20 年来，劳动法学界出版了一批有分量的教材、专著、论文和工具书，如《法学辞典》对劳动法的诠释及《中国大百科全书》"法学"卷对劳动法的阐释为劳动法的研究进行了有益的开拓，《劳动法辞典》的出版及大型工具书《中华人民共和国劳动法实务全书》的问世，都为劳动法的研究作出了重要贡献。[①] 以"劳动法"为题，在"五大数据库"检索，共得到论文 2892 篇，在数量上明显多于社会法的其他很多学科。但如何健全劳动争议处理体制，合法、高效、公正地解决处理劳动争议，进一步推动集体合同制度，切实建立劳动关系自主协商机制，完善劳动关系三方协调机制等，仍是劳动法研究需要解决的重要问题。[②]

四、关怀弱势群体的社会保障法学研究

从 1949 年到 20 世纪 80 年代初，中国的社会保障一直属于城镇职工劳保福利范围，职工的劳保福利问题由政策调整，而不是由法律调整。因此，在学科意义上，社会保障法在整个计划经济时期并不存在。20 世纪 80 年代以后，社会保障法一度被看成劳动法的一个组成部分，很多著作和教科书都将社会保障的内容纳入劳动法学之中。[③] 直到 1985 年 9 月，中央在《关于制订国民经济和社会发展第七个五年计划的建议》中正式提出"社会保障"的概念，将社会保险、社会救助、社会福利、社会优抚等制

---

① 关怀：《十一届三中全会以来我国劳动法学的发展》，载《法学家》1999 年第 1 期。
② 王东进：《新时期劳动保障法学研究》，载《中国劳动》2005 年第 2 期。
③ 余卫明：《社会保障法学》，中国方正出版社 2002 年版，第 45 页。

度统一归并于社会保障制度中，中国社会保障法学研究的范式与格局才逐步形成。

　　一直以来，中国的社会保障立法均采取"分散立法"体例，至今没有一部关于社会保障的综合性法律，体系不完整，层次低，缺乏统一性、稳定性和权威性。从研究上看，学界围绕社会保障立法模式选择出现了许多争论，并逐渐形成两种主流观点：一种是"一法统驭多法"模式论，认为市场经济条件下社会保障立法应由"多法并存"的分散立法模式走向"一法统驭多法"的综合立法模式，即由社会保障基本法从宏观上协调、统一和指导各种单行法及地方立法。① 另一种是"多法并立平行"模式论，认为从社会保障制度运行的需要出发，并非只有母子法结构才是最佳选择，尽管国际劳工局建议将"分散的社会保障法律应综合并尽可能汇集起来"，② 但仍应根据各国的具体国情来决定。目前，学界对社会保障法是一个独立法律部门已基本形成共识，但对"社会保障"内涵与外延的理解仍有很大的不同，对社会保障法的概念界定也是各有千秋。如有的学者将社会保障法理解为社会保险法，认为"社会保障法是规定职工劳动者在其发生特殊困难时给予一定物质帮助的法律，规定社会保障基金的筹集及其应用范围，用于包括年老、疾病、工伤、失业等的求助"；③ 有的学者认为，社会保障法"是调整有关社会保障、社会福利的法律"；④ 有的学者认为，社会保障法"是调整社会保障关系的法律规定的总称"；⑤ 也有学者认为，社会保障法"是调整以国家和社会为主体，为了保障有困难的劳动者和社会其他成员以及特殊社会群体成员的基本生活并逐步提高生活质量而发生的社会关系的法律规范的总和"。⑥ 可以看出，社会保障法研究中的很多基本理论问题，如什么是社会保障法，社会保障法的性质、研究对象和范围等还没有完全解决，由此我们不能不承认这门学科至今仍处于相当薄弱的

---

　　① 森永俣等：《中国社会保障制度的立法建设问题》，载《社会学研究》1994年第5期。
　　② 国际劳工局：《展望二十一世纪，社会保障的发展》，劳动人事出版社1998年版，第7页。
　　③ 中国社会科学院法学所课题组：《建立社会主义市场经济法律体系的理论思考和对策建议》，载《法学研究》1993年第6期。
　　④ 沈宗灵主编：《法理学》，高等教育出版社1994年版，第337页。
　　⑤ 覃有土等：《社会保障法》，法律出版社1997年版，第69页。
　　⑥ 史探径：《我国社会保障法的几个理论问题》，载《法学研究》1998年第4期。

境地。①

社会保险法涵盖的内容比较多，包括养老保险、失业保险、医疗保险和工伤保险等。计划经济时期，中国城镇医疗保险体系由劳保医疗和公费医疗组成，农村则实行"合作医疗"和低价自费医疗相结合的制度。应该说，有关研究一直是法学研究的薄弱环节。统计显示，从1949年到1955年，关于社会保险的文献仅有7本，其中6本是译介苏联社会保险的小册子。从1956年到1979年，一直没有社会保险方面的译介与研究。到20世纪80年代，有关社会保险的著作仍非常稀少。从发表论文情况看，1949年到1978年，只有两篇关于社会保险的论文，而且充满了浓厚的意识形态色彩。20世纪90年代以来，文献数量有所增长，但社会保险并非学界探讨的热点或重点，"仍处于边缘化的地位与阶段"，② 法学研究则更为少见。1991年国务院发布33号决定，中国开始讨论如何建立国家基本养老保险、企业补充养老保险和个人养老储蓄的多层次养老保险法律制度。1998年，国务院发布《关于建立城镇职工基本医疗保险制度的决定》等一系列规定，社会保险法的有关研究开始兴起。但到目前为止，学界的研究并不深入。在养老保险方面，理论研究一直是薄弱环节，这也是阻碍中国养老保险改革和立法的原因之一。③ 在医疗保险方面，自20世纪80年代始，中国医疗保险法制经历了约四次重大改革，但"总体来说是失败的"，④ 在医疗保障水平、制度体系设计和管理运行机制方面依然存在很多问题。在失业保险、工伤保险和生育保险方面，无论是立法理论研究还是制度建设都处于探索阶段，仍有很多问题需要探讨。总体上说，国内关于社会保险法的研究起步较晚，基础薄弱，在理论深度、层次和前瞻性等方面均显不足，难以应对维护经济生活秩序的迫切需要。进入21世纪以后，中国政府和专家学者进行了一些社会保险立法的国际研究和比较，旨在加强社会保险立法的理论研究和关键问题的突破，如关于农村社会保险法律制度建设也在探讨之中。根据全国人大常委会的立法规划，《社会保险法》

---

① 陈信勇：《社会保障法学学科的若干问题》，载《学习与探索》1999年第2期。

② 参见张永理《中国内地社会保障研究的起源与发展（1931—2007）——基于NLC和CNKI数据库的文献分析》，知识产权出版社2008年版，第94—97页。

③ 杨燕绥：《社会保险法》，中国人民大学出版社2000年版，第104页。

④ 国务院发展中心：《对中国医疗卫生体制改革的评价与建议》，载《中国发展评论》2005年增刊。

草案正在讨论和征求意见之中。总体上看，建立符合中国国情的社会保险法律制度依然任重道远，需要加强社会保险立法和相关理论探讨，建立符合现实需要的社会保险理论体系。

社会福利包括住房、公益设施、义务教育、国家补贴、福利院、伤病残护理等诸多方面。改革开放前，社会福利专指民政部门负责的各种福利事务和传统的由单位包办的职业福利以及面向城镇居民的价格补贴等。前者以社会救济为主要内容，后者以城镇职工为主体，以职业为依托，关怀职工生活的方方面面，所需经费几乎全部由国家财政提供。改革开放后，国家和社会举办的福利事业迅速发展，社会福利范围不断拓展，福利项目不断增多，如老年人的社会服务、残疾人的生活保障、妇女福利及儿童照顾等都被纳入社会福利的范畴。从研究上看，国内关于社会福利的研究在20世纪50年代有零星涉及，在20世纪60年代到80年代有20多年的中断期。之后，相关研究有了缓慢的恢复和发展。从发展脉络看，1978年至1985年是社会福利制度、政策模式与理论研究的恢复重建时期。这一时期，社会学化福利研究范畴经历了由"社会学化理论"逐渐转向"社会生活化"课题的过程。1986年至1999年是社会福利理论与政策研究的社会保障时期。这一时期，有关社会福利的专门研究机构不断增多，以社会保障为题的著作、报刊文章大量涌现，全国性和国际性社会保障理论与政策研讨会日趋增多。但直接以社会福利为题的文章、书籍并不多见，有影响的社会福利基础理论研究成果仍然很少，学界重视也显不足。第三个时期是2001年至今。2000年12月，民政部社会福利与社会事务司会同联合国儿童基金会等多家单位联合举办"首届全国社会福利理论与政策研讨会"，标志着福利理论与政策研究进入了社会福利时期。这一时期研究的特点是：以社会福利专家而非社会学家为主体，福利决策者和福利工作者积极参与，运用福利理论与方法从生活状况与满足需要角度研究福利理论与政策问题。[①] 总体上说，国内关于社会福利的研究起步晚、发展慢，研究整体水平不高。相比较而言，法学界对社会福利相关问题的研究更为缺乏，需要大力加强。

社会救助历史上就早已存在，但从总体上看，中国社会救助的历史，

---

① 刘继同：《生活质量与需要满足：五十年来中国社会福利研究综述》，载《云南社会科学》2003年第1期。

实际上是一部"没有法律界定"的历史，从一般原则到具体的内容操作，既缺乏法律规制，也缺乏恒定化的程序，带有很大的主观随意性。① 在中国人的传统理念中，贫穷是个人的事，个体主义贫困观一直得到社会的广泛认同，"多劳多得，少劳少得，不劳动者不得食"的观念深入人心，建国后的法律、法规体现并强化了这一观念。从研究上看，在1996年之前，新中国没有自己关于社会救助的任何著作。1992年以后，学界关于社会救助的研究在2004年以前一直十分落后，没有什么显著的进展，长期处于极为明显的徘徊状态。之后，在文章数量上呈现较快增长的迹象，但学术研究和理论文章仍然很少。有研究者认为，到目前为止，国内关于社会救助的研究不但起步非常晚，而且发展非常缓慢，长期处于停滞状态。就其在当前学界的地位而言，只有少数几位学者从事这方面的研究，甚至达不到"边缘化状态"，而是处于"被忽视的状态"。② 关于社会优抚、补偿的研究同样十分缺失。从1949年到"文化大革命"前的17年，适应医治长期战争创伤和大规模复员退伍安置工作需要，在全国范围内形成了统一的优抚安置制度。"文化大革命"结束到现在的30余年，优抚安置工作得到长足发展，但理论界一直很少对此关注和研究。社会补偿包括对伤残军人的补偿，也包括妇女生育补偿、对见义勇为者的损害补偿等。由于中国在这方面的立法不够，不论是理论研究还是实务工作都十分落后，法学研究者更是鲜有涉足。

从检索论文和专著情况看，也反映了这一状况。以"社会救助法"为题的文章：中国学术期刊网络出版总库12篇，中国优秀硕士学位论文全文数据库1篇，中国重要报纸全文数据库25篇（其中大部分是新闻报道），中国博士学位论文全文数据库0篇，中国重要会议论文全文数据库1篇。以此为题的专著，在中国国家图书馆和CNKI中国图书全文数据库的图书只有5本。以"社会优抚法"和"社会补偿法"为题的文章：中国学术期刊网络出版总库3篇，中国优秀硕士学位论文全文数据库0篇，中国重要报纸全文数据库0篇，中国博士学位论文全文数据库和中国重要会议论文全文数据库均为0篇。以此为题的专著，在中国国家图书馆和CNKI

---

① 钟明钊：《社会保障法律制度研究》，法律出版社2000年版，第352页。
② 参见张永理《中国内地社会保障研究的起源与发展（1931—2007）——基于NLC和CNKI数据库的文献分析》，知识产权出版社2008年版，第281页。

中国图书全文数据库均为 0 本。可见，这类问题的研究成果确实非常少。近年来，随着社会法研究日趋活跃，作为社会法重要组成部分的社会救助法研究逐渐受到学界的重视。① 从发表文章情况看，社会救助研究的热点有社会救助的界定与标准、模式与实施效果等，社会救助的理念也从施恩论转向权利论，从单纯的物质救助转向物质救助与能力提升并重，从污名性救助转向人性化救助。② 社会优抚与补偿则主要偏重于政策研究，法学研究文章仍很少。

　　总体上说，社会保障法学研究还有很多地方需要加强。纵观当代中国社会保障法的研究，似乎"仍然没有形成有效的理论指导与政策实践体系"，它迟迟不能脱离"转轨"的羁绊，"在社会保障理论探讨方面显得十分薄弱，缺乏长足的进展"。③ 按照现行学科分类标准，劳动法学、社会保障法学被纳入民商法学范畴，也有学者将社会保障法作为经济法的一个组成部分来理解，这些都是社会法基础理论研究滞后造成的。在法学教育中，社会保障法始终处于边缘状态，被认为在法学教育中可有可无，"甚至排除在法学教育之外"，④ 如教育部 1998 年确定的 14 门法学专业主干课程就未包括社会保障法。目前，开设社会保障法课程的法学院系非常少，即使一些院系开设了这门课程，也是作为选修课。由于社会保障法学研究起步较晚，在法律学科中仍处于三级学科的地位，至今尚未形成成熟的理论框架，高水准的学术论文和专著也十分有限，相应的基础理论的研究仍很薄弱。⑤ 从出版的专著来看，郑功成的《社会保障学理念、制度、实践与思辨》和林嘉的《社会保障法的理念、实践与创新》等已形成了一定的社会影响。值得一书的是，刘翠霄的《天大的事：中国农民社会保障制度研究》系统地说明了中国农民社会保障制度的发展与现状，阐释了中国农民未能获得社会保障的缘由，剖析了建立农民社会保障制度在认识上的种种误区，论证了中国在工业化进程中建立农民社会保障制度的必要性和紧迫性，是研究农民社会保障问题的一部力作。总之，中国的社会保障法律制度正在探索和建立之中，这对于未来的学术研究和学科发展来说，既是

① 杨思斌：《中国社会救助法制建设的现状分析与对策研究》，载《探索》2008 年第 4 期。

② 赵淑兰等：《社会救助研究动态综述》，载《社会工作》2007 年第 9 期。

③ 万国明：《社会保障的市场跨越》，社会科学文献出版社 2005 年版，第 1 页。

④ 张文山：《关于社会保障法的若干问题研究》，载《广西大学学报》2002 年第 1 期。

⑤ 陈信勇主编：《劳动与社会保障法》，浙江大学出版社 2007 年版，第 3 页。

机遇，也是挑战。

五、持续进展的社会法其他方面的研究

（一）关于特殊群体保护法的研究

特殊群体保护法的研究对象是特殊社会群体，包括老年人、妇女、残疾人和未成年人等。与社会法的其他问题相比，特殊群体保护问题在新中国的研究起步较早，总体呈现两个特征：第一，相关事业发展研究较多，法学研究较少；第二，理论研究较多，应用研究较少。以"老年人"、"妇女"、"未成年人"、"残疾人"为题在上述五大数据库检索，每项研究文章均超过5000篇，但相关法的研究明显偏少，在中国国家图书馆和CNKI中国图书全文数据库的藏书也反映了这一状况。

关于老年人权益保护法、妇女权益保护法和残疾人保护法的研究主体，一直是专业协会或团体，如全国老龄委、中华全国妇女联合会、中国残疾人联合会及其下属机构，另有一些专门机构如中国老年学会、中国老龄科学研究中心等。从发表文章和出版专著情况看，有关法学研究主要是如何理解、学习和宣传贯彻相关法规及取得的主要成就等，从学术角度切入的文章较少，作为法学分支在学科体系上远未建立。事实上，从1949年到1978年，我国有过一些关于老年人、妇女、残疾人事业的理论观点，但没有形成系统的理论。比较系统的理论形成，是在改革开放之后。目前，学界成立了一些专门研究机构，如中国社会科学院有"性别与法律研究中心"，主要研究妇女法律保护问题。2007年，山东大学残疾人事业发展研究中心、北京大学中国残疾人事业发展研究中心、中国人民大学残疾人事业发展研究院相继成立。遗憾的是，相关研究的主体仍是社会学家，而非法学家。应该说，相关事业研究确实取得了很大成就，只是法学研究一直相形见绌而已。特别是在老年事业研究和残疾人事业研究方面，取得了一系列令人瞩目成果。截至2005年底，全国共出版老年类报纸24种，期发行量280万份；老年类期刊23种，期发行量305.8万册。目前，全国从事老年病防治研究的机构达50多家。[①] 在残疾人事业研究方面，中国残疾人联合会组织出版和发表了大量论著。2002年，中国残联成立专门研究

---

① 国务院新闻办公室：《中国老龄事业的发展》2006年12月。

室，采取新举措，使理论研究出现了新局面，呈现一片繁荣景象，一些研究成果正越来越受到社会重视，发挥着重要的指导作用。① 2003 年 8 月，李明舜出版的《妇女权益法律保障研究》，对妇女法体系的构建，妇女权益保障法、婚姻法、刑法以及反家庭暴力法所涉及的妇女权益保障问题，作了较为系统的论述，可称为这一研究领域的一部力作。

相比之下，法学界对未成年人法的研究比前三项研究更为活跃，研究成果的数量和影响更胜一筹。在研究机构上，也更多样化。除了较早成立的中国青少年犯罪研究会，中国法学会还在 2004 年成立了专门的青少年法制教育研究会，一些高等院校也成立了青少年犯罪学系或类似的研究中心。1986 年，康树华出版《青少年法学》一书，被认为是青少年法学作为一门独立学科在中国产生的开山之作。1995 年，康树华与向泽选共同编著《青少年法学新论》，被认为是国内较为新颖和权威的法学论著之一。在未成年人保护法研究上，不能不提中国青少年犯罪研究会。该研究会于 1982 年 6 月成立，由中国社会科学院作为上级主管单位（现已变更为共青团中央），它创办了《青少年犯罪研究》杂志，组织编写了中国较早的《青少年犯罪学》教材，出版了一批有关青少年犯罪研究的专业书籍，为形成中国关于青少年犯罪问题的理论体系奠定了基础。目前，该研究会拥有 12 个专业委员会，在 22 个省、自治区、直辖市建立了青少年犯罪研究会；受全国人大、国务院等相关单位委托，组织开展了多次大规模调研，承担多项国家重点科研课题，出版会刊 245 期，累计发表约 2400 多万字的学术成果与资料，并与国外和港澳地区的一些研究机构建立了长期的交流合作关系；参与《中华人民共和国未成年人保护法》、《中华人民共和国预防未成年人犯罪法》等青少年立法，组织开展青少年法律援助工作等。② 总之，该研究会的工作为中国未成年人法学研究作出了较大贡献。但一直以来，中国在未成年人法学研究方面有两个明显缺陷：第一，将青少年保护法与未成年人保护法混为一谈；第二，强调犯罪问题而忽视权利保护。③ 2000 年，佟丽华撰写《未成年人法学》一书，第一次提出"未成年人法

---

① 郭培平：《我国残疾人事业理论研究又迈新步伐》，http://www.cnki.net/index.htm。

② 杨岳：《在中国青少年犯罪研究会第五次全国会员代表大会上的工作报告》2004 年 10 月 21 日。

③ 佟丽华：《对与未成年人有关的法学研究的反思》，载《政法论坛》2001 年第 6 期。

学"概念，主张在区分未成年人和青少年的基础上，从权利保护而不是预防犯罪角度对未成年人法进行研究。也许这是中国未成年人法学研究新的发展方向。

1949 年新中国成立后，曾经热闹一时的社会慈善事业开始在神州大地销声匿迹，究其原因，主要是国家对资源的绝对垄断。在经历了一个漫长的"冬天"后，伴随着改革开放的脚步声，慈善事业于 20 世纪 90 年代开始复苏，并在跨入 21 世纪后"有了真正获得大发展的迹象"。[①] 1994 年，中华慈善总会正式成立。1996 年，郑功成在《中国社会报》上发表《论慈善事业的本质规律》一文，较早提出慈善事业"是建立在社会捐献基础之上的民营社会救助事业"的社会定位。为加强有关研究，培养和普及慈善意识，1998 年，中华慈善总会创办了《慈善》杂志，自 1999 年起又编辑出版《中国慈善年鉴》，并与电视台、电台、报刊、网站等媒体合作开设公益慈善专栏，利用各种渠道和资源为慈善事业服务。[②] 从研究上看，到 2006 年，学术界和理论界对慈善事业的理解已逐步趋同，并给出了慈善事业尚处于发展初级阶段的定位。近几年来，对于慈善事业的研究掀起了一个小的高潮，不仅理论学术界关注者迅速增加，政界、媒体人士也在讨论慈善事业的发展问题，发表文章之多、涉及慈善事业面之广，前所未有。但从总体上看，我国的慈善事业还处于发展的初级阶段，相关研究有待进一步深入和完善。目前，中国还没有专门的《慈善事业促进法》，与之相关的只有《中华人民共和国公益事业捐赠法》、《社会团体登记管理条例》、《基金会管理条例》3 部法规。据悉，民政部正会同国务院相关部门与社会各界专家学者，正按计划展开《慈善事业促进法》的起草工作。

实际上，反歧视研究在 20 世纪 90 年代初就已引起众多经济学家和社会学家的关注。1994 年，郭正模在《经济科学》第 2 期发表《"劳动歧视"问题初探》，开始重视就业领域中的歧视问题。但在法学领域，有关研究在 21 世纪初才开始起步，而且直接研究比间接研究少，系统研究比专题研究少。从期刊文章来看，关于反歧视研究的一个总体特征是，报道现象多，提出解决办法少；要求立法规制多，学术研究少。不可否认，我国的社会歧视问题在现实生活中一直十分严重。以就业歧视为例，不仅损

---

① 郑功成：《中国慈善事业的发展与需要努力的方向》，载《学海》2007 年第 3 期。

② 周秋光等：《当代中国慈善事业发展历程回顾与前瞻》，载《文化学刊》2007 年第 5 期。

害了求职者的平等就业权，而且严重破坏了公平竞争环境。因此，有必要研究和制定反歧视法，维护劳动者的平等就业权，维护起码的社会公平。近年来，反歧视相关研究主要集中在歧视概念的界定、国内歧视的现状及分类、有关歧视产生的原因、立法存在的不足、如何消除就业歧视等。[①]因此，在学科意义上，反歧视法学远未建立。目前，中国已经批准了一些反就业歧视的国际公约，但反歧视立法的声音一直非常微弱。

（二）关于计划生育法与公共卫生法的研究

新中国成立以后，在"人多力量大"的极"左"思想指导下，马寅初的人口理论一度受到错误批判。直到 20 世纪 70 年代，中国才开始实行计划生育政策。特别是改革开放后，中国试图在社会经济发展水平相对较低的情况下，探索一条具有中国特色的综合治理人口问题的道路。20 世纪80 年代后期，随着早期计划生育政策效应递减的出现，学界就开始关注计划生育立法与规范化问题，但出现的文章不多。1994 年，顾宝昌、穆光宗在《人口研究》第 5 期上发表《重新认识中国人口问题》，开始讨论计划生育政策效应递减问题。总体上说，中国对人口立法问题研究较早，大致可分为三个阶段：第一阶段始于 20 世纪 80 年代中期，对中国人口立法进行了初步的战略研究；第二阶段是 20 世纪 90 年代初期，人口学界、法学界和立法部门的部分学者分别提出了关于建立中国人口法学的理论构想；第三阶段是人口与计划生育法实施前后的综合研究时期。可见，这三个研究阶段同中国人口生育法制实践的基本进程是一致的。应该说，从 1978年第一次全国人口科学讨论会至今，人口研究的演进基本上是沿着从"小人口"到"大人口"、从"就人口论人口"到"就发展论人口"的主线展开。在这一过程中，人口理论研究对实践产生了良好的指导作用，其学科地位和作用不断得到提高。人口与计划生育法属于新法，目前世界上很多国家也都在积极探索当中。[②] 有学者认为，中国《人口与计划生育法》的制定和讨论似乎局限于"某个范围内"，"至少在学术界对这个问题一直缺乏深入、广泛的讨论"，对于这个涉及很多复杂问题的专门法来说，"光靠法律专家的智慧是不够的"，而"一个缺乏广泛讨论和理论支持的法肯定

---

①　朱憧理：《促进就业与反歧视研究综述》，载《中国劳动》2004 年第 2 期。

②　陈明立：《谈中国〈人口与计划生育法〉的里程碑意义》，载《四川行政学院学报》2002年第 1 期。

是会有隐患的"。① 且新时期有新目标、新标准、新机制和新要求，这些都是人口与计划生育法学研究面临的新课题。

新中国成立以来，中国卫生法制建设有过一定的曲折，但大致经历了一个逐步发展和完善的过程。特别是改革开放后，卫生立法取得了突破性进展。在学术研究上，20世纪80年代初，已有学者论及卫生工作中的法律问题。1985年，朱锡莹主编的《管理学基础》将"卫生立法"列为专章，并将有关卫生法列于书末。1987年，蔡维生在《医学与卫生立法》一文中，较早提出应建立作为独立学科的卫生法学。1992年，全国性卫生法学专业期刊《中国卫生法制》创刊，1993年，中国卫生法学会正式成立，② 标志着卫生法学研究开始步入正轨。但总体上说，中国卫生法学研究尚处于初级阶段，尤其是"对卫生法学理论的研究和探讨还远远不够"。③ 从目前情况看，无论是研究队伍还是研究实力，健康卫生法的研究均显不足。具体表现为：一是理论研究盲目化，学科界限模糊不清；二是研究模式多元化，文理不分；三是研究视野狭隘化，医法分家，各自为政。④ 随着新的科学技术不断应用到医学领域中来，当代医学科学向卫生法学研究提出了一系列新课题，因此，健康卫生法学还远未建立起来。目前，部分医学院校和法学院开设了关于医疗卫生法律的课程，有的高校还建立了医疗卫生法律的专业方向。但是，这一新兴学科就调整对象、研究方向甚至学科名称都未能达成一致意见，具体到学科建设、教学模式、教材体系、课程设置等均没有统一规范。从研究成果看，"深入而有开创意义的鲜有，且重复多多"。⑤ 以"健康卫生法"、"疾病预防与控制法"为题，在"五大数据库"检索，只有论文22篇。以此为题，在中国国家图书馆和CNKI中国图书全文数据库的专著仅1本。可见，相关研究极为不足。

① 穆光宗：《〈人口与计划生育法〉的背景、内涵和前景分析》，载《中国人口科学》2002年第3期。

② 蔡维生：《我国卫生法学研究发展10年回顾》，载《医学与哲学》1995年第6期。

③ 姜柏生：《卫生法的历史发展与社会作用》，载《南京医科大学学报》2001年第4期。

④ 石东风：《我国卫生法学研究存在问题探讨》，载《中国公共卫生》2008年第3期。

⑤ 王森波：《卫生法学、医事法学、生命法学探析》，载《中国卫生法制》2009年第3期。

第二十二章

沿着程序正义之路拓展的诉讼法学

一、前瞻与反思中发展的诉讼法学

从 1992 年至今，对于中国的诉讼法学（本节仅指刑事诉讼法学和民事诉讼法学）研究而言，是一个蓬勃发展的时期，刑事诉讼法学和民事诉讼法学研究取得了前所未有的丰硕成果。据不完全统计，迄今在全国各类报纸杂志上发表的诉讼法学学术论文已逾万篇，出版学术著作两千余种，[①]这些著述所涉范围非常广泛，既涵盖了诉讼理论法学研究的各个方面，也包含了关于诉讼制度、司法实践的实证研究，同时还有关于比较诉讼法学、外国诉讼法学和国际公约等方面的研究；在形式上也非常多样化，包括了论文、译文、调研报告、综述、要报、专著、译著、文集等，同时还出版了大量的教材，并已形成了国家教育部统编教材、司法部规划教材、核心课程教材以及各高等政法院校、系的诉讼法学教材体系。

在刑事和民事诉讼法学研究领域中，中国法学会诉讼法学研究会（以下简称"诉讼法学会"）对于推动中国诉讼法学研究的开展、促进学术交流探讨，发挥了重大作用。诉讼法学会作为法学界、法律界从事诉讼法学研究的全国性学术团体，成立于 1984 年，并自 1986 年起，每年召开一次全国诉讼法学年会，以及 90 年代以来组织举行的数次国际刑事诉讼法学研讨会，对于中国诉讼法学研究的发展产生了较大的推动作用。诉讼法学会不仅通过每年举办的主题年会，组织专家、学者们进行学术讨论，交流研究成果，并且对提交年会的论文和会上讨论的问题整理综述材料，分别在《中国法学》、《法学研究动态》或《中国法律年鉴》上发表。自 1994

---

① 通过中国国家图书馆"馆藏资源"数据库的检索结果。

年起，诉讼法学会还在全国范围内成功举办了六届中青年诉讼法学优秀科研成果评奖活动，使一批又一批诉讼法学的后起之秀脱颖而出。通过其特有的交流、导向与组织功能，诉讼法学会有力地促进了诉讼法学的科研活动和中国诉讼法学研究的发展。自1997年3月起，在诉讼法学会之下，开始设立刑事诉讼法学和民事诉讼法学两个专业委员会，从而更好地推动在各专业领域内开展学术研究活动。自此，除年会以外，这两个专业委员会每年都召集若干次座谈会或研讨会，为学术研究营造了良好的氛围，积累了丰富的研究资料。2006年，诉讼法学会换届并分立为刑事诉讼法学研究会和民事诉讼法学研究会两个独立的研究会，这更进一步促进了诉讼法学研究的专业化。

目前，从事诉讼法学研究的人员已达到一定规模。在组成结构上，主要是由来自于大学、科研院所和来自公、检、法、律师等实务部门的专家这两部分人员构成。其中，大学、科研院所的教师、科研人员是诉讼法学研究的主力，来自实务部门的专家则是一支重要的、不可或缺的研究力量。迄今，全国有615所普通高等院校都设置了法律院系或专业，刑事诉讼法和民事诉讼法作为法律专业的主干课程，在这些院校讲授诉讼法学的教师以及社科院系统等专门研究机构的研究人员是从事诉讼法学研究的主力。目前在上述院校和科研机构中，已有诉讼法学专业硕士学位授予点52个，博士学位授予点15个，培养诉讼法学的硕士、博士和博士后等高层次专门研究人才的机制正日趋完善。这些中青年的硕士、博士研究生，在导师的指导下致力于本学科的理论、实务研究，特别是博士论文专攻某一薄弱环节，在理论创新方面取得了丰硕的成果，填补了一项又一项空白。[①]相当一批具有硕士、博士等高学历的中青年诉讼法学学者正在成为诉讼法学研究的中坚和骨干。

纵观在此期间中国刑事诉讼和民事诉讼法学研究所取得的成果，总体看来，呈现出三方面的特点：（1）立法和政策导向型的学术研究。中国诉讼法学研究所走过的历程及其取得的成就，是与人民共和国的刑事诉讼法、民事诉讼法的立法和程序法制建设事业的发展紧密联系在一起的。我国诉讼法学界所取得的研究成果，在相当大程度上都是围绕着刑事诉讼法

---

① 陈光中等：《建国50年刑事诉讼法学的创建与发展》，载陈光中主编《刑事诉讼法学50年》，警官教育出版社1999年版。

和民事诉讼法的制定和贯彻实施而进行的广泛深入的学术研究与探讨，并且在发展脉络上呈现出诉讼法学研究的每一次整体性发展与深化都是以刑事诉讼法典和民事诉讼法典的颁行为契机的特征。一直以来，推动刑事诉讼法和民事诉讼法的全面贯彻实施，是中国诉讼法学研究的重要任务。[①]除承担与立法相关的研究工作外，中国诉讼法学界在总体上是以党的政策为导向而展开研究工作的。如党的十四大提出了建立社会主义市场经济的目标，十五大为了与市场经济发展的内在要求相适应，进一步提出了依法治国的要求，十六大明确提出了推进司法体制改革的目标和任务，十七大提出构建和谐社会的目标，这四个时期的政策目标，同时也是中国诉讼法学界研究的主导方向。（2）以司法改革为主线而展开的对策研究。中国的司法改革于 20 世纪 90 年代初开始酝酿，自 90 年代中期正式启动，承担着巩固和推进我国经济市场化、政治民主化和治国法治化的重要使命。以民事审判方式改革为肇端，我国司法改革的发展轨迹为：在由计划经济向市场经济的过渡中，经济、民事等各种纠纷增多，案件量的加大在人力和财力上为法院带来压力，引发了法院的举证责任改革；举证责任改革带来的质证之必要性又引发庭审方式改革；庭审方式改革所牵涉的法官权力等问题再引发审判方式改革；审判方式改革自然会涉及律师、检察官的角色和权力，因而诉讼机制改革接踵而来，由此，整个司法体制改革渐成浩然之势。[②] 在这个过程中，民事诉讼法学、刑事诉讼法学理论研究不仅不断面对来自改革实践的挑战，而且，基于理论指导实践的需要，需要通过学术理论研究来回应司法改革实践的需求，进而对实践起指导作用，因此，司法改革不仅一直是诉讼法学研究的热点问题，而且是诉讼法学界研究的主线。纵观自 1992 年以来中国诉讼法学研究所取得的成果，围绕司法改革开展的研究几乎涉及民事诉讼法学和刑事诉讼法学的各个方面。（3）立足中国国情与借鉴外国理论、经验的研究。随着我国对外开放的进一步扩大，我国诉讼法学界与世界各国及我国港、澳、台地区的接触与交流也日益加深。要促使中国的诉讼法制现代化，就必须了解和掌握近世各国诉讼

---

① 《中国法学会刑法学研究会、中国法学会诉讼法学研究会成立会议纪要》，载中国法学会《法学研究动态》1984 年第 22 期。

② 司法改革研究课题组编：《改革司法——中国司法改革的回顾与前瞻》，社会科学文献出版社 2005 年版，第 3、5 页。

法制的发展变化情况和法学理论。同时，中国政府签署或批准了包括《公民权利和政治权利国际公约》、《经济、社会和文化权利公约》在内的多个国际性文件，这些国际性文件确立了一系列有关刑事司法准则的国际标准，并且在世界范围内，民事诉讼的国际化代表了一种全新正义景象的潮流。在关于立足中国国情与借鉴外国理论、经验的关系上，大多数学者主张采取渐进或激进的方式推进我国的程序司法制度向国际标准靠拢，也有少数学者强调应充分利用"本土资源"改进司法制度。从总体状况看，普遍主义略占上风，但是二者间的交锋与论争从未停歇。在中国诉讼法学界近年来的研究中，一直都是处在这种以普适性面目出现的"西方中心主义"的国际化思潮和本土化意识之间呈现紧张关系的底色之下。

在短短的 60 年间，中国诉讼法学者所取得的研究成就无疑是巨大的，学者们不仅初步建立起了现代意义上的刑事诉讼法学和民事诉讼法学的基本理论体系，而且在推动立法和刑事、民事司法改革方面发挥了重要作用。回顾中国刑事和民事诉讼法学研究走过的这 60 年历程并展望未来，我们看到，除了深化以前研究所取得的成果外，在未来的发展中，中国诉讼法学界应当认真考虑更为深刻的问题。

其一，反思立法和政策导向型的对策研究范式。由于特定的历史和时代背景，在过去的 60 年间，中国的诉讼法学者们将大量精力和研究焦点都放在了以立法和政策为主导的学术研究上，并由此形成了一种固化的对策研究范式和特定的思维模式。对此，诉讼法学界已有批评者尖锐地指出：学者往往将自己定位为"立法专家"，以发现立法问题、提出改进对策、推动司法改革作为研究的归宿，而很少有人去反思法学家们究竟作出了怎样的理论贡献。① 事实上，学者能够在立法和政策的制定过程中发挥作用，这本身不仅无可厚非，而且从学术—理论与实践之间的有效互动来看，这本是颇有益处的好事。在这个问题上，实际上真正需要引起重视和反思的是，长期以来固化的对策研究范式，使得学者们在从事学术研究时，已经全然忘却了在其意识中深深植根的这种立法—政策导向立场，以至于无视在制度的建构中，还存在着除立法者和政策制定者以外的众多的其他参与者以及他们的立场。我们看到，在比比皆是的关于立法修改、对策建议的研究中，理论上宏大叙事的比较多，而真正提出具体问题并且提

---

① 陈瑞华：《刑事诉讼法学研究范式的反思》，载《政法论坛》2005 年 5 月。

出具体解决方案的，其实很少。这就很容易使人产生一种质疑：这种先提出问题、再提出一种具体解决方案的研究方法，究竟能在多大程度上对解决我国诉讼制度中存在的问题提供有效的理论支持？

其二，明确学术传统的在场与传承。在当今大量的诉讼法学研究成果中，都存在着一个值得我们关注的普遍问题，那就是学术传统的缺席。在研究中，人们往往满足于把各种观念随意地联结起来，或者对各种术语作简单的比较，而完全不是在特定的理论、学说传统的语境下展开分析、论证，因此，那些被我们引证来的观点因为信奉不同的哲学观，从而使得我们关于自由的讨论从一开始就隐含了一种内在的紧张或冲突。这种情况表明的是，虽说我们煞有介事地引证了众多不同论者的观点来支援我们自己关于某个问题的看法，但我们实际上却并不知道自己是在何种学术脉络或哲学传统中发言的，换言之，我们实际上是在学术传统之外进行言说的。① 上述的这种在学术传统缺席的状态下所从事的研究，其实就是把各种前人所提出的学术理论整体肢解为单个的成分，然后根据研究者自己的特定目的再将其拼装成著作、论文等研究成果。这种肢解，除了只能破坏所援用的理论本身的完整性外，不能获得任何有价值的研究成果，因为人们不能指望从成分本身获得问题的答案。只有在学术传统或理论脉络中开展研究，理论的组成成分才能在特定的研究中获得思考的意义和价值。

其三，确立学术研究自我批评和重建的手段。中国诉讼法学界经过60 年的研究和积累，其成果已经覆盖了很多的问题领域，但其间也充斥着大量的重复性研究。我们看到，一旦某个话题引起关注，大量的论文便一拥而上，重复性研究比比皆是，这多少反映了学术研究中的机会主义、功利主义倾向。重复性研究大量充斥，其中许多论文停留在教科书的水平，有些甚至低于教科书水平，谈不上是真正的学术研究。② 要改变这种状况，除了反思目前的研究范式和思维定式以外，还必须确立那些能够使学术研究得以自我批评和重建的手段，否则，我们不可能建立起科学的、体系化的诉讼法学研究。为此，作为一个基础性的前提条

① 邓正来：《学术自主性与中国法学研究》，载《社会科学战线》2007 年第 4 期。
② 熊秋红：《2003 年刑事诉讼法学研究状况》，载《法治蓝皮书——中国法治发展报告》（2004 年），社会科学文献出版社 2004 年版。

件，我们必须对前人以及同时代的思想及学术观点予以严肃的学术分析和批判，这既包括中国学者的研究，也包括外国学者的研究。另一方面，多种研究方法与研究视角的引入，对于丰富诉讼法学的研究具有重要的推动作用，但是同样，这些新的研究方法和研究视角也必须接受严肃的学术批判，以避免在使用其他交叉学科的方法时只是简单地嫁接，或者被当作一种哗众取宠的学术"点缀"以示学术创新。目前中国诉讼法学界在理论和实践的研究互动中，仍然存在着颇为明显的机会主义倾向，即从表面上看，理论观点似乎与改革实践浑然一体，二者互相印证，但实际上，理论是贫乏的缺乏体系化的理论，而实践则是削足适履、只见树木不见森林的实践，这种理论与实践表面上的相互印证掩盖了深层次上二者的内在脱节。在这方面，如何既贴近现实，使我们的学术具有鲜活的生命力，亦出离现实，让我们的学术保持持久的批评力，应是今后中国诉讼法学者必须认真对待的问题。

二、关于刑事诉讼法学基本理论问题的研究

在此期间，中国刑事诉讼法学界对于古今中外的刑事诉讼法学理论和司法实践，都作了比较深入的探讨，几乎涉及这一领域的各个方面都有研究的论著。专家、学者们在一些问题上获得了开拓性的突破，就一些问题达成了共识，并且通过学术争鸣得到了深化。以下将从四个方面概述在此期间的主要研究内容及成果。毫无疑问，中国刑事诉讼法学界在此期间所取得的研究成果，当然远不止以下所述的这些方面，下述内容只是在刑事诉讼法学研究中较具代表性，并且在推动和促进中国刑事诉讼法学研究及刑事法律制度完善方面富有成效的研究成果的一个横断面。

（一）关于刑事诉讼法学基础理论

在中国刑事诉讼法学界，关于刑事诉讼目的问题，学者们起初是从单一方面的角度来认识的，认为刑事诉讼主要是打击犯罪、证实犯罪和惩罚犯罪的活动，活动的目的在于准确、及时地查明事实真相，打击犯罪，保证无罪的人不受刑事追究，即所谓的"不枉不纵"。随着对这一问题研究的深入，一些学者提出了刑事诉讼目的的双重性观点，认为刑事诉讼活动的最终目标一方面在于准确惩罚犯罪，另一方面也要保障基本人权。目

前，惩罚犯罪与保障人权的双重目的论是刑事诉讼目的的主流观点。①

双重目的论的提出极大地推动了刑事诉讼法学的研究，特别是把保障人权单独列为刑事诉讼所追求的两大目的之一，不仅具有重要的学术意义，而且对中国社会民主化、法治化进程确实产生了积极而广泛的影响，中国现行刑事诉讼法在较大程度上承袭了这种学术观点。但近年间，已有学者对之提出质疑，认为这种理论范式脱离了现代法的价值目标体系，违背刑事诉讼基本原理，将惩罚犯罪作为刑事诉讼的目的存在诸多缺陷，与无罪推定原则相矛盾，强化了刑事诉讼的国家本位倾向，直接抑制了"辩护"这一刑事诉讼的重要主题，而且在司法实践中容易助长法律虚无主义和程序虚无主义，导致冤假错案不断滋生，对宪政秩序和公民权利都构成严重威胁，应予废止。重构以正当程序和保障人权为诉讼目的范式的新刑事诉讼法学，是当前最紧迫的学术任务。②

在 20 世纪 80 年代以前，我国实行计划经济，法学界很少有人提及诉讼的价值。对刑事诉讼价值的研究是 20 世纪 90 年代之后，随着对于程序正义和程序法独立地位与价值的理论探讨的展开，才成为一个引起诉讼法学界重视的基础理论问题。关于刑事诉讼中的价值问题，学者们起初吸收政治哲学的理论，对国家与被告人个人之间的关系以及协调国家与个人利益的模式问题进行探讨，后来将焦点集中到刑事程序中的公正与效益问题上，③ 提出各种关于理想的诉讼价值及其构造机制的学说，包括二元论、多元论等。④ 诉讼法学者对于刑事诉讼价值论的研究，旨在就刑事诉讼价值进行分析，合理规制个人权利和国家权力之间的分配关系，并在理论和实践相结合的基础上，充分研究、分析刑事诉讼法与刑事诉讼程序在整个法治建设中的地位和作用。

---

① 参见陈光中、徐静村主编《刑事诉讼法学》，中国政法大学出版社 2002 年版；樊崇义主编：《诉讼原理》，法律出版社 2003 年版；宋英辉：《刑事诉讼目的论》，中国人民公安大学出版社 1995 年版；李心鉴：《刑事诉讼构造论》，中国政法大学出版社 1992 年版；宋世杰：《刑事诉讼理论研究》，湖南人民出版社 2000 年版。

② 相关论述，详见郝银钟《刑事诉讼双重目的论之批判与重构》，载《法商研究》2005 年第 5 期；李长城：《刑事诉讼目的新论》，载《中国刑事法杂志》2006 年第 1 期；马明亮：《"犯罪治理"作为刑事诉讼目的的若干思考》，载《法律科学》2006 年第 4 期，等等。

③ 陈瑞华：《二十世纪中国之刑事诉讼法学》，载《中外法学》1997 年第 6 期。

④ 如，陈瑞华：《刑事审判原理论》，北京大学出版社 1997 年版；锁正杰：《刑事程序的法哲学原理》，中国人民公安大学出版社 2002 年版；陈建军、李立宏：《刑事诉讼价值论》，中南大学出版社 2006 年版，等等。

刑事诉讼结构与刑事诉讼模式，集中体现为控诉、辩护、裁判三方在刑事诉讼中的地位及相互间的法律关系，对此，我国学者大多认为人类历史上存在过弹劾式诉讼和纠问式诉讼形式，资产阶级革命以后建立了混合式的诉讼制度，其中英美等国的刑事诉讼程序采取了对抗式或当事人主义的诉讼模式，而大陆法系国家的刑事诉讼程序则采取了审问式或职权主义的诉讼模式。关于我国刑事诉讼结构与刑事诉讼模式的类型，诉讼法学理论界一般认为，我国刑事诉讼结构既与英美法系的当事人主义诉讼有较大差异，也不同于大陆法系的职权主义诉讼，而是具有自己的特点，如强调人民法院、人民检察院、公安机关的分工负责、互相配合、互相制约，人民检察院作为公诉机关不是一方当事人，侦查机关有权实施强制性处分等。以 1979 年《刑事诉讼法》为基础建构的刑事诉讼模式，具有典型的职权主义诉讼模式特征；而现行刑事诉讼法，则使我国刑事诉讼模式发生了变革，引进、吸收了诸多当事人主义刑事诉讼模式的内容，出现了"当事人主义化"趋势。在关于诉讼结构的研究方面，我国诉讼法学界还提出了"正三角结构"、"倒三角结构"、"线形结构"等观点。关于刑事诉讼结构与刑事诉讼模式问题，自 20 世纪 90 年代初有学者将"刑事诉讼构造"作为刑事诉讼的基本范畴进行专门研究之后，"构造分析"或者"模式分析"便成为我国刑事诉讼法学的基本研究方法之一，这种研究视角对刑事诉讼法学理论的探索产生了一定影响。[①]

关于刑事诉讼主体和职能问题，主要研究刑事诉讼主体的范围与职权、权利以及主体之间的相互关系等。在刑事诉讼中，各项诉讼职能的划分与协调，是刑事诉讼法学基础理论研究的一个重要问题。但在过去相当长的时间内，由于忽视对诉讼职能的分工，导致司法实践中出现提倡"联合办案"等做法，并被当作正面经验宣传和推广。为此，刑事诉讼法学者对于明确诉讼职能分界而进行的研究，对于理顺刑事诉讼法律关系具有重要意义。在我国诉讼理论中，民事诉讼主体概念已为人们所公认，但在刑

[①] 代表性的论著，如李心鉴《刑事诉讼构造论》，中国政法大学出版社 1992 年版；左卫民：《价值与结构——刑事程序的双重分析》，四川大学出版社 1994 年版；汪海燕：《刑事诉讼模式的演进》，中国人民公安大学出版社 2004 年版；陈瑞华：《刑事诉讼的中国模式》，法律出版社 2008 年版；万毅：《宪政型与集权型：刑事诉讼模式的导向性分析》，载《政治与法律》2006 年第 1 期；郭志媛：《对抗与合作：我国刑事诉讼法改革的模式定位》，载《中国司法》2006 年第 12 期，等等。

事诉讼理论上，我国刑事诉讼法学对于刑事诉讼主体的研究则经历了一个从排斥——分歧较大到逐渐达成共识的过程。刑事诉讼主体在本质上可以看作特定时代的个体形象、社会和国家政治权力结构的"缩影"，[①] 随着对于刑事诉讼主体本身的概念范畴及其相关的诉讼职能，刑事诉讼主体、客体、行为以及法律关系等问题的研究的展开，我国刑事诉讼法学界加强了对于刑事诉讼主体的含义、刑事诉讼职能本身属性以及诉讼主体与诉讼职能关系及其保障机制的探讨，从而使这一问题的研究走向深化。[②]

（二）关于刑事诉讼制度、原则与诉讼程序

这方面的研究涵盖了整个刑事诉讼制度和程序的各个方面，包括刑事诉讼的基本原则体系、管辖制度、证据制度、检察制度、律师制度、刑事强制措施制度、刑事审判制度与程序、刑事特别程序、刑事诉讼史以及外国刑事诉讼制度和比较刑事诉讼研究等。刑诉学者在这些领域的研究中，既有一般性的基础理论研究，亦有特定针对性的实证研究；既有对于中国具体问题的深入探讨，亦有关于外国刑事诉讼制度和程序的比较研究与借鉴研究。

中国学者最初在关于沉默权问题的研究上，主要集中在对国外有关沉默权的规定和运行状况的译介、分析方面。自 2000 年以后，研究的焦点开始集中在中国是否应该确立沉默权的问题上。刑事诉讼法学界围绕这一问题曾经展开过激烈的论争。其中，主张我国应在刑事诉讼中确立沉默权制度的学者主要是从人权的国际保护准则、任何人不受强迫自证其罪是现代法治国家刑事司法制度的一项重要原则、沉默权所蕴含的程序正义价值以及整个中国法治和社会发展的宏观前景等方面来论证其必要性。肯定论者不仅论述了引进沉默权制度的必要性，而且从宪法、刑事诉讼法等多方面论证了其可行性，并指出仅仅赋予犯罪嫌疑人、被告人沉默权是不够的，还必须建立相应的制度和程序上的保障机制。反对论者则认为，沉默权制度之所以不适应我国，是因为沉默权制度的负面影响将导致司法系统失去效率，许多国家也正在试图对沉默权作出限制；而且沉默权并不能抑制刑讯逼供案件的发生，同时我国现有的刑事诉讼制度已包含了一些沉默

---

① 参见樊崇义《迈向理性刑事诉讼法学》，中国人民公安大学出版社 2006 年版。

② 代表性的论著如刘涛《诉讼主体论》，中国人民公安大学出版社 2005 年版。

权的内容。① 关于沉默权的争论迄今尚未停止。

　　司法改革一直是诉讼法学界关注的热点问题。关于司法改革的讨论始于 20 世纪 90 年代初期，而且在最初的五年间，主要集中在刑事诉讼方面，尤其集中在法院刑事审判方式的改革。在党的十五大报告明确提出"依法治国，建设社会主义法治国家"的目标，并且指出要"推进司法改革，从制度上保证司法机关依法独立公正地行使审判权和检察权"之后，刑事诉讼法学界将研究的视点投向更为宏观的司法体制改革研究。为达到确保司法公正、高效之目的，刑诉法学界围绕着刑事诉讼与司法改革展开了全方位的理论探讨和实践研究，并通过研究提出了各种各样的对策措施，其研究内容和成果涉及司法权的基础理论，对于司法独立的制度性保障，司法改革的理念、价值取向、宏观目标及具体步骤，审判制度改革，法院与法官制度改革，检察制度改革，公检法三机关的关系，人大对司法机关的监督制度，错案纠防机制，等等。② 鉴于

────────────

　　① 相关论述详见孙长永《沉默权制度研究》，法律出版社 2001 年版；易延友：《沉默的自由》，中国政法大学出版社 2001 年版；陈光中主编：《沉默权问题研究》，中国人民公安大学出版社 2002 年版；刘根菊：《在我国确定沉默权原则几个问题之研讨》，载《中国法学》2000 年第 3 期；王江凌：《浅析刑事诉讼中的沉默权制度》，载《国家检察官学院学报》2000 年第 3 期；时显群《沉默权的法理思考》，载《法学研究》2002 年第 1 期；周洪波：《沉默权问题：超越两种理路之新说》，载《法律科学》2003 年第 5 期；谢小剑：《论沉默权与如实供述义务》，载《国家检察官学院学报》2000 年第 1 期；岳卫东：《对我国确立沉默权制度之我见》，载《法律与社会》2000 年第 4 期；熊秋红：《反对自我归罪的特权与如实供述义务辨析》，载《外国法评释》1997 年第 3 期；周国均：《严禁刑讯逼供若干问题探讨》，载《政法论坛》1999 年第 1 期，等等。

　　② 这方面的研究成果非常丰富，如陈瑞华《司法权的性质》，载《法学研究》2000 年第 5 期；徐静村：《关于中国司法改革的几个问题》，载《西南民族学院学报（哲学社会科学版）》2000 年第 1 期；顾培东：《中国司法改革的宏观思考》，载《法学研究》2000 年第 3 期；季卫东：《合宪性审查与司法权的强化》，载《中国社会科学》2002 年第 2 期；张培田：《司法审判民主化选择的理论与实践——陪审制与参审制之比较》，载《国家检察官学院学报》2000 年第 1、2 期；邓思清：《完善我国检察官自由裁量权制约机制之构想》，载《法商研究》2003 年第 5 期；谢佑平：《刑事诉讼视野中的司法审查原则》，载《中外法学》2003 年第 1 期；孙谦：《中国的检察改革》，载《法学研究》2003 年第 6 期；陈光中主编：《司法公正与司法改革》，中国民主法制出版社 1999 年版；张文等：《中国刑事司法制度与改革研究》，人民法院出版社 2000 年版；左卫民：《变迁与改革——法院制度现代化研究》（法律出版社 2000 年版）、《在权利话语与权力技术之间：中国司法的新思考》（法律出版社 2002 年版）；郭成伟、宋英辉主编：《当代司法体制研究》，中国政法大学出版社 2002 年版；谭世贵主编：《刑事诉讼原理与改革》，法律出版社 2002 年版；张建伟：《刑事司法体制原理》，中国人民公安大学 2002 年版；刘根菊：《刑事诉讼程序改革之多维视角》，中国人民公安大学出版社 2006 年版，等等。

司法改革是一项复杂的社会系统工程，我国还处于法治的初级阶段，支撑现代法治的某些基本条件尚不具备，因此有学者指出，对中国的司法改革应当奉行"相对合理主义"的方法论，只能采取渐进的、从逐步的技术性改良走向制度性改良。① 这种在刑事司法体制改革中强调公正与效率并重、本土资源与域外经验兼顾的"平衡论"，是在刑事诉讼法学界占主流的观点。

程序性制裁是近年来刑事诉讼法学研究的一个亮点，该研究主要是针对程序性违法的法律后果而展开，论证了程序性制裁机制的基本原理在于通过剥夺程序性违法者通过违法所得的不正当利益，来促使其不得不遵守法律所规定的诉讼程序，分析了中国现行的程序性制裁制度的主要不足，并就程序性制裁制度的完善以及与程序性制裁有关的程序性裁判、程序性辩护、程序性上诉以及宪法救济等制度的重构等提出系统的理论设想，形成了一种以权利救济为中心的程序性制裁理论。②

刑事和解作为被害人和加害人达成协议和谅解，从而使国家机关不再追究刑事责任或者从轻处罚的一种诉讼制度，是近年间中国刑事诉讼法学研究的一个热点问题。起初，在刑事审判方式改革中，在构建对抗式诉讼机制的同时，出于提高诉讼效率的初衷，刑事诉讼中的和解问题逐渐受到了人们的重视。此后，在构建和谐社会的背景下，刑事和解被认为给我国刑事司法改革和整个刑事法领域的一体化进程提供了一种崭新思路。③ 对此，有论者认为，刑事和解制度的出现，提出了一种有别于传统对抗性司法的私力合作模式，将被告人—被害人关系置于刑事诉讼的中心，打破了刑事诉讼与民事诉讼犯罪与侵权的界限，对传统刑事诉讼理论造成了较大冲击。从长远来看，刑事和解将成为一种独立于正式刑事程序之外的特别程序。但是也有论者指出，作为一项刑事司法革新运动，恢复性司法以其全新的理念和良好的实验效果而风靡世界，受到理论界和实务界的广泛关注。但恢复性司法面临着自身定位、理念、功能乃至制度设计上的种种缺陷，我国是否引入恢复性司法制度，还应

---

① 龙宗智：《论司法改革中的相对合理主义》，载《中国社会科学》1999 年第 2 期。

② 相关论述详见，王敏远：《违反刑事诉讼法的程序性法律后果》，载《中国法学》1994 年第 3 期；陈瑞华：《程序性制裁理论》，中国法制出版社 2005 年版。

③ 陈光中、葛琳：《刑事和解初探》，载《中国法学》2006 年第 5 期。

充分考虑这些问题。①

　　证据制度一直是中国刑事诉讼法学界研究的一个重要领域。在该领域中，刑诉学者们开展了以推动刑事证据立法为主导的研究工作，该项研究最终由中国政法大学诉讼法学研究中心集中了国内众多刑事证据专家对刑事证据立法做专门研究，完成了一部学术性的刑事证据法典——《中华人民共和国刑事证据法专家拟制稿（条文、释义与论证）》；② 同时，刑诉法学界也对关于案件事实与证据、证据种类、证明对象、证明标准、证据规则等证据法学的基础理论问题展开了深入研究。③ 在这方面，有学者将对案件事实和证据问题的讨论基点从本体论转向认识论，并以历史学和现代哲学作为分析工具，得出了"关于案件事实和证据事实的认识正确与否是个只能诉诸科学与常识的问题，不能以抽象的规则加以解决"的结论，对于中国诉讼法学界重新认识证据规则的功能、构建对于司法实践具有实际意义的证据规则体系有着重要的理论价值。④

（三）关于刑事诉讼法的修改与完善

　　针对刑事诉讼立法和司法实践中存在的问题进行有关的对策性研究，始终是中国刑事诉讼法学界的主要研究课题。由于 1979 年的《刑事诉讼

---

　　① 相关论述，详见王敏远等《刑事和解的模式和程序》，陈国庆等：《刑事和解的理论基础》，张智辉、宋英辉：《刑事和解研究述评》，载《国家检察官学院学报》2007 年第 4 期；陈瑞华：《刑事诉讼的私力合作模式———刑事和解在中国的兴起》，载《中国法学》2006 年第 5 期；唐芳：《恢复性司法的困境及其超越》，载《法律科学》2006 年第 4 期；甄贞：《刑事和解的可行性理论分析》，载《人民检察》2006 年第 14 期，等等。

　　② 陈光中等：《中华人民共和国刑事证据法专家拟制稿（条文、释义与论证）》，中国法制出版社 2004 年版。

　　③ 代表性的论著，如周国均、刘根菊《刑事证据种类和分类的理论与实务》，中国政法大学出版社 1992 年版；樊崇义等：《刑事证据法原理与适用》，中国人民公安大学出版社 2001 年版；王进喜：《刑事证人证言论》，中国人民公安大学出版社 2002 年版；魏晓娜、吴宏耀：《诉讼证明原理》，法律出版社 2002 年版；沈德咏、宋随军：《刑事证据制度与理论》，法律出版社 2002 年版；杨宇冠：《非法证据排除规则研究》，中国人民公安大学出版社 2002 年版；孙长永主编：《刑事诉讼证据与程序》，中国检察出版社 2003 年版；卞建林主编：《刑事证明理论》，中国人民公安大学出版社 2004 年版；汪建成：《理想与现实——刑事证据理论的新探索》，北京大学出版社 2006 年版；张智辉主编：《刑事非法证据排除规则研究》，北京大学出版社 2006 年版，等等。

　　④ 王敏远：《一个谬误、两句废话、三种学说——对案件事实及证据的哲学、历史学分析》，载《公法》第 4 卷，法律出版社 2003 年版。

法》是在"文革"结束后不久制定的，因此不可避免地带有历史的局限性。20 世纪 80 年代中后期，针对刑事诉讼法实施过程中出现的大量问题，刑事诉讼法学界发出了日益强烈的修改完善刑事诉讼法的呼声。自 20 世纪 90 年代初期以来，诉讼法学研究会即组织了大量有关刑事诉讼法修改与完善的学术会议，使得学者们就此问题的讨论趋于集中。1992 年由中国法学会诉讼法学研究会编辑的《刑事诉讼法的修改与完善》一书出版，该书对刑事诉讼法中有待修改的制度、原则和程序作了全面论述，对于刑事诉讼法的修改起到了制造舆论的作用。

1993 年 10 月，陈光中受全国人大常委会法制工作委员会的委托，组织中国政法大学的刑事诉讼法学者研究并起草刑事诉讼法的修改草案。二十多名中国政法大学的刑事诉讼法学教授、副教授、讲师和博士生在近一年的时间里，对刑事诉讼法学界提出的有关刑事诉讼制度改革的意见和建议加以总结和研究，结合中国的实际情况和各国刑事诉讼制度改革的共同趋势，草拟出一部《刑事诉讼法修改建议稿》，该"建议稿"提交立法部门和有关司法部门以后，对于当时的刑事诉讼法修改工作产生了较大的影响。1996 年 3 月正式颁布实施的中国刑事诉讼法典，就参考、借鉴和吸收了这部"建议稿"的很多内容。①

此后，刑诉法学界密切关注修改后的刑事诉讼法在实施中出现的问题，并不断对之进行理论总结与回顾，为刑事诉讼法的再修改建言献策，同时开展多方面的实证研究，如中国政法大学诉讼法学研究院和刑事法律研究中心主持的"侦查讯问程序改革项目"、"证据开示项目"和"未成年人取保候审、酌定不起诉改革实验"试点，中国人民大学诉讼制度与司法改革研究中心开展的关于二审程序改革的广泛社会调查与实证分析，由中国社会科学院法学研究所、广州大学人权研究中心、北京市海淀区人民检察院、北京市京鼎律师事务组成的"中国刑事诉讼法修订及人权保护平台项目"，中华全国律师协会刑事业务委员会组织的着重从辩护角度对刑事诉讼法进行修改的探讨等，都体现出刑事诉讼法学界对于实证研究方法重要性的逐步认同和积极探索。实证研究方法的引入必将对中国刑事诉讼

---

① 1995 年 7 月，由陈光中、严端主编，全体参加建议稿起草工作的刑事诉讼法学者共同撰写的《中华人民共和国刑事诉讼法修改建议稿与论证》一书由中国方正出版社出版，

法学研究的发展与诉讼制度的完善产生重要而深远的影响。①

除上述成果外，在中国刑事诉法学界还有大量针对刑事诉讼法的立法、修改与完善而展开的研究，由于其数量之巨、所涉范围之广，在此无法一一列举。事实上，基于前述的立法与政策主导型的学术研究特点，在中国刑诉法学者的研究成果中，在探讨各方面的问题时，往往都会论及相关的立法修改与完善。

（四）关于比较刑事诉讼法学

中国刑事诉讼法学者对于联合国大会及其所属组织通过的一系列有关刑事司法准则的国际公约及其他文书，特别是围绕《公民权利和政治权利国际公约》，对于无罪推定、禁止酷刑、不得任意逮捕拘禁人、公正独立审判、辩护权、不得强迫自证有罪、未成年人案件适用特别程序、对错误判决的赔偿、一事不再理等重要的刑事诉讼准则，进行了充分、深入的探讨，这些研究成果为我国刑事诉讼制度的进一步发展与完善提供了重要的参考。②

在关于外国刑事诉讼制度和比较刑事诉讼法学的研究中，中国刑事诉讼法学者也取得了丰硕的成果。刑事诉讼法学者除翻译出版了苏俄、日本、法国、德国、意大利、美国等国家的刑事诉讼法典以外，还对英国、美国、法国、德国、日本、苏联的刑事诉讼制度进行了初步的比较研究。

---

① 有关刑事诉讼法修改和这些实证研究项目的成果详见，陈光中：《刑事诉讼法实施问题研究》，中国法制出版社 2000 年版；樊崇义：《刑事诉讼法实施问题与对策研究》，中国人民公安大学出版社 2001 年版；陈卫东：《模范刑事诉讼法典》，中国人民大学出版社 2005 年版；徐静村：《中国刑事诉讼法（第二修正案）学者拟制稿及立法理由》，法律出版社 2005 年版；陈光中：《中华人民共和国刑事诉讼法再修改专家建议稿与论证》，中国法制出版社 2006 年版；樊崇义：《刑事审前程序改革实证研究—侦查讯问程序中律师在场（试验）》，中国人民公安大学出版社 2006 年版；郭志媛等：《试点与改革：完善司法制度的实证研究方法》，北京大学出版社 2006 年版；中国刑事诉讼法修订及人权保护项目课题组：《刑事诉讼中若干权利问题立法建议与论证》，中国民主法制出版社 2007 年版；田文昌、陈瑞华主编：《〈中华人民共和国刑事诉讼法〉再修改律师建议稿与论证》，法律出版社 2007 年版。

② 代表性的论著，如熊秋红《解读公正审判权》，载《法学研究》2001 年第 1 期；熊秋红：《刑事辩护论》，法律出版社 1998 年版；陈光中主编：《〈公民权利和政治权利国际公约〉批准与实施问题研究》，中国法制出版社 2002 年版；谢佑平主编：《刑事诉讼国际准则研究》，法律出版社 2002 年版；程味秋主编：《公民权利和政治权利国际公约培训手册——公正审判的国际标准和中国规则》，中国政法大学出版社 2002 年版；陈光中主编：《〈公民权利政治权利公约〉与我国刑事诉讼》，商务印书馆 2005 年版；岳礼玲：《〈公民权利和政治权利国际公约〉与中国刑事司法》，法律出版社 2007 年版，等等。

这些研究对于中国刑事诉讼法学者扩大知识面、开阔眼界以及完善刑事诉讼法学理论体系产生了较大作用，特别是近年间，有关外国刑事诉讼制度和比较刑事诉讼法学的研究，不再停留在制度介绍的层面上，而是更深入地研究其法律制度产生的语境、背景和运行的实践过程中。①

三、关于民事诉讼法学基本理论问题的研究

由于中国社会长期形成的"重刑轻民"、"重实体、轻程序"观念的影响，致使中国民事诉讼法学的研究在相当长一段时期里一直处于边缘地位。这种边缘化的状况主要体现在两个方面：首先是在诉讼法学领域中，民事诉讼法学研究长期处于被刑事诉讼研究"附带"的状况；其次是在民事法学领域中，关于民事实体法学的研究因属于显学而受到高度重视，对于民事诉讼法学的研究则属于隐学，关注程度明显较弱。由此导致长期以来，民事诉讼法学在研究队伍、学科建设等多方面均显著落后于民商法学、经济法学和刑事诉讼法学等学科。

但另一方面，或许正是由于这种边缘化的状况，使得中国民事诉讼法学者能够更加清醒地认识到中国法学研究所存在的差距与不足，并且能够以较为开放的心态去学习和吸收各方面有益的理论精髓和实践经验。② 同时，正是由于身在边缘，中国的民事诉讼法学者得以较少地受到在某些时期作为主流意识形态的非理论的或反理论的政治性法律话语的控制，从而

---

① 代表性的论著，如欧阳涛等《英美刑法刑事诉讼法概论》，中国社会科学出版社 1982 年版；陈光中主编：《外国刑事诉讼程序比较研究》，法律出版社 1988 年版；王以真主编：《外国刑事诉讼法学》，北京大学出版社 1994 年版；卞建林、刘玫：《外国刑事诉讼法》，中国社会科学出版社 2002 年版；陈光中主编：《21 世纪域外刑事诉讼立法最新发展》，中国政法大学出版社 2004 年版；孙长永：《探索正当程序——比较刑事诉讼法专论》，中国法制出版社 2005 年版；周伟：《中国内地与台港澳刑事诉讼法比较研究》，中国人民公安大学出版社 2002 年版；宋世杰等：《外国刑事诉讼法比较研究》，中国法制出版社 2006 年版。

② 例如，为推动民事诉讼法学研究的发展和人才的培养，1983 年 2 月至 6 月，在西南政法学院举办了"司法部第三期全国法律专业（民诉法）师资进修班"，聘请了当时国内一流的专家、学者前去授课、培训；2000 年 7 月至 8 月，在中国人民大学法学院举办了"比较民事诉讼法国际研讨班"，聘请了来自德国、美国的资深专家、学者为一批国内骨干的中青年民事诉讼法学研究人员授课并相互研讨。当年参加培训的人员，现在有相当一部分已成为所在单位民事诉讼法学科的学术带头人。而如此大规模、系统地组本专业的中青年学者对内、对外进行学习、研讨，这在中国法学界尚属罕见。

更能够解放思想、大胆探索。① 因此，尽管中国民事诉讼法学的研究起步晚、力量弱，但还是为其他学科如民法学、刑事诉讼法学贡献了一些颇有价值的研究成果。②

（一）关于民事诉讼法学基础理论

20世纪90年代以后，民事诉讼法学者已经初步构建起了中国民事诉讼法学的基本理论体系。这一理论体系的构成是：民事诉讼价值论、目的论、程序保障论、法律关系论、诉权论、诉讼标的论、既判力论等。民事诉讼基本理论的重新构建，为我国民诉法学的进一步发展奠定了理论基础。

对于民事诉讼程序价值的探讨始于20世纪80年代末、90年代初。就学科分类而言，关于民事诉讼程序价值的研究实际上属于法哲学、法理学研究与民事诉讼理论研究相交叉的领域，在素以结构严密、逻辑性强著称的大陆法系国家和地区的民事诉讼法学研究中，一般并不将其作为民事诉讼基本理论体系的构成部分。但是，我国学者认为，由于民事诉讼程序价值论是诉讼理论中最为深刻和抽象的理论，处于基本理论的核心地位，民事诉讼目的论、诉权论、诉讼标的论、既判力论等其他基本理论板块都有其价值蕴涵，民事诉讼程序价值问题对于整个民事诉讼程序的架构以及司法的实际运作又具有根本性意义，因此，诉讼价值论应作为中国民事诉讼法学基本理论体系的一个组成部分，并以此为基础来反思、构建我国的民事诉讼理论体系并对现行的民事诉讼程序制度予以重塑。在关于民事诉讼程序价值的探讨中，学者们普遍认为，民事诉讼程序的价值准则应当是多

---

① 尽管诉讼法学界的主流研究范式是以立法和政策为主导的对策性研究，但是，有一些民事诉讼法学者很早即在研究中采用更重视"描述"、"透视"而不是"要求"或"主张"的视角，这方面代表性的论著，如王亚新《论民事经济审判方式的改革》，载《中国社会科学》1994年第1期；徐昕：《论私力救济》，中国政法大学出版社2005年版；冉井富：《当代中国民事诉讼率变迁研究》，中国人民大学出版社2005年版。

② 例如，民事诉讼法学者很早即论证了非法人团体作为民事诉讼当事人的合理性基础，民诉法学者对于非法人团体的当事人能力的确认不仅独立于民事立法的规定，而且远早于民法学者对此问题的认识。并且由于民诉法学者们的努力，民事诉讼法和我国司法实践一般承认不具备法人资格的"其他组织"的当事人地位是对民法的一大突破——在《民法通则》中，除了对合伙组织与个体工商户和农村承包经营户（即两户一伙）有所规定外，对"其他组织"的法律地位并未涉及。此外，民事诉讼法学者关于证明责任、诉权、既判力等理论的研究，对于刑事诉讼法学的发展具有很大的参考价值，参见陈瑞华《刑事诉讼法学研究范式的反思》，载《政法论坛》2005年第3期。

元的，而不是单一的，不同之处在于，对于民事诉讼程序价值的分类标准以及应当包括哪些基本价值准则存在不同的认识，强调程序与实体相结合为基础的诉讼价值观的定位，仍然有待更深入的展开。①

在继受大陆法国家关于民事诉讼目的论理论学说的基础上，我国民事诉讼法学者对民事诉讼目的的界定主要有纠纷解决说、程序保障说、利益保障说、解决纠纷（维护社会秩序）与保护民事权益并重的双重目的论以及多元说等学说。在这方面，德、日民事诉讼法学者以及我国民事诉讼法学界关于民事诉讼目的的争论焦点主要在于：民事诉讼的目的是一元的还是多元的？如果是一元的，那么应当如何界定这一目的？如果是多元的，那么应当包括哪些目的？目前在中国民事诉讼法学界，主张包含实体性目的和程序性目的在内的多元论是占主流地位的学说。②

诉权理论一直是大陆法系国家民事诉讼法学中的一个基本理论问题，历来为大陆法系民事诉讼法学界所看重，其相关实践问题在英美判例法中也同样受到重视。诉权理论的提出和兴起源于法律体系上民事诉讼法与民事实体法的分离以及民事诉讼法学与民事实体法学的分野。在此过程中，如何正确处理和看待民事诉讼法和民事实体法的关系问题，以及对民事诉讼目的的不同界定，一直是诉权论的争执焦点。诉权问题向来是一个争议很大的问题，流派学说繁多，诉权的内涵、诉权的作用等基本问题成为许多国家民事诉讼理论界久盛不衰的论题。目前在中国民事诉讼法学界，诉权双重论是占主流的学说。该学说认为：诉权在本质上是一个兼具程序内涵和实体内涵的基本权利，程序含义是指在程序上向法院请求行使审判权

---

① 相关探讨详见，江伟主编：《民事诉讼法专论》，中国人民大学出版社 2005 年版；顾培东：《社会冲突与诉讼机制》，四川人民出版社 1991 年版；柴发邦主编：《体制改革与完善诉讼制度》，中国人民公安大学出版社 1991 年版；陈桂明：《诉讼公正与程序保障》，中国政法大学出版社 1996 年版；季卫东：《法治秩序的建构》，中国政法大学出版社 1999 年版；刘荣军：《程序保障的理论视角》，法律出版社 1999 年版；肖建国：《民事诉讼程序价值论》，中国人民大学出版社 2000 年版，等等。

② 关于这些学说观点的详细内容，参见李祖军《民事诉讼目的论》，法律出版社 2000 年版；江伟《市场经济与民事诉讼法学的使命》，载《现代法学》1996 年第 3 期；刘荣军：《论民事诉讼的目的》，载《政法论坛》1997 年第 5 期；陈刚、翁晓斌：《论民事诉讼制度的目的》，载《南京大学法律评论》1997 年春季号；何文燕、廖永安：《民事诉讼目的简论》，载《诉讼法论丛》第 2 卷，法律出版社 1998 年版；章武生、吴泽勇：《论民事诉讼目的》，载《中国法学》1998 年第 6 期。

的权利，实体含义则是指保护民事权益或解决民事纠纷的请求。①

　　既判力和执行力、形成力虽然同属判决的实质效力，但在有关判决的理论体系中，既判力则处于更为核心的地位，既判力的概念及有关的制度设计成为理解判决终局性的关键。而且，从这一点出发进一步深究的话还能够看到，司法判定相对于行政决定等其他权威性决定所具有的特殊性质，通过诉讼程序以及所达到的判决对纠纷的解决而建构法的秩序等重大的理论命题，都与既判力的观念紧密相关。正因为如此，在西欧法律传统的诉讼法学说上，关于既判力的理论从来就占有十分重要的地位，有关既判力的学说一直被认为是诉讼法的基础理论之一。但是，在我国民事诉讼法学的研究领域中，既判力论由于与"客观真实"、"有错必纠"等主流诉讼观念发生冲突，因此在经受长期冷遇之后，从20世纪90年代中期开始，随着民事诉讼理论研究的逐步深入，这一问题才渐渐引起民事诉讼法学界的重视。此后，学者们在介绍德、日等国以及我国台湾地区相关理论的基础上，就既判力的概念、作用、本质、根据、主观范围、客观范围、时间界限（标准时）、既判力与诉讼标的的关系等问题展开了讨论，以便建立我国的既判力理论。②

　　（二）关于民事诉讼制度、原则与诉讼程序

　　这方面的研究涵盖了整个民事诉讼制度和程序的各个方面，包括民事诉讼的基本原则体系、管辖制度、当事人制度、证据制度、调解制度、民事诉讼费用制度、民事审判制度与程序、非讼程序、民事执行制度、民事

---

　　① 相关论述详见，江伟、邵明、陈刚：《民事诉权研究》，法律出版社2002年版；江伟、单国军：《关于诉权的若干问题的研究》，载《诉讼法论丛》第1卷，法律出版社1998年版。其他代表性的学术观点，参见柴发邦主编《体制改革与完善诉讼制度》，中国人民公安大学出版社1991年版；顾培东：《论诉权》，载顾培东《法学与经济学的探索》，中国人民公安大学出版社1994年版；张家慧：《诉权意义的回复——诉讼法与实体法关系的理论基点》，载《法学评论》2000年第2期；郭卫华：《滥用诉权行使权责任》，载《法学研究》1998年第6期；左卫民、朱桐辉：《公民诉讼权：宪法与司法保障研究》，载《法学》2001年第4期；毛玮：《论诉和诉权》，载《中国政法管理干部学院学报》1998年第1期；范明辛：《诉与诉权刍议》，载《法学家》1998年第4期；李祥琴：《诉权的保护》，载《中国法学》1991年第2期，等等。

　　② 有关中国学者在这方面的研究内容及成果详见，叶自强：《论既判力的本质》、《论判决的既判力》，载《法学研究》1995第5期、1997年第2期；江伟、肖建国：《论既判力的客观范围》，载《法学研究》1996年第4期；马新彦：《论既判力溯及范围》，载《民商法论丛》1997年第11期；李龙：《论民事判决的既判力》，载《法律科学》1999年第4期；江伟主编：《中国民事诉讼法专论》，中国政法大学出版社1998年版；刘荣军：《程序保障的理论视角》，法律出版社1999年版；杨荣馨主编：《民事诉讼原理》，法律出版社2003年版，等等。

诉讼史以及外国民事诉讼制度和比较民事诉讼研究等。

在国外，有关民事诉讼法和宪法关系的国际性学术讨论始于第二次世界大战以后，第七届国际诉讼法大会将民事诉讼法与宪法的关系作为中心议题进行研讨。但是在我国，学者们系统开展关于民事诉讼宪法化、民事诉讼法和宪法关系的研究，则始于 2000 年以后。目前在这方面的研究主要是从民事诉讼的宪法理念即裁判请求权保护、宪法权利的民事司法保护、宪法对司法组织的保障等角度展开。特别是从裁判请求权的角度，研究了宪法上的裁判请求权与民事诉讼中的诉权、诉讼权利和审判权之间的关系，以及宪法权利的民事司法保护等问题。[①]

伴随着中国由传统社会向现代社会的转型，法律也同样面临着从传统型向现代型的历史更替，这一过程即所谓的"现代化"。中国的民事诉讼法学者认为，司法现代化具有鲜明的程序化倾向。司法作为连接法律与社会生活的中介，连接一般与个别的纽带，其正当性只能来源于诉讼程序。为此，民事诉讼法学者对于民事司法现代化展开了较为系统的研究，包括诉讼理念、诉讼原则、主体制度、诉讼程序和具体诉讼程序五大部分，既有理念的导入，又有具体制度的探微，不仅阐明其理论基础，并且将程序和制度的建构结合起来，这方面的研究成果，对于我国民诉法学理论和司法实践产生了积极的影响。[②]

始于 20 世纪 80 年代末，肇端于法院系统内部自上而下的民事、经济审判方式改革，带动了民事诉讼法学界对于司法改革的研究。学者们对此展开的研究内容和涉猎范围十分广泛，既包括司法改革的宏观政策、审判制度改革、法院制度与陪审制度改革、司法鉴定制度改革等司法体制改革问题，也包括关于民事司法制度本身的各项具体改革政策、措施等方面的研究。与民事审判方式改革同步展开的关于民事诉讼与司法改革的研究，其成果主要体现为：（1）通过强化当事人举证责任，建立和完善证据制度，重塑当事人和法院之间的关系；（2）构建审前准备程序，强化以公开审判为中心的庭审功能；（3）增进程序正义，赋予当事人更多的程序权

---

① 代表性的成果，刘敏：《裁判请求权研究——民事诉讼的宪法理念》，中国人民大学出版社 2003 年版；陈刚、汪三毛：《宪法与民事诉讼》，载《比较民事诉讼法》，中国人民大学出版社 2001 年版。

② 代表性的成果，章武生等：《司法现代化与民事诉讼制度的建构》，法律出版社 2000 年版；宋冰：《程序、正义与现代化》，中国政法大学出版社 1998 年版。

利，重构民事诉讼模式；（4）完善民事简易程序的适用，方便当事人诉讼。①

证据制度一直是中国民事诉讼法学界研究的一个重要领域。在该领域中，民诉法学者们开展了以推动民事证据立法为主导的研究工作，该项研究最终由中国人民大学法学院的江伟以中国民商事法律科学研究中心为基地，汇集国内法学界和法院、检察院、律师事务所等法律界的专家，历跨三个年度，完成了《中国证据法草案（建议稿）及立法理由书》。该项研究总结了近年来我国民事证据立法研究的最新成果，分析了我国现行证据法律制度以及这些制度在司法实践运用中的经验和教训，在对证据法基础理论进行研究的基础上，广泛借鉴国内外以及我国台湾地区、香港特别行政区和澳门特别行政区的证据法律制度，以比较法的视野，结合中国证据法律文化传统与现实，确定了一些新的证据理念与基本原则，提出了我国证据立法的模式和内容选择。② 同时，民诉法学界也对举证责任、证明标准、证据规则等民事证据的基础理论问题展开了深入研究。③

---

① 代表性的论著，如江伟、杨荣新主编《民事诉讼机制的变革》，人民法院出版社1998年版；江平、陈桂明：《民事审判方式改革与发展》，中国法制出版社1998年版；齐树洁主编：《民事司法改革研究》，厦门大学出版社2000年版；王亚新：《社会变革中的民事诉讼》，中国法制出版社2001年版；田平安主编：《民事诉讼程序改革热点问题研究》，中国检察出版社2001版；叶自强：《民事诉讼制度的变革》，法律出版社2001年版；何文燕、廖永安：《民事诉讼理论与改革的探索》，中国检察出版社2002年版；景汉朝：《中国司法改革策论》，中国检察出版社2002年版；黄松有：《中国现代民事审判权论》，法律出版社2003年版；最高人民法院民事诉讼法调研小组：《民事诉讼程序改革报告》，法律出版社2003年版；张卫平：《转换的逻辑：民事诉讼体制转型分析》，法律出版社2004年版；范愉：《世界司法改革的潮流、趋势与中国的民事审判方式改革》，载《法学家》1998年第2期；顾培东：《中国司法改革的宏观思考》，载《法学研究》2000年第3期；李汉昌：《司法制度改革背景下法官素质与法官教育之透视》，载《中国法学》2000年第1期；傅郁林：《繁简分流与程序保障》，载《法学研究》2003年第1期，等等。

② 江伟：《中国证据法草案（建议稿）及立法理由书》，中国人民大学出版社2004年版。

③ 代表性的论著详见，李浩：《民事举证责任研究》，中国政法大学1993年版；毕玉谦：《民事证据法及其程序功能》，法律出版社1997年版；陈刚：《证明责任法研究》，中国人民大学出版社2000年版；叶自强：《民事证据研究》，法律出版社2002年版；陈界融：《证据法：证明负担原理与法则研究》，中国人民大学出版社2004年版；赵钢、刘学在：《实务性诠释与学理性批判——对〈最高人民法院关于民事诉讼证据的若干规定〉初步习之心得》；王利明：《民事证据规则司法解释若干问题研究》，载《法学》2004年第1期；李浩：《民事证据的若干问题——兼评最高人民法院〈关于民事诉讼证据的司法解释〉》，载《法学研究》2002年第3期；汤维建：《证据交换制度论》，载《诉讼法论丛》第8卷，中国检察出版社2003年；熊志海：《论证据的本质》，载《现代法学》2002年第4期；肖建国：《论民事举证责任分配的价值蕴涵》，载《法律科学》2002年第3期，等等。

（三）关于中国民事诉讼法的修改与完善

　　针对民事诉讼立法和司法实践中存在的问题进行相关的对策性研究，始终是中国民事诉讼法学界的主要研究课题。无论是 1982 年颁行的《民事诉讼试行法》还是 1991 年正式颁行的民事诉讼法典——《中华人民共和国民事诉讼法》，都有着民事诉讼法学者的积极参与和贡献。自 1982 年颁行《民事诉讼试行法》，大陆民事诉讼制度开始进入有法可依的法典化阶段。但是，1982 年的《民事诉讼试行法》在政治上的意义也许要大于其在法律上的意义。自 1988 年起，在法院系统内部正式启动了民事审判方式改革。民事审判方式改革的部分成果，在 1991 年正式颁行的民事诉讼法典——《中华人民共和国民事诉讼法》中得到了体现。

　　尽管相对于此前的《民事诉讼试行法》而言，现行《民事诉讼法》在许多方面作了重大的修改与补充，但是现行《民事诉讼法》是在我国市场经济确立之前出台的，在颁行后国际环境、社会结构、市场经济发生了巨大变迁，民事诉讼法的滞后性已日渐突出。实践中，民事审判方式改革已经触及法律的基本原则和制度，改革在诸多方面已突破现行法的规定。这些问题的存在都要求对现行《民事诉讼法》予以修改。

　　在就民事诉讼法修订展开的研究中，最有影响的是江伟主持的"中国民事诉讼法典的修改与完善课题组"推出的《民事诉讼法修改建议稿（第三稿）》。[①] 该修改稿的完成历时三年，除有众多学者参加外，还吸收了一些资深法官参加，在建议稿的形成过程中，充满着法官与学者、实务界与理论界的尖锐交锋与互动。除《民事诉讼法修改建议（第三稿）》外，在中国民事诉讼法学界，还有大量的针对民事诉讼法的立法、修改与完善而展开的研究，这些研究往往是与关于司法改革、民事审判方式改革的研究结合在一起的，它们都从不同视角、在不同程度上丰富了关于民事诉讼法

---

　　① 中国民事诉讼法典的修改与完善课题组：《〈中华人民共和国民事诉讼法〉修改建议稿（第三稿）及立法理由》，人民法院出版社 2005 年版。

的立法修改与完善的探讨。①

（四）关于比较民事诉讼法学

自第二次世界大战之后，当事人基本程序保障的国际化、民事诉讼的国际化已成为一个潮流。在 20 世纪 70 年代之后，民事诉讼当事人基本权和基本程序保障的国际化现象已相当普遍，从大陆法系国家到普通法系国家，这些有关裁判程序的权利和保障规定于宪法文件或国际文件之中，民事诉讼法学者的研究领域也扩展到关于这些问题的研究上来，如努力找寻在民事程序中占主导地位的、在国际上能够相互交流的、跨国界的民事诉讼原则，有效的起诉权和应诉权，有效的获得司法正义的权利，当事人双方实质性平等问题，包括所有曾经忽视的法律援助、诉讼迟延、诉讼成本和小额请求等问题。在这一领域，中国的民事诉讼法学者也正在逐步展开研究，并开始与国际上的前沿性研究有了一定程度的对接和沟通。②

在关于外国民事诉讼制度和比较民事诉讼法学的研究中，中国民事诉讼法学者也取得了丰硕的成果。民事诉讼法学者翻译出版了大量的美、德、意、法、日等西方国家的现代诉讼制度和民事诉讼理论的著作，司法体制改革特别是关于"当事人主义"内涵和我国诉讼模式的讨论大大推动了引进现代西方民事程序制度的进程，真正意义上的比较民诉法研究与我国司法体制改革几乎同时起步，编撰、出版了有关比较民事诉讼法学研究的系列文丛、译丛。这些研究成果拓宽了中国民事诉讼法学者的视野，而且对于中国民事诉讼法学理论体系的建立和完善发挥

---

① 如廖永安、冯树《我国民诉法修改的若干问题——兼评〈民事诉讼法专家修改建议稿（第三稿）〉》；汤维建、刘静、许尚豪：《民事诉讼法修改的基本走势》，载《江海学刊》2005 年第 2 期；邵明：《我们需要一部什么样的民事诉讼法典》，载《诉讼法学研究》2005 年第 8 卷；蔡彦敏：《审时度势：对现行〈民事诉讼法〉修订之思考》，载《法学家》2002 年第 4 期；傅郁林：《修订我国民事诉讼法的基本思路》，载《东吴法学》2004 年秋季号；张卫平：《体制转型：民事诉讼法修改的基本作业》，载《法学家》2004 年第 3 期；陈桂明：《民事诉讼法内容的增删改》，《法学家》2004 年第 3 期；赵钢、朱建敏：《激变还是渐进？——略论修订〈民事诉讼法〉的应然基调》，载《法学家》2004 年第 3 期，江伟、孙邦清：《略论民事诉讼法的修订》，载《法学家》2004 年第 3 期，赵钢、刘学在：《关于修订〈民事诉讼法〉的几个基本问题》，载《法学评论》2004 年第 4 期，等等。

② 代表性的论著，如徐卉《涉外民商事诉讼管辖权冲突研究》，中国政法大学出版社 2001 年版；李旺：《国际民事诉讼法》，清华大学出版社 2003 年版；徐昕：《民事诉讼法的国际协调：在努力与浪漫之间》，载《清华法学》2003 年第 2 辑；范愉：《小额诉讼程序研究》，载《中国社会科学》2001 年第 3 期，等等。

了重要作用。①

四、不断拓展理论视野的行政诉讼法学

自从《行政诉讼法》颁布之后，学界掀起了研究行政诉讼的新热潮，学术成果层出不穷。根据学者的总结，② 从 1989 年至今，以 2000 年 3 月最高法院《关于执行〈中华人民共和国行政诉讼法〉若干问题的解释》（以下简称《若干问题的解释》）的颁布为时间界分点，中国行政诉讼法学可以分为两个阶段。

（一）注释法学和实证法学研究阶段（1989 年至《解释》的颁布）

伴随《行政诉讼法》的颁布，行政诉讼法学诸课题一时成为法学界讨论的热点问题。一方面是行政诉讼制度及其精神在社会中得以广泛宣传，另一方面是学界针对《行政诉讼法》在实施过程中出现的问题以及立法规范本身所存在的问题展开了广泛讨论。其主题主要集中在：行政诉讼的受案范围、具体行政行为的概念及其可诉性、行政诉讼的举证责任、原告资格、庭审方式、行政判决的适用、行政诉讼第三人、行政附带民事诉讼等方面。而实践中存在的问题，尤其是老百姓"不愿告"、"不敢告"、"执行难"等问题，已经成为这一时期讨论最多的话题。③这一时期我国行政诉讼法学研究尤为突出的特点在于，学界较为普遍采

---

① 代表性的论著，如沈达明《比较民事诉讼法初论》，中信出版社 1991 年版；张卫平：《程序公正实现中的冲突与衡平——外国民事诉讼研究引论》，成都出版社 1993 年版；白绿铉：《美国民事诉讼法》，经济日报出版社 1996 年版；宋冰：《读本：美国与德国的司法制度及司法程序》，中国政法大学出版社 1999 年版；蔡彦敏、洪浩：《正当程序法律分析——当代美国民事诉讼制度研究》，中国政法大学出版社 2000 年版；陈刚：《社会主义民事诉讼法简读——沿革、诉讼主体及证据制度》，法律出版社 2001 年版；徐昕：《英国民事诉讼与民事司法改革》，中国政法大学出版社 2002 年版；王亚新：《对抗与判定——日本民事诉讼的基本结构》，清华大学出版社 2002 年版；谭兵主编：《外国民事诉讼制度研究》，法律出版社 2003 年版，等等。

② 杨海坤、曹达全：《渐进发展中的中国行政诉讼法学研究》，载《浙江学刊》2006 年第 6期。

③ 1999 年（《行政诉讼法》颁布 10 周年之际）在珠海召开的中国行政法学研究会年会上，主要议题是"中国行政诉讼制度的建立、发展和完善"。在这次会议上，学者们紧紧围绕行政诉讼制度实践中"不愿告、不敢告"、"执行难"等问题展开了广泛的讨论，并就我国行政诉讼法实施的十年期间所取得的成就和不足作了全面的总结。参见《中国法律年鉴》（2002年），第 1048—1049 页。

用的是一种注释式和较为肤浅的实证研究方法。学者们热衷于分析立法在实践中存在的不足，而很少就其中的理论问题展开有深度的讨论。例如学界对受案范围问题的讨论，主要是具体讨论《行政诉讼法》立法条文的内涵以及立法规范的不足所导致的实践中行政诉讼受案范围不清的现状，① 而不是致力于研究受案范围的理论基础。对于判决形式问题的研究，学界主要针对实践中如何适用判决形式等基本问题展开讨论，② 而没有更深层次的理论研究成果。这段时期学界对实践问题的研究成果，较为集中地反映在了 2000 年 3 月最高人民法院发布的《关于执行〈中华人民共和国行政诉讼法〉若干问题的解释》（以下简称《若干问题的解释》）里。可以说，《若干问题的解释》是对这段时期学界研究成果的总结，也是当时实证法学与注释法学相结合的研究方式的最好见证。③

在这段时期出版了大量的行政诉讼法教材，④ 但这些教材都具有一个共同的特点，即都是依据《行政诉讼法》的体例加以编排。⑤ 学界在这段时期翻译或者编著的有关国外行政诉讼制度的专著或教材，⑥ 也更多的停留在对国外行政诉讼制度的简单介绍上，而对国外有关行政诉讼法学理论基础研究的成果则引进不足。这也充分说明了当时我国行政诉讼法学研究

---

① 参见刘善春《行政诉讼受案范围的理论与实践探究》，载《政法论坛》1995 年第 3 期；陆武师：《行政诉讼受案范围规定的若干缺陷问题思考》，《广西大学学报》（哲学社会科学版）1994 年第 1 期，等等。

② 参见庄加祥《谈行政诉讼中变更判决的适用》，载《行政法学研究》1995 年第 4 期；严惠仁：《行政判决、裁定应引用相关行政法条款》，载《行政法学研究》1995 年第 2 期；潘昌锋：《论我国行政判决形式的局限性及其完善》，载《人民司法》1997 年第 10 期；李道清：《行政诉讼应当设立部分判决》，载《行政法学研究》1997 年第 3 期等。

③ 一般认为，《行政诉讼法》有关行政诉讼受案范围的规定主要集中在第 2 条、第 11 条和第 12 条。这种立法模式被学界归纳为"原则 + 列举 + 排除式"，其弊端是受案范围界限模糊，从而导致实践中出现许多难以划定是否属于行政诉讼受案范围的情形。因此《若干问题的解释》在第一节专门就受案范围问题作出明确的规定，这些规定适应实践的需要，也可以说是学界研究成果的总结。

④ 如，罗豪才主编的《中国司法审查制度》（北京大学出版社 1993 年版）；应松年主编：《行政诉讼法学》（中国政法大学出版社 1994 年版）；薛刚凌主编：《行政诉讼法学》（华文出版社 1998 年版）；皮纯协主编：《行政诉讼法教程》（中国人民大学出版社 1993 年版），等等。

⑤ 对行政诉讼法教材的评价，另参见袁曙宏、宋功德《统一公法学原论——公法学总论的一种模式》（上），中国人民大学出版社 2005 年版，第 308—312 页。

⑥ 如王名扬的《美国行政法》（中国法制出版社 1995 年版）、《外国行政诉讼制度》（人民法院出版社 1991 年版），威廉·韦德著，徐炳等译的《行政法》（中国大百科全书出版社 1997 年版），杨建顺的专著《日本行政法通论》（中国法制出版社 1998 年版）等。

总体上还呈不成熟状态。当然，在这个阶段学界也出版了少量的专著①以及一些有较高理论水准的学术论文②，但令人遗憾的是，这些成果并未能成为当时行政诉讼研究背景的主色调。

（二）行政诉讼基础理论初步构建阶段（《解释》颁布至今）

《若干问题的解释》的颁布与实施，推动了行政诉讼法学研究的进一步开展。在这一时期，一方面伴随《行政诉讼法》遗留下来的相关问题以及《若干问题的解释》引发的实践中新问题的出现，人们对行政诉讼制度的注释式法学研究走向了一个新的高潮；③另一方面，由于《若干问题的解释》进一步完善了《行政诉讼法》，并落实了许多学界当时的研究成果，学界开始转移注意力，逐步加强了对行政诉讼具体制度产生背景、原因和利弊的研究，并开始关注行政诉讼的基础理论问题。

这一时期的行政诉讼法研究中最为突出的特点是：学界的研究方法已经从简单的注释法学和实证法学研究走向研究方法的多样化，研究的重心也开始从关注《行政诉讼法》规范及其实施状况转向对现存行政诉讼具体制度的利弊、存废、完善等深层次的分析研究。在一段时期，理论联系实际的研究方法得到了较为广泛的运用，如对受案范围、原告资格、审判体制、④撤诉⑤等问题的讨论基本上是围绕其实践问题而展开的；学界也开始意识到行政诉讼制度与其他制度之间的关联性，形成了跨领域研究行政诉

---

① 如刘善春的《行政诉讼价值论》（法律出版社 1998 年版）、薛刚凌的《行政诉权研究》（华文出版社 1999 年版）、胡肖华的《行政诉讼基本理论问题研究》（湖南人民出版社 1999 年版）等。

② 如章剑生的《有关行政诉讼受案范围的几个理论问题探析》，载《中国法学》1998 年第 2 期；陈端洪的《对峙——从行政诉讼看中国的宪政出路》，载《中外法学》1995 年第 4 期。

③ 这主要以下列三本书为代表，江必新：《中国行政诉讼制度之发展——行政诉讼司法解释解读》（金城出版社 2001 年版）、甘文：《行政诉讼法司法解释之评论——理由、观点与问题》（中国法制出版社 2000 年版）；甘文：《行政诉讼证据司法解释之评论——理由、观点与问题》（中国法制出版社 2003 年版）。

④ 例如：应松年、薛刚凌在北京、上海、浙江、湖南、广东等地针对"行政审判机关改革、行政法官制度改革，行政诉讼的运行状况、行政诉讼制度改革和行政诉讼制度的认识和评价"等问题调查问卷基础上所形成的《行政审判制度改革调查报告》（上、下）。参见《诉讼法学研究》第 4 卷，中国检察出版社 2002 年版，第 291—320 页；《诉讼法学研究》第 5 卷，中国检察出版社 2003 年版，第 367—409 页。

⑤ 如何海波《行政诉讼撤诉考》，载《中外法学》2001 年第 2 期；《行政诉讼受案范围：一页司法权的实践史（1990—2000）》，载《北大法律评论》第 4 卷第 2 辑，北京大学出版社 2002 年版，第 569—587 页。

讼制度的基本态势。如考察 WTO 制度对行政诉讼制度的影响，① 从宪政角度研究行政诉讼制度②等；比较研究的方法在学界得到了较为广泛的运用；部分学者也在有意识地采用经济分析方法、③ 价值分析方法④等多种手段考察行政诉讼制度。可以说，对于行政诉讼制度的研究在深度与广度上都有了显著的进步。尤其是在这段时期，学界开始关注行政诉讼法学的基础理论⑤问题，如行政诉权、⑥ 行政诉讼的价值、⑦ 行政诉讼的诉的利益、⑧ 行政诉讼类型化、⑨ 司法审查的强度⑩与审查标准⑪问题等。针对行政诉讼目的问题，学界已经形成"三大类、不下十数种"的观点。⑫ 一批较高质量

---

① 肖威：《WTO 与我国司法审查问题研究》，载《武汉理工大学学报（社会科学版）》2005年第 1 期；马怀德、葛波蔚：《WTO 与中国行政诉讼制度的发展——兼论对现行行政诉讼法的修改》，载《政法论坛》2002 年第 2 期；孔祥俊：《建立与 WTO 要求相适应的司法审查制度》，载《中国法学》2001 年第 6 期；杨解君：《中国入世与行政诉讼制度变革》，载《法学》2002 年第 4期，等等。

② 如胡肖华的《行政诉讼受案范围的宪政分析》，《诉讼法理论与实践（2003 年·民事、行政诉讼法学卷）》（下）（中国政法大学出版社 2003 年版，第 485—489 页），以及《行政诉讼与宪法关系之辨》，（《〈权利与权力的博弈〉——行政诉讼法修改纵横谈》，中国法制出版社 2005 年版，第 11—20 页）；戴建志的《行政诉讼就是近距离地触摸宪法》（载《人民司法》2002 年第 9期），第 22 页；李卫刚的《行政诉讼的宪政意义》（载《当代法学》2003 年第 2 期）等。

③ 如刘霞、张丹《我国行政救济制度变迁的经济学分析》，《福建经济管理干部学院学报》2003 年第 4 期。另参见王勇《行政诉讼主要程序的经济分析》，载《现代法学》2004 年第 1 期。

④ 如章剑生《论利益衡量方法在行政诉讼确认违法判决中的适用》，载《法学》2004 年第 6期。

⑤ 在此需要辨析两个概念：一是"基础问题"，二是"基础理论"。在本文中，前者指制度中的基础问题如受案范围等，而后者指行政诉讼法学的基础问题如价值问题和目的问题。

⑥ 如赵正群《行政诉权在中国内地的生成及面临的挑战》，载《诉讼法论丛》第 6 卷，法律出版社 2001 年，第 753—775 页，等等。

⑦ 对于行政诉讼的价值问题，有学者较为全面地总结了古代及当今西方国家行政诉讼制度的价值，在剖析行政诉讼价值生成机制的基础上，提出了以人权、秩序、效益、公正为序列的行政诉讼价值体系。如刘善春在其博士论文基础上形成的《行政诉讼价值论》（法律出版社 1998 年版）。

⑧ 如刘志刚《论行政诉讼中的诉的利益》，载《诉讼法论丛》第 9 卷，法律出版社 2004 年，第 512—547 页等。

⑨ 如薛刚凌《行政诉讼类型研究》，载《诉讼法学研究》第 1 卷，中国检察出版社 2002 年，第 346—378 页。

⑩ 参见杨伟东《行政行为司法审查强度研究——行政审判权纵向范围研究》，中国人民大学出版社 2003 年；解志勇：《论行政诉讼审查标准——兼论行政诉讼审查前提问题》，中国公安大学出版社 2004 年。

⑪ 如谢志勇《论行政诉讼审查标准》，中国人民公安大学出版社 2004 年。

⑫ 参见刘东亮《行政诉讼目的论——"保障人民权益"与我国行政诉讼法的修改和完善》，中国政法大学 2004 年博士学位论文。

的专著、① 博士硕士论文以及学术期刊论文等相继问世。应该说，这一时期学界对行政诉讼法学基础理论问题的研究相对前一阶段有较大的发展，但是，基础理论研究仍然没有能够成为这一时期的主色调。

根据以上分析可以看出，我国的行政诉讼法学研究经历了一个从较为简单研究行政诉讼制度的成立条件，到较为理性地反思我国行政诉讼制度的生存基础，再到开始关注行政诉讼法学基础理论研究的逐步推进过程。到目前为止，行政诉讼法学研究已经取得了阶段性成果，这不仅表现为研究方法走向多样化、研究视角拓宽，而且表现为学界已经开始展开行政诉讼基础理论的研究，并有进一步深入之势。但我们也应当清醒地意识到，目前行政诉讼法学研究中还存在不少问题与困难：（1）至今尚未形成一个超越立法体系、相对成熟和稳定的理论体系，缺乏理论研究应有的批判和反思能力。（2）比较法的研究一直未能真正有效地开展，行政诉讼法学的研究缺乏基本的国际视野。（3）真正有效的学术交流与对话不多，一方面是普遍存在的低层次重复研究，另一方面在重大理论问题上又迟迟难以突破。② 可以说，我国的行政诉讼法学研究依然任重道远。

五、以司法改革为主线展开的研究

始于 20 世纪 80 年代末以改革人民法院民事审判庭审方式为先导、以 1997 年十五大报告为契机的当今中国司法改革，是近年来的理论热点问题之一。作为一个宏大的话题，关于司法改革问题研究涉及的内容十分广泛，研究成果非常丰富。③ 整体看来，中国司法改革研究的范围不断扩大，不少曾经被视为理论禁区的问题，如司法独立、司法审查、权力分立、权

---

① 如吕立秋的《行政诉讼举证责任》（中国政法大学出版社 2001 年版）、解志勇的《行政诉讼的审查标准——兼论行政诉讼审查前提问题》（中国人民公安大学出版社 2003 年版）、杨伟东的《行政行为的司法审查强度研究》（中国人民大学出版社 2003 年版）、王学辉主编的《行政诉讼制度比较研究》（中国检察出版社 2004 年版）、王宝明等的《抽象行政行为的司法审查》（人民法院出版社 2004 年版）、马怀德主编的《行政诉讼原理》（法律出版社 2003 年版）、杨海坤、黄学贤的《行政诉讼基本原理与制度完善》（中国人事出版社 2005 年版），等等。

② 林莉红、赵清林：《回顾与反思：7 年来我国行政诉讼法学的新发展》，载中国行政法学研究会编《中国行政法之回顾与展望——"中国行政法二十年"博鳌论坛暨中国法学会行政法学研究会 2005 年年会论文集》，中国政法大学出版社 2006 年版。

③ 以下内容均引自韦群林《中国司法改革研究述评》，载《重庆职业技术学院学报》2007 年第 5 期，该文对于中国司法改革问题研究作了非常详尽的归纳和总结。

力制衡等，已经得到相当程度的研究。研究队伍不断扩充，宪法、诉讼法、法理、司法制度、民法等方面的学者都加入到了这一研究行列中来。同时，主要研究领域正在从宏观的理论叙述向具体司法管理问题研究发展，但有关司法改革、司法管理的微观、实证研究仍然偏少。

（一）关于司法权的基础理论研究

主要涉及司法的概念与司法权的性质、司法独立、关于全球化对中国司法的影响与国际司法标准的研究。其中代表性的观点包括：对于司法涵义的理解与司法构成上，突破原来有关"大司法"的理解，也不仅局限于法院、检察院"两大司法机关"的官方叙述，将司法权定位在裁判及执行上。[①] 在有关司法独立问题的研究上，探讨了为何要司法独立；革命导师对司法独立的论述；司法独立与媒体监督之间的关系；司法独立与党的领导之间的关系；检察权的相对独立性问题；司法独立与法院组织机构调整问题；司法独立与法官独立的司法人格问题；司法独立与法官管理制度的改革；从司法独立的命题出发，进而阐述司法改革方面的其他问题，等等。[②]

为借鉴国外司法改革的理念、经验或教训，以供我国进行司法改革的参考，许多学者进行了司法改革方面的比较研究。比较研究的范围，既包括美、英、法、日、德、韩等法治比较完善的国家，也有司法体制处于重构过程中的俄罗斯，甚至有司法体制比较落后的非洲国家。[③]

（二）关于司法改革的理念与规划

这方面的研究涉及对于最高人民法院推出的"公正与效率"两大主题与我国司法改革的基本价值取向的探讨，关于司法改革步骤问题的研究，以及设立司法改革委员会以统一领导中国司法改革等问题的研究。其中代表性的观点包括：当代先进司法精神与理念，最重要的重视人权保障、坚

---

① 详见孙万胜《司法权的法理之维》，法律出版社 2002 年版，胡夏冰：《司法权：性质与构成分析》，人民法院出版社 2003 年版。

② 详见谭世贵《司法独立问题研究》，法律出版社 2004 年版。

③ 如潘剑锋《从日本第三次司法改革看我国司法改革存在的问题》，载《法学》2000 年第 8 期；韩大元：《东亚国家司法改革的宪政基础与意义——以韩国司法改革的经验为中心》，载《浙江社会科学》2004 年第 3 期；齐树洁：《英德国民事司法改革对我国的启示》，载《厦门大学学报》（哲学社会科学版）2004 年第 1 期；齐树洁：《德国民事司法改革及其借鉴意义》，载《中国法学》2002 年第 3 期；杨亚非：《俄罗斯司法改革述评》，载《法制与社会发展》1999 年第 2 期；颜运秋：《非洲司法制度的本土化与外来化》，载《西亚非洲》2000 年第 4 期，等等。

持司法公正、强化司法权威、讲求司法效益；① 摒弃"客观真实"的传统观念，重树"程序正义"的理念，是寻求现代化司法理念的正确指引；应"公正优先、兼顾效率"，公正是司法改革价值目标的优先选择；司法改革不可能是一种孤立存在的社会现象，它在本质上属于政治管理的范畴，并且是我国政治体制改革的破题所在，因此与政治体制的整体进展关系极大，必须与政治体制改革同步协调发展，才能达到理想的效果。在目前的政治条件下，司法改革只能是渐进的，它的发展必然有一个较长的历史过程；② 从司法改革的系统性、整体性角度考虑，并借鉴国外经验，众多学者认为应该设立统一的司法改革委员会或类似机构，甚至将之作为议案交给全国人大审议。③

（三）关于司法审查和法院管辖范围

对此，主流观点认为应拓展司法审查的领域，扩大法院管辖的范围。必须建立具有可诉性的完备法律体系，赋予宪法可诉性，赋予政治立法以可诉性，并据此建立对政治行为的司法审查权。④ 在具体的制度方面，设置只对全国人大常委会负责的宪政委员会，逐步在重新立宪的基础上设立宪法法院。⑤ 在法院管辖方面，一般刑事诉讼不存在受案范围问题，但行政诉讼中，对于抽象行政行为、"终局"行政行为、内部行政行为等不能审查，与法治观念及 WTO 的要求相距甚远，也与世界法治先进国家的做法差别甚大，认为除了宪法和法律明文规定排除的以外，行政相对人享有诉权不受任何限制的权利。⑥ 民事诉讼方面，在受案范围方面本来没有太大的问题，但实际司法中，或通过"司法解释"及其他司法文件限制诉权，或由于地方保护等原因有案不受、受案不判、判了也不执行等"司法不作为"现象严重，值得深入研究。

（四）关于"司法管理模式"

这方面的研究主要涉及的论题包括：司法管理体制行政化与完善法院

① 郭道晖：《司法改革与司法理念的革新》（下），载《江海学刊》2001 年第 5 期。
② 徐静村：《关于中国司法改革的几个问题》，载《西南民族学院学报》（哲学社会科学版）2000 年第 1 期；龙宗智：《论司法改革中的相对合理主义》，载《中国社会科学》1999 年第 2 期。
③ 顾培东：《中国司法改革的宏观思考》，载《法学研究》2000 年第 3 期，戴琦：《成立"国家司法改革委员会"的议案（摘要）》，载《中国律师》2002 年第 5 期。
④ 谢晖：《独立的司法与可诉的法》，载《法律科学》1999 年第 1 期。
⑤ 季卫东：《合宪性审查与司法权的强化》，载《中国社会科学》2002 年第 2 期。
⑥ 韦群林：《WTO 环境下我国行政诉讼受案范围研究》，苏州大学法学院 2003 年学位论文。

行政管理问题，关于法院财政供给体制地方化问题与"地方保护主义"，关于审判委员会与人民陪审员制度，关于法官职业化及书记员序列分设问题，关于我国司法鉴定制度的改革与完善的问题。其中代表性的观点包括对于中国法院司法管理官僚化、法院管理体制行政化的批评，[①] 提出应随着社会分工的发展，注意将法院的行政管理职能同司法职能逐步分离开来；[②] 配以法院财权和人事制度的改革，解除行政机关对法院的制约；[③] 建立单独的法官编制和单独的司法预算，并取得法律保障；[④] 建立书记员单独职务序列，凸显书记员与法官的不同专业分工角色，同时要强调书记员的专业性、技术性和服务性。[⑤] 对审判委员会加以改造甚至完全取消，或者真正强化这一制度的审判作用，使之完全从法院现存行政管理体制中剥离开来，至少可以大大削弱法院目前实际上的"首长负责制"的行政性特色。[⑥] 为符合法律性、科学性和公开性要求，应当理顺司法鉴定体制、完善鉴定人资格管理和鉴定程序，特别是完善鉴定人出庭作证环节。[⑦]

与司法管理模式相关的研究，还有对司法质量评判机制、司法腐败防范机制的研究。许多诉讼法学者对司法公正的评判原则，对我国司法腐败的现状、案例、成因、预防机制等，进行了系统的研究，有的学者还提出建立廉政学的建议。[⑧] 有的学者从人文环境和司法体制改革的基本点入手，提出要建立新型文化和制度的依托。[⑨] 还有的学者对我国的司法不作为现象进行了较为深入的研究。[⑩]

---

① 贺卫方：《中国司法管理制度上的两个问题》，载《中国社会科学》1997 年第 6 期；贺卫方：《司法改革中的上下级法院关系》，载《法学》1998 年第 9 期。

② 朱苏力：《论法院的审判职能与行政管理》，载《中外法学》1999 年第 5 期。

③ 蒋惠岭：《论法院的管理职能》，载《法律适用》2004 年第 8 期。

④ 徐显明：《司法改革 20 题》，载《法学》1999 年第 9 期；谭世贵、舒海：《论法官的独立司法人格》，载《海南大学学报》2003 年第 4 期。

⑤ 刘武俊：《法院书记员管理制度及其变更》，载《法治论丛》2004 年第 1 期。

⑥ 贺卫方：《司法的理念与制度》，中国政法大学出版社 1998 年版；苏力：《送法下乡——中国基层司法制度研究》，中国政法大学出版社 2000 年版；朱苏力：《论法院的审判职能与行政管理》，载《中外法学》1999 年第 5 期；梁慧星：《关于司法改革的 13 项建议》，载《法律科学》2003 年第 5 期。

⑦ 洪坚：《我国司法鉴定制度的改革与完善》，载《人民检察》2003 年第 2 期。

⑧ 谭世贵：《司法腐败防治论》，法律出版社 2003 年版。

⑨ 沈木珠：《论司法制度性侵权及其防范》，载《甘肃政法学院学报》2001 年第 4 期。

⑩ 廖永安：《对民事诉讼中法院"不作为"行为的思考》，载《法商研究》1999 年第 4 期。韦群林、谭世贵：《司法不作为现象及司法管理对策初探》，载《甘肃政法学院学报》2005 年第 6 期。

（五）为构建多元化纠纷解决机制而展开的研究

替代性纠纷解决方式已作为民事纠纷解决机制的重要组成部分与民事诉讼相辅相成，面对我国司法资源紧缺与案件数量剧增的矛盾，诉讼法学者们对和解、仲裁等替代诉讼的纠纷解决方式的研究都在与民事审判制度改革的研究同步进行。在这方面，学者们针对我国法治发展中的问题，系统地论证了由司法、行政和民间解纷机制构成的多元化纠纷解决机制的价值、意义及合理的制度架构，对当下基层司法、诉讼调解、信访与行政解纷机制、人民调解与"大调解"以及习惯等民间社会规范的作用等问题，展开了实证研究和分析。主张通过多元化纠纷解决机制保障法治与社会的可持续发展；促进社会和谐、协商自治以及与公共社会的健康发展。

关于多元化纠纷解决机制的基本形态、制度建构与立法框架，主流观点认为，多元化纠纷解决机制是指一个社会中多样的纠纷解决方式（包括诉讼与非诉讼两大类型）以其特定的功能相互协调、共同存在，所构成的一种满足社会主体多种需求的程序体系和动态调整系统。多元化纠纷解决机制概念既包括非诉讼机制，也包含司法和诉讼机制，在理论上，强调以一种综合性视角研究诉讼与非诉讼、法律机制与其他社会控制、国家司法权与社会自治、公力救济与社会以及私力救济之间的关系；在制度和实践方面，注重构建司法与非诉讼程序协调互动的解纷机制。①

关于民间性纠纷解决机制与私力救济方面的研究，主要涉及从公私二元划分到三元架构，民间性纠纷解决机制运行的条件和问题，私力救济的界定、特征与分类，私力救济的正当性及其限度等问题。其中代表性的观点认为：随着当代司法社会化和纠纷解决实践的发展，国家对私力救济的限制或禁止政策也开始发生变化，一些重要原则——如禁止暴力性和非法私力救济、限制在公权力管辖范围内进行私力救济的原则，将会继续被遵循；但同时某些尺度和力度已有所缓解，例如近年来，行政和解与调解已不再是禁忌；而刑事和解和诉辩交易的正当性也已获得认可，尽管这并不意味着彻底改变国家对私力救济的限制。因此，在更广阔的领域内，越来越多的私力救济已得到社会承认，被纳入社会救济的体系，而国家和法学界对各种合理存在的私力救济的态度和政策也将越来越宽容。②

---

① 范愉：《纠纷解决的理论与实践》，清华大学出版社 2007 年版，第 221 页。

② 详见徐昕《论私力救济》，中国政法大学出版社 2005 年版。

　　关于当代中国多元化纠纷解决机制的建构，主要的研究内容包括建构多元化纠纷解决机制的路径、诉讼调解制度的重构、ADR 的发展与司法改革等。主流观点认为，多元化纠纷解决机制的合理性在于其适应性和有效性，而其具体标准是依不同的国家和地区的实际情况而言的。鉴于目前我国司法能力和自制能力均相对较弱，应避免简单模仿西方国家司法的模式和进路，最大限度利用调解等传统资源，同时尝试建立各种新型的纠纷解决机制。当前大调解格局下的诉调对接机制，既是司法政策反思的结果，也是其利益所系，调解对于改善法院的司法困境具有明显的优势，而这些利益有可能与当事人和社会利益达成一致，因此，调解应成为"司法为民"政策的重要组成部分。从而充分利用社会资源化解矛盾纠纷，拓宽调解渠道和解纷途径。①

---

　　① 相关论述详见范愉《纠纷解决的理论与实践》，清华大学出版社 2007 年版；《非诉讼纠纷解决机制研究》，中国人民大学出版社 2000 年版；何兵：《现代社会的纠纷解决》，法律出版社 2003 年版。

后　记

在中华人民共和国建国 60 周年之际，中国社会科学院法学研究所组织不同专业学科的科研人员，成立了《当代中国法学研究》课题组。本课题组旨在广泛收集和系统整理各类学术资料，并在其基础上编写一本反映新中国法学 60 年历程的学术史，作为建国 60 周年的纪念。在本书中，我们对 60 年来的中国法学研究状况进行了概括描述，展示了在新中国不同发展阶段的法学存在状态与演变过程，剖析了法学研究中重要理论形成与演变的背景与缘由，彰显了法学发展与繁荣的理论成果及其实践价值。希望读者能够通过本书，明晰中国法学的发展轨迹，体会法学发展繁荣过程中那些付出艰辛与智慧的研究者们的心路历程，并由此感受与共和国命运共振的法治时代脉动。

本书的撰写分工如下：陈甦：主编，上、中、下三编的导论；胡水君：第一章一、四，第四章一、二、三，第十二章一、二、三；刘兆兴：第一章二，第四章四，第十二章四；高汉成：第一章三，第四章五，第十二章五；莫纪宏、翟国强：第二章，第五章，第十三章；刘仁文：第三章一，第六章，第十四章；孙宪忠、谢鸿飞：第三章二，第七章一、二，第十五章一、二、三、四；薛宁兰：第三章三，第七章三，第十五章五；席月民：第三章四，第八章，第十八章；徐卉：第三章五，第十章一、二、三，第二十章一、二、三、五；管育鹰：第七章四，第十七章；常纪文：第九章，第十九章；江菁：第十章，第十一章四，第二十章，第二十二章四；陈洁：第十六章；余少祥：第二十一章。

由于法学的知识体系庞大，法学理论的演进路径复杂，以往重大学术事件的枝节众多，因此，以有限篇幅把握中国法学发展的中心轨迹与综合特征，是一个需要几经取舍、反复斟酌的科研过程。课题组各个成员只能以自己所熟悉的专业领域为着眼点，以期通过尽可能地准确表述各个法学专业领域的历史演进与发展状况，达到能够全面反映整个新中国法学发展历史的目的。本书不具有也不打算有学科划分的权威性，因此各章安排只是给予课题组成员以既定的撰写范围，由其按照各自的知识结构与理论视野，尽可能地反映撰写者所掌握的法学研究历史。在本书的编写过程中，席月民副研究员承担了课题组秘书的工作，在组织讨论、收集稿件、调整体例、校对文稿等方面，作了大量的工作。本书主编在统稿时，努力统一本书各章节的文风，删减其中与学术史无重大关联的叙述，调整本书中各个专业领域内容的权重，平衡有关学术背景与学术影响的分析评价，以及填补个别章节中的重大遗漏等。然而，由于学术视野的局限与研究能力的有限，挂一漏万之处与欠妥失衡之论在所难免，因此恳请读到本书的学界同仁予以谅解。

　　谨以本书纪念并感谢那些为共和国的法治进步和法学繁荣作出努力与贡献的人们！

《当代中国法学研究》课题组

二〇〇九年九月